长春统计年鉴

CHANGCHUN STATISTICAL YEARBOOK

2020

长春市统计局
国家统计局长春调查队 编

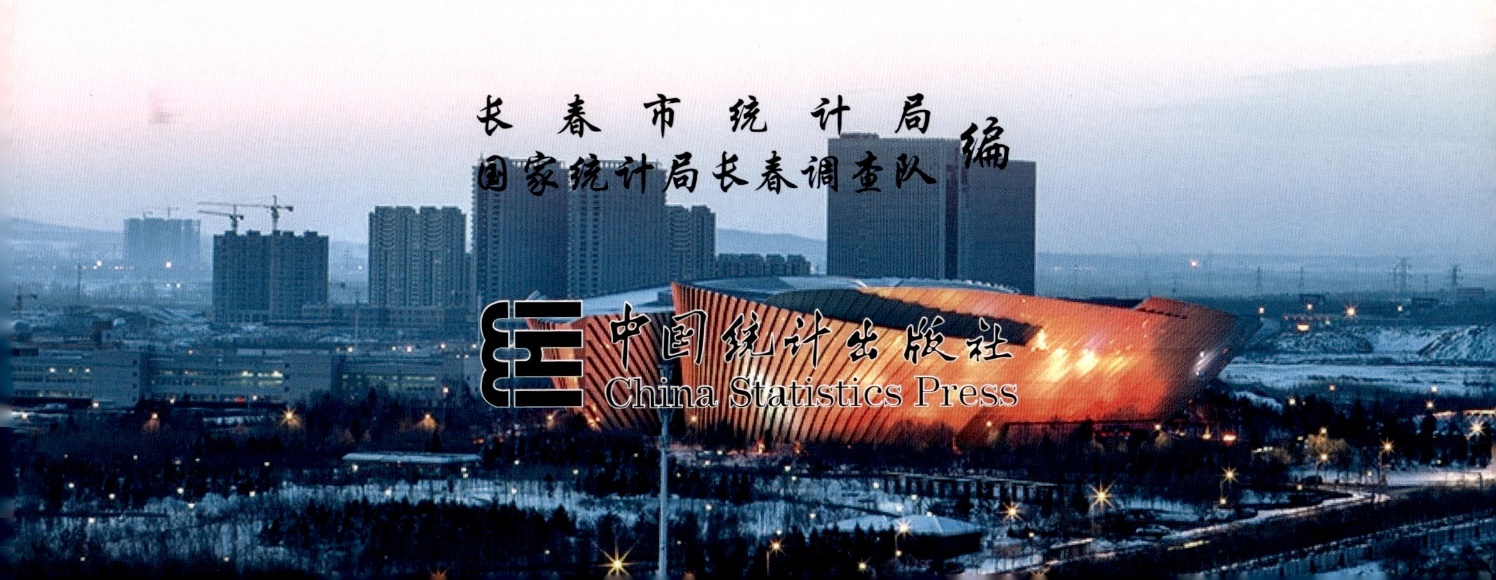

中国统计出版社
China Statistics Press

图书在版编目（CIP）数据

长春统计年鉴 . 2020 = Changchun Statistical Yearbook 2020 : 汉英对照 / 长春市统计局，国家统计局长春调查队编 . -- 北京 : 中国统计出版社 , 2020.12

ISBN 978-7-5037-9347-9

Ⅰ . ①长… Ⅱ . ①长… ②国… Ⅲ . ①统计资料 - 长春 - 2020 - 年鉴 - 汉、英 Ⅳ . ① C832.341-54

中国版本图书馆 CIP 数据核字 (2020) 第 209032 号

长春统计年鉴 -2020

作　　者 / 长春市统计局　国家统计局长春调查队
责任编辑 / 钟　钰
装帧设计 / 吉林省科普印刷有限公司
出版发行 / 中国统计出版社有限公司
地　　址 / 北京市丰台区西三环南路甲 6 号
邮政编码 / 100073
电　　话 / 邮购（010）63376909　书店（010）68783171
网　　址 / http://www.zgtjcbs.com
印　　刷 / 吉林省科普印刷有限公司
经　　销 / 新华书店
开　　本 / 890mm × 1240mm　1/16
字　　数 / 1200 千字
印　　张 / 38.5
版　　别 / 2020 年 12 月第 1 版
版　　次 / 2020 年 12 月第 1 次印刷
定　　价 / 300.00 元　Price:300.00yuan(RMB)

如有印装差错，由本社发行部调换。

定价：300.00 元

CHANGCHUN
STATISTICAL YEARBOOK

长春统计年鉴

编委会

CHANGCHUN
STATISTICAL YEARBOOK

长春统计年鉴

编辑部

CHANGCHUN
STATISTICAL YEARBOOK

长春统计年鉴

编 者 说 明

一、《长春统计年鉴——2020》是一部全面反映长春市2019年经济和社会发展情况的资料性刊物。本书收录了2019年长春市经济和社会各方面大量的统计数据，以及重要年份的主要统计数据，是认识和研究长春市经济社会发展，指导经济工作和进行决策的经济类工具书。

二、全书共包括四部分。（一）特载；（二）县（市）区开发区经济；（三）统计资料；（四）主要统计指标解释。统计资料按其内容分为18个篇目，即（1）综合；（2）人口；（3）就业与工资；（4）固定资产投资；（5）能源消费与库存；（6）财政；（7）物价；（8）人民生活；（9）城市建设；（10）农业；（11）工业；（12）交通运输、邮电通信业；（13）建筑业；（14）批发零售贸易和住宿餐饮业；（15）对外经济贸易和旅游业；（16）金融保险业；（17）教育、科技及文化事业；（18）体育、卫生及其他事业。

三、本书资料大部分来自于各专业年报资料，部分资料取自抽样调查。

四、本书中文字资料主要是统计部门人员撰写。

五、本书中所使用的价值量指标及构成，除已注明外，均按当年价计算，发展速度按可比价格计算。

六、本书采用国际统一标准计量单位。

七、书中符号使用说明："#"表示其中的主要项，"空格"表示该项指标数据不详或无该数据。

CHANGCHUN
STATISTICAL YEARBOOK
长春统计年鉴

PREFACE

Ⅰ. *Changchun Statistical Yearbook—2020* is an annual statistical publication,which comprehensively reflects the conditions of economic and social development of changchun in 2019. We select various aspects of statistical data on economic and social development in 2019 and main statistical data in important years of changchun. It is an economic reference book for recognizing and researching on economic and social development of changchun guiding economic work and making decisions.

Ⅱ. This book covers the following four parts 1.Special reports;2. Economy of counties (cities) and districts and developing area;3.Statistical data; 4.Explanatory notes on main statistical indicators. Statistical data contains 18 lists of articles. That is (1)General survey;(2)Population;(3) Empioyment & Salary;(4)Investment in fixed assets;(5)Energy consumption and inventory;(6)Government finance;(7)Commodity price;(8)People′s livehood;(9)City construction;(10)Agriculture;(11)Industry;(12) Transportation , post and telecommunications services;(13)Construction;(14) Wholesale , retail trade and hotels catering;(15)Foreign trade and tourism;(16) Finance and insurance;(17)Education,science and technology,culture;(18) Sports , health care and others.

Ⅲ. The major data sources of this publication are obtained from annual statistical reports , and some from sample survey.

Ⅳ. Special reports and special topics are obtained from statistical departments and relative departments.

Ⅴ. The quantity of value indicators and composition used in this book are at current price except notes have made , growth rate is calculated by constant price.

Ⅵ. The units of measurement used in this book are internationally standard measurement units.

Ⅶ . Meaning of symbols in the book: "#" represents main item while , "space" represents that the index is unknown or not available.

中华人民共和国统计法

（1983年12月8日第六届全国人民代表大会常务委员会第三次会议通过　根据1996年5月15日第八届全国人民代表大会常务委员会第十九次会议《关于修改〈中华人民共和国统计法〉的决定》修正　2009年6月27日第十一届全国人民代表大会常务委员会第九次会议修订自2010年1月1日起施行）

第一章　总则

第一条　为了科学、有效地组织统计工作，保障统计资料的真实性、准确性、完整性和及时性，发挥统计在了解国情国力、服务经济社会发展中的重要作用，促进社会主义现代化建设事业发展，制定本法。

第二条　本法适用于各级人民政府、县级以上人民政府统计机构和有关部门组织实施的统计活动。

统计的基本任务是对经济社会发展情况进行统计调查、统计分析，提供统计资料和统计咨询意见，实行统计监督。

第三条　国家建立集中统一的统计系统，实行统一领导、分级负责的统计管理体制。

第四条　国务院和地方各级人民政府、各有关部门应当加强对统计工作的组织领导，为统计工作提供必要的保障。

第五条　国家加强统计科学研究，健全科学的统计指标体系，不断改进统计调查方法，提高统计的科学性。

国家有计划地加强统计信息化建设，推进统计信息搜集、处理、传输、共享、存储技术和统计数据库体系的现代化。

第六条　统计机构和统计人员依照本法规定独立行使统计调查、统计报告、统计监督的职权，不受侵犯。

地方各级人民政府、政府统计机构和有关部门以及各单位的负责人，不得自行修改统计机构和统计人员依法搜集、整理的统计资料，不得以任何方式要求统计机构、统计人员及其他机构、人员伪造、篡改统计资料，不得对依法履行职责或者拒绝、抵制统计违法行为的统计人员打击报复。

第七条　国家机关、企业事业单位和其他组织以及个体工商户和个人等统计调查对象，必须依照本法和国家有关规定，真实、准确、完整、及时地提供统计调查所需的资料，不得提供不真实或者不完整的统计资料，不得迟报、拒报统计资料。

第八条　统计工作应当接受社会公众的监督。任何单位和个人有权检举统计中弄虚作假等违法行为。对检举有功的单位和个人应当给予表彰和奖励。

第九条　统计机构和统计人员对在统计工作中知悉的国家秘密、商业秘密和个人信息，应当予以保密。

第十条　任何单位和个人不得利用虚假统计资料骗取荣誉称号、物质利益或者职务晋升。

第二章　统计调查管理

第十一条　统计调查项目包括国家统计调查项目、部门统计调查项目和地方统计调查项目。

国家统计调查项目是指全国性基本情况的统计调查项目。部门统计调查项目是指国务院有关部门的专业性统计调查项目。地方统计调查项目是指县级以上地方人民政府及其部门的地方性统计调查项目。

国家统计调查项目、部门统计调查项目、地方统计调查项目应当明确分工，互相衔接，不得重复。

第十二条　国家统计调查项目由国家统计局制定，或者由国家统计局和国务院有关部门共同制定，报国务院备案；重大的国家统计调查项目报国务院审批。

部门统计调查项目由国务院有关部门制定。统计调查对象属于本部门管辖系统的，报国家统计局备案；统计调查对象超出本部门管辖系统的，报国家统计局审批。

地方统计调查项目由县级以上地方人民政府统计机构和有关部门分别制定或者共同制定。其中，由省级人民政府统计机构单独制定或者和有关部门共同制定的，报国家统计局审批；由省级以下人民政府统计机构单独制定或者和有关部门共同制定的，报省级人民政府统计机构审批；由县级以上地方人民政府有关部门制定的，报本级人民政府统计机构审批。

第十三条　统计调查项目的审批机关应当对调查项目的必要性、可行性、科学性进行审查，对符合法定条件的，作出予以批准的书面决定，并公布；对不符合法定条件的，作出不予批准的书面决定，并说明理由。

第十四条　制定统计调查项目，应当同时制定该项目的统计调查制度，并依照本法第十二条的规定一并报经审批或者备案。

统计调查制度应当对调查目的、调查内容、调查方法、调查对象、调查组织方式、调查表式、统计资料的报送和公布等作出规定。

统计调查应当按照统计调查制度组织实施。变更统计调查制度的内容，应当报经原审批机关批准或者原备案机关备案。

第十五条　统计调查表应当标明表号、制定机关、批准或者备案文号、有效期限等标志。

对未标明前款规定的标志或者超过有效期限的统计调查表，统计调查对象有权拒绝填报；县级以上人民政府统计机构应当依法责令停止有关统计调查活动。

第十六条 搜集、整理统计资料，应当以周期性普查为基础，以经常性抽样调查为主体，综合运用全面调查、重点调查等方法，并充分利用行政记录等资料。

重大国情国力普查由国务院统一领导，国务院和地方人民政府组织统计机构和有关部门共同实施。

第十七条 国家制定统一的统计标准，保障统计调查采用的指标涵义、计算方法、分类目录、调查表式和统计编码等的标准化。

国家统计标准由国家统计局制定，或者由国家统计局和国务院标准化主管部门共同制定。

国务院有关部门可以制定补充性的部门统计标准，报国家统计局审批。部门统计标准不得与国家统计标准相抵触。

第十八条 县级以上人民政府统计机构根据统计任务的需要，可以在统计调查对象中推广使用计算机网络报送统计资料。

第十九条 县级以上人民政府应当将统计工作所需经费列入财政预算。

重大国情国力普查所需经费，由国务院和地方人民政府共同负担，列入相应年度的财政预算，按时拨付，确保到位。

第三章　统计资料的管理和公布

第二十条 县级以上人民政府统计机构和有关部门以及乡、镇人民政府，应当按照国家有关规定建立统计资料的保存、管理制度，建立健全统计信息共享机制。

第二十一条 国家机关、企业事业单位和其他组织等统计调查对象，应当按照国家有关规定设置原始记录、统计台账，建立健全统计资料的审核、签署、交接、归档等管理制度。

统计资料的审核、签署人员应当对其审核、签署的统计资料的真实性、准确性和完整性负责。

第二十二条 县级以上人民政府有关部门应当及时向本级人民政府统计机构提供统计所需的行政记录资料和国民经济核算所需的财务资料、财政资料及其他资料，并按照统计调查制度的规定及时向本级人民政府统计机构报送其组织实施统计调查取得的有关资料。

县级以上人民政府统计机构应当及时向本级人民政府有关部门提供有关统计资料。

第二十三条 县级以上人民政府统计机构按照国家有关规定，定期公布统计资料。

国家统计数据以国家统计局公布的数据为准。

第二十四条 县级以上人民政府有关部门统计调查取得的统计资料，由本部门按照国家有关规定公布。

第二十五条 统计调查中获得的能够识别或者推断单个统计调查对象身份的资料，任何单位和个人不得对外提供、泄露，不得用于统计以外的目的。

第二十六条 县级以上人民政府统计机构和有关部门统计调查取得的统计资料，除依法应当保密的外，应当及时公开，供社会公众查询。

第四章　统计机构和统计人员

第二十七条 国务院设立国家统计局，依法组织领导和协调全国的统计工作。

国家统计局根据工作需要设立的派出调查机构，承担国家统计局布置的统计调查等任务。

县级以上地方人民政府设立独立的统计机构，乡、镇人民政府设置统计工作岗位，配备专职或者兼职统计人员，依法管理、开展统计工作，实施统计调查。

第二十八条 县级以上人民政府有关部门根据统计任务的需要设立统计机构，或者在有关机构中设置统计人员，并指定统计负责人，依法组织、管理本部门职责范围内的统计工作，实施统计调查，在统计业务上受本级人民政府统计机构的指导。

第二十九条 统计机构、统计人员应当依法履行职责，如实搜集、报送统计资料，不得伪造、篡改统计资料，不得以任何方式要求任何单位和个人提供不真实的统计资料，不得有其他违反本法规定的行为。

统计人员应当坚持实事求是，恪守职业道德，对其负责搜集、审核、录入的统计资料与统计调查对象报送的统计资料的一致性负责。

第三十条 统计人员进行统计调查时，有权就与统计有关的问题询问有关人员，要求其如实提供有关情况、资料并改正不真实、不准确的资料。

统计人员进行统计调查时，应当出示县级以上人民政府统计机构或者有关部门颁发的工作证件；未出示的，统计调查对象有权拒绝调查。

第三十一条 国家实行统计专业技术职务资格考试、评聘制度，提高统计人员的专业素质，保障统计队伍的稳定性。

统计人员应当具备与其从事的统计工作相适应的专业知识和业务能力。

县级以上人民政府统计机构和有关部门应当加强对统计人员的专业培训和职业道德教育。

第五章　监督检查

第三十二条 县级以上人民政府及其监察机关对下级人民

政府、本级人民政府统计机构和有关部门执行本法的情况，实施监督。

第三十三条 国家统计局组织管理全国统计工作的监督检查，查处重大统计违法行为。

县级以上地方人民政府统计机构依法查处本行政区域内发生的统计违法行为。但是，国家统计局派出的调查机构组织实施的统计调查活动中发生的统计违法行为，由组织实施该项统计调查的调查机构负责查处。

法律、行政法规对有关部门查处统计违法行为另有规定的，从其规定。

第三十四条 县级以上人民政府有关部门应当积极协助本级人民政府统计机构查处统计违法行为，及时向本级人民政府统计机构移送有关统计违法案件材料。

第三十五条 县级以上人民政府统计机构在调查统计违法行为或者核查统计数据时，有权采取下列措施：

（一）发出统计检查查询书，向检查对象查询有关事项；

（二）要求检查对象提供有关原始记录和凭证、统计台账、统计调查表、会计资料及其他相关证明和资料；

（三）就与检查有关的事项询问有关人员；

（四）进入检查对象的业务场所和统计数据处理信息系统进行检查、核对；

（五）经本机构负责人批准，登记保存检查对象的有关原始记录和凭证、统计台账、统计调查表、会计资料及其他相关证明和资料；

（六）对与检查事项有关的情况和资料进行记录、录音、录像、照相和复制。

县级以上人民政府统计机构进行监督检查时，监督检查人员不得少于二人，并应当出示执法证件；未出示的，有关单位和个人有权拒绝检查。

第三十六条 县级以上人民政府统计机构履行监督检查职责时，有关单位和个人应当如实反映情况，提供相关证明和资料，不得拒绝、阻碍检查，不得转移、隐匿、篡改、毁弃原始记录和凭证、统计台账、统计调查表、会计资料及其他相关证明和资料。

第六章　法律责任

第三十七条 地方人民政府、政府统计机构或者有关部门、单位的负责人有下列行为之一的，由任免机关或者监察机关依法给予处分，并由县级以上人民政府统计机构予以通报：

（一）自行修改统计资料、编造虚假统计数据的；

（二）要求统计机构、统计人员或者其他机构、人员伪造、篡改统计资料的；

（三）对依法履行职责或者拒绝、抵制统计违法行为的统计人员打击报复的；

（四）对本地方、本部门、本单位发生的严重统计违法行为失察的。

第三十八条 县级以上人民政府统计机构或者有关部门在组织实施统计调查活动中有下列行为之一的，由本级人民政府、上级人民政府统计机构或者本级人民政府统计机构责令改正，予以通报；对直接负责的主管人员和其他直接责任人员，由任免机关或者监察机关依法给予处分：

（一）未经批准擅自组织实施统计调查的；

（二）未经批准擅自变更统计调查制度的内容的；

（三）伪造、篡改统计资料的；

（四）要求统计调查对象或者其他机构、人员提供不真实的统计资料的；

（五）未按照统计调查制度的规定报送有关资料的。

统计人员有前款第三项至第五项所列行为之一的，责令改正，依法给予处分。

第三十九条 县级以上人民政府统计机构或者有关部门有下列行为之一的，对直接负责的主管人员和其他直接责任人员由任免机关或者监察机关依法给予处分：

（一）违法公布统计资料的；

（二）泄露统计调查对象的商业秘密、个人信息或者提供、泄露在统计调查中获得的能够识别或者推断单个统计调查对象身份的资料的；

（三）违反国家有关规定，造成统计资料毁损、灭失的。

统计人员有前款所列行为之一的，依法给予处分。

第四十条 统计机构、统计人员泄露国家秘密的，依法追究法律责任。

第四十一条 作为统计调查对象的国家机关、企业事业单位或者其他组织有下列行为之一的，由县级以上人民政府统计机构责令改正，给予警告，可以予以通报；其直接负责的主管人员和其他直接责任人员属于国家工作人员的，由任免机关或者监察机关依法给予处分：

（一）拒绝提供统计资料或者经催报后仍未按时提供统计资料的；

（二）提供不真实或者不完整的统计资料的；

（三）拒绝答复或者不如实答复统计检查查询书的；

（四）拒绝、阻碍统计调查、统计检查的；

（五）转移、隐匿、篡改、毁弃或者拒绝提供原始记录和凭证、统计台账、统计调查表及其他相关证明和资料的。

企业事业单位或者其他组织有前款所列行为之一的，可以并处五万元以下的罚款；情节严重的，并处五万元以上二十万元以下的罚款。

个体工商户有本条第一款所列行为之一的，由县级以上人民政府统计机构责令改正，给予警告，可以并处一万元以下的罚款。

第四十二条 作为统计调查对象的国家机关、企业事业单位或者其他组织迟报统计资料，或者未按照国家有关规定设置原始记录、统计台账的，由县级以上人民政府统计机构责令改正，给予警告。

企业事业单位或者其他组织有前款所列行为之一的，可以并处一万元以下的罚款。

个体工商户迟报统计资料的，由县级以上人民政府统计机构责令改正，给予警告，可以并处一千元以下的罚款。

第四十三条 县级以上人民政府统计机构查处统计违法行为时，认为对有关国家工作人员依法应当给予处分的，应当提出给予处分的建议；该国家工作人员的任免机关或者监察机关应当依法及时作出决定，并将结果书面通知县级以上人民政府统计机构。

第四十四条 作为统计调查对象的个人在重大国情国力普查活动中拒绝、阻碍统计调查，或者提供不真实或者不完整的普查资料的，由县级以上人民政府统计机构责令改正，予以批评教育。

第四十五条 违反本法规定，利用虚假统计资料骗取荣誉称号、物质利益或者职务晋升的，除对其编造虚假统计资料或者要求他人编造虚假统计资料的行为依法追究法律责任外，由作出有关决定的单位或者其上级单位、监察机关取消其荣誉称号，追缴获得的物质利益，撤销晋升的职务。

第四十六条 当事人对县级以上人民政府统计机构作出的行政处罚决定不服的，可以依法申请行政复议或者提起行政诉讼。其中，对国家统计局在省、自治区、直辖市派出的调查机构作出的行政处罚决定不服的，向国家统计局申请行政复议；对国家统计局派出的其他调查机构作出的行政处罚决定不服的，向国家统计局在该派出机构所在的省、自治区、直辖市派出的调查机构申请行政复议。

第四十七条 违反本法规定，构成犯罪的，依法追究刑事责任。

第七章 附则

第四十八条 本法所称县级以上人民政府统计机构，是指国家统计局及其派出的调查机构、县级以上地方人民政府统计机构。

第四十九条 民间统计调查活动的管理办法，由国务院制定。

中华人民共和国境外的组织、个人需要在中华人民共和国境内进行统计调查活动的，应当按照国务院的规定报请审批。

利用统计调查危害国家安全、损害社会公共利益或者进行欺诈活动的，依法追究法律责任。

第五十条 本法自 2010 年 1 月 1 日起施行。

长春市第十五届人民代表大会常务委员会公告第 39 号

《长春市统计管理条例》已于 2019 年 10 月 30 日由长春市第十五届人民代表大会常务委员会第二十三次会议通过，于 2019 年 11 月 28 日经吉林省第十三届人民代表大会常务委员会第十七次会议批准，现予公布，自 2020 年 1 月 1 日起施行。

长春市人民代表大会常务委员会 2019 年 12 月 8 日

长春市统计管理条例

（2019 年 10 月 30 日长春市第十五届人民代表大会常务委员会第二十三次会议修订通过 2019 年 11 月 28 日吉林省第十三届人民代表大会常务委员会第十七次会议批准）

第一章　总则

第一条　为了科学有效地组织统计工作，保障统计资料的真实性、准确性、完整性和及时性，发挥统计在掌握市情市力、服务经济社会发展中重要的综合性、基础性作用，根据有关法律、法规的规定，结合本市实际，制定本条例。

第二条　统计的基本任务是对本行政区域内的经济和社会发展情况进行统计调查、统计分析，提供统计资料和统计咨询意见，实行统计监督。

第三条　本条例适用于本市行政区域内的统计活动和对统计工作的监督管理。

第四条　市、县（市）区人民政府统计机构负责本行政区域内的统计工作，履行统计工作的组织、协调和监督检查职责。

开发区管理机构按照市人民政府规定的职责，做好区域内的统计管理工作。

发展和改革、工业和信息化、建设、房屋管理、市场监督管理、税务、商务、审计等有关部门应当按照各自的职责，做好统计相关工作。

第五条　市、县（市）区、乡（镇）人民政府应当加强对统计工作的组织领导，加强统计基层基础建设，将统计工作以及本级应当负担的重大国情国力调查所需经费列入财政预算。

第六条　市、县（市）区人民政府统计机构和有关部门应当加强统计科学研究，健全反映经济社会发展要求的统计指标体系，健全新兴产业等统计，完善经济、社会、科技、资源和环境统计，改进统计调查方法，完善统计调查制度，推进互联网、大数据、人工智能等现代信息技术在统计工作中的应用，加强对经济社会运行的统计分析和统计监测，为科学决策管理和社会公众提供优质统计服务。

第七条　市、县（市）区、乡（镇）人民政府，市、县（市）区人民政府统计机构和有关部门应当根据国家有关规定，建立健全统计数据质量责任制，落实人民政府的领导责任，强化市、县（市）区人民政府统计机构和有关部门主要负责人的主体责任，明确市、县（市）区人民政府统计机构和有关部门及其工作人员的数据质量责任，建立统计数据质量追溯和问责机制，防范和惩治统计造假、弄虚作假。

第八条　市、县（市）区、乡（镇）人民政府，市、县（市）区人民政府统计机构和有关部门及其负责人应当保障统计活动依法进行，不得实施下列行为：

（一）侵犯统计机构、统计人员独立行使统计调查、统计报告、统计监督职权；

（二）自行修改统计机构、统计人员依法搜集、整理的统计资料或者编造虚假统计数据；

（三）以任何方式要求统计机构、统计人员或者其他单位、人员伪造、篡改统计资料；

（四）以任何方式授意、指使、强令统计调查对象或者其他单位、人员编造虚假统计资料；

（五）对依法履行职责或者拒绝、抵制统计违法行为的统计人员打击报复。

第九条　国家机关、企业事业单位和其他组织以及个体工商户和个人等统计调查对象，应当依据有关法律、法规和国家有关规定，真实、准确、完整、及时地提供统计资料，拒绝、抵制弄虚作假等违法行为，不得提供不真实或者不完整的统计资料，不得迟报、拒报统计资料。

第十条　统计工作应当接受社会公众的监督。任何单位和个人都有权举报统计工作中弄虚作假等违法行为。

第十一条　市人民政府统计机构应当加强统计信息化建设，通过统计信息网络系统与市人民政府有关部门、县（市）区人民政府及其统计机构和乡（镇）人民政府、街道办事处互联互通和信息共享。

第十二条　市、县（市）区人民政府统计机构应当结合普法教育和各类普查、调查工作，开展统计法律、法规宣传教育。

第二章　统计机构和统计人员

第十三条　市、县（市）区人民政府有关部门根据统计任务的需要设立统计机构，或者在有关机构中设置统计人员，并指定统计负责人，依法组织、管理本部门职责范围内的统计工作，实施统计调查，并接受本级人民政府统计机构的业务指导。

市、县（市）区人民政府应当根据统计工作需要，配备统计辅助调查人员。

第十四条 乡（镇）人民政府、街道办事处应当设置统计工作岗位，配备专职或者兼职统计人员；村民委员会和社区居民委员会应当指定专人，依法协助乡（镇）人民政府、街道办事处开展统计调查工作。乡（镇）人民政府、街道办事处统计人员的调动，应当征得县（市）区人民政府统计机构的同意。

第十五条 作为统计调查对象的国家机关、企业事业单位和其他组织应当加强统计基础工作建设，根据统计任务需要，明确统计工作负责人和统计人员，统计人员应当具备相应的统计业务能力。

第十六条 市、县（市）区人民政府统计机构和有关部门应当定期对在岗统计人员进行专业培训和职业道德教育，统计人员所在单位应当给予支持。

第十七条 统计机构、统计人员应当依法履行职责，如实搜集、报送统计资料，不得有下列行为：

（一）伪造、篡改统计资料；

（二）以任何方式要求任何单位和个人提供不真实的统计资料；

（三）利用统计调查窃取国家秘密、损害社会公共利益或者进行欺诈性、误导性的评价、咨询活动；

（四）其他违反统计法律、法规的行为。

统计机构、统计人员对其搜集、审核、录入的统计资料与统计调查对象报送的统计资料的一致性负责。

第三章 统计调查

第十八条 地方统计调查应当按照地方统计调查项目，由市、县（市）区人民政府统计机构或者有关部门组织实施。

地方统计调查项目是指市、县（市）区人民政府及其有关部门的地方性统计调查项目。

地方统计调查项目应当执行国家统计标准和部门统计标准，其主要内容不得与国家统计调查项目、部门统计调查项目的内容重复、矛盾。

下级地方统计调查项目的主要内容不得与上级地方统计调查项目的内容重复、矛盾。

第十九条 地方统计调查项目的制定机关应当就项目的必要性、可行性、科学性进行论证，征求有关部门、专家和统计调查对象的意见，并按照会议制度集体讨论决定。

制定地方统计调查项目，应当同时制定该项目的统计调查制度，一并按照下列规定报经审批：

（一）市、县（市）区人民政府统计机构单独制定或者与本级人民政府有关部门共同制定的，报省人民政府统计机构审批；

（二）市、县（市）区人民政府有关部门制定的，报本级人民政府统计机构审批。

第二十条 除涉及国家秘密的以外，地方统计调查项目及其统计调查制度，应当自批准之日起十日内按照规定向社会公布。

地方统计调查项目及其统计调查制度未经批准或者虽经批准但是未依法公布的，不得组织实施。

第二十一条 地方统计调查应当按照统计调查制度组织实施。变更地方统计调查制度内容的，应当报经原审批机关批准。

第二十二条 搜集、整理统计资料应当以国家规定的周期性普查为基础，以经常性抽样调查为主体，综合运用全面调查、重点调查等方法，并充分利用行政记录等资料。

周期性普查和重大项目的抽样调查由各级人民政府组织当地统计机构会同有关部门实施；一般项目的抽样调查由市、县（市）区人民政府统计机构组织有关部门共同实施。

第二十三条 统计机构、统计人员组织实施统计调查，应当就统计调查对象的法定填报义务、统计调查表的指标涵义和有关填报要求等，向统计调查对象作出说明。

单位作为统计调查对象提供统计资料的，应当由单位负责人、统计负责人以及统计资料填报人员在统计调查表上签字，并加盖公章；个人作为统计调查对象提供统计资料的，应当由本人签字。统计调查制度规定不需要签字、加盖公章的除外。

第二十四条 市、县（市）区人民政府统计机构和有关部门，乡（镇）人民政府、街道办事处的统计人员应当对统计调查对象提供的统计资料进行审核。统计人员或者统计机构有权就统计相关问题，要求有关人员如实答复并提供有关资料。统计资料不完整或者存在明显错误的，应当由统计调查对象依法予以补充或者改正。

第二十五条 有下列情形之一的，统计调查对象有权拒绝统计调查：

（一）统计调查项目及其统计调查制度未经批准或者虽经批准但是未依法公布的；

（二）统计调查表未标明法定标志或者法定标志不完整的；

（三）统计调查表超过有效期限的；

（四）现场调查时，统计人员未出示国家、省或者市、县（市）区人民政府统计机构或者有关部门制发的工作证件的；聘用的统计调查人员未出示省人民政府统计机构颁发的统计调查证的；

（五）大型普查、调查时，普查指导员和普查人员未出示国家、省或者市、县（市）区人民政府普查机构颁发的普查指导员证和普查证的。

第二十六条 市、县（市）区人民政府统计机构应当会同有关部门建立统一的统计基本单位名录库。

机构编制、民政、人力资源和社会保障、市场监督管理、税务等有关部门应当按照国家统计机构规定的标准，定期向本级人民政府统计机构提供统计基本单位行政记录等资料。

第二十七条 市、县（市）区人民政府统计机构可以根据有关部门职责和调查需要，签订部门间协议，依法授权其使用统计基本单位名录库或者依法提供名录信息查询服务。

第二十八条 按照国家、省有关规定，符合国家联网直报统计调查范围的统计调查对象，应当按照规定向市、县（市）区人民政府统计机构报送相关材料。

第二十九条 市人民政府统计机构应当建立健全统计数据质量监管制度，加强对数据采集、处理、汇总、报送等各环节的监管。

县（市）区人民政府统计机构负责本行政区域内统计数据质量监管。

第三十条 市、县（市）区人民政府统计机构应当按照国家有关规定，加强与所在地国家统计调查机构间的工作衔接，实行统计资料及其他数据信息共享。

第三十一条 市、县（市）区人民政府统计机构和有关部门可以根据统计工作需要，通过向社会购买服务，委托依法成立的民间统计调查组织实施统计调查和资料开发等活动。

民间统计调查组织应当在受委托的权限和范围内实施统计调查。未经委托，民间统计调查组织不得以政府或者政府有关部门的名义实施统计调查。

民间统计调查组织应当对所提供统计资料的真实性、准确性、完整性和及时性负责，并执行国家有关统计资料保密管理的规定。

第四章　统计资料公布和管理

第三十二条 市、县（市）区人民政府统计机构应当按照规定定期公布统计资料。因不可抗力不能按期公布的，应当及时向公众告知并说明理由。

市、县（市）区人民政府有关部门统计调查取得的统计资料，由其按照规定公布。

市、县（市）区人民政府有关部门对与本级人民政府统计机构统计指标有交叉的部门统计数据，以及涉及某一方面或者某一行业的经济总量数据，应当与本级人民政府统计机构协商一致后，方可按照规定对外公布、提供。对依法须经统计机构审核认定的统计数据，在统计机构审核认定后，方可按照规定对外公布、提供。

全市统计数据以市人民政府统计机构公布的数据为准。

第三十三条 公布统计资料，应当说明指标涵义、调查范围、调查方法、计算方法、抽样调查样本量等情况。

调整或者修改已公布统计数据的，应当重新公布，并就调整或者修改依据和情况作出说明。

第三十四条 市、县（市）区人民政府统计机构和有关部门，乡（镇）人民政府、街道办事处应当加强统计信息管理，建立健全统计资料的存储备份管理制度，保证统计资料安全。

第三十五条 统计调查范围内的统计资料，按照分级管理的原则，由市、县（市）区人民政府统计机构，乡（镇）人民政府、街道办事处统计人员统一管理；市、县（市）区人民政府有关部门统计调查范围内的统计资料，由该部门统计机构或者统计人员统一管理；企业事业单位或者其他组织的统计资料，由企业事业单位或者其他组织的统计机构或者统计负责人统一管理。

统计人员或者统计负责人有变化时，应当按照统计制度规定将统计资料完整移交，不得缺失。

第三十六条 国家机关、企业事业单位和其他组织等统计调查对象应当按照国家有关规定设置原始记录、统计台账，建立健全统计资料的审核、签署、交接、归档等管理制度。

统计调查对象按照规定通过国家、省联网直报等网络传输方式直接报送统计数据的，应当设置电子统计台账，留存纸质统计报表，单位负责人、统计负责人以及统计人员应当在统计报表上签字，并加盖单位公章。

第三十七条 市、县（市）区人民政府统计机构应当指导和规范统计调查对象建立统计台账。

国家机关、企业事业单位和其他组织等统计调查对象应当以业务活动、生产经营活动中形成的原始记录和凭证为依据，按照统计调查制度规定的要素、内容和形式建立、登记统计台账。

第三十八条 统计调查中取得的统计调查对象的原始资料，以及统计调查对象按照国家有关规定设置的原始记录、统计台账和统计调查表，应当至少保存两年。

汇总性统计资料应当至少保存十年，重要的汇总性统计资料应当永久保存。法律、法规另有规定的，从其规定。

第三十九条 市、县（市）区人民政府统计机构和有关部门在组织实施统计调查中获得的下列资料，应当保密，不得对外提供、泄露，不得用于统计以外的目的：

（一）涉及国家秘密的资料；

（二）涉及商业秘密的资料；

（三）涉及个人信息的资料；

（四）能够识别或者推断单个统计调查对象身份的资料；

（五）通过统计调查收集的有关统计调查表。

第四十条 市、县（市）区人民政府统计机构应当做好统计信息咨询服务工作，充分利用可以公开的社会经济信息为社会公众服务。

第五章　监督检查

第四十一条　市、县（市）区人民政府统计机构负责对本行政区域内实施统计法律、法规和统计制度情况的监督检查，依法查处本行政区域内的统计违法行为。

第四十二条　市、县（市）区人民政府统计机构应当综合运用随机抽取检查对象、随机选派执法检查人员抽查，以及专项检查、重点检查、实地核查等方式进行统计执法监督检查。

第四十三条　市、县（市）区人民政府统计机构在调查统计违法行为或者核查统计数据时，有权采取下列措施：

（一）发出统计检查查询书，向检查对象查询有关事项；

（二）要求检查对象提供有关原始记录和凭证、统计台账、统计调查表、会计资料及其他相关证明和资料；

（三）就与检查有关的事项询问有关人员；

（四）进入检查对象的业务场所和统计数据处理信息系统进行检查、核对；

（五）经本机构负责人批准，登记保存检查对象的有关原始记录和凭证、统计台账、统计调查表、会计资料及其他相关证明和资料；

（六）对与检查事项有关的情况和资料进行记录、录音、录像、照相和复制。

市、县（市）区人民政府统计机构进行监督检查时，监督检查人员不得少于二人，并应当出示执法证件；未出示的，有关单位和个人有权拒绝检查。

第四十四条　市、县（市）区人民政府统计机构依法履行监督检查职责时，有关单位和个人应当如实反映情况，提供相关证明和资料，不得拒绝、阻碍检查，不得转移、隐匿、篡改、毁弃或者拒绝提供原始记录和凭证、统计台账、统计调查表、会计资料及其他相关证明和资料。

第四十五条　市、县（市）区人民政府统计机构负责采集并及时更新由其组织实施的统计调查活动中的企业统计信用信息，认定企业统计信用状况。

依法认定的统计一般失信企业、统计严重失信企业及其法定代表人、直接负责的主管人员和其他直接责任人员，由市、县(市）区人民政府统计机构按照规定通过政府门户网站、企业信用信息公示平台等渠道依法向社会公示失信信息。市、县（市）区人民政府统计机构应当会同有关部门对统计严重失信企业和责任人员实施联合惩戒。

第四十六条　市人民政府统计机构可以对本行政区域内统计机构和组织实施统计调查项目的政府有关部门进行统计工作巡查；县（市）区人民政府统计机构可以对本级人民政府有关部门和乡（镇）人民政府、街道办事处进行统计工作巡查。

统计工作巡查主要包括下列内容：

（一）统计法律、法规、规章的执行情况；

（二）国家和省市统计制度的执行情况，地方统计调查项目审批与管理的执行情况；

（三）统计数据质量和统计基础工作情况，统计数据公布制度的建立情况；

（四）统计工作的其他情况。

市、县（市）区人民政府统计机构在统计工作巡查中发现问题的，应当要求被巡查单位及时纠正，并在巡查结束后三十日内，向被巡查单位出具巡查情况通报，对其在统计工作中存在的问题提出整改意见。

第六章　法律责任

第四十七条　违反本条例规定，作为统计调查对象的国家机关、企业事业单位或者其他组织迟报统计资料的，或者未按照规定设置原始记录、统计台账或者电子统计台账的，由市、县（市）区人民政府统计机构责令改正，给予警告；对企业事业单位或者其他组织，可以并处一万元以下罚款；对个体工商户，可以并处一千元以下罚款。

第四十八条　违反本条例规定，作为统计调查对象的国家机关、企业事业单位或者其他组织有下列行为之一的，由市、县（市）区人民政府统计机构责令改正，给予警告，可以予以通报；其直接负责的主管人员和其他直接责任人员属于国家工作人员的，由有权机关依法给予处分：

（一）拒绝提供统计资料或者经催报后仍未按时提供统计资料的；

（二）提供不真实或者不完整的统计资料的；

（三）拒绝答复或者不如实答复统计检查查询书的；

（四）拒绝、阻碍统计调查、统计检查的；

（五）转移、隐匿、篡改、毁弃或者拒绝提供原始记录和凭证、统计台账、统计调查表及其他相关证明和资料的。

企业事业单位或者其他组织有前款所列行为之一的，可以并处五万元以下罚款；情节严重的，并处五万元以上二十万元以下罚款。

个体工商户有本条第一款所列行为之一的，由市、县（市）区人民政府统计机构责令改正，给予警告，可以并处一万元以下罚款。

第四十九条　市、县（市）区、乡（镇）人民政府，市、县（市）区人民政府统计机构或者有关部门及其负责人有本条例第八条所列违法行为之一的，由上级人民政府、本级人民政府、上级人民政府统计机构或者本级人民政府统计机构责令改正，予以通报；对直接负责的主管人员和其他直接责任人员，由有权机关依法给予处分。

第五十条 违反本条例规定，市、县（市）区人民政府统计机构或者有关部门有下列情形之一的，由本级人民政府、上级人民政府统计机构或者本级人民政府统计机构责令改正，予以通报；对直接负责的主管人员和其他直接责任人员，由有权机关依法给予处分：

（一）地方统计调查项目及其统计调查制度未经批准或者虽经批准但是未依法公布，擅自组织实施的；

（二）泄露在统计调查中获得的国家秘密、商业秘密、个人信息或者提供、泄露在统计调查中获得的能够识别或者推断单个统计调查对象身份的资料的；

（三）伪造、篡改统计资料或者以任何方式要求任何单位和个人提供不真实的统计资料的；

（四）拒绝向本级人民政府统计机构提供所需的行政记录资料的；

（五）应当公布统计资料而未公布或者公布统计资料不符合规定要求的；

（六）不依法履行统计监督检查职责或者不依法查处统计违法行为的。

乡（镇）人民政府、街道办事处有前款第一项至第三项所列行为之一的，依照前款规定追究法律责任。

统计人员有第一款第二项至第六项所列行为之一的，责令改正，依法给予处分。

统计机构、统计人员泄露国家秘密的，依法追究法律责任。

第七章 附则

第五十一条 本条例自 2020 年 1 月 1 日起施行。

目　录

特　载
SPECIAL REPORT

县（市）区开发区经济
ECONOMY OF COUNTY(CITY) AND DISTRICT AND DEVELOPING AREA

统 计 资 料
STATISTICS

第一篇　综　合
1. GENERAL SURVEY

第二篇 人 口
2.POPULATION

第三篇 就业与工资
3.EMPIOYMENT & SAIARY

第四篇　固定资产投资
4. INVESTMENT IN FIXED ASSETS

第五篇　能源消费与库存
5. GONSUMPTION AND STORAGE OF ENERGY

第六篇　财　政

6. GOVERNMENT FINANCE

第七篇　物　价

7. PRICE

第八篇　人民生活

8. PEOPLE'S LIVELIHOOD

第九篇　城市建设

9. GENERAL SURVEY OF CITY

第十篇 农 业

10. AGRICULTURE

第十一篇　工　业
11. INDUSTRY

第十二篇　交通运输、邮电通信业
12. TRANSPORTATION,POST AND TELECOMMUNICATION

第十三篇　建筑业
13. CONSTRUCTION

第十四篇　批发零售贸易和住宿餐饮业
14. WHOLESALE RETAIL TRADES AND HOTELS CATERING

第十五篇 对外经济贸易和旅游业

15. FOREIGA TRADE AND TOURISM

第十六篇　金融保险业

16. BANKING AND INSURANCE

第十七篇　教育、科技及文化事业

17. EDUCATION AND TECHNOLOGY CULTURE

第十八篇 体育、卫生及其他事业

18. SPORTS,PUBLIC HEALTH AND OTHERS

主要统计指标解释

EXPLANATORY NOTES ON MAIN STATISTICAL INDICATORS

特载

SPECLAL REPORT

2020

长春统计年鉴

CHANGCHUN STATISTICAL YEARBOOK

政府工作报告

——2020年1月7日在长春市第十五届人民代表大会第四次会议上

市长　刘　忻

各位代表：

现在，我代表市政府，向大会报告工作，请予审议，并请市政协委员提出意见。

一、2019年工作回顾

2019年，我们以习近平新时代中国特色社会主义思想为指导，在市委的正确领导下，解放思想、迎难而上、奋力拼搏、扎实工作，努力战胜各种风险挑战，各项工作取得新成效。

——经济经受严峻考验，克服汽车全行业下滑期、历史积累矛盾凸显期、政策性因素调整期综合影响，预计全年地区生产总值增长2%；剔除不可比因素，地方级财政收入增长2.6%。

——发展后劲不断增强，一汽加大在长产能布局力度，一批重点企业增资扩产，招商项目质量、规模、数量有明显提升，国家高新技术企业户数倍增，科技型“小巨人”企业户数增加32%，日均新设立企业超过100户。

——城乡环境质量稳步提高，城市空气质量、重点流域水质的改善程度均排在全国前列。城市管理水平不断提升，“全国文明城市”荣誉称号成功复牌，第四次获评“国家卫生城市”。

——民生事业稳健发展，新增就业9.8万人，城镇登记失业率控制在4%以内，城乡居民人均可支配收入增长7%，人民群众生活水平又有新提高。

一年来，我们坚持稳中求进工作总基调，统筹稳增长、促改革、调结构、惠民生、防风险、保稳定，重点做了以下工作。

（一）加快调整经济结构，培育发展新动能

深入开展“专班抓项目”。全年开复工超10亿元产业项目112个、超亿元产业项目445个，一汽丰越RAV4换代、华大基因测序仪等128个超亿元产业项目竣工投产。强力支持本地企业扩能改造，一汽丰越等130余户规模以上企业增加投资。大力招商引资引智，华为等一批领军创新型研究院所落户长春，宝能等知名企业投资新项目，新签约项目到位资金增长35%，外资实际到位资金增长20%，经营性用地出让量增长94%。

做优做强实体经济。出台支持实体经济发展12条举措。举全市之力支持一汽、长客等重点企业发展。一汽集团整车产量增速高于全国平均水平8.6个百分点，销量增速高于全国平均水平8.7个百分点，市场占有率从12.3%提升到13.6%。红旗汽车产量从3.3万辆突破10万辆。新能源汽车产量增长4倍、销量增长3.5倍。大力发展优质特色绿色农业，新建6个千亩以上高标准农田核心示范区、20个绿色有机农业示范园区，新认证“三品一标”农产品100个。实施玉米保护性耕作400万亩。农机综合化率达到90%。粮食产量188.6亿斤，增长9.1%。

大力发展现代服务业。改造升级长影不夜街等一批特色夜市，欧亚汇集、这有山等特色商务综合体投入运营。社会消费品零售总额增长4%。以市场化为主，高水平、大手笔打造莲花山冰雪大世界、净月雪世界、雕塑公园冰雪天地，成为冬季旅游网红打卡地。夜经济、冰雪经济、网红经济、文化消费扮靓长春。成功举办汽博会、农博会、雪博会、航空展等170个规模以上展会。接待海内外游客突破1亿人次，旅游总收入超过2000亿元。龙嘉机场旅客吞吐量增长7.6%。金融机构存款余额增长11.6%，贷款余额增长13.4%。亿联银行存款规模增长146%、贷款规模增长290%。

深入实施创新驱动战略。构建以一汽、吉大、光机所、应化所为代表的大企、大学、大所产学研创新联盟，科技成果加快转化。新增国家高新技术企业669户，总数达到1322户，增幅居副省级城市第三位。新增科技型“小巨人”企业277户，总数达到1147户。技术合同成交额增长25%。专利申请量增长10.1%。大力开展大众创业、万众创新，“双创”基地达到176个，在孵企业4600户。14项科技成果获得国家科学技术奖。8.1万名高校毕业生留长创业就业。新增2名院士，新建5家院士工作站。

（二）持续优化营商环境，增强发展内生动力

深化政务服务综合改革。新企业开办审批用时减到1小时以内。9类工程建设项目从立项到竣工验收审批时限承诺最短15个工作日、最长50个工作日。顶住财政减收压力，为制造业、小微企业等市场主体和个人减税142亿元。大幅降低城镇职工基本养老保险单位缴费比例、医疗保险单位缴费比例。努力降低重点工业企业用水、燃气、蒸汽价格。偿还拖欠民营企业、中小企业账款46.3亿元。

开展“万人助万企”行动，为企业解决难点问题7409个。新登记民营企业3.8万户，民营经济主营业务收入增长8.5%。1124户个体工商户升为企业。上海证券交易所企业上市服务站落户长春新区。春城热力在香港上市。赢时物业、英辰科技在新三板挂牌。

统筹实施重点改革任务。政府机构改革顺利实施。国企管控员工总量、规范投资行为、退休人员社会化管理取得新成效。公交体制改革启动实施。厂办大集体改革扎实推进。农村土地确权全面完成。

（三）积极推动开放合作，拓展城市发展空间

不断扩大对外开放。启动创建中韩（长春）国际合作示范区工作。兴隆综保区业务额增长31%。长满欧班列进出口货物增长6.6%。整车进口口岸投入运营。高新技术产品进出口额增长13.2%。增开3条国际航线。建立外籍专家子女就学、本人就医、申办居留许可绿色通道，“120”提供外语无障碍服务。中车长客法籍专家马小克、长春理工大学日籍专家富江敏尚获中国政府友谊奖。

推动区域协同发展。加快推动长吉一体化、长春公主岭同城化，长吉接合片区获批国家城乡融合发展试验区。深化与天津、杭州对口合作。天津长春无水港开通运行。积极推动哈长城市群建设。

（四）突出绿色发展，生态环境质量持续改善

坚决打好污染防治攻坚战。2318家“散乱污”企业全部完成整治，淘汰20蒸吨以下燃煤锅炉597台，秸秆综合利用率达到88%。深入落实河（湖）长制，新建改造12座污水处理厂，启动建设85处乡镇污水集中处理设施，饮马河、伊通河流域水质显著改善。石头口门、新立城水源地一级保护区1.9万亩耕地退耕还草还湿，水质达标率100%。主城区生活垃圾分类覆盖率达到60%。

加强生态保护。营造林4591公顷，恢复矿山生态636.9公顷。按时完成大棚房整治及自然保护区、水源地保护区违建别墅清查整治。

开展“农村人居环境集中整治”。430个村整村推进厕所改造，1393个行政村实现生活垃圾收集转运处理，完成1972公里“畅返不畅”农村公路整治，涌现出以10个市级示范村为代表的一批美丽乡村先进典型。

（五）注重功能特色品质，城市建设管理水平稳步提升

坚持规划引领。健全多规合一规划体系，启动编制长春现代化都市圈规划，完成市政设施、公共服务等23个专项规划。

坚持人民城市人民建。人民大街历史文化街区维修改造得到沿街中省直单位大力支持，百年长街旧貌换新颜。新建19条城市道路，完成5条街路大中修，实施8座桥梁维修加固。着力突破拆迁“老大难”，一汽物流铁路线、机场大道等停工受阻多年的工程顺利复工，吉林大路快速路和一汽大众物流专用通道投入使用。全面启动第三轮轨道交通建设，地铁6号线以及地铁2号线东延、轻轨4号线南延工程相继开工。新建3座公园，新植改造75处绿化精品，增加绿地251公顷。水文化生态园荣获美国景观建筑师协会等三家国际权威机构评奖。

坚持人民城市人民管。积极响应群众呼声，开展“城市乱象集中整治”。拆除违法建筑236万平方米。清理工地临时用房及围挡，火车站、西客站、文化广场、伊通河沿线等城市主要节点面貌焕然一新。

（六）大力繁荣城市文化，塑造城市精神品质

注重文化建设。《长春故事》文化读本进入校园。圆满完成央视春晚长春一汽分会场等重大演出任务。举办高水平音乐会10场，开展公益演出300场。长影乐团“周末音乐会”成为文化惠民新品牌。

注重文物保护。侵华日军第一〇〇部队遗址、伪满建国忠灵庙旧址、农安五台山遗址和中东铁路建筑群入选第八批全国重点文物保护单位。长春博物馆对外开放。

注重全民健身。大力发展群众体育运动。158所城区中小学体育场馆对外开放。高水准举办第三届长春国际马拉松赛、全国汽车短道挑战赛、首届全国学校冰雪运动竞赛暨冰雪嘉年华等70余场国际国内体育赛事。

（七）全力改善民生，切实维护和谐稳定

坚决打好精准脱贫攻坚战。中央扶贫巡视反馈问题全部完成整改。新建改造101处集中供水工程，改造危房2411户，1280户贫困户脱贫，贫困村全部出列，农村贫困人口基本实现“两不愁三保障”。

坚决打好防范化解重大风险攻坚战。严控政府隐性债务。集中整治P2P网络借贷乱象，稳妥处置吉林文投等非法集资案件。做好长生问题疫苗案件后续处置。

幸福长春行动计划民生实事全部落实。新增4所义务教育学校。“温馨村小”创建成为中央改革发展攻坚克难创新案例。汽车高等专科学校、职业技术学院入围国家高职院校“双高计划”。为不减员少裁员企业发放稳岗补贴。农村劳动力转移就业118万人。企业退休人员基本养老金人均增长5.4%。深入实施“菜篮子”工程。针对猪肉价格过快上涨，及时向困难群众发放价格临时补贴。向4.3万名残疾人提供精准康复服务。新建第二福利院和15个社区养老中心。大病保险报销比例提高5%，抗癌药物个人先行自付比例降低5%，异地就医更加便捷。启动实施惠及3.9万户居民的老旧小区改造。完成“无籍房”确权1161万平方米。改造棚户区6294户。安置超期回迁居民3098户。进入全国住房租赁市场首批试点，利用中央财政奖补资金筹集2万套租赁房源。加强信访和市长公开电话工作，切实解决群众合理诉求。规范供热、出租车行业管理，供热投诉减少52%，出租车投诉率下降30.2%。优化公交线网，更新公交车辆576台。

深入开展扫黑除恶专项斗争。打掉涉黑团伙13个、恶势力集团32个、涉恶团伙83个，查处“保护伞”58人。命案和有影响案件全部告破。行政村驻村辅警实现全覆盖。建立应急管理

体系，成立综合性消防救援队伍。持续推进安全生产专项整治，事故起数下降7.2%，遇难人数下降2.8%。

（八）加强政府自身建设，强化为民服务宗旨

深入学习贯彻习近平总书记关于东北振兴重要讲话和重要指示批示精神，不断解放思想、奋发有为，切实增强振兴发展的内生动力。扎实开展“不忘初心、牢记使命”主题教育。

自觉接受市人大及其常委会法律监督、市政协民主监督，主动接受社会和舆论监督，认真听取各民主党派、工商联、无党派人士、各人民团体意见建议。

坚决落实全面从严治党责任，认真落实中央八项规定精神，驰而不息推进政府系统党风廉政建设。财政一般性支出压减5%，“三公”经费压减3%。

深入开展双拥共建活动。基本完成退役军人服务体系建设。民族团结、宗教和睦良好局面进一步巩固。国家安全、供销、气象、档案、人防、公积金、地方志、红十字等领域工作取得新进展。

各位代表，过去的一年，长春经济社会发展所取得的成绩，是习近平新时代中国特色社会主义思想科学指引的结果，是省委、省政府和市委正确领导的结果，是市人大、市政协监督支持的结果，是全市广大干部群众团结奋斗的结果。在此，我代表市政府，向全市人民、人大代表、政协委员，向各民主党派、工商联、人民团体，向驻长中省直单位、人民解放军和武警官兵，向所有关心、支持长春发展的各界人士和国际友人，致以崇高的敬意和衷心的感谢！

肯定成绩的同时也要清醒看到，我们还要加快补齐体制机制、经济结构、开放合作、思想观念“四大短板”，创新性解决突出问题。一是营商环境的体制、机制、政策改善不大，市场化、法治化、国际化程度不高，改革、开放、创新办法不多；二是经济结构单一、产业生态不优的问题依然突出；三是城市建设标准和管理水平距人民群众期待还有一定距离；四是社会治理体系和治理能力建设需要进一步加强；五是对外开放与产业发展的要求差距很大；六是一些群众关心的热点难点问题还没有从根本上解决；七是干部队伍建设还需加强，防腐败的制度笼子还需扎牢。对此，我们将直面矛盾、正视问题，以一往无前的奋斗姿态，只争朝夕、不负韶华的工作状态，奋力拼搏，不负人民重托！

2019年长春市国民经济和社会发展统计公报

长春市统计局

2019年，面对日益复杂多变的内外部环境和前所未有的困难局面，全市上下坚持以习近平新时代中国特色社会主义思想为指导，深入贯彻落实党中央、国务院和省委、省政府各项决策部署，按照市委、市政府的工作要求，统筹推进“五位一体”总体布局，协调推进“四个全面”战略布局，全面践行新发展理念，坚持稳中求进的工作总基调和“打先锋、站排头”的总体要求，解放思想、抢抓机遇，迎难而上、扎实工作，经济运行稳中有进，质量效益逐步提升，各项社会事业全面发展，人民生活福祉持续改善，全面建成小康社会取得新进展。

一、综合

初步核算，全市实现地区生产总值5904.1亿元，按可比价格计算，比上年增长3.0%。其中，第一产业增加值348.1亿元，比上年增长2.1%；第二产业增加值2495.4亿元，增长5.3%；第三产业增加值3060.6亿元，增长1.0%。三次产业结构为5.9：42.3：51.8，对经济增长的贡献率分别为4.1%、79.8%、16.1%。人均地区生产总值达到78456元（按户籍年平均人口数计算），比上年增长2.6%，折合11246美元。

全市一般预算全口径财政收入1100亿元，下降9.1%。全市地方财政收入420亿元，下降12.1%，其中，税收收入333.7亿元，下降9.8%。地方财政支出896亿元，增长0.2%，其中，社会保障和就业支出125.5亿元，增长2.1%；教育支出134.6亿元，增长5.8%；卫生健康支出71.6亿元，下降1.5%；交通运输支出35.2亿元，增长5.3%；农林水支出88.1亿元，下降9.6%；住房保障支出33.8亿元，增长73.8%。

全市居民消费价格总水平同比上涨2.9%，涨幅比上年扩大0.9个百分点。从各类商品及服务价格变动情况看，食品烟酒价格上涨7.4%，衣着价格上涨2.2%，居住价格上涨2.8%，生活用品及服务价格上涨1.5%，交通和通信价格下降4.4%，教育文化和娱乐价格上涨2.1%，医疗保健价格上涨1.2%，其他用品和服务价格上涨4.2%。

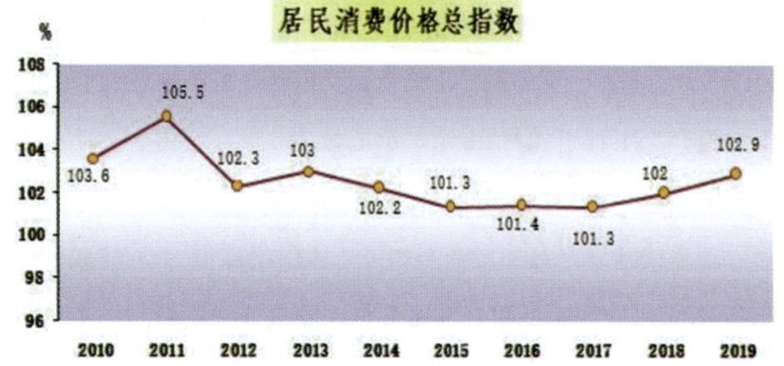

工业生产者出厂价格同比下降0.52%，降幅比上年扩大1.99个百分点。其中，生产资料价格下降1.12%，生活资料价格下降0.08%；轻工业产品价格上涨4.93%，重工业产品价格下降1.54%。工业生产者购进价格同比下降0.45%，降幅比上年扩大1.19个百分点。

二、农业

全市完成农林牧渔业增加值359.7亿元，比上年增长2.1%。

其中，种植业增加值125.5亿元，增长2.1%；林业增加值2.3亿元，下降23%；牧业增加值216.7亿元，增长2.4%；渔业增加值3.6亿元，增长6.9%；农林牧渔服务业增加值11.6亿元，增长1.6%。

农作物总播种面积131.3万公顷，比上年下降1%。粮食总产量达到943.1万吨，比上年增长9.1%。其中，玉米产量780万吨，增长11.9%；水稻产量139.9万吨，下降1.6%。猪出栏352万头，下降23.4%；牛出栏89.4万头，增长2.7%；羊出栏37.2万只，下降8.3%；家禽出栏2.8亿只，增长16.7%。肉类产量达到94.2万吨，下降4.1%；禽蛋产量达到41.4万吨，增长1.6%；牛奶产量达到5.8万吨，下降3.7%。

主要农副产品产量

指　　标	单位	2019年	同比增减%
粮食总产量	万吨	943.1	9.1
蔬菜总产量	万吨	101.4	13.1
肉类总产量	万吨	94.2	-4.1
禽蛋总产量	万吨	41.4	1.6
牛奶总产量	万吨	5.8	-3.7
出栏生猪	万头	352.0	-23.4
出栏家禽	亿只	2.8	16.7

全市农业机械总动力为800万千瓦，比上年增长6.6%；全市蔬菜耕地面积为7.9万公顷，增长1.3%；蔬菜总产值107亿元，下降4.5%。全市有效使用绿色食品标识产品237个，有机食品177个。

农业支持保护补贴共19.6亿元，玉米、大豆生产者补贴14.5亿元，农机购置补贴3.1亿元。全市获评吉林省"百村示范、千村提升"工程引领村23个，示范村235个。获得省补助资金661万元，获评吉林省美丽乡村共计20个。

新建续建农产品加工业产加销一体化项目41个，完成投资25.5亿元。省级以上和市级龙头企业数量分别发展到131户和196户。

三、工业建筑业

全市规模以上工业增加值同比增长6.2%。规模以上工业总产值同比增长1.5%。分轻重工业看，轻工业总产值下降11.5%；重工业总产值增长2.9%。分经济类型看，国有企业总产值增长1.7%；集体企业总产值下降23.7%；股份合作企业总产值下降27.6%；股份制企业总产值增长2.3%；外商及港澳台商投资企业总产值与去年持平；其他经济类型企业总产值下降65.9%。

七大重点行业中，汽车制造业总产值增长3.9%；农副食品加工业总产值下降14.4%；生物与医药工业总产值增长4.7%；光电子信息工业总产值下降15.3%；建材工业总产值下降6.2%；能源工业总产值增长3.4%；装备制造业总产值下降1.2%。产值前30户重点工业企业占规模以上工业的比重达到79.4%。

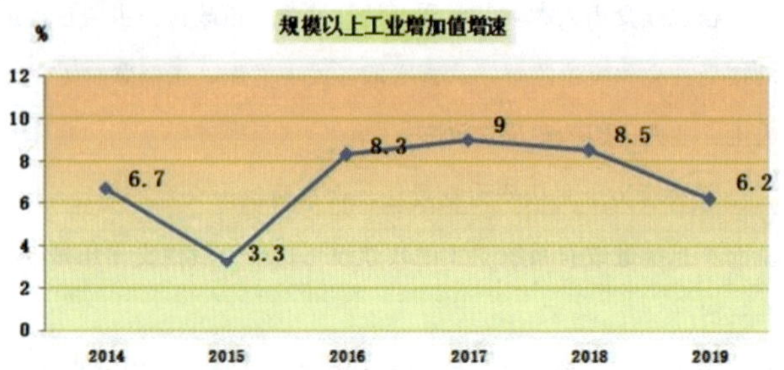

2019年主要工业产品产量

产品	单位	产量	同比增减%
汽车	万辆	288.9	4.4
#轿车	万辆	158.3	-12.7
#公路客车	辆	290	-90.5
#载货汽车	万辆	38.4	18.6
铁路客车	辆	358	37.7
动车组	辆	622	-23.8
变压器	万千伏安	751.5	-3.6
橡胶轮胎外胎	万条	241.2	-21.9
工业自动调节仪表与控制系统	万台	2.3	11.4
发电量	亿千瓦时	287.8	19.0
水泥	万吨	438.7	17.4
钢材	万吨	8.0	25.7
卷烟	亿支	177.0	13.1
啤酒	万千升	7.0	-56.3
中成药	万吨	1.2	8.7
饲料	万吨	184.5	-8.8
精炼食用植物油	万吨	23.7	23.4
塑料制品	万吨	11.2	-34.1
服装	万件	605.4	-24.5

全市实现主营业务收入比上年增长2.2%；利税总额比上年下降1.5%；盈亏相抵后利润总额比上年增长3.3%。

全市资质以上建筑业完成总产值1168.6亿元，比上年下降12.7%。

四、固定资产投资

全市固定资产投资下降19%。其中，房地产开发投资增长12.6%。固定资产交付使用率为32.1%,比上年下降6.2个百分点。房屋面积竣工率为12.4%，比上年下降2.7个百分点。

从各产业完成投资情况看，第一产业投资下降66.3%；第二产业投资下降36.7%；第三产业投资下降12.3%。从投资主体看，国有经济投资下降9%；非国有经济投资下降25.3%，占固定资产投资的比重为56.7%。民间投资下降28.7%。全市工业投资下降36.6%。

全市商品房施工面积7551.8万平方米，比上年增长4.6%。商品房竣工面积924.4万平方米，下降15%。商品房销售面积1342.4万平方米，增长4.2%。商品房销售额1178.3亿元，增长10.9%。

全市二手房交易9万套，交易面积776.5万平方米，比上年下降7.6%。其中：住宅交易8.6万套，交易面积708.3万平方米，比上年下降10%。

五、国内贸易

全市社会消费品零售总额比上年增长3.9%。分行业看，批发零售贸易业零售额增长3.7%。其中，限额以上批发零售贸易业零售额下降3.4%；限额以下批发零售贸易业零售额增长9.2%；住宿和餐饮业零售额增长5.1%。其中，限额以上住宿餐饮业零售额下降16.7%；限额以下住宿餐饮业零售额增长6.6%。

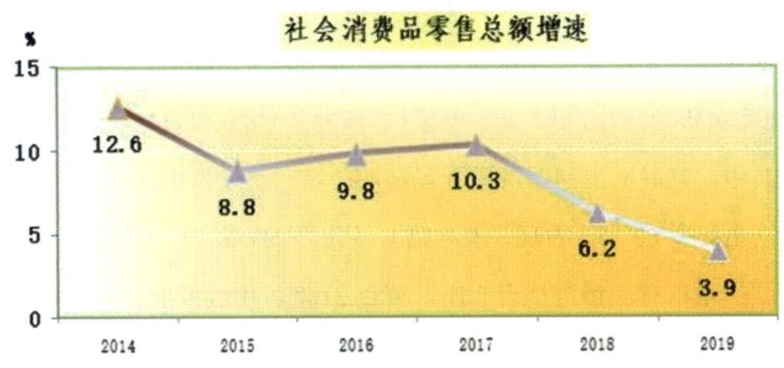

限额以上批发和零售企业汽车类零售额下降9.2%；粮油、食品类零售额增长3.1%；服装鞋帽针纺织品类零售额增长2.5%；金银珠宝类零售额增长5.2%；家用电器和音像器材类零售额下降4.7%；石油及制品零售额下降3.9%。

六、对外经济　旅游　会展

全市实现进出口总额995.8亿元，比上年下降5.6%。其中，进口847.2亿元，下降6.1%；出口148.6亿元，下降2.6%。按出口贸易方式分，一般贸易方式出口93.5亿元，下降6.1%；加工贸易方式出口32.9亿元，下降33.9%。

全年新批外资项目（企业）43个，直接利用外资3.3亿美元。

全年来长旅游人数达到10156.5万人次，比上年增长13%。其中，接待入境游客41.7万人次，比上年下降8.7%；接待国内旅游者10114.8万人次，增长13.1%。全年旅游总收入2191.4亿元，增长15.1%。旅游外汇收入22874.0万美元，下降23.9%。

全市共举办规模以上会展活动173项，展览面积300万平方米，展会直接收入82亿元，增长10%，带动其他相关产业收入720亿元，增长10%。

七、交通邮电业

全年铁路客运量4141.1万人，增长5.6%，货运量517.7万吨，下降25.9%。

全年公路货物周转量395.2亿吨公里；旅客周转量为38.8亿人公里，下降3.4%。公路总里程2.43万公里，其中，等级公路2.34万公里，占公路总里程的96.2%；高速公路464.1公里，占公路总里程的1.9%。

全年民航货邮吞吐量8.9万吨，增长7.0%；旅客吞吐量1393.5万人，增长7.4%。年末全市民用汽车保有量183.2万辆，增长6.5%。其中，私人汽车保有量164.4万辆，增长6.3%。民用轿车保有量113.5万辆，增长6.8%。其中，私人轿车保有量106.1万辆，增长6.5%。

全年完成邮政业务总量42.5亿元，增长30.9%。邮政寄递服务1.2亿件，下降1.7%。其中，邮政函件业务716.6万件，下降4.3%；包裹业务量12.3万件，下降29.7%。快递业务量1.6亿件，增长24.9%，快递业务收入27.8亿元，增长23.2%。特快专递32万件，集邮915万件，下降23.6%，邮政储蓄平均余额3988.5亿元，增长5.4%。市话期末到达户数86万户，下降23.9%；农话期末到达户数15 万户，下降31.2%；移动电话期末到达户数1092万户，下降28 %；互联网接入用户549万户，下降9.5%。

八、金融　证券　保险

年末全市拥有银行信社类金融机构44家，（省级）保险公司38家，证券公司2家，证券分支机构91家，（省级）证券营业部138家，上市企业24家。

年末金融机构本外币各项存款余额12681.9亿元，比年初增长9.7%。住户存款余额5945亿元，比年初增长17.5%。金融机构本外币各项贷款余额13096.4亿元，比年初增长13.2%。

金融机构本外币存贷款

单位：亿元

指　　标	2019年	比年初增减%
各项存款余额	12681.9	9.7
其中：1. 住户存款	5945.0	17.5
2. 非金融企业存款	4073.5	1.4
3. 财政性存款	239.3	-5.1
各项贷款余额	13096.4	13.2
其中：住户短期贷款	659.7	46.9
中长期贷款	3591.4	26.4

年末股民账户数达到309.2万户，比上年增长30.6%。有价证券成交总额14351.7亿元，比上年增长3.4%。其中，股票交易成交额7351.7亿元，增长36.1%；国债成交额6317.5亿元，下降8.2%；基金成交额439.5亿元，下降65.6%。

全市保费收入292.3亿元，比上年增长16.1%。其中，财产险保费收入99.3亿元，增长8.0%；人身险保费收入193.0亿元，增长20.8%。全年赔付总金额97.2亿元，增长18.3%。其中，财产险赔付金额54.1亿元，增长15.4%；人身险赔付金额43.1亿元，增长22.1%。

九、城　建

全市完成道路新建和扩建长度72.5公里，全市道路总面积达到8467.1万平方米，道路长度达到4243.7公里。

全市公共水厂日综合生产能力为139.4万立方米/日，公共用水人口达481.5万人。全市天然气供气总量达到97752.9万立方米；液化石油气供气总量达到4.8万吨；天然气、石油液化气户数达到234.4万户。全市集中供热面积达到28819万平方米。全市公园绿地面积达到3965公顷（城区和开发区），建成区绿化覆盖面积达到21534.4公顷，建成区绿化覆盖率达到41%。

十、科技　质量技术监督　教育

全年专利申请量23144件，授权量11894件，分别比上年增长15.3%和15.8%。其中，发明专利申请量9215件，增长8.2%；发明专利授权量2600件，增长7.6%。

技术合同成交额达464.5亿元。市科技管理部门共投入科技经费11.3亿元。全市新认定高新技术企业744户。

全市有法定产品质量检验机构6家，法定计量技术机构10家。全年实施市级产品质量监督抽查2130批次，计量校准设备123530台/件，检验各类器具202663台/件。

全市各类教育学校1505所（不含幼儿园，以下同），其中，普通高校40所，成人高校8所，中等职业学校93所，普通高中74所，初中学校274所，小学1006所，特殊教育学校9所，工读学校1所。

全市各级各类学校当年招生39.1万人。其中，普通本专科生14万人，成人本专科生3.5万人，研究生2.1万人，中等职业1.7万人，普通高中4.4万人，初中阶段6.4万人，小学6.9万人，特殊教育183人，工读34人。

全市各级各类学校在校学生137万人，其中，普通本专科生46.9万人，成人本专科生6.5万人，研究生6.2万人，中等职业教育4.4万人，普通高中12.2万人，初中20.1万人，小学40.4万人，特殊教育0.1万人，工读46人。

全市各级各类学校在校教职工12.2万人。其中，普通高校4.3万人，成人高校0.1万人，中等职业0.5万人，普通高中1.3万人，普通初中2.7万人，小学3万人，特殊教育人0.04万人，工读41人。

全市各级各类学校的专任教师9.3万人。其中，普通高校2.8万人，成人高校0.1万人，中等职业学校0.4万人，普通高中0.9万人，初中2万人，小学3.1万人，特殊教育0.04万人，工读31人。

全市举办学前教育机构1100个，其中，独立设置幼儿园828所，附设幼儿班机构272个。当年入园儿童4.3万人，在园儿童11.5万人，全市幼儿园教职工2万人，其中，专任教师万1.1万人。民办普惠性幼儿园111所，在园幼儿1.6万人。

全市非学历职业技术培训学校（机构）584个，当年注册学生6万人，结业生1.6万人，教职工0.4万人，其中，专任教师0.3万人。

十一、文化　卫生　体育

全市共有文化（文物）事业机构250家，其中，艺术表演团体8家，艺术表演场馆5家，公共图书馆12家，艺术馆、文化馆12家，文化站163家，文化艺术科研、科技机构1家，文物保护研究机构1家，文物保护管理机构4家，其他文化事业15家，博物馆23家，文化市场管理机构6家。公共图书馆总藏量577.7万册，其中，少儿图书馆藏量91.7万册。

全市有各类文化经营场所1256家，其中，互联网上网服务营业场所707家，文化娱乐场所265家，演出场所37家，古玩（美术品）经营店247家。市区（含开发区）文化经营场所957家，其中，互联网上网服务营业场所497家，文化娱乐场所191家，演出场所22家，古玩（美术品）经营店247家。

全市有广播电视台6座，节目21套，中波发射台和转播台2座，转播台24座，广播人口覆盖率为100%。

全市共有卫生医疗机构4918个，比上年减少4.3%。其中，医院、卫生院308所，比上年减少3.8%。拥有医疗床位5.6万张，比上年增长6%。卫生技术人员为5.9万人，比上年增长3.5%。每千人拥有执业医师和执业助理医师3.4人。

市辖区建成社区卫生服务中心85家，城区人口覆盖率达到100%。335.4万农民参加了新型合作医疗，常住人口参合率达到97.1%，共筹集资金25.5亿元，已有218.1万参合农民受益，支付补偿金20.7亿元，占筹资总额的81.4%。

全年先后成功承办了瓦萨国际越野滑雪系列赛、长春国际马拉松赛、中国冰雪汽车短道拉力锦标赛等国际国内大型体育赛事70余项次。大力开展全民健身活动，完善健身场地设施，改善健身条件，开展各级各类健身活动1000余项次。

我市及我市输送的运动员参加年度国际和全国比赛74项次，获世界系列比赛冠军6个，全国冠军53个，多人创造中国体育历史：运动员孟繁棋获得世界冬季两项青年锦标赛青年组女子12.5公里个人项目桂冠，是中国运动员首次站上世青赛青年组的冠军领奖台；在单板滑雪平行项目世界杯北京云顶站比赛中运动员张宣获得第四名，创造了中国男子运动员该项目国际比赛历史最好成绩；射箭世界锦标赛上18岁运动员魏绍轩获得男子团体反曲弓项目冠军，这是中国队在该项目的历史首枚金牌。全市共有38名运动员入选国家队（集训队、青年队），为备战2020年东京奥运会、2022北京冬奥会提供人才支持。

全年销售体育彩票13.8亿元，占全省销售的比例为36%。

十二、环境保护　安全生产

初步核算，全市能源消费总量1873.8万吨标准煤，比上年下降0.8%。全社会用电量254.1亿千瓦时，增长4.5%。全市万元地区生产总值能耗下降3.6%。万元规模以上工业增加值综合能源消耗下降11.5%。

全年长春市区域环境噪声昼间等效声级平均值55.6dB(A)，昼间道路交通噪声平均等效声级为69.5dB(A)。

全年环境空气质量总监测天数365天，其中优良天气306天，空气质量优良率为83.8%；重污染天数5天，同比增加4天。环境空气中二氧化硫（SO2）浓度均值11μg/m3，比上年下降5微克，同比下降31.3%；二氧化氮（NO2）浓度均值34μg/m3，比上年下降1微克，同比下降2.9%；可吸入颗粒物PM10浓度均值64μg/m3，比上年上升3微克，同比上升4.9%；细颗粒物PM2.5浓度均值38μg/m3，比上年上升5微克，同比上升15.2%；臭氧（O3）日最大8小时平均第90百分位数浓度值为134μg/m3，比上年上升1微克，同比上升0.8%；一氧化碳（CO）24小时平均第95百分位数浓度值为1.3mg/m3，同比不变。

城市集中式饮用水水源地水质达标率100%。

根据事故直报系统报送情况统计，全市发生各类生产安全事故799起、死亡239人；全市亿元GDP死亡率0.0404；工矿企业就业人员10万人死亡率1.263；煤矿百万吨死亡率3.48。

十三、人口　人民生活　社会保障

年末全市户籍总人口为753.8万人。其中，市区人口445.1万人，三县（市）人口308.7万人。全市人口出生率为7.63‰，死亡率5.48‰，自然增长率2.15‰。

全市城镇常住居民人均可支配收入达到37844元，比上年增长7%。农村常住居民人均可支配收入15455元，比上年增长8.6%。

年末全市城镇企业职工基本养老保险参保人数达到225万人，比上年增长1.6%。其中，在职职工156.8万人，增长1.4%；城镇失业保险参保人数达到120.7万人，增长21.3%。全年征缴养老保险基金183.9亿元；征缴失业保险基金7.2亿元。全年共为68.3万名离退休人员发放养老金210.7亿元，增长9.2%；为1.7万名失业人员发放失业金1.8亿元。城镇医疗保险参保人数达到455.6万人，工伤和生育保险参保人数分别达到162.3万人和128.3万人。

全市共开发就业岗位14.3万个，实现城镇新增就业10.2万人，安置下岗失业人员实现再就业4.2万人，其中就业困难人员再就业1.2万人。年末全市公益性岗位在岗人数9881人。累计实现农村劳动力转移就业118万人。年末城镇登记失业率为2.51%。

全市改造棚户区住宅6375套，回迁安置居民7367户。

年末全市城市居民63287人享受最低生活保障；农村居民84906人享受最低生活保障。累计全年发放城乡低保资金7.4亿元。

全市各类养老服务机构共有441家，总床位数42044张。其中：国家办养老机构4家，社会力量投资兴办的养老机构353家。农村社会福利服务中心84所。全年销售社会福利彩票9.4亿元。募集善款1723.4万元，总支出慈善募捐款1609.5万元，受助群众达4.7万人次。

注:1.本公报各项统计数据为初步统计数。

2.本公报长春市地区生产总值、各产业增加值绝对数按现价计算，增长速度按可比价格计算。根据第四次全国经济普查结果，省统计局对各市州地区生产总值、三次产业及相关产业增加值等相关指标的历史数据进行了修订。本公报中涉及2019年地区生产总值、三次产业及相关产业增加值和以地区生产总值为分母计算的强度指标均以省统计局反馈修订后的2018年数据为基数。

3.资料来源：本公报中财政数据来自市财政局；价格指数、城乡居民收入数据来自国家统计局长春调查队；农业机械总动力、农业补贴、农产品加工企业产值等数据来自市农业农村局；二手房交易、改造棚户区住宅数据来自市住房保障和房屋管理局；货物进出口总额等数据来自长春海关；实际利用外资数据来自市商务局；会展业数据来自市贸促会；铁路客运量数据来自中国铁路沈阳局集团有限公司；公路货物周转量、旅客周转量数据来自市地方道路运输管理局；民航运输数据来自吉林省民航机场集团公司；民用汽车保有量数据来自省公安厅；邮政业务总量、移动电话期末户数、互联网接入用户数据来自中国邮政集团公司长春市分公司、中国电信股份有限公司吉林分公司、中国移动通信集团吉林有限公司长春分公司、中国联合网络通信有限公司长春分公司；货币金融类数据来自中国人民银行长春中心支行；上市公司数据来自证监会吉林监管局；保险业数据来自保监会吉林监管局；道路新建和扩建、道路面积和长度、水厂日综合生产能力、使用自来水人数、天然气、供热面积等数据来自市城乡建设委员会；公园绿地面积、绿化覆盖率等数据来自市林业和园林局；专利申请量、科技成果、技术合同等数据来自市科学技术局；质量检验机构等数据来自市市场监督管理局；教育数据来自市教育局；文化事业机构、艺术表演团体、博物馆、公共图书馆、文化馆、经营场所、广播电台和旅游数据来自市文化广播电视和旅游局；卫生数据来自市卫生健康委员会；体育数据来自市体育局；环境保护数据来自市生态环境局；安全生产数据来自市应急管理局；人口数据来市公安局；企业职工养老保险参保人等数据来自市社会保险局；医疗保险数据来自市医疗保障局；城镇新增就业、登记失业率等数据来自市就业服务局；城乡低保、养老服务机构等数据来自市民政局；其他数据均来自市统计局。

县（市）区开发区经济

STATISTICS

2020

CHANGCHUN STATISTICAL YEARBOOK

【农安县】2019年，农安县政府在县委的坚强领导下，在县人大、县政协的监督支持下、坚持以习近平新时代中国特色社会主义思想为统领，认真贯彻习近平总书记考察东北重要讲话和重要指示精神，积极落实国家和省市各项决策部署，领导全县广大干部群众，坚持稳中求进工作总基调，全力推进经济社会各项事业稳步前进，有效应对风险挑战，实现农安县经济平稳发展。

一、综合

经济综合实力稳步发展，全年实现地区生产总值251.4亿元，比上年增长-1.3%。分产业看，第一产业增加值105.7亿元，同比增长2.4%；第二产业增加值32.9亿元，同比增长-7.3%；第三产业增加值112.8亿元，同比增长-2.7%。三大产业结构比为42.0：13.1：44.9。

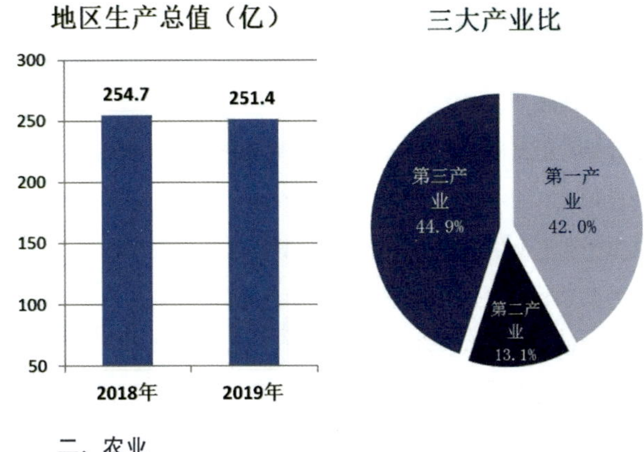

二、农业

现代农业产业结构更加合理，农业生产基础进一步夯实，生产体系进一步完善。

主要农作物产量。农安县全年粮食产量279.2万吨，其中：玉米产量256.1万吨；大豆产量2.4万吨；水稻产量11.7万吨；马铃薯产量31.8万吨（薯类1/5折粮）；其他2.6万吨。

现代农业体系不断完善。集聚各级力量和优势资源，打造高标准农田16万亩；农机总动力达到203万千瓦、农机保有量达到10.2万台，主要粮食作物综合机械化水平达到94%。完善新型农业经营体系，农民合作社发展到6500家，土地流转23.7万公顷，流转率63.0%。打造绿色有机农业示范园区15个，市级以上农业产业化重点龙头企业达到51家。创建完成双珠（猪）省级现代农业产业园。认证“三品一标”企业30家、农产品83个。

三、工业和建筑业

2019年，规模以上工业总产值完成132.2亿元，同比下降21.0%。按主要行业看，农副食品加工业总产值50.9亿元，同比下降14.7%；医药制造业总产值15876.0万元，同比下降22.4%；汽车制造业总产值34457.4万元，同比下降26.9%；食品制造业总产值22648.0万元，同比下降6.4%；纺织服装、服饰业27171.8万元，同比下降21.3%；石油煤炭及其他燃料加工业286477.8万元，同比下降12.9%；电力热力生产和供应业144918.7万元，同比增长0.9%。

2019年末全县共有资质以上建筑业企业22家，较去年增加3家，全年实现建筑业总产值11.1亿元，同比增长26.2%。

四、固定资产投资和房地产开发

全年全社会固定资产投资完成50.7亿元，同比下降27.7%。其中：工业投资9.6亿元，占全社会固定资产投资额的18.9%。500-5000万元以下投资完成1.6亿元，同比下降64.4%；5000万元以上投资完成16.8亿元，同比下降60.7%。

2019年年末全县共有房地产企业31家，全年完成房地产开发投资32.3亿元，同比上年增长125.9%。销售面积85.7万平方米，同比增长38.0%；销售额33亿元，同比增长71.8%。

五、贸易和服务业

贸易与服务业发展势头稳健。全县依托现有商贸产业，重点发展以物流为主的生产性服务业，城乡商贸流通体系不断健全，现代物流业、城市商业网点向农村延伸。全年实现社会消费品零售总额170.4亿元（全口径），同比增长3.0%。

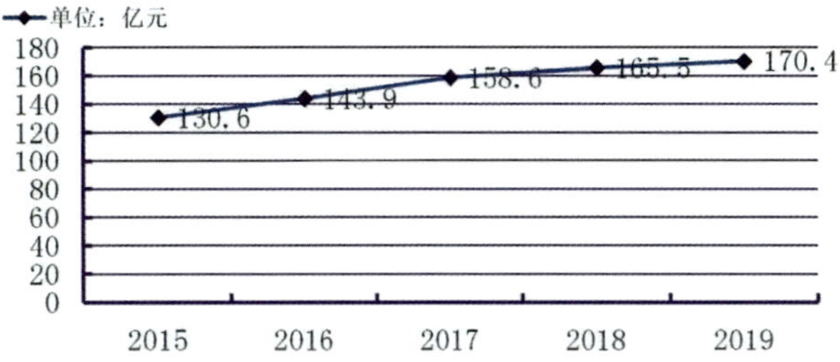

六、财政和金融业

财政：2019年，地方级财政收入完成81,834万元，比上年同期减收6,703万元，同比下降7.6%，完成年度预算的109.1%。一般预算全口径财政收入完成168,875万元，比上年同期减收34,439万元，同比下降16.9%，完成年度预算的92.7%。

分部门看：税务部门完成155,873万元，比上年同期减收30,896万元，同比下降16.5%，完成年度预算的90.7%；财政部门完成13,002万元，比上年同期减收3,543万元，同比下降21.4%，完成年度预算的126.1%。

从主要税种收入完成情况看：增值税（100%部分）完成54,722万元，比上年同期减收17,363万元，同比下降24.1%；消费税完成20,324万元，比上年同期减收4,591万元，同比下降18.4%；企业所得税（100%部分）完成14,640万元，比上年同期减收7,118万元，同比下降32.7%；个人所得税（100%部分）完成5,478万元，比上年同期减收3,554万元，同比下降39.3%。

2019年，全县一般预算财政支出完成780,345万元，比上年同期增支25,500万元，同比增长3.4%，完成年度预算的145.1%。

金融：全县年末金融机构人民币各项存款余额 412.1 亿元，同比增长 11.9%；金融机构各项贷款余额 281.3 亿元，同比增长 1.9%。

七、民政优抚

精准脱贫扎实开展。积极开展脱贫“百日攻坚”，设立四级脱贫攻坚网格 3806 个，中央专项巡视反馈问题全部完成整改。67 处安全饮水工程建成使用，集中力量完成 938 户贫困户危房改造。启动实施扶贫项目 24 个，修建贫困村道路 25.76 公里。新开发贫困户公益性岗位 68 个、“三无”贫困人口就业岗位 131 个。全面落实兜底政策，报销贫困患者就医费用 298.4 万元，6087 户贫困户纳入五保、低保，实现 252 人脱贫、2 个贫困村出列。

社会事业和民生保障水平不断提升。全县共投入资金 15.3 亿元，90 件民生实事全部兑现。促进就业力度不断加大，全县共开发就业岗位 5062 个，城镇新增就业 4333 人，失业率控制在 4% 以内；完成农村劳动力转移 30.2 万人，实现劳务经济收入 54 亿元。城镇企业职工养老保险参保人数达到 73450 人，城乡居民基本养老保险参保人数达到 40 万人。

八、教育和卫生

教育：2019 年末全县共有 5 所高级中学、39 所初级中学、4 所完全中学、283 所小学、70 所幼儿园和 1 所特殊教育学校。教职工人数共 12087 人。全县所有在校学生 100043 人，其中高级中学 15143 人，初级中学 25518 人，完全中学 3964 人，小学 49250 人，幼儿园 6929 人，特殊教育 231 人。

卫生：全县共有卫生机构（医院 + 乡村卫生所）635 处，其中医院 54 处，乡镇卫生所（站）581 处。全县卫生从业人员共有 6091 人，其中卫生技术人员 5532 人，拥有高级职称 383 人，全县每万人（常住人口）拥有卫生技术人员 49 人。全县共有床位 3536 张，每千人（常住人口）拥有床位 3.1 张。

九、人口与人民生活

2019 年末，全县户籍总人口达到 1124626 人，同比下降 0.1%。其中，城镇人口 214867 人，非城镇人口 909759 人。

全县年末在岗职工 46359 人，在岗职工年平均工资 59087 元（初步统计），同比增长 3.1%。

城镇居民人均可支配收入为 28765 元，同比增长 6.9%；农村常驻居民人均可支配收入为 15292 元，同比增长 7.5%。

2015年-2019年城镇居民人均可支配收入

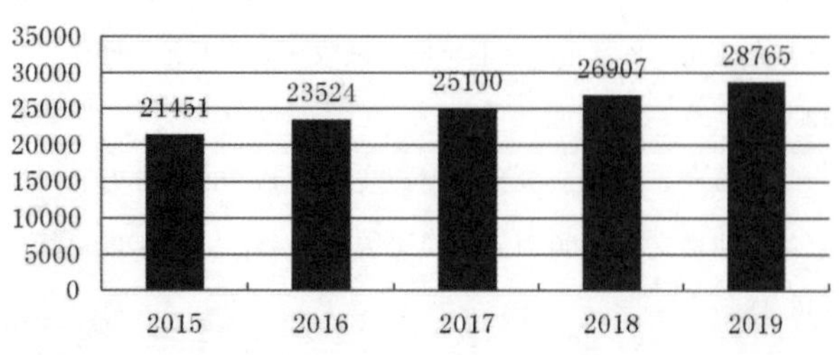

2015年-2019年农村常住居民人均可支配收入

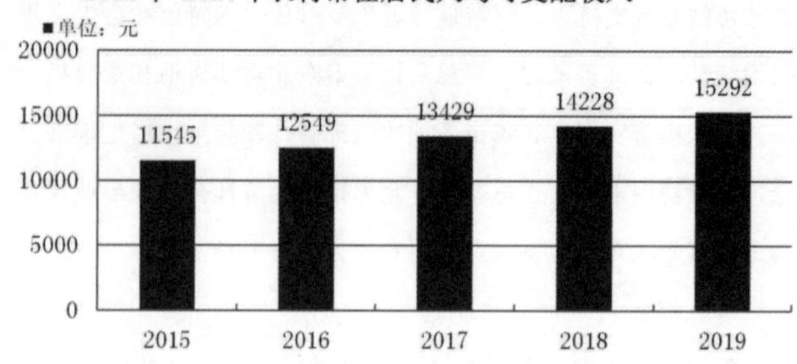

【九台区】2019 年，九台区坚持以习近平新时代中国特色社会主义思想为指导，在市委、市政府和坚强领导下，全面实施“三个五”战略，统筹稳增长、促改革、调结构、惠民生、防风险，经济持续健康发展，社会大局和谐稳定，全区综合实力显著增强。

一、综合

初步核算，全区实现地区生产总值 229.8 亿元，按可比价格计算，比上年下降 0.9%。其中，第一产业增加值 48.5 亿元，同比增长 8.3%；第二产业增加值 59.8 亿元，同比下降 8.5%；第三产业增加值 121.5 亿元，同比增长 0.1%。三次产业结构调整为 21.1:26.0:52.9。

全年实现全口径财政收入 28.8 亿元，比上年增长 17.2%；地方级财政收入 11.5 亿元，比上年增长 45.7%。全年一般预算财政支出 75.9 亿元，比上年增长 16.7%。

全区金融机构各项存款余额 310.1 亿元，比上年增长 14.0%。其中居民储蓄存款余额 242.2 亿元，比上年增长 13.9%；各项贷款余额 264.7 亿元，比上年下降 1.3%。

二、农林牧渔业

全年农林牧渔业完成总产值 96.7 亿元，按可比价格计算，比上年增长 8.3%。其中，农业产值 27.2 亿元，增长 14.8%；林业产值 0.2 亿元，下降 37.8%；畜牧业产值 66.0 亿元，增长 5.9%；渔业产值 1.2 亿元，增长 3.9%。农林牧渔服务业产值 2.0 亿元，增长 1.9%

全年农林牧渔业实现增加值 49.7 亿元，按可比价格计算，比上年增长 8.2%。其中，农业增加值 16.6 亿元，增长 13.7%；林业增加值 0.1 亿元，下降 37.4%；牧业增加值 31.1 亿元，增长 5.8%；渔业增加值 0.7 亿元，增长 3.3%。农林牧渔服务业增加值 1. 亿元，增长 1.6%。

全区农作物播种面积达到 19.3 万公顷。粮食产量达到 122.9 万吨，比上年增长 12.9%。其中，玉米产量 106.5 万吨，比上年增长 17.1%，水稻产量 14.9 万吨，比上年下降 3.9%。

年末生猪出栏 44.6 万头，牛出栏 17.8 万头，羊出栏 2.2 万只，禽类出栏 3710.3 万只。肉类总产量 15.7 万吨，其中猪肉产量 3.6 万吨，牛肉产量 3.2 万吨，羊肉产量 0.025 万吨，禽肉产量 8.8

万吨；禽蛋产量4.0万吨，其中鸡蛋产量3.6万吨；奶类产量1.4万吨。

三、工业和建筑业

2019年末，全区共有规模以上工业企业103户，实现工业总产值122.7亿元，比上年下降12.0%；实现工业增加值51.8亿元，按可比价格计算，比上年下降7.3%。全区有资质建筑业企业36户，全年建筑业实现增加值8.1亿元，比上年下降16.7%。

四、固定资产投资

2019年全社会固定资产投资完成69.6亿元，同比下降46.9%，全区投资5000万元以上的新建、续建项目84个，其中亿元以上项目63个。

五、国内贸易、对外经济和旅游

全年实现社会消费品零售总额161.9亿元，比上年增长7.2%。实现出口总额2213万美元，比上年增长5.1%，引进外资860万美元。全年接待游客突破345万人次，旅游综合收入实现20亿元，同比增长10%。

六、交通、通讯与能源

到2019年末，全区公路总里程达4655千米，当年新建公路842千米。年末公交车路数19路，实有公共汽车营运车辆182辆，年末实有出租汽车数1567辆。

年末全区固定电话用户191905，移动电话用户703909户，互联网宽带接入用户79915户。

年末全社会用电量12.2万万千瓦时，同比下降7.8%，其中工业用电量6.5万万千瓦时，同比下降17.9%，居民生活用电量3.8万万千瓦时，同比增长5.9%。

七、教育、科技、文化与卫生

全区现有各级各类学校161所，其中幼儿园39所（教育部门办26所，民办13所），小学86所（含村小72所，独立小学14所），普通初中27所（含九年一贯制学校21所，独立初中6所），普通高中6所（含独立高中4所，一贯制高中部1所，完全中学高中1所），职业中学1所，特殊教育1所，教师进修学校1所。在校学生总数66178人，教职工总数8016人，其中专任教师5876人。

全年专利授权数181件，同比增长15.3%。

九台图书馆藏书总量17.2万册，九台境内国有可移动文物有49件套。其中二级文物1件、三级文物7件。年末拥有影院3个，体育场馆4个。

2019年九台区共有各级各类医疗卫生机构891家。医疗机构中有区直二级医院3家；省级医院1家；乡镇卫生院9家，街道社区卫生服务中心17家；城区内民营医院10家；驻区外系统医院4家；门诊部28家；个体诊所128家；驻区卫生所9家；村级卫生室及村诊所共726家。全区共有开放病床2798张。全区各级各类医疗机构共有卫生技术人员3218人。

八、人口、居民收入和社会保障

2019年末全区户籍总人口为78.8万人。其中，城镇人口20.4万人，占总人口的25.9%；农村人口58.3万人，占总人口的74.1%。2019年全区非私营单位从业人员平均工资为70007元，比上年增长19.2%；全区城镇常住居民人均可支配收入为26832元，比上年增长8.8%；农村常住居民人均可支配收入为15474元，比上年增长8.7%。

2019年末全区居民基本医疗保险参保人数602085人，其中城乡居民基本医疗保险参保人数538942人。城乡居民基本养老保险参保人数289619人。

2019年末全区共有社会福利收养单位18个，拥有床位数3700张。全区城乡居民最低生活保障人数16118人，其中城镇居民最低生活保障人数7603人，农村居民最低生活保障人数8515人。

九、环境保护

2019年，全区空气质量优良率为92.3%。 环境空气质量达到国家二级标准。

工业废水排放量71.8万吨，工业废水中化学需氧量排放量为90.6吨，氨氮排放量8.3吨。工业废气总二氧化硫排放量2612吨，氮氧化物排放量2999吨，烟（粉）尘排放量671.7吨。区域环境噪声、功能区噪声、道路交通噪声均符合相关标准要求，声环境质量总体较好。

【榆树市】2019年，是新中国成立70周年，是决胜全面建成小康社会的关键之年。全市人民在市委、市政府的坚强领导下，深入贯彻落实党的十九届二中、三中、四中全会和习近平总书记系列重要讲话精神，解放思想，砥砺前行，全面践行新发展理念。面对错综复杂的经济形势，全市上下齐心协力，攻坚克难，经济运行保持平稳，发展质量稳步提升，改革振兴全面推进，小康社会建设取得重大进展。

一、综合

2019年，全市地区生产总值实现2216315万元，按不变价格计算，比上年下降3.7%。其中：第一产业增加值实现889556万元，按不变价格计算，比上年增长1.3%；第二产业增加值实现226370万元，按不变价格计算，比上年下降6.8%，其中：工业增加值实现122496万元，按不变价格计算，比上年下降13.4%。建筑业增加值实现105228万元，按不变价格计算，比上年增长4.5%；第三产业增加值实现1100389万元，按不变价格计算，比上年下降7.2%。第一、二、三产业增加值占全市地区生产总值的比重发展到40.1：10.2：49.7。

榆树大米被评为国家地理标志产品和2019中国农产品区域公用品牌，榆树大米影响力、知名度、市场占有率进一步提高。

二、农业

2019 年，全市总播种面积 387128 公顷。粮食总产量达到 3001754 吨，其中：玉米 2298270 吨，水稻 625909 吨，高粱 3908 吨，谷子 571 吨，小麦 10 吨，豆类 23073 吨，其中大豆 23058 吨，其他谷物 9 吨，薯类 50004 吨。

农业总产值实现 1712564 万元，比上年增长 13.7%，其中：种植业产值 628882 万元，林业产值 7468 万元，牧业产值 1009944 万元，渔业产值 11874 万元，农林牧渔服务业产值 54396 万元。

2019 年末，全市生猪存栏 482607 头，牛存栏 78826 头，羊存栏 27084 只，禽存栏 1331 万只。奶类总产量 7212 吨，禽蛋总产量 44328 吨，肉类总产量 245783 吨。

三、工业和建筑业

2019 年，全口径工业增加值实现 122496 万元，按不变价格计算，比上年下降 13.4%。其中：规模以上工业企业 139 户，总产值实现 669061 万元。

2019 年，全市建筑业增加值实现 105228 万元，按不变价格计算，比上年增长 4.5%。全市资质建筑企业 17 户，总产值实现 45350 万元。

四、民营经济

2019 年，全市民营经济发展到 45215 户，比上年增长 4.6%，从业人员达到 35.64 万人，比上年增长 6.7%。民营经济总产值实现 11130487 万元，比上年下降 13.1%，营业收入实现 10890605 万元，比上年下降 14.2%。利润总额实现 1109594 万元，比上年下降 6.5%。

五、固定资产投资

2019 年，全市共引进内资 7.8 亿元，引进外资 1000 万美元。全社会固定资产投资完成额 389620 万元，其中工业固定资产投资完成额 35648 万元。房地产开发投资完成额 165652 万元。

六、交通运输及邮电业

交通运输坚持以高质量发展为主题，围绕我市实施“一主三线五基”发展战略目标，以改善路网结构为重点，强化交通运输行业监管，提高运输服务保障能力。养护干线公路 226 公里。油路灌缝 326 公里，处理黑大北线和舒陶线翻浆 7667 平方米，修补主干线坑槽 9040 平方米。汛期应急处理翻浆 3090 立方米、清运泥土 140 立方米。疏通桥涵淤塞 1300 立方米；桥梁刷新 3255 平方米。京抚线应急保通大修工程 26299 平方米。

七、国内贸易

2019 年，全市社会消费品零售额实现 1743949 万元，比上年增长 3.3%。其中：批发、零售贸易业零售额实现 1372745 万元，比上年增长 4.8%，住宿、餐饮业零售额实现 371204 万元，比上年下降 1.7%。

八、财政、金融

2019 年，全市一般公共预算财政收入总计 882026 万元，其中：一般公共预算全口径财政收入 114886 万元，比上年下降 7.6%，市本级一般预算财政收入 63463 万元，比上年下降 6%。一般公共预算财政支出合计 811319 万元，比上年增长 4.5%。

2019 年，金融机构各项存款余额 3307486 万元，比上年增长 14.6%，其中：城乡居民储蓄存款余额 2697035 万元，比上年增长 15.3%；金融机构各项贷款余额 2406979 万元，比上年下降 5.7%。

九、文化体育事业

以庆祝中华人民共和国成立 70 周年、深化“文化下基层奋斗年”等内容为主题，组织开展了“我们的中国梦”—文化进万家活动 200 余场次，成功举办 2019 年榆树市新年联欢晚会、2019 长春市舞蹈艺术表演大赛榆树赛区复赛、庆祝“中华人民共和国成立 70 周年”榆树市首届文化旅游节、“感受非遗魅力 传承文化经典”庆祝新中国成立 70 周年东北大鼓技艺展演等主题文化活动，丰富了全市人民文化生活。举办了喜迎中华人民共和国成立 70 周年“健康中国·你我同行”2019 年“体彩杯”吉林省象棋锦标赛（榆树赛区）活动，成功举办了庆祝全国第 11 个“全民健身日”健身展示大会、“玩冰踏雪 健康吉林”速度滑冰等系列文体活动。2019 年榆树足球夏令营开营集训，我市运动员在吉林省青少年短道滑联赛、吉林省青少年举重锦标赛、长春庆“五一”长跑接力赛、长春农博会农民趣味运动会等活动中取得了较好成绩。

十、教育和卫生

教育坚持立德树人，深入发展素质教育，努力打造公平教育和优质教育。结合《长春市义务教育学校管理标准“双创”活动评估细则》，坚持对标研判、依标整改、“一校一案”，全面改进和加强义务教育学校管理。教育教学质量继续在长春地区占排头，全省农村排一流。深入实施新中考改革，不断加大新增考试学科教师培训力度，开展了初中地理、生物、师生写作与汉字书写大赛活动；以“资源共享，相互促进，共同提高”为宗旨，在刘家镇中学、弓棚镇中心小学等 11 个学区，开展了教学研讨交流活动。按照“保基本、推均衡、促发展”的原则，组建了第三实验小学，秋季起始年级开始招生；积极推进温馨村小创建，有针对性开展整改补强提升工作，2019 年创建榆树市温馨村小 60 所、长春市温馨村小 30 所。2019 年高考，我市 600 分以上 82 人，重点本科进线 484 人，一般本科进线 2300 人。长春市外县（市）区文理科状元，均被我市夺取。完成第四实验幼儿园建设，改扩建大岗等中心幼儿园 11 所，新增学位 1080 个。我市创建达标校 177 所、基本达标校 120 所。

医疗坚持固本强基，服务能力明显增强。市人民医院新建 2 万平方米的外科楼、市妇幼保健院新建 1.9 万平方米的综合楼均已投入使用，全年门诊人次同比增长48%。中医院投入300万元高压氧舱填补了全省县级医疗卫生行业的空白，投入653万元对市内3家医院、15家基层医疗机构进行设备更新，14家乡（镇）卫生院服务能力提升项目完成了土地确权、环评、规划设计等前期准备工作。全力推进国家基本公共卫生服务项目的实施，家庭医生签约率为30 %，重点人群签约率为60%，贫困人口签约率达100%。派出120名医务人员对各签约卫生院对口帮扶，义诊人数达2200人，入户巡诊指导5000余人。严格执行奖励扶助政策，共为30882人累计发放帮扶资金4272万元。组织市“120”医生协同市红十字会完成卫生应急培训和消防应急实战演练3次，提高了应对突发事件的能力。

十一、人口和人民生活

2019年末，全市总人口达到1223511人。其中，乡村人口1009254人。全市总户数433456户，其中：乡村户数302283户。人口自然增长率为负0.83‰。

2019年，城镇居民人均可支配收入实现26354元，比上年增长7.2%；农村居民人均可支配收入实现15524元，比上年增长8.6%。城镇非私营单位从业人员年平均工资70173元，比上年增长20.5%。

十二、劳动就业和社会保障

全年实现城镇新增就业4033人；实现城镇失业人员再就业1570人；实现就业困难人员再就业 427人；实现农村劳动力转移就业29.71万人；发放创业担保贷款2502万元。

积极落实各项创业扶持政策。通过开展推介创业项目、发放创业担保贷款、建立农民工等人员返乡创业基地等办法，深入推进农民工等人员返乡创业，实现创业带动就业。全年共帮扶1294名农民工等人员实现返乡创业，带动就业4140人。

在秋季大型现场招聘会上，60多户域内外企业提供各类用工岗位2000多个，达成就业意向500余人。

十三、生态环境保护

2019年，积极落实《大气污染防治行动计划》，空气环境质量稳步提升，稳定达到国家环境空气质量二级标准。成立了“水十条”工作领导小组，全面落实“河长制”，水污染防治稳步推进。印发《土壤环境风险重点行业企业排查整治推进工作方案》和《关于重点监管企业自行开展土壤环境监测的通知》。完成了农村分散式饮用水源保护区划定工作。加强水污染防治，集中式饮用水和境内流域水质保持安全稳定。加大对餐饮业监管力度，从源头控制油烟污染。加大燃煤锅炉整治力度，着力推进20蒸吨以下燃煤锅炉的淘汰。持续打造“安静工程”，区域噪声功能不断改善。

【**德惠市**】2019年，面对国内外风险挑战明显上升的复杂局面，德惠市以习近平新时代中国特色社会主义思想为指导，全面贯彻党的十九大和十九届二中、三中、四中全会精神，坚持稳中求进工作总基调，坚持新发展理念和推动高质量发展，坚持以供给侧结构性改革为主线，着力深化改革扩大开放，持续打好三大攻坚战，统筹稳增长、促改革、调结构、惠民生、防风险、保稳定，扎实做好稳就业、稳金融、稳外贸、稳投资、稳预期工作，经济运行总体平稳，发展水平迈上新台阶，发展质量稳步提升，人民生活福祉持续增进，各项社会事业繁荣发展，生态环境质量总体改善，全面建成小康社会取得新的重大进展。

一、综合

2019年末国家统计局对国内生产总值进行重新修订，同时修订2018年数据，以前年份数据逐步修订，2019年全年实现地区生产总值234.8亿元，按不变价格计算比上年下降3.8%。其中，第一产业增加值75.8亿元，同比增长1.4%；第二产业增加值34.1亿元，同比下降7.6%；第三产业增加值124.9亿元，同比下降5.7 %。第一产业增加值占地区生产总值的比重为32.3%，第二产业增加值比重为14.5%，第三产业增加值比重62.2%。

德惠市三次产业占地区生产总值比重

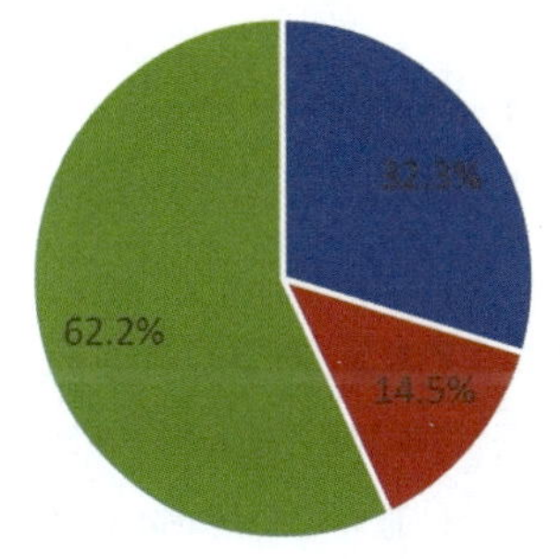

二、农业

全年粮食播种面积210271公顷，同比下降3.34 %。其中，水稻播种面积49437公顷，同比增长1.72%；玉米播种面积157879公顷，同比下降0.99%；大豆播种面积525公顷，同比增长54.87%。

全年粮食产量197.13万吨，比上年增加7.32万吨，同比增长7.32%。其中，水稻产量39.3万吨，比上年减少6.9万吨，同比下降14.94%；玉米产量156.06万吨，比上年增长16.2万吨，同比增长11.58%，大豆产量0.14万吨，同比增长27.27%；全年油料总产量0.67万吨，同比增长4.69%；蔬菜产量19.56万吨，同比增长5.96%，瓜果产量1.1万吨，同比增长10%。

现代牧业健康发展。免疫无口蹄疫区建设持续完善，兽医实验室顺利通过省级验收，成功防控非洲猪瘟疫情传入，争取到省级肉鸡现代产业园建设项目，畜牧业发展规模保持稳定。农业产业化体系日趋完善。稳步推进“全国农村一二三产业融合发展，开展产业兴村强县示范行动”项目，有序推进松花江流域水田生产现代化实验区核心区建设，扎实推进吉林省乡村振兴战略试验区试点示范。大力培养农业产业化龙头企业，新申报省级龙头企业3户、市级5户，新增“三品一标”认证农产品10个，农产品加工业销售收入可实现496亿元。农村人居环境整治全面启动。制定了《农村人居环境整治三年行动方案》，明确了“净起来、绿起来、美起来”的工作目标。聚焦农村生活垃圾治理、农厕改造及粪污治理、污水治理、村容村貌提升四项攻坚，统筹推进“抓九清”“治八乱”，配备了农村垃圾清收设备，开展了生活垃圾购买社会化服务试点，农村生活垃圾收转运体系初步建立。畜禽粪污资源化利用整县推进项目稳步实施，新建规模养殖场粪污处理设施121处，畜禽散粪池276个，代表吉林省顺利通过农业农村部畜禽粪污资源化利用“两率”第三方考核评估；完成农厕改造12000户；乡镇3个污水处理站和15个污水转运池主体竣工，沿河乡镇镇区污水处理设施实现全覆盖。完成农田林网新建造林219公顷。10个引领村90个示范村创建工作扎实推进，村屯“净起来、绿起来、美起来”的目标基本实现。

三、工业和建筑业

全市规模以上工业企业136户，全年实现工业总产值102.05亿元，同比下降41.9%。

全市共有建筑业企业26家，比去年增加5家。全年实现建筑业总产值24.31亿元，同比下降3.8%。

四、固定资产投资和房地产开发

全力以赴抓项目、扩投资、强后劲，继续发展动能。全市固定资产投资实现33.32亿元，同比下降71.37%，其中工业投资11.48亿元，同比下降83.34%，占全社会固定资产投资的34.45%；城镇固定资产投资完成23.43亿元，同比下降77.81%。

德惠市2015-2019全社会固定资产投资完成情况

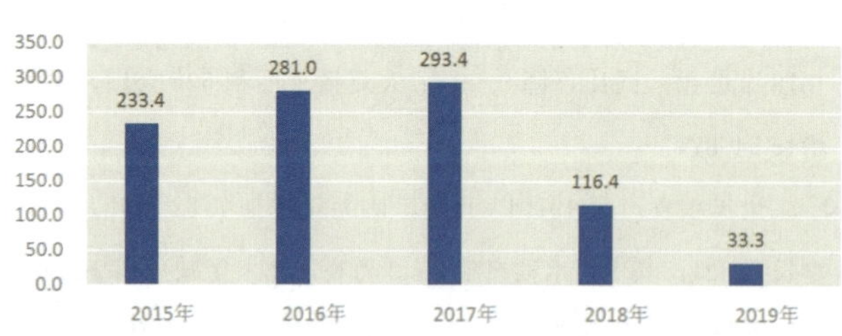

开复工5000万元以上项目55个，其中新建项目24个。才府玻璃全面达产、创威轨道交通项目正式投产、汉华汽车模具项目（一期）正在进行设备调试、达利食品项目即将竣工、华沃双孢菇生产及深加工项目开工建设，为未来经济增长奠定了坚实基础。

五、贸易

市场经济繁荣发展。社会消费品零售总额实现163.7亿元，同比下降3.19%。居民消费价格总水平同比增长3.6%。

德惠市2015-2019年社会消费品零售总额

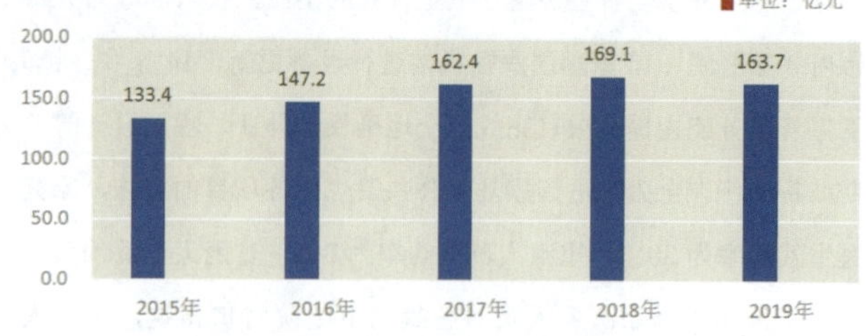

六、财政和金融

一般预算全口径财政收入完成158024万元，同比增长3.1%，可比口径3.1%。地方级财政收入完成81437万元，同比增长5.2%；全市公共财政预算支出652659万元，同比增长10.4%。在支出上，优先保障了工资和各项民生事业。

分部门看，税务部门完成134983万元，比上年增加2560万元，同比增长1.9%，完成年度预算的98.4%；财政部门完成23041万元，比上年增加2185万元，同比增长10.5%，完成年度预算的108.4%。（全口径财政收入）

分部门看，税务部门完成58396万元，比上年增加1639万元，同比增长2.9%，完成年度预算的97.3%；财政部门完成23041万元，比上年增加2417万元，同比增长11.7%，完成年度预算的108.4%。（地方级财政收入）

从主要税种收入完成情况看，增值税（100%部分）完成5.7亿元，同比下降6.6%；企业所得税（100%部分）完成2.93亿元，同比增长22.3%；个人所得税（100%部分）完成0.31亿元，同比下降26.1%；耕地占用税完成0.36亿元，同比下降0.8%。

德惠市2019年主要税种收入完成情况

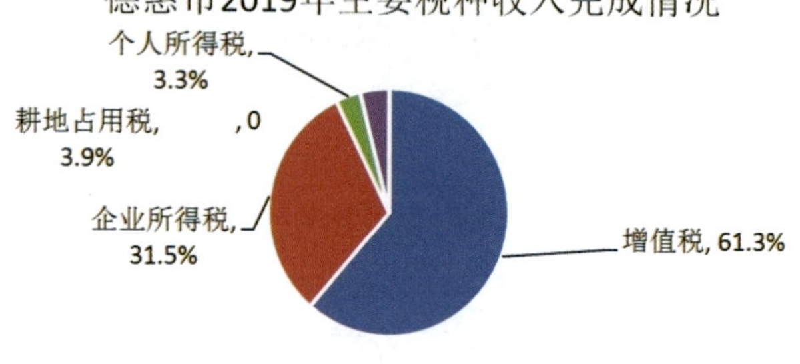

银行类金融机构9家，小额贷款公司10家，保险机构18家。各项存款余额343.8亿元，同比增长13.6%；各项贷款余额144.6亿元，同比增长2.6%。

德惠市2015-2019年各项存款余额

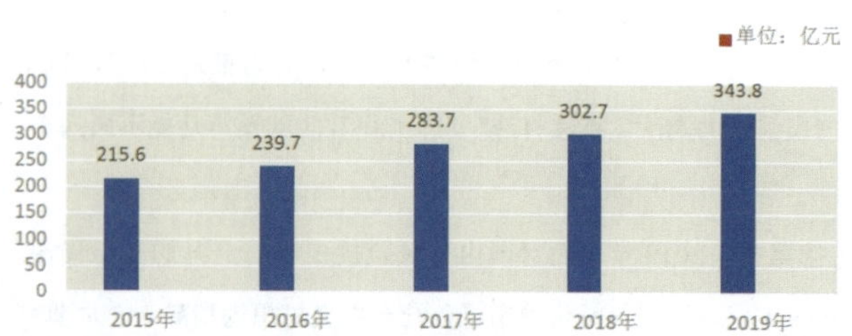

七、教育、卫生、民生

全市现有各级各类学校299所。其中，小学158所，初中35所，高中5所，职业中学5所，幼儿园93所，特殊教育学校、朝鲜族小学、教师进修学校各1所。教职工9712名。其中，小学教师3205名，初中教师1881名，高中教师1186名，职业学校教师302名，教师进修学校教师85名，特殊教育学校教师25名，幼儿园教师781名，中等专业学校教师25名。在校学生89291名。其中，小学学生39576名，初中学生23477名，高中学生14075名，职业学校学生1339名，特殊教育学校学生133名，在园幼儿10691名。

建设完成了龙凤学校小学部及附属设施主体工程，完成了79所学校维修改造，打造了15所“温馨村小”，查处了14起教师乱办班等问题，治理规范校外培训机构和补习班203处，促进了义务教育均衡发展。市人民医院医疗综合楼主体完工，卒中中心被评为全国“优秀数据管理卒中中心”，胸痛中心一次性通过国家认证，市中医院成人康复和残疾儿童康复得到社会广泛认可，建立医联体304个，医疗服务水平显著提升。文体事业长足发展，新建文化广场45个，新建体育广场10个，丰富了群众的文体生活。平安德惠创建显效。深入推进扫黑除恶专项斗争，突出依法严惩、“打伞破网”和“打财断血”重点任务，全市共打掉涉黑涉恶团伙4个，打处涉恶人犯532人，清理有前科劣迹的村组干部240人，全面实施了“一村一警”工程，基层综治力量进一步增强。深入推进依法治市，法治环境进一步改善。

深入实施增加城乡居民收入“暖流计划”，扎实开展“春风行动”，全市共开发就业岗位7300个，城镇新增就业5400人，失业人员再就业1500人，农村劳动力转移就业27.19万人次，劳务经济收入突破30亿元。

八、人口与人民生活

全市户籍总人口879577人，同比下降0.3%。其中，乡村人口727374人，城镇人口152203人。

全市人口出生率5.7‰，人口死亡率4.3‰，人口自然增长率1.4‰。

全市城镇非私营单位年末在岗职工平均人数30155人，在岗职工年平均工资60069元，同比增长13.62%；城镇居民人均可支配收入28081元，同比增长5.57%；农民人均可支配收入15545元，同比增长8.85%。

全社会用电量11.45亿千瓦时，同比下降2.67%。

完成年度500套城市棚户区改造任务，45个老旧散小区巷路改造工程全部完成。城市保障能力明显提升，生活环境明显改观。城市治乱成效明显。扎实推进城市乱象整治，开展了高铁两侧、高速公路两侧、102国道两侧和主要出城口治乱专项行动，城区牌匾广告、违章占道整治专项行动，占道停车、占道经营、占道堆放问题基本清除，废品收购乱堆乱放、露天存放问题得到纠正规范，长期影响市容市貌的堵点问题得到有效解决。首批640台更新出租车全部运营，机动车礼让行人专项行动全面启动，城市交通秩序明显好转。

德惠市2015-2019年城镇居民人均可支配收入

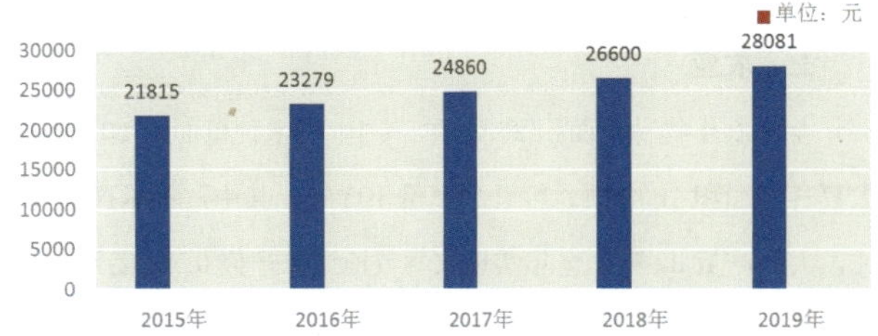

德惠市2015-2019年农村居民人均可支配收入

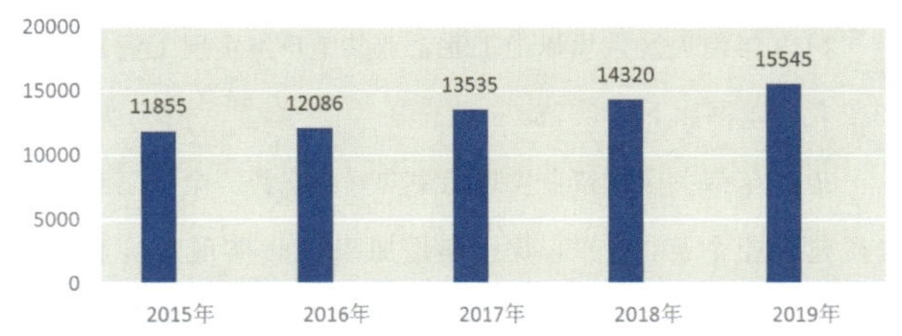

九、城市建设

严治大气污染，用活上级政策，下定决心对全市农村30个中小学、11个福利中心、18个卫生院供热锅炉实施了煤改电改造；秸秆禁烧和综合利用齐头并进，露天焚烧秸秆行为得到有效管控，市区空气优良率达到92%以上。严治水体污染，克服财政困难、时间紧迫、情况复杂等多种不利因素，总投资5.28亿元的31个劣五类水体专项整治和水质提升工程全部如期开工建设，东风污水处理厂（二期）、松柏污水处理厂、朱城子污水处理厂年底前均可完成主体建设；压实三级河长、河湖警长责任，持续开展“清四乱”行动，对排查出的1104处“四乱”问题全部清理销号；坚持依法治砂、从严治砂，非法采砂行为基本根治，首次落实砂石资源有偿开采制度，依法公开拍卖采砂权，科学划定运砂线路，切实扭转了砂石市场混乱局面。严治土壤污染，深入开展土壤污染详查，强化农业农村面源污染源治理，大力推进农药化肥减量化使用，生态环境质量不断提升。

【南关区】2019年，在区委、区政府的正确领导下，全区上下始终高举习近平新时代中国特色社会主义思想伟大旗帜，坚持稳中求进工作总基调，坚定信心，沉着应对，牢牢稳住了发展的基本盘，为实现经济高质量发展打下了坚实的基础。

一、综合

初步核算，2019年全年完成地区生产总值427.9亿元，同比下降0.5%，其中，第一产业完成增加值忽略不计，增长3.6%，第二产业完成增加值 41.6 亿元，增长 4.7%，第三产业完成增加值 386.3 亿元，下降 1.0%，二、三次产业结构比例为 9.7:90.3。按常住人口计算人均生产总值 93337 元。

2019 年，完成区本级财政收入 11.2 亿元 ，减少 0.1 亿元，增长 1.2%。全区财政支出 24.1 亿元，比上年减少 2.7 亿元，下降 10.1%。

二、农业

全区农作物种植面积 26 公顷，其中，玉米种植面积 10 公顷，大豆种植面积 16 公顷。粮食总产量 105 吨，其中，玉米产量 73 吨，大豆产量 32 吨，全年实现农林牧渔业总产值 0.03 亿元，与上年持平，其中农业产值较少，忽略不计，农林牧渔服务业总产值 0.02 亿元，林业、牧业、渔业产值均为 0。

三、工业与建筑业

2019 年南关区规模以上工业企业共 7 户，实现工业总产值 23.2 亿元，同比下降 3.7%。

2019 年南关区建筑业实现稳中向好的态势。全年三级以上资质建筑业企业 203 户，比上年增加 28 户，实现建筑业总产值 157.4 亿元，按可比口径计算，增长 12.2%。实现营业收入 146.2 亿元，增长 1.2%。

四、固定资产投资

2019 年，固定资产投资项目包含华润置地公馆等 7 个新建项目和钜城华億中心等 51 个续建项目，完成投资额 95.0 亿元，其中房地产开发投资 75.7 亿元房屋竣工面积 25.3 万平方米，其中住宅竣工面积 10.6 万平方米，办公楼竣工面积 9.9 万平方米，商业营业用房竣工面积 2.9 万平方米。

五、商贸和服务业

2019 年，全区实现全社会消费品零售总额 185.9 亿元，增长 4.2%，增长 0.8 个百分点。其中，限额以上社会消费品零售总额 68.5 亿元，可比口径下降 1.4%，回落 7.7 个百分点。目前传统的鞋帽、日用、音像、五金、建材等商品零售业不景气，全年大幅下降且存在继续下行趋势；支撑全区消费的医药和汽车已经出现了饱和态势，分别回落 6.4 和 69.9 个百分点。

2019 年南关区规模以上服务业 146 户，同比下降 41.4%，其中重点服务业 85 户，下降 38.0%。规模以上服务业实现营业收入 81.5 亿元，增长 6.4%，其中重点服务业实现营业收入 33.3 亿元，下降 1.6 %。租赁和商务服务业营业收入占规模以上服务业的比重为 35.6%；科学研究和技术服务业营业收入占比 33.1%；交通运输、仓储及邮政业营业收入占比 13.8%；文化、体育和娱乐业营业收入占比 4.5%；房地产业营业收入占比 3.8%；水利、环境和公共设施管理业营业收入占比 3.5%；信息传输、软件和信息技术服务业营业收入占比 3.2%；卫生和社会工作业营业收入占比 2.1%；居民服务、修理和其他服务业营业收入占比 0.4%。租赁和商务服务业、科学研究和技术服务业等现代服务业营业收入占比较大，对经济增长的引领作用不断增强。

六、民营经济

2019 年，民营企业户数 30782 户，同比增加 3325 户，增长 12.1%，个体工商户 43995 户，增加 2823 户，增长 6.9%。全区深入实施消费升级拉动战略，积极开展高频次惠民促销活动，各商贸实体店客流量增长 20% 以上，带动社会消费品零售总额增长 4%。做精做实科技创新业。诚信兑现创新创业补贴资金 880 万元，新增高新技术企业 41 户，科技“小巨人”企业 13 户，技术交易合同成交额实现 25.3 亿元，发展的竞争力和创新力得到全面提升。

七、民生发展

2019 年，坚决压缩行政经费支出，优先保障民生资金投放，确保重点民生项目全部落实。深入实施暖流计划，开发就业岗位 1.35 万个，新增城镇就业 1.23 万人。加强低保人员动态管理，加大精准帮扶救助力度，发放各类救助资金 7210 万元，精实救助困难群众 357 名，贫困学生助学金标准实现翻番。结合德惠、大安实际，重点开展产业扶贫工程，帮助两地 233 户困难群众提前实现脱贫。

八、市容环境

2019 年，投入专项资金 1.2 亿元，修缮城市伤痕 724 处，维护老旧管网 4.3 万延米，施划停车泊位 2.6 万个。配合完成人民大街更新改造。绿化新植街路 4 条、绿地 15 块，彩化点位 23 处，新增绿化面积 18 公顷，穿点成线的绿化格局初步形成。强力推动中安美寓、珲春街等棚户区遗留问题破解，梯次推进市政府宿舍、清明街等 71 个夹馅棚户区征收改造，东天街棚户区启动建设。如期完成公平路等 19 个市政建设项目征收任务，交付净地 67 万平方米。启动楼体“净空”工程，累计拆除高空字 525 处。查处违法建筑 2359 处，更新改造围挡 6.5 万延米。细化推动 177 个老旧小区实现物业自治管理。改造加油站双层罐 47 个，整治燃煤散烧行为 260 起。

九、教育、卫生和文化

2019 年末，全区现有普通中学 11 所，在校学生 6990 人。普通小学 25 所，在校学生 19610 人。特殊教育学校 1 所，在校学生 103 人。中等职业学校 1 所，在校学生 189 人。

2019 年末，区属卫生医疗机构共有 498 所。其中医院 5 所，社区卫生中心 12 所，拥有医疗床位 580 张。卫生技术人员为 1106 人，执业医师和执业助理医师 375 人。

十、人口与居民生活

2019 年末，全区户籍人口为 487419 人，全年人口出生率为 9.14‰，全年人口死亡率为 3.27‰，计划生育率为 100%，自然增长率为 5.87‰。

全年居民最低生活保障户数为3515户，最低生活保障人数为4832人，其中，城镇3456户，4740人；农村59户，92人。特困户为229户，特困人员234人，其中，城镇229户，234人；农村12户，12人。

说明：1.本公报各项统计数据为初步统计数。2.本公报南关区地区生产总值、各产业增加值绝对数按现价计算，增长速度按可比价格计算。3.资料来源：本公报中财政数据来自区财政局、教育数据来自区教育局；卫生数据来自区卫生和计划生育委员会；医疗保险数据来自区医保局；城镇新城乡低保数据来自区民政局；其他数据均来自区统计分局。

【宽城区】宽城区位于长春市北部，辖宽城经济开发区、长春装备制造产业开发区、兰家镇和十个街道办事处，行政区域面积166.95平方公里。

2019年宽城区在区委、区政府的正确领导下，认真贯彻习近平新时代中国特色社会主义思想和总书记振兴东北重要讲话精神，紧紧围绕长春现代化都市圈建设战略和区委十三届六次全会部署，统筹推进稳增长、促改革、调结构、惠民生、防风险各项工作，经济社会高质量发展基础有效夯实，实现“十三五”良好发展。

一、综合

综合实力进一步增强。经初步核算，全年实现地区生产总值295.9亿元，按可比价格计算，比上年下降2.7%。其中第一产业增加值按可比价格计算，比上年下降49.3%；第二产业增加值按可比价格计算，比上年增长0.5%；第三产业增加值按可比价格计算，比上年下降3.6%。产业结构得到进一步优化，三次产业比重分别为0.2%：29.7%：70.1%。

全口径财政收入完成42.5亿元，比上年下降20.0%。地方级收入完成7.89亿元，比上年下降31.4%。其中税收收入完成7.24亿元，比上年下降17.0%，增值税完成2.2亿元，比上年下降16.0%；企业所得税完成1.22亿元，比上年下降13.3%。

地方财政支出24.0亿元，比上年下降10.4%。其中教育事业费支出7.05亿元，比上年增长1.5%；社会保障和就业支出2.01亿元，比上年下降13.0%；医疗卫生支出2.11亿元，比上年下降9.0%；节能环保支出0.31亿元，比上年下降30.1%；一般公共服务支出4.61亿元，比上年下降26.9%；城乡社区支出5.87亿元，比上年增长6.5%；公共安全支出0.33万元，比上年增长10.3%。

二、农业

2019年宽城区年末耕地面积4026公顷，全年农作物播种面积3586公顷，其中粮食作物播种面积3133公顷，经济作物播种面积453公顷，分占总播种面积的87.4%和12.6%。粮食作物总产量2.1万吨，经济作物产量1.55万吨。

三、工业

2019年宽城区规模以上工业企业52户，规模以上工业总产值比上年增长4.3%。

四、固定资产投资

2019年宽城区全社会固定资产投资实现57.9亿元，比上年下降36.0%。

五、国内贸易业

2019年宽城区限额以上批发零售住宿餐饮业企业183户，限额以上零售额比上年下降26.1%，全口径社会消费品零售额比上年增长3.3%。

六、国内服务业

2019年宽城区第三产业增加值下降3.6%，其中：批发零售业增长2.8%，住宿餐饮业增长2.6%，交通运输、仓储及邮政业增长5.3%，房地产业下降4.6%，非营利性服务业下降12.4%，营利性服务业下降9.1%。

七、招商引资

2019年宽城区不断创新招商引资工作思路，全面优化营商环境，全年实际利用外资1195万美元；实际利用内资85.2亿元；引进内资企业83户，引进内资企业注册资金总额29亿元。其中，投资亿元以上项目13个；在引进内资企业中，工业项目13个。

八、城市建设

2019年宽城区城市基础建设改造步伐加快，改造效果显著。市、区两级政府投入资金3760万元，新建道路面积1.9万平方米，并为社区铺设方砖步道总面积3.5万平方米。年末全区道路总面积达295.6万平方米，道路总长度达181.6公里，道路完好率达95%。

城市绿化水平不断提高。绿化面积达1121.2公顷，其中公共绿地面积337公顷。绿地覆盖面积1268公顷，其中公共绿地覆盖面积381公顷。2019年全区城区植树0.2万株，全区绿化覆盖率已达43.2%。

九、科技、教育

2019年宽城区列入市级各类科技发展计划项目9项；共有高新技术企业45户，比上年增长114.3%；列入长春市科技型小巨人企业26户；全年科学技术支出2.48亿元。

教育工作稳步推进，教育事业健康有序发展。全区共有初中15所（含职业初中），在校学生0.93万人；小学25所，在校学生2.93万人；职业高中1所，在校学生0.11万人。义务教育发展指标持续巩固，小学适龄儿童入学率达100.0%，毕业率达到100.0%；小学毕业升入初中比例为100.0%，毕业率达到100.0%。教师队伍素质保持在较高水平，在专任教师中，普通中学专任教师具有本科及以上学历者占初中专任教师总人数的

98.3%；小学专任教师具有专科及以上学历者占 99.4%。

十、文化、卫生和体育

2019 年图书馆藏书 19 万册，全年接待读者 16.7 万人次。

2019 年末，全区共有区属卫生医疗机构 424 家，可开放床位数 2126 张，其中医院拥有病床数 2107 张，病床使用率达到 63.3%。全区卫生技术人员 3356 人，其中注册执业医师 1275 人。全年诊疗人次数为 1679 千人次。

体育事业蓬勃发展。2019 年，全区体育场所拥有量 24 个，社区体育设施拥有量达到 199 套，举办群众性体育活动 60 次，参加群众性体育活动人数达 3 万人次。

十一、环境保护

2019 年全区环境保护事业持续发展，建设项目环境影响评价执行率 100%，全年空气质量好于二级以上天数比例 85%。全区清扫面积 1792.41 万平方米，全年清运垃圾 31.45 万吨。

十二、人口与人民生活

2019 年末，宽城区户籍总户数 17.5 万户，户籍总人口为 39.02 万人，其中男性为 19.18 万人，女性为 19.84 万人，乡村户籍人口 4 万人。全区人口出生率 8.38‰，死亡率 2.27‰，自然增长率 6.11‰。

2019 年，全区开发各类用工岗位 1.17 万个，新增 1.1 万人员就业，其中安置下岗失业人员实现再就业 0.43 万人，城镇登记失业率控制在 4%。全区城镇企业职工养老保险参保 9.9 万人，失业保险参保 11.8 万人。

截至 2019 年末，全区共有社会福利机构 32 家，床位 5461 张。全区共有 8.3 万人次得到最低生活保障补助，全年共发放保障金 6194 万元。全区优抚对象 1448 人，发放抚恤款 72.59 万元。全年抚恤和社会福利救济支出 2469.94 万元。

【朝阳区】2019 年在朝阳区委、区政府的坚强领导下，在区人大、政协的监督支持下，我们坚持以习近平新时代中国特色社会主义思想为指导，全面落实习近平总书记关于东北振兴重要讲话和重要指示精神，不断增强“四个意识”，坚定“四个自信”，做到“两个维护”，统筹推进“现代化都市圈”建设，经济社会保持平稳健康发展。

一、综合

面对错综复杂的发展环境，全区上下顶住压力、迎难而上，经济运行稳中向好，综合实力进一步增强。经初步核算，2019 年，全区生产总值 699.3 亿元，按不变价计算，同比增长 4.0%。其中，第一产业增加值实现 0.8 亿元，同比增速 -39.8%；第二产业增加值实现 184.2 亿元，同比增长 7.6%；第三产业增加值实现 514.2 亿元，同比增长 2.8%。

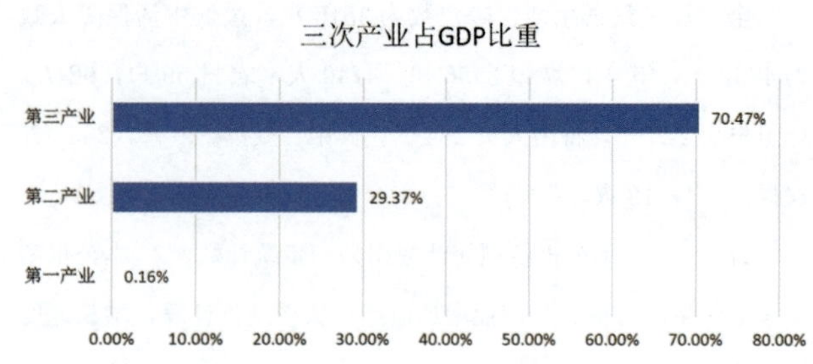

产业结构得到进一步优化，三次产业比重分别为：0.16:29.37:70.47。按常住人口计算，全区人均地区生产总值达到 114279 元，首次人均地区生产总值超万元。

二、农业

2019 年，全年农林牧渔业实现增加值 1.15 亿元，按不变价计算，同比下降 -34.6%。

2019 年全区农作物播种面积 9108 公顷，其中粮食作物播种面积 8662 公顷，经济作物播种面积 446 公顷，分占总播种面积的 95.1% 和 4.9%。粮食作物总产量 73958 吨，经济作物总产量 9044 吨。

2019 年末，猪存栏 2713 头，比去年下降 15%，出栏 2772 头，比去年下降 85.2%；牛存栏 696 头，比去年增涨 7.2%，出栏 467 头，比去年下降 84.7；羊存栏 105 只，比去年增涨 28%，出栏 251 只，比去年增涨 18.4%；家禽存栏 70 千只，比去年增涨 22.8%，出栏 72 千只，比去年下降 94.2。

肉类总产量 501 吨，比去年下降 91.6%。其中，猪肉产量 257 吨，比去年下降 91.9%；牛肉产量 56 吨，比去年下降 95.9%；羊肉产量 6 吨，比去年下降 84.6%；禽肉产量 182 吨，比去年下降 86.8%。

三、工业

2019 年朝阳区实现规模以上工业总产值 581.51 亿元，同比增长 5.5%。全口径工业增加值实现 161.1 亿元，同比增长 7.9%。其中，规模以上工业增加值 148.7 亿元，同比增长 8.6%；规模以下工业增加值 12.4 亿元，增速与上年持平。分产业看，能源产业总产值 420.65 亿元，比上年同期增长 4.3%；汽车制造业总产值 141.5 亿元，比上年同期增长 7.8%。

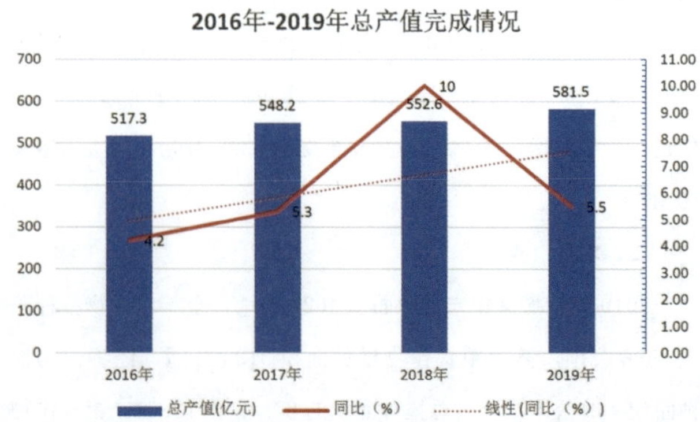

工业产业占总产值的比重

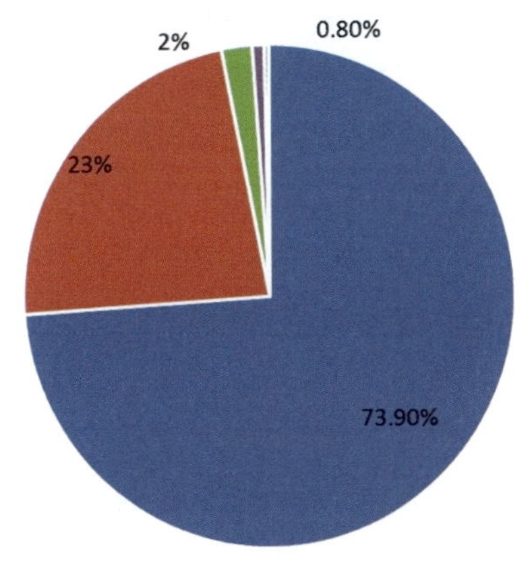

■能源产业 ■汽车制造业 ■建材产业 ■食品产业 ■装备制造业

四、建筑业

建筑业发展总体呈下滑趋势。2019 年，朝阳区建筑业总产值 162.3 亿元，同比下降 8.6%，较去年同期提高 11.6 个百分点。从建筑业总产值构成上看，建筑工程产值主导地位不变，但是产值总量略有下降，完成 117.9 亿元，占建筑业总产值的 72.6%，同比下降 14.7%，减少 20.3 亿元；安装工程产值“独树一帜”扭转下降趋势，增速提高，截止到年末共完成产值 34.5 亿元，同比增长 15.8%，在整体呈现下降趋势的建设领域中浓墨重彩的为建筑业发展涂上厚厚一笔，占建筑业总产值的 21.3%，增加 4.7 亿元；其他产值完成 9.9 亿元，与去年同期比较略有下降，降幅为 5.3%，占建筑业总产值比重较去年同期相比无明显异常，占 6.1% 。可见下表：

1-4 季度产值构成情况

分 类	产值（亿元）	增幅（%）
总 产 值	162.3	-8.6
建筑工程产值	117.9	-14.7
安装工程产值	34.5	15.8
其他产值	9.9	-5.3

建筑业是朝阳区的传统产业之一，也是朝阳区的支柱性产业，建筑业的兴衰荣耀对朝阳区的 GDP 更是起着举足轻重的作用，在全年里后三个季度的增速均呈下降态势。总体状况可见表：

1-4 季度建筑业总产值完成及增情况

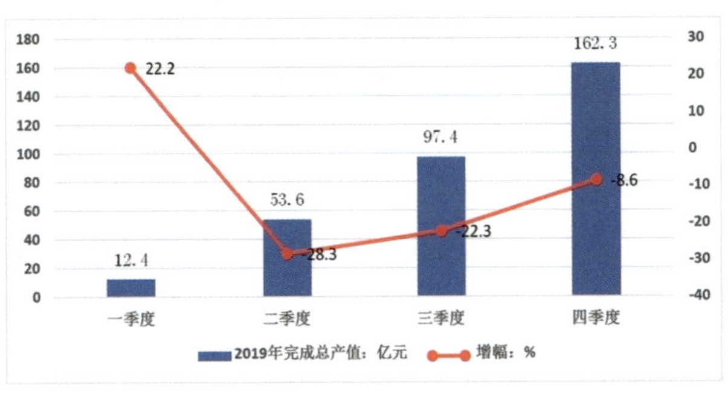

五、固定投资和房地产开发

由于受复杂多变的经济环境影响，自年初以来，朝阳区固定资产中的各项指标完成情况大部分处于下降趋势，甚至是持续下降，发展趋势不容乐观，全区固定资产投资完成进度慢于上年同期，下降 35.9%，回落 46.7 个百分点。虽然下降比较严重，但数据质量有较大的提升，固定资产投资统计正逐步从之前的“高速增长”向“高质量发展”转变。截止到年底，全区累计完成固定资产投资 67 亿元，同比下降 35.9%，增速较上年同期回落 46.7 个百分点。其中：房地产完成投资 18.7 亿元，同比下降 47.6%，增速较上年同期回落 83.9 个百分点；5000 万元以上项目完成投资 47.4 亿元，同比下降 2.9%。工业完成投资 7.1 亿元，同比下降 42.3%。投资完成情况可见图表：

1-12月份固定资产投资完成情况

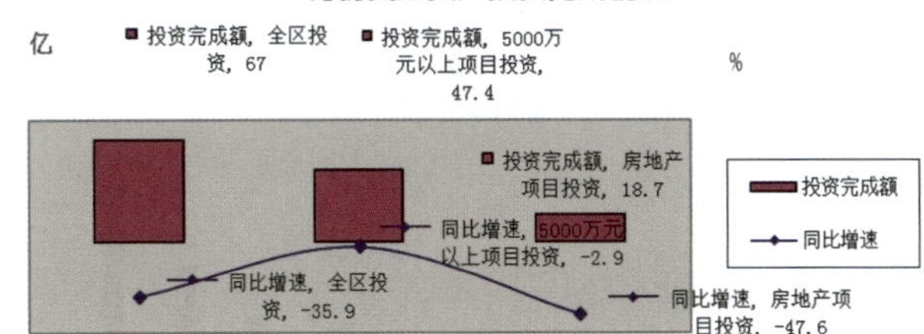

项目投资结构不尽合理，在全部投资项目中主要以建设项目为主，完成投资 51.1 亿元，占总投资的 76.3%；设备购置项目为 0.7 亿元，占总投资的 1%；技改项目完成投资 15.2 亿元，占总投资的 22.7%。从中可以看出，投资结构明显失衡，建设项目所占比重较大。基础设施行业构成过于单一，尚需优化。

1-12 月份固定资产投资构成情况

分 类	投资额（亿元）	占比（%）
总 投 资	67	
建设项目投资	51.1	76.3
购置项目投资	0.7	1
技改项目投资	15.2	22.7

六、贸易和服务业

2019 年朝阳区限额以上贸易业企业达到 173 户，其中：148 户批发零售企业，25 户住宿餐饮企业。全区限额以上社会消费品零售额完成 617.3 亿元，同比增长 1.0%。

1-12月限额以上零售额总量、增速分布

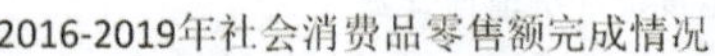

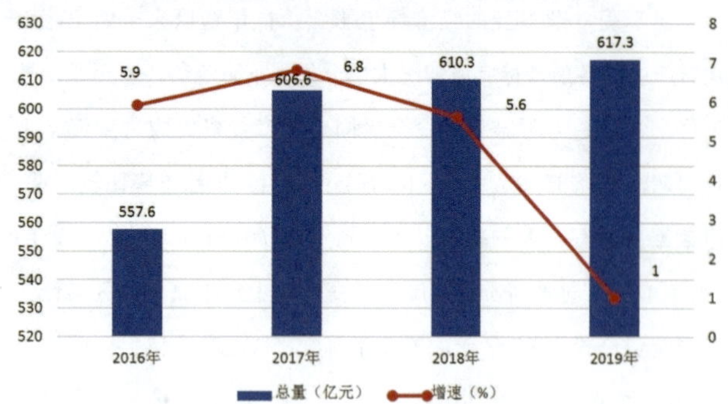

截至2019年底，朝阳区规模以上服务业为107户，累计完成营业收入156.8亿元，同比增长1.2%。其中，纳入GDP核算的重点行业企业为51户，累计完成营业收入32.2亿元，同比下降0.5%。（以上不是最终数据）

2019年全区规上服务业营业收入完成情况

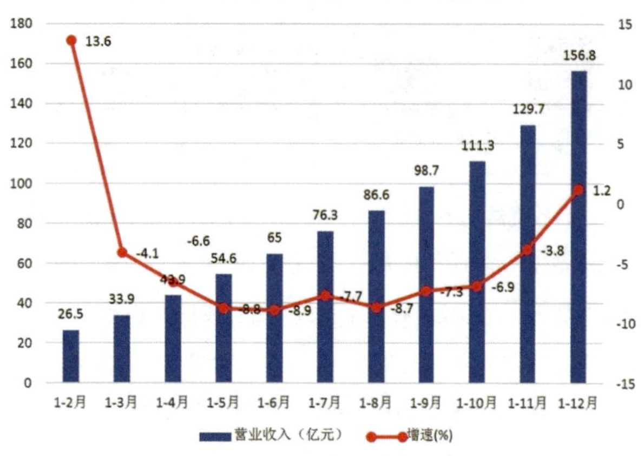

2016-2019全区规模以上服务业完成情况

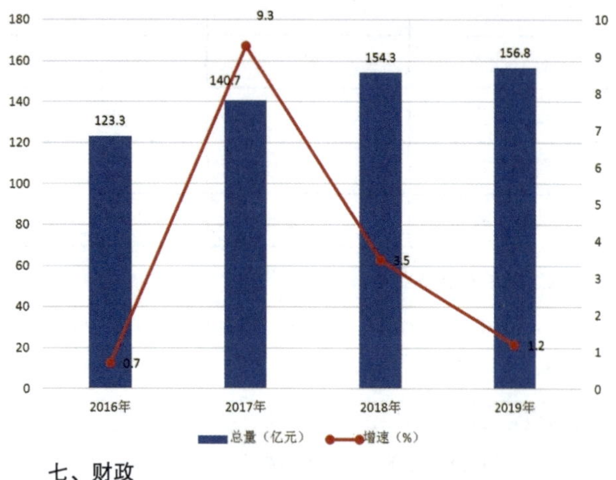

七、财政

2019年，朝阳区科学研判和积极应对复杂严峻的经济形势及日益凸显的收支矛盾，坚持以稳增长为核心，统筹推动促改革、调结构、惠民生、防风险、保稳定等各项工作，努力促进全区经济社会实现稳中有进和高质量发展，财政预算得到有效执行。全年全口径财政收入实现81亿元，地方财政收入实现13亿元。一般公共预算收入完成13.1亿元，同比增长1%；一般公共预算支出完成32亿元，同比增长2.1%，全区实现财政收支平衡。

八、招商引资

朝阳区2019年赴京津冀、长三角、珠三角开展推介活动20余次。在北京举办“投资环境说明会”，签约项目6个，签约总额达203亿元，恒大健康养生谷、中基温泉小镇投资超百亿元项目成功签约；摩捷共享汽车、滴滴出行等一批引领性、带动性项目纷纷落户；AI试验区、星河湾综合体等56个产业项目，全年利用内资83.8亿元、外资2175万美元。

九、教育、卫生

全区共有义务教育阶段学校39所。其中，小学27所，小学教师2267名，在校学生2.23万人；普通初中12所，初中教师1264名，在校学生0.91万人。

2019年末，全区共有医疗机构387个（含个体诊所），其中，医院29个，乡镇卫生院4个，社区卫生服务中心（站）15个。全区医疗机构卫生技术人员17544人，其中，执业（助理）医师6530人，执业医师6378人；注册护士6142人；药师587人。

十、城市建设

2019年，修缮维护市政道路196条，施划停车泊位5万余个，开运福里D区、建工学院478户居民如期回迁；富锋清华园三期2632套回迁房全面开工建设。坚持破墙透绿、拆违还绿，新增街头绿地4处、彩化景观9处、亮化街路7条。累计建设“公交都市”农村公路132.5公里。

综合运用无人机、全景鹰眼和千寻识别系统，打造“智慧化”城市管理新样板；大力整治城市顽疾，拆除违法建筑6200余处，高空字、高空牌匾1900余处；配合完成人民大街改造任务；建立全流程垃圾分类处理模式，垃圾减量化、资源化、无害化程度稳步提升；深入开展清扫保洁模块化管理，主、次街路机械化作业率达90%以上。

十一、人口和人民生活

2019年末，全区户籍总人口为60.28万人。其中男性29.1万人，占总人口的48.27%；女性31.18万人，占总人口的51.73%；乡村人口4.57万人，占总人口的7.58%；城镇人口55.71万人，占总人口的92.42%；全区出生人口4531人，人口出生率7.52‰，死亡人口4447人，死亡率7.38‰，自然增长率0.14‰。

注：

1. 本公报各项统计数据为初步统计数。

2. 本公报朝阳区地区生产总值、各产业增加值绝对数按现价计算，增长速度按可比价格计算。根据第四次全国经济普查结果，市统计局对各城区地区生产总值、三次产业及相关产业增加值等相关指标的历史数据进行了修订。本公报中涉及2019年地区生产总值、三次产业及相关产业增加值和以地区生产总值为分母计算的强度指标均以市统计局反馈修订后的2018年数据为基数。

3.资料来源：本公报中财政数据来自市财政局；教育数据来自市教育局；卫生数据来自市卫生健康委员会；体育数据来自市体育局；其他数据均来自区统计局。

【二道区】

一、综合

2019年，二道区实现生产总值207.4亿元，按可比价格计算，同比下降3%，其中第一产业达到0.2亿元，同比增长11.9%；第二产业达到45.2亿元，同比增长4.1%；第三产业达到162亿元，同比下降4.9%。三次产业增加值比重为0.1:21.8:78.1。

2019年分产业GDP完成情况

	绝对值（亿元）	同比增长（%）
GDP	207.4	-3
第一产业	0.2	11.9
第二产业	45.2	4.1
第三产业	162	-4.9

2019年，完成区本级财政收入6.4亿元，比上年减少2亿元，同比下降24%。全区财政支出21.4亿元，比上年减少7.2亿元，同比下降25.2%。

二、人口

2019年末，全区户籍人口为332516人，其中，非农业人口为322790人。

三、教育、卫生和文化

2019年末，全区现有普通中学10所，在校学生13102人。普通小学15所，在校学生24099人。特殊教育学校1所，在校学生40人。职业技术培训机构44所，在校学生6359人。

四、固定资产投资

2019年，固定资产投资同比下降43.9%，呈现断崖式下跌。其中，5000万以上投资占总投资的55.8%，同比增长7.4%；房地产开发投资占总投资的42.8%，同比下降63.7%；5000万以下包括续建项目共计14个，占比仅为1.4%。

五、贸易业

全社会消费品零售总额完成261.9亿元，同比增长4.1%，全年限上社消零完成76.5亿元，同比下降2%。其中亿元企业累计实现零售额66亿元，占全区比重86.3%，同比下降5.3%。批发业累计完成零售额2.2亿元，同比下降47.5%；零售业累计完成73.4亿元，同比下降5%；住宿业累计完成餐费收入0.1亿元，同比增长7.8%；餐饮业累计完成餐费收入0.7亿元，同比下降40%。

六、农业

全区农作物种植面积715公顷，其中，玉米种植面积545公顷，大豆种植面积6公顷。粮食总产量7437吨，全年实现农林牧副渔业产值0.4亿元，比去年增加0.4亿元，农林牧副渔业总产值0.1亿元，林业、牧业、渔业产值均为0。

七、规模以上工业

全区56户规上企业实现产值82.9亿元，同比下降5.8%。其中12户亿元企业共完成产值68.7亿元，同比增长23.7%，占全区总量的82.9%。全区规上工业主营业务收入77.5亿元，同比下降3.8%。

八、规上服务业

2019年1-11月全区规上服务业在库企业共177户，实现营业收入49.7亿元，同比下降12%。其中重点服务业企业共90户，实现营业收入6.7亿元，占全区规上服务业经济总量的13.5%，增速为-45.1%（GDP采用规上重点服务业1-11月增速）。

九、资质以上建筑业

全区111户建筑业完成总产值109.4亿元，同比下降33%。17户亿元企业完成产值92.9亿元，同比下降27%，占全区总产值的84.9%。

（注：本公报各项统计数据为初步统计数；数字均保留一位小数；生产总值、各产业增加值绝对数按现价计算，增长速度按可比价格计算）

【绿园区】2019年，在绿园区委、区政府的正确领导下，全区上下团结拼搏、真抓实干，做到了各项事业统筹兼顾，整体推进，继续保持了国民经济健康发展，生态环境不断优化，居民生活水平不断提高。

一、综合

综合经济实力进一步增强。2019年，全区实现生产总值276.8亿元，比上年同期增长1.1%，其中，第一产业完成增加值2.2亿元，比上年同期增长-24.7%；第二产业完成增加值146.4亿元，比上年同期增长2.7%,；第三产业完成增加值128.3亿元，比上年同期增长-0.1%。三次产业比重为0.8:52.9:46.3。

二、农业

2019年，全区实现农林牧渔业总产值47507万元，同比增长-22.2%。其中，农业产值33087万元，同比增长-31.1%；林业产值119万元，同比增长7.6%；牧业产值9424万元，同比增长35.9%。农林牧渔服务业产值4877万元，同比增长4.8%。

2019年，全区粮食作物播种面积5294公顷，粮食总产量33504吨；蔬菜播种面积2282公顷，总产量69163吨；葡萄产量2475吨，肉类总产量2020吨，禽蛋产量1630吨。

三、工业、建筑业

2019年，全区规模以上工业企业达到86户，完成规模以上工业总产值 511.0 亿元，同比增长 7.8%。其中龙头企业长春轨道客车股份有限公司工业总产值同比增长 3.1%，长春清真皓月集团有限公司工业总产值同比增长 32%。2019 年，全区规模以上工业产销衔接良好，产品产销率达到 99.7%。

2019 年，全区资质内建筑业 177 户，完成施工产值 116.5 亿元，同比增长 -42.6%。其中，92 户施工总承包企业完成产值 99.4 亿元，同比增长 -47.3%；79 户专业分包企业完成产值 17.1 亿元，同比增长 14.5%。

四、固定资产投资

2019 年，全区全社会固定资产投资完成 35.5 亿元，同比增长 -34%，其中，城镇项目投资完成 9.6 亿元，同比增长 -62.4 %；房地产投资完成 25.9 亿元，同比增长 -8.4%。

五、国内贸易、国外贸易

（一）国内贸易

2019 年，全区实现社会消费品零售额 122 亿元，同比增长 3.4%。其中，限额以上社会消费品零售额完成 14.5 亿元，同比增长 -25.3%；限额以下社会消费品零售额完成 107.5 亿元，同比增长 10.1%。从限额以上看，限额以上批发业完成零售额 0.7 亿元，同比增长 -74.1%；限额以上零售业完成零售额 12.4 亿元，同比增长 -16.4%；限额以上住宿业完成零售额 0.6 亿元，同比增长 -15%；限额以上餐饮业完成零售额 0.8 亿元，同比增长 -24%。

（二）国外贸易

2019 年，全区对外贸易增速，实现出口额 18.88 亿元，同比增长 -30.83%；进口额 19.04 亿元，同比 -4.25%。

六、招商引资

2019 年，全区招商引资立足区位、资源两大优势，围绕“园区引领、项目带动”发展战略，不断创新招商思路，完善招商机制，优化投资环境，稳步推进招商工作。

2019 年，全区实现全口径内资到位资金 9.97 亿元，同比增长 3.5%；实现外资到位资金 824.6 万美元，同比增长 10.3%。

七、财政

2019 年，积极应对重点企业大幅减收和重点支出刚性增长的双重压力，积极而为，克难攻坚，全面深化财政改革，千方百计增收节支，有力促进了经济社会持续健康发展。

2019 年，全口径财政收入完成 51.4 亿元，同比增长 -2.8%；留用收入完成 9.5 亿元，同比增长 -10.9%；公共预算支出完成 23.4 亿元，同比增长 1.59%。

八、人口与人民生活

2019 年底，全区常驻人口达到 62.5 万人，其中，乡村人口 8.3 万人，全区人口出生率为 6.54‰，死亡率 1.39‰，自然增长率 5.15‰。

2019 年，城镇常住居民人均可支配收入达到 37844 元，比上年增长 7%；农村常住居民人均可支配收入 15455 元，比上年增长 8.6%。

【双阳区】2019 年，面对经济下行压力，双阳区以习近平新时代中国特色社会主义思想为指导，全区上下深入学习贯彻党的十九大和十九届二中、三中、四中全会精神，积极践行新发展理念，全面贯彻落实省市经济工作会议精神，紧紧围绕全年经济工作目标，坚持稳中求进工作总基调，坚持以供给侧结构性改革为主线，坚持推动高质量发展，深入推进“长春城市副中心”建设，持续推动经济不断转型升级，发展质量稳步提升，经济运行总体平稳，质量效益稳中优化，民生福祉持续改善，各项社会事业稳步发展。

一、综合

2019 年，全区经济保持平稳较快发展，产业结构进一步优化。初步核算，地区生产总值实现 146.8 亿元，比上年增长 1.8%。其中，第一产业增加值实现 21.7 亿元，比上年增长 3.7%；第二产业增加值实现 24.9 亿元，比上年下降 1.3%；第三产业增加值实现 100.2 亿元，比上年增长 2.3%。按户籍年平均人口数计算，人均生产总值达到 40139 元，比上年增长 6.8%。三次产业比重由上年的 13.3:18.5:68.2 调整为 14.8:17.0:68.2，非农产业比重达到 84.8%。第三产业对经济增长的贡献率为 81.5%，拉动经济增长 1.5 个百分点。

第三产业稳步发展。2019 年，第三产业增加值实现 100.2 亿元，占地区生产总值的 68.2%，同比增长 2.3%。其中，交通运输、仓储和邮政业增加值实现 15.3 亿元，比上年增长 2.3%；批发和零售业增加值实现 11.9 亿元，比上年增长 3.1%；住宿和餐饮业增加值实现 1.4 亿元，比上年增长 1.6%；金融业增加值实现 10.3 亿元，比上年增长 10.3%。

表 1 2019 年地区生产总值

单位：亿元

指　标	数值	比上年增减（%）
地区生产总值	146.8	1.8
第一产业	21.7	3.7
第二产业	24.9	-1.3
工业	15.6	4.7
建筑业	9.3	-11.9
第三产业	100.2	2.3
交通运输、仓储及邮政业	15.3	2.3
批发和零售业	11.9	3.1
住宿和餐饮业	1.4	1.6
房地产业	14.6	16.2

财政收入下滑。2019年，一般预算全口径财政收入达到14.1亿元，比上年下降19.9%；地方财政收入9.0亿元，比上年下降27.4%；区本级财政收入5.2亿元，比上年下降34.6%。财政一般预算支出44.3亿元，比上年增长4.7%。

表2 2019年财政一般预算支出情况

单位：万元

指　标	数值	比上年增减（%）
财政一般预算支出	443026	4.7
一般公共服务	36204	3.0
教育	88739	-2.8
社会保障和就业	49145	-10.2
医疗卫生	35128	10.9
节能环保	33090	83.2
城乡社区事务	84269	25.6
农林水事务	68643	-16.9

二、农业

2019年，农业生产继续保持稳步发展。粮食作物播种面积84136公顷，同比下降2.4%。其中，玉米播种面积67707公顷，同比下降2.6%；水稻播种面积14080公顷，同比增长12.6%。

粮食总产量61.4万吨，同比增长9.9%。其中，玉米总产量50.3万吨，同比增长12.5%；水稻总产量10.3万吨，同比增长0.1%。

畜牧业稳步发展。2019年末，生猪存栏13.6万头，比上年增长58.1%，出栏15.2万头，比上年下降42.6%；牛存栏1.4万头，出栏6.0万头；家禽存栏2460万只，出栏256.4万只；鹿存栏13.2万只。

肉类总产量1.5万吨。其中，猪肉产量1.1万吨；牛肉产量0.1万吨；禽肉产量0.2万吨；禽蛋产量3.7万吨；鹿茸产量202545公斤，同比下降1.1%。

表3 主要农副产品产量

指　标	单位	数值	比上年增减（%）
粮食总产量	万吨	61.4	9.9
蔬菜总产量	万吨	4.0	8.1
肉类总产量	万吨	1.5	-48.3
禽蛋总产量	万吨	3.7	0
牛奶总产量	吨	204	65.9
鹿茸总产量	公斤	202545	-1.1

农业机械化程度继续提高，设施农业、生态农业快速发展。2019年农机综合作业水平达到87%以上，农业机械总动力50.5万千瓦，比上年增长6.5%。农机保有量16962台，比上年增加402台。其中拥有大中型拖拉机4130台；小型拖拉机12832台。

三、工业和建筑业

2019年末，规模以上工业企业54户，实现总产值58.1亿元，同比增长5.7%。其中超亿元的企业15户，实现总产值47.4亿元，同比增长23.5%，占区属规上工业总产值的 81.6%。

汽车制造业、电力—热力生产和供应业、医药制造业、非金属矿物制品业、电气机械和器材制造业、农副食品加工业、食品制造业和金属制品业累计实现产值50.3亿元，同比增长12.5%，增速高于总体6.9个百分点。其中，汽车制造业实现产值16.0亿元，同比增长11.8%；电力—热力生产和供应业实现产值11.9亿元，同比增长24.1%；医药制造业实现产值8.4亿元，同比增长1.8%；非金属矿物制品业实现产值5.3亿元，同比增长2.5%，金属制品业实现产值1.6亿元，同比增长3.3%，电气机械和器材制造业实现产值4.4亿元，同比增长11.3%。这几大行业为区属规模以上工业企业快速发展做出了突出贡献。

企业经营状况良好，效益增强。2019年，规模以上工业企业累计实现主营业务收入57.4亿元，利润总额2.5亿元，上交税金2.0亿元。

2019年，规模以上民营工业企业达到50户，实现产值38.9亿元，同比下降4.0 %；规上民营工业企业总产值占规上工业产值的比重为67.0%。

2019年，全区42家有资质的建筑业企业完成总产值33.4亿元，同比下降43.6%。按构成分类，安装工程产值为1.5亿元，同比下降39.3%；建筑工程产值为28.0亿元，同比下降29.2%；其他建筑业产值为3.9亿元，同比下降76.4%。

四、固定资产投资

2019年，全区固定资产投资项目70个，固定资产投资完成额同比下降65.5%。其中，5000万元以上项目投资完成额同比减少85.8%；5000万元以下项目投资完成额同比下降81%；房地产开发项目投资完成额同比增长52.8%。

五、贸易、交通、邮电和旅游

2019年，全区消费品市场繁荣活跃，消费需求旺盛。全年社会消费品零售总额实现83.8亿元，比上年增长3.5%。人均社会消费品零售总额22040元，增长3.9%。

交通运输业稳步发展。2019年，交通客运周转量19559万人／公里，货运周转量176096万吨／公里。

邮电通信业稳步发展。全年完成邮电营业收入28449 万元。其中，邮政营业收入3481万元；电信营业收入24968万元。全区固定电话用户达到5.1万户。其中，城市电话用户2.1万户；

乡村电话用户 3.0 万户。全区移动电话用户 51.9 万户；互联网宽带接入用户 6.2 万户。

2019 年，全区旅游业发展平稳。全年来双旅游人数达到 400 万人次，旅游总收入 30.0 亿元。

六、金融业

金融机构存贷款余额稳步增长。2019 年末，全区金融机构各项存款余额 177.1 亿元，同比增长 15.3%。其中住户存款余额 129.3 亿元，同比增长 14.7%。各项贷款余额 91.7 亿元，同比增长 2.9%。其中住户贷款余额 46.4 亿元，同比增长 14.9%。

表 4 2019 年金融机构存贷款余额

单位：亿元

指　标	数值	比上年增减（%）
各项存款余额	177.1	15.3
住户存款	129.3	14.7
各项贷款余额	91.7	2.9
住户贷款	46.4	14.9
非金融企业及机关团体贷款	45.4	-6.8

七、教育、文化和卫生

九年制义务教育普及程度继续提高，全区义务教育阶段学校 135 所。其中，小学 111 所，招生 2299 人，在校生 15176 人，学龄儿童入学率为 100%。普通初中 24 所，招生 2751 人，在校生 9175 人。高中和中等职业教育稳步发展。全区中等职业学校 2 所，招生 110 人，在校生 302 人；普通高中 2 所，招生 1811 人，在校生 4951 人。初中毕业生升入高中段（普通高中、职业高中）的比例为 63.9%。全区有幼儿园 69 所，其中私立幼儿园 55 所。在园幼儿（包括学前班）8195 人，比上年减少 922 人。

2019 年末，全区有线电视用户达到 12.0 万户。其中，城镇有线电视用户 5.0 万户，有线电视覆盖率达到 41.7%；农村有线电视用户 7.0 万户。

2019 年末，全区共有医疗机构 373 个（含个体诊所），其中医院 4 个，乡镇卫生院 7 个，社区卫生服务中心（站）7 个。全区公立医疗机构卫生技术人员 1840 人，其中医生 584 人，注册护士 713 人，其他专业人员 543 人。医院和卫生院床位 1546 个，每千人拥有床位数 4.24 张。

八、人口、人民生活和社会保障

2019 年末，全区户籍总户数为 14.4 万户，户籍人口 36.5 万人。出生人口 2198 人，人口出生率为 4.1‰；死亡人口 2324 人，人口死亡率 6.4‰，人口自然增长率 -2.3‰（出生和死亡人口数据来源于区卫健局）。

表 5 2019 年末户籍人口构成情况

指　标		单位	数值
户籍总户数		万户	14.4
户籍总人口		万人	36.5
按性别分	男	万人	18.4
	女	万人	18.1
按户籍性质分	城镇人口	万人	9.6
	乡村人口	万人	26.9
按年龄段分	17 岁及以下	万人	5.2
	18—34 岁	万人	7.5
	35—59 岁	万人	15.5
	60 岁以上	万人	8.3

城乡居民生活水平不断得到改善。2019 年，城镇居民人均可支配收入 29124 元，比上年增长 7.1%。农村居民人均可支配收入 15281 元，比上年增长 7.4%。城镇非私营单位从业人员平均工资 68296 元，比上年增长 14.0%。

社会保障覆盖范围逐步扩大。2019 年末，城镇职工基本养老保险参保人数 38604 人，比上年增长 4.2%。其中，参保职工为 22268 人，离退休人员为 16336 人；职工基本医疗保险参保人数 36439 人；失业保险参保人数 14461 人，年末享受失业保险金人数为 131 人；工伤保险参保人数 31205 人，同比下降 0.4%；生育保险参保人数 23738 人，同比增长 0.3%；城镇基本医疗保险参保人数为 149691 人；新型农村合作医疗参合人数 240377 人，参合率 96%，共筹集资金 1.9 亿元，参合农民中已有 98257 人受益，支付补偿金 18704.3 万元。

全年享受政府最低生活保障的城镇居民达到 8126 人，比上年减少 898 人；享受政府最低生活保障的农村居民达到 10008 人，比上年减少 1795 人。城镇和农村低保标准分别达到 450 元 / 月•人、3900 元 / 年 • 人。

2019 年末，全区各类收养性社会福利单位拥有床位 4215 张，其中公办收养性社会福利单位拥有床位 1040 张，民办收养性社会福利单位拥有床位 3175 张。收养特困供养人员 2951 人，其中收养分散供养人员 2460 人，收养集中供养人员 491 人。全年销售社会福利彩票 2049 万元。年末新建各种社区服务设施 530 个。

就业岗位不断增加，农村劳动力转移成效显著。年末城镇新增就业人员 4759 人。年末城镇登记失业率为 3.9%。农村劳动力转移就业 122299 人次

【经开区】2019年，长春经济技术开发区以习近平新时代中国特色社会主义思想为指引，以高质量发展为中心任务，按照着力打造一流营商环境、一流产业园区、一流开放高地和一流干部队伍的工作目标，努力奋斗、开拓务实，较好地完成了各项工作任务，许多领域取得可喜变化，高质量发展迈出坚实步伐。

一、综合

经济运行稳中有进，产业结构实现突破。2019年全区实现地区生产总值705.3亿元，同比增长5.4%，占全市11.9%。其中，第一产业实现增加值0.12亿元，同比下降11.6%；第二产业实现增加值278.9亿元，同比增长4.6%；第三产业实现增加值426.3亿元，同比增长6.1%。三次产业比重为0.01:39.5:60.4。产业结构首次由二三一转变为三二一。

2019年末，全区实有“四上”企业578户，其中：规模以上工业企业136户，有资质建筑业企业156户，房地产开发经营业企业50户，限额以上批发零售住宿餐饮企业141户，规模以上服务业企业95户。

全区实现一般预算全口径财政收入68.9亿元，其中税收收入66.9亿元，占比97.1%。区本级财政收入实现13.1亿元，增长3.1%。

二、工业和建筑业

工业经济增长平稳，技改扩能初见成效。2019年全区实现规模以上工业总产值实现934.1亿元，其中汽车及零部件行业实现产值615.9亿元，占比65.9%；农产品深加工行业实现产值114.6亿元，占比12.3%。

全年实现建筑业增加值48.8亿元，同比增长2.1%。

三、第三产业

第三产业发展迅速，支撑作用逐步显现。2019年全年实现第三产业增加值426.26亿元，同比增长6.1%，全年实现社会消费品零售总额197.8亿元，同比增长3.7%。

四、固定资产投资

全年实现固定资产投资185.5亿元，同比增长19.4%，其中商业综合体等现代服务业项目增长迅速，全年累计投资47.8亿元，同比增速58%，为全区产业结构调整打下坚实基础。

五、招商引资和对外开放

2019年实际利用外资8667.8万美元，同比增长23.5%；实际利用内资178.98亿元，同比增长15.8%。全年实现进出口总额253052.14万美元，同比增长10%。全年完成签约项目179个，增长38%。其中亿元以上项目20个，包括5至10亿元项目4个，10亿元以上项目4个。

2019年长春兴隆综保区园区业务额达100亿元，同比增长30%，其中一线进出口额实现50亿元，增长400%，总量和增速在东北综保区中均排名第一。

六、科技创新

科技创新取得新突破。2019年国家高新技术企业新认定62户，同比增长170%，有效期内高新技术企业108户，同比增长108%；吉林省科技“小巨人”企业新认定24户，同比增长300%，截至2019年累计30户，同比增长400%；长春市科技型“小巨人”企业新认定31户，同比增长47.6%，截至2019年累计77户，同比增长63.8%；技术交易合同成交额完成50.61亿元，同比增长33%。

七、社会事业

2019年社会保障持续推进。城镇低保户数887户，1373人，农村低保户数298户，476人。农村新型合作医疗参保人数达24299人，参保率96%。

全年创造城镇就业岗位7517个；新增城镇就业人数6350人；下岗失业人员再就业人数2445人；“就业困难”人员就业人数515人；创业促就业项目个数631个；转移劳动力就业人次1447次；全年安排失业人员职业技能培训人数308人。

八、文教卫生

区内共有中小学19所，在校人数16163人，其中小学12所，中学3所，九年一贯制学校3所，职业学校1所。

区内共有各级各类医疗机构284家，其中省属三甲级公立医院1家；市属各级各类医院15家，其中三级民营医院3家，二级公立医院1所，二级民营医院8家，一级民营医院2家，血液透析中心1家；区属各类医疗机构268家，其中门诊部64家、诊所187家、区审批医院5家，乡镇卫生院1家、6个社区卫生服务中心、5个社区卫生服务站。

【净月高新技术产业开发区】长春净月高新技术产业开发区位于长春市东南部，成立于1995年8月，原名为长春净月潭旅游经济开发区，2006年3月通过国家发改委审核，更名为长春净月经济开发区，2011年初，经吉林省人民政府批准转型更名为长春净月高新技术产业开发区，2012年8月，经国务院批准，晋升为国家级高新技术产业开发区。全区下辖3个整建制镇和7个街道办事处，区域面积478.7平方公里，总人口45余万人。净月高新区先后获得国家服务业综合改革试点区、国家电子商务示范基地、国家广告创意示范园区、国家现代服务业数字媒体产业化基地、国家信息消费试点区、国家级文化和科技融合示范基地、国家智慧城市试点等“国家级称号”，在全国国家高新区最新综合排名中，列第70名。

作为长春市的生态核心区和科技资源富集区，净月高新区拥有亚洲最大的人工森林，林水面积243平方公里，占区域总面积的51%，东部有净月潭国家5A级森林公园，南部有新立湖国家水利风景区，西部有长春的母亲河—伊通河，形成了“三面环林水、一面接主城”的生态格局。同时，净月高新区拥有15所高等院校；优先聚集了8个国家级、省级重点科研机构、12个国家科技研发平台、147个省部级研发服务平台，全区一线科研人员总数近4万人。已建成吉林省青年创业园、净月众创大厦等各类孵化载体27个，可用孵化面积超过30万平方米，在孵企业400家。与现有资源禀赋相适应，净月高新区致力发展环境友好型产业，形成了现代服务业和高技术产业融合发展的产业格局，启明信息、中国移动IDC数据中心等项目加速推进，吉视传媒、开犁网等电商示范项目异军突起，东北证券、一汽金融等金融类、金融机构快速聚集，知和国际动漫产业园、吉林省国家广告产业园等文创产业项目加快发展，德国大陆汽车电子、一汽新能源汽车等高端制造项目快速崛起。

当前，按照市委、市政府高质量发展“四大板块”的整体战略部署，净月区科学制定《长春国际影都协同发展规划》，完善1+5+N的规划体系，坚持一张蓝图绘到底。规划研究范围1051平方公里，借鉴雄安理念，确定“北城、南苑、中山水”的空间格局，“一山携两翼、三水润净莲”的空间意像，“北优、南跃、东接、西连”的空间发展战略。确定影视文旅、生命健康、数字经济三大主导产业和金融总部、科技研发、生态环保三大重点行业，规划确定20个产业生态圈、52个产业园区、328个重点招商引资地块。净月高新区将以创新引领发展，努力建设现代服务业高质量发展示范区和长春国际文旅创意城，打造吉林省乃至东北亚的生态高地、时尚高地和数字高地。

一、综合指标

2019年，全区完成地区生产总值386.7亿元，增长3.2%；服务业增加值完成318.7亿元，增长5.0%；三次产业比重达到0.5:17.1:82.4，增长4.6%；固定资产投资183.6亿元，增长8.2%；限上服务业营业收入58.9亿元，增长10%；地方级财政收入完成10.03亿元，增长11.6%。

二、农业

2019年，我区总播种面积7812公顷。其中：粮食播种面积7625公顷，玉米播种面积7342公顷，大豆播种面积35公顷，蔬菜播种面积160公顷，瓜类播种面积27公顷。

2019年，我区规模以上工业户数为50户，规上工业总产值累计完成80.85亿元，同比降低23.9%。

2019年，我区建筑业户数为81户，完成建筑业总产值76.67亿元，同比增长262.3%

三、贸易、民营经济

2019年，我区社会商品零售额完成86.4亿元，同比增长3.9%。

四、服务业

2019年，我区规模以上服务业企业113户，完成营业收入58.6亿元，同比增长10%。

五、财政收入

2019年，我区全口径财政收入51.18亿元，同比增长24.2%。地方级财政收入完成10.03亿元，增长11.6%。

六、固定资产投资

2019年，我区固定资产投资完成183.6亿元。

七、招商引资

全年累计新引进项目65个，签约总额1372亿元，形成了稳定的项目储备，区域发展后劲明显增强。

成功引进“长春国际影都”、广东科世得润等65个产业项目。其中，“长春国际影都”项目，是长春市“专班抓项目”以来首个千亿级产业项目。在项目建设上，成立四个“重大项目专班”，推动新开工项目92个，全年开工率达到80%。同时，依托“万人助万企”，解决涉企问题673件，办结率94.3%；强化征拆保障，全年征收房屋1555户、土地572公顷，特别是“国际影都”项目征拆创造了开发区征拆“新速度”；强化土地和资金保障，全年完成收储项目40个、总面积355.6公顷，实现土地出让收入69亿元，成功申请并发行土地收储专项债券18.2亿元；强化软环境保障，区本级665项审批业务“只跑一次率”达到100%，服务质量和效率全面提升。在创新主体培育上，全年新认定高新技术企业68户，获批市级科技“小巨人”企业22户、市级“专精特新”企业2户，创新主体加快成长。举办阿里巴巴“诸神之战”全球创客大赛等活动40余场，营造了浓厚的双创氛围。在加快推动对口合作上，依托“津长双创服务中心”“吉浙服务业发展示范区”，成立吉林省（净月）知识产权促进中心，引进培育各类企业114家，拥有知识产权100多项，其中发明专利占比30%以上，以“一亿中流”为代表的“加速器”项目，启动了企业孵化上市进程。

八、城市建设

在城市基础设施建设上，新建续建临河街南延、福祉大路西延、和美路拓宽等60条道路，全区道路里程240公里；建成西部供水3座加压泵站、净阳一次变等7座变电站，全区城市配套面积65平方公里，建成区50平方公里，基本形成了路网发达、配套完善的基础设施体系。同时完成净月潭禁车工程、全区乡村“亮化工程”。

九、人口、社会事业

2019年，全区总人口达到45万人。

教育改革持续推进。深化国家教育改革实验区建设，落实义务教育委托管理，实践课程改革、自主分层式督导评估改革等改革举措，不断提升办学质量和教育管理水平；加强教育信息化建设，率先在全市实施了光纤进校园工程，积极开展云阅卷、课业网上辅导等教育信息化应用；优化教育网点布局，已经建成华岳学校，推动东北师大华蕴等 4 所学校的新建扩建取得实质性进展；延展德育实践空间，开展各项德育活动，落实立德树人根本任务；严守校园安全底线，实现安全教育、组织网络、安全排查、安全演练、安全监护全覆盖，在全市率先实现校园安全监控全部纳入公安安全平台统一管理，保证教育和谐稳定发展。

医疗卫生服务能力不断提升。完成新湖镇卫生院建设和新立城镇卫生院装修改造，为三镇卫生院购置 CT、X 光、彩超等医疗设备，夯实医疗卫生基础设施；积极推进老年病等重点人群家庭医生签约，签约率 65%，高于省市标准；推动全区 3 家乡镇卫生院及 16 家标准化村卫生室全面实施国家基本药物制度；不断提高新农合保障水平，保障病种和补偿水平大幅提升。

在农村人居环境整治上，完成热闹屯、团山子等村容村貌整治，成功举办长春市农村人居整治现场会，为全市农村人居环境整治打造了新样板。同时完成 5912 户厕所改造任务，受益农户覆盖率达 65%。55 公里乡道全面竣工，镇域道路从“村村通”升级为“户户通”。

【长春新区】2019 年，长春新区认真贯彻落实省市工作决策部署，紧紧围绕推动国家“一带一路”建设、东北新一轮振兴发展、长吉图战略深入实施的重大使命，按照“打先锋、站排头”的总体要求及年初工作部署，突出项目立区，不断扩大有效投资，统筹推进经济社会高质量发展，各项经济指标呈现了稳中有进、进中向好的发展态势。

一、经济总量

2019 年，经济实现平稳运行，全区 GDP 完成 750.3 亿元，同比增长 6.4%。从三次产业完成情况看，第一产业增加值 0.8 亿元，同比增长 8.7%；第二产业增加值 542.5 亿元，同比增长 6.8%；第三产业增加值 207.0 亿元，同比增长 5.3%。分别占全市的 0.2%、21.7%、6.8%。三次产业结构占比为 0.1 ：72.3 ：27.6。

二、农业

长春新区第二产业一直是地区生产总值的大头，其次是第三产业，第一产业比重仅占 0.1。2019 年，全区实现农林牧渔业总产值 8169 万元，同比增长 8.7%。

三、工业和建筑业

2019 年，全区规上工业实现总产值 839.6 亿元，同比增长 5.2%；实现销售产值 822.0 亿元，同比增长 4.8%，累计实现产销率 97.9%；出口交货值 9.4 亿元，占全区工业总产值的 1.1%，同比下降 10.6%；实现营业收入 844.2 亿元，同比增长 2.6%；每百元营业收入中成本为 76.6 元，比上年同期增加 1.0 元；实现利润总额 88.9 亿元，同比下降 7.5%；营业收入利润率为 10.5%，比上年同期降低 1.2 个百分点；资产负债率 50.2%，比上年同期上升 3.1 个百分点。规模以上工业企业用电量 10.1 亿千瓦时，同比增长 3.0%。

工业经济运行有“四大特点”：一是重点企业对全区影响作用明显。全区重点企业共实现产值 595.2 亿元，同比增长 3.8%，占全区工业总产值的 71%，对全区规模以上工业影响作用明显。二是战略新兴产业保持较快增长。全区战略新兴产业完成产值 271.8 亿元，同比增长 9.1%，增速高于全部工业 3.9 个百分点，占全区工业总产值的 32%。三是高新技术制造业增速有所回升。全区高新技术制造业共完成产值 144.1 亿元，同比增长 11.7%，增速高于全部工业 6.5 个百分点，占全区工业总产值的 17%。四是主导产业对实体经济支撑作用明显。全区规上工业七大产业实现产值 773.5 亿元，同比增长 5.5%，占全区产值比重高达 92%。其中，五大产业保持正增长：汽车产业完成产值 527.0 亿元，增长 6.6%，占全区产值比重达到 63%；医药产业完成产值 116.7 亿元，增长 10.6%，占全区产值比重 14%；装备制造业完成产值 22.0 亿元，增长 32.4%；建材产业完成产值 37.4 亿元，增长 9.0%；电子产业完成产值 28.7 亿元，增长 1.1%。两大产业呈下降态势：食品产业完成产值 17.6 亿元，下降 39.4%；能源产业完成产值 24.1 亿元，下降 4.5%。

2019 年全区资质内建筑业比去年同期增加 9 户，同比增长 11.7%；完成产值 50.6 亿元，同比增长 22.2%，呈快速发展态势。

四、固定资产投资

2019 年全区固定资产投资完成 408.8 亿元（含 5000 万元以上、房地产、5000 万元以下投资），较去年同期相比总量增加 56.9 亿元，同比增长 16.2%，实现快速增长。其中产业类项目投资完成 129.9 亿元，下降 25.3%；房地产完成投资 264.1 亿元，增长 61.1%，5000 万以下投资完成 14.8 亿元，增长 5.0%。全区 5000 万以上项目中，第二产业完成投资 60.6 亿元，同比下降 6.8%；第三产业完成投资 333.5 亿元，同比增长 22.3%。

五、国内服务贸易

2019 年全区社会消费运行保持稳步增长态势，全年实现社会消费品零售总额 139.4 亿元，同比增长 4.8%。其中，限上企业（含大个体）实现零售额 93.9 亿元，同比增长 7.0%。

2019 年全区规上服务业营业收入完成 76.9 亿元，同比增长 11.4%。其中，重点服务业企业 55 户，实现营业收入 55.8 亿元，同比增长 11.3%。服务业增速呈回升态势。

六、招商引资

深化招商体制机制改革，创新搭建“专业招商为主体、驻外招商为延伸、工商联及行业商会为补充”的立体化招商网络，紧盯实体经济项目，开展产业链精准招商，招商成效不断显现。全年引进内资 187.42 亿元、利用外资 8070 万美元，新引进产业类项目 109 个，为未来发展积蓄了能量。

七、财政

2019年，一般公共预算财政收入实现17.9亿元，同比增长7.9%。

总体来看，2019年全区上下积极应对经济下行压力，狠抓招商引资和项目建设，不断深化改革创新，经济发展质量和效益进一步提升。各项经济指标基本实现年初目标任务，对全市经济贡献不断加大，“打先锋、站排头”的地位和作用更加明显。

【汽车经济技术开发区】汽开区位于长春西南部，东起普阳街、长沈铁路，南接公主岭范家屯镇，西至西新开河，北到景阳大路、支农路、长春西湖。区域总面积110平方公里，建成区50平方公里，共管辖2个街道办事处，9个半行政村。全区常驻人口达到29万人，户籍人口22万人。建区以来，先后被授予国家汽车零部件出口基地、国家汽车电子产业基地、国家新型工业化产业示范基地等称号。

2019年是汽开区极不平凡的一年。面对经济下行、产业变革以及各项任务异常繁重的叠加压力与挑战，在市委、市政府的正确领导下，全区干部职工不忘初心、牢记使命，以前所未有的责任担当，苦干实干的奋斗精神，攻坚克难、稳中求进，汽开区实现了经济社会的平稳较快发展。

一、经济总量

2019年，全区实现地区生产总值989.1亿元，同比增长6.0%。分产业看，第一产业增加值0.2亿元，同比下降5.7%；第二产业增加值909.7亿元，同比增长6.8%；第三产业增加值79.2亿元，同比下降3.3%。

二、农业

2019年，全区实现农林牧渔总产值3426万元，同比下降4.17%。其中：农业产值2583万元，同比下降9.69%；牧业产值469万元，同比增长31.01%；农林牧业服务业产值374万元，同比增长4.76%.

三、工业和建筑业

2019年，全区规模以上工业企业实现总产值4957.2亿元，同比增长4.5%。 全区建筑业总产值完成17.7亿元，同比下降7.83%。

四、固定资产投资

2019年，全区完成固定资产投资160.9亿元，同比增长1.33%。其中：产业类投资完成132.3亿元，房地产开发投资完成28.6亿元。从项目规模看，5000万元以下项目54个，完成投资7.2亿元；5000万元以上项目118个，完成投资153.7亿元。

五、国内服务贸易

2019年，全区社会消费品零售总额实现197.2亿元，同比增长3.5%。其中：限上社会消费品零售总额实现91.1亿元，下降10.1%。

2019年，全区规上服务业营业收入实现30亿元，同比增长0.5%。其中：重点服务业实现营业收入11.6亿元，同比下降17.8%。

六、招商引资

2019年，全区实际利用内资25.3亿元，同比下降65.39%；实际利用外资1300万美元，同比增长10.70%。

七、财政

2019年，一般预算全口径财政收入88.36亿元，同比下降21.37%。

八、基础设施建设

城市秩序进一步规范。全面打响户外广告清理、违法经营治理、违法建筑治理、城乡建设土地乱象治理、市容环境卫生整治、交通乱象整治“六大攻坚战”，对城市乱象进行集中攻坚，确保“清仓见底”。累计拆除各类违法建筑60万平方米；清理超高土和各类垃圾20万立方米，清理违规停车场27个，近200万平方米；华港二手车市场、历史文化街区更加整洁规范，一汽新总部、一汽大众等周边环境全面改善，方正村严家屯改造、农村厕所革命全面完成，城乡面貌焕然一新。生态建设全面推进。牢固贯彻落实“绿水青山，就是金山银山发展理念”，全面实施城市绿色提升行动，完成东风大街、汽车大路、西湖大路等街路绿化美化工作。欧亚车百、汽贸商街、一汽总部周边等42处裸露地块全面复绿。岱山公园、锦绣公园等4个公园围墙全面拆除，实现了城市空间布局的优化，城市能级的提升，百姓的获得感、幸福感、满意度进一步增强。承载能力大幅提升。打通街路微循环，完成捷达大路、凯达北街、丰富路等断头路打通工程。为企业提供动能支持，建设一汽丰越备用水源、区域加压泵站工程。民生幸福指数持续提升。日新家园、前程家园等安居工程基本完成。实施教育强区计划，引进东北师大附属中学西湖实验学校，推进第三中学重建工程。

【长春莲花山生态旅游度假区】长春莲花山生态旅游度假区位于吉林省长春市东部，属于长白山余脉大黑山脉中段，规划控制面积417平方公里，东隔石头口门水库——饮马河与吉林市相望，南与长春净月开发区、双阳区相连，西与长春市城区接壤，北与长春经济技术开发区、九台市相依，辖两镇一乡，总人口5.1万人。

2019年，全区上下以习近平新时代中国特色社会主义思想为指导，在市委、市政府的坚强领导下，解放思想、勠力同心、竞进有为，努力战胜各种风险挑战，度假区各项工作成效显著，跨越式发展的决心和信心更加坚定。

一、经济综合

2019年，度假区地区生产总值共9.7亿元，同比增长6.5%；

规上工业总产值共 2.9 亿元，同比增长 8%；建筑业总产值共 49.1 亿元，同比增长 595.8%；固定资产投资共 36.7 亿元，同比增长 29.6%;社会消费品零售总额共 1.3 亿元，同比增长 3.3%;服务业完成营业收入 3.8 亿元，同比增长 13%；其中：重点服务业完成营业收入 3.2 亿元，同比增长 56.5%；财政收入共 1.5 亿元，同比下降 7%。

二、招商引资

2019 年，度假区经济增长持续发力，明确“三大产业带”产业发展布局，以客源、税源“两源”为导向，切实优化营商环境，积极开展招商推介，签约项目 14 个，到位内、外资分别同比增长 16% 和 10%，投资增速达到 30%。服务保障持续加强，认真组织“专班抓项目”“万人助万企”工作，统筹调度、下沉服务、包保式推进，全力破解项目建设和企业发展难题，29 个新建续建项目完成投资 36.7 亿元，91 户企业 45 个问题得以解决。

三、文旅产业

2019 年，度假区放大优势促进文旅产业升级，全国攀冰锦标赛、中国汽车房车穿越集结赛、花海市民开放季、全域旅游峰会等活动，让莲花山旅游品牌深入人心。特别是莲花山滑雪节系列活动，让度假区实现了冰雪旅游从活动到活动与产品并重的根本转变。成功举办了三项国际重量级活动赛事，首届“莲花山杯”国际陶艺大赛，成为国内规模最大、参赛选手最多、范围最广的国际陶艺赛事，29 个国家和地区 50 位陶艺家创作了 180 件精美作品，长春国际陶艺馆成为国际陶艺学会团体会员；国际雪联自由式滑雪空中技巧世界杯比赛、2019-2020 赛季国际登联攀冰世界杯比赛，进一步扩展了莲花山冰雪文化、冰雪运动、冰雪旅游的国际影响力。全年游客接待量达 120 万人次，同比增长 20%。

四、基础设施建设

2019 年，度假区三乡镇城市规划和土地利用规划完成修编，为项目落位奠定了基础。累计投资 6 亿元，新建 3 公里的冰雪大路，改造提升市政道路和农村公路 8.9 公里，建设水、电、气、热管线 42 公里，全方位保障了项目建设和运营。扎实推进“城市乱象集中整治”行动，处理违规大货车近百辆，取缔坐商外溢和占道经营 1500 余次，拆除违法建筑 26 处、违规广告牌匾 3000 余个。认真开展农村人居环境整治，打造“五线二区”景区化美丽乡村示范村屯，改建围墙 1 万延米，增设垃圾箱 1400 个，改造厕所 850 户，启动同心村生活污水处理工程建设，治理 玉米楼子、柴草垛、杂物堆 4000 多处，栽树 25 万多棵，农村环境日益干净整洁。

五、人口、社会事业

2019 年，度假区总人口达到 51297 人，其中：劝农乡镇 18375；泉眼镇 19330 人；四家乡 13592 人。

2019 年，度假区滚动实施“幸福莲花山行动计划”和“暖流计划”，53 项民生实事和 24 项增收计划全部兑现。开展“春风行动”，实现 899 人就业再就业；实施健康扶贫，贫困人口住院费用报销比例、慢病门诊报销比例分别达到 90% 和 80%；创建肝胆、儿童特色专科门诊，服务群众近万人次；引进北京儒岸教育集团对基础教育质量实施整体提升，完成莲花印象、莲花雅居幼儿园装修改造；建成综合养老中心，新增养老床位 369 张；1500 户农户用电刀闸更换为空气开关；实现个体工商户证照联办、残疾人证迁入转出跨区联办，由“一次办一件事”向“一次办一类事”转变，群众办事更加方便。

深入开展扫黑除恶专项斗争，持续推进法治莲花山和平安莲花山建设，排查办理涉黑涉恶线索 30 件；坚决落实安全生产责任，排查整治安全隐患 611 处，未发生生产安全事故。认真受理群众来访，妥善解决群众诉求，排除隐患 16 件次，圆满完成全国和省市两会、长马、国庆等重大活动、关键节点信访维稳任务，实现了进京访、进京集体访和进京人员清理的“三个零”目标。

统计资料

▲综合

GENERAL SURVEY

STATISTICS

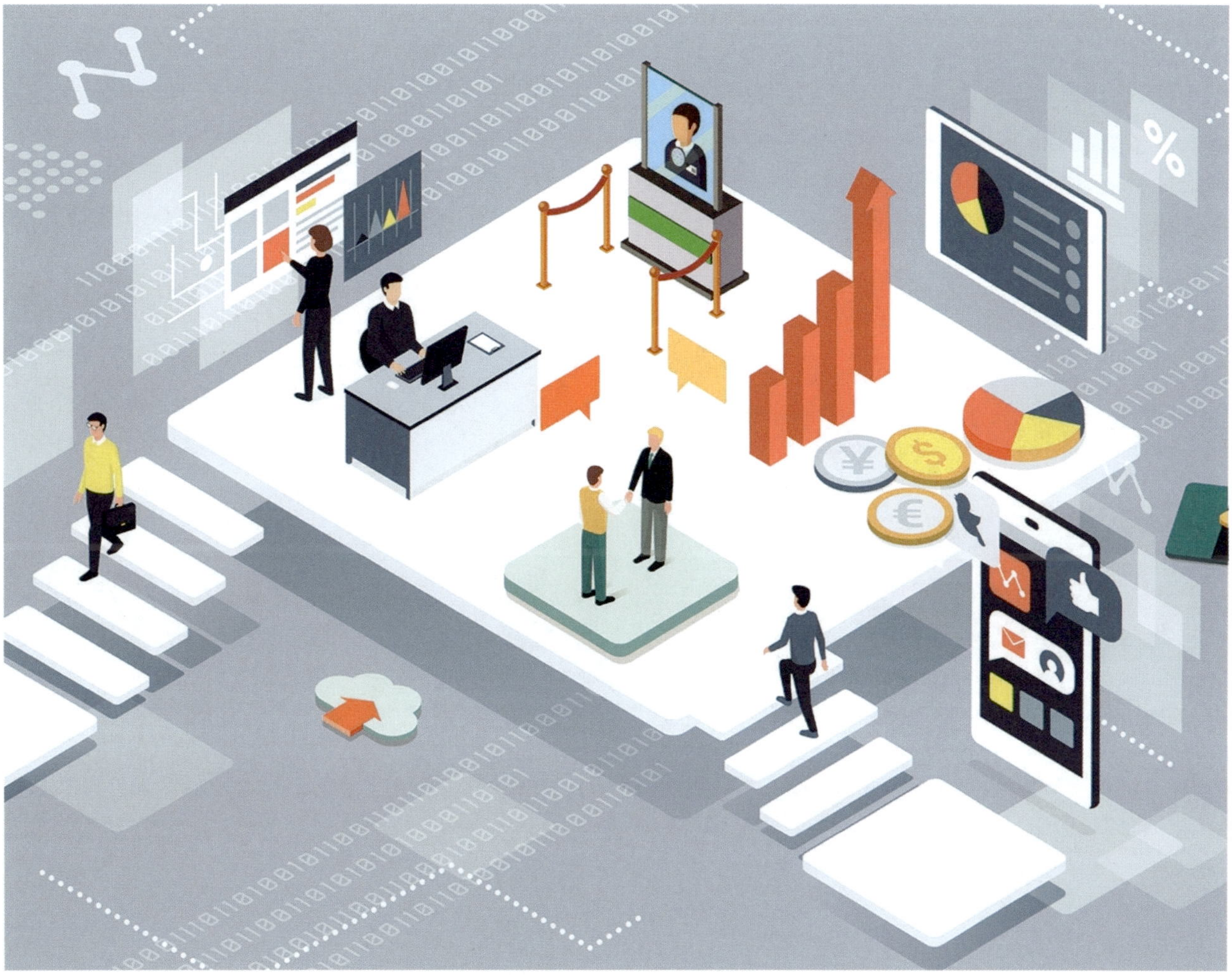

2020

长春统计年鉴

CHANGCHUN STATISTICAL YEARBOOK

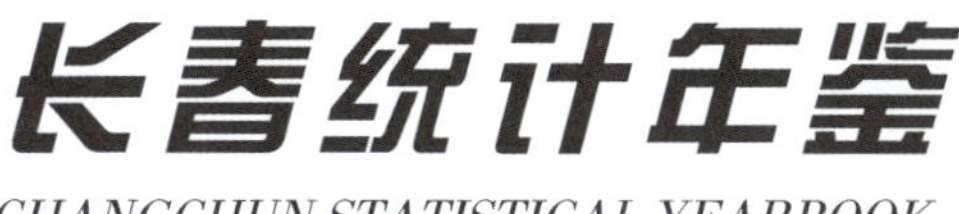

第一篇　综　合

长春位于北半球中纬地带，欧亚大陆东岸的中国东北平原腹地，地处东经 124° 18'-127° 02'，北纬 43° 05'-45° 15'，市中心座落在东经 125° 19'，北纬 43° 43'。气候为中温带大陆性季风气候，素有“塞北春城”的美誉。

全市总面积 20593.53 平方公里，建城区面积 543 平方公里。下辖七区、三县（市）、四个国家级开发区，全市户籍总人口 753.8 万人，其中市区人口 445.1 万人。

全年实现地区总产总值 5904.1 亿元，增长 3.0%。其中，第一产业增加值 348.1 亿元，增长 2.1%；第二产业增加值 2495.4 亿元，增长 5.3%；第三产业增加值 3060.6 亿元，增长 1.0%。全口径财政收入 1100 亿元，下降 9.1%，地方级财政收入完成 420 亿元，下降 12.1%，地方财政支出完成 896 亿元，增长 0.2%；规模以上工业总产值增长 1.5%；规模以上工业增加值增长 6.2%。固定资产投资总额下降 19%；社会消费品零售总额 2066.3 亿元，增长 3.8%。城镇常住居民人均可支配收入 37844 元，增长 7%；农村常住居民人均可支配收入 15455 元，增长 8.6%。

1-1 行政区划
DIVISIONS OF ADMINISTRATIVE

单位：个　　unit

	城市 Urban area	
	街道办事处 Street agency	社区居民委员会 Residents committee
总计　Total	92	484
市区　District	80	448
南关区　Nanguan	21	59
宽城区　Kuancheng	12	59
朝阳区　Chaoyang	10	53
二道区　Erdao	9	47
绿园区　Luyuan	9	62
双阳区　Shuangyang	4	17
九台区　Jiutai	15	15
县（市）　County	12	36
榆树市　Yushu	4	12
农安县　Nong′an	4	14
德惠市　Dehui	4	10

注：市区社区居民委员会包括净月开发区 38 个，经济开发区 33 个，长春新区 42 个，汽车开发区 23 个。

1-2 自然概况
NATURAL CONDITIONS

指标名称 Item	单位 Unit	长春市 Changchun	榆树市 Yushu	九台区 Jiutai	农安县 Nong′an	德惠市 Dehui
一、土地资源　Land resources						
1、国土面积　Area of territory	平方公里 sq·km	20594	4712	3372	5429	3461
2、耕地面积　Area of cultivated land	公顷 ha	1281768	387128	189065	355178	206355
二、水力资源　Water resources						
1、水资源总量　Surface water volume	亿立方米 100million cu·m	59.85	14.32	8.77	12.35	9.31
2、地下水资源量　Ground water volume	亿立方米 100million cu·m	22.11	5.68	3.17	4.91	3.50
三、林木资源　Forest resources						
1、森林面积　Forest area	万公顷 10000ha	16.66	2.31	5.29	2.29	1.22
2、森林覆盖率　Forest coverage rate	%	8.08	4.89	17.01	4.21	3.66

1-3 2000-2019 年长春市社会经济主要指标
MAIN INDICATORS OF SOCIETY AND ECONOMIC 2000-2019

年份 Year	年末总人口（万人）		全社会就业人员（万人）		地区生产总值（亿元）			
	Population (10000person)	#市区 District	Employment (10000person)	#城镇非私营单位就业人员 Staff and workers	Gross domestic products (100million yuan)	#第一产业 Primary industry	#第二产业 Secondary industry	#第三产业 Tertiary industry
2000	699.6	292.8	311.4	96.9	739.5	99.2	301.5	338.8
2001	705.7	298.0	327.4	92.7	820.1	107.0	333.6	379.5
2002	712.5	303.9	329.4	90.4	902.9	115.7	367.2	420.0
2003	718.2	310.0	334.7	89.0	965.6	123.9	396.1	445.6
2004	724.1	314.7	376.1	88.4	1118.6	132.9	470.4	515.3
2005	731.5	337.2	353.9	83.7	1229.8	142.6	521.5	565.7
2006	739.3	348.8	326.4	83.8	1443.2	153.5	604.6	685.1
2007	745.9	358.1	329.4	84.1	1832.2	186.0	784.3	861.9
2008	752.5	360.8	336.8	85.6	2162.3	206.0	941.1	1015.2
2009	756.5	362.3	346.8	87.0	2444.4	210.4	1086.2	1147.8
2010	758.9	362.8	366.4	89.0	2931.4	217.6	1332.9	1380.9
2011	761.8	364.8	384.6	92.4	3544.1	260.7	1593.9	1689.5
2012	756.9	363.0	386.3	96.9	4024.7	280.1	1783.2	1961.4
2013	752.7	363.8	439.9	120.8	4387.7	293.9	1970.4	2123.4
2014	754.5	365.9	455.6	126.8	4759.3	304.1	2177.5	2277.7
2015	753.8	436.1	465.7	126.1	4773.8	309.0	2133.9	2330.9
2016	753.4	437.8	475.7	125.9	5035.9	296.6	2204.6	2534.7
2017	748.9	438.3	498.8	125.4	5432.3	288.4	2363.4	2780.5
2018	751.3	441.5		118.4	5635.1	301.9	2431.5	2901.7
2019	753.8	445.1		118.3	5904.1	348.1	2495.5	3060.6

1-3 续表 1 continued1　　单位：亿元　unit:100million yuan

年份 Year	工业总产值 Gross industrial output value	农业总产值 Gross agricultural output value	固定资产投资总额		建筑业总产值 Gross output value of construction
			Investment in fixed assets	房地产开发 Real estate	
2000	749.7	106.8	235.2	30.3	113.1
2001	954.7	223.9	285.0	48.5	140.3
2002	1202.1	242.1	320.5	60.8	162.4
2003	1510.2	259.2	389.6	77.7	198.7
2004	1712.7	281.5	460.0	90.4	224.8
2005	1728.9	272.9	650.4	106.6	276.4
2006	2140.0	269.3	950.4	174.2	344.0
2007	2839.1	324.9	1350.6	259.5	428.0
2008	3515.3	378.1	1818.8	352.9	511.4
2009	4461.7	385.8	2300.3	443.9	569.5
2010	5884.2	400.2	3001.5	542.8	669.8
2011	7005.0	487.8	2433.4	666.4	787.0
2012	8263.5	511.2	3172.9	649.7	971.8
2013	9213.4	551.1	3408.4	613.6	1022.2
2014	9831.1	574.9	3924.5	534.4	1243.1
2015	8658.2	577.9	4284.0	506.0	1114.7
2016	9278.0	584.3	4659.0	596.6	1184.3
2017	10357.9	557.1	5194.8	573.8	1279.9
2018		581.7			1338.9
2019		677.6			1168.6

注：1. 按照国民经济核算规定和国际惯例，利用第四次经济普查数据对 2018 年地区生产总值进行统一修订，同时对历史数据进行系统修订。

2. 按“三农普”要求，农业总产值从 2006 年开始进行数据修订。

1-3 续表 2　continued2　　　　单位：亿元　unit:100million yuan

年份 Year	全市财政收入 Government revenue	# 地方财政收入 Local government revenue	地方财政支出 Local government expenditures	金融机构存款余额 Balance of deposits of financial institutes （本外币）	金融机构贷款余额 Balance of loans of financial institution （本外币）
2000	76.0	30.4	51.1	1013.2	1243.8
2001	97.4	36.3	59.0	1158.4	1344.8
2002	103.9	37.8	70.1	1403.6	1492.5
2003	134.8	46.0	85.8	1615.2	1629.6
2004	149.8	50.7	100.8	1766.3	1791.5
2005	184.8	61.0	121.7	2065.8	1893.5
2006	210.6	71.6	146.7	2396.2	2194.8
2007	284.5	93.3	181.6	2598.4	2452.0
2008	372.1	119.0	240.3	3064.7	2859.2
2009	450.7	142.7	306.0	4354.2	3863.7
2010	563.4	180.8	382.9	5038.4	4616.8
2011	803.2	288.6	518.7	5619.1	5251.0
2012	927.7	340.8	555.5	6643.3	5828.3
2013	1077.6	381.8	633.0	7866.5	6543.2
2014	1156.6	397.3	675.8	8792.7	7532.4
2015	1078.2	388.2	765.7	9959.9	9009.1
2016	1150.5	415.5	770.6	11122.2	9966.1
2017	1208.9	450.1	875.7	11540.9	10375.7
2018	1210.0	478.0	894.3	11551.2	11488.3
2019	1100.0	420.0	896.0	12681.9	13096.4

1-3 续表 3　　　　continued3

年份 Year	从业人员工资总额 （亿元） Wages (100million yuan)	在岗职工年平均工资（元） Annual average wage of employed persons (yuan)	年末储蓄存款余额 （亿元） Balance of deposits at year end (100million yuan) （本外币）	社会销售品零售总额（亿元） Total value of retail trade (100million yuan)	商品零售价格指数（%） Overall retail price index	居民消费品价格总指数（%） Overall consumer price index
2000	95.5	9752	533.7	297.8	97.5	98.8
2001	104.6	11090	608.1	336.6	100.7	102.3
2002	123.6	12869	713.9	370.5	98.7	99.7
2003	124.4	13867	831.4	396.8	100.7	101.0
2004	139.3	15722	910.4	444.4	102.7	104.1
2005	150.3	17742	1059.3	485.9	101.3	101.7
2006	167.7	19955	1174.6	535.5	101.4	101.3
2007	203.1	24190	1202.1	620.2	102.2	103.7
2008	230.1	26969	1507.3	747.6	105.6	104.4
2009	265.1	30448	1861.3	827.6	100.6	99.8
2010	318.0	35723	2086.3	962.2	104.6	103.6
2011	379.5	41473	2359.3	1109.6	104.8	105.5
2012	448.2	46674	2790.5	1252.2	101.8	102.3
2013	642.3	51564	3132.5	1393.3	101.3	103.0
2014	729.6	56014	3407.9	1537.4	101.2	102.2
2015	793.7	61039	3834.2	1644.5	99.1	101.3
2016	856.6	66948	4277.1	1771.8	101.2	101.4
2017	917.2	72136	4622.8	1913.2	101.3	101.2
2018	943.9	78919	5051.1	1990.4	102.0	102.9
2019	1012.2	85690	5945.0	2066.3	102.2	102.9

注：从 2009 年，在岗职工年平均工资改为城镇非私营单位从业人员年平均工资。

1-3 续表 4　continued4

年份 Year	货物运输量（万吨） Freight traffic (10000ton)	旅客发送量（万人次） Passenger traffic (10000 person-time)	邮电业务总量(1990 年不变价格)(万元) Volume of post and telecommunication services(10000 yuan)
2000	8334.0	1937.0	433564.4
2001	8693.0	2743.0	316487.5
2002	10773.0	7668.0	328971.0
2003	10892.0	6999.0	356593.4
2004	11576.0	7631.2	365994.2
2005	9601.3	5086.6	414432.8
2006	9943.0	5360.0	466281.5
2007	10485.2	5697.3	503000.0
2008	12452.5	6046.1	574881.3
2009	8812.6	9974.5	955116.4
2010	9763.1	10502.4	1333221.0
2011	12308.3	10239.0	1348253.0
2012	15479.4	11783.2	1435164.0
2013	17475.8	12388.6	746475.5
2014	9714.5	8258.3	576114.3
2015	10302.6	9026.8	743909.8
2016	10898.1	7590.0	989506.6
2017	11952.2	7181.4	890659.0
2018	12431.3	6767.8	1857734.0
2019	12486.9	6687.5	1978245.5

注：从 2001 年开始，将邮电业务总量改为邮电业务收入。

1-3 续表 5　continued5

年份 Year	外贸出口商品总额（亿美元） Exports ($100 million)	吸收外资 Foreign capital absorbed			接待海外旅游者人数（万人/次） Tourists overseas (10000 person-times)
		签订合同项目（个） Contracts (unit)	签订合同金额(亿美元) Amount of contractssigned ($100 million)	实际吸收外资金额(亿美元) Real amount of foreigncapital absorbed ($100 illion)	
2000	7.60	161	5.10	3.60	5.5
2001	9.80	125	4.60	5.10	6.6
2002	12.70	119	4.00	6.30	7.6
2003	15.50	118	3.90	7.50	6.9
2004	8.30	132	13.20	9.00	8.3
2005	12.70	139	5.10	11.70	11.0
2006	10.90	149	7.20	14.10	15.1
2007	15.10	123	6.80	16.90	20.0
2008	16.40	67	5.12	20.30	21.7
2009	10.90	47	4.50	24.30	21.7
2010	20.00	80	7.90	26.70	25.0
2011	22.70	44	5.20	30.80	30.2
2012	29.00	42	8.50	36.80	35.7
2013	32.90	35	3.80	44.40	37.8
2014	24.70	41	4.30	50.00	39.5
2015	19.3	37	7.3	56.6	43.06
2016	19.20	28	10.90	65.00	45.2
2017	129.80	27	11.30	74.20	46.5
2018	152.50	40	8.50	3.30	45.6
2019	148.60	43	6.20	3.32	41.7

注：2017 年外贸出口商品总额为人民币口径。

1-3 续表 6 continued6

年份 Year	全市科技成果（项） Major achievements in science and technology (item)	高等学校在校人数（万人） Students in higher education (10000person)	小学在校学生数（万人） Students in primary Schools (10000person)	学龄儿童入学率（%） Enrollment rate of school-age children(%)
2000	458	12.9	65.2	99.70
2001	498	15.6	60.0	97.00
2002	615	19.6	55.3	98.97
2003	723	23.1	51.5	99.50
2004	637	26.1	50.5	99.90
2005	692	29.1	47.6	99.96
2006	694	30.8	46.1	99.94
2007	677	33.1	45.4	99.98
2008	985	35.0	44.5	99.99
2009	1225	35.9	43.1	99.99
2010	143	36.5	42.2	99.99
2011	252	37.7	40.4	99.98
2012	235	38.8	40.2	99.98
2013	209	40.2	39.5	99.98
2014	276	49.8	38.4	99.98
2015	237	42.6	39.6	99.98
2016	381	43.4	40.0	99.90
2017	115	43.8	39.5	99.90
2018	18	44.7	39.7	99.90
2019		46.9	40.4	99.9

注：2010 年的全市科技成果要通过鉴定、验收和认定为准。

1-3 续表 7 continued7

年份 Year	卫生机构数（个） Health agencies (unit)	# 医院 Hospitals	医院病床（万张） Beds in hospitals (10000 beds)	卫生技术人员（万人） Medical technical personel (10000person)	# 医生 Doctors
2000	648	285	2.3	3.5	1.6
2001	660	291	2.2	3.6	1.6
2002	1498	298	2.4	3.4	1.4
2003	1554	298	2.3	3.5	1.5
2004	1642	294	2.3	3.4	1.4
2005	1659	288	2.4	3.3	1.4
2006	1832	320	2.6	3.5	1.6
2007	1941	320	2.7	3.6	1.6
2008	1923	313	2.9	3.6	1.6
2009	1920	309	3.4	3.7	1.7
2010	3853	310	3.7	4.0	1.8
2011	4153	306	3.9	4.0	1.8
2012	4092	302	4.2	4.3	1.8
2013	4224	299	4.5	4.4	1.8
2014	4219	301	4.7	4.5	1.8
2015	4317	301	4.7	4.8	1.8
2016	4404	297	4.9	5.0	1.7
2017	4380	296	5.0	5.0	1.9
2018	5167	320	5.3	5.7	2.4
2019	4918	308	5.6	5.9	2.5

1-4 2000-2019 年长春市平均水平主要指标
PER CAPITA MAIN INDICATORS 2000-2019

年份 Year	人均生产总值（元） Per capita Gross domestic product (yuan)	城市居民人均可支配收入（元） Per capita Urban resident disposable income (yuan)	农村居民人均纯收入（元） Per capita net income of rural resident (yuan)	每一农业人口占有耕地面积（亩） Per capita Cultivated land of rural population(ha)
2000	10634	5568	2568	4.0
2001	11670	6339	2785	4.1
2002	12733	6963	3147	4.1
2003	13498	7905	3411	4.1
2004	15511	8900	3906	4.0
2005	16897	10065	4180	4.0
2006	19625	11358	4480	4.2
2007	24672	12811	4780	4.3
2008	28860	15003	5292	4.2
2009	32397	16072	5662	4.3
2010	38688	17922	6665	4.2
2011	46613	20487	7965	4.4
2012	53004	22967	9064	4.4
2013	58131	26034	10060	4.4
2014	63153	27298.9	11285.6	4.5
2015	63297	29090	11749	4.6
2016	66821	31069.4	12576	4.7
2017	72317	33167.7	13431	4.7
2018	75124	35332	14237	4.7
2019	78456	37844	15455	4.7

1-4 续表 1　　continued1

年份 Year	每一工业职工创造产值（万元） Per capita output value of industrial workers (10000yuan)	每一工业职工实现利税（元） Per capita pre-tax profits of industrial workers (yuan)	每万人口拥有医疗床位数（张） Beds in hospital per 10000 population owned (bed)
2000	21.5	29350.0	32.8
2001	27.2	35584.0	34.0
2002	36.6	50975.6	31.0
2003	43.1	55457.1	32.0
2004	56.8	55249.2	32.0
2005	52.2	33939.4	32.8
2006	61.7	49596.5	32.5
2007	80.0	85353.9	36.2
2008	86.7	87189.3	40.0
2009	105.0	124423.5	44.0
2010	122.6	162558.6	48.8
2011	174.7	243566.1	51.2
2012	171.1	224244.3	55.9
2013	186.7	248576.4	58.7
2014	194.7	304257.4	62.8
2015	171.4	253762.4	62.4
2016	208.0	290807.2	64.6
2017	210.1	274442.0	66.6
2018			70.5
2019			74.3

1-5 长春市国民经济主要指标占全省比重
PROPORTION OF CHANGCHUN′ S NATIONAL ECONOMIC INDICATORS TO JILIN PROVINCE

指标名称 Item		全省 Total	长春 Changchun	长春占全省比重(%) Proportion (%)
土地面积（万平方公里）	Land area(10000sq·km)	18.7	2.1	11.2
年末总人口（万人）	Population at year-end(10000 person)	2670.7	753.8	28.2
地区生产总值（亿元）	Gross domestic products(100million yuan)	11726.8	5904.1	50.3
#第三产业（亿元）	Tertiary industry(100million yuan)	6304.7	3060.6	48.5
财政收入（亿元）	Government revenue(100 million yuan)	1116.9	420.0	37.6
工业增加值（亿元）	Gross industrial added value(100million yuan)	3347.8	2126.8	63.5
固定资产投资总额（亿元）	Total investment in fixed assets(100million yuan)			
社会消费品零售总额（亿元）	Total retail trade of consumer goods(100million yuan)	4212	2066.3	49.1
接待外国旅游人数（万人次）	Tourists overseas(10000person-time)	121.1	41.7	38.8

1-6 按当年价格计算的地区生产总值
GROSS DOMESTIC PRODUCT AT CURRENT PRICE

单位：万元　　unit:10000yuan

指标名称 Item		绝对额 Absolute number		构成（%） properation	
		2018	2019	2018	2019
地区生产总值	Gross domestic product	56351128	59041375	100	100
第一产业	Primary industry	3019019	3480713	5.4	5.9
第二产业	Secondary industry	24314746	24954574	43.1	42.3
第三产业	Terinary industry	29017363	30606088	51.5	51.8

1-7 2018-2019 年长春市地区生产总值
GROSS DOMESTIC PRODUCT 2018-2019

单位：万元　　unit:10000yuan

指标名称 Item		2018		2019	
		绝对额 Absolute number	比上年增长％ Indices (per=100)	绝对额 Absolute number	比上年增长％ Indices (per=100)
地区生产总值	Gross domestic product	56351128	6.6	59041375	3.0
农、林、牧、渔业	Farming, forestry, animal husbandry and fishery	3130858	0.8	3597021	2.1
工业	Industry	20713237	8.4	21268285	6.1
建筑业	Construction	3728792	1.0	3818094	0.0
批发和零售业	Wholesale, retailtrade	3609908	2.7	3794012	2.9
交通运输、仓储和邮政业	Transportation storage, post and telecommunication	2697924	3.6	2723032	1.8
住宿和餐饮业	Hotel and catering service	1032792	2.6	1060389	-0.2
金融业	Finance	4158908	2.5	4666295	9.1
房地产业	Real estate	3488176	6.4	3800203	0.6
其他服务业	Other social services	13790533	10.2	14314044	-2.2
第一产业	Primary industry	3019019	0.5	3480713	2.1
第二产业	Secondary industry	24314746	7.3	24954574	5.3
第三产业	Terinary industry	29017363	6.7	30606088	1.0

统计资料

▶人口

POPULATION

STATISTICS

2020

CHANGCHUN STATISTICAL YEARBOOK

第二篇　人口

2019年，全市户籍人口总数为753.8万人，比上年增加25073人。城镇人口为373.8万人，乡村人口为380万人。总人口中，男性为377.6万人，女性为376.2万人，分别占人口总数的50.10%和49.90%。户籍人口出生率、死亡率、自然增长率分别为7.63‰、5.48‰和2.15‰。

2-1 1998-2019 年全市户数与人口
POPULATION AND HOUSEHOLDS 1998-2019

年份 Year	总户数（户） Households	总人口（人） Population (person)	按地区分 By region		按性别分 By sex		按农业、非农业分 By agriculture	
			市区 City	县（市） County	男 Male	女 Female	农业 Agriculture	非农业 Non-agriculture
1998	1828540	6868673	2826890	4041783	3494777	3373896	4101391	2767282
1999	1887580	6912278	2866357	4045921	3516229	3396049	4100246	2812032
2000	1955634	6996354	2928250	4068104	3557370	3438984	4117996	2878358
2001	2005838	7057321	2980185	4077136	3586780	3470541	4120995	2936326
2002	2047139	7125055	3039375	4085680	3624060	3500995	4122300	3002755
2003	2071834	7182348	3100132	4082216	3650591	3531757	4051808	3130540
2004	2108261	7240845	3147366	4093479	3674807	3566038	4061950	3178895
2005	2189007	7314959	3372215	3942744	3706329	3608630	4104222	3210737
2006	2236543	7392561	3487724	3904837	3743788	3648773	4136041	3256520
2007	2317389	7459463	3581301	3878162	3770314	3689149	4169834	3289629
2008	2394247	7525303	3608314	3916989	3799417	3725886	4206770	3318533
2009	2437362	7565065	3623220	3941845	3815302	3749763	4229060	3336005
2010	2474784	7588921	3627536	3961385	3823596	3765325	4243699	3345222
2011	2556925	7617663	3648045	3969618	3835334	3782329	4167543	3450120
2012	2592938	7569037	3629752	3939285	3811781	3757256	4140626	3428411
2013	2661310	7526708	3638156	3888552	3788511	3738197	4176181	3350527
2014	2708655	7545472	3658620	3886852	3794374	3751098	4185658	3359814
2015	2738087	7538335	4361115	3177220	3790855	3747480		
2016	2767867	7534284	4377882	3156402	3787404	3746880		
2017	2790085	7489211	4383080	3106131	3757854	3731357		
2018	2819591	7512896	4415230	3097666	3767030	3745866		
2019	2842935	7537969	4450810	3087159	3776181	3761788		

2-2 2019 年县（市）区户数与人口
POPULATION AND HOUSEHOLDS BY REGION IN 2019

		总户数（户） Households	总人口（人） Population (person)	按性别分 By sex		按城镇、乡村分 By town, county	
				男 Male	女 Female	城镇人口 Urban population	乡村人口 Rural population
总计	Total	2842935	7537969	3776181	3761788	3738224	3799745
市辖区合计	Total district	1776911	4450810	2199049	2251761	3188439	1262371
南关区	Nanguan	308516	764163	370667	393496	705954	58209
宽城区	Kuancheng	272944	663020	328120	334900	443386	219634
朝阳区	Chaoyang	293156	758991	368972	390019	713356	45635
二道区	Erdao	236838	580277	285450	294827	430117	150160
绿园区	Lvyuan	268911	651635	321034	330601	612795	38840
双阳区	Shuangyang	144078	364782	184213	180569	95410	269372
九台区	Jiutai	252468	667942	340593	327349	187421	480521
县（市）合计	Total county	1066024	3087159	1577132	1510027	549785	2537374
农安县	Nong′an	361821	1058156	541899	516257	189164	868992
榆树市	Yushu	433456	1223511	626290	597221	214257	1009254
德惠市	Dehui	270747	805492	408943	396549	146364	659128

2-3 1998-2019 年全市人口增减变动
BASIC STATISTICS ON POPULATION CHANGING 1998-2019

单位：人　　unit:person

年份 Year	年平均人口 Average population per year	增加 Increase		减少 Decrease	
		出生 Birth	迁入 Immigrant	死亡 Death	迁出 Emigration
1998	6853272	51611	99196	34105	85125
1999	6890472	51275	123089	37263	104941
2000	6954316	72167	118519	38603	87096
2001	7026838	51263	119192	32918	85365
2002	7091188	51915	131735	32551	86590
2003	7153702	47149	138354	31981	94280
2004	7211597	64439	125259	34353	96285
2005	7277902	70680	143362	53076	121278
2006	7353760	71912	129371	32829	100289
2007	7426012	79787	121634	32566	105044
2008	7525303	78697	89565	22929	78840
2009	7545184	77521	83531	37155	82833
2010	7576993	79004	74714	50097	79334
2011	7603292	71132	81991	39044	85109
2012	7593350	77423	68445	93736	100629
2013	7547872	69230	55698	30727	60704
2014	7536090	78175	52523	41696	60043
2015	7541906	55205	48564	38977	50953
2016	7536310	62117	40975	29294	45282
2017	7511748	64711	52648	112715	48097
2018	7501054	56284	61711	20723	58759
2019	7525433	57409	61931	41233	53070

2-4 2019 年县(市)区人口增减变动
BASIC STATISTICS ON POPULATION CHANGING BY REGION IN 2019

单位：人　　unit:person

		年平均人口 Average population per year	增加 Increase		减少 Decrease	
			出生 Birth	迁入 Tmmigrant	死亡 Death	迁出 Emigration
全市总计	Total	7525433	57409	61931	41233	53070
市辖区合计	Total district	4433020	40498	56332	28281	33054
南关区	Nanguan	754260	9263	15372	5084	6609
宽城区	Kuancheng	657456	6072	11066	4289	3893
朝阳区	Chaoyang	753250	7848	12385	4784	7924
二道区	Erdao	579817	5326	7390	3633	3970
绿园区	Lvyuan	652841	6174	8483	4757	4780
双阳区	Shuangyang	365781	2198	610	2324	1285
九台区	Jiutai	669617	3617	1026	3410	4593
县（市）合计	Total county	3092413	16911	5635	12952	20016
农安县	Nong′ an	1059178	6190	2409	3998	6582
榆树市	Yushu	1226579	6156	1754	5470	8576
德惠市	Dehui	806656	4565	1472	3484	4858

2-5 2019年城镇人口增减人数

BASIC STATISTICS ON NON-AGRICULTURAL POPULATION CHANGING IN 2019

单位：人 unit:person

年份 Year	出生率（‰） Birth rate	死亡率（‰） Death rate	自然增长率（‰） Natural growth rate
1998	7.53	4.97	2.55
1999	7.44	5.40	2.03
2000	10.38	5.55	4.83
2001	7.30	4.68	2.61
2002	7.32	4.59	2.73
2003	6.59	4.47	2.12
2004	8.94	4.76	4.17
2005	9.71	7.29	2.42
2006	9.77	4.46	5.31
2007	10.74	4.39	6.36
2008	10.50	3.06	7.44
2009	10.30	4.92	5.35
2010	10.43	6.61	3.82
2011	9.36	5.14	4.22
2012	10.20	12.34	-2.14
2013	9.17	4.07	5.10
2014	10.36	5.53	4.83
2015	7.32	5.17	2.15
2016	8.24	3.89	4.35
2017	8.61	15.01	-6.39
2018	7.50	4.74	2.76
2019	7.63	5.48	2.15

2-6 2019年县(市)区人口出生率、死亡率、自然增长率
BIRTH RATE，DEATH RATE AND NATURAL GROWTH RATE BY REGION IN 2019

		出生率（‰）Birth rate	死亡率（‰）Death rate	自然增长率（‰）Natural growth rate
总计	Total	7.63	5.48	2.15
市辖区合计	Total districts	9.1	6.35	2.74
南关区	Nanguan	12.28	6.74	5.54
宽城区	Kuancheng	9.24	6.52	2.71
朝阳区	Chaoyang	10.42	6.35	4.07
二道区	Erdao	9.19	6.27	2.92
绿园区	Lvyuan	9.46	7.29	2.17
双阳区	Shuangyang	6.01	6.35	-0.3
九台区	Jiutai	5.4	5.09	0.31
县（市）合计	Total counties cities	5.48	4.2	1.28
农安县	Nong' an	5.84	3.78	2.07
榆树市	Yushu	5.02	4.46	0.56
德惠市	Dehui	5.66	4.32	1.34

统计资料

▶ 就业与工资

EMPIOYMENT & SAIARY

STATISTICS

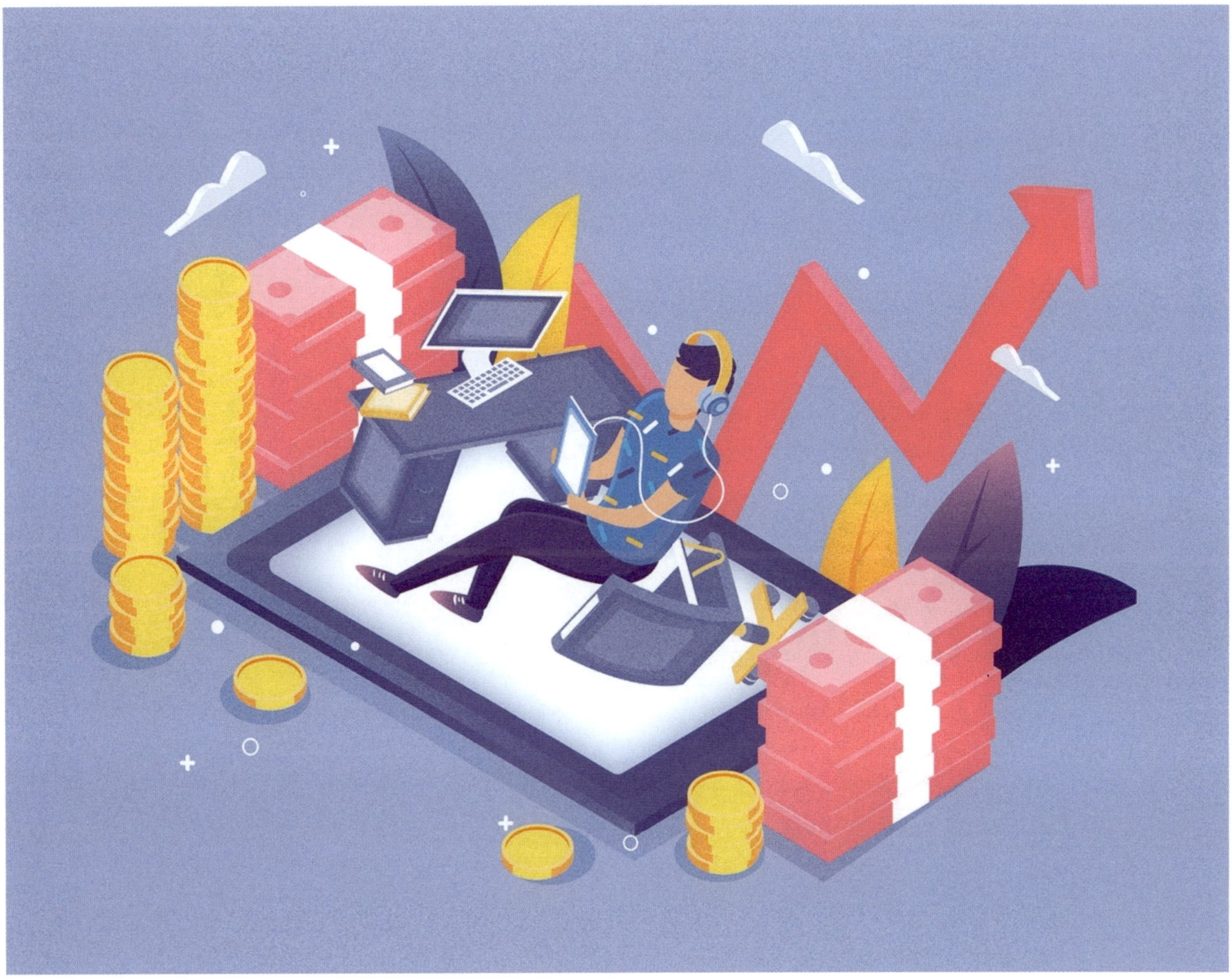

2020

长春统计年鉴

CHANGCHUN STATISTICAL YEARBOOK

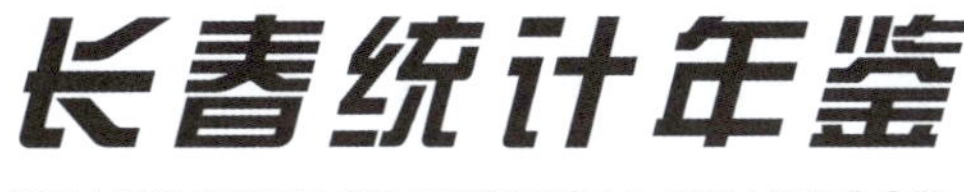

第三篇　就业与工资

2019 年，全市城镇非私营单位就业人员为 118.27 万人，比上年末减少 0.14 万人，负增长 0.12%。从经济类型划分上看，集体经济单位所占比重继续下降，国有和其他经济类型单位所占比重略有上升。2019 年末，我市城镇非私营国有单位就业人员人数为 39.46 万人，占 33.37%；集体经济单位就业人数 0.33 万人，占 0.28%；其他经济单位就业人数 78.48 万人，占 66.35%。

2019 年，全市城镇非私营单位就业人员工资总额为 1012.16 亿元，比上年同期增长 7.23%，其中，国有经济单位 363.98 亿元，同比增长 7.40%；集体经济单位 1.94 亿元，同比减少 67.34%；其他经济单位 646.24 亿元，同比增长 7.87%。

2019 年全市城镇非私营单位就业人员平均工资 85690 元，增加 6771 元，比上年增长 8.6%;在岗职工平均工资 88082 元，比上年增长 9.5%。

3-1 1999-2019 年全市城镇非私营单位在岗职工工资总额
TOTAL WAGES OF STAFF AND WORKERS IN NON-PRIVATE UNITS 1999-2019

单位：千元 unit:1000yuan

年份 Year	国有 State-owned		集体 Collective owned		其他 Others	
	全市 Total	#市区 District	全市 Total	#市区 District	全市 Total	#市区 District
1999	6871783	5828124	912084	824582	1348814	1246909
2000	7375814	6281248	960764	883329	1606900	1500715
2001	7529152	6478360	853190	792029	2074950	1920863
2002	8778127	7497443	883896	811997	2700222	2558936
2003	9191194	7846909	797041	722583	3033574	2882323
2004	10061498	8630697	773975	693387	3704129	3539419
2005	10136616	8818260	624595	540620	4273860	4039930
2006	10907523	9476019	623169	549543	5236869	4937691
2007	13691045	11857798	629786	557273	6677494	6352869
2008	15018507	12463127	645458	550119	8034251	7486086
2009	15713196	13553638	745397	607174	10577684	10128067
2010	18110165	15780837	784564	630033	13518177	12892878
2011	20578244	17725860	692474	555296	16679583	15997321
2012	22905754	19417457	718829	526708	17619377	16752500
2013	30758894	26931567	596468	351133	26828912	25114186
2014	32808661	28780114	590960	349587	30543409	29125465
2015	39152880	35429927	642440	473031	37387771	36213610
2016	43025238	38892489	622358	463381	39368710	38133386
2017	45109021	40773809	640446	476876	43085865	41463682
2018	33326232	28546961	536384	434003	57597268	56275183
2019	35604638	30687034	181683	175571	61110222	59736564

3-2 1999-2019 全市城镇非私营单位在岗职工平均工资
AVERGE WAGE OF STAFF AND WORKERS IN NON-PRIVATE UNITS 1999-2019

单位：元 unit:yuan

年份 Year	国有 State-owned		集体 Lollective-owned		其他 Others	
	全市 Total	#市区 District	全市 Total	#市区 District	全市 Total	#市区 District
1999	7866	8835	4345	4893	9009	9240
2000	8526	9807	4814	5576	10220	10438
2001	11569	13270	7005	7307	12177	12888
2002	11100	13341	5215	6345	13066	13682
2003	11802	14275	5227	6472	13786	14456
2004	13659	16866	5576	6833	14910	15800
2005	18901	21570	9563	9577	17389	18314
2006	21837	25072	10925	10923	18455	19436
2007	27112	31231	11862	11990	21599	22737
2008	30535	34928	13143	13335	23854	24902
2009	33688	38584	15579	14603	28204	29357
2010	38428	44146	19129	18113	34143	35508
2011	43419	49180	23852	23830	40646	41815
2012	49732	55727	29417	28126	44353	45385
2013	60522	67299	33300	28913	45844	46859
2014	66053	73594	35866	31427	50179	51516
2015	73034	78193	37675	34642	54868	55973
2016	82014	86976	40510	36720	58487	58319
2017	88732	95118	44205	41590	62781	64256
2018	87622	94457	45927	45096	77292	78610
2019	96651	102356	57659	58446	83880	85375

3-3 全市城镇非私营单位就业人员数

单位：人

指标名称	Item	总计 Total 全市 Total	总计 Total #市区 District
总计	Total	1182710	1080350
1. 企业	Center	822993	790596
2. 事业	CauSe	258988	204295
3. 机关	offiCe	81554	66778
4. 民间非营利组织	Local	16988	16499
5. 其他	Others	2187	2182
（一）农、林、牧、渔业	Farming, forestry, animal husbandry and fishery	3047	1942
1. 农业	Farming	169	165
2. 林业	Forestry	1775	1167
3. 畜牧业	Animal husbandry	36	36
4. 渔业	Fishery		
5. 农、林、牧、渔服务业	Farming, forestry, animal husbandry and fishery services	1067	574
（二）采矿业	Mining industry	5165	5165
1. 煤炭开采和洗选业	Coal mining and dressing	4168	4168
2. 石油和天然气开采业	Extraction of petroleum and natural gas	986	986
3. 黑色金属矿采选业	Minging and dressing of ferrous metals		
4. 有色金属矿采选业	Mining and dressing of nonferrous metals		
5. 非金属矿采选业	Mining and dressing of nonmetal mineral products	11	11
6. 开采辅助活动	Mining auxiliary activities		
7. 其他矿采选业	Others		
（三）制造业	Manufacturing	301699	285063
1. 农副食品加工业	Food processing	16186	10453
2. 食品制造业	Food manufacturing	7476	3445
3. 饮料制造业	Beverage manufacturing	2713	1871
4. 烟草制品业	Tobacco processing	1308	1308
5. 纺织业	Textile industry	292	292
6. 纺织服装、鞋、帽制造业	Garments, shoes and hats	3531	1881
7. 皮革、毛皮、羽毛（绒）及其制品业	Leather, furs, down and related products	839	839
8. 木材加工及木、竹、滕、棕草制品业	Timber, bamboo, cane, palm and straw products	3550	3525
9. 家具制造业	Furniture	355	319
10. 造纸及纸制品业	Paper making and paper products	335	335
11. 印刷业和记录媒介的复制	Printing and record medium reproduction	1714	1668
12. 文教、工美、体育和娱乐用品制造业	Culture and education、Industrial art、Sports and entertainment products manufacturing	388	388
13. 石油加工、炼焦及核燃料加工业	Petroleum processing coking and nuclear processing	1517	186
14. 化学原料及化学制品制造业	Raw chemical material and chemical products	2406	2349
15. 医药制造业	Medical and pharmacutical products	9170	8800
16. 化学纤维制造业	Chemical fiber manufacturing	235	235
17. 橡胶和塑料制品业	Rubber and Plastic products	4607	4309
18. 非金属矿物制品业	Nonmetal mineral products	4677	3754
19. 黑色金属冶炼及压延加工业	Smelting and pressing of ferrous metals	566	563
20. 有色金属冶炼及压延加工业	Smelting and pressing of non-ferrous metals	289	289
21. 金属制品业	Metal products	2626	2336
22. 通用设备制造业	Ordinary machinery	5159	5115
23. 专用设备制造业	Special purpose equipment	3617	3577
24. 汽车制造业	Automobile industry	198550	198189

NUMBER OF EMPLOYED PERSONS IN NON-PRIVATE UNITS

unit:person

国有 State-owned		集体 Collective-owned		其他 Others	
全市 Total	#市区 District	全市 Total	#市区 District	全市 Total	#市区 District
394600	322366	3338	3189	784772	754795
53114	49998	3165	3016	766714	737582
256541	202221	77	77	2370	1997
81494	66725			60	53
2451	2422	96	96	14441	13981
1000	1000			1187	1182
2384	1307	2	2	661	633
				169	165
1452	844	2	2	321	321
				36	36
932	463			135	111
1013	1013			4152	4152
27	27			4141	4141
986	986				
				11	11
2035	1988	824	810	298840	282265
76	76	10	10	16100	10367
		10	10	7466	3435
				2713	1871
				1308	1308
				292	292
207	207	20	20	3304	1654
46	46			793	793
				3550	3525
				355	319
				335	335
82	82	376	362	1256	1224
		41	41	347	347
				1517	186
		15	15	2391	2334
130	130			9040	8670
				235	235
		8	8	4599	4301
98	51	5	5	4574	3698
				566	563
				289	289
		96	96	2530	2240
1148	1148	80	80	3931	3887
171	171			3446	3406
3	3	18	18	198529	198168

3-3 续表 1 continued1

指标名称 Item		总计 Total 全市 Total	# 市区 District
25. 铁路、船舶、航空航天和其他运输设备制造业	Railway、Ship、aerospace and other Transportation Equipment Manufacturing	19719	19272
26. 电气机械及器材制造业	Electric equipment and machinery	2202	2202
27. 计算机、通信及其他电子设备制业	Computer and Telecommunication equipment adn other electronic equipment	4285	4187
28. 仪器仪表制造业	Instruments, meters	2472	2472
29. 其他制造业	Others	166	166
30. 废弃资源综合利用业	Comperehensive untilization of waste resources	537	537
31. 金属制品、机械和设备修理业	Metal products、machinery、Equipment repair industry	212	201
(四) 电力、燃气及水的生产和供应业	Electric power, gas and water production and supply	55378	53200
1. 电力、热力的生产和供应业	Eleatrlc Power, and Head Power Production and Supply	46057	44945
2. 燃气生产和供应业	Production and supply of gas	3109	3104
3. 水的生产和供应业	Production and supply of water	6212	5151
(五) 建筑业	Construction	90421	87777
1. 房屋和土木工程建筑业	Building and civil construction	43770	43078
2. 建筑安装业	Installment	25403	23790
3. 建筑装饰业	Decoration	10627	10625
4. 其他建筑业	Others	10621	10284
(六) 批发和零售业	Wholesale and retail trade	63194	61101
1. 批发业	Wholesale	23720	22948
2. 零售业	Retail trade	39474	38153
(七) 交通运输、仓储及邮政业	Transportation, storage, post and telecommunication	57858	55438
1. 铁路运输业	Railway transportation	129	129
2. 道路运输业	Highway transportation	36936	35547
3. 水上运输业	Waterway		
4. 航空运输业	Air transportation	3108	3108
5. 管道运输业	Pipeline transportation	131	131
6. 装卸搬运和其他运输服务业	Handling and other transportation services	1561	1561
7. 仓储业	Storage	6035	5112
8. 邮政业	Post services	9958	9850
(八) 住宿和餐饮业	Hotel and catering services	13819	13560
1. 住宿业	Hotels	8732	8582
2. 餐饮业	Catering services	5087	4978
(九) 信息传输、软件和信息技术服务业	Information transmission、software、information technology services	32193	31828
1. 电信、广播电视和卫星传输服务	Telecommunication、radio and television and satellite transmission services	20430	20109
2. 互联网相关服务	Internet and related service	1142	1142
3. 软件和信息技术服务业	Software and information technology services	10621	10577
(十) 金融业	Finance	72684	70334
1. 货币金融服务业	Monetary and financial services	33587	31237
2. 资本市场服务业	Capital market services	1504	1504
3. 保险业	Insurance	37136	37136
4. 其他金融活动	Other finance services	457	457
(十一) 房地产业	Real estate	39170	38150
其中：1. 房地产开发经营	Real estate developing and management	12774	12173
2. 房地产管理	Real estate management	23515	23175
3. 房地产中介服务	Medium services	1107	1100
4. 房地产租赁经营	Real estate leasing business	1159	1087
(十二) 租赁和商务服务业	Leasing and services	36903	35773

单位：人 unit:person

国有 State-owned		集体 Collective-owned		其他 Others	
全市 Total	# 市区 District	全市 Total	# 市区 District	全市 Total	# 市区 District
		55	55	19664	19217
				2202	2202
32	32			4253	4155
17	17	33	33	2422	2422
25	25	6	6	135	135
		4	4	533	533
		47	47	165	154
5460	4041	30	10	49888	49149
1157	753			44900	44192
				3109	3104
4303	3288	30	10	1879	1853
3104	2825	356	321	86961	84631
127	127			43643	42951
2779	2500	163	128	22461	21162
72	72	185	185	10370	10368
126	126	8	8	10487	10150
1493	1184	465	451	61236	59466
1110	1023	49	42	22561	21883
383	161	416	409	38675	37583
19954	19147	47	32	37857	36259
				129	129
12347	11916			24589	23631
2625	2625			483	483
				131	131
		12	12	1549	1549
1505	1140	20	20	4510	3952
3477	3466	15		6466	6384
3674	3661	78	71	10067	9828
3454	3454	46	39	5232	5089
220	207	32	32	4835	4739
1227	998			30966	30830
946	742			19484	19367
43	43			1099	1099
238	213			10383	10364
9878	9878			62806	60456
9178	9178			24409	22059
55	55			1449	1449
416	416			36720	36720
229	229			228	228
1183	1168	138	129	37849	36853
39	24			12735	12149
538	538			22977	22637
				1107	1100
55	55	138	129	966	903
6504	6189	432	432	29967	29152

3-3 续表 2 continued2

指标名称	Item	总计 Total 全市 Total	总计 Total #市区 District
1. 租赁业	Leaseing	1248	1225
2. 商务服务业	Services	35655	34548
(十三)科学研究、技术服务业	Scientific research technical services	50941	47014
1. 研究与试验发展	Scientific research	9968	9968
2. 专业技术服务业	Technical services	33540	31561
3. 科技交流和应用服务业	Science and technology popularization and Application Services	7433	5485
(十四)水利、环境和公共设施管理业	Water conservancy, environment and public services	27744	23028
1. 水利管理业	Water conservancy	3369	2408
2. 生态保护和环境管理业	Ecological protection and Environment governance industry	454	295
3. 公共设施管理业	Public management	23546	19953
4. 土地管理业	Land management industry	375	372
(十五)居民服务、修理和其他服务业	Resident services、repair and other services	13218	12987
1. 居民服务业	Resident services	3617	3456
2. 机动车、电子产品和日常产品修理业	Motor vehicle、Electronics and daily consumer products repairing	1367	1297
2. 其他服务业	Other social services	8234	8234
(十六)教育	Education	137605	107722
其中：1. 学前教育	In which: 1. Preschool education	6771	6195
2. 初等教育	Primary education	31894	17011
3. 中等教育	Secondary education	40883	27583
4. 高等教育	Higher education	47005	47005
5. 特殊教育	Special education	370	207
6. 技能培训、教育辅助及其他教育	Skills training, education support and other education	10682	9721
(十七)卫生和社会工作	Health and social work	70366	60117
1. 卫生	Health care	67007	57395
2. 社会工作	Social work	3359	2722
(十八)文化、体育和娱乐业	Culture, sports and recreation services	16222	14761
1. 新闻出版业	News publishing	4548	4232
2. 广播、电影、电视和影视录音制作业	Broadcast、TV、movies and video recording industry	4518	4083
3. 文化艺术业	Culture and art	4077	3496
4. 体育	Sports	1683	1613
5. 娱乐业	Recreation services	1396	1337
(十九)公共管理、社会保障和社会组织	Public management、social security、social organization	95083	75390
其中:1. 中国共产党机关	Chinese communist party	3255	2304
2. 国家机构	State organs	89248	71049
3. 人民政协和民主党派	Political consultation and democratic party	719	646
4. 社会保障	Social security	556	222
5. 群众团体、社会团体和其他成员组织	The community、social organization and other members	1305	1169

单位：人 unit:person

国有 State-owned		集体 Collective-owned		其他 Others	
全市 Total	# 市区 District	全市 Total	# 市区 District	全市 Total	# 市区 District
3	3	4	4	1241	1218
6501	6186	428	428	28726	27934
25016	21200	179	148	25746	25666
7578	7578	28	28	2362	2362
12445	10544	151	120	20944	20897
4993	3078			2440	2407
25165	21285			2579	1743
3043	2082			326	326
252	164			202	131
21577	18749			1969	1204
293	290			82	82
1379	1271	400	396	11439	11320
814	706	345	341	2458	2409
249	249	4	4	1114	1044
316	316	51	51	7867	7867
117452	87941	277	277	19876	19504
2083	1677	41	41	4647	4477
30405	15522			1489	1489
37737	24593	165	165	2981	2825
40823	40823			6182	6182
338	175			32	32
6066	5151	71	71	4545	4499
62091	52735	69	69	8206	7313
60496	51669	69	69	6442	5657
1595	1066			1764	1656
10808	9365	32	32	5382	5364
2747	2431			1801	1801
3255	2826	18	18	1245	1239
3294	2720			783	776
1065	995			618	618
447	393	14	14	935	930
94780	75170	9	9	294	211
3255	2304				
88991	70875	9	9	248	165
719	646				
556	222				
1259	1123			46	46

3–4 全市城镇非私营单位就业人员工资总额

单位：千元

指标名称	Item	总计 Total 全市 Total	总计 Total #市区 District
总计	Total	101215639	94801108
1. 企业	Center	68219636	66689805
2. 事业	CauSe	23607498	19672078
3. 机关	offiCe	8237471	7306818
4. 民间非营利组织	Local	921154	902728
5. 其他	Others	229880	229679
（一）农、林、牧、渔业	Farming, forestry, animal husbandry and fishery	176820	119342
1. 农业	Farming	6627	6507
2. 林业	Forestry	97492	66485
3. 畜牧业	Animal husbandry	1882	1882
4. 渔业	Fishery		
5. 农、林、牧、渔服务业	Farming, forestry, animal husbandry and fishery services	70819	44468
（二）采矿业	Mining industry	362255	362255
1. 煤炭开采和洗选业	Coal mining and dressing	199120	199120
2. 石油和天然气开采业	Extraction of petroleum and natural gas	163021	163021
3. 黑色金属矿采选业	Minging and dressing of ferrous metals		
4. 有色金属矿采选业	Mining and dressing of nonferrous metals		
5. 非金属矿采选业	Mining and dressing of nonmetal mineral products	114	114
6. 开采辅助活动	Minging auxiliary activities		
7. 其他矿采选业	Others		
（三）制造业	Manufacturing	30346706	29604685
1. 农副食品加工业	Food processing	923574	646637
2. 食品制造业	Food manufacturing	328404	170718
3. 酒、饮料和精致茶制造业	Wine、drinks and Refined tea Industry	176797	135448
4. 烟草制品业	Tobacco processing	217011	217011
5. 纺织业	Textile industry	16794	16794
6. 纺织服装、服饰业	Textile and garment、Clothing industry	143468	81978
7. 皮革、毛皮、羽毛（绒）及其制品和制鞋业	Leather、furs、feather and their products	58995	58995
8. 木材加工及木、竹、滕、棕草制品业	Timber, bamboo, cane, palm and straw products	230496	228996
9. 家具制造业	Furniture	16141	14673
10. 造纸及纸制品业	Paper making and paper products	14021	14021
11. 印刷业和记录媒介的复制	Printing and record medium reproduction	87334	86189
12. 文教、工美、体育和娱乐用品制造业	Culture and education、Industrial art、Sports and entertainment products manufacturing	16965	16965
13. 石油加工、炼焦及核燃料加工业	Petroleum processing coking and nuclear processing	52845	9753
14. 化学原料及化学制品制造业	Raw chemical material and chemical products	181535	178217
15. 医药制造业	Medical and pharmacutical products	652052	636151
16. 化学纤维制造业	Chemical fiber manufacturing	15770	15770
17. 橡胶和塑料制品业	Rubber adn Plastic products	336905	320527
18. 非金属矿物制品业	Nonmetal mineral products	271654	225575
19. 黑色金属冶炼及压延加工业	Smelting and pressing of ferrous metals	46023	45917
20. 有色金属冶炼及压延加工业	Smelting and pressing of non-ferrous metals	17353	17353
21. 金属制品业	Metal products	143745	129224
22. 通用设备制造业	Ordinary machinery	376716	374782
23. 专用设备制造业	Special purpose equipment	255999	254018
24. 汽车制造业	Automobile industry	22695726	22675415

TOTAL WAGES OF EMPLOYED PERSONS IN NON-PRIVATE UNITS

unit:1000yuan

国有 State-owned		集体 Collective-owned		其他 Others	
全市 Total	# 市区 District	全市 Total	# 市区 District	全市 Total	# 市区 District
36397530	31398101	194209	187953	64623900	63215054
4387391	4236756	185305	179049	63646940	62274000
23460860	19543189	5563	5563	141075	123326
8232266	7302095			5205	4723
161802	160850	3341	3341	756011	738537
155211	155211			74669	74468
130223	73667	38	38	46559	45637
				6627	6507
73754	42747	38	38	23700	23700
				1882	1882
56469	30920			14350	13548
163952	163952			198303	198303
931	931			198189	198189
163021	163021				
				114	114
137146	136069	47214	46729	30162346	29421887
2966	2966	200	200	920408	643471
		223	223	328181	170495
				176797	135448
				217011	217011
				16794	16794
10821	10821	600	600	132047	70557
2542	2542			56453	56453
				230496	228996
				16141	14673
				14021	14021
4486	4486	20957	20472	61891	61231
		2426	2426	14539	14539
				52845	9753
		400	400	181135	177817
9917	9917			642135	626234
				15770	15770
		156	156	336749	320371
4164	3087	300	300	267190	222188
				46023	45917
				17353	17353
		6575	6575	137170	122649
87526	87526	5579	5579	283611	281677
9819	9819			246180	244199
47	47	600	600	22695079	22674768

3-4 续表 1 continued1

指标名称 Item		总计 Total	
		全市 Total	# 市区 District
25. 铁路、船舶、航空航天和其他运输设备制造业	Railway、Ship、aerospace and other Transportation Equipment Manufacturing	2403265	2369344
26. 电气机械及器材制造业	Electric equipment and machinery	136808	136808
27. 计算机、通信及其他电子设备制业	Computer and Telecommunication equipment adn other electronic equipment	279154	276717
28. 仪器仪表制造业	Instruments, meters	185625	185625
29. 其他制造业	Others	8954	8954
30. 废弃资源综合利用业	Comperehensive untilization of waste resources	47138	47138
31. 金属制品、机械和设备修理业	Metal products、machinery、Equipment repair industry	9439	8972
(四)电力、燃气及水的生产和供应业	Electric power, gas and water production and supply	5881040	5730061
1. 电力、热力的生产和供应业	Eleatrlc Power, and Head Power Production and Supply	5231326	5123198
2. 燃气生产和供应业	Production and supply of gas	225427	225139
3. 水的生产和供应业	Production and supply of water	424287	381724
(五)建筑业	Construction	5416524	5324032
1. 房屋和土木工程建筑业	Building and civil construction	2743429	2710468
2. 建筑安装业	Installment	1530082	1484579
3. 建筑装饰业	Decoration	577531	577391
4. 其他建筑业	Others	565482	551594
(六)批发和零售业	Wholesale and retail trade	3602779	3524496
1. 批发业	Wholesale	1714308	1686511
2. 零售业	Retail trade	1888471	1837985
(七)交通运输、仓储及邮政业	Transportation, storage, post and telecommunication	3340596	3221881
1. 铁路运输业	Railway transportation	15786	15786
2. 道路运输业	Highway transportation	1859828	1807259
3. 水上运输业	Waterway		
4. 航空运输业	Air transportation	355722	355722
5. 管道运输业	Pipeline transportation	15465	15465
6. 装卸搬运和其他运输服务业	Handling and other transportation services	101026	101026
7. 仓储业	Storage	324667	262944
8. 邮政业	Post services	668102	663679
(八)住宿和餐饮业	Hotel and catering services	619543	614399
1. 住宿业	Hotels	406625	404475
2. 餐饮业	Catering services	212918	209924
(九)信息传输、软件和信息技术服务业	Information transmission、software、information technology services	2814387	2792739
1. 电信、广播电视和卫星传输服务	Telecommunication、radio and television and satellite transmission services	1947071	1927071
2. 互联网相关服务	Internet and related service	83689	83689
3. 软件和信息技术服务业	Software and information technology services	783627	781979
(十)金融业	Finance	7615202	7414833
1. 货币金融服务业	Monetary and financial services	5085195	4884826
2. 资本市场服务业	Capital market services	241704	241704
3. 保险业	Insurance	2235067	2235067
4. 其他金融活动	Other finance services	53236	53236
(十一)房地产业	Real estate	2225924	2186529
其中:1. 房地产开发经营	Real estate developing and management	1109555	1083111
2. 房地产管理	Real estate management	920190	910556
3. 房地产中介服务	Medium services	59896	59764
4. 房地产租赁经营	Real estate leasing business	67258	64073
(十二)租赁和商务服务业	Leasing and services	2336893	2291761

单位：千元 unit:1000yuan

国有 State-owned		集体 Collective-owned		其他 Others	
全市 Total	# 市区 District	全市 Total	# 市区 District	全市 Total	# 市区 District
		3868	3868	2399397	2365476
				136808	136808
1720	1720			277434	274997
1445	1445	3201	3201	180979	180979
1693	1693	336	336	6925	6925
		235	235	46903	46903
		1558	1558	7881	7414
408473	341081	961	441	5471606	5388539
124702	98677			5106624	5024521
				225427	225139
283771	242404	961	441	139555	138879
225851	216364	31271	29797	5159402	5077871
7703	7703			2735726	2702765
205002	195515	12814	11340	1312266	1277724
4729	4729	17409	17409	555393	555253
8417	8417	1048	1048	556017	542129
171396	155712	24337	23965	3407046	3344819
152337	147144	1764	1595	1560207	1537772
19059	8568	22573	22370	1846839	1807047
1107724	1064247	4452	3552	2228420	2154082
				15786	15786
399767	380720			1460061	1426539
307696	307696			48026	48026
				15465	15465
		996	996	100030	100030
98494	74801	2556	2556	223617	185587
301767	301030	900		365435	362649
186167	185761	2787	2404	430589	426234
174861	174861	1522	1139	230242	228475
11306	10900	1265	1265	200347	197759
83771	69688			2730616	2723051
65509	52478			1881562	1874593
3354	3354			80335	80335
14908	13856			768719	768123
1511901	1511901			6103301	5902932
1440285	1440285			3644910	3444541
13203	13203			228501	228501
34966	34966			2200101	2200101
23447	23447			29789	29789
101106	100602	4675	3955	2120143	2081972
4965	4461			1104590	1078650
28138	28138			892052	882418
				59896	59764
4112	4112	4675	3955	58471	56006
434327	415495	22261	22261	1880305	1854005

3-4 续表 2 continued2

指标名称 Item		总计 Total 全市 Total	总计 Total # 市区 District
1. 租赁业	Leaseing	55759	55132
2. 商务服务业	Services	2281134	2236629
(十三)科学研究、技术服务业	Scientific research technical services	4523372	4296099
1. 研究与试验发展	Scientific research	1103208	1103208
2. 专业技术服务业	Technical services	2908156	2799392
3. 科技交流和应用服务业	Science and technology popularization and Application Services	512008	393499
(十四)水利、环境和公共设施管理业	Water conservancy, environment and public services	1206466	1039971
1. 水利管理业	Water conservancy	218657	178484
2. 生态保护和环境管理业	Ecological protection and Environment governance industry	26917	17322
3. 公共设施管理业	Public management	933910	817382
4. 土地管理业	Land management industry	26982	26783
(十五)居民服务、修理和其他服务业	Resident services、repair and other services	491727	482082
1. 居民服务业	Resident services	185362	177723
2. 机动车、电子产品和日常产品修理业	Motor vehicle、Electronics and daily consumer products repairing	63320	61314
2. 其他服务业	Other social services	243045	243045
(十六)教育	Education	12549004	10004040
其中: 1. 学前教育	In which: 1. Preschool education	304008	273748
2. 初等教育	Primary education	2549411	1312442
3. 中等教育	Secondary education	3474678	2284249
4. 高等教育	Higher education	5419058	5419058
5. 特殊教育	Special education	30290	17441
6. 技能培训、教育辅助及其他教育	Skills training, education support and other education	771559	697102
(十七)卫生和社会工作	Health and social work	7436118	6817970
1. 卫生	Health care	7294657	6704181
2. 社会工作	Social work	141461	113789
(十八)文化、体育和娱乐业	Culture, sports and recreation services	1104272	1016929
1. 新闻出版业	News publishing	333290	313225
2. 广播、电影、电视和影视录音制作业	Broadcast、TV、movies and video recording industry	298059	272473
3. 文化艺术业	Culture and art	281375	247519
4. 体育	Sports	116843	112360
5. 娱乐业	Recreation services	74705	71352
(十九)公共管理、社会保障和社会组织	Public management、social security、social organization	9166011	7957004
其中:1. 中国共产党机关	Chinese communist party	301566	242540
2. 国家机构	State organs	8629815	7508244
3. 人民政协和民主党派	Political consultation and democratic party	85953	80669
4. 社会保障	Social security	31772	16123
5. 群众团体、社会团体和其他成员组织	The community、social organization and other members	116905	109428

单位：千元 unit:1000yuan

国有 State-owned		集体 Collective-owned		其他 Others	
全市 Total	# 市区 District	全市 Total	# 市区 District	全市 Total	# 市区 District
61	61	150	150	55548	54921
434266	415434	22111	22111	1824757	1799084
2267217	2044933	14165	12865	2241990	2238301
901553	901553	1385	1385	200270	200270
1001763	896061	12780	11480	1893613	1891851
363901	247319			148107	146180
1059175	913686			147291	126285
178458	138285			40199	40199
16841	11419			10076	5903
842019	742324			91891	75058
21857	21658			5125	5125
101484	96095	19984	19882	370259	366105
62919	57530	17692	17590	104751	102603
15629	15629	96	96	47595	45589
22936	22936	2196	2196	217913	217913
11395509	8863259	16397	16397	1137098	1124384
127189	101585	1241	1241	175578	170922
2441473	1204504			107938	107938
3252331	2068686	10183	10183	212164	205380
5052162	5052162			366896	366896
29352	16503			938	938
493002	419819	4973	4973	273584	272310
7009974	6435715	3236	3236	422908	379019
6929074	6378540	3236	3236	362347	322405
80900	57175			60561	56614
752227	665310	1641	1641	350404	349978
205294	185229			127996	127996
212093	186651	841	841	85125	84981
232107	198425			49268	49094
73121	68638			43722	43722
29612	26367	800	800	44293	44185
9149907	7944564	790	790	15314	11650
301566	242540				
8615196	7497289	790	790	13829	10165
85953	80669				
31772	16123				
115420	107943			1485	1485

3-5 全市城镇非私营单位就业人员平均工资

单位：元

指标名称 Item		总计 Total	
		全市 Total	# 市区 District
总计	Total	85690	87844
1. 企业	Center	82826	84261
2. 事业	CauSe	91250	96442
3. 机关	offiCe	103139	111915
4. 民间非营利组织	Local	54782	55267
5. 其他	Others	107270	107427
(一)农、林、牧、渔业	Farming, forestry, animal, husbandry and fishery	56910	59881
(二)采矿业	Mining industry	64573	64573
(三)制造业	Manufacturing	100214	103479
(四)电力、热力、燃气及水生产和供应业	Electric power, heat, gas and water production and supply	106575	107998
(五)建筑业	Construction	58074	58641
(六)批发和零售业	Wholesale and retail trade	57114	57772
(七)交通运输、仓储及邮政业	Transportation, storage, post and telecommunication	61503	62083
(八)住宿和餐饮业	Hotels and catering services	44826	45057
(九)信息传输、软件和信息技术服务业	Information transmission、software、information technology services	87349	87676
(十)金融业	Finance	102954	103543
(十一)房地产业	Real estate	57723	58213
(十二)租赁和商务服务业	Leasing and services	62024	62718
(十三)科学研究、技术服务业	Scientific research technical services	88868	91482
(十四)水利、环境和公共设施管理业	Water conservancy, environment and public facilities management	43828	45599
(十五)居民服务、修理和其他服务业	Resident service、repair and other service	38386	38324
(十六)教育	Education	91337	93136
(十七)卫生和社会工作	Health and social work	107440	115580
(十八)文化、体育和娱乐业	Culture, sports and recreation services	68144	68921
(十九)公共管理社会保障和社会组织	public administration、social security、social organization	98027	107454

AVERAGE WAGE OF EMPLOYED PERSONS IN NON-PRIVATE UNITS

unit:yuan

国有 State-owned		集体 Collective-owned		其他 Others	
全市 Total	# 市区 District	全市 Total	# 市区 District	全市 Total	# 市区 District
93694	99219	57137	57832	81874	83232
89570	92262	57441	58189	82504	83875
91554	96799	72247	72247	59250	61417
103151	111934			86750	89113
66312	66715	34802	34802	52946	53413
156937	156937			64705	64811
53856	55306	19000	19000	67771	69252
160580	160580			43213	43213
66933	67696	55941	56300	100566	103871
74757	83435	32033	44100	110119	110062
74489	78336	85207	89750	57409	57903
115185	132071	52338	53137	55737	56332
67322	68033	94723	111000	58930	59471
50248	50314	34838	32932	42904	43180
67941	69549			88121	88265
152764	152764			95260	95650
84963	85619	31588	28453	56956	57438
65234	65504	49690	49690	61506	62319
90345	96155	78260	85767	87496	87625
42474	43408			56869	71834
75621	77873	50085	50334	33450	33434
97057	100937	59195	59195	57706	58180
114778	124371	46899	46899	52411	52832
69638	71004	49727	49727	65252	65392
98172	107605	87778	87778	52266	55476

3-6 全市城镇非私营单位在岗职工人数

单位：人

指标名称	Item	总计 Total 全市 Total	总计 Total # 市区 District
总计	Total	1103349	1005481
1. 企业	Center	764307	732951
2. 事业	CauSe	244094	191090
3. 机关	offiCe	77701	64671
4. 民间非营利组织	Local	15107	14634
5. 其他	Others	2140	2135
（一）农、林、牧、渔业	Farming, forestry, animal husbandry and fishery	2721	1630
1. 农业	Farming	94	90
2. 林业	Forestry	1549	951
3. 畜牧业	Animal husbandry	30	30
4. 渔业	Fishery		
5. 农、林、牧、渔服务业	Farming, forestry, animal husbandry and fishery services	1048	559
（二）采矿业	Mining industry	5155	5155
1. 煤炭开采和洗选业	Coal mining and dressing	4168	4168
2. 石油和天然气开采业	Extraction of petroleum and natural gas	986	986
3. 黑色金属矿采选业	Minging and dressing of ferrous metals		
4. 有色金属矿采选业	Mining and dressing of nonferrous metals		
5. 非金属矿采选业	Mining and dressing of nonmetal mineral products	1	1
6. 开采辅助活动	Minging auxiliary activities		
7. 其他矿采选业	Others		
（三）制造业	Manufacturing	298101	281477
1. 农副食品加工业	Food processing	16138	10410
2. 食品制造业	Food manufacturing	7425	3394
3. 酒、饮料和精致茶制造业	Wine、drinks and Refined tea Industry	2713	1871
4. 烟草制品业	Tobacco processing	1308	1308
5. 纺织业	Textile industry	289	289
6. 纺织服装、服饰业	Textile and garment、Clothing industry	3440	1792
7. 皮革、毛皮、羽毛（绒）及其制品和制鞋业	Leather、furs、feather and their products	833	833
8. 木材加工及木、竹、滕、棕草制品业	Timber, bamboo, cane, palm and straw products	3457	3432
9. 家具制造业	Furniture	342	306
10. 造纸及纸制品业	Paper making and paper products	324	324
11. 印刷业和记录媒介的复制	Printing and record medium reproduction	1694	1650
12. 文教、工美、体育和娱乐用品制造业	Culture and education、Industrial art、Sports and tainment products cturing	388	388
13. 石油加工、炼焦及核燃料加工业	Petroleum processing coking and nuclear processing	1517	186
14. 化学原料及化学制品制造业	Raw chemical material and chemical products	2300	2243
15. 医药制造业	Medical and pharmacutical products	9064	8694
16. 化学纤维制造业	Chemical fiber manufacturing	235	235
17. 橡胶和塑料制品业	Rubber adn Plastic products	4544	4246
18. 非金属矿物制品业	Nonmetal mineral products	4492	3572
19. 黑色金属冶炼及压延加工业	Smelting and pressing of ferrous metals	528	525
20. 有色金属冶炼及压延加工业	Smelting and pressing of non-ferrous metals	254	254
21. 金属制品业	Metal products	2593	2303
22. 通用设备制造业	Ordinary machinery	4951	4907
23. 专用设备制造业	Special purpose equipment	3505	3465
24. 汽车制造业	Automobile industry	196555	196194

NUMBER OF STAFF AND WORKERS IN NON-PRIVATE UNITS

unit:person

国有 State-owned		集体 Collective-owned		其他 Others	
全市 Total	# 市区 District	全市 Total	# 市区 District	全市 Total	# 市区 District
374266	305521	3105	2958	725978	697002
51532	48486	2957	2810	709818	681655
241999	189351	72	72	2023	1667
77641	64618			60	53
2094	2066	76	76	12937	12492
1000	1000			1140	1135
2200	1135	2	2	519	493
				94	90
1283	685	2	2	264	264
				30	30
917	450			131	109
1013	1013			4142	4142
27	27			4141	4141
986	986				
				1	1
1986	1939	791	779	295324	278759
60	60	10	10	16068	10340
		10	10	7415	3384
				2713	1871
				1308	1308
				289	289
194	194	20	20	3226	1578
46	46			787	787
				3457	3432
				342	306
				324	324
82	82	369	357	1243	1211
		41	41	347	347
				1517	186
		15	15	2285	2228
130	130			8934	8564
				235	235
		8	8	4536	4238
98	51	5	5	4389	3516
				528	525
				254	254
		96	96	2497	2207
1132	1132	76	76	3743	3699
167	167			3338	3298
3	3	18	18	196534	196173

3-6 续表 1 continued1

指标名称 Item		总计 Total	
		全市 Total	# 市区 District
25. 铁路、船舶、航空航天和其他运输设备制造业	Railway、Ship、aerospace and other Transportation Equipment Manufacturing	19691	19244
26. 电气机械及器材制造业	Electric equipment and machinery	2113	2113
27. 计算机、通信及其他电子设备制业	Computer and Telecommunication equipment adn other electronic equipment	4084	3986
28. 仪器仪表制造业	Instruments, meters	2448	2448
29. 其他制造业	Others	164	164
30. 废弃资源综合利用业	Comperehensive untilization of waste resources	536	536
31. 金属制品、机械和设备修理业	Metal products、machinery、Equipment repair industry	176	165
(四)电力、燃气及水的生产和供应业	Electric power, gas and water production and supply	55256	53143
1. 电力、热力的生产和供应业	Eleatrlc Power, and Head Power Production and Supply	46005	44893
2. 燃气生产和供应业	Production and supply of gas	3107	3102
3. 水的生产和供应业	Production and supply of water	6144	5148
(五)建筑业	Construction	80124	77935
1. 房屋和土木工程建筑业	Building and civil construction	40101	39618
2. 建筑安装业	Installment	23509	22112
3. 建筑装饰业	Decoration	9085	9083
4. 其他建筑业	Others	7429	7122
(六)批发和零售业	Wholesale and retail trade	60752	58846
1. 批发业	Wholesale	22437	21709
2. 零售业	Retail trade	38315	37137
(七)交通运输、仓储及邮政业	Transportation, storage, post and telecommunication	55595	53277
1. 铁路运输业	Railway transportation	129	129
2. 道路运输业	Highway transportation	35958	34575
3. 水上运输业	Waterway		
4. 航空运输业	Air transportation	3098	3098
5. 管道运输业	Pipeline transportation	127	127
6. 装卸搬运和其他运输服务业	Handling and other transportation services	1524	1524
7. 仓储业	Storage	5825	4966
8. 邮政业	Post services	8934	8858
(八)住宿和餐饮业	Hotel and catering services	13290	13085
1. 住宿业	Hotels	8432	8287
2. 餐饮业	Catering services	4858	4798
(九)信息传输、软件和信息技术服务业	Information transmission、software、information technology services	31812	31452
1. 电信、广播电视和卫星传输服务	Telecommunication、radio and television and satellite transmission services	20421	20101
2. 互联网相关服务	Internet and related service	1068	1068
3. 软件和信息技术服务业	Software and information technology services	10323	10283
(十)金融业	Finance	42150	39802
1. 货币金融服务业	Monetary and financial services	32830	30482
2. 资本市场服务业	Capital market services	1475	1475
3. 保险业	Insurance	7423	7423
4. 其他金融活动	Other finance services	422	422
(十一)房地产业	Real estate	36021	35074
其中:1. 房地产开发经营	Real estate developing and management	12596	12009
2. 房地产管理	Real estate management	20643	20362
3. 房地产中介服务	Medium services	1066	1059
4. 房地产租赁经营	Real estate leasing business	1108	1036
(十二)租赁和商务服务业	Leasing and services	35986	34869

单位：人 unit:person

国有 State-owned		集体 Collective-owned		其他 Others	
全市 Total	#市区 District	全市 Total	#市区 District	全市 Total	#市区 District
		55	55	19636	19189
				2113	2113
32	32			4052	3954
17	17	33	33	2398	2398
25	25	6	6	133	133
		4	4	532	532
		25	25	151	140
5395	4041	30	10	49831	49092
1157	753			44848	44140
				3107	3102
4238	3288	30	10	1876	1850
2992	2713	320	285	76812	74937
127	127			39974	39491
2685	2406	133	98	20691	19608
71	71	185	185	8829	8827
109	109	2	2	7318	7011
1479	1170	390	376	58883	57300
1099	1012	35	28	21303	20669
380	158	355	348	37580	36631
19681	18878	47	32	35867	34367
				129	129
12150	11723			23808	22852
2625	2625			473	473
				127	127
		12	12	1512	1512
1429	1064	20	20	4376	3882
3477	3466	15		5442	5392
3597	3584	78	71	9615	9430
3377	3377	46	39	5009	4871
220	207	32	32	4606	4559
1210	981			30602	30471
944	740			19477	19361
43	43			1025	1025
223	198			10100	10085
9128	9128			33022	30674
8531	8531			24299	21951
52	52			1423	1423
350	350			7073	7073
195	195			227	227
1132	1117	123	114	34766	33843
39	24			12557	11985
493	493			20150	19869
				1066	1059
55	55	123	114	930	867
6360	6053	427	427	29199	28389

3-6 续表 2 continued2

指标名称 Item		总计 Total	
		全市 Total	# 市区 District
1. 租赁业	Leaseing	1183	1162
2. 商务服务业	Services	34803	33707
(十三) 科学研究、技术服务业	Scientific research technical services	49295	45458
1. 研究与试验发展	Scientific research	9575	9575
2. 专业技术服务业	Technical services	32388	30489
3. 科技交流和应用服务业	Science and technology popularization and Application Services	7332	5394
(十四) 水利、环境和公共设施管理业	Water conservancy, environment and public services	21685	17234
1. 水利管理业	Water conservancy	3280	2327
2. 生态保护和环境管理业	Ecological protection and Environment governance industry	452	293
3. 公共设施管理业	Public management	17583	14247
4. 土地管理业	Land management industry	370	367
(十五) 居民服务、修理和其他服务业	Resident services、repair and other services	11069	10838
1. 居民服务业	Resident services	3413	3252
2. 机动车、电子产品和日常产品修理业	Motor vehicle、Electronics and daily consumer products repairing	1306	1236
2. 其他服务业	Other social services	6350	6350
(十六) 教育	Education	130627	101215
其中: 1. 学前教育	In which: 1. Preschool education	6333	5788
2. 初等教育	Primary education	30579	16008
3. 中等教育	Secondary education	39664	26442
4. 高等教育	Higher education	43841	43841
5. 特殊教育	Special education	345	204
6. 技能培训、教育辅助及其他教育	Skills training, education support and other education	9865	8932
(十七) 卫生和社会工作	Health and social work	67603	57907
1. 卫生	Health care	64593	55476
2. 社会工作	Social work	3010	2431
(十八) 文化、体育和娱乐业	Culture, sports and recreation services	15179	13742
1. 新闻出版业	News publishing	4462	4146
2. 广播、电影、电视和影视录音制作业	Broadcast、TV、movies and video recording industry	3969	3540
3. 文化艺术业	Culture and art	3957	3394
4. 体育	Sports	1467	1397
5. 娱乐业	Recreation services	1324	1265
(十九) 公共管理、社会保障和社会组织	Public management、social security、social organization	90928	73342
其中:1. 中国共产党机关	Chinese communist party	3225	2297
2. 国家机构	State organs	85202	69054
3. 人民政协和民主党派	Political consultation and democratic party	717	646
4. 社会保障	Social security	530	222
5. 群众团体、社会团体和其他成员组织	The community、social organization and other members	1254	1123

单位：人 unit:person

国有 State-owned		集体 Collective-owned		其他 Others	
全市 Total	#市区 District	全市 Total	#市区 District	全市 Total	#市区 District
3	3	4	4	1176	1155
6357	6050	423	423	28023	27234
24432	20703	179	148	24684	24607
7362	7362	28	28	2185	2185
12090	10269	151	120	20147	20100
4980	3072			2352	2322
19171	15526			2514	1708
2960	2007			320	320
252	164			200	129
15666	13065			1917	1182
293	290			77	77
1375	1267	396	392	9298	9179
810	702	341	337	2262	2213
249	249	4	4	1053	983
316	316	51	51	5983	5983
112388	83345	234	234	18005	17636
1865	1489	41	41	4427	4258
29135	14564			1444	1444
36633	23567	122	122	2909	2753
38899	38899			4942	4942
316	175			29	29
5540	4651	71	71	4254	4210
59857	50986	47	47	7699	6874
58426	50030	47	47	6120	5399
1431	956			1579	1475
10225	8800	32	32	4922	4910
2717	2401			1745	1745
2780	2351	18	18	1171	1171
3217	2661			740	733
1065	995			402	402
446	392	14	14	864	859
90645	73142	9	9	274	191
3225	2297				
84946	68881	9	9	247	164
717	646				
530	222				
1227	1096			27	27

3-7 全市城镇非私营单位在岗职工工资总额

单位：千元

指标名称	Item	总计 Total 全市 Total	总计 Total #市区 District
总计	Total	96896543	90599169
1. 企业	Center	64670537	63175589
2. 事业	CauSe	23017350	19131304
3. 机关	offiCe	8137442	7239252
4. 民间非营利组织	Local	842636	824647
5. 其他	Others	228578	228377
（一）农、林、牧、渔业	Farming, forestry, animal husbandry and fishery	164905	107692
1. 农业	Farming	4542	4422
2. 林业	Forestry	88396	57557
3. 畜牧业	Animal husbandry	1709	1709
4. 渔业	Fishery		
5. 农、林、牧、渔服务业	Farming, forestry, animal husbandry and fishery services	70258	44004
（二）采矿业	Mining industry	362151	362151
1. 煤炭开采和洗选业	Coal mining and dressing	199120	199120
2. 石油和天然气开采业	Extraction of petroleum and natural gas	163021	163021
3. 黑色金属矿采选业	Minging and dressing of ferrous metals		
4. 有色金属矿采选业	Mining and dressing of nonferrous metals		
5. 非金属矿采选业	Mining and dressing of nonmetal mineral products	10	10
6. 开采辅助活动	Minging auxiliary activities		
7. 其他矿采选业	Others		
（三）制造业	Manufacturing	29354164	28612720
1. 农副食品加工业	Food processing	919358	642743
2. 食品制造业	Food manufacturing	327082	169396
3. 酒、饮料和精致茶制造业	Wine、drinks and Refined tea Industry	176797	135448
4. 烟草制品业	Tobacco processing	217011	217011
5. 纺织业	Textile industry	16644	16644
6. 纺织服装、服饰业	Textile and garment、Clothing industry	139780	78340
7. 皮革、毛皮、羽毛（绒）及其制品和制鞋业	Leather、furs、feather and their products	58731	58731
8. 木材加工及木、竹、滕、棕草制品业	Timber, bamboo, cane, palm and straw products	221580	220080
9. 家具制造业	Furniture	15484	14016
10. 造纸及纸制品业	Paper making and paper products	13719	13719
11. 印刷业和记录媒介的复制	Printing and record medium reproduction	86509	85508
12. 文教、工美、体育和娱乐用品制造业	Culture and education、Industrial art、Sports and ainment products manufacturing	16965	16965
13. 石油加工、炼焦及核燃料加工业	Petroleum processing coking and nuclear processing	52845	9753
14. 化学原料及化学制品制造业	Raw chemical material and chemical products	178804	175486
15. 医药制造业	Medical and pharmacutical products	647322	631421
16. 化学纤维制造业	Chemical fiber manufacturing	15770	15770
17. 橡胶和塑料制品业	Rubber adn Plastic products	328820	312442
18. 非金属矿物制品业	Nonmetal mineral products	266142	220124
19. 黑色金属冶炼及压延加工业	Smelting and pressing of ferrous metals	44249	44143
20. 有色金属冶炼及压延加工业	Smelting and pressing of non-ferrous metals	15907	15907
21. 金属制品业	Metal products	138097	123576
22. 通用设备制造业	Ordinary machinery	366628	364694
23. 专用设备制造业	Special purpose equipment	251109	249128
24. 汽车制造业	Automobile industry	21785092	21764781

TOTAL WAGES OF STAFF AND WORKERS IN NON–PRIVATE UNITS

unit:1000yuan

国有 State-owned		集体 Collective-owned		其他 Others	
全市 Total	# 市区 District	全市 Total	# 市区 District	全市 Total	# 市区 District
35604638	30687034	181683	175571	61110222	59736564
4281270	4131063	173361	167249	60215906	58877277
22879422	19010675	5461	5461	132467	115168
8132237	7234529			5205	4723
156498	155556	2861	2861	683277	666230
155211	155211			73367	73166
125847	69503	38	38	39020	38151
				4542	4422
69843	39004	38	38	18515	18515
				1709	1709
56004	30499			14254	13505
163952	163952			198199	198199
931	931			198189	198189
163021	163021				
				10	10
135421	134344	46263	45922	29172480	28432454
2711	2711	200	200	916447	639832
		223	223	326859	169173
				176797	135448
				217011	217011
				16644	16644
10419	10419	600	600	128761	67321
2542	2542			56189	56189
				221580	220080
				15484	14016
				13719	13719
4486	4486	20649	20308	61374	60714
		2426	2426	14539	14539
				52845	9753
		400	400	178404	175086
9917	9917			637405	621504
				15770	15770
		156	156	328664	312286
4164	3087	300	300	261678	216737
				44249	44143
				15907	15907
		6575	6575	131522	117001
86623	86623	5411	5411	274594	272660
9654	9654			241455	239474
47	47	600	600	21784445	21764134

3-7 续表 1 continued1

指标名称	Item	总计 Total 全市 Total	总计 Total # 市区 District
25. 铁路、船舶、航空航天和其他运输设备制造业	Railway、Ship、aerospace and other Transportation Equipment Manufacturing	2402383	2368462
26. 电气机械及器材制造业	Electric equipment and machinery	133415	133415
27. 计算机、通信及其他电子设备制业	Computer and Telecommunication equipment adn other electronic equipment	270685	268248
28. 仪器仪表制造业	Instruments, meters	183040	183040
29. 其他制造业	Others	8894	8894
30. 废弃资源综合利用业	Comperehensive untilization of waste resources	46688	46688
31. 金属制品、机械和设备修理业	Metal products、machinery、Equipment repair industry	8614	8147
(四)电力、燃气及水的生产和供应业	Electric power, gas and water production and supply	5878808	5728089
1. 电力、热力的生产和供应业	Eleatrlc Power, and Head Power Production and Supply	5229488	5121360
2. 燃气生产和供应业	Production and supply of gas	225327	225039
3. 水的生产和供应业	Production and supply of water	423993	381690
(五)建筑业	Construction	4958853	4886836
1. 房屋和土木工程建筑业	Building and civil construction	2559733	2541829
2. 建筑安装业	Installment	1473483	1432278
3. 建筑装饰业	Decoration	480307	480207
4. 其他建筑业	Others	445330	432522
(六)批发和零售业	Wholesale and retail trade	3492949	3418972
1. 批发业	Wholesale	1652112	1624895
2. 零售业	Retail trade	1840837	1794077
(七)交通运输、仓储及邮政业	Transportation, storage, post and telecommunication	3212899	3096958
1. 铁路运输业	Railway transportation	15786	15786
2. 道路运输业	Highway transportation	1816675	1764286
3. 水上运输业	Waterway		
4. 航空运输业	Air transportation	355408	355408
5. 管道运输业	Pipeline transportation	14784	14784
6. 装卸搬运和其他运输服务业	Handling and other transportation services	99270	99270
7. 仓储业	Storage	319159	258844
8. 邮政业	Post services	591817	588580
(八)住宿和餐饮业	Hotel and catering services	601416	597348
1. 住宿业	Hotels	396165	394115
2. 餐饮业	Catering services	205251	203233
(九)信息传输、软件和信息技术服务业	Information transmission、software、information technology services	2794631	2773112
1. 电信、广播电视和卫星传输服务	Telecommunication、radio and television and satellite transmission services	1946665	1926680
2. 互联网相关服务	Internet and related service	80235	80235
3. 软件和信息技术服务业	Software and information technology services	767731	766197
(十)金融业	Finance	6103437	5903141
1. 货币金融服务业	Monetary and financial services	5002151	4801855
2. 资本市场服务业	Capital market services	239694	239694
3. 保险业	Insurance	810086	810086
4. 其他金融活动	Other finance services	51506	51506
(十一)房地产业	Real estate	2133121	2095727
其中:1. 房地产开发经营	Real estate developing and management	1101308	1075238
2. 房地产管理	Real estate management	838805	830798
3. 房地产中介服务	Medium services	58744	58612
4. 房地产租赁经营	Real estate leasing business	65479	62294
(十二)租赁和商务服务业	Leasing and services	2296820	2252041

单位：千元 unit:1000yuan

国有 State-owned		集体 Collective-owned		其他 Others	
全市 Total	#市区 District	全市 Total	#市区 District	全市 Total	#市区 District
		3868	3868	2398515	2364594
				133415	133415
1720	1720			268965	266528
1445	1445	3201	3201	178394	178394
1693	1693	336	336	6865	6865
		235	235	46453	46453
		1083	1083	7531	7064
408213	341081	961	441	5469634	5386567
124702	98677			5104786	5022683
				225327	225039
283511	242404	961	441	139521	138845
222057	212570	28686	27212	4708110	4647054
7703	7703			2552030	2534126
201864	192377	10968	9494	1260651	1230407
4693	4693	17409	17409	458205	458105
7797	7797	309	309	437224	424416
170836	155152	21059	20687	3301054	3243133
151857	146664	1199	1030	1499056	1477201
18979	8488	19860	19657	1801998	1765932
1098957	1055610	4452	3552	2109490	2037796
				15786	15786
392999	374082			1423676	1390204
307696	307696			47712	47712
				14784	14784
		996	996	98274	98274
96495	72802	2556	2556	220108	183486
301767	301030	900		289150	287550
184221	183815	2787	2404	414408	411129
172915	172915	1522	1139	221728	220061
11306	10900	1265	1265	192680	191068
83260	69177			2711371	2703935
65320	52289			1881345	1874391
3354	3354			76881	76881
14586	13534			753145	752663
1434685	1434685			4668752	4468456
1366846	1366846			3635305	3435009
13172	13172			226522	226522
32890	32890			777196	777196
21777	21777			29729	29729
99480	98976	4287	3567	2029354	1993184
4965	4461			1096343	1070777
26680	26680			812125	804118
				58744	58612
4112	4112	4287	3567	57080	54615
429968	411326	22016	22016	1844836	1818699

3-7 续表 2 continued2

指标名称 Item		总计 Total	
		全市 Total	#市区 District
1. 租赁业	Leaseing	53147	52586
2. 商务服务业	Services	2243673	2199455
(十三) 科学研究、技术服务业	Scientific research technical services	4437531	4211788
1. 研究与试验发展	Scientific research	1084125	1084125
2. 专业技术服务业	Technical services	2845999	2738439
3. 科技交流和应用服务业	Science and technology popularization and Application Services	507407	389224
(十四) 水利、环境和公共设施管理业	Water conservancy, environment and public services	1020408	859941
1. 水利管理业	Water conservancy	214633	174639
2. 生态保护和环境管理业	Ecological protection and Environment governance industry	26839	17244
3. 公共设施管理业	Public management	752151	641472
4. 土地管理业	Land management industry	26785	26586
(十五) 居民服务、修理和其他服务业	Resident services、repair and other services	447493	437848
1. 居民服务业	Resident services	180695	173056
2. 机动车、电子产品和日常产品修理业	Motor vehicle、Electronics and daily consumer products repairing	61112	59106
2. 其他服务业	Other social services	205686	205686
(十六) 教育	Education	12208365	9681466
其中: 1. 学前教育	In which: 1. Preschool education	287961	258261
2. 初等教育	Primary education	2496243	1273233
3. 中等教育	Secondary education	3419186	2231196
4. 高等教育	Higher education	5229954	5229954
5. 特殊教育	Special education	29840	17355
6. 技能培训、教育辅助及其他教育	Skills training, education support and other education	745181	671467
(十七) 卫生和社会工作	Health and social work	7307282	6706400
1. 卫生	Health care	7175785	6601329
2. 社会工作	Social work	131497	105071
(十八) 文化、体育和娱乐业	Culture, sports and recreation services	1060575	973984
1. 新闻出版业	News publishing	329130	309065
2. 广播、电影、电视和影视录音制作业	Broadcast、TV、movies and video recording industry	272033	246591
3. 文化艺术业	Culture and art	277141	243893
4. 体育	Sports	111612	107129
5. 娱乐业	Recreation services	70659	67306
(十九) 公共管理、社会保障和社会组织	Public management、social security、social organization	9060735	7892955
其中:1. 中国共产党机关	Chinese communist party	300894	242381
2. 国家机构	State organs	8526633	7445042
3. 人民政协和民主党派	Political consultation and democratic party	85910	80669
4. 社会保障	Social security	31299	16123
5. 群众团体、社会团体和其他成员组织	The community、social organization and other members	115999	108740

单位：千元 unit:1000yuan

国有 State-owned		集体 Collective-owned		其他 Others	
全市 Total	# 市区 District	全市 Total	# 市区 District	全市 Total	# 市区 District
61	61	150	150	52936	52375
429907	411265	21866	21866	1791900	1766324
2241922	2021114	14165	12865	2181444	2177809
890657	890657	1385	1385	192083	192083
987840	883342	12780	11480	1845379	1843617
363425	247115			143982	142109
877587	736586			142821	123355
175127	135133			39506	39506
16841	11419			9998	5825
663762	568376			88389	73096
21857	21658			4928	4928
101394	96005	19929	19827	326170	322016
62829	57440	17637	17535	100229	98081
15629	15629	96	96	45387	43381
22936	22936	2196	2196	180554	180554
11155371	8641125	11900	11900	1041094	1028441
118731	93667	1241	1241	167989	163353
2389403	1166393			106840	106840
3208844	2027638	5686	5686	204656	197872
4932543	4932543			297411	297411
28988	16503			852	852
476862	404381	4973	4973	263346	262113
6902304	6343275	2709	2709	402269	360416
6825414	6288940	2709	2709	347662	309680
76890	54335			54607	50736
724440	638131	1641	1641	334494	334212
204551	184486			124579	124579
187366	161924	841	841	83826	83826
229808	196734			47333	47159
73121	68638			38491	38491
29594	26349	800	800	40265	40157
9044723	7880607	790	790	15222	11558
300894	242381				
8512091	7434164	790	790	13752	10088
85910	80669				
31299	16123				
114529	107270			1470	1470

3-8 全市城镇非私营单位在岗职工平均工资

单位：元

指标名称 Item		总计 Total	
		全市 Total	# 市区 District
总计	Total	88082	90373
1. 企业	Center	84757	86326
2. 事业	CauSe	94349	100204
3. 机关	offiCe	107017	114623
4. 民间非营利组织	Local	56281	56845
5. 其他	Others	108899	109063
(一)农、林、牧、渔业	Farming, forestry, animal, husbandry and fishery	59340	64141
(二)采矿业	Mining industry	64670	64670
(三)制造业	Manufacturing	98069	101245
(四)电力、热力、燃气及水生产和供应业	Electric power, heat, gas and water production and supply	106788	108096
(五)建筑业	Construction	59794	60423
(六)批发和零售业	Wholesale and retail trade	57847	58455
(七)交通运输、仓储及邮政业	Transportation, storage, post and telecommunication	61815	62367
(八)住宿和餐饮业	Hotels and catering services	45267	45429
(九)信息传输、软件和信息技术服务业	Information transmission、software、information echnology services	87826	88153
(十)金融业	Finance	145956	149587
(十一)房地产业	Real estate	60125	60658
(十二)租赁和商务服务业	Leasing and services	62482	63194
(十三)科学研究、技术服务业	Scientific research technical services	90298	92988
(十四)水利、环境和公共设施管理业	Water conservancy, environment and public facilities ement	47393	50360
(十五)居民服务、修理和其他服务业	Resident service、repair and other service	41771	41771
(十六)教育	Education	93564	95883
(十七)卫生和社会工作	Health and social work	109924	118056
(十八)文化、体育和娱乐业	Culture, sports and recreation services	70019	70985
(十九)公共管理社会保障和社会组织	public administration、social security、social organization	101370	109635

AVERAGE WAGE OF STAFF AND WORKERS IN NON-PRIVATE UNITS

unit:yuan

国有 State-owned		集体 Collective-owned		其他 Others	
全市 Total	#市区 District	全市 Total	#市区 District	全市 Total	#市区 District
96651	102356	57659	58446	83880	85375
90181	92870	57729	58561	84510	86017
94601	100494	75847	75847	65094	68593
107033	114645			86750	89113
74987	75549	37645	37645	53344	53850
156937	156937			66096	66214
56333	59916	19000	19000	71860	73793
160580	160580			43284	43284
67744	68543	57115	57546	98385	101599
75609	83435	32033	44100	110226	110171
75095	79111	89364	95147	59107	59651
115900	133178	54136	55165	56409	56948
67770	68506	94723	111000	59068	59557
50736	50806	34838	32932	43280	43469
68583	70373			88590	88726
156933	156933			142885	147372
87263	87979	32233	28766	59329	59854
66007	66268	50036	50036	61895	62735
91672	97568	78260	85767	89017	89149
46138	47930			56901	72222
75780	78053	50453	50708	36322	36341
99212	103726	50855	50855	58465	59001
117257	126810	57638	57638	53182	53490
70885	72465	49727	49727	68348	68458
101511	109767	87778	87778	55758	60832

统计资料

STATISTICS

▶固定资产投资

INVESTMENT IN FIXED ASSETS

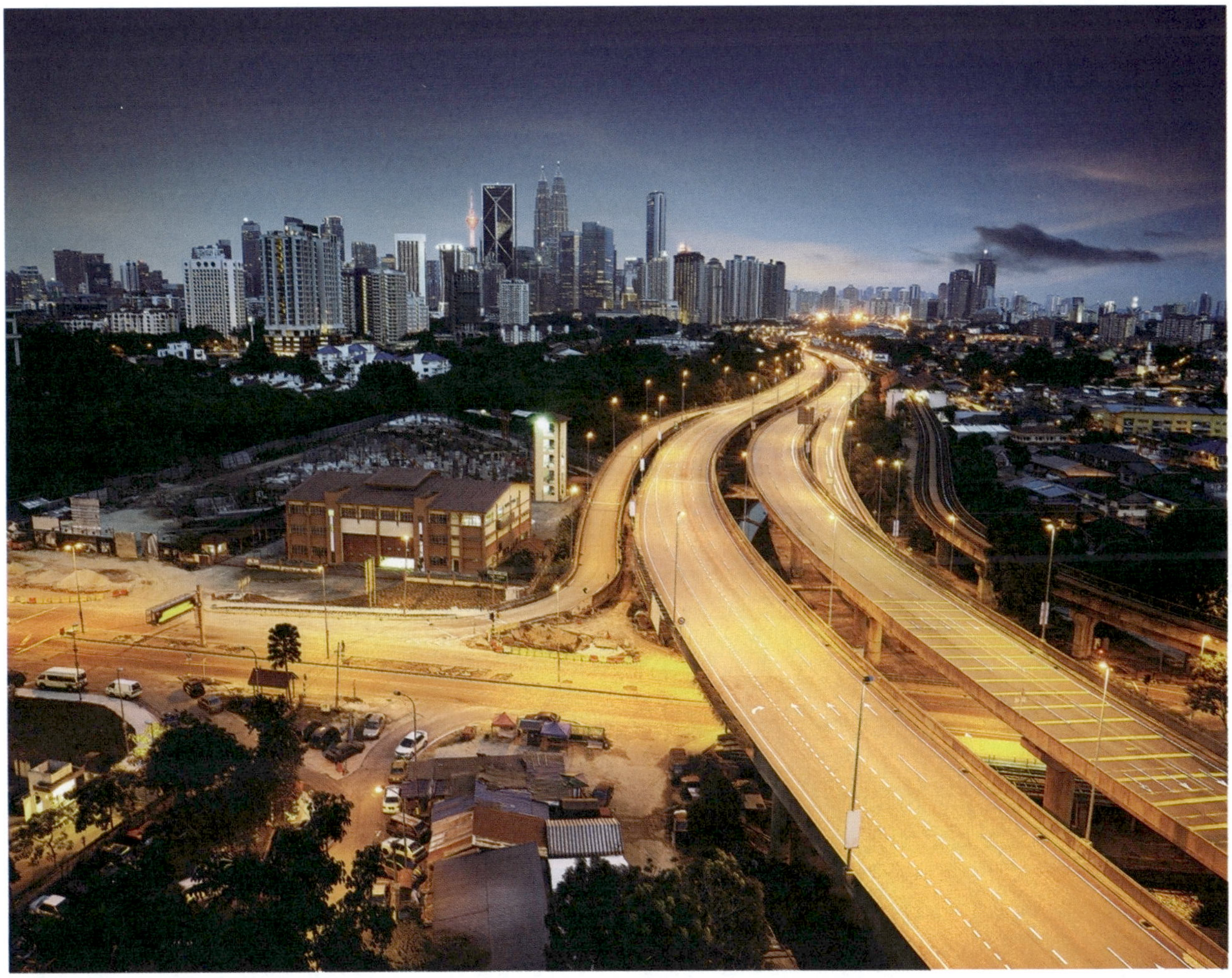

2020

长春统计年鉴

CHANGCHUN STATISTICAL YEARBOOK

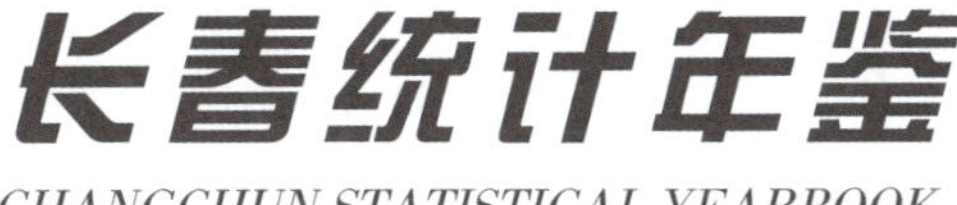

第四篇　固定资产投资

2019 年全社会固定资产投资比上年下降 19.0%。其中：房地产开发投资增长 12.6%，新增固定资产下降 32.1%。固定资产交付使用率 32.1%，比上年下降 6.2 个百分点。房屋面积竣工率为 12.4%，比上年下降 2.7 个百分点。

从各产业完成投资情况看，第一产业投资下降 66.3%；第二产业投资下降 36.7%；第三产业投资下降 12.3%。从投资主体看，国有经济投资下降 9.0%；非国有经济投资下降 25.3%，占全社会固定资产投资的比重为 56.7%。全市工业投资下降 36.6%。民间投资下降 28.7%。

全市商品房施工面积 7551.8 万平方米，比上年增长 4.6%。商品房竣工面积 924.4 万平方米，下降 15.0%。商品房销售面积 1342.4 万平方米，增长 4.2%。商品房销售额 1178.3 亿元，增长 10.9%。待售面积 588.5 万平方米，下降 15.2%。

4-2 2019年长春市房地产开发投资完成情况

单位：万元

指标名称	Item	总计 Total	其中：地方 Local	其中：地市县属 Prefecture
计划总投资	Total	52157249	3310655	47618971
自开始建设累计完成投资	Accumulative investment acyully completed since starting ofconstrution	37070938	1787006	34498531
本年计划投资	Planned investment			
本年完成投资	Completed investment	8767880	1007484	7296714
其中：本月完成投资	Investment completed this month			
土地开发投资额	Land developing			
配套工程投资	Auxiliary project			
国有经济控股	State -owned economic proprietary	1822148	109094	1249372
内资企业	Domestic funds	7797598	1007484	6326432
国有企业	State-owned	608802		423074
集体企业	Collective-owned			
股份合作企业	Cooperative	53137		53137
联营企业	Joint owned			
国有联营企业	State joint			
集体联营企业	Collective joint			
国有与集体联营企业	State and collective joint			
其他联营企业	Other joint			
有限责任公司	Limited liability company	4631822	803518	3550350
国有独资公司	State owned solely	97696	28607	68189
其他有限责任公司	Others	4534126	774911	3482161
股份有限公司	Share holding	682154		682154
私营企业	Private	1821683	203966	1617717
私营独资企业	Private-funded	97000		97000
私营合伙企业	Private parthnership			
私营有限责任公司	Private limited liability corporations	1671663	203966	1467697
私营股份有限公司	Private share-holding corporations ltd.	53020		53020
其他企业	Other			
港澳台商投资企业	Funded from Hongkong, Macao and Taiwan	913933		913933
与港澳台商合资经营企业	Joint venture	881644		881644
与港澳台商合资合作经营企业	Cooperative			
港澳台商独资经营企业	Sole tunds	32289		32289
港澳台商投资股份有限公司	Share holding			
外商投资企业	Foreign investment	56349		56349
中外合资经营企业	Joint venture			

BASIC CONDITIONS ON INVESTMENT OF REAL ESTATE DEVELOPMENT COMPLETED IN 2019

unit:10000yuan

指标名称	Item	总计 Total	其中：地方 Local	其中：地市县属 Prefecture
中外合作经营企业	Cooperative			
外资企业	Sole investment	56349		56349
外商投资股份有限公司	Share holding			
按构成分：建筑工程	Construction Projects	5355116	556081	4687692
安装工程	Installation Projects	399612	58474	336634
设备工器具购置	Purchase of Equipment tools and instruments	152145	39708	112437
其他费用	Other cost	2861007	353221	2159951
其中：旧建筑物购置费	Purchase of old	43666		43666
土地购置费	Durchase of land	2562774	337051	1884838
住宅投资	House in vestment	6313176	562740	5310721
其中：90 平米以下住房	House below 90sq.m	2323767	124871	2198896
其中：144 平米以上住房	House above 144sq.m	964414	202237	662578
别墅、高档公寓	Villa and high-grade flat	253902	48565	118185
办公楼	Office buildings	440231	112391	327840
商业营业用房	Buniness houses	1096986	119178	957859
其他	Others	917487	213175	700294
本年新增固定资产	Newly increased fixed assets	3096067	41972	3041395
一、本年资金来源合计	Total funds sources			
1. 上年末结余资金	Balance of last year	3954553	500179	3061056
2. 本年资金来源小计	Subtotal fund sources	11166042	1058162	9942849
(1) 国内贷款	Domestic loans	292628	2000	290628
银行贷款	Bank loans	286428	2000	284428
非银行金融机构贷款	Non-financial institution loans	6200		6200
(2) 利用外资	Usage of foreign funds			
其中：外商直接投资	Direct foreign investment			
(3) 自筹资金	Fund raising	3840618	644728	3169975
其中：自有资金	Own funds			
股东投入资金	shareholder investment			
借入资金	borrowed money			
(4) 其他资金来源	Other sources	7032796	411434	6482246
其中：定金及预收款	Subscription and advances received	4279995	204866	3993913
其中：个人按揭贷款	Personal mortgage loans	2438336	162477	2218859
二、本年各项应付款合计	Total payment	1342544	115130	1199905
其中：工程款	Project	621068	41420	560779

4-3 2019 年长春市房地产面积综合表

单位：万元、平方米

指标名称	Item	合计 Total	住宅 House	90 ㎡以下住房 House below 90 ㎡
房屋施工面积	Floor space under construction	75517976	49101841	19247718
其中：本年新开工面积	Started area	15655020	11016270	3055132
房屋竣工面积	Floor space completed	9244130	6481521	3521799
其中：不可销售面积	Floor space of not sold	497893	136539	129778
出租房屋面积	Areas for renting	506879		
商品房销售面积	Sale areas of commercial houses	13424153	11561655	3557435
其中：现房销售面积	Areas of current houses	2444630	1657700	810531
其中：期房销售面积	Areas of future houses	10979523	9903955	2746904
商品房屋销售额	Sale of commercial house	11782656	10094553	2674867
其中：现房销售额	Sale of current houses	1437978	845311	394457
其中：期房销售额	Sale of fucure houses	10344678	9249242	2280410
待售面积	No-purchase	5885293	2528169	1484993
其中：　待售 1-3 年面积	1 to 3 years	2300547	1098024	683825
其中：　待售 3 年以上面积	Above 3 years	2833697	1105207	654025

COMPREHENSIVE CONDITIONS ON CHANGCHUN REAL ESTATE IN 2019

unit:10000yuan, sq · m

144 ㎡以上住房 House over 144 ㎡	别墅、高档公寓 Villa and top-grade flat	办公楼 Officebuilding	商业营业用房 Commericalhouse	其他房屋 Others
8560998	2330552	5082647	11069264	10264224
1418952	263633	1076801	1400795	2161154
601548	83181	353994	1126197	1282418
1151		3385	38512	319457
		21668	363635	121576
1642478	346686	342260	1035223	485015
208986	44272	126484	460616	199830
1433492	302414	215776	574607	285185
1760035	398095	290553	995802	401748
167279	58164	95357	335606	161704
1592756	339931	195196	660196	240044
354212	148505	636935	1786960	933229
204639	125149	154078	625462	422983
134216	11761	436067	865927	426496

2019 年固定资产投资（不含农户）主要指标情况
KEY INDICATORS OF FIXED ASSET INVESTMENT(EXCLUDING FARMERS) 2019

单位：%

指标名称	Indicator	增速 Growth rate	占比 Percentage
固定资产投资额（不含农户）	Amount of fixed asset investment (excluding farmers)	-19	100.0
基础设施	Infrastructure	-28.3	16.8
民间投资	Private investment	-28.7	49.7
制造业	Manufacturing industry	-33.4	17.4
1. 按产业分	By industries		
第一产业	Primary industry	-66.3	0.6
第二产业	Secondary industry	-36.7	19.1
# 工业	Industry	-36.6	19.1
第三产业	Tertiary industry	-12.3	80.3
2. 按控股情况分	By holdings		
国有控股	State holdings	-9	43.3
集体控股	Collective holdings	227.9	2.1
私人控股	Private holdings	-26.1	43.1
港澳台商控股	Hong Kong, Macao or Taiwan Holdings	8.3	5.8
外商控股	Foreign holdings	-7	1.5
其他控股	Other holdings	-57.6	4.3
3. 按建设性质分	By nature of construction		
# 新建	New	-40.2	33.3
扩建	Expansion	-54.4	4.6
改建和技术改造	Modification and technical reconstruction	-12.8	6.8
4. 按构成分	By composition		
建筑安装工程	Construction and installation work	-17.7	65.5
设备工器具购置	Equipment, tools and apparatus procurement	-6.3	12.2
其他费用	Other expenses	7.6	22.3

统计资料

▶能源消费与库存

GONSUMPTION AND STORAGE OF ENERGY

STATISTICS

2020

长春统计年鉴

CHANGCHUN STATISTICAL YEARBOOK

5-1 2019 年工业企业能源购进、消费及库存情况

能源名称	Item	计量单位	Unit	企业单位数（个） Enterprises	年初库存量 Inventory
原煤	Coal	吨	ton	174	2622068.39
其中：1. 无烟煤	Anthracite	吨	ton	15	855.87
2. 炼焦烟煤	Bituminous coal for coking	吨	ton	4	633.62
3. 一般烟煤	Normal bituminous coal	吨	ton	142	909138.98
4. 褐煤	Brown coal	吨	ton	18	1711439.92
洗精煤	Fine coal washing	吨	ton		
其他洗煤	Other coal washing	吨	ton	3	5310
煤制品	Coal products	吨	ton	4	50
焦炭	Coke	吨	ton	2	200
其他焦化产品	Other coke products	吨	ton	1	
焦炉煤气	Coal gas	万立方米	10000cu·m		
高炉煤气	Blast furnace gas	万立方米	10000cu·m		
转炉煤气	Revolving gas	万立方米	10000cu·m		
发生炉煤气	Producer gas	万立方米	10000cu·m		
天然气	Natural gas	万立方米	10000cu·m	172	66.03
液化天然气	Liquefied natural gas	吨	ton	16	0.04
煤层气	Coal seam gas	万立方米	10000cu·m		
原油	Crude oil	吨	ton	2	1794
汽油	Gasoline	吨	ton	460	136.13
煤油	Kerosene	吨	ton	6	
柴油	Diesel oil	吨	ton	241	999.24
燃 料 油	Fuel oil	吨	ton	7	498.58
液化石油气	Liquefied petroleum gas	吨	ton	10	
炼厂干气	Coking gas	吨	ton		
石脑油	Naphtha	吨	ton		
润滑油	Lubricating oil	吨	ton	15	110.02
石蜡	Paraffin wax	吨	ton	1	33.9
溶剂油	Solvent oil	吨	ton	1	373.74
石油焦	Petroleum coke	吨	ton		
石油沥青	Petroleum asphalt	吨	ton	1	
其他石油制品	Other oil products	吨	ton		
热力	Heat	百万千焦	million kilo-joule	131	
电力	Electricity	万千瓦时	10000kwh	1273	
煤矸石用于燃料	Coal gangue for fuel	吨	ton	1	4426
城市生活垃圾用于燃料	Urban domestic waste for fuel	吨	ton	1	
生物质废料用于燃料	Biomass waste for fuel	吨标准煤	ton of SCE	29	1303.45
余热余压	Waste heat and waste pressure	百万千焦	million kilo-joule	1	
其它工业废料用于燃料	Other industrial waste for fuel	吨	ton		
其它燃料	Other fuel	吨标准煤	ton of SCE	4	
能源合计	Total of energy	吨标准煤	ton of SCE	1275	

ENERGY PURCHASE CONSUMPTION AND INVENORY OF INDUSTRIAL ENTERPRISES IN 2019

购进量 Purchase		消费量 Consumption					期末库存量 Inventory at the year-end
实物量 Physical quality	购自省外	合计 Total	1. 工业生产消费 For production	用于原材料 For raw materials	2. 非工业生产消费 Non-industrial production	合计中：运输工具消费 Conveyance consumption	
26257391.01	21698530.83	27301110.16	27137905.81		163204.35	10.2	2511658.31
8404.79	269	8944.27	8464.48		479.79		336.67
11225.76		5795	5795				5677.38
6849647.2	5000608.37	7799422.09	7763233.3		36188.79	10.2	893039.57
19388113.26	16697653.46	19486948.8	19360413.03		126535.77		1612604.69
31606	13300	29606	29606				7310
376		376	376				
9789.27		9038.27	9038.27				951
145		80	80				
40819.98		40738.16	39699.02	575.35	1039.14		186.1
1299.94	15	1299.07	1157.1		141.97	128.46	0.36
562954	382170	564067	564067				681
27502.07	1113.86	28718.23	9636.54	238.8	19081.69	22279.12	121.53
9.98		9.76	7.93		1.83	1	
58094.84	62.14	57222.25	33340.93	383.37	23881.32	31512.2	1241.81
944.32		924.22	589.62		334.6		518.68
406.5	13	405.7	351.09		54.61	29	
1613.89	1416.64	1397.56	1371.44	1179.82	26.12		186.25
300		307.35	307.35				26.55
968.98	822.65	1001.57	1001.57				341.15
6200		6200	6200				
17829368.07	3760	9942053.94	9665632.57		276421.37		
1324454.28		1620655.39	1601879.66		18775.73	1762.79	
17656		17656	17656				4356
696692		696692	696692				
148005.37	363.38	148002.75	145806.78		2195.97		376.78
		827824	827824				
276.93		276.93	99.25		177.68		
		17496475.67	17312683.59		183792.08		

5-2 工业企业能源加工转换与回收利用

能源名称	Name of Energy	计量单位	unit	企业单位数（个）Enterprises (unit)	工业生产消费量 Consumption industrial producing	加工转换投入合计 Total input in processing and transformation
原煤	Coal	吨	ton	30	26405336.34	25314897.62
其中：1. 无烟煤	Anthracite	吨	ton			
2. 炼焦烟煤	Bituminous coal for coking	吨	ton			
3. 一般烟煤	Normal bituminous coal	吨	ton	19	7361962.99	6686919.99
4. 褐煤	Brown coal	吨	ton	11	19043373.35	18627977.63
洗精煤	Fine coal washing	吨	ton			
其他洗煤	Other coal washing	吨	ton	1	29500	29500
煤制品	Coal products	吨	ton			
焦炭	Coke	吨	ton		9023.48	
其他焦化产品	Other coke products	吨	ton			
焦炉煤气	Coal gas	万立方米	10000cu·m			
高炉煤气	Blast furnace gas	万立方米	10000cu·m			
转炉煤气	Revolving gas	万立方米	10000cu·m			
发生炉煤气	Producer gas	万立方米	10000cu·m			
天然气（气态）	Natural gas	万立方米	10000cu·m	2	22142.83	8371.57
液化天然气（液态）	Liquefied natural gas	吨	ton		232.83	
煤层气（煤田）	Coal seam gas	万立方米	10000cu·m			
原油	Crude oil	吨	ton	2	564067	564067
汽油	Gasoline	吨	ton	2	462.13	265.5
煤油	Kerosene	吨	ton		0.05	
柴油	Diesel oil	吨	ton	6	18159.48	2158.84
燃 料 油	Fuel oil	吨	ton	1	153	153
液化石油气	Liquefied petroleum gas	吨	ton			
炼厂干气	Coking gas	吨	ton			
石脑油	Naphtha	吨	ton			
润滑油	Lubricating oil	吨	ton	1	5.73	5.73
石蜡	Paraffin wax	吨	ton			
溶剂油	Solvent oil	吨	ton			
石油焦	Petroleum coke	吨	ton			
石油沥青	Petroleum asphalt	吨	ton			
其他石油制品	Other oil products	吨	ton			
热力	Heat	百万千焦	million kilo-joule		7235737.54	
电力	Electricity	万千瓦时	10000kwh		689932.3	
煤矸石用于燃料	Coal gangue for fuel	吨	ton			
城市生活垃圾用于燃料	Urban domestic waste for fuel	吨	ton	1	696692	696692
生物质废料用于燃料	Biomass waste for fuel	吨标准煤	ton of SCE	3	132722	132722
余热余压	Waste heat and waste pressure	百万千焦	million kilo-joule	1	827824	827824
其它工业废料用于燃料	Other industrial waste for fuel	吨	ton			
其它燃料	Other fuel	吨标准煤	ton of SCE			
能源合计	Total of energy	吨标准煤	ton of SCE	35	15380815.46	13440793.36

INDUSTRIAL ENTERPRISES PROCESSING TRANSFORMATION AND RECYCLED INTO ENERGY

火力发电 Thermal power	供热 Heating	原煤入选 Physical Coal	炼焦 Coking	炼油 Petroleum Refining	制气 Gas Production	天然气液化 Natural Liquefied Gas	加工型煤 Processing Coal	能源加工转换产出 Output in Processing and transformation of energy
16044946.89	8317420.73	952530						
3654405.29	2079984.7	952530						
12390541.6	6237436.03							
	29500							648251
164.39	217.21					7989.97		
								52262.67
				564067				
	265.5							256832
2077.05	81.79							164999
153								
								74091
5.73								
								99011798.39
								2847758.07
696692								
117550	15172							
827824								
7654452.92	4344641.04	529606.68		805826.12		106266.6		8201662.3

统计资料

STATISTICS

▶财政

GOVERNMENT FINANCE

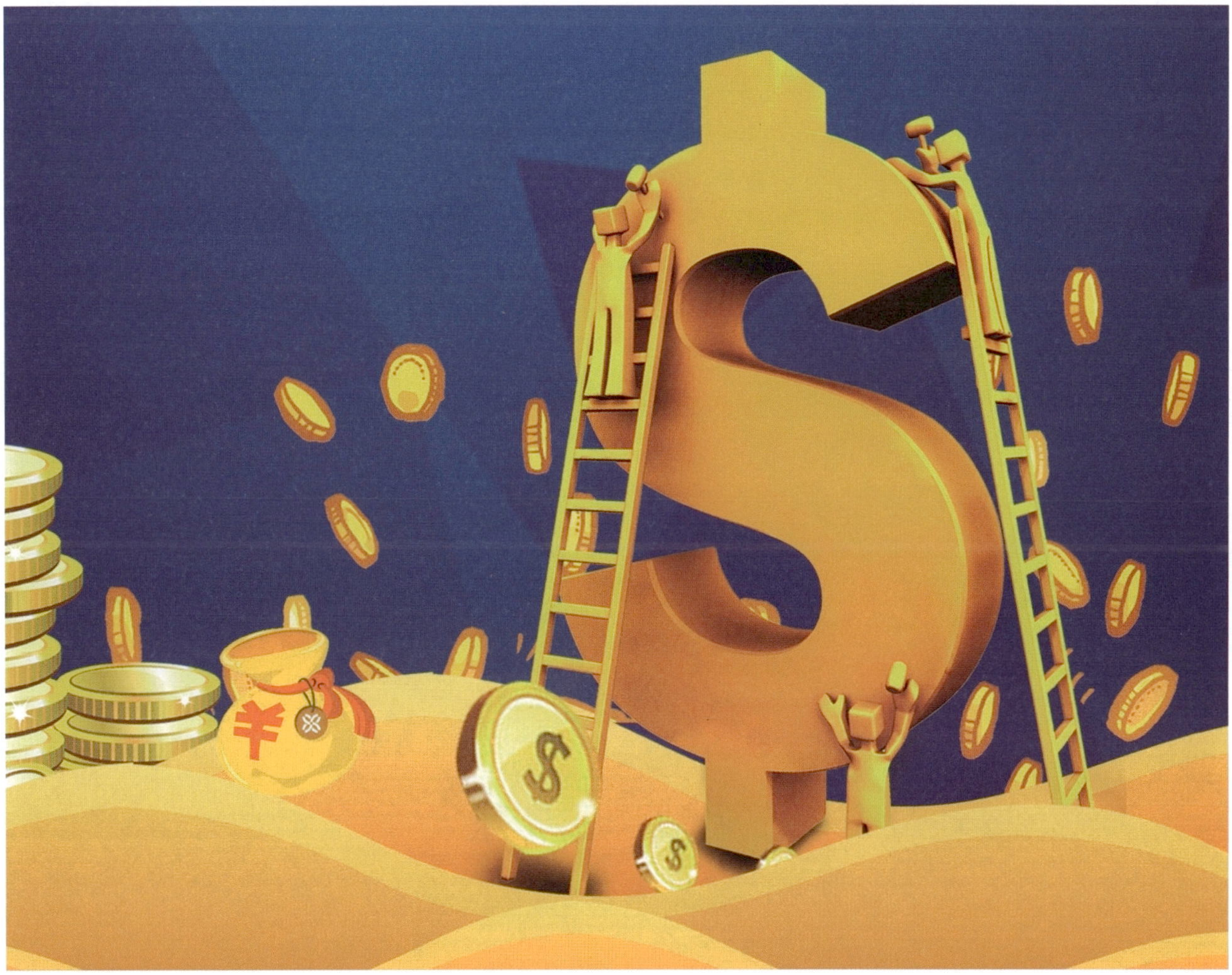

2020

长春统计年鉴

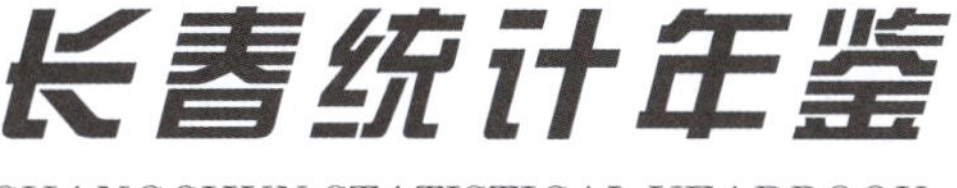

CHANGCHUN STATISTICAL YEARBOOK

第六篇　财　政

2019年，财政收支降幅均有扩大，全市一般公共预算收入420.0亿元，下降12.1%；一般公共预算全口径财政收入1100.0亿元，下降9.1%。全年税收收入下降9.8%，非税收入下降20.1%。

2019年，一般公共预算支出896.0亿元，增长0.2%。其中教育类支出增长5.8%，占财政支出的比重为15.0%；社会保障与就业支出增长2.1%，节能环保类支出增长50.8%，住房保障支出增长73.8%。支出结构更加优化，优先发展教育，加大环保投入，加快绿色发展，助力脱贫攻坚，重点保障幸福长春行动计划和“暖流”计划实施，努力提升群众获得感和幸福指数，为把长春建设成为宜居城市而提供了有力的财力支持。

6-1 2019 年全市一般预算全口径财政收入
GOVERNMENT REVENUE BY REGION IN 2019

单位：亿元　　　　unit:100million yuan

		绝对值 Absolute number	同比增减（%） Increasing rate year on year
全市收入总计	Total	1100.0	-9.1
1. 市本级	City level	455.5	-6.2
2. 区合计	Total	558.9	-12.0
南关区	Nanguan	60.9	-18.4
宽城区	Kuancheng	42.5	-20.0
朝阳区	Chaoyang	72.3	-20.6
二道区	Erdao	32.0	-9.4
绿园区	Lvyuan	50.9	-3.6
经济开发区	Economic and technical developing area	68.4	-19.2
长春新区	Changchun new district	88.7	2.5
净月开发区	Jingyue developing area	51.2	24.2
汽车开发区	Motor vehicle delelpment zone	88.4	-21.4
莲花山度假区	Lianhua Mountain resort	3.7	7.3
3. 县（市）合计	Total city and county	85.6	-4.0
榆树市	Yushu	11.5	-7.6
农安县	Nong′an	16.9	-16.9
德惠市	Dehui	15.8	3.1
双阳区	Shuangyang	14.1	-20.1
九台区	Jiutai	27.4	16.3

6-2 2019年全市地方级财政收入及一般预算财政支出

单位：亿元

指标名称	Item	绝对值 Absolute number	同比增减（%） Increasing rate year on year
一、税收收入	Revenue Income	333.7	-9.8
增值税	Value added tax	95.7	-6.3
企业所得税	Enterprises income tax	54.9	-12.4
企业所得税退税	Income tax rebate		
个人所得税	Individual income tax	13.0	-31.4
资源税	Resourcex Tax	0.46	-25.0
城市维护建设税	Tax on the city maintenance and construction	35.3	-11.2
房产税	Tax on real estate	18.6	-0.7
印花税	Stamp tax	10.6	-2.0
城镇土地使用税	Tax on use of urban land	10.0	-23.1
土地增值税	Land value-added tax	24.6	-12.4
车船税	Tax on the use of vehicles and ships	8.4	0.8
耕地占用税	Tax on the use of cultivated land	6.9	-25.5
契税	Contract tax	54.6	-3.9
烟叶税	Tabacoo leaf tax	0.02	-45.7
环境保护税	Environmental Protection Tax	0.29	7.3
其他税收收入	Other Income	0.3	-40.6
二、非税收入	Non-yevenue Income	86.3	-20.1
专项收入	Special income	31.1	-13.0
行政性收费收入	Income aom administrative fees	16.9	22.9
罚没收入	Penalty and confiscafe income	10.3	-14.5
国有资本经营收入	State-owned assets income	0.3	-97.2
国有资源（资产）有偿使用收入	State resources inlome	18.7	-24.6
其他收入	Others	9.0	-8.4
本年收入合计	Total	420.0	-12.1

THE CITY'S LOCAL FINANCIAL REVENUE AND GENERAL BUDGETARY FINANCIAL EXPENDITURE IN 2019

单位：亿元　　　　unit:100million yuan

指标名称	Item	绝对值 Absolute number	同比增减 (%) Increasing rate year on year
一、一般公共服务	General publil services	93.8	-3.9
二、外交	Dip lomaly	0.0	
三、国防	Defense	0.9	-13.0
四、公共安全	Social Security	40.7	-4.1
五、教育	Education	134.6	5.8
六、科学技术	Science and technolgy	11.3	-7.3
七、文化体育与传媒	Education and the media	13.8	-6.8
八、社会保障和就业	Social security and employment	125.5	2.1
九、医疗卫生与计划生育	Medical and health	71.6	-1.5
十、节能环保	Energy conservation and environmental protection	28.1	50.8
十一、城乡社区	Urban and rural community services	154.7	-6.6
十二、农林水	Agriculture,forestry,water affairs	88.1	-9.6
十三、交通运输	Transport	35.2	5.3
十四、资源勘探信息等支出	Affairs of Mining,Power and Information	20.0	-3.1
十五、商业服务等支出	Management of Grain & Oil Reserves	4.3	-48.8
十六、金融支出	Financial Supervision	0.5	-92.0
十七、援助其他地区支出	Support in other areas of expenditure	0.0	
十八、国土海洋气象等支出	Land and Resources and Meteorology	4.4	-39.7
十九、住房保障支出	Housing Security	33.8	73.8
二十、粮油物资储备支出	Administrative affairs such as cereals and oil supplies	1.2	-52.3
二十一、灾害防治及应急管理支出	XXI. Expenditure on Disaster Prevention and Emergency Management		
二十一、债务付息支出	Debit Interest	24.4	18.1
二十二、其他支出	Others	3.6	6.3
本年支出合计	Total	890.6	0.2

统计资料

STATISTICS

▶物价

PRICE

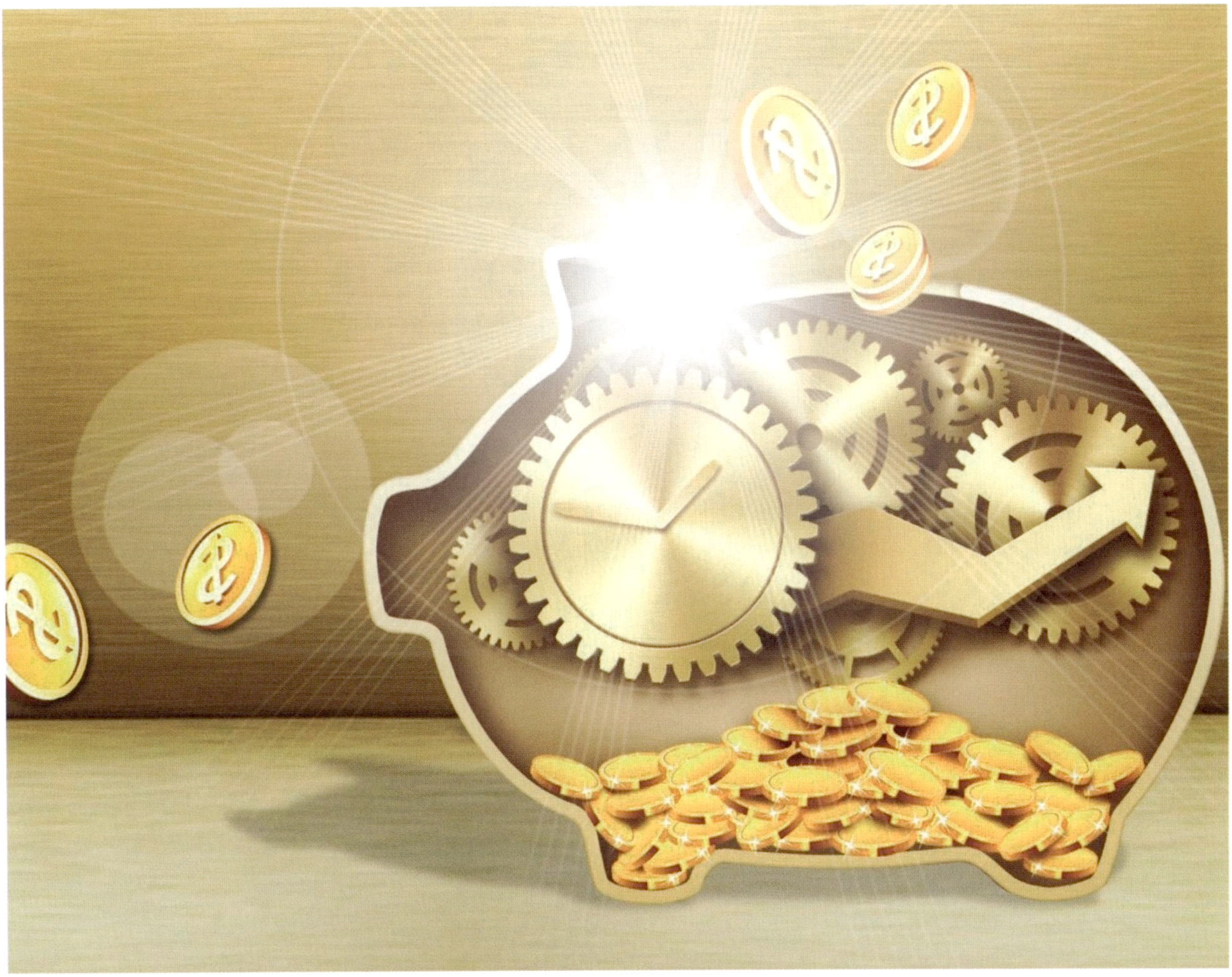

2020

长春统计年鉴

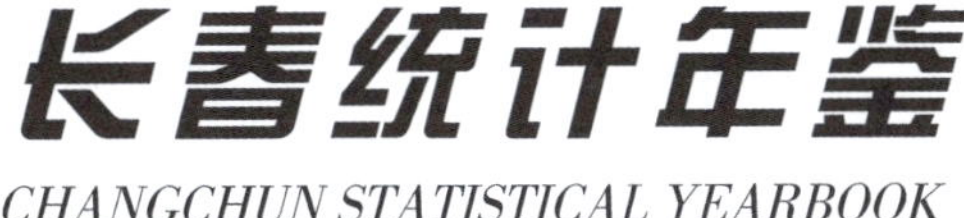

CHANGCHUN STATISTICAL YEARBOOK

第七篇　物　价

2019 年，全市居民消费价格总水平同比上涨 2.9%，涨幅比上年扩大 0.9 个百分点。从各类商品及服务价格变动情况看，衣着价格上涨 2.2%，生活用品及服务价格上涨 1.5%，医疗保健价格上涨 1.2%，居住价格上涨 2.8%，食品烟酒价格上涨 7.4%，教育文化和娱乐价格上涨 2.1%，其他用品和服务价格上涨 4.2%，交通和通信价格下降 4.4%。

7-1 2019年长春市居民消费价格分类指数
CONSUMER PRICE INDICES BY CATEGORY IN 2019

指标名称	Item	2019年
居民消费价格总指数	General consumer price index	102.9
一、食品烟酒	Food, tobacco and alcohol	107.4
1. 食品	Food	109.0
(1) 粮食	Grain	102.3
(2) 薯类	Tubers	99.0
(3) 豆类	Beans	101.5
(4) 食用油	Edible oil	96.6
(5) 菜	Vegetables	107.2
(6) 畜肉类	Meat	125.8
(7) 禽肉类	Poultry	115.2
(8) 水产品	Aquatic product	100.5
(9) 蛋类	Eggs	103.1
(10) 奶类	Milk	100.6
(11) 干鲜瓜果类	Dried and fresh fruits	109.3
(12) 糖果糕点类	confectionery	104.1
(13) 调味品	Seasoning	101.8
(14) 其他食品类	Others	105.4
2. 茶及饮料	Tea and drink	102.0
3. 烟酒	Tobacco and alcohol	101.8
(1) 烟草	Tobacco	99.6
(2) 酒类	Alcohol	105.0
4. 在外餐饮	Take-out	104.7
二、衣着	Garments	102.2
1. 服装	Garments	102.5
2. 服装材料	Textiles	100.0
3. 其他衣着及配件	Others	102.4
4. 衣着加工服务费	Processing services	109.6
5. 鞋类	Shoes	100.3
三、居住	Housing	102.8
1. 租赁房房租	Rent	105.9
2. 住房保养维修及管理	Maintenance and management	100.2
3. 水电燃料	Water, electricity, fuel and others	101.5
4. 自有住房	Imputed rent	103.7
四、生活用品及服务	Articles for daily use, and services	101.5
1. 家具及室内装饰品	Furnitures and indoor decorations	104.5
2. 家用器具	Household appliances	95.9
3. 家用纺织品	Household textile	102.8
4. 家庭日用杂品	Daily groceries	101.9
5. 个人护理用品	Personal products	102.6
6. 家庭服务	Family services	105.4
五、交通和通信	Transportation and communication	95.6
1. 交通	Transportation	95.6
2. 通信	Telecommunication	95.7
六、教育文化和娱乐	Education and recreation	102.1
1. 教育	Education	101.1
2. 文化娱乐	Recreation	103.6
七、医疗保健	Health care	101.2
1. 药品及医疗器具	Medical appliances and medicine	103.0
2. 医疗服务	Medical services	99.8
八、其他用品和服务	Other products and services	104.2
1. 其他用品类	Other products	108.4
2. 其他服务类	Other services	101.0

7-2 2019年长春市商品零售价格分类指数
RETAIL PRICE INDICES BY CATEGORY IN 2019

(以上年同期为100 preceding year=100)

指标名称	Item	2019年
商品零售价格指数	Retail price indices	102.2
一、食品	General consumer price index	108.0
1. 粮食	Grain	101.8
2. 薯类	Tubers	99.0
3. 豆类	Beans	101.5
4. 食用油	Edible oil	96.8
5. 菜	Vegetables	107.2
6. 畜肉类	Meat	126.1
7. 禽肉类	Poultry	115.2
8. 水产品	Aquatic product	100.3
9. 蛋类	Eggs	103.1
10. 奶类	Milk	100.7
11. 干鲜瓜果类	Dried and fresh fruits	109.1
12. 糖果糕点类	confectionery	104.0
13. 调味品	Seasoning	101.8
14. 其他食品类	Others	104.5
15. 在外餐饮	Take-out	104.7
二、饮料、烟酒	Beverage, tobacco and alcohol	102.0
三、服装、鞋帽	Clothing, shoes and hats	102.1
四、纺织品	textiles	103.0
五、家用电器及音像器材	Households facilities	94.6
六、文化办公用品	Official articles	97.2
七、日用品	Daily articles	100.6
八、体育娱乐用品	Sports and recreation articles	101.1
九、交通、通信用品	Transport and telecommunication	96.2
十、家具	Furniture	104.7
十一、化妆品	Cosmetics	103.2
十二、金银饰品	Jeweliery	114.2
十三、中西药品及医疗保健用品	Traditional chinese and medical care	104.0
十四、书报杂志及电子出版物	Newspapers, magazines and electronec publishing	113.8
十五、燃料	Fuels	100.6
十六、建筑材料及五金电料	Construction materials and hardware	100.8

7-3 2019年长春市零售价格类指数
RETAIL PRICE INDICES BY CATEGORY IN 2019

指标名称	Item	2019年
商品零售价格指数	Retail price indices	102.2
一、食品	General consumer price index	108.0
1. 粮食	Grain	101.8
2. 薯类	Tubers	99.0
3. 豆类	Beans	101.5
4. 食用油	Edible oil	96.8
5. 菜	Vegetables	107.2
6. 畜肉类	Meat	126.1
7. 禽肉类	Poultry	115.2
8. 水产品	Aquatic product	100.3
9. 蛋类	Eggs	103.1
10. 奶类	Milk	100.7
11. 干鲜瓜果类	Dried and fresh fruits	109.1
12. 糖果糕点类	confectionery	104.0
13. 调味品	Seasoning	101.8
14. 其他食品类	Others	104.5
15. 在外餐饮	Take-out	104.7
二、饮料、烟酒	Beverage, tobacco and alcohol	102.0
1. 茶及饮料	Tea and drink	101.8
2. 烟草	Tobacco	99.6
3. 酒类	Alcohol	104.9
三、服装、鞋帽	Clothing, shoes and hats	102.1
1. 服装	Garments	102.6
2. 鞋帽袜	Shoes socks and hats	100.7
3. 其他衣着配件	Others	102.7
四、纺织品	textiles	103.0
1. 服装材料	Textiles	100.0
2. 床上用品	Beds	103.7
五、家用电器及音像器材	Households facilities	94.6
1. 家庭设备	Households facilities	96.3
2. 文娱用耐用消费品	Recreational durable goods	91.5

7-3 续表　　continued

指标名称	Item	2019 年
3. 专业音像器材	Audiovisual products	96.5
六、文化办公用品	Official articles	97.2
七、日用品	Daily articles	100.6
1. 日用百货	Daily articles	101.2
2. 厨具餐具茶具	Kitchen utensils and tableware tea set	100.2
3. 清洗用品	Washing appliance	100.3
4. 其他日用品	Others	100.6
八、体育娱乐用品	Sports and recreation articles	101.1
1. 体育户外用品	Sports goods	100.5
2. 娱乐用品	Cultural appliance	101.3
九、交通、通信用品	Transport and telecommunication	96.2
1. 交通运输机械	Transports	94.8
2. 通信器材	Telecommunecation	98.2
十、家具	Furniture	104.7
十一、化妆品	Cosmetics	103.2
十二、金银饰品	Jeweliery	114.2
十三、中西药品及医疗保健用品	Traditional chinese and medical care	104.0
1. 医疗卫生器具	Equipment	97.3
2. 中药	Chinese medicines	107.1
3. 西药	Western medicines	103.3
4. 保健器具及用品	Health care appliances and products	101.9
十四、书报杂志及电子出版物	Newspapers, magazines and electronec publishing	113.8
1. 教材及参考书	Books	105.4
2. 书报杂志	Newspapers	136.0
3. 计算机办公软件	Computer Office Software	98.6
十五、燃料	Fuels	100.6
1. 煤炭及制品	Coal and products	121.9
2. 石油及制品	Oil and products	96.7
十六、建筑材料及五金电料	Construction materials and hardware	100.8
1. 建筑装璜材料	Construction	100.7
2. 五金水暖	Hardware, plumbing	101.4

统计资料

▶人民生活

PEOPLE'S LIVELHOOD

STATISTICS

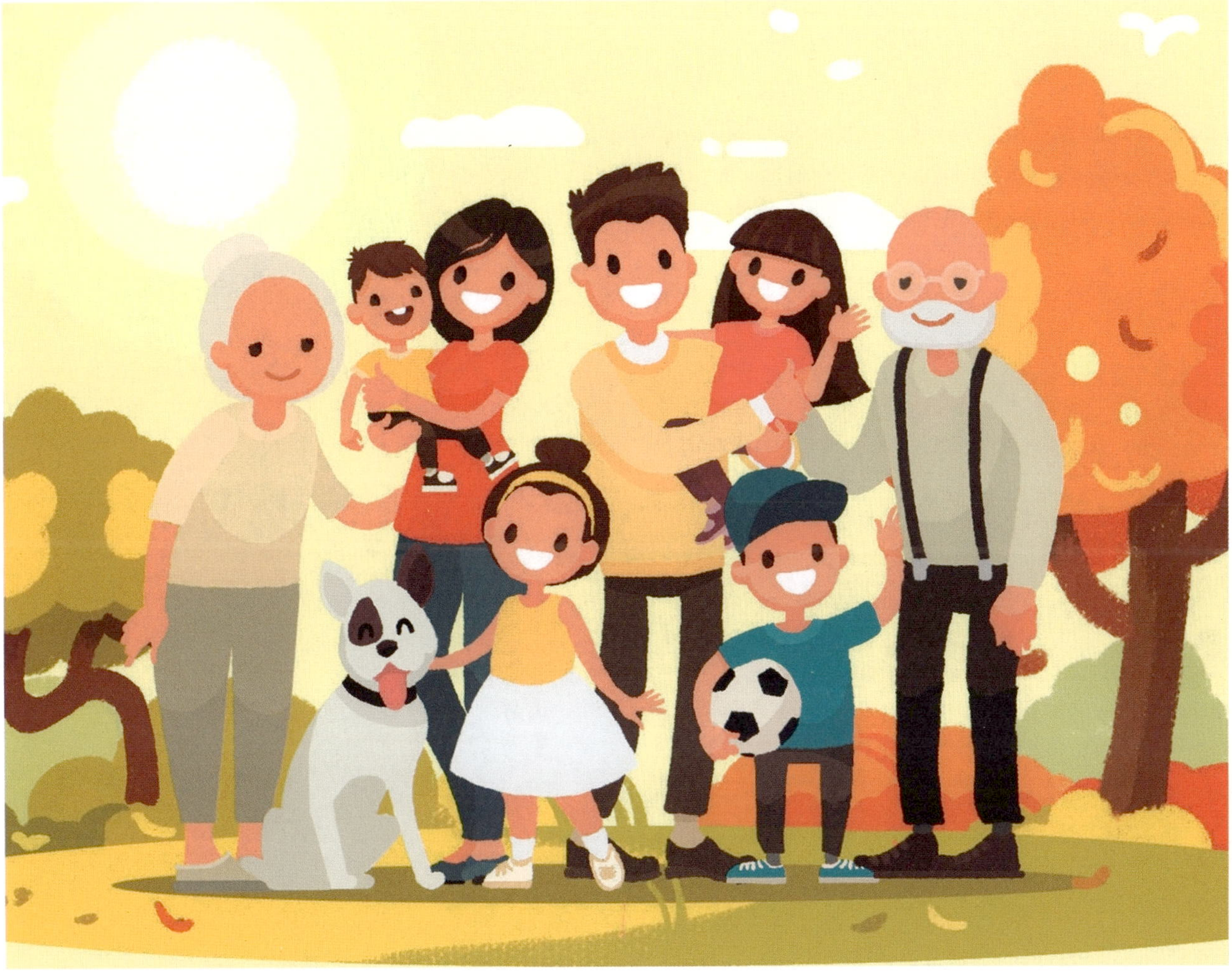

2020

长春统计年鉴

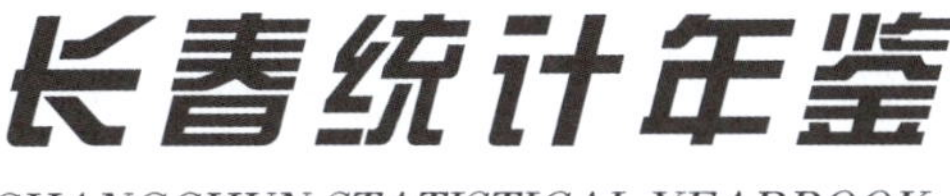

CHANGCHUN STATISTICAL YEARBOOK

第八篇　人民生活

2019 年，全市城镇常住居民人均可支配收入达到 37843.60 元，比上年增长 7.0%。其中，工资性收入 25265.99 元，增长 8.0%；经营净收入 1801.56 元，增长 2.8%；财产净收入 2773.42 元，增长 6.9%；转移净收入 8002.63 元，增长 5.2%。城镇常住居民人均消费支出 31506.48 元，比上年增长 8.3%。

8-1 2019年城市住户基本情况
BASIC STATISTICS ON URBAN HOUSEHOLDS IN 2019

指标名称	Item	单位	Unit	合计 Total
一、居民收入	Resident income			
(一)家庭总收入	Household income	元/人	yuan/person	42293.00
其中:可支配收入	Disposable income	元/人	yuan/person	37843.60
(一)工资性收入	Income	元/人	yuan/person	25265.99
(二)经营净收入	Net Income from Operations	元/人	yuan/person	1801.56
(三)财产净收入	Property income	元/人	yuan/person	2773.42
(四)转移净收入	Transfer income	元/人	yuan/person	8002.63
(二)城镇居民人均现金消费支出	Urban cash payment per capita	元/人	yuan/person	26548.20
其中:1. 食品烟酒	Food	元/人	yuan/person	6773.80
2. 衣着	Garments	元/人	yuan/person	2417.50
3. 居住	Residence	元/人	yuan/person	2385.40
4. 生活用品及服务	Household facilities and services	元/人	yuan/person	1816.70
5. 交通和通信	Transportation and telecommunication	元/人	yuan/person	4705.40
6. 教育文化娱乐	Education and recreation service	元/人	yuan/person	4502.10
7. 医疗保健	Health care	元/人	yuan/person	2690.80
8. 其他用品和服务	Others	元/人	yuan/person	1256.40
二、家庭总支出	Household expenditure	元	yuan	54742.99
一、消费支出	Consumption	元	yuan	31506.48
(一)食品烟酒	Food, tobacco and alcohol	元	yuan	6830.90
1. 食品	Food	元	yuan	4215.51
(1)谷物	Corn	元	yuan	443.63
(2)薯类	Tubers	元	yuan	67.80
(3)豆类	Beans	元	yuan	69.90
(4)食用油	Edible oil	元	yuan	125.90
(5)蔬菜和食用菌	Vegetables and edible fungi	元	yuan	530.29
(6)肉类	Meat	元	yuan	845.33
(7)禽类	Poultry	元	yuan	154.60
(8)水产品	Aquatic product	元	yuan	329.32
(9)蛋类	Eggs	元	yuan	113.54
(10)奶类	Milk	元	yuan	286.21
(11)干鲜瓜果类	Dried and fresh fruits	元	yuan	892.09
(12)糖果糕点类	confectionery	元	yuan	179.80
(13)其他食品	Others	元	yuan	177.10

8-1 续表 continued

指标名称	Item	单位 Unit		合计 Total
2. 烟酒	Tobacco and alcohol	元	yuan	482.99
3. 饮料	Beverage	元	yuan	202.49
4. 饮食服务	catering service	元	yuan	1929.90
（二）衣着	Garments	元	yuan	2417.46
1. 衣类	Clothing	元	yuan	1907.68
2. 鞋类	Shoes	元	yuan	509.78
（三）居住	Housing	元	yuan	6804.53
1. 租赁房房租	Rent	元	yuan	264.24
2. 住房维修及管理	Maintenance and management	元	yuan	757.42
3. 水电燃料及其他	Water, electricity, fuel and others	元	yuan	1366.79
4. 自有住房折算租金	Imputed rent	元	yuan	4416.08
（四）生活用品及服务	Articles for daily use, and services	元	yuan	1818.95
1. 家具及室内装饰品	Furnitures and indoor decorations	元	yuan	287.78
2. 家用器具	Household appliances	元	yuan	421.85
3. 家用纺织品	Household textile	元	yuan	150.95
4. 家庭日用杂品	Daily groceries	元	yuan	308.46
5. 个人用品	Personal products	元	yuan	476.18
6. 家庭服务	Family services	元	yuan	173.73
（五）交通和通信	Transportation and communication	元	yuan	4733.72
1. 交通	Transportation	元	yuan	3925.03
2. 通信	Telecommunication	元	yuan	808.69
（六）教育文化娱乐	Education and recreation	元	yuan	4502.15
1. 教育	Education	元	yuan	3019.64
2. 文化娱乐	Recreation	元	yuan	1482.51
（七）医疗保健	Health care	元	yuan	3141.41
1. 医疗器具及药品	Medical appliances and medicine	元	yuan	964.43
2. 医疗服务	Medical services	元	yuan	2176.99
（八）其他用品和服务	Other products and services	元	yuan	1257.36
1. 其他用品	Other products	元	yuan	470.29
2. 其他服务	Other services	元	yuan	787.07

8-2 2019年城市住房和耐用消费品拥有情况
URBAN HOUSING AND DURABLE CONSUMER GOODS IN 2019

指标名称	Item	单位	Unit	合计 Total
一、现住房情况	Housing conditions			0.0
(一)人均住房建筑面积	Floor space per capita	平方米/人	sq. m/person	32.1
(二)按居住空间样式分的户数比重	Grouped by patterns of living space			0.0
1. 单栋楼房	Detached storied building	%	%	0.4
2. 单栋平房	Detached single story building	%	%	1.8
3. 单元房	Apartment	%	%	97.6
4. 筒子楼或连片平房	Tube-shaped apartment or contiguous single story buildings	%	%	0.2
5. 其他	Others	%	%	0.0
(三)按主要建筑材料分的户数比重	Grouped by main building materials			0.0
1. 钢筋混凝土	Reinforced concrete	%	%	74.6
2. 砖混材料	Brick and concrete	%	%	24.4
3. 砖瓦砖木	Brick and tile brick	%	%	1.0
4. 竹草土坯	Bamboo, grass and mud brick	%	%	0.0
5. 其他	Others	%	%	0.0
(四)按房屋来源分的户数比重	Grouped by housing source			0.0
1. 租赁住房	Rented housing	%	%	6.1
2. 自建住房	Self-built housing	%	%	2.2
3. 购买商品房	Bought commercial housing	%	%	61.3
4. 购买房改住房	Bought public housing	%	%	13.1
5. 购买保障性住房	Bought security housing	%	%	1.3
6. 拆迁安置房	Removal settlement building	%	%	9.0
7. 继承或获赠住房	Inherited or given housing	%	%	1.6
8. 其他	Others	%	%	5.4
(五)住房外道路为硬化路面的户数比重	Proportions of housing with hardened road surface outside	%	%	99.8
二、生活设施状况	Conditions of living facilities			0.0
(一)饮用水状况	Drinking water conditions			0.0
1. 是否有管道设施	Pipeline facilities			0.0
①管道供水入户	with pipeline in housing	%	%	26.8
②管道供水至公共取水点	with pipeline at public water point	%	%	8.6
③没有管道设施	without pipeline	%	%	34.2
2. 主要饮用水来源	Main source of drinking water			0.0
①经过净化处理的自来水	Purified water supply	%	%	97.6
②受保护的井水和泉水	Protected well and spring	%	%	2.0
③不受保护的井水和泉水	Unprotected well and spring	%	%	0.2
④江河湖泊水	Rivers and lakes water	%	%	0.0

8-2 续表 1　　　　continued1

指标名称	Item	单位	Unit	合计 Total
⑤其他饮用水来源	Others	%	%	0.1
3. 获取饮用水存在的主要困难	Main difficulties of acquiring drinking water			0.0
①单次取水往返时间超过半小时	Round-trip time over half an hour for water acquiring	%	%	0.0
②间断或定时供水	Discontinuous or Fixed-time water supply	%	%	0.3
③当年连续缺水超过 15 天	Continuous water shortage for over 15 days in a year	%	%	0.0
④获取饮用水无困难	No difficulties in acquiring water	%	%	99.7
4. 饮用前家里采取的主要处理措施	Main treatment measures before drinking			0.0
①煮沸	Boiling	%	%	95.3
②加漂白剂 / 氯等	Adding bleaching agents/chlorine etc.	%	%	0.0
③使用水过滤器	Using water filter	%	%	4.2
④其他处理措施	Other treatment measures	%	%	0.0
⑤没有任何水处理措施	No treatment measures	%	%	0.5
（二）住宅内厕所状况	In-door toilet conditions			0.0
1. 水冲式卫生厕所	Flush-type sanitary toilet	%	%	97.6
2. 水冲式非卫生厕所	Flush-type non-sanitary toilet	%	%	0.2
3. 卫生旱厕	Sanitary dry pail latrine	%	%	0.3
4. 普通旱厕	Ordinary dry pail latrine	%	%	0.3
5. 无厕所	No toilet	%	%	0.2
（三）主要炊用能源	Main energy for cook			0.0
1. 天然气、煤气、液化石油气	Natural gas, coal gas, LPG	%	%	97.5
2. 煤炭	Coal	%	%	0.2
3. 电	Electricity	%	%	0.8
4. 沼气	Methane	%	%	0.0
5. 其他	Others	%	%	1.5
三、每百户耐用消费品拥有情况	Ownership of durable consumer goods per 100 families			0.0
（一）家用汽车	Family car	辆	unit	48.4
（二）摩托车	Motorcycle	辆	unit	2.2
（三）电冰箱（柜）	Refrigerator	台	set	100.7
（四）洗衣机	Washing machine	台	set	99.0
（五）热水器	Water heater	台	set	88.0
其中：太阳能热水器	of which: solar water heater	台	set	0.0
（六）空调	Air conditioner	台	set	36.4
（七）彩色电视机	Colour TV set	台	set	103.0
（八）摄像机	Video camera	台	set	0.0
（九）照相机	Camera	台	set	22.4
（十）计算机	Computer	台	set	74.4
其中：接入互联网的计算机	of which: with access to internet	台	set	67.7
（十一）中高档乐器	High-grade musical instruments	架	pcs	7.9
（十二）固定电话	telephone	部	pcs	10.2
（十三）移动电话	Mobile phone	部	pcs	237.0
其中：接入互联网的移动电话	of which: with access to internet	部	pcs	187.7

统计资料

STATISTICS

▶城市建设

GENERAL SURVEY OF CRTY

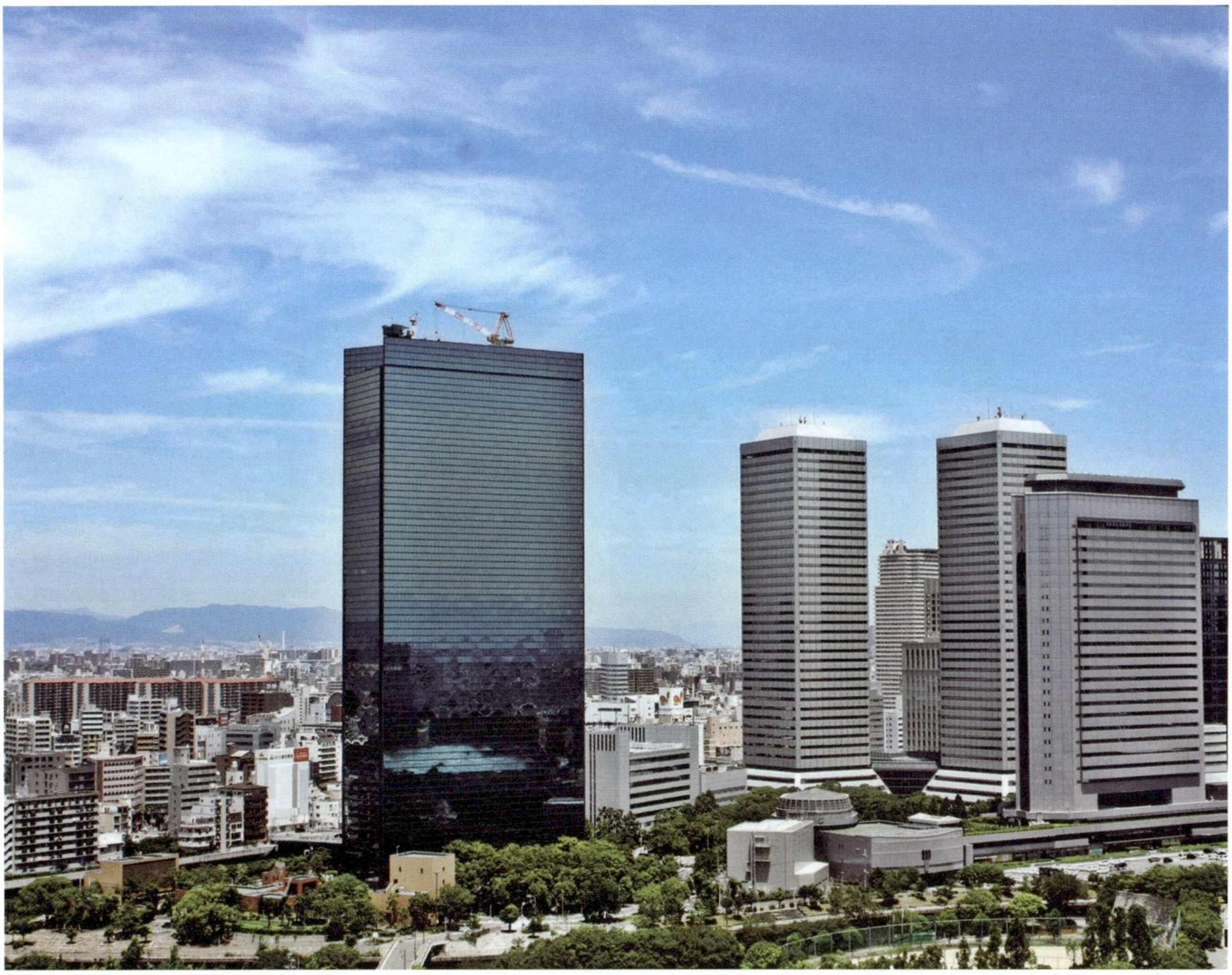

2020

长春统计年鉴

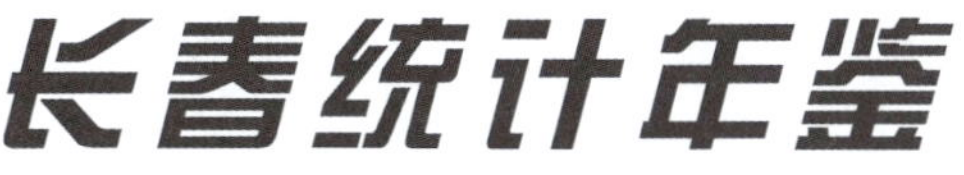

CHANGCHUN STATISTICAL YEARBOOK

第九篇　城市建设

2019 年长春市完成道路新建和扩建长度 72.5 公里，全市道路总面积达到 7637.9 万平方米，道路长度达到 3791.3 公里。全市公共水厂日综合生产能力为 128.1 万立方米 / 日，公共用水人口达 434.3 万人。全市天然气供气总量达到 89874.6 万立方米 ；液化石油气供气总量达到 4.2 万吨。天然气、石油液化气户数达到 217.2 万户。全市集中供热面积达到 24565 万平方米。全市公园绿地面积达到 3965 公顷（城区和开发区），建成区绿化覆盖面积达到 21534.4 公顷 ， 建成区绿化覆盖率达到 41%。

9-1 长春市城区用气情况
BASIC STATISTICS ON SUPPLY OF GAS IN CITY

指标名称	Item	单位	Unit	2017	2018	2019
一、人工煤气	Gas					
生产能力	Production capacity of coal gas	万立方米/日	10000cu·m·day			
储气能力	Gas storage capacity	万立方米	10000cu·m			
供气管道长度	Length of gas pipeline	公里	km			
供气总量	Total gas supply	万立方米	10000cu·m			
其中：家庭用量	Households	万立方米	10000cu·m			
用气户数	Households access to gas	户	Household			
其中：家庭用户	Households	户	Household			
用气人口	Population	万人	10000 persons			
二、天然气	Natural gas					
储气能力	Gas storage capacity	万立方米	10000cu·m	627	627	600
供气管道长度	Length of gas supply	公里	km	4971.87	5262.15	7210.61
供气总量	Total gas supply	万立方米	10000cu·m	66224.82	68132.09	89874.61
其中：家庭用量	Households	万立方米	10000cu·m	31383.83	18671.3	20078.92
用户总数	Households access to gas	户	Household	1801887	1927356	2075713
用气人口	Population	万人	10000 persons	411.28	413.29	414.64
三、液化石油气	Liquefied Petroleum gas					
储气能力	Gas storage capacity	吨 Ton	Ton	6000	6000	6065
供气管道长度	Length of gas pipeline	公里 km	km			
供气总量	Total gas supply	吨 Ton	Ton	48527	45668.68	42230.03
其中：家庭用量	Households	吨 Ton	Ton	6547	5968	6039
用气户数	Households	户 Household	Household	72587	69534	95847
用气人口	Population	万人 10000persons	10000 persons	17.3	15.8	
四、燃气普及率	Percentage of population access to gas	%		98.9	99	94.21

9–2 长春市政设施情况
BASIC STATISTICS ON PUBLIC UTILITIES

指标名称	Item	单位	unit	2017	2018	2019
道路长度	Length of paved roads	公里	km	3623.21	3721.62	3791.28
道路面积	Area of paved roads	万平方米	10000sq·m	7167.69	7477.73	7637.85
桥梁数	Bridges	座	set	319	313	343
路灯数	Street lights	盏	unit	156545	174198	173775
排水管道长度	Length of exhaust piping	公里	km	5565.46	5681.5	5780.01
污水排放量	Volume of waste water discharged	万立方米	10000cu·m	44407	49704.09	58714.28
污水处理厂座数	Number of factory for waste water ischarged	座	set	12	13	13
污水处理厂污水处理能力	Capacity of wasted water discharged	万立方米/日	10000cu·m/day	199.5	172.5	172.5
污水处理总量	Volume of waste water treatment	万立方米	10000cu·m	38912	46145.76	55417.95

9–3 长春市园林绿化情况
BASIC STATISTICS ON PARKS，GARDENS AND GREEN AREAS

指标名称	Item	单位	unit	2017	2018	2019
绿化覆盖面积	Total area of green land	公顷	ha			
其中：建成区	Finished area	公顷	ha	20827.25	21912.35	22158.09
园林绿地面积	Total area of parks and gardens	公顷	ha			
其中：建成区	Finished area	公顷	ha	18317.95	19272.31	19375.39
公共绿地面积	Public green areas	公顷	ha			
公园个数	Parks	个	unit	117	121	126
公园面积	Area of parks	公顷	ha		3728	3968.88

9–4 长春市城区集中供热情况
BASIC STATISTICS ON HEATING IN CITY

指标名称	Item	单位	unit	2017	2018	2019
供热能力（热水）	Heating capacity (water)	兆瓦	Mega watts	16677	17723	19123
供热能力（蒸汽）	Heating capacity (steam)	吨/小时	ton/hour	425	425	82
供热总量（热水）	Volume supplied(water)	万吉焦	10000gigajoules	9870	9690	10158
供热总量（蒸汽）	Volume supplied(steam)	吨/小时	ton/hour	50	28	27
管道长度（热水）	Length of pipeline(water)	公里	km	9634	11109	11598
管道长度（蒸汽）	Length of pipeline (steam)	公里	km			
供热面积	Heated area	万平方米	10000sq·m	23886.2	25318.1	24565

9-5 长春市城区自来水供应情况(公共供水)
BASIC STATISTICS ON TAP WATER SUPPLY IN CITY (WATER SUPPLY PUBLICLY)

指标名称	Item	单位	unit	2019
年底自来水生产能力	Production capacity of tap water	万立方米/日	10000cu·m/day	128.1
年末供水管道长度	Length of water supply pipeline	公里	km	3092.17
供水总量	Volume of water supply	万立方米	10000 cu·m	38289.39
生产运营用水	For productive use	万立方米	10000 cu·m	4177.51
居民家庭用水	For residential use	万立方米	10000 cu·m	12115.04
售水量	Volume of sale	万立方米	10000 cu·m	27374.43
用水户数	Households access to tap water	户	Household	2129711
其中：家庭用户	Households	户	Household	1965974
用水人口	Population access to tapwater	万人	10000persons	434.27
人均日生活用水量	Per capita comsumption of tapwater	升	liter	148.85

9-6 长春市公共交通情况
BASIC STATISTICS ON PUBLIC TRANSPORTATION

指标名称	Item	单位	unit	2019
一、汽车	Automobile			
运营车数	Operating automobile	辆	unit	5087
公共汽车	Buses	辆	unit	5087
标准运营车数	Number of standard operating	标台	unit	5913.5
运营线路网长度	Length of road	公里	km	6405
客运总量	Passengers traffic	万人次	10000person-times	75194.2
公共汽车	Buses	万人次	10000person-times	75194.2
其中：小公共汽车	Mini buses	万人次	10000person-times	
从业人数	Employment	人	person	
二、出租汽车	Taxi			
出租车数量	Number of taxi	辆	unit	16181
三、轨道交通	Orbital transport			
(一) 轻轨	Light trolley			
运营车数	Operating automobile	列	train	848
运营线路网长度	Length of road	公里	km	117.6
客运总量	Passengers traffic	万人次	10000person-times	21761.6
(二)有轨电车	Trolley			
运营车数	Number of trolley operating	辆	unit	47
标准运营车数	Number of standard operating	标台	unit	
运营线路网长度	Length of road	公里	km	17.51
客运总量	Passengers traffic	万人次	10000person-times	1442

9-7 长春市主要年份市区房屋情况
BASIC STATISTICS ON BUILDING CONSTRUCTION AND HOUSING

指标名称	Item	2016	2017	2018	2019
实有房屋建筑面积（万平方米）	Floor space of building(10000sq·m)	17425.18	17882.43	19393.29	21172.56
#私房（万平方米）	Private building (10000sq·m)	10429.02	10998.53	12251.37	13829.44
实有住宅建筑面积（万平方米）	Floor space of housing (10000sq·m)	11057.85	11510.14	12572.27	13819.75
#私房（万平方米）	Private building (10000sq·m)	9363.92	9893.64	10980.26	12281.6

9-8 长春市主要年份全市供电情况
BASIC STATISTICS ON ELECTRICITY SUPPLY IN CITY

指标名称	Item	2016	2017	2018	2019
年底发电设备容量总计（千瓦）	Total of power station production(kw)	5145224	5937226	6191058.3	6358923
年底供电设备容量（千伏安）	Total available for supply(1000kwva)	17025050	17772300	18628300	19971100
全年供电量（万千瓦小时）	Annual supply electricity(10000kwh)	1901036	2034927	2197579	2282214
#自供（万千瓦小时）	By power station (10000kwh)	13086	11918	11547	17287
网供（万千瓦小时）	From electicity net (10000kwh)	1901036	2034927	2197579	2282214
全年用电量（万千瓦小时）	Total electricity consumption(10000kwh)	2096506	2247695	2431044	2541059
#工业用电（万千瓦小时）	Industry(10000kwh)	1107429	1194294	1271096	1295978
农业用电（万千瓦小时）	Agriculture (10000kwh)	33162	37603	45948	47312
城乡人民生活用电（万千瓦小时）	Residential consumption(10000kwh)	351231	366432	394071	417217
送配电线路长度（公里）	Length of electric wire (km)	6377	6482	6822	6974
#输电线路（公里）	Electric wire (km)	6377	6482	6822	6974

统计资料

STATISTICS

▶ 农业

AGRICULTURE

2020

长春统计年鉴

CHANGCHUN STATISTICAL YEARBOOK

第十篇　农　业

2019 年农、林、牧、渔、农林牧渔专业及辅助性活动总产值 677.6 亿元，比上年增长 2.3% ，增加值 359.7 亿元，比上年增长 2.1%。种植业产值 207.9 亿元，增长 2.3%，增加值 125.5 亿元，增长 2.1%；林业产值 3.7 亿元，下降 23.3%，增加值 2.3 亿元，下降 23%；牧业产值 439.4 亿元，增长 2.5%，增加值 216.7 亿元，增长 2.4%；渔业产值 5.9 亿元，增长 7.6%，增加值 3.6 亿元，同比增长 6.9%；农林牧渔专业及辅助性活动产值 20.7 亿元，增长 1.9%，增加值 11.6 亿元，增长 1.6%。

2019 年农作物总播种面积 131.3 万公顷，比上年下降 1.0%。粮食播种面积 125.9 万公顷，下降 0.9%，粮食总产量 943.1 万吨，增长 9.1%；玉米播种面积 103.6 万公顷，下降 0.8%，产量 780.0 万吨，增长 11.9%；水稻播种面积 17.6 万公顷，下降 1.9%，产量 139.9 万吨，下降 1.6%；蔬菜和食用菌播种面积 2.9 万公顷，增长 27.7%，产量 101.4 万吨，增长 13.1%；猪出栏 352.0 万头，下降 23.4%；牛出栏 89.4 万头，增长 2.7%；羊出栏 37.2 万只，下降 8.3%；家禽出栏 2.8 亿只，增长 16.7%；肉类总产量 94.2 万吨，下降 4.1%；禽蛋产量 41.4 万吨，增长 1.6%；牛奶产量 5.8 万吨，下降 3.7%。

10-1 2009-2019 年农林牧渔业总产值（现价）
GROSS OUTPUT VALUE OF AGRICULTURE(AT CURRENT PRICE) 2009-2019

单位：亿元 unit:100million yuan

年份 Year	农林牧渔业总产值 Total	农业产值 Farming	林业产值 Forestry	牧业产值 Animal husbandry	渔业产值 Fishery
2009	385.8	170.9	1.8	199.4	2
2010	400.2	179.9	2.7	204.3	2
2011	487.8	231.5	2.6	237	3.4
2012	511.2	258.2	3.5	232	3.8
2013	551.1	280.9	2.1	249	4.7
2014	574.9	295.8	2.8	256.6	4.8
2015	577.9	286	3.1	268.8	4.9
2016	584.3	195.9	4.2	359.9	5.8
2017	557.1	192.0	4.1	336.0	6.0
2018	581.7	209.8	4.8	342.0	5.4
2019	677.6	207.9	3.7	439.4	5.9

注：1.2016 年农林牧渔业总产值为全国第三次农业普查核定数。
2.2017 年数据依据 2016 年农普数据进行修订。
3. 根据“三农普”要求对“三农普”至“二农普”数据进行修订。

10-2 2009-2019 年农作物播种面积
TOTAL SOWN AREAS OF FARM CROPS 2009-2019

单位：公顷 unit:ha

年份 Year	农作物总播种面积 Total sown area	粮食作物 Grain crops		经济作物 Economic crops		其他作物 Other crops	
		播种面积 Sown area	占总播种面积(%) Percentage	播种面积 Sown area	占总播种面积(%) Percentage	播种面积 Sown area	占总播种面积(%) Percentage
2009	1260099	1155556	91.7	100687	8.0	3856	0.3
2010	1257193	1150479	91.5	102575	8.2	4139	0.3
2011	1333060	1220935	91.6	107762	8.1	4363	0.3
2012	1344118	1245338	92.7	95585	7.1	3195	0.2
2013	1340272	1245453	92.9	94819	7.1	1402	0.1
2014	1336334	1243593	93.1	92741	6.9	1447	0.1
2015	1334123	1250636	93.7	83706	6.3	219	0.0
2016	1310633	1272646	97.1	34429	2.6	3558	0.3
2017	1318174	1270295	96.4	45975	3.5	1904	0.1
2018	1325127	1271288	95.9	53839	4.1	1815	0.1
2019	1312728	1259449	95.9	53279	4.1	1889	0.1

注：经济作物包括：油料、甜菜、烟叶、药材、蔬菜及食用菌、瓜果。

10-3 农作物总播种面积

单位：公顷　　unit:ha

指标名称	Item	全市 Total	市辖区 District			榆树市 Yushu	农安县 Nong'an	德惠市 Dehui
			合计 Total	# 双阳区 Shuangyang	九台区 Jiutai			
农作物总播种面积	Sown area	1312728.2	311555	87831	171464	385285	400899	214989
粮食作物合计	Grain crops	1259449	297714	84136	165137	378936	374943	207856
一、谷物	Corn	1218085	289714	81791	159665	364206	358779	205386
1. 稻谷	Rice	175908	37057	14080	19366	74482	15232	49137
其中：粳稻	Geng rice	175908	37057	14080	19366	74482	15232	49137
糯稻	Glutinous rice		0					
2. 小麦	Wheat	21	0			3	18	
3. 玉米	Corn	1035726	252526	67707	140293	288893	338237	156070
4. 谷子	Millet	1170	5	1		166	968	31
5. 高粱	Sorghum	5255	125	3	6	659	4323	148
6. 其它谷物	Others	5	1			3	1	0
荞　麦	Buckwheat	1	0			0	1	0
二、豆类合计	Beans	24169	4169	1403	2647	9343	10288	369
其中：大豆	Soybean	23429	3764	1403	2247	9336	9982	347
绿豆	Mung beans	79	13		11	0	66	0
红小豆	Red beans	643	374		371	7	240	22
三、薯类（鲜薯）	Tubers	17195	3831	942	2825	5387	5876	2101
其中：1. 马铃薯	Potato	16931	3828	940	2824	5387	5617	2099
2. 甘　薯	Sweet potato	264	3	2	1		259	2
经济作物	Cash crop	53279	13841	3695	6327	6349	25956	7133
一、油料	Oil plants	11469	9		9	778	8024	2658
花　生	Peanut	7941	9		9	683	6646	603
油菜籽	Rapeseed	0	0	0	0	0	0	0
芝　麻	sesame	41	0			21	20	0
胡麻籽	Flaxseed		0					
葵花子	Sunflower Seeds	3487	0			74	1358	2055
二、棉花	Cotton		0					
三、生麻	Raw jute		0					
四、甜菜	Beet	60	0			0	60	0
五、烟叶（未加工烟草）	Tobacco (unprocessed tobacco)	1796	12		12	291	988	505
其中：烤烟（未去梗烤烟叶）	Of which: flue-cured tobacco (flue-cured tobacco with stems)	796	0		0	291	0	505
六、中草药材	Chinese herbal medicine	169	18		17	110	41	0
七、蔬菜和食用菌	Vegetables and edible fungi	28743	11507	2093	5797	4347	9484	3405
1. 叶菜类	Leaf vegetables	3245	2635	49	1748	152	188	270

TOTAL SOWN AREAS OF FARM CROPS

10-3 续表 continued1　　　　单位：公顷 unit:ha

指标名称 Item		全市 Total	市辖区 District			榆树市 Yushu	农安县 Nong' an	德惠市 Dehui
			合计 Total	# 双阳区 Shuangyang	九台区 Jiutai			
其中：芹菜	Of which: celery	815	536	15	467	45	36	198
油菜	Rape	920	788	5	594	5	94	33
菠菜	Spinach	974	780	23	509	102	58	34
2、白菜类	Cabbage	7620	2584	442	1137	1013	2988	1035
其中：大白菜	Of which: Chinese cabbage	7487	2476	419	1123	1013	2988	1010
3、甘蓝类	Brassica oleracea	424	35		7	3	386	0
其中：卷心菜（结球甘蓝）	Of which: cabbage (head cabbage)	418	29		7	3	386	0
4、根茎类	Rhizomes	1822	427	176	220	206	674	515
其中：白萝卜	Of which: white radish	1301	352	107	220	141	437	371
胡萝卜	Carrot	363	37	31		48	213	65
生姜	Ginger	5	0			5	0	0
5、瓜菜类	Melon Vegetables	3131	1568	300	854	799	204	560
其中：黄瓜	Of which: cucumber	2947	1426	218	797	799	162	560
南瓜	Pumpkin	120	78	49	29	0	42	0
冬瓜	Benincasa hispida	26	26		24	0	0	0
6、豆类（菜用）	Beans (vegetables)	1167	401	5	221	679	53	34
其中：豇豆	Of which: cowpea	228	36		22	183	4	5
四季豆	Green beans	922	352	4	192	496	49	25
7、茄果类	Solanaceous vegetables	5391	2521	942	943	1169	891	810
其中：茄子	Of which: Eggplant	1841	1008	363	409	181	235	417
辣椒	Chili	1173	448	121	246	130	467	128
西红柿	Tomato	2219	949	351	284	858	189	223
8 、 葱蒜类	Onions & Garlic	5801	1225	150	587	324	4071	181
其中：大葱	Of which: scallion	3362	926	74	371	203	2153	80
蒜头	Garlic	1735	248	32	210	76	1373	38
10、其他蔬菜	Other vegetables	142	111	29	80	2	29	0
11、食用菌	Edible fungi		0					
八、瓜果类	Melon & fruit	9153	642	85	376	823	7181	507
其中：西　瓜	Of which: watermelon	4517	160	10	114	412	3789	156
香　瓜	Muskmelon	4517	377	51	234	409	3382	349
草　莓	Strawberry	119	105	24	28	2	10	2
九、其他农作物	Other crops	1889	1653	1517	116	0	178	58
其中：青饲料	Of which: green fodder	1653	1653	1517	116	0	0	0
十、特种农作物	X. Special Crops		0					
花卉种植面积	Flowers planting Acreage	243	243		235	0	0	0
补充资料：青贮玉米播种面积	Supplementary data: sown area of silage corn	1517	1517	1517	0	0	0	0

10-4 农作物总产量

单位：吨 unit:ton

指标名称 Item		全市 Total	市辖区 District			榆树市 Yushu	农安县 Nong' an	德惠市 Dehui
			合计 Total	# 双阳区 Shuang yang	九台区 Jiutai			
粮食作物合计	Grain crops	9431397.2	1636389	631799	1267128	3201771	3050046	1543191
一、谷物	Corn	9230326	2125141	605801	1212993	2928677	2703377	1473131
1. 稻谷	Rice	1398936	274690	103224	147912	625909	116921	381416
其中：粳稻	Geng rice	1398936	274690	103224	147912	625909	116921	381416
糯稻	Glutinous rice		0					
2. 小麦	Wheat	74	0			10	64	0
3. 玉米	Corn	7800077	1850019	502561	1065045	2298270	2560702	1091086
4. 谷子	Millet	4957	20	6		571	4268	98
5. 高粱	Sorghum	26271	411	10	36	3908	21421	531
6. 其它谷物	Others	11	1			9	1	0
荞　麦	Buckwheat	1	0			0	1	0
二、豆类合计	Beans	58587	10191	3480	6439	23073	24548	775
其中：大豆	Soybean	57458	9461	3480	5718	23058	24207	732
绿豆	Mung beans	117	29		25	0	88	0
红小豆	Red beans	955	644		639	15	253	43
三、薯类（鲜薯）	Tubers	712421	70994	22518	47696	250021	322121	69285
其中：1. 马铃薯	Potato	708255	70906	22451	47675	250021	318136	69192
2. 甘　薯	Sweet potato	4166	88	67	21	0	3985	93
经济作物	Cash crop		0					
一、油料	Oil plants	31199	36		36	2445	22033	6685
花　生	Peanut	20189	36		36	2190	16498	1465
油菜籽	Rapeseed		0					
芝　麻	sesame	52	0			32	20	0
胡麻籽	Flaxseed		0					
葵花子	Sunflower seeds	10958	0			223	5515	5220
二、棉花	Cotton		0					
三、生麻	Raw jute		0					
四、甜菜	Beet	300	0			0	300	0
五、烟叶（未加工烟草）	Tobacco (unprocessed tobacco)	6412	15		15	807	4245	1345
其中：烤烟（未去梗烤烟叶）	Of which: flue-cured tobacco (flue-cured tobacco with stems)	2152	0			807	0	1345
六、中草药材	Chinese herbal medicine	3373	131		130	3181	61	0
其中：人参	Of which: ginseng		0					
枸杞	Wolfberry	1	1			0	0	0
七、蔬菜和食用菌	Vegetables and edible fungi	1014061.4	351171	39853	213212	258169	254822	149899
1. 叶菜类	Leaf vegetables	87372	70703	866	49017	6043	3536	7090
其中：芹菜	Of which: celery	22400	15546	94	13964	1020	1280	4554

YIELD OF MAJOR FARM CROPS

10-4 续表 continued　　　　　　　　　　　　　　　　　　　　　　单位：吨 unit:ton

指标名称 Item		全市 Total	市辖区 District			榆树市 Yushu	农安县 Nong'an	德惠市 Dehui
			合计 Total	＃双阳区 Shuangyang	九台区 Jiutai			
油菜	Rape	23751	21020	24	17479	115	1601	1015
菠菜	Spinach	23291	16771	520	12233	4908	655	957
2、白菜类	Cabbage	340054	97475	12226	60809	38974	132115	71490
其中：大白菜	Of which: Chinese cabbage	336316	94607	12125	59351	38974	132115	70620
3、甘蓝类	Brassica oleracea	22273	2201		218	150	19922	0
其中：卷心菜（结球甘蓝）	Of which: cabbage (head cabbage)	22270	2198		218	150	19922	0
4、根茎类	Rhizomes	48236	7903	3334	3502	6473	16745	17115
其中：白萝卜	Of which: white radish	32142	6579	2279	3502	4930	8661	11972
胡萝卜	Carrot	11262	810	541		1293	6884	2275
生姜	Ginger	250	0			250	0	0
5、瓜菜类	Melon Vegetables	104448	52667	7343	32264	32391	2708	16682
其中：黄瓜	Of which: cucumber	100824	50186	6778	30374	32391	1565	16682
南瓜	Pumpkin	2745	1602	477	1125	0	1143	0
冬瓜	Benincasa hispida	767	767		765	0	0	0
6、豆类（菜用）	Beans (vegetables)	35612	10993	89	8012	22521	913	1185
其中：豇豆	Of which: cowpea	7149	1173		443	5584	35	357
四季豆	Green beans	17981	9601	80	7359	6694	878	808
7、茄果类	Solanaceous vegetables	252201	69845	12458	42828	138284	11622	32450
其中：茄子	Of which: Eggplant	78710	30193	5852	18849	27774	4897	15846
辣椒	Chili	25180	14458	2108	10616	3249	3134	4339
西红柿	Tomato	146653	25001	4498	13200	107261	3591	10800
8 、 葱蒜类	Onions & Garlic	119666	36415	2801	15412	13212	67034	3005
其中：大葱	Of which: scallion	88570	31036	1365	11580	8971	46318	2245
蒜头	Garlic	23242	3951	430	3423	2241	16290	760
9、水生菜类	Aquatic vegetables		0			0	0	0
10、其他蔬菜	Other vegetables	1923	1766	736	970	7	150	0
11、食用菌	Edible fungi	22759	12029		1797	1140	770	8820
1. 干　品	Dried goods	1077	630			420	27	0
其中：香 菇	Of which: shii-take	632	630			0	2	0
黑木耳	Black fungus	445	0			420	25	0
2. 鲜　品	Fresh goods	21682	11399		1797	720	743	8820
其中：蘑 菇	Of which: mushrooms	12862	11399		1797	720	743	0
八、瓜果类	Melon & fruit	249150	13205	1954	7664	33458	187645	14842
其中：西　瓜	Of which: watermelon	174217	3888	115	2583	22222	140270	7837
香　瓜	Muskmelon	73379	8045	1685	4716	11231	47120	6983
草　莓	Strawberry	1554	1272	154	365	5	255	22
九、其他农作物	Other crops	36401	34063	25463	8100	0	2080	258
其中：青饲料	Of which: green fodder	34063	34063	25463	8100	0	0	0

注：薯类是鲜薯，折粮 1/5 计入粮食产量

10-5 农村基本情况及农业生产条件

指标名称	Item	单位	Unit	全市 Total
一、乡村人口与从业人员	Number of rural laborers and population			
乡村户数	Number of rural households	户	household	1140619
乡村人口数	Rural population	人	person	4085108
1. 男	Male	人	person	2133278
2. 女	Female	人	person	1951830
乡村劳动力资源数	Rural labourers	人	person	2259326
1. 男	Male	人	person	1231088
2. 女	Female	人	person	1028238
乡村从业人员数	Rural labourer	人	person	1883557
1. 男	Male	人	person	1040421
其中：农业从业人员	Agriculture		person	740748
2. 女	Female	人	person	843136
其中：农业从业人员	Agriculture	人	person	617216
二、农村基础设施	Rural social basic facilities			
自来水受益村数	Villages access to tap water	个	person	988
通有线电视村数	Villages cable TV	个	person	1578
通宽带村数	Villages through broadband	个	person	1634
三、农业主要物质消耗	Energy and material consumption	吨	ton	
农用化肥施用量（实物）	Consumptin of chemical fertilizers	吨	ton	1006379
其中：1、氮肥	Nitrogenous fertilizer	吨	ton	302007
(1) 硫酸铵	Sulphuric acid ammonia	吨	ton	24814
(2) 硝酸铵	Nitric acid ammonia	吨	ton	9920
(3) 尿素	Urea	吨	ton	249928
(4) 碳酸氢铵	Carbonic acid hyorrogtn ammonia	吨	ton	9965
(5) 氨水	Ammonia water	吨	ton	34
(6) 其他	Others	吨	ton	7550
2、磷肥	Phosphate fertilizer	吨	ton	94176
3、钾肥	Potash fertilizer	吨	ton	38556
4、复合肥	Compound fertilizer	吨	ton	571640
农用塑料薄膜使用量	Volume of use of plastic film	吨	ton	10068
其中：地膜使用量	Volume of use of mulching film	吨	ton	5052
地膜覆盖面积	Coverage of mulching film	公顷	ha	23293
农用柴油使用量	Volume of diesel used	吨	ton	128304
农药使用量	Volume of pesticide	吨	ton	9616
农村用电量	Electricity consumption	千千瓦时	kkwh	1257050
年末耕地面积	Area of land at year-end	公顷	ha	1281768

BASIC CONDITIONS OF RURAL GRASSROOTS UNITS

市辖区 District			榆树市 Yushu	农安县 Nongan	德惠市 Dehui
合计 Total	# 双阳区 Shuangyang	九台区 Jiutai			
369652	72639	165800	302283	265453	203231
1230907	269720	557214	1087632	992578	773991
642736	142573	289966	565268	522373	402901
588171	127147	267248	522364	470205	371090
745852	156747	349183	563601	522117	427756
398346	84159	187522	310773	289741	232228
347506	72588	161661	252828	232376	195528
638419	131575	303708	490268	414523	340347
342775	70622	164119	272895	236170	188581
244064	54102	123521	185043	188097	123544
295644	60953	139589	217373	178353	151766
213671	46609	110458	150444	144085	109016
316	84	136	218	281	173
572	134	294	388	322	296
579	134	300	388	371	296
255521	66207	144126	313965	294509	142384
63688	19009	37312	101662	81904	54753
818	202	0	10299	8737	4960
4121	3670	0	5470	0	329
52171	9847	37312	81420	69729	46608
4138	4093	0	3476	0	2351
0	0	0	24	0	10
2644	1197		973	3438	495
13240	3290	9620	38696	25138	17102
6116	1370	4394	15612	9309	7519
172477	42538	92800	157995	178158	63010
2672	789	1286	3917	2172	1307
1016	275	562	1505	2033	498
3820	1158	1227	4396	10966	4111
29159	7106	17432	45334	35212	18599
2969	910	1725	2299	3065	1283
727298	288008	289561	191957	187293	150502
333107	86746	189065	387128	355178	206355

10-5 续表 1

指标名称 Item		单位 Unit		全市 Total
四、农业机械化情况	Agricultural machinery			
（一）农业机械总动力	Power of agricultural machinery	千瓦	kw	8006121
1. 柴油发动机动力	Diesel power	千瓦	kw	7517244
2. 汽油发动机动力	Gasoline power	千瓦	kw	108225
3. 电动机动力	Electric power	千瓦	kw	380652
（二）拖拉机配套机械及种植业机械	Tractors and planting machinery			
拖拉机	Tractors	台 / 千瓦	unit/kw	215099/5193799
其中：大中型拖拉机	Large and medium tractors	台 / 千瓦	unit/kw	80313/3342170
小型拖拉机	Mini tractors	台 / 千瓦	unit/kw	134786/1851629
拖拉机配套农具合计	Tractor towing farming machinery	台（套）	unit	487156
58.8 千瓦及以上拖拉机配套农具	Mini tractor towing farm machinery	台（套）	unit	27152
种植业机械	Planting machinery	台	unit	74313
农用排灌动力机械	Irrigating machinery	台 / 千瓦	unit/kw	77474/526422
其中：柴油机	Diesel machinery	台 / 千瓦	unit/kw	49392/381800
电动机	Electric machinery	台 / 千瓦		28082/144622
农用水泵	Pump	台	unit	105492
机动喷雾（粉）机	Sprayer	台 / 千瓦	unit/kw	
联合收割机	Compound harvesters	台 / 千瓦	unit/kw	23223/1532675
其中：稻麦联合收割机	Of which: Rice and Wheat Combine Harvester	台 / 千瓦	unit/kw	5910/260040
玉米联合收割机	Corn combine harvester	台 / 千瓦	unit/kw	17313/1272635
（三）农产品初加工动力及作业机械	Farming products processing machinery	台 / 千瓦	unit/kw	35239/335500
其中：柴油机	Diesel machinery	台 / 千瓦	unit/kw	10589/111185
电动机	Electric machinery	台 / 千瓦	unit/kw	24650/224315
粮食加工机械	Grain	台（套）	unit	29681
油料加工机械	Oil plants	台（套）	unit	1263
（四）畜牧养植机械	Animal husbandry machinery	台 / 千瓦	unit/kw	21161/146930
饲草料加工机械	Feed pulverizer	台 / 千瓦	unit/kw	19519/130192
（五）运输机械	Transportation	辆 / 千瓦	coach/kw	
农用运输车	Truck	辆 / 千瓦	coach/kw	
（六）农田基本建设农机械	Capital construction farming machinery	辆 / 千瓦	coach/kw	705/35955
（七）农机化作业情况	Agriculture mechanization conditions			
机耕面积	Machine-cultivated land	千公顷	1000ha	916
机播面积	Machine-sowed land	千公顷	1000ha	1178
机电灌溉面积	Machine-irrigated land	千公顷	1000ha	231
机械植保面积	Machine-protected land	千公顷	1000ha	1151
机收面积	Machine-harvested land	千公顷	1000ha	1098
水稻机耕面积	Machine-planted rice land	千公顷	1000ha	173
水稻机收面积	Machine-harvested rice land	千公顷	1000ha	158
玉米播种面积	Corn sown area	千公顷	1001ha	1047
玉米机耕面积	Machine-cultivated corn land	千公顷	1002ha	649
玉米机播面积	Machine-sowed corn land	千公顷	1000ha	976
玉米机收面积	Machine-harvested corn land	千公顷	1000ha	876

continued1

市辖区 District 合计 Total	# 双阳区 Shuangyang	九台区 Jiutai	榆树市 Yushu	农安县 Nong'an	德惠市 Dehui
2055504	533001	1295887	2415705	2024105	1510807
1858979	476258	1191532	2299057	1983420	1375788
24859	10593	13145	43732	6356	33279
171666	46151	91211	72916	34329	101741
57982/1189090	16962/289291	35051/761915	56227/1609625	65912/1467184	34978/927900
17523/781081	3823/170230	11494/520629	31567/1198341	16990/712330	14224/650418
40459/408009	13139/119061	23557/241286	24660/411284	48913/754854	20754/277482
116910	30571	77732	125550	144587	100109
6966	1587	4750	7321	6100	6765
14035	4800	7756	26673	24011	9594
30611/197455	8238/51340	17673/115719	14630/106821	9924/69071	22309/153075
15430/119274	3455/26707	9575/74015	12200/94306	6962/53816	14800/114404
15181/78182	4783/24632	8098/41705	2430/12515	2962/15254	7509/38671
40356	8241	26915	11386	13700	40050
5495/392713	1988/106057	3198/264792	7737/515668	5813/332318	4178/291976
1402/61688	470/20680	851/37444	2997/131868	357/15708	1154/50776
4093/331025	1518/85377	2347/227348	4740/383800	5456/316610	3024/241200
14660/140048	2480/22772	9206/89453	7070/65681	6109/61493	7400/68278
4744/49812	146/1533	4056/42588	960/10080	4215/44258	670/7035
9916/90236	2334/21239	5150/46865	6110/55601	1894/17235	6730/61243
7771	2281	4605	8900	5610	7400
186	18	96	140	828	109
4839/33473	2140/14475	2235/15902	6240/43346	7164/49296	2918/20815
4636/30923	2072/13820	2100/14007	5800/38686	6493/43308	2590/17275
441/22491	47/2397	387/19737	152/7752	17/	95/4845
0					
235	72	117	233	294	154
288	82	161	359	350	181
197	5	18	13	16	6
447	57	17	165	350	189
223	58	150	351	340	185
36	13	19	73	15	49
33	11	19	67	14	44
260	69	145	291	338	158
186	54	91	136	231	96
248	67	138	274	318	137
186	47	127	265	291	134

10-6 林业生产情况

指标名称 Item		单位 Unit	全市 Total
1. 当年造林面积	Areas of afforestation	公顷　ha	6286
2. 更新造林面积	Reforestation Acreage	公顷　ha	1773
3. 零星（四旁）植树	Odd pieces of planting	百株　100plant	2900
4. 育种育苗面积	Breeding and Seedling Acreage	公顷　ha	250
5. 未成林、成林抚育管理面积	Areas of young trees	公顷　ha	133
6. 竹木采运	Timber yield	立方米　cu.m	277937
7. 林产品采集	Natural and plantation of fruit	吨　ton	

BASIC STATISTICS ON FORESTRY PRODUCTION

市辖区 District			榆树市 Yushu	农安县 Nong' an	德惠市 Dehui
合计 Total	# 双阳区 Shuangyang	九台区 Jiutan			
368	133	231	494	3024	2400
63		59	415	432	863
				900	2000
120	40	80	30	80	20
				133	
61522	18033	30000	110650	15865	89900

10-7 畜牧业主要产品生产及存栏情况

指标名称	Item	单位	Unit	全市 Total
一、畜禽存栏	Live stock and poultry on hand			
猪	Pig	头	head	1943937
其中：能繁殖母猪	of which: productive sow	头	head	242381
牛	Cattle	头	head	1102591
1. 肉牛	Beef cattle	头	head	1048752
2. 奶牛	Dairy cattle	头	head	53209
羊	Sheep	只	head	461651
1. 山羊	Goat	只	head	132749
2. 绵羊	Sheep	只	head	328902
活家禽	Live poultry	千只	1000heads	94014
其中：活鸡	of which: live chicken	千只	1000heads	76470
其中：肉鸡	of which: broiler	千只	1000heads	40341
其中：蛋鸡	of which:layer	千只	1000heads	36129
二、畜禽出栏	Live stock and poultry on hand			
猪	Pig	头	head	3519919
牛	Cattle	头	head	893652
羊	Sheep	只	head	372326
1. 山羊	Goat	只	head	77551
2. 绵羊	Sheep	只	head	294775
活家禽	Live poultry	千只	1000heads	284357
其中：活鸡	of which: live chicken	千只	1000heads	230661
三、畜禽产品产量	Live stock and poultry products production			
猪肉	Pork	吨	ton	283692
牛肉	Beef	吨	ton	145129
羊肉	Mutton	吨	ton	4464
1. 山羊肉	chevon	吨	ton	1062
2. 绵羊肉	Sheep meat	吨	ton	3402
禽肉	Poultry meat	吨	ton	504962
其中：鸡肉	of which: chicken meat	吨	ton	416944
禽蛋	Poultry egg	吨	ton	414269
其中：鸡蛋	of which: chicken eggs	吨	ton	383277
生牛奶	Raw milk	吨	ton	57560

BASIC STATISTICS ON ANIMAL HUSBANDRY

市辖区 District			榆树市 Yushu	农安县 Nong'an	德惠市 Dehui
合计 Total	# 双阳区 Shuangyang	九台区 Jiutai			
390937	135812	209900	495600	618900	438500
49280	14557	27500	61400	75600	56101
263491	14369	242395	447495	183100	208505
252621	14340	233396	431056	177790	187285
10240	29	8999	16439	5310	21220
26223	4313	17051	90576	268628	76224
14879	2119	9992	56453	37973	23444
11344	2194	7059	34123	230655	52780
35391	2460	31377	16585	20341	21697
28731	2081	25251	14221	16935	16583
20551	26	20471	3887	10789	5114
8180	2055	4780	10334	6146	11469
651037	152482	446406	921913	1117201	829768
243938	59556	177654	290909	244613	114192
39061	13118	21987	54974	240207	38084
14504	8999	3341	34313	6848	21886
24557	4119	18646	20661	233359	16198
40738	2564	37103	34435	83590	125594
32269	1165	30258	25786	69925	102681
51714	11147	36096	74546	90337	67095
34285	1031	32482	52951	36140	21753
406	84	248	538	2985	535
172	50	66	374	179	337
234	34	182	164	2806	198
91661	2081	88309	91176	153222	168903
80626	1577	77894	75289	129135	131894
88977	37055	39959	44191	184798	96303
84074	36600	35689	41255	168970	88978
19340	204	14035	8708	10173	19339

10-7 续表 1

指标名称	Item	单位	Unit	全市 Total
非主要畜禽出栏产量				
一、活牲畜出栏产量（除猪、牛、羊外）	Live cattle market production (pig, cattle and sheep excluded)	吨	ton	454
1. 马	Horses	吨	ton	291
2. 驴	Donkeys	吨	ton	115
3. 骡	Mules	吨	ton	48
4. 鹿	Deers	吨	ton	
二、家兔	Domestic rabbits	吨	ton	1351
三、其他肉产量	Other meat	吨	ton	1212
四、其他奶产量	Other milk	吨	ton	
五、山羊毛产量	Wool of goat	公斤	kg	10055
1. 山羊粗毛	Goat shag	公斤	kg	10053
2. 山羊绒	Cashmere	公斤	kg	2
六、绵羊毛产量	Sheep wool	公斤	kg	63813
其中：细羊毛	of which: Fine wool	公斤	kg	7013
半细羊毛	Medium fine wool	公斤	kg	56800
七、天然蜂蜜产量	Natural honey	吨	ton	815
八、其他禽蛋产量	Other poultry egg	公斤	kg	1048
九、鹿茸产量	Pilos antler	公斤	kg	207387
十、貂皮产量	Mink	张	sheet	106666
十一、蚕茧产量	Cocoon	公斤	kg	
非主要畜禽存栏数量	Number of non-primary livestock and poultry			
一、活牲畜存栏（除猪、牛、羊外）	Live stock on hand (pig, cattle and sheep excluded)	头	head	149184
1. 马	Horses	头	head	3925
2. 驴	Donkeys	头	head	2332
3. 骡	Mules	头	head	960
4. 鹿	Deers	头	head	141967
二、家兔	Domestic rabbits	头	head	104600
非主要畜禽出栏数量	Number of non-primary livestock and poultry			
一、活牲畜出栏（除猪、牛、羊外）	Live stock on hand (pig, cattle and sheep excluded)	头	head	4454
1. 马	Horses	头	head	2158
2. 驴	Donkeys	头	head	1744
3. 骡	Mules	头	head	615
4. 鹿	Deers	头	head	
二、家兔	Domestic rabbits	头	head	750288

continued1

市辖区 District			榆树市 Yushu	农安县 Nongan	德惠市 Dehui
合计 Total	# 双阳区 Shuangyang	九台区 Jiutai			
36	7	9	132	224	62
25	4	5	103	129	34
6	2	3	13	78	18
5	1	1	16	17	10
123	1	122	8	1219	1
938	834	75	3	262	9
3			464	9588	0
1			464	9588	0
2			0	0	0
3023		3021	1704	56919	2167
2			0	6841	170
3021		3021	1704	50078	1997
64		40	28	13	710
0			661	387	0
207040	202545	438	0	347	0
106666		106666			
0					
141946	131980	3166	669	5053	1516
710	143	168	465	1948	802
157	8	63	106	1718	351
90	17	36	62	445	363
140989	131812	2899	36	942	
13165	50	13114		91435	
0					
247	48	100	905	2746	556
160	22	45	545	1155	298
82	19	40	247	1254	161
46	7	15	135	337	97
280008	20	279988	4000	466130	150

10-8 农作物每公顷产量
YIELD OF MAJOR FARM CROPS FOR UNIT AREA

单位：公斤 / 公顷

指标名称	Item	全市 Total	市辖区 District 合计 Total	市辖区 District # 双阳区 Shuangyang	市辖区 District 九台区 Jiutan	榆树市 Yushu	农安县 Nong'an	德惠市 Dehui
粮食作物合计	Grain crops	7489	5497					
一、谷物	Corn	7578	7335	7407	7597	8041	7535	7172
1. 稻谷	Rice	7953	7413	7331	7638	8403	7676	7762
其中：粳稻	Geng rice	7953	7413	7331	7638	8403	7676	7762
糯稻	Glutinous rice	0	0	0	0	0	0	0
2. 小麦	Wheat	3524	0	0	0	3333	3556	0
3. 玉米	Corn	7531	7326	7423	7592	7955	7571	6991
4. 谷子	Millet	4237	4000	6000	0	3440	4409	3161
5. 高粱	Sorghum	4999	3288	3333	6000	5930	4955	3588
6. 其它谷物	Others	2200	1000	0	0	3000	1000	0
荞　麦	Buckwheat	1000	0	0	0	0	1000	0
二、豆类合计	Beans	2424	2444	2480	2433	2470	2386	2100
其中：大豆	Soybean	2452	2514	2480	2545	2470	2425	2110
绿豆	Mung beans	1481	2231	0	2273	0	1333	0
红小豆	Red beans	1485	1722	0	1722	2143	1054	1955
三、薯类（鲜薯）	Tubers	41432	18531	23904	16884	46412	54820	32977
其中：1. 马铃薯	Potato	41832	18523	23884	16882	46412	56638	32964
2. 甘　薯	Sweet potato	15780	29333	33500	21000	0	15386	46500
经济作物	Cash crop	0	0	0	0	0	0	0
一、油料	Oil plants	2720	4000	0	4000	3143	2746	2515
花　生	Peanut	2542	4000	0	4000	3206	2482	2430
油菜籽	Rapeseed	0	0	0	0	0	0	0
芝　麻	sesame	1268	0	0	0	1524	1000	0
		0	0	0	0	0	0	0
葵花子	Sunflower Seeds	3143	0	0	0	3014	4061	2540
二、棉花	Cotton	0	0	0	0	0	0	0
三、生麻	Raw jute	0	0	0	0	0	0	0
四、甜菜	Beet	5000	0	0	0	0	5000	0
五、烟叶（未加工烟草）	Tobacco (unprocessed tobacco)	3570	1250	0	1250	2773	4297	2663
其中：烤烟（未去梗烤烟叶）	Of which: flue-cured tobacco (flue-cured tobacco with stems)	2704	0	0	0	2773	0	2663
六、中草药材	Chinese herbal medicine	19959	7278	0	7647	28918	1488	0
七、蔬菜和食用菌	Vegetables and edible fungi	35280	30518	19041	36780	59390	26869	44023
1．叶菜类	Leaf vegetables	26925	26832	17673	28042	39757	18809	26259

10-8 续表 continued　　单位：公斤／公顷　unit:kg/ha

指标名称	Item	全市 Total	市辖区 District 合计 Total	市辖区 District #双阳区 Shuangyang	市辖区 District 九台区 Jiutan	榆树市 Yushu	农安县 Nong'an	德惠市 Dehui
其中：芹菜	Of which: celery	27485	29004	6267	29901	22667	35556	23000
油菜	Rape	25816	26675	4800	29426	23000	17032	30758
菠菜	Spinach	23913	21501	22609	24033	48118	11293	28147
2、白菜类	Cabbage	44625	37720	27661	53482	38474	44215	69072
其中：大白菜	Of which: Chinese cabbage	44920	38210	28938	52850	38474	44215	69921
3、甘蓝类	Brassica oleracea	52531	62886	0	31143	50000	51611	0
其中：卷心菜（结球甘蓝）	Of which: cabbage (head cabbage)	53278	75793	0	31143	50000	51611	0
4、根茎类	Rhizomes	26474	18508	18943	15918	31422	24844	33233
其中：白萝卜	Of which: white radish	24706	18690	21299	15918	34965	19819	32270
胡萝卜	Carrot	31025	21892	17452	0	26938	32319	35000
生姜	Ginger	50000	0	0	0	50000	0	0
5、瓜菜类	Melon Vegetables	33359	33589	24477	37780	40539	13275	29789
其中：黄瓜	Of which: cucumber	34212	35194	31092	38110	40539	9660	29789
南瓜	Pumpkin	22875	20538	9735	38793	0	27214	0
冬瓜	Benincasa hispida	29500	29500	0	31875	0	0	0
6、豆类（菜用）	Beans (vegetables)	30516	27414	17800	36253	33168	17226	34853
其中：豇豆	Of which: cowpea	31355	32583	0	20136	30514	8750	71400
四季豆	Green beans	19502	27276	20000	38328	13496	17918	32320
7、茄果类	Solanaceous vegetables	46782	27705	13225	45417	118293	13044	40062
其中：茄子	Of which: Eggplant	42754	29953	16121	46086	153448	20838	38000
辣椒	Chili	21466	32272	17421	43154	24992	6711	33898
西红柿	Tomato	66090	26345	12815	46479	125013	19000	48430
8、葱蒜类	Onions & Garlic	20629	29727	18673	26256	40778	16466	16602
其中：大葱	Of which: scallion	26344	33516	18446	31213	44192	21513	28063
蒜头	Garlic	13396	15931	13438	16300	29487	11865	20000
9、水生菜类	Aquatic vegetables	0	0	0	0	0	0	0
10、其他蔬菜	Other vegetables	13542	15910	25379	12125	3500	5172	0
11、食用菌	Edible fungi	0	0	0	0	0	0	0
八、瓜果类	Melon & fruit	27221	20569	22988	20383	40654	26131	29274
其中：西　瓜	Of which: watermelon	38569	24300	11500	22658	53937	37020	50237
香　瓜	Muskmelon	16245	21340	33039	20154	27460	13933	20009
草　莓	Strawberry	13059	12114	6417	13036	2500	25500	11000
九、其他农作物	Other crops	19270	20607	16785	69828	0	11685	4448
其中：青饲料	Of which: green fodder	20607	20607	16785	69828	0	0	0

10-9 水果生产情况
BASIC STATISTICS ON FRUITS

指标名称 Item		单位 Unit	全市 Total	市辖区 District			榆树市 Yushu	农安县 Nong' an	德惠市 Dehui
				合计 Total	# 双阳区 Shuangyang	九台区 Jiutan			
一、水果产量合计	Output of fruits	吨 ton	30716	7482	445	2369	266	1364	21604
1. 苹果	Apple	吨 ton	2085	1649	4	1485	0	11	425
其中：红富士苹果	Hong fu shi apple	吨 ton	160	160			0	0	0
国光苹果	Guoguang apple	吨 ton	429	4	4		0	11	414
2. 梨	Pear	吨 ton	1204	968		518	0	9	227
其中：苹果梨	Apple pear	吨 ton	673	447		27	0	9	217
雪花梨	Snow pear	吨 ton	6	0			0	0	6
鸭梨	Ya pear	吨 ton	4	0			0	0	4
3. 其他园林水果	Others	吨 ton	27427	4865	441	366	266	1344	20952
其中：山楂	Haw	吨 ton	2	0			0	0	2
桃	Peach	吨 ton	214	202		2	0	12	0
葡萄	Grape	吨 ton	26815	4386	441	192	191	1324	20914
蓝莓	Blueberry	吨 ton	29	25		25	0	0	4
樱桃	Cherry	吨 ton	262	222		147	0	8	32
二、食用坚果	Edible nuts	吨 ton		0					
其中：核桃	of which: Walnut	吨 ton		0					
板栗	Chinese chestnut	吨 ton		0					
松子	Pine nut	吨 ton		0					
三、水果面积	Area of fruit trees	公顷 ha	1855	637	39	281	10	499	709
1. 苹果	Apple	公顷 ha	449	213	2	185	0	11	225
2. 梨	Pear	公顷 ha	82	47		19	0	2	33
3. 山楂	Haw	公顷 ha	1	0			0	0	1
4. 桃	Peach	公顷 ha	13	11		1	0	2	0
5. 葡萄	Grape	公顷 ha	1184	278	37	18	9	478	419
6. 蓝莓	Blueberry	公顷 ha	22	21		21	0	0	1
7. 樱桃	Cherry	公顷 ha	32	24		6	0	5	3
8. 其它	Others	公顷 ha	72	43		31	1	1	27

10-10 渔业生产情况
BASIC STATISTICS ON FISHERY

指标名称 Item		单位 Unit	全市 Total	市辖区 District			榆树市 Yushu	农安县 Nong' an	德惠市 Dehui
				合计 Total	#双阳区 Shuangyang	九台区 Jiutan			
一、水产品产量渔业	Output to aquatic	吨 ton	35115	12488	4460	6265	7100	7827	7700
#国营	State-owned	吨 ton	9187	2977	713	501	3734	2068	408
1. 养殖产量	Artificially cultured	吨 ton	33754	12221	4460	5998	6770	7423	7340
2. 捕捞产量	Naturally grown	吨 ton	1361	267		267	330	404	360
二、养殖面积	Areas of artificially	公顷 ha	36112	18895	2214	2085	4384	10385	2448
#国营	State owned	公顷 ha	28716	17453	772	1000	3542	7500	221

10-11 农林牧渔业总产值（现价）
GROSS OUTPUT VALUE OF FFAF(AT CURRENT PRICE)

单位：万元 unit:10000yuan

指标名称 Item		全市 Total	市辖区 District			榆树市 Yushu	农安县 Nong' an	德惠市 Dehui
			合计 Total	#双阳区 Shuangyang	九台区 Jiutan			
农林牧渔业总产值	Total	6775889	1508344	385086	967131	1712564	2057853	1497128
一、农业产值	Farming	2079100	479254	119458	272454	628882	595534	375430
1. 谷物及其他作物	Cereals and others	1666595	358101	106786	203518	546685	483843	277966
(1) 谷物	Cereal	1517966	342974	100821	194587	503596	410007	261389
(2) 薯类	Tubers	89766	8946	2837	6010	31503	40587	8730
(3) 油料	Oil-bearing	20339	23		23	1592	14366	4358
(4) 豆类	Beans	20505	3566	1218	2254	8076	8592	271
(5) 麻类	Fiber crop							
(6) 烟草	Tobacco	15241	36		36	1918	10090	3197
(7) 糖料	Sugar crop	47					45	2
(8) 其他农作物	Others	2731	2556	1910	608		156	19
2. 蔬菜园艺作物	Vegetables	337050	109673	11502	64051	75119	79876	72382
3. 水果 坚果 饮料作物	Fruits nuts and beverage crops	74612	11447	1170	4852	6283	31800	25082
4. 中草药材	Chinese herbal medicine	843	33		33	795	15	
二、林业产值	Forestry	37061	4487	1396	2398	7468	11657	13449
(一)林木的培育和种植	Plants	23109	1399	491	892	1913	10861	8936
(二)竹木采运	Wood cutting and transport	13952	3088	905	1506	5555	796	4513
(三)林产品的采集	The collection of frest products							
三、牧业产值	Animal husbandry	4394477	952587	244299	659685	1009944	1382538	1049408
(一)牲畜饲养	Animals	2048695	533388	132898	383146	651514	575927	287866
1. 牛的饲养	Cattle	1966749	519093	131071	373216	640233	538344	269079
2. 羊的饲养	Sheep and goats	48628	5103	1713	2872	7180	31371	4974
3. 奶产品	Milk products	18102	6082	64	4414	2739	3199	6082
4. 毛绒产品	Wool	206	8		8	6	186	6
5. 其他牲畜饲养	Other Livestock Breeding	15010	3102	50	2636	1356	2827	7725
(二)猪的饲养	Hogs	704198	120559	25809	85835	171555	233274	178810
(三)家禽饲养	Poultry	1618217	276954	65337	189680	186861	571671	582731
(四)其他畜牧业	Other livestock	23367	21686	20255	1024	14	1666	1
四、渔业产值	Fishery	58725	20884	8717	12167	11874	13090	12877
五、农林牧渔专业及辅助性活动产值	Professional and Ancillary Activities of Agriculture, Forestry, Animal Husbandry and Fisheries	206526	51132	11216	20427	54396	55034	45964

10-12 农林牧渔业增加值（现价）
ADDED VALUE OF FFAF(AT CURRENT PRICE)

单位：万元　　unit:10000 yuan

指标名称 Item		全市 Total	市辖区 District 合计 Total	# 双阳区 Shuangyang	九台区 Jiutan	榆树市 Yushu	农安县 Nong'an	德惠市 Dehui
一、农林牧渔业总产值	Gross output value of FFAF	6775889	1508344	385086	967131	1712564	2057853	1497128
二、中间消耗	Intermediate consumption	3178868	704122	162159	470382	797511	962136	715099
1. 农业	Farming	824063	192349	46269	106790	252761	231921	147032
2. 林业	Forestry	14195	1831	566	987	2912	4292	5160
3. 牧业	Animal husbandry	2227328	477829	106693	348677	508438	704811	536250
4. 渔业	Fishery	23064	8631	3601	5030	4501	5022	4910
5. 农林牧渔专业及辅助性活动	Professional and Ancillary Activities of Agriculture, Forestry, Animal Husbandry and Fisheries	90218	23482	5030	8898	28899	16090	21747
三、农林牧渔业增加值	Added value of FFAF	3597021	804222	222927	496749	915053	1095717	782029
1. 农业	Farming	1255037	286905	73189	165664	376121	363613	228398
2. 林业	Forestry	22866	2656	830	1411	4556	7365	8289
3. 牧业	Animal husbandry	2167149	474758	137606	311008	501506	677727	513158
4. 渔业	Fishery	35661	12253	5116	7137	7373	8068	7967
5. 农林牧渔专业及辅助性活动	Professional and Ancillary Activities of Agriculture, Forestry, Animal Husbandry and Fisheries	116308	27650	6186	11529	25497	38944	24217

统计资料

STATISTICS

▶工　业

INDUSTRY

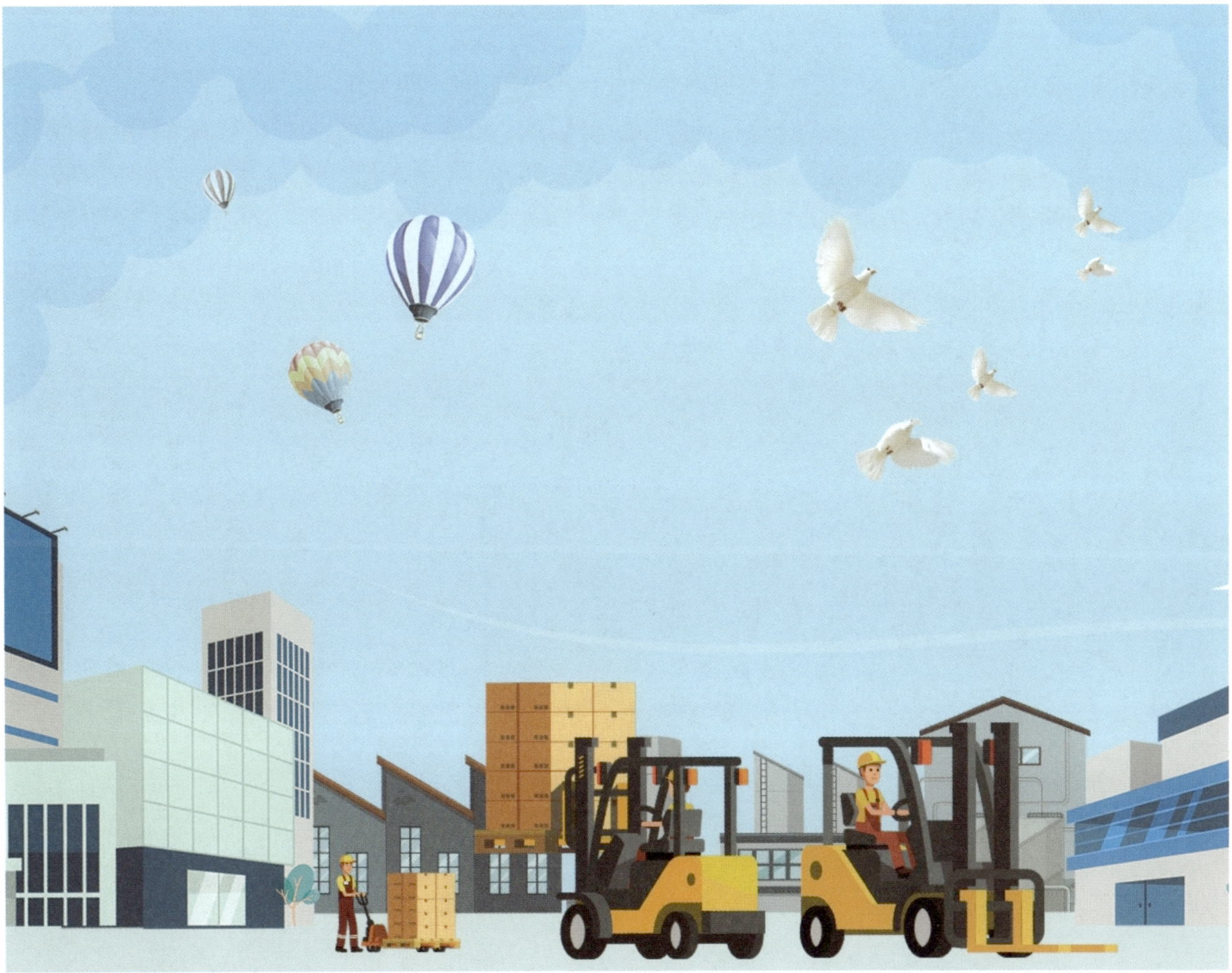

2020

长春统计年鉴

CHANGCHUN STATISTICAL YEARBOOK

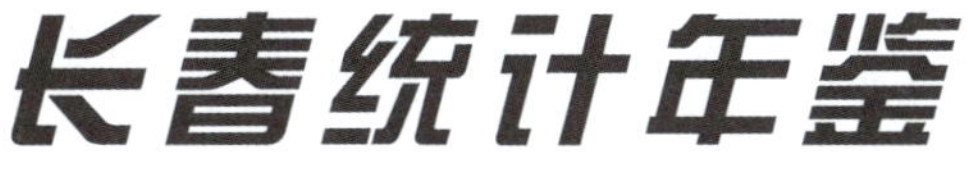

第十一篇　工　业

2019年，长春市工业经济顶住全国经济持续下行、特别是汽车市场大幅下滑的压力，采取强有力措施，积极应对风险和挑战，从四季度开始，累计降幅持续收窄，全年实现了正增长。

（一）工业生产增速加快。2019年，全市规模以上工业累计完成增加值2041亿元，按可比价格计算，比上年增长2.8%。月均增加值170.1亿元，从轻重工业看，轻工业完成增加值188.1亿元，按可比价格计算，比上年下降10%，占全市比重为9.2%，重工业完成增加值1852.9亿元，按可比价格计算，比上年增长4.2%，增幅高于全市1.4个百分点，占全市比重为90.8%。

（二）汽车工业实现稳步增长。2019年，全市汽车工业完成增加值1427.6亿元，按可以价格计算，比上年增长5.4%，高于全市平均增速2.6个百分点。汽车工业占全市规上工业的比重为69.9%。在汽车工业中，整车制造业增加值增长5.8%，零部件制造业增加值增长7.7%。

2019年一汽集团产销呈现较快增长，汽车产量为产销分别完成288.9万辆和284.7万辆，比上年同期分别增长4.4%和1.8%，其中轿车生产产销下降12.7%和下降14.7%。

（三）2019年，全市医药产业完成增加值57.5亿元，按可比价计算，比上年增长1.5%；电子产业完成增加值20.3亿元，比上年下降15.2%。食品、建材和装备制造业保持稳定增长。2019年，食品工业完成增加值100.9亿元，比上年下降15.8%，建材行业完成增加值38.7亿元，比上年增长0.9%；装备制造业完成增加值173亿元，比上年增长3.8%。

（四）单位工业增加值能耗继续下降。2019年，全市规模以上工业等价值能源消耗量为943.6万吨标准煤，比上年增长2.3%。全市万元工业增加值综合能耗为0.3609吨标准煤/万元，比上年下降6.1%。按市供电公司提供的数据，全市工业企业用电量为119.2亿千瓦时，比上年增长7.7%。

（五）工业经济效益明显改善。2019年全市规模以上工业企业实现主营业务收入9347.1亿元，同比增长2.2%；亏损企业260户；亏损企业亏损额为49.1亿元，同比增长9.8%；实现利税总额1150.4亿元，同比下降1.5%；盈亏相抵实现利润总额695.2亿元，增长3.3%。企业资产负债率为58.3%;每百元主营业务收入中的成本为82.9元，同比增长0.8元;主营业务收入利润率为5.4%，同比下降0.7个百分点。

11-1 2019年长春市主要工业产品产量
MAIN INDUSTRIAL PRODUCTS' OUTCOME OF CHANGCHUN IN 2019

产品	Products	单位	Unit	累计 Accumulative total
汽车	Vehicles	万辆	10000coach	288.9
#轿车	Cars	万辆	10000coach	158.3
#公路客车	Buses and cars	辆	coach	290.0
#载货汽车	Truck	万辆	10000coach	38.4
铁路客车	Train	辆	coach	358.0
发动机	Engine	万千瓦	10000kwh	36547.2
变压器	Transformer	万千伏安	10000kva	751.5
子午线轮胎	Meridian tyre	万条	10000item	241.2
电子元件	Electronic components	万件	10000pcs	99.1
工业自动调节仪表与控制系统	Automatic Meter and System	台	unit	22864
金属切削机床	Metal-catting Machine Tools	台	unit	14
发电量	Generated energy	亿千瓦时	100millions kwh	287.8
水泥	Cement	万吨	10000ton	438.7
原煤	Raw coal	万吨	10000ton	245.4
钢材	Steels	万吨	10000ton	8.0
卷烟	Cigarette	亿支	100millions unit	177.0
啤酒	Beer	千升	10000ton	7.0
白酒	Wine	千升	10000ton	0.4
中成药	Chinese medicine	吨	ton	12182.4
饲料	Forage	万吨	10000ton	184.5
精炼食用植物油	Vegetable oil	万吨	10000ton	23.7
软饮料	Soft drink	万吨	10000ton	155.7
鲜、冷藏肉	refrigerated meat	万吨	10000ton	60.5
服装	Clothing	万件	10000pcs	605.4

11-2 2019年规模以上工业企业主要经济指标(大行业)

MAJORECONMICINDICATORSFORINDUSTRIAIENTERPRISESABOVESCAIE(MAJORINDUSTRIES) 2019

单位：万元　　unit:10000yuan

指标名称	Item	企业单位数(个) Enterprises (unit)	亏损企业 Loss-suffering enterprises	产成品 Finished goods
总计	Total	1015	167	3646552.30
煤炭开采和洗选业	Coal mining and dressing	4	1	6550.50
石油和天然气开采业	Extraction of petroleum and natural gas	1		1.20
黑色金属矿采选业	Minging and dressing of ferrous metals			
有色金属矿采选业	Mining and dressing of nonferrous metals			
非金属矿采选业	Mining and dressing of nonmetal mineralproducts	1		
开采辅助活动	Mining auxiliary activities			
其他采矿业	Others			
农副食品加工业	Food processing	137	25	113040.90
食品制造业	Food manufacturing	24	6	15366.50
酒、饮料和精制茶制造业	Wine、Drinks and refined tea industry	10	5	11360.70
烟草制品业	Tobacco processing	1	1	14335.60
纺织业	Textile industry	2	1	18919.50
纺织服装、服饰业	Textile and garment、Clothing industry	7	1	17997.10
皮革、毛皮、羽毛(绒)及其制品业	Leather furs down and related products	2	1	697.90
木材加工及木、竹、藤、棕、草制品业	Timber, bamboo, cane, palm and straw products	11		6182.10
家具制造业	Furniture	10	2	3749.10
造纸及纸制品业	Paper making and paper products	10	4	2615.50
印刷业和记录媒介的复制	Printing and record medium reproduction	12	4	6193.00
文教、工美、体育和娱乐用品制造业	Culture and education、industrial art、sports and entertainment products manufacturing	3	1	3028.80
石油加工、炼焦及核燃料加工业	Petroleum processing coking and nuclear processing	8	3	12769.80
化学原料及化学制品制造业	Raw chemical material and chemical products	33	7	85877.90
医药制造业	Medical and pharmacutical products	53	8	57848.00
化学纤维制造业	Chemical fiber manufacturing	2	1	2759.70
橡胶和塑料制品业	Rubber and Plastic products	36	5	35351.90
非金属矿物制品业	Nonmetal mineral products	59	13	26151.80
黑色金属冶炼及压延加工业	Smelting and pressing of ferrous metals	7		21459.40
有色金属冶炼及压延加工业	Smelting and pressing of non-ferrous metals	3		6075.30
金属制品业	Metal products	36	6	26073.70
通用设备制造业	Ordinary machinery	42	3	33879.00
专用设备制造业	Special purpose equipment	40	7	33639.90
汽车制造业	Automobile industry	302	38	2949294.50
铁路、船舶、航空航天和其他运输设备制造业	Railway、Ship、aerospace and other Transportation Equipment Manufacturing	31	4	45718.50
电气机械及器材制造业	Electric equipment and machinery	32	4	24554.00
计算机、通信及其他电子设备制业	Computer and Telecommunication equipment and other electronic equipment	20	1	37493.50
仪器仪表制造业	Instruments, meters	8	1	2093.10
其他制造业	Others	3		1448.00
废弃资源综合利用业	Comperehensive untilization of waste resources	6	1	3641.60
金属制品、机械和设备修理业	Metal products、machinery、Equipment repair industry	2		3.20
电力、热力的生产和供应业	Production and supply of electric power and heat power	47	10	17140.40
燃气生产和供应业	Production and supply of gas	7	1	3130.10
水的生产和供应业	Production and supply of water	3	2	110.60

11-2 续表 1 continued1

指标名称 Item		资产总计 Total	流动资产合计 Current assets	应收帐款 Accounts receivable	存货 Inventory
总计	Total	92014513.30	50231839.10	8219968.10	10358434.90
煤炭开采和洗选业	Coal mining and dressing	466481.00	66984.80	7889.90	22934.50
石油和天然气开采业	Extraction of petroleum and natural gas	552626.30	19053.20	1518.10	3236.00
黑色金属矿采选业	Minging and dressing of ferrous metals				
有色金属矿采选业	Mining and dressing of nonferrous metals				
非金属矿采选业	Mining and dressing of nonmetal mineralproducts	2867.90	1692.70	821.90	353.30
开采辅助活动	Mining auxiliary activities				
其他采矿业	Others				
农副食品加工业	Food processing	3822173.80	1839712.40	243435.00	408977.50
食品制造业	Food manufacturing	745965.20	392196.20	95002.60	39004.10
酒、饮料和精制茶制造业	Wine、Drinks and refined tea industry	233505.40	135927.40	38947.40	79771.40
烟草制品业	Tobacco processing	440450.10	320474.90	11483.30	299750.50
纺织业	Textile industry	94165.20	55828.30	9063.40	23946.70
纺织服装、服饰业	Textile and garment、Clothing industry	173064.90	132548.20	24269.40	43223.70
皮革、毛皮、羽毛(绒)及其制品业	Leather furs down and related products	2797.10	2058.50		1245.60
木材加工及木、竹、藤、棕、草制品业	Timber、bamboo、cane、palm and straw products	686921.00	312612.10	29694.00	115842.20
家具制造业	Furniture	99995.20	32715.20	7893.70	5222.90
造纸及纸制品业	Paper making and paper products	59476.50	36748.40	12597.30	14613.30
印刷业和记录媒介的复制	Printing and record medium reproduction	140635.60	76885.70	22364.30	12777.20
文教、工美、体育和娱乐用品制造业	Culture and education、industrial art、sports and entertainment products manufacturing	25209.00	14922.30	8917.70	4832.10
石油加工、炼焦及核燃料加工业	Petroleum processing coking and nuclear processing	173623.90	75166.20	5991.70	29134.30
化学原料及化学制品制造业	Raw chemical material and chemical products	688538.20	559335.30	153824.40	143556.80
医药制造业	Medical and pharmacutical products	2191163.40	1304720.80	243377.80	201741.00
化学纤维制造业	Chemical fiber manufacturing	63430.10	11283.10	3158.10	2706.60
橡胶和塑料制品业	Rubber and Plastic products	785864.10	431363.20	191140.60	95021.30
非金属矿物制品业	Nonmetal mineral products	1849986.50	1160323.50	466558.00	93581.80
黑色金属冶炼及压延加工业	Smelting and pressing of ferrous metals	140127.40	92431.20	21207.70	31076.50
有色金属冶炼及压延加工业	Smelting and pressing of non-ferrous metals	42465.90	28863.80	10645.70	7653.60
金属制品业	Metal products	410372.10	280401.10	128475.90	71254.80
通用设备制造业	Ordinary machinery	618752.80	400459.50	105841.20	124338.60
专用设备制造业	Special purpose equipment	424834.00	322485.10	113509.40	93357.80
汽车制造业	Automobile industry	58513099.50	34570427.30	4468925.90	7240914.80
铁路、船舶、航空航天和其他运输设备制造业	Railway、Ship、aerospace and other Transportation Equipment Manufacturing	6437790.60	4700574.00	1233136.50	848342.20
电气机械及器材制造业	Electric equipment and machinery	784959.00	306329.80	146103.10	65592.70
计算机、通信及其他电子设备制造业	Computer and Telecommunication equipment and other electronic equipment	456877.40	304056.50	94342.00	83543.40
仪器仪表制造业	Instruments， meters	176081.20	111794.20	27511.20	28585.00
其他制造业	Others	16733.80	10305.90	4056.00	3511.30
废弃资源综合利用业	Comperehensive untilization of waste resources	88859.40	63818.00	6850.40	15363.70
金属制品、机械和设备修理业	Metal products、machinery、Equipment repairindustry	7156.00	6455.60	1713.30	3330.50
电力、热力的生产和供应业	Production and supply of electric power and heat power	9433279.50	1721531.80	234369.00	82120.90
燃气生产和供应业	Production and supply of gas	739208.70	140874.60	40417.70	16153.10
水的生产和供应业	Production and supply of water	424975.60	188478.30	4914.50	1823.20

11-2 续表 2 continued2

指标名称	Item	负债合计 Liabilities	所有者权益合计 Ownership interests
总计	Total	53106714.00	38796735.00
煤炭开采和洗选业	Coal mining and dressing	332141.60	134339.40
石油和天然气开采业	Extraction of petroleum and natural gas	288208.50	264417.80
黑色金属矿采选业	Minging and dressing of ferrous metals		
有色金属矿采选业	Mining and dressing of nonferrous metals		
非金属矿采选业	Mining and dressing of nonmetal mineralproducts	2367.90	500.00
开采辅助活动	Mining auxiliary activities		
其他采矿业	Others		
农副食品加工业	Food processing	3275241.30	502992.30
食品制造业	Food manufacturing	575485.90	147580.60
酒、饮料和精制茶制造业	Wine、Drinks and refined tea industry	248242.10	52254.20
烟草制品业	Tobacco processing	186145.60	254304.40
纺织业	Textile industry	99218.00	-5052.70
纺织服装、服饰业	Textile and garment、Clothing industry	75597.80	97467.00
皮革、毛皮、羽毛(绒)及其制品业	Leather furs down and related products	1042.70	1754.40
木材加工及木、竹、藤、棕、草制品业	Timber, bamboo, cane, palm and straw products	395281.80	291639.40
家具制造业	Furniture	77140.20	22854.80
造纸及纸制品业	Paper making and paper products	37317.80	22158.40
印刷业和记录媒介的复制	Printing and record medium reproduction	97809.40	42826.20
文教、工美、体育和娱乐用品制造业	Culture and education、industrial art、sports and entertainment products manufacturing	10646.40	14562.40
石油加工、炼焦及核燃料加工业	Petroleum processing coking and nuclear processing	137205.50	36418.30
化学原料及化学制品制造业	Raw chemical material and chemical products	357164.90	331372.30
医药制造业	Medical and pharmacutical products	813114.80	1401071.10
化学纤维制造业	Chemical fiber manufacturing	8386.20	55043.80
橡胶和塑料制品业	Rubber and Plastic products	479868.20	305995.30
非金属矿物制品业	Nonmetal mineral products	1293280.10	555495.00
黑色金属冶炼及压延加工业	Smelting and pressing of ferrous metals	34524.70	105602.40
有色金属冶炼及压延加工业	Smelting and pressing of non-ferrous metals	29683.90	12782.00
金属制品业	Metal products	300516.40	109855.00
通用设备制造业	Ordinary machinery	378708.00	240044.10
专用设备制造业	Special purpose equipment	262485.90	162347.50
汽车制造业	Automobile industry	31855831.70	26568106.20
铁路、船舶、航空航天和其他运输设备制造业	Railway、Ship、aerospace and other Transportation Equipment Manufacturing	4038798.50	2398991.80
电气机械及器材制造业	Electric equipment and machinery	205800.80	571801.30
计算机、通信及其他电子设备制业	Computer and Telecommunication equipment and other electronic equipment	160139.40	296737.80
仪器仪表制造业	Instruments, meters	35204.80	140876.50
其他制造业	Others	11539.60	5194.20
废弃资源综合利用业	Comperehensive untilization of waste resources	55882.90	31450.90
金属制品、机械和设备修理业	Metal products、machinery、Equipment repair industry	4470.40	2685.60
电力、热力的生产和供应业	Production and supply of electric power and heat power	6367956.90	3030344.40
燃气生产和供应业	Production and supply of gas	394111.00	345097.70
水的生产和供应业	Production and supply of water	180152.40	244823.20

11-2 续表 3 continued3

指标名称	Item	主营业务收入 Main operation income	营业成本 Operating cost
总计	Total	91170302.10	79869788.70
煤炭开采和洗选业	Coal mining and dressing	110550.80	108419.80
石油和天然气开采业	Extraction of petroleum and natural gas	170315.80	101415.50
黑色金属矿采选业	Minging and dressing of ferrous metals		
有色金属矿采选业	Mining and dressing of nonferrous metals		
非金属矿采选业	Mining and dressing of nonmetal mineralproducts	2971.50	1986.60
开采辅助活动	Mining auxiliary activities		
其他采矿业	Others		
农副食品加工业	Food processing	3725746.40	3567297.60
食品制造业	Food manufacturing	513604.70	372192.00
酒、饮料和精制茶制造业	Wine、Drinks and refined tea industry	175149.50	131568.40
烟草制品业	Tobacco processing	463566.00	151798.30
纺织业	Textile industry	31899.80	27577.00
纺织服装、服饰业	Textile and garment、Clothing industry	97114.90	86990.10
皮革、毛皮、羽毛（绒）及其制品业	Leather furs down and related products	10735.20	7405.10
木材加工及木、竹、藤、棕、草制品业	Timber，bamboo，cane，palm and straw products	162255.60	120098.00
家具制造业	Furniture	27638.10	23584.20
造纸及纸制品业	Paper making and paper products	64787.20	61358.40
印刷业和记录媒介的复制	Printing and record medium reproduction	85733.60	71748.00
文教、工美、体育和娱乐用品制造业	Culture and education、industrial art、sports and entertainment products manufacturing	20725.90	16629.10
石油加工、炼焦及核燃料加工业	Petroleum processing coking and nuclear processing	361445.30	424786.50
化学原料及化学制品制造业	Raw chemical material and chemical products	701494.60	592624.60
医药制造业	Medical and pharmacutical products	1359633.30	397582.60
化学纤维制造业	Chemical fiber manufacturing	7936.20	6133.40
橡胶和塑料制品业	Rubber and Plastic products	786213.00	714575.10
非金属矿物制品业	Nonmetal mineral products	821260.40	714577.40
黑色金属冶炼及压延加工业	Smelting and pressing of ferrous metals	296571.10	289622.30
有色金属冶炼及压延加工业	Smelting and pressing of non-ferrous metals	63689.30	60960.30
金属制品业	Metal products	534007.00	495485.60
通用设备制造业	Ordinary machinery	492152.00	397680.60
专用设备制造业	Special purpose equipment	258055.70	198320.50
汽车制造业	Automobile industry	68722113.00	60546198.40
铁路、船舶、航空航天和其他运输设备制造业	Railway、Ship、aerospace and other Transportation Equipment Manufacturing	4081254.30	3346145.90
电气机械及器材制造业	Electric equipment and machinery	272262.50	224495.30
计算机、通信及其他电子设备制业	Computer and Telecommunication equipment and other electronic equipment	322922.20	235170.90
仪器仪表制造业	Instruments， meters	65034.70	42980.80
其他制造业	Others	12074.80	10901.50
废弃资源综合利用业	Comperehensive untilization of waste resources	140493.50	136381.40
金属制品、机械和设备修理业	Metal products、machinery、Equipment repair industry	7636.30	6655.20
电力、热力的生产和供应业	Production and supply of electric power and heat power	5965007.50	5877932.60
燃气生产和供应业	Production and supply of gas	129735.50	223291.80
水的生产和供应业	Production and supply of water	106514.90	77217.90

11-2 续表 4

指标名称	Item	财务费用 Financial cost
总计	Total	220664.50
煤炭开采和洗选业	Coal mining and dressing	4300.60
石油和天然气开采业	Extraction of petroleum and natural gas	7258.30
黑色金属矿采选业	Minging and dressing of ferrous metals	
有色金属矿采选业	Mining and dressing of nonferrous metals	
非金属矿采选业	Mining and dressing of nonmetal mineralproducts	49.80
开采辅助活动	Mining auxiliary activities	
其他采矿业	Others	
农副食品加工业	Food processing	108761.70
食品制造业	Food manufacturing	19386.30
酒、饮料和精制茶制造业	Wine、Drinks and refined tea industry	507.00
烟草制品业	Tobacco processing	3400.80
纺织业	Textile industry	313.00
纺织服装、服饰业	Textile and garment、Clothing industry	144.30
皮革、毛皮、羽毛（绒）及其制品业	Leather furs down and related products	0.90
木材加工及木、竹、藤、棕、草制品业	Timber, bamboo, cane, palm and straw products	4853.90
家具制造业	Furniture	3373.70
造纸及纸制品业	Paper making and paper products	1133.30
印刷业和记录媒介的复制	Printing and record medium reproduction	1699.20
文教、工美、体育和娱乐用品制造业	Culture and education、industrial art、sports and entertainment products manufacturing	291.60
石油加工、炼焦及核燃料加工业	Petroleum processing coking and nuclear processing	5378.30
化学原料及化学制品制造业	Raw chemical material and chemical products	3444.70
医药制造业	Medical and pharmacutical products	10769.20
化学纤维制造业	Chemical fiber manufacturing	169.70
橡胶和塑料制品业	Rubber and Plastic products	5382.20
非金属矿物制品业	Nonmetal mineral products	30828.10
黑色金属冶炼及压延加工业	Smelting and pressing of ferrous metals	12.50
有色金属冶炼及压延加工业	Smelting and pressing of non-ferrous metals	423.60
金属制品业	Metal products	11479.20
通用设备制造业	Ordinary machinery	5742.50
专用设备制造业	Special purpose equipment	4470.70
汽车制造业	Automobile industry	-149380.20
铁路、船舶、航空航天和其他运输设备制造业	Railway、Ship、aerospace and other Transportation Equipment Manufacturing	1738.80
电气机械及器材制造业	Electric equipment and machinery	4421.00
计算机、通信及其他电子设备制业	Computer and Telecommunication equipment and other electronic equipment	-205.00
仪器仪表制造业	Instruments, meters	-416.00
其他制造业	Others	13.10
废弃资源综合利用业	Comperehensive untilization of waste resources	201.20
金属制品、机械和设备修理业	Metal products、machinery、Equipment repair industry	0.90
电力、热力的生产和供应业	Production and supply of electric power and heat power	119804.30
燃气生产和供应业	Production and supply of gas	10955.70
水的生产和供应业	Production and supply of water	-44.40

continued4

销售费用 Marketing expenses	管理费用 Management expenses	营业利润 Operating profit
3747333.70	3659170.40	6736038.30
4238.10	17264.60	-11811.20
189.30	39796.40	10794.80
792.50	65.40	61.10
127232.30	126134.20	-69594.60
65000.30	25626.30	24439.50
36722.90	6296.20	2320.90
10993.90	27542.00	-17981.60
676.80	1923.30	1395.80
4726.40	8797.30	-3010.80
410.80	2570.80	226.50
13211.20	17677.90	6790.50
902.10	2376.50	-1110.60
1595.70	1987.70	159.30
2446.20	6316.30	4187.10
749.20	2522.60	653.90
1871.30	8841.10	-73.80
45368.10	47668.90	47145.50
415283.40	88860.30	378383.40
121.20	1819.90	-109.30
14891.70	33503.40	33605.90
50288.50	43602.30	12229.00
2636.70	4131.60	8372.00
633.50	1452.10	481.70
7173.80	20327.90	971.40
15358.80	38113.90	23780.60
12228.10	22089.90	16013.10
2748899.10	2639521.90	6018108.00
99456.60	183666.70	314665.30
9106.10	19698.10	15462.00
10174.00	28760.10	36382.20
3068.70	8525.90	9850.10
213.80	435.20	145.40
465.40	4546.20	5746.30
27.00	837.90	257.50
2492.40	142576.70	-154259.40
25167.90	13989.90	25996.50
12519.90	19303.00	-4635.70

11-2 续表 5 continued5

指标名称	Item	利润总额 Profit	亏损企业亏损总额 Total loss of loss-suffering enterprises
总计	Total	6873640.20	534029.40
煤炭开采和洗选业	Coal mining and dressing	-11983.90	16172.50
石油和天然气开采业	Extraction of petroleum and natural gas	11397.10	
黑色金属矿采选业	Minging and dressing of ferrous metals		
有色金属矿采选业	Mining and dressing of nonferrous metals		
非金属矿采选业	Mining and dressing of nonmetal mineralproducts	61.10	
开采辅助活动	Mining auxiliary activities		
其他采矿业	Others		
农副食品加工业	Food processing	-87341.40	202047.40
食品制造业	Food manufacturing	27709.90	49830.70
酒、饮料和精制茶制造业	Wine、Drinks and refined tea industry	1724.10	2149.30
烟草制品业	Tobacco processing	-18241.00	18241.00
纺织业	Textile industry	1386.70	714.50
纺织服装、服饰业	Textile and garment、Clothing industry	-1668.40	7696.90
皮革、毛皮、羽毛（绒）及其制品业	Leather furs down and related products	245.60	15.80
木材加工及木、竹、藤、棕、草制品业	Timber, bamboo, cane, palm and straw products	12372.90	
家具制造业	Furniture	-863.70	1649.90
造纸及纸制品业	Paper making and paper products	347.80	813.00
印刷业和记录媒介的复制	Printing and record medium reproduction	4451.10	1183.80
文教、工美、体育和娱乐用品制造业	Culture and education、industrial art、sports and entertainment products manufacturing	703.20	278.60
石油加工、炼焦及核燃料加工业	Petroleum processing coking and nuclear processing	333.80	6063.50
化学原料及化学制品制造业	Raw chemical material and chemical products	46448.20	2508.10
医药制造业	Medical and pharmacutical products	386206.60	3001.20
化学纤维制造业	Chemical fiber manufacturing	-109.00	253.30
橡胶和塑料制品业	Rubber and Plastic products	35337.50	5781.00
非金属矿物制品业	Nonmetal mineral products	14447.70	5139.10
黑色金属冶炼及压延加工业	Smelting and pressing of ferrous metals	8342.80	
有色金属冶炼及压延加工业	Smelting and pressing of non-ferrous metals	528.30	
金属制品业	Metal products	1230.50	13138.20
通用设备制造业	Ordinary machinery	26113.40	509.00
专用设备制造业	Special purpose equipment	17561.70	2754.70
汽车制造业	Automobile industry	6014653.30	35672.60
铁路、船舶、航空航天和其他运输设备制造业	Railway、Ship、aerospace and other Transportation Equipment Manufacturing	321782.80	38232.50
电气机械及器材制造业	Electric equipment and machinery	15658.00	1944.60
计算机、通信及其他电子设备制业	Computer and Telecommunication equipment and other electronic equipment	37940.00	284.10
仪器仪表制造业	Instruments, meters	10498.80	321.60
其他制造业	Others	146.60	
废弃资源综合利用业	Comperehensive untilization of waste resources	5838.70	26.40
金属制品、机械和设备修理业	Metal products、machinery、Equipment repair industry	256.20	
电力、热力的生产和供应业	Production and supply of electric power and heat power	-35012.80	116042.00
燃气生产和供应业	Production and supply of gas	25959.90	9.90
水的生产和供应业	Production and supply of water	-823.90	1554.20

11-2 续表 6

指标名称	Item	全部从业人员年平均人数（人）Annual averageof employment (person)
总计	Total	392508.00
煤炭开采和洗选业	Coal mining and dressing	5088.00
石油和天然气开采业	Extraction of petroleum and natural gas	991.00
黑色金属矿采选业	Minging and dressing of ferrous metals	
有色金属矿采选业	Mining and dressing of nonferrous metals	
非金属矿采选业	Mining and dressing of nonmetal mineral products	12.00
开采辅助活动	Mining auxiliary activities	
其他采矿业	Others	
农副食品加工业	Food processing	24679.00
食品制造业	Food manufacturing	9354.00
酒、饮料和精制茶制造业	Wine、Drinks and refined tea industry	2285.00
烟草制品业	Tobacco processing	1302.00
纺织业	Textile industry	852.00
纺织服装、服饰业	Textile and garment、Clothing industry	2657.00
皮革、毛皮、羽毛（绒）及其制品业	Leather furs down and related products	805.00
木材加工及木、竹、藤、棕、草制品业	Timber，bamboo，cane，palm and straw products	3133.00
家具制造业	Furniture	996.00
造纸及纸制品业	Paper making and paper products	785.00
印刷业和记录媒介的复制	Printing and record medium reproduction	1526.00
文教、工美、体育和娱乐用品制造业	Culture and education、industrial art、sports and entertainment products manufacturing	483.00
石油加工、炼焦及核燃料加工业	Petroleum processing coking and nuclear processing	1649.00
化学原料及化学制品制造业	Raw chemical material and chemical products	3655.00
医药制造业	Medical and pharmacutical products	13414.00
化学纤维制造业	Chemical fiber manufacturing	139.00
橡胶和塑料制品业	Rubber and Plastic products	6322.00
非金属矿物制品业	Nonmetal mineral products	5854.00
黑色金属冶炼及压延加工业	Smelting and pressing of ferrous metals	642.00
有色金属冶炼及压延加工业	Smelting and pressing of non-ferrous metals	178.00
金属制品业	Metal products	3431.00
通用设备制造业	Ordinary machinery	5793.00
专用设备制造业	Special purpose equipment	3860.00
汽车制造业	Automobile industry	209327.00
铁路、船舶、航空航天和其他运输设备制造业	Railway、Ship、aerospace and other Transportation Equipment Manufacturing	22454.00
电气机械及器材制造业	Electric equipment and machinery	2601.00
计算机、通信及其他电子设备制业	Computer and Telecommunication equipment and other electronic equipment	3949.00
仪器仪表制造业	Instruments， meters	1692.00
其他制造业	Others	181.00
废弃资源综合利用业	Comperehensive untilization of waste resources	537.00
金属制品、机械和设备修理业	Metal products、machinery、Equipment repair industry	486.00
电力、热力的生产和供应业	Production and supply of electric power and heat power	45418.00
燃气生产和供应业	Production and supply of gas	2587.00
水的生产和供应业	Production and supply of water	3391.00

continued6

资产负债率（%） Debt to asset ratio (%)	营业收入利润率（%） Operating revenue margins (%)	人均年主营业务收入（万元） Annual average of main business income (10,000 yuan)
57.72	7.11	237.94
71.20	-9.60	18.45
52.15	6.65	173.00
82.57	2.06	247.63
85.69	-2.26	130.30
77.15	5.35	53.44
106.31	0.96	67.18
42.26	-3.88	360.57
105.37	4.35	38.71
43.68	-1.68	37.78
37.28	2.29	13.49
57.54	7.42	52.56
77.14	-3.11	28.73
62.74	0.52	84.91
69.55	5.12	58.29
42.23	3.39	43.27
79.02	0.07	274.66
51.87	6.24	209.85
37.11	28.31	100.54
13.22	-1.35	58.00
61.06	4.37	128.20
69.91	1.67	111.08
24.64	2.72	588.21
69.90	0.83	351.17
73.23	0.23	137.99
61.21	5.26	86.43
61.79	6.67	69.22
54.44	8.18	346.10
62.74	7.81	185.17
26.22	5.61	105.48
35.05	11.61	82.88
19.99	15.90	39.36
68.96	1.19	68.29
62.89	4.03	262.10
62.47	3.22	16.39
67.51	-0.58	128.99
53.32	9.18	109.78
42.39	-0.77	31.12

11-3 2019年规模以上工业企业主要经济指标（总表）

MAIN ECONOMIC INDICATORS OF INDUSTRIAL ENTERPRISES ABOVE DESIGNATED SIZE(GENERAL TABLE) 2019

单位：万元

指标名称	Item	企业单位数（个）Enterprises（unit）	亏损企业 Loss-suffering enterprises	产成品 Finished goods	资产总计 Total
总计	Total	1015	167	3646552.30	92014513.30
内资企业	In total 1. State-owned enterprises	866	136	3297051.80	79596078.20
国有企业	State-owned enterprises	9	2	511.10	1446071.70
集体企业	Collective enterprises	1	0	215.80	16506.50
股份合作企业	Joint stock cooperation enterpreises	1	0	682.90	2505.80
联营企业	Joint ownership	0	0	0.00	0.00
有限责任公司	Limited company	345	72	2915619.40	59135087.80
股份有限公司	Share holding	52	5	137572.80	13513326.10
私营企业	Private	457	57	242449.80	5480889.50
其他企业	Other enterprises	1	0	0.00	1690.80
港、澳、台商投资企业	Funded from Hongkong， Macao and Taiwan	26	9	111398.90	2547311.10
外商投资企业	Foreign funded	123	22	238101.60	9871124.00
在总计中：亏损企业	In total: unprofitable enterprises	167	167	212137.10	13161020.60
在总计中：国有控股企业	In total: state-owned holding enterprises	96	23	2612589.30	65689342.10
在总计中：轻工业	In total: light industry	324	68	300356.80	8936056.70
重工业	Heavy industry	691	99	3346195.50	83078456.60
在总计中：大型企业	In total: Large enterprises	37	8	2662504.90	64369543.50
中型企业	Medium enterprises	151	21	437413.20	13185263.10
小型企业	Small-sized enterprises	827	138	546634.20	14459706.70
纯小型企业	Pure small enterprise	727	120	539302.20	11183117.00
微型企业	Microenterprise	100	18	7332.00	3276589.70
在总计中：中央企业	In total: central enterprises	3	0	1.20	991424.10
地方企业	LOCaIEnterPriSeS	6	2	509.90	454647.60

11-3 续表 1　　　　unit:10000 yuan

流动资产合计 Current assets		负债合计 Liabilities	所有者权益合计 Ownership interests	主营业务收入 Main operation income	营业成本 Operating cost
	应收帐款 Accounts receivable				
50231839.10	8219968.10	53106714.00	38796735.00	91170302.1	79869788.70
42409279.80	5433659.60	44712633.40	34763841.10	79899400.4	69179350.50
354026.90	12786.90	882532.30	563539.40	519199.9	406159.90
15567.50	2439.00	1206.00	15300.50	3166.60	1962.80
2157.30	556.20	127.60	2378.10	1837.60	1378.20
0.00	0.00	0.00	0.00	0.00	0.00
30784258.40	2649054.00	32759377.00	26362904.90	66064845.2	57542818.00
8066359.60	1861837.10	8182166.60	5265662.70	9061861.6	7624436.20
3186618.40	906986.40	2887119.30	2552469.30	4244503.1	3598774.60
291.70	0.00	104.60	1586.20	3986.40	3820.80
1106020.80	336444.50	2620559.80	-73248.80	1682355	1533641.40
6716538.50	2449864.00	5773520.80	4106142.70	9588546.7	9156796.80
3846724.10	671278.80	10092212.00	3146646.90	7754478.8	7455292.70
34481591.10	3272421.80	37884292.30	27766840.20	69761008.8	60627702.90
4858950.50	945780.20	6034147.50	2921250.20	7422877.3	5678881.00
45372888.60	7274187.90	47072566.50	35875484.80	83747424.8	74190907.70
34666815.90	3726944.70	37824073.40	26545469.60	73243105.2	63765972.90
6673046.40	1994136.10	6926641.70	6258619.80	8566545.8	7224371.10
8891976.80	2498887.30	8355998.90	5992645.60	9360651.1	8879444.70
6890543.80	2111224.30	6486145.90	4696962.00	8826299.4	7507768.50
2001433.00	387663.00	1869853.00	1295683.60	534351.7	1371676.20
148791.60	4326.20	690202.10	301222.00	393210.5	310628.90
205235.30	8460.70	192330.20	262317.40	125989.4	95531.00

11-3 续表 2

unit:10000 yuan

销售费用 Marketing expenses	管理费用 Management expenses	财务费用 Financialcost	利润总额 Profit	亏损企业亏损总额 Total loss of loss-suffering enterprises
3747333.70	3659170.40	220664.50	6873640.20	534029.40
3381600.90	2826373.00	96003.20	6186078.20	264341.20
15651.40	67149.80	8877.60	12671.60	1554.20
0.00	966.20	-215.20	401.20	0.00
140.50	263.00	-1.70	16.70	0.00
0.00	0.00	0.00	0.00	0.00
2749666.90	2147038.00	-60560.20	5157353.70	175129.30
466419.10	352115.40	87807.30	785258.60	60238.60
149672.40	258789.40	60044.90	230364.20	27419.10
50.60	51.20	50.50	12.20	0.00
82563.50	115803.80	91349.10	-131866.80	216566.70
283169.30	716993.60	33312.20	819428.80	53121.50
157647.80	363511.80	249004.00	-534029.40	534029.40
2915175.20	2217565.20	-25681.00	5374312.30	217463.40
684873.30	341194.00	157289.70	348513.30	299596.80
3062460.40	3317976.40	63374.80	6525126.90	234432.60
2933332.80	2330642.00	-31721.30	5495483.80	331480.00
390957.90	566236.90	115252.90	605660.10	122411.20
423043.00	762291.50	137132.90	772496.30	80138.20
323650.70	506525.90	119533.60	542789.70	71464.80
99392.30	255765.60	17599.30	229706.60	8673.40
2700.70	46208.30	8915.60	12355.80	0.00
12950.70	20941.50	-38.00	315.80	1554.20

11-3 续表 3

unit:10000 yuan

全部从业人员年平均人数（万人）Annual averageof employment（10000person）＿单位：人	资产负债率（%）Debt to asset ratio (%)	营业收入利润率（%）Operating revenue margins (%)	人均营业收入（万元／人）Per capita operating revenue (CNY 10,000/person)
392508.00	57.72	7.11	237.94
322724.00	56.17	7.37	252.86
6449.00	61.03	2.43	80.28
106.00	7.31	12.67	29.59
86.00	5.09	0.91	21.37
0.00	0.00	0.00	0.00
216637.00	55.40	7.40	317.44
50423.00	60.55	8.33	172.40
49002.00	52.68	5.32	84.65
21.00	6.19	0.31	189.83
13463.00	102.88	-7.57	117.37
56321.00	58.49	7.46	184.71
72283.00	76.68	-6.68	103.94
206261.00	57.67	7.32	347.28
65902.00	67.53	4.58	106.17
326606.00	56.66	7.33	266.17
224645.00	58.76	7.15	335.86
84977.00	52.53	6.76	109.14
82886.00	57.79	7.08	114.22
75718.00	58.00	5.98	110.32
7168.00	57.07	12.49	138.35
2560.00	69.62	3.13	154.29
3889.00	42.30	0.25	32.17

统计资料

▶ 交通运输、邮电通信业

TRANSPORTATION,POST AND TELECOMMUNICATION

STATISTICS

2020

CHANGCHUN STATISTICAL YEARBOOK

第十二篇　交通运输、邮电通信业

全年铁路客运量 4141.1 万人，增长 5.6%，货运量 517.7 万吨，下降 25.9%。

全年公路货物周转量 395.2 亿吨公里；旅客周转量为 38.8 亿人公里，下降 3.4%。公路总里程 2.43 万公里，其中，等级公路 2.34 万公里，占公路总里程的 96.2%；高速公路 464.1 公里，占公路总里程的 1.9%。

全年民航货邮吞吐量 8.9 万吨，增长 7.0%；旅客吞吐量 1393.5 万人，增长 7.4%。

2019 年，我市机动车保有量 209.7 万辆，比上年增加 10.4 万辆，增长 5.2%，其中：个人机动车保有量为 188.6 万辆，比上年增加 9.0 万辆，增长 5.0%。在总计中：新注册 17.0 万辆，比上年减少 1.2 万辆，下降 6.7%。在总计中：营运车辆 21.3 万辆，比上年增加 0.4 万辆，增长 1.8%；非营运车辆 188.2 万辆，比上年增加 10.0 万辆，增长 5.6%。

年末全市民用汽车保有量 183.2 万辆，增长 6.5%。其中，私人汽车保有量 164.4 万辆，增长 6.3%。民用轿车保有量 113.5 万辆，增长 6.8%。其中，私人轿车保有量 106.1 万辆，增长 6.5%。

全年完成邮政业务总量 42.5 亿元，增长 30.9%。邮政寄递服务 1.2 亿件，下降 1.7%。其中，邮政函件业务 716.6 万件，下降 4.3%；包裹业务量 12.3 万件，下降 29.7%。快递业务量 1.6 亿件，增长 24.9%，快递业务收入 27.8 亿元，增长 23.2%。特快专递 32 万件，集邮 915 万件，下降 23.6%，邮政储蓄平均余额 3988.5 亿元，增长 5.4%。市话期末到达户数 86 万户，下降 23.9%；农话期末到达户数 15 万户，下降 31.2%；移动电话期末到达户数 1092 万户，下降 28%；互联网接入用户 549 万户，下降 9.5%。

12-1 2019 年长春市机动车辆保有量
NUMBER OF CIVIL MOTOR VEHICLE OWNED 2019

单位：辆　　unit:coach

指标名称	Item	机动车保有量 Number of civil motor vehicle owned						报废 Ababdibed Non-operating
		总计 Total				营运 Operating	非营运 Non-operating	
			进口 Import	个人 Individual	新注册 new register			
总计	Total	2097207	98504	1885920	170012	213226	1882259	12777
一、汽车	Vehicles	1831593	97813	1644031	154021	179787	1650084	12021
1、载客汽车	Buses and cars	1669761	97295	1536907	139757	38019	1630020	10482
其中：大型	large	14396	99	709	1538	8671	4311	1153
中型	mudium	4368	146	1509	152	320	3740	221
小型	Smaller	1640684	96247	1524736	138027	29028	1611656	8550
微型	Smaller	10313	803	9953	40		10313	558
2、载货汽车	Truck	147573	508	98386	13400	133218	14355	1447
其中：重型	heavy	47022	32	18442	4406	46033	989	789
中型	Mudium	4632	6	3539	96	4317	315	60
轻型	light	95873	469	76365	8897	82831	13042	590
微型	Small	46	1	40	1	37	9	8
3、其他汽车	Others	14259	10	8738	864	8550	5709	92
其中：三轮汽车	Tricar	4923		4909	46	4859	64	2
低速货车	Low-speed truck/Therein	998		938		959	39	12
二、摩托车	Motor cycle	242058	643	238415	13701	10537	231521	300
1、普通	Ordinary	238063	643	234439	13640	10536	227527	299
2、轻便	Light	3995		3976	61	1	3994	1
三、挂车	Trailer	22989	47	3218	2230	22757	232	453
1、重型	Heavy	22884	5	3138	2196	22746	138	453
2、中型	Medium-sized	32	24	27	11	1	31	
3、轻型	Dght	73	18	53	23	10	63	
四、拖拉机	Tractors	5		5				
1、大中型	Large and medium							
2、小型方向盘式	small							
3、手扶式	Shou fu	5		5				
五、其他类型	others	562	1	251	60	140	422	3

统计资料

▶ 建筑业

CONSTUCTION

STATISTICS

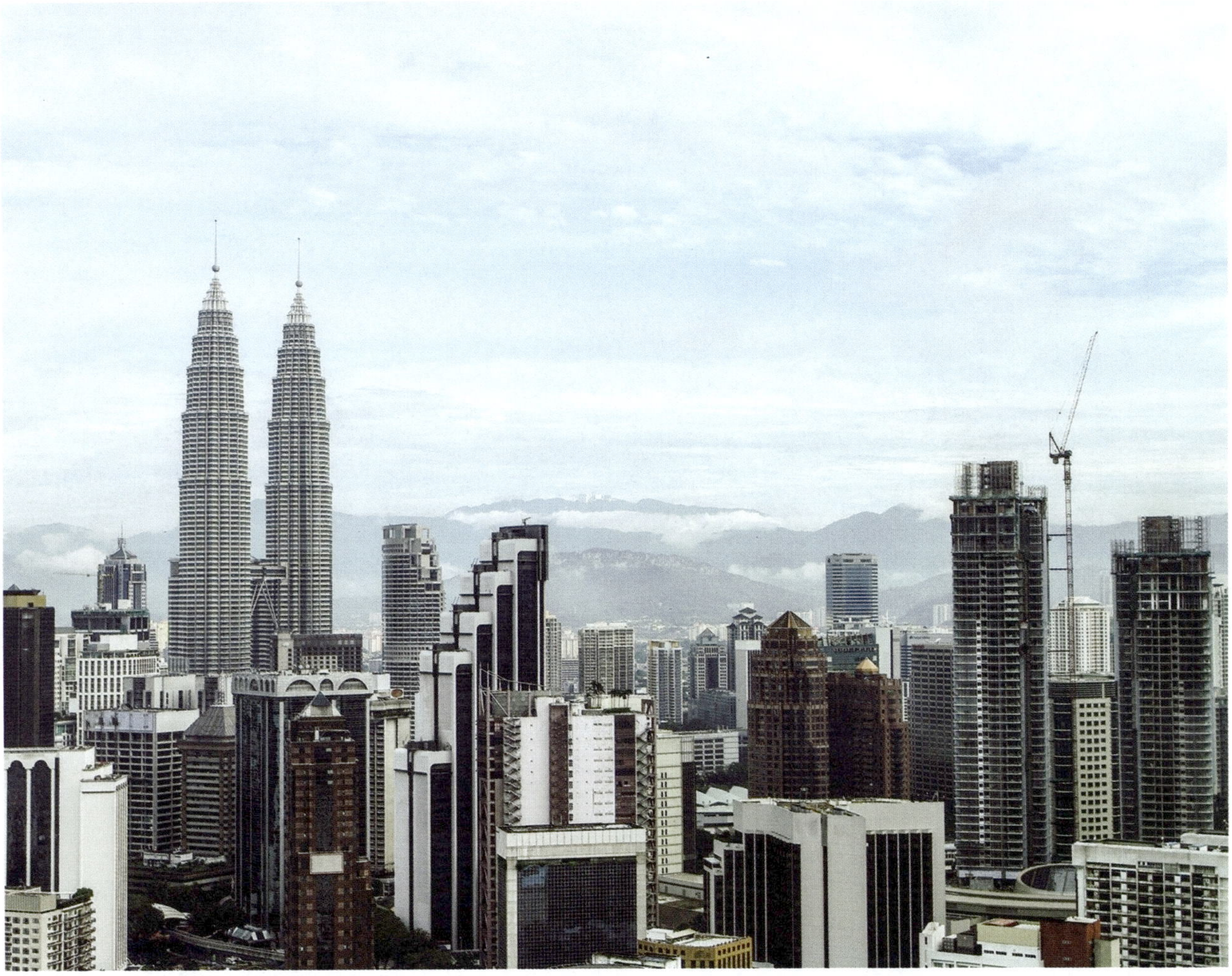

2020

长春统计年鉴

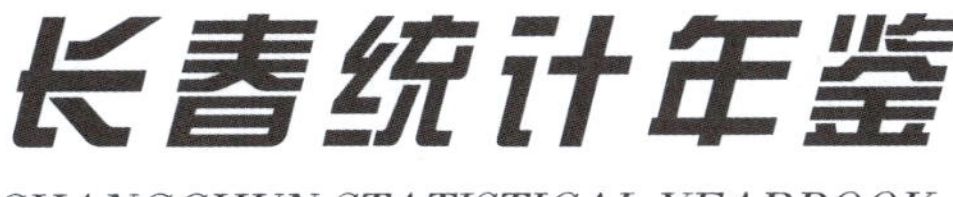

CHANGCHUN STATISTICAL YEARBOOK

第十三篇　建筑业

2019 年，全市建筑业累计完成建筑业总产值 1168.6 亿元，比去年下降 12.7%；其中装饰装修产值 41.7 亿元，下降 18.4%；在外省完成产值 275.4 亿元，下降 3%；竣工产值 676.5 亿元，下降 8.5%；房屋施工面积 5843.1 万平方米，增长 1.2%；房屋建筑竣工面积 1868 万平方米，增长 8%。

13-1 2019年长春市建筑业企业生产经营情况
MAIN FINANCIAL CONDITIONS OFCONSTRUCTION ENTERPRISES IN 2019

指标名称	Item	企业个数 Number of construction enterprises 建筑业企业个数（个）constructionenterprise
总计	Total	1379
其中：国有控股企业	State-owned and state-holding enterprise	61
一、按登记注册类型分组	Grouped by type registered	
内资企业	Domestic funded	1373
国有企业	State-owned	11
集体企业	Collective-owned	5
股份合作企业	Cooperative	2
联营企业	Joint	
国有联营企业	State joint owned	
集体联营企业	Collective joint owned	
国有与集体联营企业	State-collective joint owned	
其他联营企业	Other joint owned	
有限责任公司	Limited liability corporations	568
国有独资公司	State-owned solely	17
其他有限责任公司	Other	551
股份有限公司	Share holding	66
私营企业	Private	718
私营独资企业	Private funded	6
私营合伙企业	Private partner	2
私营有限责任公司	Private limited company	681
私营股份有限公司	Private share holding	29
其他企业	Others	3
港、澳、台商投资企业	Funded from Hongkong Macao and Taiwan	6
合资经营企业（港或澳、台资）	joint venture	5
合作经营企业（港或澳、台资）	Cooperative	
港、澳、台商独资经营企业	Solely owned	1
港、澳、台商投资股份有限公司	Share holding	
外商投资企业	Foreign funds	
中外合资经营企业	Joint venture	
中外合作经营企业	Cooperative	
外资企业	Foreign funded	
外商投资股份有限公司	Share holding	
二、按国民经济行业分组	Grouped by sector	
房屋建筑业	Housing industry	430
住宅房屋建筑	Residential Buildings	374
住宅房屋建筑	Residential Buildings	374
体育场馆建筑	Stadium Buildings	1
体育场馆建筑	Stadium Buildings	1
其他房屋建筑业	Other Housing Construction	55
其他房屋建筑业	Other Housing Construction	55
土木工程建筑业	Civil Engineering Construction	425
铁路、道路、隧道和桥梁工程建筑	Railways, Roads, Tunnels and Bridges Construction	207
铁路工程建筑	Railways Engineering Construction	4
公路工程建筑	Roads Engineering Construction	54
市政道路工程建筑	Civil Roads Engineering Construction	128
城市轨道交通工程建筑	Urban Rail Traffic Engineering Construction	2
其他道路、隧道和桥梁工程建筑	Other Roads, Tunnels and Bridges Engineering Construction	19
水利和水运工程建筑	Water Conservancy and Waterway Engineering Construction	71
水源及供水设施工程建筑	Water Source and Water Supply Facilities Engineering Construction	57
河湖治理及防洪设施工程建筑	Rivers and Lakes Control & Flood Control Facilities Engineering Construction	14
港口及航运设施工程建筑	Port and Shipping Facilities Engineering Construction	

13-1 续表 1

企业个数 Number of construction enterprises	建筑业总产值（千元） Output value of construction				竣工产值（千元） As-built output value (Unit: 1 thousand Yuan)	房屋建筑施工面积（平方米） Floor space of building completed (sq.m)	
有工作量的建筑业企业个数（个） Number of building enterprises with workload	建筑业总产值 Total output of building industry	其中：建筑工程产值 Including: output value of building projects	其中：安装工程产值 Including: output value of installation projects	其中：其他产值 Including: output value of other projects	竣工产值 Completed output value	房屋建筑施工面积 Floor space under construction of houses building	其中：本年新开工面积 Including: floor space of new projects this year
1165	116857898	95783222	12946620	8128056	67645360	58430688	23793863
56	21712357	17966683	2511618	1234056	9255585	11077640	2158792
1159	116093379	95719499	12841797	7532083	67297178	58430688	23793863
10	2421266	2421266	0	0	997821	364809	184726
4	298101	0	298101	0	296705	0	0
2	33798	33798	0	0	33798	0	0
490	61653628	49460382	8331004	3862242	36365515	34947896	10632156
15	8835788	6118668	2046827	670293	2970844	144491	32728
475	52817840	43341714	6284177	3191949	33394671	34803405	10599428
60	17391173	14912774	1119036	1359363	10045623	8491830	4716674
591	34275449	28871315	3093656	2310478	19555916	14623752	8257906
4	51332	37590	12062	1680	22062	0	0
	51332	0	0	0	0	0	0
561	33352987	28149115	2921290	2282582	18914463	14442662	8170070
26	871130	684610	160304	26216	619391	181090	87836
2	19964	19964	0	0	1800	2401	2401
6	764519	63723	104823	595973	348182	0	0
5	733990	55161	104823	574006	334236	0	0
1	30529	8562	0	21967	13946	0	0
358	64439111	58936411	1524601	3978099	42409240	50516508	20699938
314	56531675	51492411	1422784	3616480	36354861	45489881	18450500
314	56531675	51492411	1422784	3616480	36354861	45489881	18450500
1	67900	0	0	67900	66900	0	0
1	67900	0	0	67900	66900	0	0
43	7839536	7444000	101817	293719	5987479	5026627	2249438
43	7839536	7444000	101817	293719	5987479	5026627	2249438
362	36188961	29305096	4097416	2786449	14205944	2332827	1001284
170	18807426	17306208	302784	1198434	6857187	1337225	473182
4	27316	27316	0	0	27316	0	0
45	10243742	9671491	207556	364695	3317128	686953	12076
104	8155534	7306365	95228	753941	3208229	563271	428378
2	23754	23754	0	0	7196	0	0
15	357080	277282	0	79798	297318	87001	32728
66	9836820	8974659	195608	666553	2603039	4509	3209
54	9098528	8349956	82019	666553	2126909	2500	1200
12	738292	624703	113589	0	476130	2009	2009

13-1 续表 2

从业人员情况（人）Situation of employees (persons)				房屋建筑竣工面积（平方米）Floor space of building completed (sq. m)	竣工房屋价值（千元）Value of as-built houses (Unit: 1 thousand Yuan)
从事建筑业活动的平均人数 Average number of staff engaged in building activities	建筑业企业期末人数 Ending number of staff from building enterprises	其中：工程技术人员 Including: engineers and technicians	其中：现场施工人员 Including: site construction staff	合计 Total	合计 Total
224403	244405	65020	132704	18680013	28325334
28149	32109	8605	18532	2004746	3104318
222807	243044	64780	132048	18680013	28325334
3238	3276	1699	645	180083	249850
524	522	134	205	0	0
345	304	71	176	0	0
119121	116318	34208	53966	9071543	13915737
10285	14282	4332	7516	61197	90418
108836	102036	29876	46450	9010346	13825319
30005	31963	3038	25890	3272836	5762359
69528	90626	25624	51159	6153895	8395588
137	148	36	72	0	0
0	0	0	0	0	0
67310	88918	24981	50415	6106567	8287088
2081	1560	607	672	47328	108500
46	35	6	7	1656	1800
1596	1361	240	656	0	0
1532	1297	225	641	0	0
64	64	15	15	0	0
123278	141648	27335	93372	16355700	25993815
105359	123409	24743	78840	13849552	21757063
105359	123409	24743	78840	13849552	21757063
110	110	25	0	0	0
110	110	25	0	0	0
17809	18129	2567	14532	2506148	4236752
17809	18129	2567	14532	2506148	4236752
44330	46537	16189	18910	687303	764116
19427	20039	6755	7856	363471	391344
655	603	120	146	0	0
5965	6560	1883	2778	0	0
11123	10878	4052	3821	302274	300926
131	199	105	90	0	0
1553	1799	595	1021	61197	90418
11916	12801	4667	5927	0	0
10145	11205	3919	4969	0	0
1771	1596	748	958	0	0

13-1-2 续表 1

指标名称 Item		企业个数 Number of construction enterprises 建筑业企业个数（个）constructionenterprise
海洋工程建筑	Marine Engineering Construction	
海洋油气资源开发利用工程建筑	Marine Oil and Gas Resources Exploitation and Utilization Engineering Construction	
海洋能源开发利用工程建筑	Marine Energy Exploitation and Utilization Engineering Construction	
海底隧道工程建筑	Subbottom Tunnel Engineering Construction	
海底设施铺设工程建筑	Seabed Facilities Engineering Construction	
其他海洋工程建筑	Other Marine Engineering Construction	
工矿工程建筑	Industrial and Mining Engineering Construction	4
工矿工程建筑	Industrial and Mining Engineering Construction	4
架线和管道工程建筑	Wiring and Plumbing Engineering Construction	39
架线及设备工程建筑	Wiring and Equipment Engineering Construction	31
管道工程建筑	Plumbing Engineering Construction	8
地下综合管廊工程建筑	Underground Integrated Pipe Gallery Engineering Construction	
节能环保工程施工	Energy Saving and Environmental Protection Engineering Construction	11
节能工程施工	Energy Saving Engineering Construction	3
环保工程施工	Environmental Protection Engineering Construction	8
生态保护工程施工	Ecological Protection Engineering Construction	
电力工程施工	Power Engineering Construction	19
火力发电工程施工	Thermal Power Engineering Construction	2
水力发电工程施工	Hydro Power Engineering Construction	6
核电工程施工	Nuclear Power Engineering Construction	
风能发电工程施工	Wind Power Generation Engineering Construction	
太阳能发电工程施工	Solar Electrical Energy Generation Engineering Construction	
其他电力工程施工	Other Power Engineering Construction	11
其他土木工程建筑	Other Civil Works Engineering Construction	74
园林绿化工程施工	Landscaping Engineering Construction	21
体育场地设施工程施工	Sports Facilities Engineering Construction	
游乐设施工程施工	Recreation Facilities Engineering Construction	
其他土木工程建筑施工	Other Civil Works Engineering Construction	53
建筑安装业	Construction and Installation	310
电气安装	Electricity Installation	76
电气安装	Electricity Installation	76
管道和设备安装	Pipeline and Equipment Installation	117
管道和设备安装	Pipeline and Equipment Installation	117
其他建筑安装业	Other Construction and Installation	117
体育场地设施安装	Sports Facilities Installation	2
其他建筑安装	Other Building Installation	115

13-1-2 续表 2

企业个数 Number of construction enterprises	建筑业总产值（千元） Output value of construction				竣工产值（千元） As-built output value (Unit: 1 thousand Yuan)	房屋建筑施工面积（平方米） Floor space of building completed (sq.m)	
有工作量的建筑业企业个数（个） Number of building enterprises with workload	建筑业总产值 Total output of building industry	其中：建筑工程产值 Including: output value of building projects	其中：安装工程产值 Including: output value of installation projects	其中：其他产值 Including: output value of other projects	竣工产值 Completed output value	房屋建筑施工面积 Floor space under construction of houses building	其中：本年新开工面积 Including: floor space of new projects this year
3	117207	18792	98415	0	80476	0	0
3	117207	18792	98415	0	80476	0	0
34	3237152	223899	2970428	42825	3074468	0	0
27	2986956	20052	2932407	34497	2852556	0	0
7	250196	203847	38021	8328	221912	0	0
10	87082	19806	50940	16336	56406	4343	0
2	14370	14370	0	0	2170	4343	0
8	72712	5436	50940	16336	54236	0	0
14	498778	182774	309832	6172	355477	1173	1173
	0	0	0	0	0	0	0
4	30662	23338	1152	6172	0	1173	1173
10	468116	159436	308680	0	355477	0	0
65	3604496	2578958	169409	856129	1178891	985577	523720
19	966624	177886	77214	711524	227474	38702	28340
46	2637872	2401072	92195	144605	951417	946875	495380
277	10697384	5004550	4963591	729243	6754877	4449831	1464656
67	2088144	385560	1510857	191727	1441795	59000	59000
67	2088144	385560	1510857	191727	1441795	59000	59000
109	3724407	1220703	2459428	44276	2952340	208125	154750
109	3724407	1220703	2459428	44276	2952340	208125	154750
101	4884833	3398287	993306	493240	2360742	4182706	1250906
1	6444	6444	0	0	6444	0	0
100	4878389	3391843	993306	493240	2354298	4182706	1250906

13-1-2 续表 3

从业人员情况（人）Situation of employees (persons)				房屋建筑竣工面积（平方米）Floor space of building completed (sq. m)	竣工房屋价值（千元）Value of as-built houses (Unit: 1 thousand Yuan)
从事建筑业活动的平均人数 Average number of staff engaged in building activities	建筑业企业期末人数 Ending number of staff from building enterprises	其中：工程技术人员 Including: engineers and technicians	其中：现场施工人员 Including: site construction staff	合计 Total	合计 Total
198	210	57	82	0	0
198	210	57	82	0	0
4869	5041	1588	2153	0	0
4199	4362	1446	1849	0	0
670	679	142	304	0	0
370	604	227	352	4340	2170
76	76	48	25	4340	2170
294	528	179	327	0	0
1100	2284	811	1333	0	0
47	38	23	8	0	0
161	195	78	73	0	0
892	2051	710	1252	0	0
6450	5558	2084	1207	319492	370602
1154	1454	628	448	10894	17739
5296	4104	1456	759	308598	352863
40848	38379	16595	12636	1287363	1356570
6547	10250	2302	5749	0	0
6547	10250	2302	5749	0	0
8414	8895	2386	3884	135250	46002
8414	8895	2386	3884	135250	46002
25887	19234	11907	3003	1152113	1310568
43	43	19	18	0	0
25844	19191	11888	2985	1152113	1310568

13-1-3 续表 1

指标名称 Item		企业个数 Number of construction enterprises
		建筑业企业个数（个） constructionenterprise
建筑装饰、装修和其他建筑业	Architectural Decoration, Decoration and Other Construction	214
建筑装饰和装修业	Architectural Decoration and Decoration	156
公共建筑装饰和装修	Public Architectural Decoration and Decoration	36
住宅装饰和装修	Residential Decoration and Fitment	95
建筑幕墙装饰和装修	Building Curtain Decoration and Fitment	25
建筑幕墙装饰和装修	Building Demolition and Site Preparation Activities	2
建筑物拆除活动	Building Demolition Activities	1
场地准备活动	Site Preparation Activities	1
提供施工设备服务	Provision of Construction Equipment Services	3
提供施工设备服务	Provision of Construction Equipment Services	3
其他未列明建筑业	Other Construction Not Listed	53
其他未列明建筑业	Other Construction Not Listed	53
三、按隶属关系分组	III. Grouped by Relationship of Administrative Subordination	
中央	Central	14
地方	Local	287
其他	Other	1078
四、按企业资质等级分组	Group according to grades of enterprise qualification	
企业资质等级（施工总承包）	General construction contract	778
特级	Superfine	3
一级	First class	44
二级	Second class	215
三级及以下	Third class and below	516
企业资质等级（专业总承包）	Responsibility contracts on specialties	601
一级	First class	64
二级	Second class	226
三级及以下	Third class and below	311
五、按控股情况分组	Grouped by owned	
国有控股	State-owned	61
集体控股	Collective-owned	18
私人控股	Private-owned	1031
港澳台商控股	HongKong Macao and Taiwan-owned	4
外商控股	Foreign-owned	
其他	Others	265

注：建筑业生产经营情况为 2019 年 4 季度快报数据。

13-1-3 续表 2

企业个数 Number of construction enterprises	建筑业总产值（千元）Output value of construction				竣工产值（千元）As-built output value (Unit: 1 thousand Yuan)	房屋建筑施工面积（平方米）Floor space of building completed (sq.m)	
有工作量的建筑业企业个数（个）Number of building enterprises with workload	建筑业总产值 Total output of building industry	其中：建筑工程产值 Including: output value of building projects	其中：安装工程产值 Including: output value of installation projects	其中：其他产值 Including: output value of other projects	竣工产值 Completed output value	房屋建筑施工面积 Floor space under construction of houses building	其中：本年新开工面积 Including: floor space of new projects this year
168	5532442	2537165	2361012	634265	4275299	1131522	627985
124	2740724	1764607	498750	477367	2086613	771039	483585
29	562842	323375	11322	228145	408356	300	0
76	1923118	1267716	432489	222913	1492827	769016	483585
19	254764	173516	54939	26309	185430	1723	0
2	6066	6066	0	0	5870	0	0
1	196	196	0	0	0	0	0
1	5870	5870	0	0	5870	0	0
2	171706	165359	6347	0	82622	0	0
2	171706	165359	6347	0	82622	0	0
40	2613946	601133	1855915	156898	2100194	360483	144400
40	2613946	601133	1855915	156898	2100194	360483	144400
12	12136059	9757055	2174886	204118	3690567	391381	254865
239	31576473	27915339	1824074	1837060	18470901	23919070	7720591
914	73145366	58110828	8947660	6086878	45483892	34120237	15818407
651	101588557	89339305	5113234	7136018	57807941	57138889	22928306
3	8650359	8650359	0	0	5590306	9181949	2916351
40	41421737	35935649	3180538	2305550	18278068	16471430	7237485
197	34760291	30916813	1121302	2722176	23279532	20498824	9032959
411	16756170	13836484	811394	2108292	10660035	10986686	3741511
514	15269341	6443917	7833386	992038	9837419	1291799	865557
63	5497593	1868379	3242274	386940	3509605	212923	20000
181	4525420	2105259	2053319	366842	2850080	611833	432042
270	5246328	2470279	2537793	238256	3477734	467043	413515
56	21712357	17966683	2511618	1234056	9255585	11077640	2158792
17	2147101	1531759	357057	258285	929422	828158	333913
860	70408760	59334211	6601252	4473297	40956309	33565870	16963245
4	715778	63562	56243	595973	299441	0	0
228	21873902	16887007	3420450	1566445	16204603	12959020	4337913

注：建筑业生产经营情况为 2018 年 4 季度快报数据。

13-1-3 续表 3

从业人员情况（人）Situation of employees (persons)				房屋建筑竣工面积（平方米）Floor space of building completed (sq. m)	竣工房屋价值（千元）Value of as-built houses (Unit: 1 thousand Yuan)
从事建筑业活动的平均人数 Average number of staff engaged in building activities	建筑业企业期末人数 Ending number of staff from building enterprises	其中：工程技术人员 Including: engineers and technicians	其中：现场施工人员 Including: site construction staff	合计 Total	合计 Total
15947	17841	4901	7786	349647	210833
9221	10318	2262	5338	205478	179685
2403	2594	596	1212	295	800
6080	7017	1481	3682	205145	178807
738	707	185	444	38	78
54	82	48	22	0	0
26	54	32	22	0	0
28	28	16	0	0	0
823	825	140	0	0	0
823	825	140	0	0	0
5849	6616	2451	2426	144169	31148
5849	6616	2451	2426	144169	31148
11427	13791	4597	6600	260251	413618
55284	57800	11361	36937	6401524	9333748
157692	172814	49062	89167	12018238	18577968
186789	203935	53141	114998	17591241	28003018
9653	7784	1664	5027	2138198	3624629
70768	81868	24081	48051	5662612	9361306
62554	62615	14199	38436	7019066	11295479
43814	51668	13197	23484	2771365	3721604
37614	40470	11879	17706	1088772	322316
8590	9236	2537	4418	30000	3000
12447	12428	3730	4400	672712	160613
16577	18806	5612	8888	386060	158703
28149	32109	8605	18532	2004746	3104318
3090	2873	699	829	177778	283141
160596	177645	47549	100398	14134398	20917410
1450	1221	208	551	0	0
31118	30557	7959	12394	2363091	4020465

注：建筑业生产经营情况为 2018 年 4 季度快报数据。

13-2 2019年长春市建筑业企业财务状况表
MAIN FINANCIAL CONDITIONS OFCONSTRUCTION ENTERPRISES IN 2019

指标名称	Item	法人个数 iegaiperson	固定资产原价 Original value of fixed assets
一、按登记注册类型分组	I.Grouped by Registration Type	17	3456707
内资企业	Domestic Enterprises	565	6501100
国有企业	State-Owned Enterprises	68	948688
集体企业	Collective Enterprises	706	3111322
股份合作企业	Joint Stock Cooperative Enterprise	1	
有限责任公司	Company with Limited Liability	674	2982555
国有独资公司	Wholly State-Owned Enterprises	31	128767
其他有限责任公司	Other Companies with Limited Liability	5	162585
股份有限公司	Incorporated Company	4	161561
私营企业	Private Enterprises	1	1024
私营合伙企业	Private Partnerships	63	5148914
私营有限责任公司	Private Companies with Limited Liability	16	179929
私营股份有限公司	Private Incorporated Companies	1033	6047156
港、澳、台商投资企业	Hongkong, Maocao or Taiwan Investment	3	140577
合资经营企业（港或澳、台资）	Joint Venture (Hong Kong, Macao or Taiwan Investment)	264	3356416
港、澳、台商独资经营企业	Hong Kong, Macao or Taiwan Sole Proprietorship	1313	9583501
国有控股	State - Owned Holding	1297	9403572
集体控股	Collective Holding	16	179929
私人控股	Private Holding	1033	6047156
港澳台商控股	Hong Kong, Macao or Taiwan Holding	3	140577
其他	Other	264	3356416
其中：民营经济（含集体）	Among: Private Economy(Including Collective)	1313	9583501
其中：民营经济（不含集体）	Among: Private Economy(Excluding Collective)	1297	9403572

13-2 续表 1

资产总计 Total	流动负债合计 Current liabilites	非流动负债合计 Non-Current liabilites	负债合计 Liabilities	所有者权益合计 Ownership interests	营业收入 Main operation income	营业成本 Main operation cost	税金及附加 Main operation taxes and extra charges
178493551	106758704	4092919	117314520	61179031			
4484400	3590765	95613	3694907	789493	3237637	2937211	11215
369467	286556		286556	82911	324786	262191	2076
18931	6424	436	6860	12071	33947	30077	207
107804114	62011059	3017935	68057150	39746964	66710799	60900747	625959
21605936	7742542	1485873	9290344	12315592	8245789	7530390	39117
86198178	54268517	1532062	58766806	27431372	58465010	53370357	586842
21211145	13202117	565167	15968086	5243059	18214256	17019765	108953
44605494	27661783	413768	29300961	15304533	34722051	30042040	322315
2200	100		100	2100	1400	1210	
43287487	26974687	402490	28593485	14694002	33447244	29008222	314921
1315807	686996	11278	707376	608431	1273407	1032608	7394
899526	593094	43	593147	306379	180926	176185	5164
843390	584971	43	585024	258366	155001	159162	2053
56136	8123		8123	48013	25925	17023	3111
39798799	22180858	1708225	23960683	15838116	21479067	19747452	134242
3337245	2953874	23054	2982929	354316	1913326	1772737	37344
95458673	57777663	1247926	64561461	30897212	73641880	66234640	604981
570205	483530		483530	86675	132185	138839	4430
40228155	23955873	1113757	25919064	14309091	26257944	23474548	294892
139024073	84687410	2384737	93463454	45560619	101813150	91481925	937217
135686828	81733536	2361683	90480525	45206303	99899824	89709188	899873

13-2 续表 2

管理费用 Management expenses	财务费用 Financialcost	利润总额 Profit	所得税费用 Income Tax Expense	应付职工薪酬（本年贷方累计发生额）Wages payable of the year	应交增值税 Value added
3916578	1280924	4782528	1685202	9510810	3371741
145764	37222	29299	6705	303482	63106
40753	-127	20557	6560	39458	3076
8136	-10	-1711	27	7332	
2186823	507879	2428724	879964	4224736	1426978
301694	53012	152649	36752	817679	75051
1885129	454867	2276075	843212	3407057	1351927
308657	194153	566391	361066	2069881	747755
1226445	541807	1739268	430880	2865921	1130826
190		-210		807	
1126909	538860	1641365	414092	2750058	1088169
99346	2947	98113	16788	115056	42657
17977	-9	-9429	723	22795	7561
15064	-11	-12305	549	21539	5228
2913	2	2876	174	1256	2333
679413	152872	554105	191125	2134272	370477
95243	27	42419	25608	178342	21859
2206775	887347	2925155	1024689	6151248	2418428
8350	-4	-10868	234	6884	4061
944774	240673	1262288	444269	1062859	564477
3246792	1128047	4229862	1494566	7392449	3004764
3151549	1128020	4187443	1468958	7214107	2982905

13-2-2 续表 1

指标名称	Item	法人个数 iegaiperson	固定资产原价 Original value of fixed assets
二、按国民经济行业分组	II. Grouped by National Economy Industry		
建筑业	Construction Business	1379	14872992
房屋建筑业	Housing Industry	430	3044335
住宅房屋建筑	Residential Buildings	374	2776085
住宅房屋建筑	Residential Buildings	374	2776085
体育场馆建筑	Stadium Buildings	1	83
体育场馆建筑	Stadium Buildings	1	83
其他房屋建筑业	Other Housing Construction	55	268167
其他房屋建筑业	Other Housing Construction	55	268167
土木工程建筑业	Civil Engineering Construction	425	9910439
铁路、道路、隧道和桥梁工程建筑	Railways, Roads, Tunnels and Bridges Construction	207	5185578
铁路工程建筑	Railways Engineering Construction	4	22292
公路工程建筑	Roads Engineering Construction	54	2642799
市政道路工程建筑	Civil Roads Engineering Construction	128	2089975
城市轨道交通工程建筑	Urban Rail Traffic Engineering Construction	2	2904
其他道路、隧道和桥梁工程建筑	Other Roads, Tunnels and Bridges Engineering Construction	19	427608
水利和水运工程建筑	Water Conservancy and Waterway Engineering Construction	71	1030054
水源及供水设施工程建筑	Water Source and Water Supply Facilities Engineering Construction	57	920545
河湖治理及防洪设施工程建筑	Rivers and Lakes Control & Flood Control Facilities Engineering Construction	14	109509
工矿工程建筑	Industrial and Mining Engineering Construction	4	14706
工矿工程建筑	Industrial and Mining Engineering Construction	4	14706
架线和管道工程建筑	Wiring and Plumbing Engineering Construction	39	695780
架线及设备工程建筑	Wiring and Equipment Engineering Construction	31	592741
管道工程建筑	Plumbing Engineering Construction	8	103039
节能环保工程施工	Energy Saving and Environmental Protection Engineering Construction	11	2932
节能工程施工	Energy Saving Engineering Construction	3	104
环保工程施工	Environmental Protection Engineering Construction	8	2828

13-2-2 续表 2

资产总计 Total	流动负债合计 Current liabilites	非流动负债合计 Non-Current liabilites	负债合计 Liabilities	所有者权益合计 Ownership interests	营业收入 Main operation income	营业成本 Main operation cost	税金及附加 Main operation taxes and extra charges
179393077	107351798	4092962	117907667	61485410	123424402	111368216	1075889
72356102	53098938	978661	54898267	17457835	65710026	60329336	660756
64107474	46598965	764074	47796237	16311237	58228622	53252075	579367
64107474	46598965	764074	47796237	16311237	58228622	53252075	579367
71389	20650		51529	19860	33568	22944	
71389	20650		51529	19860	33568	22944	
8177239	6479323	214587	7050501	1126738	7447836	7054317	81389
8177239	6479323	214587	7050501	1126738	7447836	7054317	81389
77520713	39116784	2768594	46083780	31436933	37722028	33443317	287375
43306526	23752742	1158706	29041020	14265506	20327034	17714274	191825
222266	194252	285	194537	27729	61681	54561	414
21273335	12341937	126153	13371064	7902271	10356208	9023727	56753
17476845	10285624	1027568	12519992	4956853	9412675	8230906	113146
183407	123407		123407	60000	22414	15761	128
4150673	807522	4700	2832020	1318653	474056	389319	21384
11849699	7350316	668373	8040938	3808761	9771295	8800414	42710
10945419	6958987	666738	7644465	3300954	9022091	8146308	36797
904280	391329	1635	396473	507807	749204	654106	5913
189345	56382		56382	132963	124417	120984	957
189345	56382		56382	132963	124417	120984	957
3743376	2225659	218949	2446237	1297139	3101921	2856729	19514
3229241	1985833	218849	2206310	1022931	2830459	2643464	18424
514135	239826	100	239927	274208	271462	213265	1090
135921	59301	529	60281	75640	118933	102161	283
74500	42723		42723	31777	17688	13962	8
61421	16578	529	17558	43863	101245	88199	275

13-2-2 续表 3

管理费用 Management expenses	财务费用 Financialcost	利润总额 Profit	所得税费用 Income Tax Expense	应付职工薪酬（本年贷方累计发生额） Wages payable of the year	应交增值税 Value added
3934555	1280915	4773099	1685925	9533605	3379302
1071120	458114	2466489	1089011	5592779	2185782
946822	422028	2268234	935881	4632131	1837165
946822	422028	2268234	935881	4632131	1837165
5724	4856	44	11	3156	15
5724	4856	44	11	3156	15
118574	31230	198211	153119	957492	348602
118574	31230	198211	153119	957492	348602
1606069	716206	1456750	406888	2359712	691215
755563	611217	1006164	257632	790226	348714
10669	1015	-2259	1021	4597	730
339657	342160	606868	154203	266087	150059
354926	252173	392599	95305	476498	177688
4330	2081	-89	12	3513	750
45981	13788	9045	7091	39531	19487
370818	56857	276371	75619	916671	155061
311608	56201	249298	63413	779054	128231
59210	656	27073	12206	137617	26830
10452	244	-17602	2773	8754	4598
10452	244	-17602	2773	8754	4598
221500	10095	69569	21921	387934	55661
187488	9512	47730	17488	353177	49473
34012	583	21839	4433	34757	6188
11157	52	4048	176	11181	1956
2707	2	304	14	3328	85
8450	50	3744	162	7853	1871

13-2-3 续表 1

指标名称	Item	法人个数 iegaiperson	固定资产原价 Original value of fixed assets
电力工程施工	Power Engineering Construction	19	186552
火力发电工程施工	Thermal Power Engineering Construction	2	1032
水力发电工程施工	Hydro Power Engineering Construction	6	90
其他电力工程施工	Other Power Engineering Construction	11	185430
其他土木工程建筑	Other Civil Works Engineering Construction	74	2794837
园林绿化工程施工	Landscaping Engineering Construction	21	153746
其他土木工程建筑施工	Other Civil Works Engineering Construction	53	2641091
建筑安装业	Construction and Installation	310	1033494
电气安装	Electricity Installation	76	274568
电气安装	Electricity Installation	76	274568
管道和设备安装	Pipeline and Equipment Installation	117	443090
管道和设备安装	Pipeline and Equipment Installation	117	443090
其他建筑安装业	Other Construction and Installation	117	315836
体育场地设施安装	Sports Facilities Installation	2	8149
其他建筑安装	Other Building Installation	115	307687
建筑装饰、装修和其他建筑业	Architectural Decoration, Decoration and Other Construction	214	884724
建筑装饰和装修业	Architectural Decoration and Decoration	156	587464
公共建筑装饰和装修	Public Architectural Decoration and Decoration	36	392178
住宅装饰和装修	Residential Decoration and Fitment	95	139091
建筑幕墙装饰和装修	Building Curtain Decoration and Fitment	25	56195
建筑物拆除和场地准备活动	Building Demolition and Site Preparation Activities	2	224
建筑物拆除活动	Building Demolition Activities	1	
场地准备活动	Site Preparation Activities	1	224
提供施工设备服务	Provision of Construction Equipment Services	3	6099
提供施工设备服务	Provision of Construction Equipment Services	3	6099
其他未列明建筑业	Other Construction Not Listed	53	290937
其他未列明建筑业	Other Construction Not Listed	53	290937

13-2-3 续表 2

资产总计 Total	流动负债合计 Current liabilites	非流动负债合计 Non-Current liabilites	负债合计 Liabilities	所有者权益合计 Ownership interests	营业收入 Main operation income	营业成本 Main operation cost	税金及附加 Main operation taxes and extra charges
1027702	787998		791168	236534	528553	478862	5690
10972	8325		8325	2647	11998		63
11559	6878		10045	1514	26861	23129	2082
1005171	772795		772798	232373	489694	455733	3545
17268144	4884386	722037	5647754	11620390	3749875	3369893	26396
2551405	1615259	86341	1709709	841696	1205741	960342	10981
14716739	3269127	635696	3938045	10778694	2544134	2409551	15415
19832524	11670993	284963	12354057	7478467	10584464	9272574	74944
3058538	1160168	21585	1192979	1865559	2116599	1755436	15861
3058538	1160168	21585	1192979	1865559	2116599	1755436	15861
6333768	3161859	160994	3362996	2970772	3858692	3289049	35091
6333768	3161859	160994	3362996	2970772	3858692	3289049	35091
10440218	7348966	102384	7798082	2642136	4609173	4228089	23992
131844	81183	22900	104083	27761	6910	6174	221
10308374	7267783	79484	7693999	2614375	4602263	4221915	23771
9683738	3465083	60744	4571563	5112175	9407884	8322989	52814
6908149	1970027	49673	3042877	3865272	6486018	6057248	33001
1419588	709548	30000	851209	568379	706428	609762	10361
5086725	1056734	255	1965281	3121444	5402962	5109526	16063
401836	203745	19418	226387	175449	376628	337960	6577
5377	4209		4209	1168	9402	6593	32
1854	903		903	951	1968	430	15
3523	3306		3306	217	7434	6163	17
310927	117861		134078	176849	171987	158230	212
310927	117861		134078	176849	171987	158230	212
2459285	1372986	11071	1390399	1068886	2740477	2100918	19569
2459285	1372986	11071	1390399	1068886	2740477	2100918	19569

13-2-3 续表 3

管理费用 Management expenses	财务费用 Financialcost	利润总额 Profit	所得税费用 Income Tax Expense	应付职工薪酬（本年贷方累计发生额）Wages payable of the year	应交增值税 Value added
28369	2067	14175	10043	34879	43856
2882	2	63	5	1508	42
649	11	785	234	5558	2103
24838	2054	13327	9804	27813	41711
208210	35674	104025	38724	210067	81369
69547	28194	109122	18273	93103	44184
138663	7480	-5097	20451	116964	37185
720508	57536	441980	98545	890198	341063
170124	15345	187109	26317	263208	58380
170124	15345	187109	26317	263208	58380
324779	29057	141247	34030	376297	125235
324779	29057	141247	34030	376297	125235
225605	13134	113624	38198	250693	157448
761		-243	3	606	209
224844	13134	113867	38195	250087	157239
536858	49059	407880	91481	690916	161242
201408	41429	156600	50533	376463	119649
60455	21719	4801	6120	105547	16233
124334	17862	134771	42906	248939	93894
16619	1848	17028	1507	21977	9522
1961	9	808	12	2258	
1488	1	35	1	1300	
473	8	773	11	958	
6469	33	7044	1755	32139	2640
6469	33	7044	1755	32139	2640
327020	7588	243428	39181	280056	38953
327020	7588	243428	39181	280056	38953

13-2-4 续表 1

指标名称	Item	法人个数 iegaiperson	固定资产原价 Original value of fixed assets
三、按隶属关系分组	III. Grouped by Relationship of Administrative Subordination		
中央	Central	13	1537548
地方	Local	237	6299510
其他	Other	1129	7035934
四、按企业资质等级分组	IV. Grouped by Enterprise Qualification Grade		
总承包	Overall Contract	778	12890959
特级	Special Grade	4	1780809
一级	Grade I	44	2976542
二级	Grade II	216	3986406
三级及以下	Grade III and Lower	514	4147202
专业承包	Specialty Contract	601	1982033
一级	Grade I	63	571712
二级	Grade II	227	509499
三级及以下	Grade III and Lower	311	900822
五、按控股情况分	V. Grouped by Holdings		
国有控股	State - Owned Holding	63	5148914
集体控股	Collective Holding	16	179929
私人控股	Private Holding	1033	6047156
港澳台商控股	Hong Kong, Macao or Taiwan Holding	3	140577
其他	Other	264	3356416
其中：民营经济（含集体）	Among: Private Economy(Including Collective)	1313	9583501
其中：民营经济（不含集体）	Among: Private Economy(Excluding Collective)	1297	9403572

13-2-4 续表 2

资产总计 Total	流动负债合计 Current liabilites	非流动负债合计 Non-Current liabilites	负债合计 Liabilities	所有者权益合计 Ownership interests	营业收入 Main operation income	营业成本 Main operation cost	税金及附加 Main operation taxes and extra charges
15415744	9078022	947968	10882982	4532762	14960930	14068519	26128
58227207	29293508	1047975	33551033	24676174	31135454	28657259	196005
105750126	68980268	2097019	73473652	32276474	77328018	68642438	853756
153695978	96759912	3791946	105527652	48168326	103178855	93625390	942551
15343866	9201684	88227	9973411	5370455	8706436	8001674	38578
51246540	38688262	1096102	42594586	8651954	38707243	36077151	309563
53028487	35938525	1345681	37911053	15117434	36904193	33543688	335131
34077085	12931441	1261936	15048602	19028483	18860983	16002877	259279
25697099	10591886	301016	12380015	13317084	20245547	17742826	133338
6827718	3688530	169310	3968776	2858942	5380472	4637451	34661
9577432	3001514	37878	3962199	5615233	8682274	7854316	41248
9291949	3901842	93828	4449040	4842909	6182801	5251059	57429
39798799	22180858	1708225	23960683	15838116	21479067	19747452	134242
3337245	2953874	23054	2982929	354316	1913326	1772737	37344
95458673	57777663	1247926	64561461	30897212	73641880	66234640	604981
570205	483530		483530	86675	132185	138839	4430
40228155	23955873	1113757	25919064	14309091	26257944	23474548	294892
139024073	84687410	2384737	93463454	45560619	101813150	91481925	937217
135686828	81733536	2361683	90480525	45206303	99899824	89709188	899873

注：财务状况数据为“四经普”数据。

13-2-4 续表 3

管理费用 Management expenses	财务费用 Financialcost	利润总额 Profit	所得税费用 Income Tax Expense	应付职工薪酬（本年贷方累计发生额） Wages payable of the year	应交增值税 Value added
318889	80654	224234	35752	1111511	100238
929222	195308	1179320	575416	2584670	917268
2686444	1004953	3369545	1074757	5837424	2361796
2644822	1164780	3852379	1484004	7997883	2918919
155015	97095	390317	170776	731004	193093
724329	519454	936949	471261	3024075	1087960
961882	417886	1582764	545173	3040105	1085300
803596	130345	942349	296794	1202699	552566
1289733	116135	920720	201921	1535722	460383
386245	39454	260236	62306	386673	121364
384088	43334	325999	59309	595818	178054
519400	33347	334485	80306	553231	160965
679413	152872	554105	191125	2134272	370477
95243	27	42419	25608	178342	21859
2206775	887347	2925155	1024689	6151248	2418428
8350	-4	-10868	234	6884	4061
944774	240673	1262288	444269	1062859	564477
3246792	1128047	4229862	1494566	7392449	3004764
3151549	1128020	4187443	1468958	7214107	2982905

注：财务状况数据为“四经普”数据。

统计资料

▶批发零售贸易和住宿餐饮业

WHOLESALE RETAIL TRADES AND HOTELS CATERING

STATISTICS

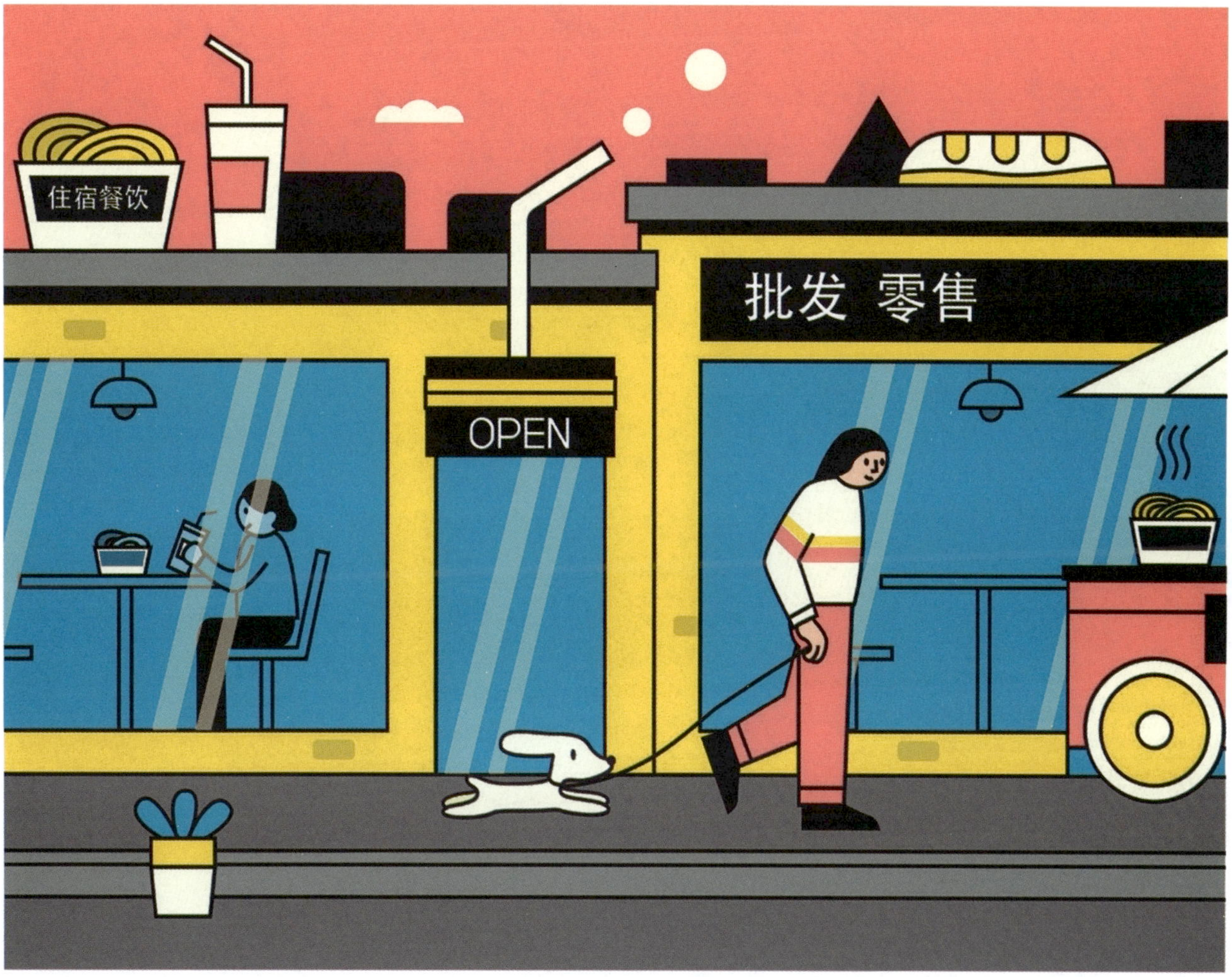

2020

长春统计年鉴

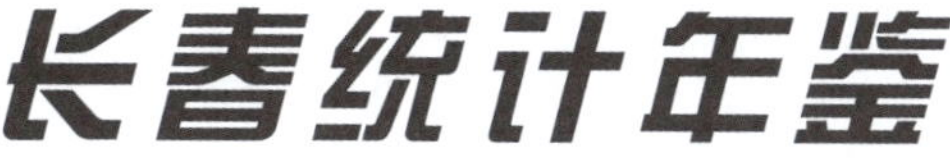

CHANGCHUN STATISTICAL YEARBOOK

第十四篇　批发零售贸易和住宿餐饮业

2019年，长春市消费品市场运行良好。社会消费品零售总额完成2066.3亿元，同比增长3.8%。

从零售额实现的地域上看，全年长春市城镇实现零售额1850.4亿元，乡村实现零售额215.9亿元。

从零售额的行业构成看，批发零售业实现零售额1788.5亿元。住宿餐饮业实现零售额277.7亿元。

14-1 2018年限额以上批发和零售业法人基本情况

指标名称	Item	法人企业数（个）Corporate enterprises (unit)
总计	Total	1276
一、批发业	Wholesale	522
农、林、牧产品批发	Farming、Fore、Animal、Husbandry	48
谷物、豆及薯类批发	Cereal beans and Tubers	35
种子批发	Seed	7
畜牧渔业饲料批发	Livestock and Fishery Feed Wholesale	4
其他农牧产品批发	Others	2
食品、饮料及烟草制品批发业	Food drink and tobaccos	43
米、面制品及食用油批发业	Grain and edible oil	10
糕点、糖果及糖批发	Pastries, Candy and Sugar Wholesale	1
肉、禽、蛋、奶及水产品批发	Meet fowl egg and marine products	6
盐及调味品批发	Salt and condiment	3
营养和保健品批发	The nutrition and health care products retail	2
酒、饮料及茶叶批发	Alcohol beverage and tea tobaccos	9
烟草制品批发业	Tobaccos	1
其他食品批发	Others	11
纺织、服装及日用品批发业	Textile garment and daily articles	31
纺织品、针织品及原料批发	Textile knitwear and raw moterial	3
服装批发	Garment	9
鞋帽批发	Shoes and Hats Wholesale	1
化妆品及卫生用品批发	Cosmetic and sanitary accessories	1
厨具卫具及日用杂品批发	Kitchenware and Household Items Wholesale	5
灯具、装饰物品批发	Lamps and Decorative Items Wholesale	1
家用视听设备批发	Household Audiovisual Equipment Wholesale	1
日用家电批发	Household Appliances Wholesale	7
其他家庭用品批发	Others	3
文化、体育用品及器材批发业	Sporting goods and equipment wholesale	11
文具用品批发	Stationery	4
体育用品及器材批发	Sporting goods and equipment wholesale	2
图书批发	Books	3
报刊批发	Newspaper	1
其他文化用品批发	Others	1
医药及医疗器材批发	Medicine and medical appliance	111
西药批发	Western medicine	48
中药批发	Chinese medicine	30
动物用药品批发	Animal Medicine Wholesale	5
医疗用品及器材批发	Medical component	28
矿产品、建材及化工产品批发	Minerals construction materials	119
煤炭及制品批发	Coal and related products	11
石油及制品批发	Petroleum and related products	12

GENERAL INFORMATION OF THE ABOVE-NORM WHOLESALE AND RETAIL 2018

从业人员期末人数（人）(person)		法人所属产业活动单位数（个）The number of legal persons' establishments		
	其中：女性 Female		批发和零售业 Wholesale and retail trade	其他 Others
69286	33940	2166	2115	51
20926	8913	66	64	2
1404	294	14	14	
1080	205	10	10	
240	65	4	4	
59	17			
25	7			
2885	1126	10	10	
398	161			
3				
147	55			
149	61			
140	81			
876	327	2	2	
848	266	8	8	
324	175			
1101	681	2	1	1
34	15			
391	248			
16	13			
2	1			
158	75	2	1	1
3	1			
10	2			
409	284			
78	42			
903	522	2	2	
177	115			
77	45			
457	223	2	2	
181	134			
11	5			
5802	3059			
3413	1856			
1542	783			
143	62			
704	358			
4220	1534	32	31	1
191	60			
2360	910	16	15	1

14-1 续表 1

指标名称	Item	法人企业数（个）Corporate enterprises (unit)
金属及金属矿批发业	Metal materials	31
建材批发	Construction materials	39
化肥批发	Chemical fertilizers	10
农药批发	Agricultural Chemicals Wholesale	2
其他化工产品批发	Others	14
机械设备、五金交电及电子产品批发业	Machinery hardware and electronic equipment	147
农业机械批发	Farm machinery	12
汽车及零配件批发	Auto and Spare Parts Wholesale	59
摩托车及零配件批发	Motor vehicles motorcycle and parts	4
五金产品批发	Hardware products	19
电气设备批发	Appliances	4
计算机、软件及辅助设备批发业	Computer software and accessories	9
通讯设备批发	Communications-Equipment Wholesale	9
广播影视设备批发	Radio and Television Equipment Wholesale	2
其他机械设备及电子产品批发	Others	29
其他批发业	Other wholesale	12
再生物资回收与批发	Recycling and wholesale of recycled materials	2
其他未列明的批发	Others	10
内资企业	Domestic funds	520
国有企业	State-owned	3
集体企业	Collective-owned	1
有限责任公司	Limited liability corporations	182
国有独资企业	State-owned solely	9
其他有限责任公司	Limited liability corporations	173
股份有限公司	Share holding	20
私营企业	Private	314
私营独资企业	Private funded	5
私营有限责任公司	Private limited company	301
私营股份有限公司	Private share holding	8

continued 1

从业人员期末人数（人）(person)	其中：女性 Female	法人所属产业活动单位数（个）The number of legal persons' establishments	批发和零售业 Wholesale and retail trade	其他 Others
387	119			
483	157	2	2	
450	152	14	14	
12	4			
337	132			
4058	1466	6	6	
184	57			
1682	609			
86	33			
410	231			
38	20			
282	89			
235	85	2	2	
83	37			
1058	305	4	4	
553	231			
36	9			
517	222			
20581	8790	63	61	2
966	279	8	8	
11	3	4	4	
9749	4431	30	30	
2306	1067	14	14	
7443	3364	16	16	
1256	580			
8599	3497	21	19	2
107	29			
8240	3342	21	19	2
252	126			

14-1 续表 2

指标名称 Item		法人企业数（个） Corporate enterprises (unit)
外商投资企业	Foreign funds	2
中外合资经营企业	Joint venture	2
国有控股	State-owned	26
集体控股	Collective-owned	1
私人控股	Private-owned	447
外商控股	Foreign-owned	1
其他	Others	47
独立门店	Substantive store	360
连锁直营店	Chain Direct-Sale Stores	1
其他	Others	161
大型	Large-sized	8
中型	Medium-sized	126
小型	Small-sized	286
微型	Micro-sized	102
二、零售业	Retail trade	754
综合零售	Retail trade	53
百货零售	Consumer goods	35
超级市场零售	Supermarket	14
其他综合零售	Other comprehensive retail business	4
食品、饮料及烟草制品专门零售业	Food beverage and tobaccos	53
粮油零售	Food and Oil	6
糕点、面包零售	Cake and bread	1
果品、蔬菜零售	Fruit and Vegetable	2
肉、禽、蛋、奶及水产品零售	Meat,fowl,egg and marine products	8
营养和保健品零售	Nutrition and health care	6
酒、饮料及茶叶零售	Alcohol beverage and tea	10
烟草制品零售	Tobaccos	2
其他食品零售	Others	18
纺织、服装及日用品专门零售业	Textile,garment and daily articles	40
纺织品及针织品零售	Textile and knitwear	3
服装零售	Garments	17
化妆品级卫生用品零售	Cosmetic and sanitary accessories	6

continued 2

从业人员期末人数（人）(person)	其中：女性 Female	法人所属产业活动单位数（个）The number of legal persons' establishments	批发和零售业 Wholesale and retail trade	其他 Others
345	123	3	3	
345	123	3	3	
5299	2172	25	25	
11	3	4	4	
13461	5896	23	21	2
2	1			
2153	841	14	14	
13883	5812	43	42	1
49	36			
6994	3065	23	22	1
4594	1910	12	12	
9107	4060	32	31	1
6026	2496	18	17	1
1199	447	4	4	
48360	25027	2100	2051	49
14279	9435	119	119	
10454	6748	8	8	
3737	2643	111	111	
88	44			
5474	1222	190	188	2
403	108	2		2
264	160	22	22	
3527	170	88	88	
163	46			
53	18			
275	185			
482	323	75	75	
307	212	3	3	
2215	1566	109	108	1
41	28			
1263	900	14	13	1
482	340	52	52	

14-1 续表 3

指标名称	Item	法人企业数（个）Corporate enterprises (unit)
厨具卫具及日用杂品零售	Kitchenware and Household Items Retail	5
钟表、眼镜零售	Clock and spectacles	6
自行车等代步设备零售	Bicycles and Walking Equipment Retail	1
其他日用品零售	Others	2
文化、体育用品及器材专门零售	Cultural and sport goods	28
文具用品零售	Stationery	6
体育用品及器材零售	Sporting goods and equipment retail	5
图书、报刊零售	Books、Newspaper	9
珠宝首饰零售	Jewelry	3
工艺美术品及收藏品零售	Handicraft article and collection	3
乐器零售	Musical Instrument Retail	1
照相器材零售	Photogrphic apparatus retail	1
医药及医疗器材专门零售业	Medicine and medical appliance	43
西药零售	Western Medicine Retail	21
中药零售	Chinese Medicine Retail	5
医疗用品及器材零售	Medical component	17
汽车、摩托车、零配件和燃料及其他动力销售	Auto, Motorcycles, Spare Parts and Fuel & Other Power Sales	361
汽车新车零售	New Cars Retail	202
汽车旧车零售	Second-Hand Cars Retail	109
汽车零配件零售	Installation kit	18
机动车燃油零售	Motor Vehicles Fuel Retail	30
机动车燃气零售	Motor Vehicles Gas Retail	2
家用电器及电子产品专门零售业	Electrical household equipment	68
家用视听设备零售	Household audio and video equipment	3
日用家电零售	Household Appliances Retail	17
计算机、软件及辅助设备零售业	Computer software and accessories	24
通信设备零售	Teleconmmunicational equipment	16
其他电子产品零售	Others	8
五金、家具及室内装修材料专门零售业	Hardware funiture and indoor hareware fitting	60
五金零售	Hardware	32
灯具零售	Lamps	3
家具零售	Funiture	5
涂料零售	Coating	2
卫生洁具零售	Sanitary ware retail	2
陶瓷、石材装饰材料零售	Ceramics、decorative stone materials retail	7
其他室内装修材料零售	Others	9
货摊、无店铺及其他零售业	Other retail trade	48
互联网零售	Internet Retail	8
旧货零售	Second hand	1
生活用燃料零售	Fuel for life	15

continued 3

从业人员期末人数（人）(person)	其中：女性 Female	法人所属产业活动单位数（个）The number of legal persons' establishments	批发和零售业 Wholesale and retail trade	其他 Others
105	83	26	26	
241	193	17	17	
26	8			
57	14			
1118	544	14	14	
51	22			
125	65	2	2	
714	339	8	8	
82	66	4	4	
132	45			
7	1			
7	6			
7331	5152	1476	1435	41
6809	4936	1469	1428	41
166	74	7	7	
356	142			
14241	5519	145	141	4
10743	4046	29	25	4
1051	292			
278	85			
2112	1071	114	114	
57	25	2	2	
1977	955	39	39	
40	25			
986	474	16	16	
453	184			
359	221	23	23	
139	51			
942	366	8	7	1
386	117	2	2	
40	10			
111	56			
18	15			
60	36	4	4	
185	95	2	1	1
142	37			
783	268			
146	69			
53	20			
255	55			

14-1 续表 4

指标名称	Item	法人企业数（个）Corporate enterprises (unit)
其他未列明的零售	Others	24
内资企业	Domestic funds	742
国有企业	State-owned	2
集体企业	Collective Enterprise	1
股份合作企业	Cooperative	2
有限责任公司	Limited liability corporations	300
国有独资公司	State-owned solely	6
其他有限责任公司	Limited liability corporations	294
股份有限公司	Share holding	15
私营企业	Private	422
私营独资企业	Private funded	16
私营有限责任公司	Private limited company	398
私营股份有限公司	Private share holding	8
港、澳、台商投资企业	Funded from Hongkong,Macao and Taiwan	6
与港澳台商合资经营企业	Joint venture	3
港澳台商独资企业	Hong Kong, Macao or Taiwan Sole Proprietorship	3
外商投资企业	Foreign funds	6
中外合资经营企业	Joint venture	1
外资企业	Foreign funded	3
外商投资股份有限公司	Foreign-Invested Incorporated Company	2
国有控股	State-owned	22
集体控股	Collective-owned	10
私人控股	Private-owned	638
港澳台商控股	Hongkong, Macao and Taiwan-Owned	5

continued 4

从业人员期末人数（人）(person)	其中：女性 Female	法人所属产业活动单位数（个）The number of legal persons' establishments	批发和零售业 Wholesale and retail trade	其他 Others
329	124			
46427	23788	2018	1969	49
60	42			
48	32			
1807	1012			
23063	10632	798	796	2
595	199	44	44	
22468	10433	754	752	2
8445	6135	770	726	44
13004	5935	450	447	3
204	94			
12614	5748	450	447	3
186	93			
1404	985	78	78	
673	431			
731	554	78	78	
529	254	4	4	
125	39			
239	139	2	2	
165	76	2	2	
7731	4751	141	141	
2745	1744	31	31	
28811	12438	1045	1040	5
923	637	78	78	

14-1 续表 5

指标名称 Item		法人企业数（个） Corporate enterprises (unit)
外商控股	Foreign-owned	6
其他	Others	73
独立门店	Substantive store	639
连锁总店（总部）	Chain headquarter	18
连锁直营店	Chain Direct-Sale Stores	7
连锁加盟店	Chain store	1
其他	Others	89
大型	Large-sized	16
中型	Medium-sized	165
小型	Small-sized	298
微型	Micro-sized	275
有店铺零售	Retail trade	619
食杂店	Traditional Grocery Stores	2
便利店	Convenience store	12
超市	Market	19
大型超市	Super market	10
仓储会员店	Warehouse Membership Stores	1
百货店	Consumer goods	32
专业店	Specialty store	266
专卖店	Exclusive shop	226
家居建材商店	Household items hall	14
购物中心	Shopping center	12
厂家直销中心	Direct sales by manufacturers	25
无店铺零售	Other retail trade	133
电视购物	TV shopping	1
网上商店	Store on line	6
其他	Others	126

continued 5

从业人员期末人数（人）(person)	其中：女性 Female	法人所属产业活动单位数（个）The number of legal persons' establishments	批发和零售业 Wholesale and retail trade	其他 Others
529	254	4	4	
7621	5203	801	757	44
29558	12550	442	437	5
12838	8939	1571	1530	41
1534	1134	67	67	
5	2			
4425	2402	20	17	3
21589	12044	1531	1490	41
17981	9216	492	486	6
6686	2995	70	68	2
2104	772	7	7	
44743	23516	2079	2033	46
18	9			
1753	1049	117	117	
916	604	78	78	
2651	1848	35	35	
26	14			
4420	2716	52	52	
14435	8229	1526	1485	41
12645	4136	259	255	4
294	135	4	4	
6874	4589	8	7	1
711	187			
3279	1295	21	18	3
7	6			
94	55	2		2
3178	1234	19	18	1

14-2 2018年限额以上批发和零售法人企业财务状况综合表

指标名称	Item	法人企业数（个）Corporate enterprises (unit)
总计	Total	1276
一、批发业	Whole sale enterprises	522
农、林、牧产品批发	Farming、Fore、animal husbandry	48
谷物、豆及薯类批发	Cereal beans and Tubers	35
种子批发	Seed	7
畜牧渔业饲料批发	Livestock and Fishery Feed Wholesale	4
其他农牧产品批发	Others	2
食品、饮料及烟草制品批发	Food, drink and tobaccos	43
米、面制品及食用油批发	Grain and edible oil	10
糕点、糖果及糖批发	Pastries, Candy and Sugar Wholesale	1
肉、禽、蛋、奶及水产品批发	Meat fowl egg and marine products	6
盐及调味品批发	Salt and condiment	3
营养和保健品批发	The nutrition and health care products retail	2
酒、饮料机茶叶批发	Alcohol beverage and tea tobaccos	9
烟草制品批发	Tobaccos	1
其他食品批发	Others	11
纺织、服装及家庭用品批发	Textiles, garments and daily articles	31
纺织品、针织品及原料批发	Textile knitwear and raw moterial	3
服装批发	Garments	9
鞋帽批发	Shoes and Hats Wholesale	1
化妆品及卫生用品批发	Cosmetic and sanitary accessories	1
厨房、卫生间用具及日用杂货批发	Kitchen rest room and daily articles	5
灯具、装饰物品批发	Lamps and Decorative Items Wholesale	1
家用视听设备批发	Household Audiovisual Equipment Wholesale	1
日用家电批发	Household Appliances Wholesale	7
其他家庭用品批发	Others	3
文化、体育用品及器材批发	Cultural and sports goods	11
文具用品批发	Stationery	4
体育用品及器材批发	Sporting goods and equipment wholeasale	2
图书批发	Books	3
报刊批发	Newspaper	1
其他文化用品批发	Others	1
医药及医疗器材批发	Medicines and medical appliances	111
西药批发	Western medicine	48
中药批发	Chinese medicine	30
动物用药品批发	Animal Medicine Wholesale	5
医疗用品及器材批发	Medical component	28
矿产品、建材及化工产品批发	Minerals and construction materials	119

LIMITATION ABOVE WHOLESALE AND RETAIL BUSINESS AS A LEGAL PERSON ENTERPRISE COMPREHENSIVE TABLE OF CHANGES IN FINANCIAL POSITION IN 2018

unit:10000 yuan

二、期末资产负债 The final balance sheet					
流动资产合计 Circulating funds	固定资产合计 Total Fixed Assets	固定资产原价 Original Value of fixed assets	累计折旧 Total depreciation	本年折旧 Depreciationg in this year	资产总计 Total assets
9870609.2	1835791.0	3216187.6	881201.8	179959.8	13238478.8
6134194.2	586608.0	814930.5	227436.3	73705.3	7164406.4
483870.3	47678.9	59334.8	11273.2	2561.5	575309.6
458144.2	34358.4	42097.4	7739.0	1687.7	502981.9
19423.6	11854.8	14948.5	2711.0	272.9	64459.9
4221.1	341.8	776.3	434.5	226.8	4639.4
2081.4	1123.9	1512.6	388.7	374.1	3228.4
348917.2	45590.9	87405.8	41801.3	4473.0	404425.9
80408.0	1344.4	2220.2	874.8	83.4	81872.1
952.9		1.1			952.9
6363.6	1312.8	1877.6	564.8	113.9	7764.3
15460.5	2374.9	3504.3	1117.9	126.0	18519.5
12795.5	151.0	201.7	50.7	17.1	13202.6
26543.8	977.0	1435.4	458.4	328.6	28464.9
192414.3	39239.5	77540.6	38301.1	3765.6	239427.5
13978.6	191.3	624.9	433.6	38.4	14222.1
68709.8	1157.6	2606.8	1447.9	161.1	70677.4
1296.2	0.8	13.5	12.7	2.5	1297.0
23573.3	170.0	429.1	257.8	43.6	24456.6
264.8	4.5	71.6	67.1	6.1	270.8
922.5					933.6
8729.9	717.3	1020.4	303.1	53.4	9505.9
319.1					319.1
2865.5					2865.5
22298.2	187.3	657.4	470.1	35.5	22510.9
8440.3	77.7	414.8	337.1	20.0	8518.0
123419.0	11918.5	21306.9	9388.4	743.5	159655.1
19132.5	77.2	112.3	35.1	23.1	19347.9
10827.2	55.9	196.5	140.6	19.8	10970.9
75681.0	11707.6	20803.2	9095.6	615.1	109765.9
16713.9	70.1	112.6	42.5	10.9	18498.3
1064.4	7.7	82.3	74.6	74.6	1072.1
1521554.4	46968.7	72418.6	25351.7	6964.2	1666005.9
1136647.8	26927.7	42172.2	15146.3	2900.3	1251190.2
242202.2	13549.7	19844.3	6294.6	2208.5	260979.1
12762.7	88.6	230.0	141.4	15.7	12852.8
129941.7	6402.7	10172.1	3769.4	1839.7	140983.8
2851015.6	399086.1	511246.9	111789.7	50917.3	3476024.7

14-2 续表 1 continued1

指标名称	Item	负债合计 Total liabilities
总计	Total	10050359.1
一、批发业	Whole sale enterprises	5298971.3
农、林、牧产品批发	Farming、Fore、animal husbandry	448894.7
谷物、豆及薯类批发	Cereal beans and Tubers	411581.8
种子批发	Seed	32948.6
畜牧渔业饲料批发	Livestock and Fishery Feed Wholesale	2121.1
其他农牧产品批发	Others	2243.2
食品、饮料及烟草制品批发	Food, drink and tobaccos	177650.4
米、面制品及食用油批发	Grain and edible oil	78009.9
糕点、糖果及糖批发	Pastries, Candy and Sugar Wholesale	454.0
肉、禽、蛋、奶及水产品批发	Meat fowl egg and marine products	5247.1
盐及调味品批发	Salt and condiment	11858.3
营养和保健品批发	The nutrition and health care products retail	12850.1
酒、饮料机茶叶批发	Alcohol beverage and tea tobaccos	21850.0
烟草制品批发	Tobaccos	35529.0
其他食品批发	Others	11852.0
纺织、服装及家庭用品批发	Textiles, garments and daily articles	64862.4
纺织品、针织品及原料批发	Textile knitwear and raw moterial	831.5
服装批发	Garments	26902.3
鞋帽批发	Shoes and Hats Wholesale	-141.4
化妆品及卫生用品批发	Cosmetic and sanitary accessories	396.7
厨房、卫生间用具及日用杂货批发	Kitchen rest room and daily articles	5200.2
灯具、装饰物品批发	Lamps and Decorative Items Wholesale	219.1
家用视听设备批发	Household Audiovisual Equipment Wholesale	1865.5
日用家电批发	Household Appliances Wholesale	27635.3
其他家庭用品批发	Others	1953.2
文化、体育用品及器材批发	Cultural and sports goods	117712.1
文具用品批发	Stationery	12650.4
体育用品及器材批发	Sporting goods and equipment wholeasale	10732.1
图书批发	Books	83208.5
报刊批发	Newspaper	10134.1
其他文化用品批发	Others	987.0
医药及医疗器材批发	Medicines and medical appliances	1353310.7
西药批发	Western medicine	1058231.4
中药批发	Chinese medicine	216448.5
动物用药品批发	Animal Medicine Wholesale	10573.9
医疗用品及器材批发	Medical component	68056.9
矿产品、建材及化工产品批发	Minerals and construction materials	2572551.6

单位：万元 unit:10000 yuan

所有者权益 Creditor's equity	实收资本 Driginal Value of fixed assets	三、损益及分配 Gains and losses and distribution 营业收入 Operation revenue	主营业务收入 Operating revenue	营业成本 Operating costs	主营业务成本 Operating costs
3188119.7	2239060.2	18807467.9	18447846.0	16718600.6	16639116.6
1865435.1	1281862.6	11651595.5	11603346.4	10671114.5	10631058.9
126414.9	82478.2	1075565.1	1069463.6	1002734.3	1000802.7
91400.1	65892.1	1037233.5	1031132.0	969056.0	967124.4
31511.3	14466.1	16858.6	16858.6	14472.7	14472.7
2518.3	1580.0	16273.4	16273.4	15139.4	15139.4
985.2	540.0	5199.6	5199.6	4066.2	4066.2
226775.5	12525.9	1624431.8	1622049.2	1347397.6	1345499.3
3862.2	3491.6	779247.8	778433.9	713853.0	713089.4
498.9	498.9	5228.2	5228.2	5181.6	5181.6
2517.2	837.3	42490.5	42489.6	38528.0	38527.6
6661.2	1301.6	20228.7	20228.7	14812.5	14812.5
352.5	1130.0	13058.0	13058.0	10629.1	10629.1
6614.9	2690.0	72584.8	72313.3	60426.6	60175.5
203898.5	1795.3	634937.2	634314.8	452512.0	452062.8
2370.1	781.2	56656.6	55982.7	51454.8	51020.8
5815.0	9299.0	122758.5	122570.1	99076.6	99050.2
465.5	250.0	4356.3	4356.3	3828.8	3828.8
-2445.7	1431.0	31275.8	31252.0	23583.7	23559.8
412.2	358.0	895.6	895.6	805.7	805.7
536.9	200.0	954.5	954.5	257.2	257.2
4305.7	2430.0	21497.8	21497.8	15183.4	15183.4
100.0	100.0	1133.9	1133.9	1071.1	1071.1
1000.0	1000.0	2901.1	2901.1	2562.3	2562.3
-5124.4	960.0	37276.4	37273.9	33193.7	33191.2
6564.8	2570.0	22467.1	22305.0	18590.7	18590.7
41943.0	35058.7	102291.2	101162.5	87177.0	87177.0
6697.5	5693.5	34727.2	34688.8	29513.0	29513.0
238.8	600.0	11562.5	11562.5	10720.1	10720.1
26557.4	24165.2	40174.6	39084.3	33551.1	33551.1
8364.2	4500.0	13518.3	13518.3	11148.9	11148.9
85.1	100.0	2308.6	2308.6	2243.9	2243.9
312695.2	646345.0	1982363.6	1979652.7	1752225.2	1747050.3
192958.8	107993.7	1480979.0	1479318.6	1351035.5	1349524.1
44530.6	518212.1	302039.9	301124.0	256218.7	252555.2
2278.9	1460.0	17985.5	17985.5	15434.9	15434.9
72926.9	18679.2	181359.2	181224.6	129536.1	129536.1
903473.1	388518.0	3701651.1	3669116.1	3635152.5	3606238.1

14-2 续表 2 continued2

指标名称	Item	营业税金及附加 Business taxes and extra charges
总计	Total	143954.4
一、批发业	Whole sale enterprises	107312.8
农、林、牧产品批发	Farming、Fore、animal husbandry	847.8
谷物、豆及薯类批发	Cereal beans and Tubers	806.2
种子批发	Seed	10.1
畜牧渔业饲料批发	Livestock and Fishery Feed Wholesale	4.3
其他农牧产品批发	Others	27.2
食品、饮料及烟草制品批发	Food, drink and tobaccos	89539.4
米、面制品及食用油批发	Grain and edible oil	899.6
糕点、糖果及糖批发	Pastries, Candy and Sugar Wholesale	0.8
肉、禽、蛋、奶及水产品批发	Meat fowl egg and marine products	104.0
盐及调味品批发	Salt and condiment	295.7
营养和保健品批发	The nutrition and health care products retail	71.8
酒、饮料机茶叶批发	Alcohol beverage and tea tobaccos	148.8
烟草制品批发	Tobaccos	87925.0
其他食品批发	Others	93.7
纺织、服装及家庭用品批发	Textiles, garments and daily articles	342.3
纺织品、针织品及原料批发	Textile knitwear and raw moterial	7.2
服装批发	Garments	83.6
鞋帽批发	Shoes and Hats Wholesale	1.1
化妆品及卫生用品批发	Cosmetic and sanitary accessories	8.7
厨房、卫生间用具及日用杂货批发	Kitchen rest room and daily articles	97.9
灯具、装饰物品批发	Lamps and Decorative Items Wholesale	16.3
家用视听设备批发	Household Audiovisual Equipment Wholesale	18.5
日用家电批发	Household Appliances Wholesale	55.6
其他家庭用品批发	Others	53.4
文化、体育用品及器材批发	Cultural and sports goods	459.6
文具用品批发	Stationery	147.6
体育用品及器材批发	Sporting goods and equipment wholeasale	11.5
图书批发	Books	299.9
报刊批发	Newspaper	
其他文化用品批发	Others	0.6
医药及医疗器材批发	Medicines and medical appliances	4981.9
西药批发	Western medicine	2920.3
中药批发	Chinese medicine	944.6
动物用药品批发	Animal Medicine Wholesale	46.0
医疗用品及器材批发	Medical component	1071.0
矿产品、建材及化工产品批发	Minerals and construction materials	4708.9

单位：万元 unit:10000 yuan

三、损益及分配 Gainsay and losses and distribution				
主营业务税金及附加 Main operation taxes and extra charges	其他业务利润 Other business profit	销售费用 Marketing expenses	管理费用 Management expenses	财务费用 Financial expenses
139176.3	73440.2	891491.2	546750.1	197644.2
105354.1	10903.8	512459.9	168520.2	71015.5
696.1	1975.4	56814.5	8774.5	14932.3
654.5	1012.2	55065.5	7322.2	14689.6
10.1		370.6	889.1	159.0
4.3		523.9	447.9	13.0
27.2	963.2	854.5	115.3	70.7
89287.3	1890.2	100015.4	24693.4	-3207.8
899.6		62453.3	1663.8	-73.0
0.8		48.5	7.0	0.1
104.0		2810.4	247.9	139.7
92.7		1031.4	2778.6	-52.6
24.2		1629.6	361.7	36.8
148.2	1588.8	6206.5	2848.6	401.0
87925.0	173.2	23215.3	14544.3	-3688.1
92.8	128.2	2620.4	2241.5	28.3
338.8	746.4	12739.5	9696.1	339.5
7.2		150.2	365.2	6.0
81.7	585.4	4262.2	4551.6	15.4
1.1		19.9	68.4	0.1
8.7		23.5	71.7	
97.9		3223.9	2594.3	7.6
16.3		2.7	38.8	0.3
18.5		206.2	109.4	1.0
54.0		2719.3	1451.1	56.6
53.4	161.0	2131.6	445.6	252.5
455.9		6879.2	8084.1	42.4
146.0		2999.3	591.5	-2.1
9.4		903.3	153.9	8.9
299.9		2942.0	6029.1	-126.7
		14.3	1213.2	167.1
0.6		20.3	96.4	-4.8
4609.5	2388.8	79288.3	44491.2	23268.9
2629.7	553.2	51687.7	21857.3	19642.2
915.7	545.8	14676.6	14456.8	3258.1
36.0	281.1	833.6	1104.0	-1.3
1028.1	1008.7	12090.4	7073.1	369.9
3967.0	1965.2	75214.9	34301.4	32226.9

14-2 续表 3 continued3

指标名称	Item	营业利润 Business profit
总计	Total	276237.4
一、批发业	Whole sale enterprises	116705.4
农、林、牧产品批发	Farming、Fore、animal husbandry	-5855.3
谷物、豆及薯类批发	Cereal beans and Tubers	-6981.9
种子批发	Seed	956.9
畜牧渔业饲料批发	Livestock and Fishery Feed Wholesale	104.3
其他农牧产品批发	Others	65.4
食品、饮料及烟草制品批发	Food,drink and tobaccos	66524.9
米、面制品及食用油批发	Grain and edible oil	894.2
糕点、糖果及糖批发	Pastries, Candy and Sugar Wholesale	-9.8
肉、禽、蛋、奶及水产品批发	Meat fowl egg and marine products	666.2
盐及调味品批发	Salt and condiment	1411.8
营养和保健品批发	The nutrition and health care products retail	303.8
酒、饮料机茶叶批发	Alcohol beverage and tea tobaccos	2553.4
烟草制品批发	Tobaccos	60516.6
其他食品批发	Others	188.7
纺织、服装及家庭用品批发	Textiles,garments and daily articles	-13.6
纺织品、针织品及原料批发	Textile knitwear and raw moterial	-1.1
服装批发	Garments	-1809.0
鞋帽批发	Shoes and Hats Wholesale	0.4
化妆品及卫生用品批发	Cosmetic and sanitary accessories	593.4
厨房、卫生间用具及日用杂货批发	Kitchen rest room and daily articles	390.4
灯具、装饰物品批发	Lamps and Decorative Items Wholesale	4.4
家用视听设备批发	Household Audiovisual Equipment Wholesale	3.7
日用家电批发	Household Appliances Wholesale	-187.8
其他家庭用品批发	Others	992.0
文化、体育用品及器材批发	Cultural and sports goods	2430.2
文具用品批发	Stationery	1437.5
体育用品及器材批发	Sporting goods and equipment wholeasale	-235.2
图书批发	Books	308.6
报刊批发	Newspaper	967.1
其他文化用品批发	Others	-47.8
医药及医疗器材批发	Medicines and medical appliances	75278.0
西药批发	Western medicine	33421.8
中药批发	Chinese medicine	10484.1
动物用药品批发	Animal Medicine Wholesale	371.4
医疗用品及器材批发	Medical component	31000.7
矿产品、建材及化工产品批发	Minerals and construction materials	-85551.7

单位：万元 unit:10000 yuan

		四、人工成本及增值税 Labor cost and VAT		五、从事批发和零售业活动的从业人员平均人数（人） Average number of employees engaged in wholesale and retail activities (person)
利润总额 Total profit	应交所得税 Income taxes payable	应付职工薪酬（本年贷方累计发生额） payroll payable (credit accumulated happening this year)	应交增值税 VAT payableinput	
195573.8	104530.1	614736.9	227489.0	71391
127763.1	60441.1	227022.7	142351.7	20717
11318.9	376.8	7786.2	-1753.6	1412
10142.5	332.9	6753.9	-1850.1	1088
957.1	1.3	687.9	1.0	249
153.9	42.1	241.9	7.9	50
65.4	0.5	102.5	87.6	25
67446.2	17005.8	37733.2	34057.8	2828
938.6	312.8	4644.0	3479.0	360
-9.8		11.5		3
658.7	63.6	392.8	171.4	123
1469.9	211.1	1711.1	47.2	133
303.8	81.4	120.8	9.2	192
2992.2	655.7	4070.9	492.7	757
60438.0	15625.5	25672.1	29440.9	848
654.8	55.7	1110.0	417.4	412
1098.5	488.1	4532.5	1705.2	1158
42.9	8.5	73.4	3.1	34
-1252.0	45.3	1110.3	659.1	396
0.4		28.8	9.5	16
593.4	113.2	7.1	46.1	2
886.6	39.5	620.1	264.9	156
9.4	0.4	5.4	16.3	8
3.7	0.4	230.0	0.3	30
-184.0	14.1	1750.2	315.1	422
998.1	266.7	707.2	390.8	94
2939.3	519.4	9476.3	772.4	873
1445.6	345.5	862.8	1228.4	148
-233.7	1.1	329.7	124.9	75
625.0	15.4	7374.2	15.2	458
1145.2	155.7	861.0	-601.6	181
-42.8	1.7	48.6	5.5	11
74771.6	20239.8	37344.4	24680.7	5362
32722.8	7868.7	21494.1	11344.1	3131
10513.0	4736.6	8832.0	6453.2	1410
377.4	89.2	694.3	250.9	142
31158.4	7545.3	6324.0	6632.5	679
-94838.8	5198.5	94138.5	49768.8	4461

14-2 续表 4 continued4

指标名称 Item		法人企业数（个）Corporate enterprises (unit)
煤炭及制品批发	Coal and related products	11
石油及制品批发	Petroleum and related products	12
金属及金属矿批发	Metal materials	31
建材批发	Constructional materials	39
化肥批发	Chemical fertilizer	10
农药批发	Agricultural Chemicals Wholesale	2
其他化工产品批发	Others	14
机械设备、五金产品及电子产品批发	Machinery, hardware and electric equipment	147
农业机械批发	Farm machinery	12
汽车及零配件批发	motorcycle	59
摩托车及零件批发	Motor vehicles, motorcycle and parts	4
五金产品批发	Hardware products	19
电气设备批发	Electrical household appliances	4
计算机、软件及辅助设备批发	Computer software and accessories	9
通讯设备批发	Communications-Equipment Wholesale	9
广播影视设备批发	Radio and Television Equipment Wholesale	2
其他机械设备及电子产品批发	Others	29
其他批发业	Other	12
再生物资回收与批发	Recycling and wholesale of recycled materials	2
其他未列明的批发	Others	10
内资企业	Domestic funds	520
国有企业	State-owned	3
集体企业	Collective-owned	1
有限责任公司	Limited liability corporations	182
国有独资企业	State-owned solely	9
其他有限责任公司	Limited liability corporations	173
股份有限公司	Share holding	20
私营企业	Private	314
私营独资企业	Private funded	5

单位：万元 unit:10000 yuan

二、期末资产负债 The final balance sheet					
流动资产合计 Circulating funds	固定资产合计 Total Fixed Assets	固定资产原价 Original Value of fixed assets	累计折旧 Total depreciation	本年折旧 Depreciationg in this year	资产总计 Total assets
85376.3	733.2	1081.1	347.9	104.1	88842.3
296511.0	76334.3	131921.2	55585.9	9639.9	457903.8
1399488.7	12804.9	28079.1	15274.2	2926.2	1450456.2
290130.4	301414.1	337607.1	35972.9	34824.8	611391.0
378361.4	2834.7	3969.3	984.6	508.0	429086.1
4230.3	1.3	2.6	1.3	1.3	4231.7
396917.5	4963.6	8586.5	3622.9	2913.0	434113.6
712339.4	32115.9	57451.8	25316.6	7633.1	785610.8
13121.1	127.8	360.8	233.0	49.1	16349.0
385682.1	12552.1	25538.3	12972.9	5222.8	420155.2
17609.4	3029.4	6140.3	3111.0	285.9	24287.1
40740.0	2419.9	4013.0	1593.1	867.0	43884.5
5310.8	151.2	395.5	244.3	56.3	5462.1
21579.3	270.5	557.1	286.6	70.0	21856.6
17507.1	182.6	351.7	169.1	94.8	17944.7
6951.2	44.9	177.0	132.1	36.2	7020.1
203838.4	13337.5	19918.1	6574.5	951.0	228651.5
24368.5	2091.4	3158.9	1067.5	251.6	26697.0
1341.5	1067.0	1155.7	88.7	1.4	2531.4
23027.0	1024.4	2003.2	978.8	250.2	24165.6
5771637.6	583732.3	802232.7	217615.2	73288.1	6773658.6
221061.9	42012.7	83434.3	41421.6	3937.2	272225.9
190.8	104.2	135.0	30.8	16.0	295.0
3242602.1	445581.7	576883.6	130881.7	55003.3	3861966.7
835788.4	81969.8	143525.9	61556.1	8705.8	1026505.5
2406813.7	363611.9	433357.7	69325.6	46297.5	2835461.2
1130491.6	8478.9	18116.8	9637.9	3492.9	1289998.8
1177291.2	87554.8	123663.0	35643.2	10838.7	1349172.2
1171.8	3106.5	3263.2	155.7	146.7	4236.5

14-2 续表 5 continued5

指标名称	Item	负债合计 Total liabilities
煤炭及制品批发	Coal and related products	81945.6
石油及制品批发	Petroleum and related products	270705.2
金属及金属矿批发	Metal materials	1346557.8
建材批发	Constructional materials	252202.4
化肥批发	Chemical fertilizer	387486.6
农药批发	Agricultural Chemicals Wholesale	3008.3
其他化工产品批发	Others	230645.7
机械设备、五金产品及电子产品批发	Machinery,hardware and electric equipment	543334.3
农业机械批发	Farm machinery	6852.9
汽车及零配件批发	motorcycle	280407.7
摩托车及零件批发	Motor vehicles,motorcycle and parts	11740.5
五金产品批发	Hardware products	34386.7
电气设备批发	Electrical household appliances	1345.6
计算机、软件及辅助设备批发	Computer software and accessories	13250.1
通讯设备批发	Communications-Equipment Wholesale	14011.0
广播影视设备批发	Radio and Television Equipment Wholesale	3397.1
其他机械设备及电子产品批发	Others	177942.7
其他批发业	Other	20655.1
再生物资回收与批发	Recycling and wholesale of recycled materials	1028.0
其他未列明的批发	Others	19627.1
内资企业	Domestic funds	5066316.5
国有企业	State-owned	61515.1
集体企业	Collective-owned	246.8
有限责任公司	Limited liability corporations	3504398.6
国有独资企业	State-owned solely	1296692.5
其他有限责任公司	Limited liability corporations	2207706.1
股份有限公司	Share holding	466033.9
私营企业	Private	1034122.1
私营独资企业	Private funded	589.9

单位：万元 unit:10000 yuan

所有者权益 Creditor's equity	实收资本 Original Value of fixed assets	三、损益及分配 Gains and losses and distribution			
		营业收入 Operation revenue	主营业务收入 Operating revenue	营业成本 Operating costs	主营业务成本 Operating costs
6896.7	5978.0	84647.9	84647.9	78592.7	78592.7
187198.6	168890.9	1050905.6	1020564.3	1056740.8	1029150.2
103898.4	150163.1	1673346.8	1673019.4	1637644.1	1637644.1
359188.6	32227.6	333628.6	332327.4	316432.5	315268.7
41599.5	26985.3	421659.1	421094.0	422622.1	422462.1
1223.4	1000.0	5051.5	5051.5	4707.7	4707.7
203467.9	3273.1	132411.6	132411.6	118412.6	118412.6
242276.5	102915.3	2992603.3	2989401.3	2706316.7	2704206.7
9496.1	4693.3	38963.2	38951.1	35305.5	35163.6
139747.5	43374.2	2272082.7	2270051.9	2051961.2	2050723.7
12546.6	3508.0	54991.9	54529.8	50821.1	50635.4
9497.8	15786.9	59041.9	59041.9	53204.4	53204.4
4116.5	1995.0	4874.6	4865.1	4320.9	4320.8
8606.5	6266.0	38107.0	38107.0	35068.7	35068.7
3933.7	2451.0	140846.5	140235.7	130220.9	129712.4
3623.0	1600.0	136976.8	136976.8	128814.4	128814.4
50708.8	23240.9	246718.7	246642.0	216599.6	216563.3
6041.9	4722.5	49930.9	49930.9	41034.6	41034.6
1503.4	1053.5	7147.0	7147.0	6673.5	6673.5
4538.5	3669.0	42783.9	42783.9	34361.1	34361.1
1707342.1	1110919.7	9941312.4	9894628.3	9115415.8	9076727.9
210710.8	2145.3	671571.7	670899.6	500837.5	500383.9
48.2	48.2	2254.3	2254.3	2154.4	2154.4
357568.1	328900.5	6143656.2	6107996.8	5741158.9	5705038.6
-270187.0	164036.4	2713536.4	2683770.2	2623374.3	2597053.9
627755.1	164864.1	3430119.8	3424226.6	3117784.6	3107984.7
823964.9	80870.2	781640.8	779118.3	752518.8	752209.2
315050.1	698955.5	2342189.4	2334359.3	2118746.2	2116941.8
3646.6	430.0	13611.0	13221.8	11519.2	11363.4

14-2 续表 6 continued6

指标名称	Item	营业税金及附加 Business taxes and extra charges
煤炭及制品批发	Coal and related products	122.4
石油及制品批发	Petroleum and related products	2309.8
金属及金属矿批发	Metal materials	1374.4
建材批发	Constructional materials	488.3
化肥批发	Chemical fertilizer	191.4
农药批发	Agricultural Chemicals Wholesale	0.6
其他化工产品批发	Others	222.0
机械设备、五金产品及电子产品批发	Machinery,hardware and electric equipment	6225.9
农业机械批发	Farm machinery	9.4
汽车及零配件批发	motorcycle	4553.4
摩托车及零件批发	Motor vehicles,motorcycle and parts	158.8
五金产品批发	Hardware products	462.5
电气设备批发	Electrical household appliances	10.8
计算机、软件及辅助设备批发	Computer software and accessories	46.3
通讯设备批发	Communications-Equipment Wholesale	261.6
广播影视设备批发	Radio and Television Equipment Wholesale	235.2
其他机械设备及电子产品批发	Others	487.9
其他批发业	Other	207.0
再生物资回收与批发	Recycling and wholesale of recycled materials	106.4
其他未列明的批发	Others	100.6
内资企业	Domestic funds	103140.0
国有企业	State-owned	88076.7
集体企业	Collective-owned	11.0
有限责任公司	Limited liability corporations	9835.3
国有独资企业	State-owned solely	3767.2
其他有限责任公司	Limited liability corporations	6068.1
股份有限公司	Share holding	673.7
私营企业	Private	4543.3
私营独资企业	Private funded	69.7

单位：万元 unit:10000 yuan

主营业务税金及附加 Main operation taxes and extra charges	三、损益及分配 Gainsay and losses and distribution 其他业务利润 Other business profit	销售费用 Marketing expenses	管理费用 Management expenses	财务费用 Financial expenses
122.4		2990.7	1786.7	273.9
1602.3	905.7	50981.3	9879.6	919.9
1352.6	412.9	7776.6	6279.6	19176.8
485.2	79.7	3632.3	5545.7	1934.8
181.9		5092.1	5066.3	9089.0
0.6		170.2	22.3	0.6
222.0	566.9	4571.7	5721.2	831.9
5810.0	1937.8	177440.7	35305.0	3382.6
5.9	31.9	719.9	1365.9	113.6
4440.0	595.6	152081.7	13380.2	1122.1
158.8	276.4	1460.2	1163.6	256.1
166.1	458.5	1717.2	2546.7	299.6
10.8	-490.0	63.1	376.9	-0.6
46.3		243.2	2009.4	177.3
261.6	798.5	6301.1	2910.0	-26.1
235.2		4341.8	1582.5	-48.1
485.3	266.9	10512.5	9969.8	1488.7
189.5		4067.4	3174.5	30.7
106.4		22.4	153.1	5.2
83.1		4045.0	3021.4	25.5
101236.3	10535.8	367841.2	163517.1	71227.2
87925.0	173.2	25855.4	14621.3	-1582.6
11.0		5.8	74.3	2.3
8620.7	2989.0	228950.2	74541.8	39468.7
2953.5	14.2	84532.9	12883.4	10575.9
5667.2	2974.8	144417.3	61658.4	28892.8
610.1	545.8	16856.9	10292.1	17830.1
4069.5	6827.8	96172.9	63987.6	15508.7
60.2		186.5	1223.5	135.2

14-2 续表 7 continued7

指标名称	Item	营业利润 Business profit
煤炭及制品批发	Coal and related products	837.1
石油及制品批发	Petroleum and related products	-70219.9
金属及金属矿批发	Metal materials	1536.0
建材批发	Constructional materials	3551.1
化肥批发	Chemical fertilizer	-23398.5
农药批发	Agricultural Chemicals Wholesale	150.0
其他化工产品批发	Others	1992.5
机械设备、五金产品及电子产品批发	Machinery, hardware and electric equipment	62476.1
农业机械批发	Farm machinery	1906.0
汽车及零配件批发	motorcycle	46536.4
摩托车及零件批发	Motor vehicles, motorcycle and parts	1175.2
五金产品批发	Hardware products	825.4
电气设备批发	Electrical household appliances	98.6
计算机、软件及辅助设备批发	Computer software and accessories	543.0
通讯设备批发	Communications-Equipment Wholesale	1178.1
广播影视设备批发	Radio and Television Equipment Wholesale	2051.0
其他机械设备及电子产品批发	Others	8162.4
其他批发业	Other	1416.8
再生物资回收与批发	Recycling and wholesale of recycled materials	186.4
其他未列明的批发	Others	1230.4
内资企业	Domestic funds	116165.9
国有企业	State-owned	43787.0
集体企业	Collective-owned	
有限责任公司	Limited liability corporations	46601.5
国有独资企业	State-owned solely	-18229.9
其他有限责任公司	Limited liability corporations	64831.4
股份有限公司	Share holding	-17005.3
私营企业	Private	42782.7
私营独资企业	Private funded	478.7

单位：万元 unit:10000 yuan

		四、人工成本及增值税 Labor cost and VAT		五、从事批发和零售业活动的从业人员平均人数（人） Average number of employees engaged in wholesale and retail activities (person)
利润总额 Total profit	应交所得税 Income taxes payable	应付职工薪酬（本年贷方累计发生额） payroll payable (credit accumulated happening this year)	应交增值税 VAT payableinput	
848.9	202.7	17556.5	1036.4	191
-84386.0	795.1	38285.1	36553.8	2568
1775.8	2658.1	3522.4	2460.6	378
5019.4	925.3	30125.4	7613.7	487
-20471.2	180.1	3343.3	188.5	470
153.7	39.7	128.2		12
2220.6	397.5	1177.6	1915.8	355
63546.4	16259.7	33059.7	32227.8	4088
1938.0	269.0	742.7	15.9	187
47543.0	12792.1	20634.8	24633.3	1656
1172.3	289.1	547.7	636.1	87
885.3	170.5	1835.3	1640.8	526
103.1	11.9	105.6	100.9	38
584.9	75.6	1166.3	374.2	267
1110.2	203.1	1377.9	1475.1	199
2061.5	568.8	790.2	1138.7	110
8148.1	1879.6	5859.2	2212.8	1018
1481.0	353.0	2951.9	892.6	535
194.4	48.5	127.0	166.0	36
1286.6	304.5	2824.9	726.6	499
126668.8	48763.2	211382.0	120566.0	20387
61019.8	15749.5	26409.8	29462.9	966
		48.0	6.2	11
46900.8	23088.8	105065.2	44748.9	10057
-18832.7	2611.4	41638.8	12022.5	2774
65733.5	20477.4	63426.4	32726.4	7283
-27284.6	1252.5	12237.9	26378.5	1325
46032.8	8672.4	67621.1	19969.5	8028
484.2	39.7	239.0	14.6	111

14-2 续表 8 continued8

指标名称 Item		法人企业数（个） Corporate enter prises (unit)
私营有限责任公司	Private limited company	301
私营股份有限公司	Private share holding	8
外商投资企业	Foreign funded	2
中外合资经营企业	Joint venture	2
国有控股	State-owned	26
集体控股	Collective-owned	1
私人控股	Private-owned	447
外商控股	Foreign-owned	1
其他	Others	47
独立门店	Substantive store	360
连锁直营店	Chain Direct-Sale Stores	1
其他	Others	161
大型	Large-sized	8
中型	Medium-sized	126
小型	Small-sized	286
微型	Micro-sized	102
二、零售业	Retail trade	754
综合零售	Retail trade	53
百货零售	Consumer goods	35
超级市场零售	Supermarket	14
其他综合零售	Others comprehensive retail business	4
食品、饮料及烟草制品专门零售	Food, beverage and tobaccos	53
粮油零售	Food and Oil	6
糕点、面包零售	Cake and bread	1
果品、蔬菜零售	Fruit and Vegetable	2
肉、禽、蛋及水产品零售	Meat, fowl, egg and marine products	8
营养和保健品零售	Nutrition and health care	6
酒、饮料及茶叶零售	Wine, Beverage and Tea Retail	10
烟草制品零售	Tobacco Products Retail	2
其他食品零售	Other Food Retail	18

单位：万元 unit:10000 yuan

二、期末资产负债 The final balance sheet					
流动资产合计 Circulating funds	固定资产合计 Total Fixed Assets	固定资产原价 Original Value of fixed assets	累计折旧 Total depreciation	本年折旧 Depreciationg in this year	资产总计 Total assets
1159248.5	83260.9	117678.5	33953.6	10538.8	1326283.9
16870.9	1187.4	2721.3	1533.9	153.2	18651.8
362556.6	2875.7	12697.8	9821.1	417.2	390747.8
362556.6	2875.7	12697.8	9821.1	417.2	390747.8
2474407.5	439990.5	599001.4	158998.4	49172.2	3153282.8
190.8	104.2	135.0	30.8	16.0	295.0
2584638.1	118631.0	176721.9	57223.3	20494.6	2885718.5
1065.8	0.3	0.5	0.2	0.1	1069.8
1073892.0	27882.0	39071.7	11183.6	4022.4	1124040.3
2977608.2	191995.3	330792.7	138296.2	20825.5	3429594.6
311.1	12.2	15.0	1.5	0.5	323.6
3156274.9	394600.5	484122.8	89138.6	52879.3	3734488.2
1156378.8	120709.5	212213.5	91504.0	10836.0	1363707.6
3893012.1	386468.9	488920.9	102335.3	53223.7	4544000.7
875300.0	66204.0	92260.3	25314.1	7987.8	1008938.5
209503.3	13225.6	21535.8	8282.9	1657.8	247759.6
3736415.0	1249183.0	2401257.1	653765.5	106254.5	6074072.4
1021010.8	891683.4	1808374.2	429245.2	49603.4	2485451.7
902708.1	857314.5	1739962.1	397137.7	44572.9	2304304.0
113390.4	28262.3	61504.6	31306.6	5003.2	169722.0
4912.3	6106.6	6907.5	800.9	27.3	11425.7
123063.1	32247.2	52861.8	20434.6	3311.0	185439.0
44758.2	9901.5	20934.5	11033.0	650.6	58686.0
1447.8	502.6	1214.5	711.9	25.8	2435.8
5916.2	2012.0	2214.3	202.3	195.5	8247.5
9163.5	5821.6	9421.6	3600.0	1472.6	15260.6
2437.6	45.8	57.3	11.5	1.9	2483.4
22739.5	236.3	484.8	248.5	97.3	45665.8
18921.2	9954.3	14065.9	4111.6	744.5	30430.4
17679.1	3773.1	4468.9	515.8	122.8	22229.5

14-2 续表 9 continued9

指标名称	Item	负债合计 Total liabilities
私营有限责任公司	Private limited company	1020264.5
私营股份有限公司	Private share holding	13267.7
外商投资企业	Foreign funded	232654.8
中外合资经营企业	Joint venture	232654.8
国有控股	State-owned	2084118.0
集体控股	Collective-owned	246.8
私人控股	Private-owned	2153458.5
外商控股	Foreign-owned	530.4
其他	Others	1060617.6
独立门店	Substantive store	3014703.0
连锁直营店	Chain Direct-Sale Stores	223.0
其他	Others	2284045.3
大型	Large-sized	1443515.6
中型	Medium-sized	3393969.7
小型	Small-sized	761073.2
微型	Micro-sized	-299587.2
二、零售业	Retail trade	4751387.8
综合零售	Retail trade	2131637.5
百货零售	Consumer goods	1979939.3
超级市场零售	Supermarket	145484.9
其他综合零售	Others comprehensive retail business	6213.3
食品、饮料及烟草制品专门零售	Food, beverage and tobaccos	163945.6
粮油零售	Food and Oil	68534.6
糕点、面包零售	Cake and bread	1169.0
果品、蔬菜零售	Fruit and Vegetable	10707.8
肉、禽、蛋及水产品零售	Meat, fowl, egg and marine products	11914.3
营养和保健品零售	Nutrition and health care	927.1
酒、饮料及茶叶零售	Wine, Beverage and Tea Retail	30187.5
烟草制品零售	Tobacco Products Retail	22971.2
其他食品零售	Other Food Retail	17534.1

单位：万元 unit:10000 yuan

		三、损益及分配 Gains and losses and distribution			
所有者权益 Creditor's equity	实收资本 Original Value of fixed assets	营业收入 Operation revenue	主营业务收入 Operating revenue	营业成本 Operating costs	主营业务成本 Operating costs
306019.4	694827.1	2278104.9	2270901.9	2062430.3	2060781.7
5384.1	3698.4	50473.5	50235.6	44796.7	44796.7
158093.0	170942.9	1710283.1	1708718.1	1555698.7	1554331.0
158093.0	170942.9	1710283.1	1708718.1	1555698.7	1554331.0
1069164.8	379517.9	6848139.1	6813443.5	6302707.1	6273315.0
48.2	48.2	2254.3	2254.3	2154.4	2154.4
732260.0	824634.1	3980416.4	3968272.4	3613489.7	3605799.4
539.4	300.0	3310.0	3310.0	2363.8	1200.0
63422.7	77362.4	817475.7	816066.2	750399.5	748590.1
414891.6	437500.1	8811759.9	8773650.5	8037080.8	8002508.4
100.6	100.6	1119.4	1119.4	932.1	932.1
1450442.9	844261.9	2838716.2	2828576.5	2633101.6	2627618.4
-79808.0	57795.3	4795206.4	4762595.1	4268461.4	4239683.4
1150031.0	504373.0	5017285.0	5008027.4	4721613.1	4716762.9
247865.3	189370.8	1672454.2	1667086.2	1527690.5	1522427.0
547346.8	530323.5	166649.9	165637.7	153349.5	152185.6
1322684.6	957197.6	7155872.4	6844499.6	6047486.1	6008057.7
353814.2	144290.3	1887972.7	1648639.8	1428810.9	1416164.8
324364.7	83793.0	1634565.6	1408153.7	1223800.0	1211314.4
24237.1	56779.8	203448.0	190527.0	156172.4	156011.9
5212.4	3717.5	49959.1	49959.1	48838.5	48838.5
21493.4	33885.6	230589.7	229336.9	184175.8	183863.9
-9848.6	15260.5	14686.7	13951.1	11189.7	11169.1
1266.8	208.0	6944.7	6944.7	4499.4	4499.4
-2460.3	52.0	102944.4	102944.4	83530.9	83530.9
3346.3	1073.1	9636.1	9605.8	7959.4	7959.4
1556.3	1248.0	3971.8	3971.8	3082.6	3082.6
15478.3	6530.0	18926.0	18459.1	13123.9	12832.6
7459.2	6869.0	43461.7	43461.7	35348.6	35348.6
4695.4	2645.0	30018.3	29998.3	25441.3	25441.3

14-2 续表 10 continued10

指标名称	Item	营业税金及附加 Business taxes and extra charges
私营有限责任公司	Private limited company	4416.6
私营股份有限公司	Private share holding	57.0
外商投资企业	Foreign funded	4172.8
中外合资经营企业	Joint venture	4172.8
国有控股	State-owned	98532.1
集体控股	Collective-owned	11.0
私人控股	Private-owned	7224.4
外商控股	Foreign-owned	0.5
其他	Others	1544.8
独立门店	Substantive store	101246.6
连锁直营店	Chain Direct-Sale Stores	0.5
其他	Others	6065.7
大型	Large-sized	96186.6
中型	Medium-sized	7353.1
小型	Small-sized	3474.3
微型	Micro-sized	298.8
二、零售业	Retail trade	36641.6
综合零售	Retail trade	21467.2
百货零售	Consumer goods	20589.3
超级市场零售	Supermarket	854.2
其他综合零售	Others comprehensive retail business	23.7
食品、饮料及烟草制品专门零售	Food, beverage and tobaccos	797.5
粮油零售	Food and Oil	72.2
糕点、面包零售	Cake and bread	49.8
果品、蔬菜零售	Fruit and Vegetable	146.9
肉、禽、蛋及水产品零售	Meat, fowl, egg and marine products	26.0
营养和保健品零售	Nutrition and health care	38.0
酒、饮料及茶叶零售	Wine, Beverage and Tea Retail	114.0
烟草制品零售	Tobacco Products Retail	298.1
其他食品零售	Other Food Retail	52.5

单位：万元 unit:10000 yuan

三、损益及分配 Gainsay and losses and distribution				
主营业务税金及附加 Main operation taxes and extra charges	其他业务利润 Other business profit	销售费用 Marketing expenses	管理费用 Management expenses	财务费用 Financial expenses
3969.8	6827.8	93491.0	59791.3	15353.9
39.5		2495.4	2972.8	19.6
4117.8	368.0	144618.7	5003.1	-211.7
4117.8	368.0	144618.7	5003.1	-211.7
97448.1	1103.0	329229.5	47784.9	21899.8
11.0		5.8	74.3	2.3
6350.8	9887.7	157544.2	102700.1	34830.1
			670.3	36.0
1544.2	-86.9	25680.4	17290.6	14247.3
100045.5	6678.0	409063.6	106424.0	34941.2
0.5		143.7	209.4	0.3
5308.1	4225.8	103252.6	61886.8	36074.0
95597.7	1088.8	307883.8	27052.9	8532.4
6601.5	2830.9	151313.0	85863.5	51488.6
2920.2	5269.8	50081.0	48372.2	9090.4
234.7	1714.3	3182.1	7231.6	1904.1
33822.2	62536.4	379031.3	378229.9	126628.7
20216.9	36695.5	110696.1	176879.5	69987.7
19738.3	30713.6	78740.8	160863.8	66598.2
454.9	5973.0	31640.7	15890.8	3342.2
23.7	8.9	314.6	124.9	47.3
665.2	1494.4	26708.8	16660.5	2144.9
72.2		4156.5	1701.1	723.3
49.8	1153.4		989.8	19.1
146.9		16622.3	4144.2	-4.2
26.0	341.0	444.3	1207.3	153.0
37.8		128.6	398.7	1.9
114.0		1711.1	1073.2	816.1
166.7		2182.5	5005.0	219.0
51.8		1463.5	2141.2	216.7

14-2 续表 11 continued11

指标名称	Item	营业利润 Business profit
私营有限责任公司	Private limited company	42173.0
私营股份有限公司	Private share holding	131.0
外商投资企业	Foreign funded	539.5
中外合资经营企业	Joint venture	539.5
国有控股	State-owned	53011.1
集体控股	Collective-owned	
私人控股	Private-owned	58699.7
外商控股	Foreign-owned	
其他	Others	4994.6
独立门店	Substantive store	122039.6
连锁直营店	Chain Direct-Sale Stores	-165.9
其他	Others	-5168.3
大型	Large-sized	88546.0
中型	Medium-sized	120.7
小型	Small-sized	27780.6
微型	Micro-sized	258.1
二、零售业	Retail trade	159532.0
综合零售	Retail trade	80166.2
百货零售	Consumer goods	84300.2
超级市场零售	Supermarket	-4707.7
其他综合零售	Others comprehensive retail business	573.7
食品、饮料及烟草制品专门零售	Food, beverage and tobaccos	-724.1
粮油零售	Food and Oil	-3156.3
糕点、面包零售	Cake and bread	144.3
果品、蔬菜零售	Fruit and Vegetable	-1495.7
肉、禽、蛋及水产品零售	Meat, fowl, egg and marine products	186.7
营养和保健品零售	Nutrition and health care	281.2
酒、饮料及茶叶零售	Wine, Beverage and Tea Retail	2087.3
烟草制品零售	Tobacco Products Retail	425.6
其他食品零售	Other Food Retail	802.8

单位：万元 unit:10000 yuan

利润总额 Total profit	应交所得税 Income taxes payable	四、人工成本及增值税 Labor cost and VAT 应付职工薪酬（本年贷方累计发生额）payroll payable (credit accumulated happening this year)	应交增值税 VAT payableinput	五、从事批发和零售业活动的从业人员平均人数（人）Average number of employees engaged in wholesale and retail activities (person)
44881.2	8559.1	66186.3	19661.5	7668
667.4	73.6	1195.8	293.4	249
1094.3	11677.9	15640.7	21785.7	330
1094.3	11677.9	15640.7	21785.7	330
55626.1	38522.3	103685.8	97887.7	5624
		48.0	6.2	11
66882.6	18185.9	91166.1	38362.5	12906
		6.0	8.3	2
5254.4	3732.9	32116.8	6087.0	2174
128775.4	43707.3	134919.8	90300.1	14065
-165.9		193.7	11.2	47
-846.4	16733.8	91909.2	52040.4	6605
87331.8	33579.8	84005.8	73426.2	4847
23921.5	21686.3	58643.9	27281.1	8546
29349.9	4907.5	74788.2	14830.9	6128
-12840.1	267.5	9584.8	26813.5	1196
67810.7	44089.0	387714.2	85137.3	50674
-19363.4	22957.3	106614.8	27580.0	17236
-14767.7	22865.1	87585.6	24706.0	11564
-5169.4	92.2	18012.3	2844.7	3589
573.7		1016.9	29.3	2083
610.3	1508.2	19111.5	3932.2	5094
-1953.4	17.4	1318.8	-510.5	388
112.1	11.1	905.2	386.3	203
-1508.5	606.6	9907.7	1168.1	3302
289.0	0.9	726.2	16.4	165
281.7	0.2	224.4	153.1	52
2099.2	515.0	1201.5	861.3	254
441.5	180.1	3823.9	1608.4	439
848.7	176.9	1003.8	249.1	291

14-2 续表 12 continued12

指标名称	Item	法人企业数（个）Corporate enterprises (unit)
纺织、服装及日用品专门零售	Textile, garment and daily articles	40
纺织品及针织品零售	Textile and knitwear	3
服装零售	Garments	17
化妆品及卫生用品零售	Cosmetic and sanitary accessories	6
厨房用具及日用杂品零售	Kitchenware and Household Items Retail	5
钟表、眼镜零售	Watches and Glasses Retail	6
自行车等代步设备零售	Bicycles and Walking Equipment Retail	1
其他日用品零售	Others	2
文化、体育用品及器材专门零售	Cultural and sport goods and equipment	28
文具用品零售	Stationery	6
体育用品及器材零售	Sporting goods and equipment retail	5
图书、报刊零售	Books、Newspaper	9
珠宝首饰零售	Jewelry	3
工艺美术品及收藏品零售	Handicraft, article and collection	3
乐器零售	Musical Instrument Retail	1
照相器材零售	Photographic equipment retail	1
医药及医疗器材专门零售	Medicines and medical equipment	43
西药零售	Western Medicine Retail	21
中药零售	Chinese Medicine Retail	5
医疗用品及器材零售	Medical component	17
汽车、摩托车、零配件和燃料及其他动力销售	Auto, Motorcycles, Spare Parts and Fuel & Other Power Sales	361
汽车新车零售	New Cars Retail	202
汽车旧车零售	Second-Hand Cars Retail	109
汽车零配件零售	Installation kit	18
机动车燃油零售	Motor Vehicles Fuel Retail	30
机动车燃气零售	Motor Vehicles Gas Retail	2
家用电器及电子产品专门零售	Electrical household applicances and electronic products	68
家用视听设备零售	Household audio and video equipment	3
日用家电设备零售	Household appliances retail	17
计算机、软件及辅助设备零售	Computer software and accessories	24
通信设备零售	Telecommunication equipment	16
其他电子产品零售	Others	8
五金、家具及室内装修材料专门零售	Hardware, furniture and indoor hardware fitting	60
五金零售	Hardware	32
灯具零售	Lamps	3
家具零售	Funiture	5
涂料零售	Coating	2
卫生洁具零售	Sanitary ware retail	2

单位：万元 unit:10000 yuan

二、期末资产负债 The final balance sheet					
流动资产合计 Circulating funds	固定资产合计 Total Fixed Assets	固定资产原价 Original Value of fixed assets	累计折旧 Total depreciation	本年折旧 Depreciationg in this year	资产总计 Total assets
121745.3	29735.8	57291.0	27555.1	1825.7	163105.6
6039.6	29.4	51.9	22.5	19.2	6139.6
78438.8	25860.9	48666.9	22805.9	1336.5	113313.1
6558.4	1308.3	2180.8	872.5	283.3	10004.5
6516.2	1084.3	3489.1	2404.8	104.9	7879.8
20010.5	1372.9	2664.0	1291.1	51.1	21506.8
3573.6	76.4	227.1	150.7	30.4	3650.0
608.2	3.6	11.2	7.6	0.3	611.8
51577.6	6773.0	12323.6	5550.6	608.6	74908.5
4608.5	144.2	208.1	63.9	23.1	4803.9
10680.2	1078.6	1416.5	337.9	85.3	22747.4
24444.1	5520.1	10455.9	4935.8	310.2	35395.0
7652.4	3.1	14.8	11.7	2.8	7742.8
3434.7	26.6	213.8	187.2	187.2	3461.3
392.9					392.9
364.8	0.4	14.5	14.1		365.2
376672.6	12146.8	22057.5	9116.5	1797.4	452992.6
354764.6	10076.1	19300.5	8440.2	1528.3	428573.1
6050.5	1134.9	1434.0	299.1	158.4	7187.4
15857.5	935.8	1323.0	377.2	110.7	17232.1
	246618.7	405467.5	150239.7	45387.0	2353744.2
1394581.3	197978.4	316584.9	113794.4	40946.9	1822138.4
5703.5	159.6	256.8	97.2	51.5	5868.8
20084.6	563.1	4567.9	1621.6	139.4	24760.7
327797.6	47471.2	82479.5	33682.0	4150.6	494288.6
4545.0	446.4	1578.4	1044.5	98.6	6687.7
155880.4	4269.6	8452.5	3995.1	1711.5	179997.6
2133.2	165.2	201.2	36.0	4.1	2298.4
64161.7	680.5	2354.9	1674.0	1199.4	73564.9
26331.5	382.1	1057.9	675.8	236.5	28158.7
42460.7	2738.7	4206.6	1280.5	142.2	54873.0
20793.3	303.1	631.9	328.8	129.3	21102.6
88503.4	7317.9	9253.3	1701.3	781.1	107150.9
35366.2	1036.9	1936.1	899.2	437.8	36767.4
355.5	0.4	0.6	0.2	0.2	355.9
8120.1	114.9	390.7	185.8	43.8	13362.0
2624.8	73.8	75.0	1.2	1.2	2699.4
5384.9	83.5	189.8	106.3	26.2	5483.3

14-2 续表 13 continued13

指标名称	Item	负债合计 Total liabilities
纺织、服装及日用品专门零售	Textile, garment and daily articles	117886.6
纺织品及针织品零售	Textile and knitwear	5676.9
服装零售	Garments	76463.2
化妆品及卫生用品零售	Cosmetic and sanitary accessories	5860.5
厨房用具及日用杂品零售	Kitchenware and Household Items Retail	6867.4
钟表、眼镜零售	Watches and Glasses Retail	19919.4
自行车等代步设备零售	Bicycles and Walking Equipment Retail	2651.4
其他日用品零售	Others	447.8
文化、体育用品及器材专门零售	Cultural and sport goods and equipment	61007.1
文具用品零售	Stationery	2817.9
体育用品及器材零售	Sporting goods and equipment retail	16069.9
图书、报刊零售	Books、Newspaper	35184.0
珠宝首饰零售	Jewelry	5067.9
工艺美术品及收藏品零售	Handicraft, article and collection	1524.8
乐器零售	Musical Instrument Retail	135.2
照相器材零售	Photographic equipment retail	207.4
医药及医疗器材专门零售	Medicines and medical equipment	363553.4
西药零售	Western Medicine Retail	349180.6
中药零售	Chinese Medicine Retail	2651.6
医疗用品及器材零售	Medical component	11721.2
汽车、摩托车、零配件和燃料及其他动力销售	Auto, Motorcycles, Spare Parts and Fuel & Other Power Sales	1669290.0
汽车新车零售	New Cars Retail	1306881.0
汽车旧车零售	Second-Hand Cars Retail	1609.1
汽车零配件零售	Installation kit	16921.5
机动车燃油零售	Motor Vehicles Fuel Retail	340594.3
机动车燃气零售	Motor Vehicles Gas Retail	3284.1
家用电器及电子产品专门零售	Electrical household applicances and electronic products	125366.1
家用视听设备零售	Household audio and video equipment	527.9
日用家电设备零售	Household appliances retail	47628.1
计算机、软件及辅助设备零售	Computer software and accessories	18221.8
通信设备零售	Telecommunication equipment	40789.8
其他电子产品零售	Others	18198.5
五金、家具及室内装修材料专门零售	Hardware, furniture and indoor hardware fitting	76463.6
五金零售	Hardware	30232.6
灯具零售	Lamps	194.4
家具零售	Funiture	7649.1
涂料零售	Coating	2386.1
卫生洁具零售	Sanitary ware retail	4354.2

单位：万元 unit:10000 yuan

所有者权益 Creditor's equity	实收资本 Original Value of fixed assets	三、损益及分配 Gains and losses and distribution			
		营业收入 Operation revenue	主营业务收入 Operating revenue	营业成本 Operating costs	主营业务成本 Operating costs
45219.0	45319.2	163278.4	158806.7	117489.0	117380.8
462.7	460.0	4822.9	4822.9	4131.5	4131.5
36849.9	40527.1	94294.7	90150.7	64135.8	64041.4
4144.0	1905.0	29008.4	29008.4	19461.2	19461.2
1012.4	983.3	4871.0	4871.0	3489.1	3489.1
1587.4	1205.0	22697.4	22697.4	19959.7	19959.7
998.6	88.8	4670.7	4343.0	3596.3	3582.5
164.0	150.0	2913.3	2913.3	2715.4	2715.4
13901.4	16715.1	78507.9	76861.6	61628.7	60873.1
1986.0	1414.7	5615.2	5501.6	5155.9	5048.6
6677.5	5082.0	20184.9	20184.9	15143.1	14641.1
211.0	5956.4	38747.4	37214.7	29542.2	29395.9
2674.9	2600.0	5206.5	5206.5	3806.2	3806.2
1936.5	1560.0	7235.4	7235.4	6558.5	6558.5
257.7	2.0	1031.6	1031.6	1008.6	1008.6
157.8	100.0	486.9	486.9	414.2	414.2
89439.2	140203.2	328416.2	327735.5	228382.7	228380.6
79392.5	35151.7	302300.6	301625.4	209564.0	209564.0
4535.8	1656.0	5813.6	5813.6	4036.4	4036.4
5510.9	103395.5	20302.0	20296.5	14782.3	14780.2
684454.2	487994.2	4034965.8	3974387.1	3657426.3	3632563.4
515257.4	401408.2	3043911.5	2987400.7	2763964.0	2742615.2
4259.7	1908.0	17730.4	17730.4	13613.6	13613.6
7839.2	7015.0	34816.5	34816.5	31574.2	31574.2
153694.3	74958.0	934353.5	930285.6	845068.4	841554.3
3403.6	2705.0	4153.9	4153.9	3206.1	3206.1
54631.5	49595.7	255641.4	252715.5	223983.6	223242.9
1770.5	166.0	2474.5	2474.5	2026.1	2026.1
25936.8	30396.4	128227.8	125594.7	110942.6	110242.2
9936.9	7651.1	41401.7	41278.3	35060.8	35020.5
14083.2	10392.5	57616.0	57446.6	53156.4	53156.4
2904.1	989.7	25921.4	25921.4	22797.7	22797.7
30687.3	23687.7	89518.0	89497.4	75065.0	75064.6
6534.8	4210.1	43423.2	43423.2	38772.6	38772.6
161.5	100.0	1571.8	1571.8	1414.5	1414.5
5712.9	5384.8	11607.2	11587.9	7546.4	7546.4
313.3	65.0	4050.9	4050.9	3755.0	3755.0
1129.1	510.0	5897.0	5897.0	5005.2	5005.2

14-2 续表 14 continued14

指标名称	Item	营业税金及附加 Business taxes and extra charges
纺织、服装及日用品专门零售	Textile, garment and daily articles	1223.4
纺织品及针织品零售	Textile and knitwear	3.8
服装零售	Garments	976.1
化妆品及卫生用品零售	Cosmetic and sanitary accessories	184.1
厨房用具及日用杂品零售	Kitchenware and Household Items Retail	13.4
钟表、眼镜零售	Watches and Glasses Retail	16.7
自行车等代步设备零售	Bicycles and Walking Equipment Retail	28.3
其他日用品零售	Others	1.0
文化、体育用品及器材专门零售	Cultural and sport goods and equipment	670.7
文具用品零售	Stationery	6.1
体育用品及器材零售	Sporting goods and equipment retail	186.3
图书、报刊零售	Books、Newspaper	259.9
珠宝首饰零售	Jewelry	204.0
工艺美术品及收藏品零售	Handicraft, article and collection	10.8
乐器零售	Musical Instrument Retail	0.5
照相器材零售	Photographic equipment retail	3.1
医药及医疗器材专门零售	Medicines and medical equipment	1846.0
西药零售	Western Medicine Retail	1581.7
中药零售	Chinese Medicine Retail	38.5
医疗用品及器材零售	Medical component	225.8
汽车、摩托车、零配件和燃料及其他动力销售	Auto, Motorcycles, Spare Parts and Fuel & Other Power Sales	8514.1
汽车新车零售	New Cars Retail	7065.0
汽车旧车零售	Second-Hand Cars Retail	116.1
汽车零配件零售	Installation kit	93.6
机动车燃油零售	Motor Vehicles Fuel Retail	1217.0
机动车燃气零售	Motor Vehicles Gas Retail	22.4
家用电器及电子产品专门零售	Electrical household applicances and electronic products	854.4
家用视听设备零售	Household audio and video equipment	1.3
日用家电设备零售	Household appliances retail	576.7
计算机、软件及辅助设备零售	Computer software and accessories	86.0
通信设备零售	Telecommunication equipment	107.2
其他电子产品零售	Others	83.2
五金、家具及室内装修材料专门零售	Hardware, furniture and indoor hardware fitting	274.4
五金零售	Hardware	101.3
灯具零售	Lamps	1.2
家具零售	Funiture	35.9
涂料零售	Coating	20.5
卫生洁具零售	Sanitary ware retail	10.7

单位：万元 unit:10000 yuan

三、损益及分配 Gainsay and losses and distribution				
主营业务税金及附加 Main operation taxes and extra charges	其他业务利润 Other business profit	销售费用 Marketing expenses	管理费用 Management expenses	财务费用 Financial expenses
1111.3	649.5	21479.4	20944.9	510.1
3.8		383.2	314.7	14.7
864.0	117.2	13969.4	15014.0	158.3
184.1	532.3	5907.5	2192.4	36.5
13.4		577.9	622.1	128.8
16.7		638.3	1779.2	137.3
28.3			843.9	27.5
1.0		3.1	178.6	7.0
664.8	405.9	7337.8	7329.5	772.3
6.1	61.9	55.1	268.8	7.7
186.3		3963.8	1080.2	217.3
254.0	343.5	2753.8	4762.2	351.8
204.0		460.7	628.3	132.2
10.8	0.5	78.9	514.3	63.2
0.5		25.5	27.1	-0.1
3.1			48.6	0.2
1837.7	636.6	56296.8	21738.7	7378.0
1581.7	634.6	54999.8	17610.8	7169.3
38.5		370.0	668.3	188.7
217.5	2.0	927.0	3459.6	20.0
8095.1	20678.2	129061.1	112402.8	44062.8
6662.5	20245.5	93149.5	97723.5	38854.3
113.4		1076.1	1406.8	27.3
85.5	4.5	1376.1	1138.2	399.6
1211.6	428.2	33459.4	11978.7	4560.4
22.1			155.6	221.2
644.7	871.3	19029.3	11562.4	682.4
1.3		116.7	32.0	
367.0	32.2	15472.9	3641.0	248.4
86.0	7.0	1689.7	3482.9	175.4
107.2	149.7	609.3	3315.5	240.0
83.2	682.4	1140.7	1091.0	18.6
232.2	639.9	4051.0	6286.4	678.4
69.1	639.9	1462.6	2046.7	217.7
1.2			113.0	
35.9		1668.8	946.2	9.5
20.5			209.8	-0.1
10.7			786.9	1.7

14-2 续表 15 continued15

指标名称	Item	营业利润 Business profit
纺织、服装及日用品专门零售	Textile, garment and daily articles	4471.3
纺织品及针织品零售	Textile and knitwear	-25.0
服装零售	Garments	2547.5
化妆品及卫生用品零售	Cosmetic and sanitary accessories	1579.0
厨房用具及日用杂品零售	Kitchenware and Household Items Retail	37.1
钟表、眼镜零售	Watches and Glasses Retail	150.0
自行车等代步设备零售	Bicycles and Walking Equipment Retail	174.6
其他日用品零售	Others	8.1
文化、体育用品及器材专门零售	Cultural and sport goods and equipment	610.1
文具用品零售	Stationery	94.8
体育用品及器材零售	Sporting goods and equipment retail	-442.3
图书、报刊零售	Books、Newspaper	981.5
珠宝首饰零售	Jewelry	-24.9
工艺美术品及收藏品零售	Handicraft, article and collection	10.2
乐器零售	Musical Instrument Retail	-30.0
照相器材零售	Photographic equipment retail	20.8
医药及医疗器材专门零售	Medicines and medical equipment	12182.8
西药零售	Western Medicine Retail	11168.0
中药零售	Chinese Medicine Retail	127.6
医疗用品及器材零售	Medical component	887.2
汽车、摩托车、零配件和燃料及其他动力销售	Auto, Motorcycles, Spare Parts and Fuel & Other Power Sales	58325.3
汽车新车零售	New Cars Retail	17127.7
汽车旧车零售	Second-Hand Cars Retail	1490.7
汽车零配件零售	Installation kit	156.7
机动车燃油零售	Motor Vehicles Fuel Retail	39001.5
机动车燃气零售	Motor Vehicles Gas Retail	548.7
家用电器及电子产品专门零售	Electrical household applicances and electronic products	-821.8
家用视听设备零售	Household audio and video equipment	298.2
日用家电设备零售	Household appliances retail	-2770.2
计算机、软件及辅助设备零售	Computer software and accessories	728.5
通信设备零售	Telecommunication equipment	131.1
其他电子产品零售	Others	790.6
五金、家具及室内装修材料专门零售	Hardware, furniture and indoor hardware fitting	2821.4
五金零售	Hardware	594.0
灯具零售	Lamps	28.7
家具零售	Funiture	1578.2
涂料零售	Coating	65.7
卫生洁具零售	Sanitary ware retail	92.5

单位：万元 unit:10000 yuan

利润总额 Total profit	应交所得税 Income taxes payable	四、人工成本及增值税 Labor cost and VAT 应付职工薪酬（本年贷方累计发生额）payroll payable (credit accumulated happening this year)	应交增值税 VAT payableinput	五、从事批发和零售业活动的从业人员平均人数（人）Average number of employees engaged in wholesale and retail activities (person)
5944.9	1591.3	11277.3	3603.9	2065
-9.9	3.8	144.3	24.5	40
3983.2	1088.5	6294.1	2714.0	1117
1533.7	445.9	2997.5	565.0	504
42.1	5.1	336.8	9.9	105
201.2	1.0	1062.2	159.9	237
181.5	46.2	252.0	123.8	26
13.1	0.8	190.4	6.8	36
901.5	126.9	5877.1	612.7	1158
112.8	4.3	211.3	93.0	51
-427.8	17.4	403.7	339.0	118
1226.7	94.7	4363.2	37.1	761
-17.1	8.4	222.7	29.3	82
16.1		647.9	85.5	132
-30.0		0.2	4.4	7
20.8	2.1	28.1	24.4	7
12081.5	3052.4	69788.8	12028.7	8187
11061.7	2987.2	23382.5	10929.5	7696
140.1	5.0	337.4	313.2	146
879.7	60.2	46068.9	786.0	345
60245.4	10627.3	89592.9	28938.5	13370
19136.9	8476.3	73691.5	17103.8	10587
1490.7	138.9	1164.8	166.2	223
159.3	58.9	1783.6	272.8	282
38909.8	1806.4	12672.6	11392.4	2221
548.7	146.8	280.4	3.3	57
1955.0	768.6	77710.3	6112.7	1889
298.2		148.6	0.8	41
-2514.0	83.3	6958.7	2086.2	891
1903.4	245.4	62505.7	2544.1	457
154.4	47.9	7583.3	112.8	363
2113.0	392.0	514.0	1368.8	137
2933.1	370.5	4609.3	1210.2	890
669.1	98.9	1708.0	559.3	391
28.7	2.0	140.0	14.7	40
1535.2	197.4	834.7	248.7	108
65.7	1.9	74.1	135.1	18
112.0	28.3	216.8	89.9	58

14-2 续表 16 continued16

指标名称 Item		法人企业数（个）Corporate enterprises (unit)
陶瓷、石材装饰材料零售	Ceramics、decorative stone materials retail	7
其他室内装修材料零售	Others	9
货摊、无店铺及其他零售业	Other retail trade	48
互联网零售	Internet Retail	8
旧货零售	Second hand	1
生活用燃料零售	Fuel for life	15
其他未列明的零售	Others	24
内资企业	Domestic funds	742
国有企业	State-owned	2
集体企业	Collective Enterprise	1
股份合作企业	Cooperative	2
有限责任公司	Limited liability corporations	300
国有独资公司	Wholly State-Owned Enterprises	6
其他有限责任公司	Other Companies with Limited Liability	294
股份有限公司	Share holding	15
私营企业	Private	422
私营独资企业	Private funded	16
私营有限责任公司	Private limited company	398
私营股份有限公司	Private share holding	8
港、澳、台商投资企业	Funded from HongKong,Macao and Taiwan	6
合资经营企业（港或澳、台资）	Joint venture	3
港、澳、台商独资经营企业	Solefunds	3
外商投资企业	Foreign funded	6
中外合资经营企业	Joint venture	1
外资企业	Foreign funds	3
外商投资股份有限公司	Foreign-Invested Incorporated Company	2

单位：万元 unit:10000 yuan

二、期末资产负债 The final balance sheet					
流动资产合计 Circulating funds	固定资产合计 Total Fixed Assets	固定资产原价 Original Value of fixed assets	累计折旧 Total depreciation	本年折旧 Depreciationg in this year	资产总计 Total assets
19980.9	39.5	425.4	241.8	42.2	25384.5
16671.0	5968.9	6235.7	266.8	229.7	23098.4
45249.8	18390.6	25175.7	5927.4	1228.8	71282.3
4866.7	445.1	561.7	110.6	28.9	5851.4
60.0	54.5	76.9	22.4	6.1	118.6
12398.1	6732.7	9642.5	2068.5	608.5	25694.4
27925.0	11158.3	14894.6	3725.9	585.3	39617.9
3345826.0	1197636.5	2241937.4	547849.1	98923.8	5541533.5
7881.7	663.2	1277.3	604.9	40.0	9044.6
1546.3					1546.3
3046.7	1781.0	2735.4	954.4	161.5	5158.3
1692274.8	270032.1	463898.9	189390.2	41821.3	2280311.9
158412.0	33323.3	49749.2	16409.4	2032.0	229442.4
1533862.8	236708.8	414149.7	172980.8	39789.3	2050869.5
702752.0	759510.9	1496447.2	251607.0	33972.9	1958958.3
938324.5	165649.3	277578.6	105292.6	22928.1	1286514.1
3814.9	3956.6	4548.6	401.4	226.2	9278.1
915250.8	159635.9	270363.2	104281.2	22392.0	1250524.4
19258.8	2056.8	2666.8	610.0	309.9	26711.6
354256.8	43317.0	144340.9	101023.7	6597.5	462603.0
344336.5	39575.2	132791.9	93216.5	5857.1	446702.1
9920.3	3741.8	11549.0	7807.2	740.4	15900.9
36332.2	8229.5	14978.8	4892.7	733.2	69935.9
15639.3	5134.8	8147.1	3012.3	352.9	23330.7
16051.8	2695.8	6291.1	1738.7	279.0	25785.7
4641.1	398.9	540.6	141.7	101.3	20819.5

14-2 续表 17 continued17

指标名称	Item	负债合计 Total liabilities
陶瓷、石材装饰材料零售	Ceramics、decorative stone materials retail	16629.5
其他室内装修材料零售	Others	15017.7
货摊、无店铺及其他零售业	Other retail trade	42237.9
互联网零售	Internet Retail	1323.1
旧货零售	Second hand	68.6
生活用燃料零售	Fuel for life	14590.9
其他未列明的零售	Others	26255.3
内资企业	Domestic funds	4211413.9
国有企业	State-owned	8550.1
集体企业	Collective Enterprise	265.7
股份合作企业	Cooperative	2407.0
有限责任公司	Limited liability corporations	1722137.9
国有独资公司	Wholly State-Owned Enterprises	166467.4
其他有限责任公司	Other Companies with Limited Liability	1555670.5
股份有限公司	Share holding	1596667.8
私营企业	Private	881385.4
私营独资企业	Private funded	1768.8
私营有限责任公司	Private limited company	859215.6
私营股份有限公司	Private share holding	20401.0
港、澳、台商投资企业	Funded from HongKong,Macao and Taiwan	479450.1
合资经营企业（港或澳、台资）	Joint venture	462937.4
港、澳、台商独资经营企业	Solefunds	16512.7
外商投资企业	Foreign funded	60523.8
中外合资经营企业	Joint venture	10887.0
外资企业	Foreign funds	33500.4
外商投资股份有限公司	Foreign-Invested Incorporated Company	16136.4

单位：万元 unit:10000 yuan

所有者权益 Creditor's equity	实收资本 Driginal Value of fixed assets	三、损益及分配 Gains and losses and distribution			
		营业收入 Operation revenue	主营业务收入 Operating revenue	营业成本 Operating costs	主营业务成本 Operating costs
8755.0	9030.0	10419.3	10418.0	8001.7	8001.3
8080.7	4387.8	12548.6	12548.6	10569.6	10569.6
29044.4	15506.6	86982.3	86519.1	70524.1	70523.6
4528.3	1625.4	13265.7	12877.7	9838.8	9838.8
50.0	50.0	2208.7	2208.7	1761.3	1761.3
11103.5	7511.1	24974.5	24974.5	18566.1	18565.6
13362.6	6320.1	46533.4	46458.2	40357.9	40357.9
1330119.6	906379.2	6713437.6	6423644.8	5683991.9	5649154.1
494.5	1080.4	9629.2	9328.3	8381.0	8303.4
1280.6	407.5	6645.7	6645.7	6148.0	6148.0
2751.3	2699.7	49016.9	49016.9	48102.9	48102.9
558174.0	403067.8	3328878.5	3260006.4	2937325.5	2920570.4
62975.0	6047.4	299272.8	294821.8	249457.1	247096.8
495199.0	397020.4	3029605.7	2965184.6	2687868.4	2673473.6
362290.5	50745.9	1325023.4	1140415.2	951606.9	942894.9
405128.7	448377.9	1994243.9	1958232.3	1732427.6	1723134.5
7509.3	4807.1	13932.8	13932.8	10203.5	10203.5
391308.8	438120.8	1916828.9	1880826.7	1668392.6	1659099.5
6310.6	5450.0	63482.2	63472.8	53831.5	53831.5
-16847.1	19402.8	262212.0	247417.2	202974.3	200850.1
-16235.3	15678.8	224706.0	210589.1	177473.0	175348.8
-611.8	3724.0	37506.0	36828.1	25501.3	25501.3
9412.1	31415.6	180222.8	173437.6	160519.9	158053.5
12443.7	10000.0	101501.8	98740.1	94030.7	92726.1
-7714.7	13915.6	43846.6	42945.8	38609.8	38500.8
4683.1	7500.0	34874.4	31751.7	27879.4	26826.6

14-2 续表 18 continued18

指标名称	Item	营业税金及附加 Business taxes and extra charges
陶瓷、石材装饰材料零售	Ceramics、decorative stone materials retail	23.7
其他室内装修材料零售	Others	81.1
货摊、无店铺及其他零售业	Other retail trade	993.9
互联网零售	Internet Retail	81.8
旧货零售	Second hand	6.6
生活用燃料零售	Fuel for life	142.2
其他未列明的零售	Others	763.3
内资企业	Domestic funds	33171.1
国有企业	State-owned	34.5
集体企业	Collective Enterprise	1.6
股份合作企业	Cooperative	353.7
有限责任公司	Limited liability corporations	9084.8
国有独资公司	Wholly State-Owned Enterprises	534.2
其他有限责任公司	Other Companies with Limited Liability	8550.6
股份有限公司	Share holding	16748.6
私营企业	Private	6947.9
私营独资企业	Private funded	187.6
私营有限责任公司	Private limited company	6689.5
私营股份有限公司	Private share holding	70.8
港、澳、台商投资企业	Funded from HongKong,Macao and Taiwan	2111.3
合资经营企业（港或澳、台资）	Joint venture	1942.2
港、澳、台商独资经营企业	Solefunds	169.1
外商投资企业	Foreign funded	1359.2
中外合资经营企业	Joint venture	970.8
外资企业	Foreign funds	192.2
外商投资股份有限公司	Foreign-Invested Incorporated Company	196.2

单位：万元 unit:10000 yuan

三、损益及分配 Gainsay and losses and distribution				
主营业务税金及附加 Main operation taxes and extra charges	其他业务利润 Other business profit	销售费用 Marketing expenses	管理费用 Management expenses	财务费用 Financial expenses
23.5		680.1	1634.5	302.0
71.3		239.5	549.3	147.6
354.3	465.1	4371.0	4425.2	412.1
67.8	200.0	1698.3	1104.5	65.2
6.6		310.9	129.1	
142.2	179.3	934.3	1104.2	129.2
137.7	85.8	1427.5	2087.4	217.7
31324.4	43540.0	352145.0	349234.7	109791.8
34.5	223.2	373.9	553.8	39.9
1.6		6.5	18.4	0.4
353.7		344.4	530.4	236.3
8211.8	22243.4	183014.7	129636.8	32288.9
534.2		10970.3	3962.9	231.7
7677.6	22243.4	172044.4	125673.9	32057.2
16747.9	1352.5	99706.3	122435.0	49713.1
5974.9	19720.9	68699.2	96060.3	27513.2
181.9		761.0	503.0	170.4
5722.2	19711.5	65904.3	94408.7	26865.4
70.8	9.4	2033.9	1148.6	477.4
1327.0	15947.0	16501.3	21097.5	15675.2
1157.9	15594.7	7261.2	18793.3	15522.9
169.1	352.3	9240.1	2304.2	152.3
1170.8	3049.4	10385.0	7897.7	1161.7
970.8		3033.4	1183.2	-17.0
70.0	477.5	3679.7	1632.8	857.8
130.0	2571.9	3671.9	5081.7	320.9

14-2 续表 19 continued19

指标名称	Item	营业利润 Business profit
陶瓷、石材装饰材料零售	Ceramics、decorative stone materials retail	89.7
其他室内装修材料零售	Others	372.6
货摊、无店铺及其他零售业	Other retail trade	2500.8
互联网零售	Internet Retail	246.2
旧货零售	Second hand	0.9
生活用燃料零售	Fuel for life	1068.8
其他未列明的零售	Others	1184.9
内资企业	Domestic funds	156217.4
国有企业	State-owned	234.0
集体企业	Collective Enterprise	470.8
股份合作企业	Cooperative	81.5
有限责任公司	Limited liability corporations	35546.0
国有独资公司	Wholly State-Owned Enterprises	33440.6
其他有限责任公司	Other Companies with Limited Liability	2105.4
股份有限公司	Share holding	82620.1
私营企业	Private	37265.0
私营独资企业	Private funded	1614.8
私营有限责任公司	Private limited company	34292.8
私营股份有限公司	Private share holding	1357.4
港、澳、台商投资企业	Funded from HongKong,Macao and Taiwan	4485.0
合资经营企业（港或澳、台资）	Joint venture	3983.3
港、澳、台商独资经营企业	Solefunds	501.7
外商投资企业	Foreign funded	-1170.4
中外合资经营企业	Joint venture	2268.6
外资企业	Foreign funds	-1158.2
外商投资股份有限公司	Foreign-Invested Incorporated Company	-2280.8

单位：万元 unit:10000 yuan

		四、人工成本及增值税 Labor cost and VAT		五、从事批发和零售业活动的从业人员平均人数（人）Average number of employees engaged in wholesale and retail activities (person)
利润总额 Total profit	应交所得税 Income taxes payable	应付职工薪酬（本年贷方累计发生额）payroll payable (credit accumulated happening this year)	应交增值税 VAT payableinput	
149.8	23.4	1284.3	103.2	124
372.6	18.6	351.4	59.3	151
2502.4	3086.5	3132.2	1118.4	785
245.2	25.1	785.5	191.0	129
0.9		333.6	66.2	53
1143.3	3033.8	842.5	292.4	283
1113.0	27.6	1170.6	568.8	320
163903.1	42639.4	373735.2	79164.3	48721
133.3		390.7	86.5	60
470.8		89.6	1.6	46
81.5	254.7	4801.8		1799
40172.4	12988.2	113857.8	37421.5	21947
33348.2		3719.6	5320.2	687
6824.2	12988.2	110138.2	32101.3	21260
84026.2	22294.9	85280.3	26274.9	10706
39018.9	7101.6	169315.0	15379.8	14163
1616.5	5.7	819.1	139.5	226
36032.4	6964.4	168167.7	15202.5	13711
1370.0	131.5	328.2	37.8	226
-93999.3	1409.0	9887.7	5133.3	1436
-94518.0	1093.3	5717.8	4604.1	691
518.7	315.7	4169.9	529.2	745
-2093.1	40.6	4091.3	839.7	517
2288.7	575.8	1191.2	243.5	116
-1799.3	46.2	1627.5	596.2	274
-2582.5	-581.4	1272.6		127

14-2 续表 20 continued20

指标名称	Item	法人企业数（个）Corporate enterprises (unit)
国有控股	State-owned	22
集体控股	Collective-owned	10
私人控股	Private-owned	638
港澳台商控股	Hongkong, Macao and Taiwan-Owned	5
外商控股	Foreign-owned	6
其他	Others	73
独立门店	Substantive store	639
连锁总店（总部）	Chain headquarter	18
连锁直营店	Chain Direct-Sale Stores	7
连锁加盟店	Chain Franchisee Stores	1
其他	Others	89
大型	Large-sized	16
中型	Medium-sized	165
小型	Small-sized	298
微型	Micro-sized	275
有店铺零售	Retail trade	619
食杂店	Traditional Grocery Stores	2
便利店	Convenience store	12
超市	Market	19
大型超市	Super market	10
仓储会员店	Warehouse Membership Stores	1
百货店	Consumer goods	32
专业店	Specialty store	266
专卖店	Exclusive shop	226
家居建材商店	Household items hall	14
购物中心	Shopping center	12
厂家直销中心	Direct sales by manufacturers	25
无店铺零售	Other retail trade	133
邮购	Purchase by mail	1
网上商店	Store on line	6
其他	Others	126

单位：万元 unit:10000 yuan

二、期末资产负债 The final balance sheet					
流动资产合计 Circulating funds	固定资产合计 Total Fixed Assets	固定资产原价 Original Value of fixed assets	累计折旧 Total depreciation	本年折旧 Depreciationg in this year	资产总计 Total assets
662766.4	798742.3	1566797.2	281393.3	36495.6	1947391.9
38823.9	57275.5	64394.1	7118.6	1542.8	110436.7
1833217.5	302487.7	532802.2	220546.6	53517.9	2523024.3
24048.3	5963.6	15135.7	9172.1	1212.5	33107.5
36332.2	8229.5	14978.8	4892.7	733.2	69935.9
1141226.7	76484.4	207149.1	130642.2	12752.5	1390176.1
2627867.5	360701.4	711960.6	342774.5	63246.1	3502004.0
829489.6	785394.3	1540389.2	268864.8	36188.0	2140313.4
43304.3	70929.6	87348.9	16419.3	2537.1	131617.0
1358.0	1.8	3.0	1.2	1.2	1359.8
234395.6	32155.9	61555.4	25705.7	4282.1	298778.2
1452153.5	862824.2	1748136.2	399163.6	53793.9	2999583.6
1507029.7	290397.8	505551.4	208182.5	39314.5	2101219.7
619702.0	68029.0	108618.2	38744.5	11241.1	773463.7
157529.8	27932.0	38951.3	7674.9	1905.0	199805.4
3389041.0	1203365.2	2331208.8	631407.5	92937.4	5641808.4
764.5	503.1	640.7	137.6	80.1	1270.2
47576.8	3926.3	9631.8	5705.5	2192.9	61640.9
24867.1	1783.2	3456.6	1673.4	692.6	31157.4
101100.4	52319.5	83537.0	29281.8	4806.7	177152.5
404.2					412.7
88435.1	55624.5	96873.0	41248.5	4757.9	170044.1
1173792.3	118988.9	200170.5	79024.8	17126.9	1527474.5
999675.4	145483.4	234649.7	84053.3	21629.8	1359513.6
24157.9	2896.9	3358.9	462.0	89.6	31880.8
875984.1	802306.6	1664515.5	376699.0	40020.4	2206297.5
52283.2	19532.8	34375.1	13121.6	1540.5	74964.2
334995.1	44287.7	67888.7	21728.5	13121.2	412269.4
625.5	3.0	8.8	5.8	2.0	958.6
1370.4	419.0	459.3	34.3	11.4	2042.0
332999.2	43865.7	67420.6	21688.4	13107.8	409268.8

14-2 续表 21 continued21

指标名称 Item		负债合计 Total liabilities
国有控股	State-owned	1600199.4
集体控股	Collective-owned	59833.7
私人控股	Private-owned	1809553.2
港澳台商控股	Hongkong, Macao and Taiwan-Owned	23771.9
外商控股	Foreign-owned	60523.8
其他	Others	1197505.8
独立门店	Substantive store	2690121.2
连锁总店（总部）	Chain headquarter	1753237.5
连锁直营店	Chain Direct-Sale Stores	71175.0
连锁加盟店	Chain Franchisee Stores	1255.1
其他	Others	235599.0
大型	Large-sized	2489259.0
中型	Medium-sized	1489554.0
小型	Small-sized	629482.8
微型	Micro-sized	143092.0
有店铺零售	Retail trade	4426121.2
食杂店	Traditional Grocery Stores	87.6
便利店	Convenience store	23356.3
超市	Market	27682.5
大型超市	Super market	141098.8
仓储会员店	Warehouse Membership Stores	380.2
百货店	Consumer goods	121753.9
专业店	Specialty store	1172691.7
专卖店	Exclusive shop	970319.9
家居建材商店	Household items hall	21544.4
购物中心	Shopping center	1901809.1
厂家直销中心	Direct sales by manufacturers	45396.8
无店铺零售	Other retail trade	308713.4
邮购	Purchase by mail	761.4
网上商店	Store on line	418.0
其他	Others	307534.0

单位：万元 unit:10000 yuan

所有者权益 Creditor's equity	实收资本 Original Value of fixed assets	三、损益及分配 Gains and losses and distribution			
		营业收入 Operation revenue	主营业务收入 Operating revenue	营业成本 Operating costs	主营业务成本 Operating costs
347192.5	74317.2	1602452.2	1412381.4	1225283.6	1214028.7
50603.0	37963.2	105334.6	100043.9	91368.5	90966.5
713471.1	679163.2	4217341.8	4153539.0	3735500.1	3716114.0
9335.6	6074.0	126051.0	120848.5	105095.4	103060.0
9412.1	31415.6	180222.8	173437.6	160519.9	158053.5
192670.3	128264.4	924470.0	884249.2	729718.6	725835.0
811882.8	784887.3	5128707.3	5015570.6	4527628.9	4500255.7
387075.9	36101.8	1690074.0	1503688.4	1238558.2	1227619.2
60442.0	46674.4	75772.4	68997.7	55669.7	55120.2
104.7	50.0	858.9	858.9	779.0	779.0
63179.2	89484.1	260459.8	255384.0	224850.3	224283.6
510324.6	160715.3	2921050.5	2707885.2	2331508.1	2316603.4
611665.7	533269.8	3116098.1	3028459.8	2740059.7	2716729.6
143980.9	222200.4	882812.0	872571.4	762505.7	761436.1
56713.4	41012.1	235911.8	235583.2	213412.6	213288.6
1215687.2	892579.9	6500007.2	6193155.1	5485767.3	5446360.2
1182.6	1152.4	1360.5	1360.5	932.7	932.7
38284.6	31444.2	161940.8	159292.4	136852.4	136152.0
3474.9	5515.9	80121.0	79940.7	68807.5	68294.6
36053.7	60569.9	153320.5	140890.2	117341.5	116792.0
32.5	32.5	192.1	183.4	144.9	144.9
48290.2	31199.3	234117.8	214578.9	183111.7	182155.6
354782.8	304395.7	2276796.4	2248814.3	1999705.1	1984940.0
389193.7	347143.0	1953833.4	1921699.6	1749031.9	1739274.3
10336.4	8905.7	29877.5	29877.5	23978.4	23978.4
304488.4	83469.4	1449846.9	1241094.9	1062759.2	1052071.2
29567.4	18751.9	158600.3	155422.7	143102.0	141624.5
103556.0	62017.7	607137.0	605095.5	522686.3	522665.0
197.2	50.0	1243.4	1243.4	1151.0	1151.0
1624.0	925.4	8481.0	8093.0	5978.7	5978.7
101734.8	61042.3	597412.6	595759.1	515556.6	515535.3

14-2 续表 22 continued22

指标名称 Item;		营业税金及附加 Business taxes and extra charges
国有控股	State-owned	16896.1
集体控股	Collective-owned	960.1
私人控股	Private-owned	11820.3
港澳台商控股	Hongkong, Macao and Taiwan-Owned	379.7
外商控股	Foreign-owned	1359.2
其他	Others	5226.2
独立门店	Substantivestore	16744.3
连锁总店（总部）	Chainheadquarter	17793.3
连锁直营店	ChainDirect-SaleStores	923.4
连锁加盟店	ChainFranchiseeStores	0.8
其他	Others	1179.8
大型	Large-sized	21817.1
中型	Medium-sized	10373.7
小型	Small-sized	3609.6
微型	Micro-sized	841.2
有店铺零售	Retailtrade	34923.9
食杂店	TraditionalGroceryStores	24.4
便利店	Conveniencestore	736.6
超市	Market	248.9
大型超市	Supermarket	803.9
仓储会员店	WarehouseMembershipStores	0.1
百货店	Consumergoods	2065.1
专业店	Specialtystore	5539.9
专卖店	Exclusiveshop	4398.2
家居建材商店	Householditemshall	54.3
购物中心	Shoppingcenter	19876.5
厂家直销中心	Directsalesbymanufacturers	1176.0
无店铺零售	Otherretailtrade	1644.0
邮购	Purchasebymail	
网上商店	Storeonline	70.2
其他	Others	1573.8
其他	Others	

单位：万元 unit:10000 yuan

三、损益及分配 Gainsay and losses and distribution				
主营业务税金及附加 Main operation taxes and extra charges	其他业务利润 Other business profit	销售费用 Marketing expenses	管理费用 Management expenses	财务费用 Financial expenses
16764.5	413.1	85896.8	123741.5	44027.9
960.1	251.1	3675.6	6985.0	328.3
10560.2	30886.9	179649.3	170377.2	47811.9
379.7	352.3	12636.1	4567.5	156.3
1170.8	3049.4	10385.0	7897.7	1161.7
3986.9	27583.6	86788.5	64661.0	33142.6
14295.3	59459.5	220895.4	222881.9	74576.7
17656.0	1897.8	130416.9	131465.7	49977.1
744.7		7488.6	8723.1	561.9
0.8		26.9	74.5	0.2
1125.4	1179.1	20203.5	15084.7	1512.8
20294.0	21955.8	196736.8	170025.8	72285.2
9981.8	31423.6	140352.1	149720.6	41897.8
2739.1	8536.5	35778.5	50057.9	11165.2
807.3	620.5	6163.9	8425.6	1280.5
32133.3	61158.8	360720.6	348427.0	119870.9
24.4		37.8	87.0	8.8
527.7		18208.7	8727.2	563.9
242.5	309.2	3758.0	4688.0	83.7
405.4	5973.0	28485.5	7417.1	3158.5
0.1	7.0	1.6	25.0	0.3
1896.7	7306.1	24064.8	25091.3	2278.8
5509.6	9770.3	125261.8	70544.0	21299.5
3864.6	13165.8	84401.9	77755.9	27265.2
54.1		2076.2	1917.2	249.9
18472.8	23763.4	68104.4	147997.7	64578.0
1135.4	864.0	6319.9	4176.6	384.3
1615.2	1377.6	17235.5	26027.6	6616.8
			72.3	
56.2	200.0	1282.3	331.0	38.4
1559.0	1177.6	15953.2	25624.3	6578.4

14-2 续表 23 continued23

指标名称	Item	营业利润 Business profit
国有控股	State-owned	102831.1
集体控股	Collective-owned	2207.5
私人控股	Private-owned	41775.4
港澳台商控股	Hongkong,Macao and Taiwan-Owned	3900.7
外商控股	Foreign-owned	-1170.4
其他	Others	9987.7
独立门店	Substantive store	42062.4
连锁总店（总部）	Chain headquarter	119043.4
连锁直营店	Chain Direct-Sale Stores	1998.0
连锁加盟店	Chain Franchisee Stores	-22.6
其他	Others	-3549.2
大型	Large-sized	122573.7
中型	Medium-sized	27377.6
小型	Small-sized	5811.2
微型	Micro-sized	3769.5
有店铺零售	Retail trade	135589.5
食杂店	Traditional Grocery Stores	269.8
便利店	Convenience store	-3305.4
超市	Market	2620.4
大型超市	Super market	-4145.2
仓储会员店	Warehouse Membership Stores	19.6
百货店	Consumer goods	3600.8
专业店	Specialty store	55272.7
专卖店	Exclusive shop	-7602.5
家居建材商店	Household items hall	1853.7
购物中心	Shopping center	83721.8
厂家直销中心	Direct sales by manufacturers	3283.8
无店铺零售	Other retail trade	23875.0
邮购	Purchase by mail	20.1
网上商店	Store on line	543.7
其他	Others	23311.2

单位：万元 unit:10000 yuan

		四、人工成本及增值税 Labor cost and VAT		五、从事批发和零售业活动的从业人员平均人数（人）Average number of employees engaged in wholesale and retail activities (person)
利润总额 Total profit	应交所得税 Income taxes payable	应付职工薪酬（本年贷方累计发生额）payroll payable (credit accumulated happening this year)	应交增值税 VAT payableinput	
104169.2	20462.0	81383.4	26446.7	9170
2255.2	491.6	7244.9	328.0	2619
46964.6	16564.2	228533.8	36073.1	29015
3897.2	1167.7	5180.5	780.4	937
-2093.1	40.6	4091.3	839.7	517
-87382.4	5362.9	61280.3	20669.4	8416
-51745.2	19770.5	270612.6	45452.7	29842
119154.5	23342.9	94945.2	35033.1	15174
2270.7	302.2	5127.9	802.5	1388
-12.6		27.0	53.0	5
-1856.7	673.4	17001.5	3796.0	4265
24410.0	26997.0	136310.8	46773.5	23508
30381.4	10622.5	106366.5	28104.1	17579
9218.2	3040.2	126504.1	8198.2	6558
3801.1	3429.3	18532.8	2061.5	3029
42322.8	38844.6	293330.9	79648.7	45121
269.8		71.7	20.5	17
-2756.8	222.8	9860.5	2658.6	1570
3039.4	856.9	3072.2	215.4	961
-4894.4	56.4	12770.0	1780.4	2506
19.6	0.2	165.4	22.8	26
4434.1	1337.0	16433.4	3069.9	4016
55613.7	7179.9	104118.5	30166.5	14950
-3716.8	5952.6	65423.4	14866.9	11753
1907.3	254.7	1558.0	334.8	288
-14993.6	22275.5	75540.2	24438.6	8336
3400.5	708.6	4317.6	2074.3	698
25414.7	5095.7	92372.0	5339.2	5216
28.1	2.8	43.6		7
552.0	25.1	332.8	87.0	75
24834.6	5067.8	91995.6	5252.2	5134

14–3 2018 年限额以上批发和零售业法人企业商品购进、销售和库存

单位：万元

指标名称	Item	法人企业数（个）Corporate enterprises (unit)	从业人员期末人数（人）(person)
总计	Total	1276	69286
一、批发业	Wholesale	522	20926
农、林、牧产品批发	Farming、Fore、Animal、Husbandry	48	1404
谷物、豆及薯类批发	Cereal beans and Tubers	35	1080
种子批发	Seed	7	240
畜牧渔业饲料批发	Livestock and Fishery Feed Wholesale	4	59
其他农牧产品批发	Others	2	25
食品、饮料及烟草制品批发业	Food drink and tobaccos	43	2885
米、面制品及食用油批发业	Grain and edible oil	10	398
糕点、糖果及糖批发	Pastries, Candy and Sugar Wholesale	1	3
肉、禽、蛋、奶及水产品批发	Meet fowl egg and marine products	6	147
盐及调味品批发	Salt and condiment	3	149
营养和保健品批发	The nutrition and health care products retail	2	140
酒、饮料及茶叶批发	Alcohol beverage and tea tobaccos	9	876
烟草制品批发业	Tobaccos	1	848
其他食品批发	Others	11	324
纺织、服装及日用品批发业	Textile garment and daily articles	31	1101
纺织品、针织品及原料批发	Textile knitwear and raw moterial	3	34
服装批发	Clothing Wholesale	9	391
鞋帽批发	Shoes and Hats Wholesale	1	16
化妆品及卫生用品批发	Cosmetic and sanitary accessories	1	2
厨房、卫生间用具及日用杂货批发	Kitchen rest room and daily articles	5	158
灯具、装饰物品批发	Lamps and Decorative Items Wholesale	1	3
家用视听设备批发	Household Audiovisual Equipment Wholesale	1	10
日用家电批发	Household Appliances Wholesale	7	409
其他家庭用品批发	Others	3	78
文化、体育用品及器材批发业	Sporting goods and equipment wholesale	11	903
文具用品批发	Stationery	4	177
体育用品及器材批发	Sporting goods and equipment wholesale	2	77
图书批发	Books	3	457
报刊批发	Newspaper	1	181
其他文化用品批发	Other Stationery Commodities Wholesale	1	11
医药及医疗器材批发	Medicine and medical appliance	111	5802
西药批发	Western medicine	48	3413
中药批发	Chinese medicine	30	1542
动物用药品批发	Animal Medicine Wholesale	5	143
医疗用品及器材批发	Medical component	28	704
矿产品、建材及化工产品批发	Minerals construction materials	119	4220
煤炭及制品批发	Coal and related products	11	191
石油及制品批发	Petroleum and related products	12	2360

TOTAL PURCHASE, SALES AND INVENTORY IN WHOLESALE AND RETAIL TRADE ABOVE DESIGNATED SIZE 2018

商品购进额 Amount	进口额 Imports	商品销售额 Commodity sales	其中：通过公共网络实现的销售额 Of which: sales through public networks	其中：通过非自营平台实现的商品销售额 Of which: merchandise sales through non-proprietary platform
21275675.5	120779.8	24014700.3	842915.9	48608.4
14110900.1	50455.7	13218307.4	739726.5	1497
890971.3	42.5	1158440.1		
857471	42.5	1117050.5		
14534.9		18234.6		
15873.1		17564.7		
3092.3		5590.3		
1550743.6	3691.1	1854648.1	735281.8	
829629.6		893922.6		
6035.1		6087.2		
35334.1		47645.6		
17413.9		20918.6		
9599.3		13070.2		
70141.9		78902.5		
525544.2	3691.1	735281.8	735281.8	
57045.5		58819.6		
109556.1		138686.4	23.2	
3145.4		4359.3		
26890.6		35751.4	23.2	
934.6		1042.4		
286.9		1097.6		
16610.4		24041		
1198.3		1320.9		
2562.3		3001.1		
36290.5		42081.2		
21637.1		25991.5		
100318.5		107372.4	266.5	
31226.7		36793.5		
14691.7		13434.3		
39919.3		40934	266.5	
12321.4		13518.3		
2159.4		2692.3		
1957891.2	3197.7	2235438.9	359.6	18.2
1457470.9	700	1667418		
314213.5		344302	18.2	18.2
14154		19310.2		
172052.8	2497.7	204408.7	341.4	
6559228.6	1326.3	4241517.7	3157.1	1082.1
62953.5		95127.2		
3761386.3		1207803.8	2597.1	522.1

14-3 续表 1continued1

指标名称	Item	批发额 Wholesale	出口额 Exports
总计	Total	12671414.5	27265.5
一、批发业	Wholesale	12123514.8	27165.5
农、林、牧产品批发	Farming、Fore、Animal、Husbandry	1110008.4	7330.3
谷物、豆及薯类批发	Cereal beans and Tubers	1069291.2	7330.3
种子批发	Seed	17562.2	
畜牧渔业饲料批发	Livestock and Fishery Feed Wholesale	17564.7	
其他农牧产品批发	Others	5590.3	
食品、饮料及烟草制品批发业	Food drink and tobaccos	1840359.4	
米、面制品及食用油批发业	Grain and edible oil	893443.7	
糕点、糖果及糖批发	Pastries, Candy and Sugar Wholesale	6087.2	
肉、禽、蛋、奶及水产品批发	Meet fowl egg and marine products	47554.6	
盐及调味品批发	Salt and condiment	20918.6	
营养和保健品批发	The nutrition and health care products retail	12903	
酒、饮料及茶叶批发	Alcohol beverage and tea tobaccos	65730.4	
烟草制品批发业	Tobaccos	735281.8	
其他食品批发	Others	58440.1	
纺织、服装及日用品批发业	Textile garment and daily articles	131334.5	
纺织品、针织品及原料批发	Textile knitwear and raw moterial	4359.3	
服装批发	Clothing Wholesale	33954.2	
鞋帽批发	Shoes and Hats Wholesale	1041.2	
化妆品及卫生用品批发	Cosmetic and sanitary accessories	1097.6	
厨房、卫生间用具及日用杂货批发	Kitchen rest room and daily articles	22279.4	
灯具、装饰物品批发	Lamps and Decorative Items Wholesale	1309.5	
家用视听设备批发	Household Audiovisual Equipment Wholesale	3001.1	
日用家电批发	Household Appliances Wholesale	38387	
其他家庭用品批发	Others	25905.2	
文化、体育用品及器材批发业	Sporting goods and equipment wholesale	105595.4	
文具用品批发	Stationery	36568.1	
体育用品及器材批发	Sporting goods and equipment wholesale	13103.5	
图书批发	Books	39713.2	
报刊批发	Newspaper	13518.3	
其他文化用品批发	Other Stationery Commodities Wholesale	2692.3	
医药及医疗器材批发	Medicine and medical appliance	2159523.7	1378.4
西药批发	Western medicine	1592764.5	
中药批发	Chinese medicine	343053.1	
动物用药品批发	Animal Medicine Wholesale	19309.6	
医疗用品及器材批发	Medical component	204396.5	1378.4
矿产品、建材及化工产品批发	Minerals construction materials	3368700.5	
煤炭及制品批发	Coal and related products	94240.2	
石油及制品批发	Petroleum and related products	379627.2	

单位：万元 unit:10000yuan

零售额 Retail	其中：通过公共网络实现的零售额 Of which: sales achieved through public networks	其中：通过非自营平台实现的零售额 Of which: sales through non-proprietary platform	期末商品库存额 Inventory	服务营业额 Service Turnover	年末零售营业面积（平方米） Business areas (m2)
11343285.8	100506.6	47863.1	2097382.7	12567	6031599
1094792.6	1268.2	751.7	976280.1	3434	500350
48431.7			131497.5	1536	83147
47759.3			121762.6	1536	75847
672.4			7933.8		2300
			1748.5		5000
			52.6		
14288.7			103449.9	305	6382
478.9			7696.7	51	605
					200
91			1960.6		725
			2263.5		200
167.2			2037.2		180
13172.1			21513.4		2655
			63811.9		
379.5			4166.6	254	1817
7351.9			34566.9	19	12998
			617.5		385
1797.2			18945.3	19	6328
1.2			566.4		40
			268.9		120
1761.6			3218.3		483
11.4			70.4		70
			300		45
3694.2			8096.7		957
86.3			2483.4		4570
1777	266.5		30055.6		11106
225.4			3250.9		306
330.8			3609.8		5800
1220.8	266.5		16704.9		5000
			6020.6		
			469.4		
75915.2	8.4		216488.1	1	30346
74653.5			155958.7		20498
1248.9			35984.1		6575
0.6			1368		620
12.2	8.4		23177.3	1	2653
872817.2	560	560	301393.9		236739
887			2402.5		455
828176.6			34041.7		20990

14-3 续表 2 continued2

指标名称	Item	法人企业数（个）Corporate enterprises (unit)	从业人员期末人数（人）(person)
金属及金属矿批发业	Metal materials	31	387
建材批发业	Construction materials	39	483
化肥批发业	Chemical fertilizers	10	450
农药批发	Agricultural Chemicals Wholesale	2	12
其他化工产品批发	Others	14	337
机械设备、五金交电及电子产品批发业	Machinery hardware and electronic equipment	147	4058
农业机械批发	Farm machinery	12	184
汽车及零配件批发	Auto and Spare Parts Wholesale	59	1682
摩托车及零配件批发	Motor vehicles motorcycle and parts	4	86
五金产品批发	Hardware products	19	410
电气设备批发	Appliances	4	38
计算机、软件及辅助设备批发业	Computer software and accessories	9	282
通讯设备批发	Communications-Equipment Wholesale	9	235
广播影视设备批发	Radio and Television Equipment Wholesale	2	83
其他机械设备及电子产品批发	Others	29	1058
其他批发业	Other wholesale	12	553
再生物资回收与批发	Renewable materials recovery and wholesale	2	36
其他未列明的批发	Others	10	517
内资企业	Domestic funds	520	20581
国有企业	State-owned	3	966
集体企业	Collective-owned	1	11
有限责任公司	Limited liability corporations	182	9749
国有独资企业	State-owned solely	9	2306
其他有限责任公司	Limited liability corporations	173	7443
股份有限公司	Share holding	20	1256
私营企业	Private	314	8599
私营独资企业	Private funded	5	107
私营有限责任公司	Private limited company	301	8240
私营股份有限公司	Private share holding	8	252
外商投资企业	Foreign-Invested Enterprise	2	345

单位：万元 unit：10000yuan

商品购进额 Amount	进口额 Imports	商品销售额 Commodity sales	其中：通过公共网络实现的销售额 Of which: sales through public networks	其中：通过非自营平台实现的商品销售额 Of which: merchandise sales through non-proprietary platform
1875138.3		1928141.9	560	560
340191.9		403881.3		
435838.3		457582.4		
4406		5051.5		
79314.3	1326.3	143929.6		
2896672.8	42198.1	3425386.6	638.3	396.7
29238		39623.9		
2201675.4	8873.9	2611365.8		
53200.6	32418.2	61563.9	205	205
57710.6	50	68469.1	62.5	32.5
4022.5		5657.4		
29702.7		44503.3	369.2	157.6
144281.6		161223.5		
134145.6		159029.4		
242695.8	856	273950.3	1.6	1.6
45518		56817.2		
6674		8295.9		
38844		48521.3		
11889058.4	50455.7	11235838.3	739726.5	1497
530908.8	3691.1	771966.6	735281.8	
2154.4		2271.8		
6080693.1	34600.5	7031753	4021	1444.7
2584351.3		3089585.9		
3496341.8	34600.5	3942167.1	4021	1444.7
3161431.7	700	806379.3		
2113870.4	11464.1	2623467.6	423.7	52.3
10794.2		15914.7		
2049715.1	11464.1	2551826.2	423.7	52.3
53361.1		55726.7		
2221841.7		1982469.1		

14-3 续表 3 continued3

指标名称	Item	批发额 Wholesale	出口额 Exports
金属及金属矿批发业	Metal materials	1915718.6	
建材批发业	Construction materials	379264.2	
化肥批发业	Chemical fertilizers	452143.1	
农药批发	Agricultural Chemicals Wholesale	5051.5	
其他化工产品批发	Others	142655.7	
机械设备、五金交电及电子产品批发业	Machinery hardware and electronic equipment	3352127.9	18371.8
农业机械批发	Farm machinery	39387.8	
汽车及零配件批发	Auto and Spare Parts Wholesale	2568199.1	7708
摩托车及零配件批发	Motor vehicles motorcycle and parts	61126.8	10663.8
五金产品批发	Hardware products	58439.9	
电气设备批发	Appliances	5657.4	
计算机、软件及辅助设备批发业	Computer software and accessories	43967.6	
通讯设备批发	Communications-Equipment Wholesale	153831	
广播影视设备批发	Radio and Television Equipment Wholesale	159029.4	
其他机械设备及电子产品批发	Others	262488.9	
其他批发业	Other wholesale	55865	85
再生物资回收与批发	Renewable materials recovery and wholesale	8295.9	
其他未列明的批发	Others	47569.1	85
内资企业	Domestic funds	10141045.7	27165.5
国有企业	State-owned	771966.6	
集体企业	Collective-owned	2271.8	
有限责任公司	Limited liability corporations	6076703.3	10663.8
国有独资企业	State-owned solely	2270805.8	
其他有限责任公司	Limited liability corporations	3805897.5	10663.8
股份有限公司	Share holding	761227.2	
私营企业	Private	2528876.8	16501.7
私营独资企业	Private funded	14558.2	
私营有限责任公司	Private limited company	2460523.9	16416.7
私营股份有限公司	Private share holding	53794.7	85
外商投资企业	Foreign-Invested Enterprise	1982469.1	

单位：万元 unit：10000yuan

零售额 Retail	其中：通过公共网络实现的零售额 Of which: sales achieved through public networks	其中：通过非自营平台实现的零售额 Of which: sales through non-proprietary platform	期末商品库存额 lnventory	服务营业额 Service Turnover	年末零售营业面积（平方米）Business areas (m2)
12423.3	560	560	112785.4		92919
24617.1			16345.8		108629
5439.3			108487.1		12386
			1067.7		180
1273.9			26263.7		1180
73258.7	433.3	191.7	153597.2	1426	118452
236.1			2668.8		630
43166.7			49849.4		79266
437.1			6784.1		215
10029.2	62.5	32.5	8117.3	415	2883
			1299.5		209
535.7	369.2	157.6	8303		470
7392.5			5728.9		957
			3193.5		120
11461.4	1.6	1.6	67652.7	1011	33702
952.2			5231	147	1180
			225.3	147	100
952.2			5005.7		1080
1094792.6	1268.2	751.7	951724.1	3434	500350
			86392.3		
			90		1000
955049.7	1195.7	717.6	456652.9	1136	314584
818780.1			148227.1		108838
136269.6	1195.7	717.6	308425.8	1136	205746
45152.1			169543.6		970
94590.8	72.5	34.1	239045.3	2297	183796
1356.5			324.8	45	3486
91302.3	72.5	34.1	232995.5	2252	178363
1932			5725		1947
			24556		

14-3 续表 4 continued4

指标名称	Item	法人企业数（个）Corporate enterprises (unit)	从业人员期末人数（人）(person)
中外合资经营企业	Joint venture	2	345
国有控股	State-owned	26	5299
集体控股	Collective-owned	1	11
私人控股	Private-owned	447	13461
外商控股	Foreign-owned	1	2
其他	Others	47	2153
独立门店	Substantive store	360	13883
连锁直营店	Chain Direct-Sale Stores	1	49
其他	Others	161	6994
大型	Large-sized	8	4594
中型	Medium-sized	126	9107
小型	Small-sized	286	6026
微型	Micro-sized	102	1199
二、零售业	Retail trade	754	48360
综合零售	Retail trade	53	14279
百货零售	Consumer goods	35	10454
超级市场零售	Supermarket	14	3737
其他综合零售	Other comprehensive retail business	4	88
食品、饮料及烟草制品专门零售	Food beverage and tobaccos	53	5474
粮油零售	Food and Oil	6	403
糕点、面包零售	Cake and bread	1	264
果品、蔬菜零售	Fruit and Vegetable	2	3527
肉、禽、蛋及水产品零售	Meet, fowl, egg and marine products	8	163
营养和保健品零售	Nutrition and health care	6	53
酒、饮料及茶叶零售	Alcohol beverage and tea	10	275
烟草制品零售	Tobaccos	2	482
其他食品零售	Others	18	307
纺织、服装及日用品专门零售业	Textile, garment and daily articles	40	2215
纺织品及针织品零售	Textile and knitwear	3	41
服装零售	Garments	17	1263
化妆品及卫生用品零售	Cosmetics and Sanitary Products Retail	6	482
厨具卫具及日用杂品零售	Kitchenware and Household Items Retail	5	105
钟表、眼镜零售	Clock and spectacles	6	241

单位：万元 unit：10000yuan

商品购进额 Amount	进口额 Imports	商品销售额 Commodity sales	其中：通过公共网络实现的销售额 Of which: sales through public networks	其中：通过非自营平台实现的商品销售额 Of which: merchandise sales through non-proprietary platform
2221841.7		1982469.1		
9565804.1	3691.1	7796887.4	735281.8	
2154.4		2271.8		
3723146.4	44738.3	4494300.6	4444.7	1497
3105		3310		
816690.2	2026.3	921537.6		
8458262.2	47422.9	10011497.4	739558.7	1478.8
932.1		1258.6		
5651705.8	3032.8	3205551.4	167.8	18.2
4598589.9	3691.1	5551815.8	735281.8	
5403909.5	32468.2	5605693.6	583.2	560
1521951.6	13440.4	1868089.2	1118.2	395.1
2586449.1	856	192708.8	2743.3	541.9
7164775.4	70324.1	10796392.9	103189.4	47111.4
2395617.8	349.9	4856739.4	3404.9	
2196319.5	349.9	4600802.5	3044.9	
148446.9		202572.2	360	
50851.4		53364.7		
204063.8		242694.6	65989.6	41393.5
10729.3		14869.9	4117.7	
8083.3		8083.2		
96941.2		104112.5	61856.9	41393.5
9797.3		10627.9		
3795.5		4343.4		
13798.7		20768		
36009.7		48412.1		
24908.8		31477.6	15	
120196.2	934.5	169131.4	1849.7	8.4
4376.5		5423.7		
59019.7		93818.4	1841.3	
23273.3		29862.5		
3245.5		5317.3		
22967.9		26575.9	8.4	8.4

14-3 续表 5 continued5

指标名称	Item	批发额 Wholesale	出口额 Exports
中外合资经营企业	Joint venture	1982469.1	
国有控股	State-owned	6911236.6	
集体控股	Collective-owned	2271.8	
私人控股	Private-owned	4307721.1	27165.5
外商控股	Foreign-owned	3310	
其他	Others	898975.3	
独立门店	Substantive store	9030776.9	19750.2
连锁直营店	Chain Direct-Sale Stores	699.3	
其他	Others	3092038.6	7415.3
大型	Large-sized	4664542.5	
中型	Medium-sized	5465143.2	10663.8
小型	Small-sized	1805622.8	16501.7
微型	Micro-sized	188206.3	
二、零售业	Retail trade	547899.7	100
综合零售	Retail trade	18655.4	100
百货零售	Consumer goods	16233.8	100
超级市场零售	Supermarket	220	
其他综合零售	Other comprehensive retail business	2201.6	
食品、饮料及烟草制品专门零售	Food beverage and tobaccos	14843.4	
粮油零售	Food and Oil	8217.3	
糕点、面包零售	Cake and bread		
果品、蔬菜零售	Fruit and Vegetable		
肉、禽、蛋及水产品零售	Meet, fowl, egg and marine products	2420.7	
营养和保健品零售	Nutrition and health care	567.8	
酒、饮料及茶叶零售	Alcohol beverage and tea	1344	
烟草制品零售	Tobaccos		
其他食品零售	Others	2293.6	
纺织、服装及日用品专门零售业	Textile, garment and daily articles	10048.5	
纺织品及针织品零售	Textile and knitwear	952.4	
服装零售	Garments	5886.9	
化妆品及卫生用品零售	Cosmetics and Sanitary Products Retail	3209.2	
厨具卫具及日用杂品零售	Kitchenware and Household Items Retail		
钟表、眼镜零售	Clock and spectacles		

单位：万元 unit：10000yuan

零售额 Retail	其中：通过公共网络实现的零售额 Of which: sales achieved through public networks	其中：通过非自营平台实现的零售额 Of which: sales through non-proprietary platform	期末商品库存额 Inventory	服务营业额 Service Turnover	年末零售营业面积（平方米）Business areas (m2)
			24556		
885650.8			385365.7		224945
			90		1000
186579.5	1268.2	751.7	524367	3431	259202
			42		
22562.3			66415.4	3	15203
980720.5	1268.2	751.7	645260.7	2385	297152
559.3			56.2	16	4000
113512.8			330963.2	1033	199198
887273.3			162132.2		36490
140550.4	560	560	588464.7	778	200530
62466.4	706.6	190.1	191384.6	1684	211403
4502.5	1.6	1.6	34298.6	972	51927
10248493.2	99238.4	47111.4	1121102.6	9133	5531249
4838084	3044.9		291323.2	108	4157544
4584568.7	3044.9		270034.5	24	3989480
202352.2			20873.3	84	152564
51163.1			415.4		15500
227851.2	65989.6	41393.5	28137.6	15	93488
6652.6	4117.7		1441		1240
8083.2			22.4		2085
104112.5	61856.9	41393.5	2835.3		55269
8207.2			1271.6		11000
3775.6			298.5		2886
19424			4356.3	15	5300
48412.1			14316		5398
29184	15		3596.5		10310
159082.9	1849.7	8.4	46243.3		67114
4471.3			3708.8		2230
87931.5	1841.3		22018.9		47747
26653.3			3031.4		965
5317.3			602.4		5124
26575.9	8.4	8.4	15788.9		4558

14-3 续表 6 continued6

指标名称	Item	法人企业数（个）Corporate enterprises (unit)	从业人员期末人数（人）(person)
自行车等代步设备零售	Bicycles and Walking Equipment Retail	1	26
其他日用品零售	Others	2	57
文化、体育用品及器材专门零售	Cultural and sport goods	28	1118
文具用品零售	Stationery	6	51
体育用品及器材零售	Sports Ware and Sports Equipment Retail	5	125
图书、报刊零售	Books、Newspaper	9	714
珠宝首饰零售	Jewelry	3	82
工艺美术品及收藏品零售	Handicraft article and collection	3	132
乐器零售	Musical Instrument Retail	1	7
照相器材零售	Photogrphic apparatus retail	1	7
医药及医疗器材专门零售业	Medicine and medical appliance	43	7331
西药零售	Western Medicine Retail	21	6809
中药零售	Chinese Medicine Retail	5	166
医疗用品及器材零售	Medical component	17	356
汽车、摩托车、零配件和燃料及其他动力销售	Auto, Motorcycles, Spare Parts and Fuel & Other Power Sales	361	14241
汽车新车零售	New Cars Retail	202	10743
汽车旧车零售	Second-Hand Cars Retail	109	1051
汽车零配件零售	Installation kit	18	278
机动车燃油零售	Motor Vehicles Fuel Retail	30	2112
机动车燃气零售	Motor Vehicles Gas Retail	2	57
家用电器及电子产品专门零售	Electrical household equipment	68	1977
家用视听设备零售	Household audio and video equipment	3	40
日用家电零售	Household Appliances Retail	17	986
计算机、软件及辅助设备零售	Computer software and accessories	24	453
通信设备零售	Teleconmmunicational equipment	16	359
其他电子产品零售	Others	8	139
五金、家具及室内装修材料专门零售	Hardware funiture and indoor hareware fitting	60	942
五金零售	Hardware	32	386
灯具零售	Lamps	3	40
家具零售	Funiture	5	111
涂料零售	Coating	2	18
卫生洁具零售	Sanitary ware retail	2	60
陶瓷、石材装饰材料零售	Ceramics、decorative stone materials retail	7	185
其他室内装修材料零售	Others	9	142
货摊、无店铺及其他零售业	Other retail trade	48	783
互联网零售	Internet Retail	8	146
旧货零售	Second hand	1	53
生活用燃料零售	Fuel for life	15	255
其他未列明的零售	Others	24	329
内资企业	Domestic funds	742	46427

单位：万元 unit：10000yuan

商品购进额 Amount	进口额 Imports	商品销售额 Commodity sales	其中：通过公共网络实现的销售额 Of which: sales through public networks	其中：通过非自营平台实现的商品销售额 Of which: merchandise sales through non-proprietary platform
4231.9	934.5	5037.8		
3081.4		3095.8		
75732.1		83373.2	3	
5735.5		5994.9		
19402		21352.3	3	
40329.6		40681.7		
2696.6		5534.8		
5883.6		8047.7		
1296.5		1196.7		
388.3		565.1		
256120.2	347.3	368061.2	706.2	
239346.9		340495.4	706.2	
4862.5		6065.7		
11910.8	347.3	21500.1		
3647547.2	61514.2	4580848.4	13299.7	1880.4
2853855.9	61514.2	3285703.9	13299.7	1880.4
20046.4		186874.3		
27922.7		38285		
739854.4		1065388.4		
5867.8		4596.8		
334084.6	4177.8	259377.7	4884.7	1665.1
2075.2		2662.3		
230484.6		134975.8	2897.5	
38491	731.6	46637.5	1665.1	1665.1
49788.2	3446.2	59397.7	322.1	
13245.6		15704.4		
65131.7	1978	146236.4		
34366.4		49365.1		
1705.4		1818.3		
4335.9	1978	58132.7		
2246.9		4186		
5952.8		6678.6		
7015.3		11218.4		
9509		14837.3		
66281.8	1022.4	89930.6	13051.6	2164
9626.7	399.6	13565.8	13051.6	2164
2319.6		2274.9		
15551.1		22908		
38784.4	622.8	51181.9		
6983649.3	69389.6	10316092	103189.4	47111.4

14-3 续表 7 continued7

指标名称	Item	批发额 Wholesale	出口额 Exports
自行车等代步设备零售	Bicycles and Walking Equipment Retail		
其他日用品零售	Others		
文化、体育用品及器材专门零售	Cultural and sport goods	3082.4	
文具用品零售	Stationery	746.8	
体育用品及器材零售	Sports Ware and Sports Equipment Retail	2335.6	
图书、报刊零售	Books、Newspaper		
珠宝首饰零售	Jewelry		
工艺美术品及收藏品零售	Handicraft article and collection		
乐器零售	Musical Instrument Retail		
照相器材零售	Photogrphic apparatus retail		
医药及医疗器材专门零售业	Medicine and medical appliance	5595	
西药零售	Western Medicine Retail	4071.3	
中药零售	Chinese Medicine Retail		
医疗用品及器材零售	Medical component	1523.7	
汽车、摩托车、零配件和燃料及其他动力销售	Auto, Motorcycles, Spare Parts and Fuel & Other Power Sales	474448.1	
汽车新车零售	New Cars Retail	87118.8	
汽车旧车零售	Second-Hand Cars Retail		
汽车零配件零售	Installation kit		
机动车燃油零售	Motor Vehicles Fuel Retail	387329.3	
机动车燃气零售	Motor Vehicles Gas Retail		
家用电器及电子产品专门零售	Electrical household equipment	5424.7	
家用视听设备零售	Household audio and video equipment		
日用家电零售	Household Appliances Retail	1110.4	
计算机、软件及辅助设备零售	Computer software and accessories	1668.1	
通信设备零售	Teleconmmunicational equipment	2296.2	
其他电子产品零售	Others	350	
五金、家具及室内装修材料专门零售	Hardware funiture and indoor hareware fitting	7744.4	
五金零售	Hardware	4375.4	
灯具零售	Lamps		
家具零售	Funiture	952.6	
涂料零售	Coating		
卫生洁具零售	Sanitary ware retail		
陶瓷、石材装饰材料零售	Ceramics、decorative stone materials retail	166.4	
其他室内装修材料零售	Others	2250	
货摊、无店铺及其他零售业	Other retail trade	8057.8	
互联网零售	Internet Retail	3591	
旧货零售	Second hand		
生活用燃料零售	Fuel for life	3942.8	
其他未列明的零售	Others	524	
内资企业	Domestic funds	547899.7	100

单位：万元 unit：10000yuan

零售额 Retail	其中：通过公共网络实现的零售额 Of which: sales achieved through public networks	其中：通过非自营平台实现的零售额 Of which: sales through non-proprietary platform	期末商品库存额 Inventory	服务营业额 Service Turnover	年末零售营业面积（平方米）Business areas (m2)
5037.8			990.5		230
3095.8			102.4		6260
80290.8	3		24674.6		38392
5248.1			2380.1		10420
19016.7	3		5771.9		9009
40681.7			8233.1		16923
5534.8			5701.9		1720
8047.7			2057.2		195
1196.7			175		105
565.1			355.4		20
362466.2	706.2		77419.8		116215
336424.1	706.2		73201.9		111494
6065.7			1955.7		2178
19976.4			2262.2		2543
4106400.3	13299.7	1880.4	391632.7	7528	851002
3198585.1	13299.7	1880.4	366347	7455	549494
186874.3			3637.6		40084
38285			3128.9		12920
678059.1			18479.3	73	245904
4596.8			39.9		2600
253953	4884.7	1665.1	229335.5	303	110681
2662.3			1291.1		2500
133865.4	2897.5		216683.3	131	77211
44969.4	1665.1	1665.1	5765.7	3	24089
57101.5	322.1		4272.4	169	6101
15354.4			1323		780
138492			19760.2	486	30127
44989.7			7647.7		4644
1818.3			18		150
57180.1			1199.1		5542
4186			245.2		150
6678.6			2718.7		1789
11052			6330.2	471	14712
12587.3			1601.3	15	3140
81872.8	9460.6	2164	12575.7	694	66686
9974.8	9460.6	2164	1883.1	76	2640
2274.9			113.7		73
18965.2			2044.9	618	23549
50657.9			8534		40424
9768192.3	99238.4	47111.4	1095258.7	9133	5370781

14-3 续表 8 continued8

指标名称	Item	法人企业数（个）Corporate enterprises (unit)	从业人员期末人数（人）(person)
国有企业	State-owned	2	60
集体企业	Collective Enterprise	1	48
股份合作企业	Cooperative	2	1807
有限责任公司	Limited liability corporations	300	23063
国有独资公司	State-owned solely	6	595
其他有限责任公司	Limited liability corporations	294	22468
股份有限公司	Share holding	15	8445
私营企业	Private	422	13004
私营独资企业	Private funded	16	204
私营有限责任公司	Private limited company	398	12614
私营股份有限公司	Private share holding	8	186
港、澳、台商投资企业	Funded from Hongkong,Macao and Taiwan	6	1404
与港澳台商合资经营企业	Joint venture	3	673
港、澳、台商独资企业	Solefunds	3	731
外商投资企业	Foreign funds	6	529
中外合资经营企业	Joint venture	1	125
外资企业	Foreign funded	3	239
外商投资股份有限公司	Others	2	165
国有控股	State-owned	22	7731
集体控股	Collective-owned	10	2745
私人控股	Private-owned	638	28811
港澳台商控股	Hongkong, Macao and Taiwan-Owned	5	923
外商控股	Foreign-owned	6	529
其他	Others	73	7621
独立门店	Substantive store	639	29558
连锁总店（总部）	Chain headquarter	18	12838
连锁直营店	Chain Direct-Sale Stores	7	1534
连锁加盟店	Chain Franchisee Stores	1	5

单位：万元 unit：10000yuan

商品购进额 Amount	进口额 Imports	商品销售额 Commodity sales	其中：通过公共网络实现的销售额 Of which: sales through public networks	其中：通过非自营平台实现的商品销售额 Of which: merchandise sales through non-proprietary platform
12603. 5		11983. 6		
6148		6647. 3		
2482. 6		42766. 6		
3059942. 1	51562. 6	3808749. 1	76507. 3	43460. 8
16825. 3		326377. 7		
3043116. 8	51562. 6	3482371. 4	76507. 3	43460. 8
2033626. 8	1100	4160775. 3	3036. 8	
1868846. 3	16727	2285170. 1	23645. 3	3650. 6
12137		15662. 6		
1797095. 5	16727	2206396. 9	23645. 3	3650. 6
59613. 8		63110. 6		
31252. 6		285226. 8		
2092. 3		247165. 8		
29160. 3		38061		
149873. 5	934. 5	195074. 1		
60096. 8		103167		
52801. 1	934. 5	47413. 9		
36975. 6		44493. 2		
2088296. 8		4472267. 9	3036. 8	
36709. 9	349. 9	168954. 3	8. 1	
4027413. 2	68692. 4	4792134. 2	93363. 7	45044. 1
113740. 4		126650. 6		
149873. 5	934. 5	195074. 1		
748741. 6	347. 3	1041311. 8	6780. 8	2067. 3
4838117. 7	64280. 3	5802660. 3	89233. 8	47111. 4
2104659		4576710. 7	3036. 8	
27189. 9	349. 9	144806. 1	8. 1	
820		862. 8		

14-3 续表 9 continued9

指标名称	Item	批发额 Wholesale	出口额 Exports
国有企业	State-owned		
集体企业	Collective Enterprise	2201.6	
股份合作企业	Cooperative		
有限责任公司	Limited liability corporations	466721.3	100
国有独资公司	State-owned solely	79346.3	
其他有限责任公司	Limited liability corporations	387375	100
股份有限公司	Share holding		
私营企业	Private	78976.8	
私营独资企业	Private funded	2916.4	
私营有限责任公司	Private limited company	76060.4	
私营股份有限公司	Private share holding		
港、澳、台商投资企业	Funded from Hongkong, Macao and Taiwan		
与港澳台商合资经营企业	Joint venture		
港、澳、台商独资企业	Solefunds		
外商投资企业	Foreign funds		
中外合资经营企业	Joint venture		
外资企业	Foreign funded		
外商投资股份有限公司	Others		
国有控股	State-owned	105289.4	
集体控股	Collective-owned	2734.2	100
私人控股	Private-owned	435608.1	
港澳台商控股	Hongkong, Macao and Taiwan-Owned		
外商控股	Foreign-owned		
其他	Others	4268	
独立门店	Substantive store	446342.9	
连锁总店（总部）	Chain headquarter	79346.3	
连锁直营店	Chain Direct-Sale Stores	532.6	100
连锁加盟店	Chain Franchisee Stores	84.3	

单位：万元 unit：10000yuan

零售额 Retail	其中：通过公共网络实现的零售额 Of which: sales achieved through public networks	其中：通过非自营平台实现的零售额 Of which: sales through non-proprietary platform	期末商品库存额 Inventory	服务营业额 Service Turnover	年末零售营业面积（平方米）Business areas (m2)
11983.6			3879		286
4445.7			42.8		3000
42766.6			5447.8		2083
3342027.8	72556.3	43460.8	544559.8	3182	1117783
247031.4			3190.7		206786
3094996.4	72556.3	43460.8	541369.1	3182	910997
4160775.3	3036.8		286411.7	471	3675995
2206193.3	23645.3	3650.6	254917.6	5481	571634
12746.2			1405.8		15615
2130336.5	23645.3	3650.6	245937	5481	548759
63110.6			7574.8		7260
285226.8			5417.2		68705
247165.8			198.2		55281
38061			5219		13424
195074.1			20426.7		91763
103167			8410		400
47413.9			11353		28278
44493.2			663.7		63085
4366978.5	3036.8		271962.3	1193	3828793
166220.1	8.1		36955.7		37683
4356526.1	89772.7	45044.1	470522.7	7393	1183320
126650.6			12400.9		14954
195074.1			20426.7		91763
1037043.8	6420.8	2067.3	308834.3	547	374736
5356317.4	88873.8	47111.4	733529.9	8429	1460821
4497364.4	3036.8		305501.9		3889610
144273.5	8.1		38172.5	84	57144
778.5			649.2		10000

14-3 续表 10 continued10

指标名称 Item		法人企业数（个）Corporate enterprises (unit)	从业人员期末人数（人）(person)
其他	Others	89	4425
大型	Large-sized	16	21589
中型	Medium-sized	165	17981
小型	Small-sized	298	6686
微型	Micro-sized	275	2104
有店铺零售	Retail trade	619	44743
食杂店	Traditional Grocery Stores	2	18
便利店	Convenience store	12	1753
超市	Market	19	916
大型超市	Super market	10	2651
仓储会员店	Warehouse Membership Stores	1	26
百货店	Consumer goods	32	4420
专业店	Specialty store	266	14435
专卖店	Exclusive shop	226	12645
家居建材商店	Household items hall	14	294
购物中心	Shopping center	12	6874
厂家直销中心	Direct sales by manufacturers	25	711
无店铺零售	Other retail trade	133	3279
邮购	Purchase by mail	1	7
网上商店	Store on line	6	94
其他	Others	126	3178

单位：万元 unit：10000yuan

商品购进额 Amount	进口额 Imports	商品销售额 Commodity sales	其中：通过公共网络实现的销售额 Of which: sales through public networks	其中：通过非自营平台实现的商品销售额 Of which: merchandise sales through non-proprietary platform
193988.8	5693.9	271353	10910.7	
3263548.6		5937365.9	65770.9	41393.5
2902522.9	61795.4	3471565	13213.2	8.4
786658.2	6203.4	962075.4	23241.7	5709.5
212045.7	2325.3	425386.6	963.6	
6583832.7	64716.8	10106841.2	78352.8	43469.2
1249		1191		
276228		177544.3	1253.7	
69204.5		84154.9		
118037.1	99.9	176730.8		
674.2	575.2	227.7		
188051.8	250	284061.9	383.1	
1945310.9	52574	2598997.1	4889.9	195.3
1839683.3	11217.7	2201159.7	67513.3	43273.9
19535.9		79073.7		
2028005.5		4337487.5	3036.8	
97852.5		166212.6	1276	
539822.4	5607.3	644918.4	24836.6	3642.2
1135.1		1243.4		
6674.5	399.6	9009.6	8985.7	1977.1
532012.8	5207.7	634665.4	15850.9	1665.1

14-3 续表 11 continued11

指标名称	Item	批发额 Wholesale	出口额 Exports
其他	Others	21593.6	
大型	Large-sized	385172.8	
中型	Medium-sized	110145.7	100
小型	Small-sized	39065	
微型	Micro-sized	13516.2	
有店铺零售	Retail trade	536565.2	100
食杂店	Traditional Grocery Stores	153	
便利店	Convenience store	9266.3	
超市	Market	15701.2	
大型超市	Super market	532.6	100
仓储会员店	Warehouse Membership Stores	132	
百货店	Consumer goods	7217.3	
专业店	Specialty store	421481.6	
专卖店	Exclusive shop	69084.2	
家居建材商店	Household items hall	2282.7	
购物中心	Shopping center	5593.9	
厂家直销中心	Direct sales by manufacturers	5120.4	
无店铺零售	Other retail trade	11334.5	
邮购	Purchase by mail		
网上商店	Store on line		
其他	Others	11334.5	

单位：万元 unit：10000yuan

零售额 Retail	其中：通过公共网络实现的零售额 Of which: sales achieved through public networks	其中：通过非自营平台实现的零售额 Of which: sales through non-proprietary platform	期末商品库存额 Inventory	服务营业额 Service Turnover	年末零售营业面积（平方米）Business areas (m2)
249759.4	7319.7		43249.1	620	113674
5552193.1	65770.9	41393.5	552520.7	84	4107763
3361419.3	13213.2	8.4	403325.1	4837	835949
923010.4	19290.7	5709.5	139418.5	3565	349269
411870.4	963.6		25838.3	648	238268
9570276	77992.8	43469.2	1050640.3	8431	5379165
1038			131		400
168278	1253.7		216017.6		75161
68453.7			5298		22021
176198.2			26770.1	84	152973
95.7			519.1		1000
276844.6	23.1		32232.5		257585
2177515.5	4889.9	195.3	242118.7	2428	653343
2132075.5	67513.3	43273.9	265421.7	5846	427724
76791			5688.8		17400
4331893.6	3036.8		243560		3755024
161092.2	1276		12882.8	73	16534
633583.9	21245.6	3642.2	67964.7	702	139084
1243.4			31.9		100
9009.6	8985.7	1977.1	1199.1	76	750
623330.9	12259.9	1665.1	66733.7	626	138234

14-4 2018年限额以上住宿业和餐饮业法人企业基本情况

指标名称	Item	法人企业数（个）Corporate enterprises (unit)	从业人员期末人数（人）(person)
总计	Total	160	13432
一、住宿业	Hotels	78	8594
旅游饭店	Tourism restaurant	48	6919
旅游饭店	Hotels	48	6919
一般旅馆	Geneneral Hotels	22	942
经济型连锁酒店	Economical Chain Hotels	6	190
其他一般旅馆	Other General Hotels	16	752
其他住宿业	Other	8	733
其他住宿业	Domestic funds	8	733
内资企业	Domestic Enterprises	74	8165
国有企业	State-owned	15	2422
有限责任公司	Joint	35	4132
国有独资企业	State-owned soely	2	294
其他有限责任公司	Others	33	3838
股份有限公司	Share holding	2	228
私营企业	Private	21	1373
私营有限责任公司	Private limited company	20	1344
私营股份有限公司	Private share holding	1	29
其他企业	Others	1	10
港、澳、台商投资企业	Funded from Hongkong,Macao and Taiwan	3	261
与港澳台商合资经营企业	Joint venture	2	165
港澳台商独资企业	Hong Kong, Macao or Taiwan Sole Proprietorship	1	96
外商投资企业	Foreign funds	1	168
中外合资经营企业	Joint venture	1	168
国有控股	State-owned	18	2707
集体控股	Collective-owned	1	51
私人控股	Private-owned	37	2039
港澳台商控股	Hongkong,Macao and Taiwan-Owned	1	96
外商控股	Foreign-owned	1	168
其他	Others	19	3369
独立门店	Substantive store	62	7348
连锁总店（总部）	Chain headquarter	1	22
连锁直营店	Chain Direct-Sale Stores	1	104
连锁加盟店	Chain Franchisee Stores	5	85
其他	Others	9	1035
大型	Large-sized	2	989
中型	Medium-sized	19	4526
小型	Small-sized	52	3041
微型	Micro-sized	5	38
五星	Five-star	3	1163
四星	Four-star	15	2628

GENERAL INFORMATION OF THE ABOVE-NORM HOTELS AND CATERING 2018

其中：女性 Female	法人所属产业活动单位个数（个） The number of legal persons establishments	住宿业和餐饮业 Hotels and catering	其它 Others
7441	84	78	6
4804	23	22	1
3898	11	10	1
3898	11	10	1
552	10	10	
137	10	10	
415			
354	2	2	
354	2	2	
4562	19	18	1
1390	2	1	1
2217	12	12	
151			
2066	12	12	
153	3	3	
802	2	2	
786	2	2	
16			
136	2	2	
78			
58	2	2	
106	2	2	
106	2	2	
1544	5	4	1
26			
1186	4	4	
58	2	2	
106	2	2	
1789	10	10	
4097	13	12	1
19	10	10	
81			
70			
537			
543			
2461	5	4	1
1785	18	18	
15			
606			
1430	4	3	1

14-4 续表 1 continued1

指标名称	Item	法人企业数（个）Corporate enterprises (unit)	从业人员期末人数（人）(person)
三星	Three-star	14	1415
一星	One-star	1	8
其他	Others	45	3380
二、餐饮业	Catering	82	4838
正餐服务	Dinner	74	4228
快餐服务	Fast food	2	470
饮料及冷饮服务	Beverage and cold drink	1	20
其他饮料及冷饮服务	Others	1	20
餐饮配送及外卖送餐服务	Catering Distribution and Take-Away Delivery Service	4	80
餐饮配送服务	Food and beverage distribution service	3	35
外卖送餐服务	Take-Away Delivery Service	1	45
其他餐饮业	Other Catering	1	40
其他未列明餐饮业	Others	1	40
内资企业	Domestic funds	81	4804
国有企业	State owned	1	805
集体企业	Collective owned	1	32
有限责任公司	Limited liability corporations	35	2080
国有独资企业	State owned solely	1	145
其他有限责任公司	Others	34	1935
股份有限公司	Incorporated Company	1	20
私营企业	Private	43	1867
私营独资企业	Private funded	3	194
私营有限责任公司	Private limited company	37	1535
私营股份有限公司	Private share holding	3	138
外商投资企业	Foreign funded	1	34
中外合资经营企业	Joint venture	1	34
国有控股	State-owned	3	1157
集体控股	Collective-owned	1	32
私人控股	Private-owned	66	3027
外商控股	Foreign-owned	1	34
其他	Others	11	588
独立门店	Substantive store	71	3617
连锁总店（总部）	Chain headquarter	3	611
连锁直营店	Chain Direct-Sale Stores	1	40
其他	Others	7	570
大型	Large-sized	2	1248
中型	Medium-sized	3	510
小型	Small-sized	67	3004
微型	Micro-sized	10	76

单位：万元　unit:10000yuan

其中：女性 Female	法人所属产业 活动单位个数（个） The number of legal persons establishments	住宿业和餐饮业 Hotels and catering	其它 Others
775	3	3	
1993	16	16	
2637	61	56	5
2223	27	22	5
385	34	34	
2			
2			
7			
4			
3			
20			
20			
2618	61	56	5
410	4		4
24			
1232	51	51	
75			
1157	51	51	
14			
938	6	5	1
111			
745	6	5	1
82			
19			
19			
601	8	4	4
24			
1631	43	42	1
19			
362	10	10	
1835	13	8	5
460	44	44	
23			
319	4	4	
770	38	34	4
289			
1539	20	19	1
39	3	3	

14-5 2018年限额以上住宿业和餐饮业法人企业经营情况

指标名称	Item	法人企业数（个）Corporate enterprises (unit)	从业人员期末人数（人）(person)
总计	Total	160	13432
一、住宿业	Hotels	78	8594
旅游饭店	Tourism restaurant	48	6919
一般旅馆	Hotels	22	942
经济型连锁酒店	Economical Chain Hotels	6	190
其他一般旅馆	Other General Hotels	16	752
其他住宿	Other accommomodation services	8	733
内资企业	Domestic funds	74	8165
国有企业	State-owned	15	2422
有限责任公司	Limited liability corporations	35	4132
国有独资企业	State-owned soely	2	294
其他有限责任公司	Others	33	3838
股份有限公司	Share holding	2	228
私营企业	Private	21	1373
私营有限责任公司	Private limited company	20	1344
私营股份有限公司	Private share holding	1	29
其他企业	Others	1	10
港、澳、台商投资企业	Funded from Hongkong, Macao and Taiwan	3	261
与港澳台商合资经营企业	Joint venture	2	165
港澳台商独资企业	Hong Kong, Macao or Taiwan Sole Proprietorship	1	96
外商投资企业	Foreign funded	1	168
中外合资经营企业	Joint venture	1	168
国有控股	State-owned	18	2707
集体控股	Collective-owned	1	51
私人控股	Private-owned	37	2039
港澳台商控股	Hongkong, Macao and Taiwan-Owned	1	96
外商控股	Foreign-owned	1	168
其他	Others	19	3369

OPERATINGCONDITIONOFBUSINESSCORPORATIONSINACCMMODA TIONANDCATERINGLNDUSTRYABOVEQUOTA 2018

单位：万元 unit：10000yuan

营业额 Turnover	客房收入 Guestroom income	其中：通过公共网络实现的客房收入 Of which: room revenue through public networks	其中：通过非自营平台实现的客房收入 Of which: room revenue through non-proprietary platform	餐费收入 Food bill	其中：通过公共网络实现的餐费收入 Of which: meal income through public networks
277119.6	97632.5	4063.9	428.1	149473.7	1434.8
162629.6	83207.4	3416.2	392.7	60937.4	343.5
128450.8	62808.2	2304.6		49075.2	224.8
20094.5	13609.3	1111.6	392.7	5411.6	118.7
4226.6	3472.8	518.1	392.7	674.4	110.9
15867.9	10136.5	593.5		4737.2	7.8
14084.3	6789.9			6450.6	
154307.9	79177.8	3273.8	392.7	56976.4	343.5
31511.8	14807.1	388.0		12520.7	
85938.8	42685.9	2095.8	392.7	33480.3	234.6
5890.0	2452.2			2457.2	
80048.8	40233.7	2095.8	392.7	31023.1	234.6
5683.4	3586.2	100.6		652.8	0.1
31053.9	17988.6	689.4		10322.6	108.8
30554.8	17659.1	663.1		10153.0	104.5
499.1	329.5	26.3		169.6	4.3
120.0	110.0				
6330.6	2826.6			3236.8	
3697.0	1807.9			1868.5	
2633.6	1018.7			1368.3	
1991.1	1203.0	142.4		724.2	
1991.1	1203.0	142.4		724.2	
39970.8	18648.1	388.0		14761.3	
500.3	217.8			282.5	
42716.4	25764.8	1062.3		13537.1	227.0
2633.6	1018.7			1368.3	
1991.1	1203.0	142.4		724.2	
73056.8	35459.8	1823.5	392.7	29398.6	116.5

14-5 续表 1 continued1

指标名称	Item	其中：通过非自营平台实现的餐费收入 Of which: meal income through non-proprietary platform	商品销售收入 Goodssale income
总计	Total		2122.7
一、住宿业	Hotels		1473.7
旅游饭店	Tourism restaurant		1164.8
一般旅馆	Hotels		303.4
经济型连锁酒店	Economical Chain Hotels		65.9
其他一般旅馆	Other General Hotels		237.5
其他住宿服务	Other accommomodation services		5.5
内资企业	Domestic funds		1347.0
国有企业	State-owned		75.3
有限责任公司	Limited liability corporations		1077.0
国有独资企业	State-owned soely		237.2
其他有限责任公司	Others		839.8
股份有限公司	Share holding		56.3
私营企业	Private		128.4
私营有限责任公司	Private limited company		128.4
私营股份有限公司	Private share holding		
其他企业	Others		10.0
港、澳、台商投资企业	Funded from Hongkong,Macao and Taiwan		122.2
与港澳台商合资经营企业	Joint venture		
港澳台商独资企业	Hong Kong, Macao or Taiwan Sole Proprietorship		122.2
外商投资企业	Foreign funded		4.5
中外合资经营企业	Joint venture		4.5
国有控股	State-owned		312.5
集体控股	Collective-owned		
私人控股	Private-owned		476.7
港澳台商控股	Hongkong,Macao and Taiwan-Owned		122.2
外商控股	Foreign-owned		4.5
其他	Others		557.8

单位：万元 unit：10000yuan

其他收入 Other income	其中：通过非自营平台实现的客房收入 Of which: room revenue through non-proprietary platform	客房间数（间） Rooms	床位数（个） Beds	餐位数（位） Seats	年末餐饮营业面积（平方米） Businessareas(m^2)
27890.7	6280.2	13691	22835	55697	333046.0
17011.1	46.9	11833	19425	30117	181535.0
15402.6		8650	13850	22934	132298.0
770.2		2031	3420	2179	29282.0
13.5		524	932	382	5975.0
756.7		1507	2488	1797	23307.0
838.3	46.9	1152	2155	5004	19955.0
16806.7	46.9	11048	18462	27751	159465.0
4108.7		2242	3720	9046	44234.0
8695.6		5662	9871	13932	78433.0
743.4		351	710	1500	2200.0
7952.2		5311	9161	12432	76233.0
1388.1		632	781	400	3120.0
2614.3	46.9	2462	4015	4373	33678.0
2614.3	46.9	2402	3901	4213	30678.0
		60	114	160	3000.0
		50	75		
145.0		492	611	1716	17070.0
20.6		309	370	1200	9070.0
124.4		183	241	516	8000.0
59.4		293	352	650	5000.0
59.4		293	352	650	5000.0
6248.9		2754	4646	10226	46941.0
		82	166	120	300.0
2937.8	46.9	4062	7672	7628	62892.0
124.4		183	241	516	8000.0
59.4		293	352	650	5000.0
7640.6		4359	6183	10307	54602.0

14-5 续表 2 continued2

指标名称	Item	法人企业数（个）Corporate enterprises (unit)	从业人员期末人数（人）(person)
独立门店	Substantive store	62	7348
连锁总店（总部）	Chain headquarter	1	22
连锁直营店	Chain Direct-Sale Stores	1	104
连锁加盟店	Chain Franchisee Stores	5	85
其他	Others	9	1035
大型	Large-sized	2	989
中型	Medium-sized	19	4526
小型	Small-sized	52	3041
微型	Micro-sized	5	38
五星	Five-star	3	1163
四星	Four-star	15	2628
三星	Three-star	14	1415
一星	One Star	1	8
其他	Others	45	3380
二、餐饮业	Catering	82	4838
正餐服务	Dinner	74	4228
快餐服务	Fast food	2	470
饮料及冷饮服务	Beverage and cold drink	1	20
其他饮料及冷饮服务	Others	1	20
餐饮配送及外卖送餐服务	Catering Distribution and Take-Away Delivery Service	4	80
餐饮配送服务	Catering Distribution Service	3	35
外卖送餐服务	Take-Away Delivery Service	1	45
其他餐饮业	Others	1	40
其他未列明餐饮业	Others	1	40
内资企业	Domestic funds	81	4804
国有企业	State owned	1	805
集体企业	Collective owned	1	32
有限责任公司	Limited liability corporations	35	2080
国有独资公司	Wholly State - Owned Corporation	1	145

单位：万元 unit：10000yuan

营业额 Turnover	客房收入 Guestroom income	其中：通过公共网络实现的客房收入 Of which: room revenue through public networks	其中：通过非自营平台实现的客房收入 Of which: room revenue through non-proprietary platform	餐费收入 Food bill	其中：通过公共网络实现的餐费收入 Of which: meal income through public networks
136795.7	66806.6	1837.8		52358.8	220.1
591.7	560.4			4.3	
1679.8	1535.4	100.6		4.0	0.1
2317.4	2227.8	392.7	392.7	48.2	
21245.0	12077.2	1085.1		8522.1	123.3
26550.9	12296.0			9798.9	
85694.0	40598.2	1690.0		35046.1	123.3
48852.8	28918.4	1726.2	392.7	15997.0	220.2
1531.9	1394.8			95.4	
26512.4	11495.9	870.4		10275.9	116.4
47414.9	21311.7	312.6		21016.1	
26841.5	13404.9	65.4		10051.0	6.9
227.8	210.8			17.0	
61633.0	36784.1	2167.8	392.7	19577.4	220.2
114490.0	14425.1	647.7	35.4	88536.3	1091.3
88289.2	14425.1	647.7	35.4	68462.9	233.8
16249.3				16249.3	
254.0				254.0	
254.0				254.0	
9061.2				2933.8	857.5
2933.8				2933.8	857.5
6127.4					
636.3				636.3	
636.3				636.3	
114027.7	14425.1	647.7	35.4	88074.0	1091.3
13520.4	8112.2			4010.9	
358.2	115.0			74.6	
55186.3	1425.5	612.3		47226.5	233.8
1237.3	474.4	32.3		606.0	1.5

14-5 续表 3 continued3

指标名称 Item		其中：通过非自营平台实现的餐费收入 Of which: meal income through non-proprietary platform	商品销售收入 Goodssale income
独立门店	Substantive store		1333.9
连锁总店（总部）	Chain headquarter		25.2
连锁直营店	Chain Direct-Sale Stores		56.3
连锁加盟店	Chain Franchisee Stores		26.5
其他	Others		31.8
大型	Large-sized		442.0
中型	Medium-sized		438.2
小型	Small-sized		573.8
微型	Micro-sized		19.7
五星	Five-star		35.8
四星	Four-star		554.8
三星	Three-star		72.2
一星	One Star		
其他	Others		810.9
二、餐饮业	Catering		649.0
正餐服务	Dinner		649.0
快餐服务	Fast food		
饮料及冷饮服务	Beverage and cold drink		
其他饮料及冷饮服务	Others		
餐饮配送及外卖送餐服务	Catering Distribution and Take-Away Delivery Service		
餐饮配送服务	Catering Distribution Service		
外卖送餐服务	Take-Away Delivery Service		
其他餐饮业	Others		
其他未列明餐饮业	Others		
内资企业	Domestic funds		649.0
国有企业	State owned		23.6
集体企业	Collective owned		
有限责任公司	Limited liability corporations		146.1
国有独资公司	Wholly State - Owned Corporation		

单位：万元 unit：10000yuan

其他收入 Other income	其中：通过非自营平台实现的客房收入 Of which: room revenue through non-proprietary platform	客房间数（间） Rooms	床位数（个） Beds	餐位数（位） Seats	年末餐饮营业面积（平方米） Businessareas (m^2)
16296.4	46.9	9288	14761	27202	162871.0
1.8		119	158	70	150.0
84.1		431	520	50	120.0
14.9		452	616	59	230.0
613.9		1543	3370	2736	18164.0
4014.0		858	1096	320	4213.0
9611.5	46.9	4551	7031	16606	82543.0
3363.6		6042	10653	12607	93154.0
22.0		382	645	584	1625.0
4704.8		1009	1288	2757	12987.0
4532.3	46.9	2935	4546	8973	56891.0
3313.4		2055	3384	6489	31428.0
		147	160		70.0
4460.6		5687	10047	11898	80159.0
10879.6	6233.3	1858	3410	25580	151511.0
4752.2	105.9	1858	3410	22893	141960.0
				2472	7151.0
				160	2000.0
				160	2000.0
6127.4	6127.4				200.0
					200.0
6127.4	6127.4				
				55	200.0
				55	200.0
10879.6	6233.3	1858	3410	25400	151011.0
1373.7		245	560	627	2500.0
168.6		47	97	180	6000.0
6388.2	6231.3	322	514	11868	65498.0
156.9		89	145	910	3412.0

14-5 续表 4 continued4

指标名称	Item	法人企业数（个）Corporate enterprises (unit)	从业人员期末人数（人）(person)
其他有限责任公司	Others	34	1935
股份有限公司	Incorporated Company	1	20
私营企业	Private	43	1867
私营独资企业	Private funded	3	194
私营有限责任公司	Private limited company	37	1535
私营股份有限公司	Private share holding	3	138
外商投资企业	Foreign funded	1	34
中外合资经营企业	Joint venture	1	34
国有控股	State-owned	3	1157
集体控股	Collective-owned	1	32
私人控股	Private-owned	66	3027
外商控股	Foreign-owned	1	34
其他	Others	11	588
独立门店	Substantive store	71	3617
连锁总店（总部）	Chain headquarter	3	611
连锁直营店	Chain Direct-Sale Stores	1	40
其他	Others	7	570
大型	Large-sized	2	1248
中型	Medium-sized	3	510
小型	Small-sized	67	3004
微型	Micro-sized	10	76

单位：万元 unit：10000yuan

营业额 Turnover	客房收入 Guestroom income	其中：通过公共网络实现的客房收入 Of which: room revenue through public networks	其中：通过非自营平台实现的客房收入 Of which: room revenue through non-proprietary platform	餐费收入 Food bill	其中：通过公共网络实现的餐费收入 Of which: meal income through public networks
53949.0	951.1	580.0		46620.5	232.3
208.9				208.9	
44753.9	4772.4	35.4	35.4	36553.1	857.5
4669.5	1586.4			3020.4	
37556.6	3186.0	35.4	35.4	31027.7	857.5
2527.8				2505.0	
462.3				462.3	
462.3				462.3	
15449.4	8586.6	32.3		5308.6	1.5
358.2	115.0			74.6	
77697.4	5572.4	615.4	35.4	62319.2	902.7
462.3				462.3	
20522.7	151.1			20371.6	187.1
71865.1	14425.1	647.7	35.4	45911.4	1091.3
24725.3				24725.3	
694.2				694.2	
17205.4				17205.4	
29060.1	8112.2			19550.6	
11991.1	749.7			10573.2	
71922.1	5469.8	647.7	35.4	56989.2	233.8
1516.7	93.4			1423.3	857.5

14-5 续表 5 continued5

指标名称 Item		其中：通过非自营平台实现的餐费收入 Of which: meal income through non-proprietary platform	商品销售收入 Goodssale income
其他有限责任公司	Others		146.1
股份有限公司	Incorporated Company		
私营企业	Private		479.3
私营独资企业	Private funded		62.7
私营有限责任公司	Private limited company		393.8
私营股份有限公司	Private share holding		22.8
外商投资企业	Foreign funded		
中外合资经营企业	Joint venture		
国有控股	State-owned		23.6
集体控股	Collective-owned		
私人控股	Private-owned		625.4
外商控股	Foreign-owned		
其他	Others		
独立门店	Substantive store		649.0
连锁总店（总部）	Chain headquarter		
连锁直营店	Chain Direct-Sale Stores		
其他	Others		
大型	Large-sized		23.6
中型	Medium-sized		
小型	Small-sized		625.4
微型	Micro-sized		

单位：万元 unit：10000yuan

其他收入 Other income	其中：通过非自营平台实现的客房收入 Of which: room revenue through non-proprietary platform	客房间数（间） Rooms	床位数（个） Beds	餐位数（位） Seats	年末餐饮营业面积（平方米） Businessareas (m^2)
6231.3	6231.3	233	369	10958	62086.0
				48	500.0
2949.1	2.0	1244	2239	12677	76513.0
		273	403	2200	11500.0
2949.1	2.0	971	1836	9557	59660.0
				920	5353.0
				180	500.0
				180	500.0
1530.6		334	705	1637	18912.0
168.6		47	97	180	6000.0
9180.4	6233.3	1438	2553	20573	108480.0
				180	500.0
		39	55	3010	17619.0
10879.6	6233.3	1858	3410	21118	118954.0
				2627	14526.0
				300	1300.0
				1535	16731.0
1373.7		245	560	2899	8492.0
668.2		97	168	2320	10821.0
8837.7	6233.3	1491	2582	19428	122607.0
		25	100	933	9591.0

14-6 2018 年限额以上住宿和餐饮业法人企业主要财务状况综合表

单位：万元

指标名称	Item	法人企业数（个）Corporate enterprises (unit)
总计	Total	160
一、住宿业	Hotels	78
旅游饭店	Tourism restaurant	48
一般旅馆	Hotels	22
经济型连锁酒店	Economical Chain Hotels	6
其他一般旅馆	Other General Hotels	16
其他住宿业	Other	8
内资企业	Domestic funds	74
国有企业	State-owned	15
有限责任公司	Limited liability corporations	35
国有独资企业	State-owned solely	2
其他有限责任公司	Limited liability corporations	33
股份有限公司	Share holding	2
私营企业	Private	21
私营有限责任公司	Private company with limited liability	20
私营股份有限公司	Private share holding	1
其他企业	Others	1
港、澳、台商投资企业	Funded from Hongkong, Macao and Taiwan	3
与港澳台商合资经营企业	Joint venture	2
港澳台商独资企业	Hong Kong, Macao or Taiwan Sole Proprietorship	1
外商投资企业	Foreign funded	1
中外合资经营企业	Joint venture	1
国有控股	State-owned	18
集体控股	Collective-owned	1
私人控股	Private-owned	37
港澳台商控股	Hongkong, Macao and Taiwan-Owned	1
外商控股	Foreign-owned	1
其他	Others	19

MAIN FINANCIAL INDICATIONS OF ENTERPRISES ABOVE ESIGNATED SIZE IN HOTELS AND RESTAURANTS IN 2018

单位：万元 unit：10000yuan

住宿餐饮业 Accommodation and catering industry					
二、期末资产负债 The final balance sheet					
流动资产合计 Circulating funds	固定资产合计 Total Fixed Assets	固定资产原价 Original Valueof fixed assets	累计折旧 Total depreciation	本年折旧 Depreciation in this year	资产总计 Total assets
272449.8	309278.7	547823.5	237144.6	71442.9	693382.8
222595.4	242123.3	447634.1	205258.3	68050.4	543207.1
201157.2	226874.4	425776.3	198780.2	65075.6	503545.2
11366.3	7373.7	11575.5	4071.0	2811.9	18290.2
1549.4	3845.7	4443.4	476.9	272.8	4583.8
9816.9	3528.0	7132.1	3594.1	2539.1	13706.4
10071.9	7875.2	10282.3	2407.1	162.9	21371.7
202207.8	236838.2	435328.3	198237.6	66540.0	495649.0
17015.4	62100.9	103905.9	41711.0	3525.1	82754.0
139380.4	146043.2	286954.6	140752.9	61055.8	307925.6
22159.7	16590.4	22048.8	5457.7	5425.6	39068.9
117220.7	129452.8	264905.8	135295.2	55630.2	268856.7
7433.1	14261.7	25168.9	10907.2	1068.3	23893.6
38378.9	14432.4	19298.8	4866.4	890.7	81075.8
38209.5	14428.0	19255.7	4827.7	888.3	80610.6
169.4	4.4	43.1	38.7	2.4	465.2
		0.1	0.1	0.1	
13875.7	1438.3	6582.2	5143.9	1466.6	35352.4
969.6	54.3	639.7	585.4	34.1	1483.2
12906.1	1384.0	5942.5	4558.5	1432.5	33869.2
6511.9	3846.8	5723.6	1876.8	43.8	12205.7
6511.9	3846.8	5723.6	1876.8	43.8	12205.7
40857.3	92732.1	150832.9	58006.1	10944.6	138196.3
368.6	13.6	131.1	117.5	6.2	382.2
47855.2	23169.6	32735.5	9386.6	1826.7	100922.1
12906.1	1384.0	5942.5	4558.5	1432.5	33869.2
6511.9	3846.8	5723.6	1876.8	43.8	12205.7
112832.9	120421.1	250614.5	130214.9	52698.7	255811.4

14-6 续表 1 continued1

指标名称	Item	负债合计 Total liabilities
总计	Total	432134.0
一、住宿业	Hotels	346326.6
旅游饭店	Tourism restaurant	310865.4
一般旅馆	Hotels	14101.1
经济型连锁酒店	Economical Chain Hotels	4481.2
其他一般旅馆	Other General Hotels	9619.9
其他住宿业	Other	21360.1
内资企业	Domestic funds	280413.1
国有企业	State-owned	20052.8
有限责任公司	Limited liability corporations	179092.7
国有独资企业	State-owned solely	34309.3
其他有限责任公司	Limited liability corporations	144783.4
股份有限公司	Share holding	13208.1
私营企业	Private	68059.5
私营有限责任公司	Private company with limited liability	67775.6
私营股份有限公司	Private share holding	283.9
其他企业	Others	
港、澳、台商投资企业	Funded from Hongkong, Macao and Taiwan	42606.5
与港澳台商合资经营企业	Joint venture	1330.3
港澳台商独资企业	Hong Kong, Macao or Taiwan Sole Proprietorship	41276.2
外商投资企业	Foreign funded	23307.0
中外合资经营企业	Joint venture	23307.0
国有控股	State-owned	65150.5
集体控股	Collective-owned	53.4
私人控股	Private-owned	88371.9
港澳台商控股	Hongkong, Macao and Taiwan-Owned	41276.2
外商控股	Foreign-owned	23307.0
其他	Others	126373.0

单位：万元 unit：10000yuan

		三、损益及分配 Gainsay and losses and distribution		
所有者权益 Creditor's equity	实收资本 Original	营业收入 Operation revenue	主营业务收入 Operating revenue	营业成本 Operation costs
261248.8	179607.1	273463.7	271442.7	116512.1
196880.5	142202.2	159189.9	157328.9	59005.9
192679.8	135225.9	126048.6	124359.8	45978.5
4189.1	4551.3	19235.9	19209.0	9038.1
102.6	135.4	3979.2	3979.2	1824.7
4086.5	4415.9	15256.7	15229.8	7213.4
11.6	2425.0	13905.4	13760.1	3989.3
215235.9	135375.2	151396.7	149556.1	53404.0
62701.2	37354.1	30835.4	30684.3	8319.1
128832.9	73675.5	84543.3	83063.2	29067.8
4759.6	15040.0	5556.9	4834.9	1295.1
124073.3	58635.5	78986.4	78228.3	27772.7
10685.5	6000.0	5683.4	5539.0	564.2
13016.3	18345.6	30244.6	30179.6	15422.9
12835.0	18295.6	29745.5	29680.5	15330.5
181.3	50.0	499.1	499.1	92.4
		90.0	90.0	30.0
-7254.1	2800.0	5851.9	5831.5	1883.8
152.9	1000.0	3469.7	3449.3	1068.2
-7407.0	1800.0	2382.2	2382.2	815.6
-11101.3	4027.0	1941.3	1941.3	3718.1
-11101.3	4027.0	1941.3	1941.3	3718.1
73045.8	56210.8	38961.3	38088.2	9753.9
328.8	20.0	500.3	500.3	274.8
12550.2	21094.6	41788.5	41723.5	20123.8
-7407.0	1800.0	2382.2	2382.2	815.6
-11101.3	4027.0	1941.3	1941.3	3718.1
129438.4	59019.8	71855.7	70932.8	23797.7

14-6 续表 2 continued2

指标名称	Item	主营业务成本 Operation cost
总计	Total	113835.8
一、住宿业	Hotels	56664.4
旅游饭店	Tourism restaurant	44147.7
一般旅馆	Hotels	8567.3
经济型连锁酒店	Economical Chain Hotels	1370.9
其他一般旅馆	Other General Hotels	7196.4
其他住宿业	Other	3949.4
内资企业	Domestic funds	52765.2
国有企业	State-owned	8308.9
有限责任公司	Limited liability corporations	28476.2
国有独资企业	State-owned solely	1188.8
其他有限责任公司	Limited liability corporations	27287.4
股份有限公司	Share holding	564.2
私营企业	Private	15385.9
私营有限责任公司	Private company with limited liability	15293.5
私营股份有限公司	Private share holding	92.4
其他企业	Others	30.0
港、澳、台商投资企业	Funded from Hongkong,Macao and Taiwan	1883.8
与港澳台商合资经营企业	Joint venture	1068.2
港澳台商独资企业	Hong Kong, Macao or Taiwan Sole Proprietorship	815.6
外商投资企业	Foreign funded	2015.4
中外合资经营企业	Joint venture	2015.4
国有控股	State-owned	9637.4
集体控股	Collective-owned	274.8
私人控股	Private-owned	19816.8
港澳台商控股	Hongkong,Macao and Taiwan-Owned	815.6
外商控股	Foreign-owned	2015.4
其他	Others	23582.4

单位：万元 unit:10000 yuan

营业税金及附加 Business taxes and extra charges	主营业务税金及附加 Operating taxes and extra harges	其他业务利润 Other profits	应交增值税 VAT payableinput	管理费用 Management expenses	财务费用 Financial expenses
3952.6	3826.2	6721.2	85264.5	71914.6	10421.5
3193.0	3162.2	2321.7	51294.5	48237.9	8930.7
2920.3	2904.7	2014.0	43906.7	39785.2	7811.9
229.5	214.3	221.3	2889.5	4045.6	385.8
132.9	130.9	221.3	990.8	509.4	140.5
96.6	83.4		1898.7	3536.2	245.3
43.2	43.2	86.4	4498.3	4407.1	733.0
2966.6	2935.8	2318.6	48365.9	46014.4	7675.6
495.4	495.4	-943.2	13724.2	11254.6	82.4
2055.3	2025.4	3261.8	27099.7	25941.0	4659.2
193.9	193.9		1978.6	1687.6	1488.5
1861.4	1831.5	3261.8	25121.1	24253.4	3170.7
296.4	296.4		3505.8	536.1	151.9
118.6	117.7		4035.3	8281.8	2781.2
116.8	115.9		3828.6	8183.9	2780.7
1.8	1.8		206.7	97.9	0.5
0.9	0.9		0.9	0.9	0.9
16.8	16.8	3.1	1873.6	1910.7	920.5
8.8	8.8		1152.7	1309.1	7.7
8.0	8.0	3.1	720.9	601.6	912.8
209.6	209.6		1055.0	312.8	334.6
209.6	209.6		1055.0	312.8	334.6
973.0	973.0	-943.2	16814.7	13382.7	1586.1
14.7	14.7		190.1	140.3	0.5
284.0	268.8	947.5	6510.4	11283.4	2827.3
8.0	8.0	3.1	720.9	601.6	912.8
209.6	209.6		1055.0	312.8	334.6
1683.4	1667.8	2314.3	24992.5	22338.0	3280.1

14-6 续表 3 continued3

指标名称	Item	营业利润 Business profit
总计	Total	-13523.3
一、住宿业	Hotels	-10507.1
旅游饭店	Tourism restaurant	-12388.5
一般旅馆	Hotels	1748.1
经济型连锁酒店	Economical Chain Hotels	60.8
其他一般旅馆	Other General Hotels	1687.3
其他住宿业	Other	133.3
内资企业	Domestic funds	-7976.4
国有企业	State-owned	-3006.7
有限责任公司	Limited liability corporations	-4661.9
国有独资企业	State-owned solely	-1086.8
其他有限责任公司	Limited liability corporations	-3575.1
股份有限公司	Share holding	620.2
私营企业	Private	-928.0
私营有限责任公司	Private company with limited liability	-1027.8
私营股份有限公司	Private share holding	99.8
其他企业	Others	
港、澳、台商投资企业	Funded from Hongkong, Macao and Taiwan	-754.0
与港澳台商合资经营企业	Joint venture	-77.3
港澳台商独资企业	Hong Kong, Macao or Taiwan Sole Proprietorship	-676.7
外商投资企业	Foreign funded	-1776.7
中外合资经营企业	Joint venture	-1776.7
国有控股	State-owned	-3516.7
集体控股	Collective-owned	-120.1
私人控股	Private-owned	-360.6
港澳台商控股	Hongkong, Macao and Taiwan-Owned	-676.7
外商控股	Foreign-owned	-1776.7
其他	Others	-4095.3

单位：万元 unit:10000 yuan

		四、人工成本 Workers cost		五、从事住宿和餐饮业活动的从业人员平均人数（人） Average number of employees engaged in wholesale and retail activities (person)
利润总额 Total profit	应交所得税 Income taxes payable	应付职工薪酬（本年贷方计发生额） payroll payable (credit accumulated happening this year)	应交增值税 VAT payableinput	
-12887.3	1241.7	465106.0	5338.9	13467
-10151.4	421.9	48325.4	3950.3	8741
-12101.0	275.2	40542.9	3553.7	7120
1769.9	64.9	4459.6	56.4	931
65.3	32.9	641.3	-133.6	179
1704.6	32.0	3818.3	190.0	752
179.7	81.8	3322.9	340.2	690
-7608.4	421.9	38947.8	3721.1	8378
-3161.8	2.6	12412.8	897.5	2408
-4165.0	349.5	19091.8	2276.9	4263
-929.5	26.8	1977.8	163.8	298
-3235.5	322.7	17114.0	2113.1	3965
623.2		1050.9	110.3	229
-904.8	69.8	6367.3	436.4	1468
-1004.6	64.8	6244.4	421.5	1439
99.8	5.0	122.9	14.9	29
		25.0		10
-774.7		1322.4	293.6	238
-66.8		961.3	226.6	128
-707.9		361.1	67.0	110
-1768.3		8055.2	-64.4	125
-1768.3		8055.2	-64.4	125
-3449.6	29.4	14676.7	1041.0	2698
-120.1	15.0	221.5	23.6	46
-385.6	202.2	8513.7	1496.0	2136
-707.9		361.1	67.0	110
-1768.3		8055.2	-64.4	125
-3724.3	175.3	15890.8	1306.9	3462

14-6 续表 4 continued4

指标名称	Item	法人企业数（个）Corporate enterprises (unit)
独立门店	Substantive store	62
连锁总店（总部）	Chain headquarter	1
连锁直营店	Chain Direct-Sale Stores	1
连锁加盟店	Chain Franchisee Stores	5
其他	Others	9
大型	Large-sized	2
中型	Medium-sized	19
小型	Small-sized	52
微型	Micro-sized	5
五星	Five-star	3
四星	Four-star	15
三星	Three-star	14
一星	One Star	1
其他	Others	45
二、餐饮业	Catering	82
正餐服务业	Dinner	74
快餐服务业	Fast food	2
饮料及冷饮服务业	Beverage and cold drink	1
其他饮料及冷饮服务	Others	1
餐饮配送及外卖送餐服务	Catering Distribution and Take-Away Delivery Service	4
餐饮配送服务	Catering Distribution Service	3
外卖送餐服务	Take-Away Delivery Service	1
其他餐饮业	Others	1
其他未列明餐饮业	Others	1

单位：万元 unit：10000yuan

住宿餐饮业 Accommodation and catering industry					
二、期末资产负债 The final balance sheet					
流动资产合计 Circulating funds	固定资产合计 Total Fixed Assets	固定资产原价 Original Valueof fixed assets	累计折旧 Total depreciation	本年折旧 Depreciation in this year	资产总计 Total assets
203619.6	235370.9	434229.4	198726.8	65614.8	504596.0
24.7	21.5	89.0	89.0	2.5	73.3
4574.8	110.5	1129.4	1018.9	23.5	6233.0
580.9	2764.0	2980.0	216.0	117.9	3674.7
13795.4	3856.4	9206.3	5207.6	2291.7	28630.1
33303.3	50479.5	117302.4	66822.9	49029.3	84278.0
120868.2	158835.2	257250.5	98320.6	12055.2	294898.4
68176.8	32547.9	72477.1	39771.4	6935.8	163052.2
247.1	260.7	604.1	343.4	30.1	978.5
21840.1	42575.6	107032.9	64457.3	47752.8	65978.2
64393.6	95832.8	158305.6	62472.1	10774.2	198980.2
18025.9	29921.7	51476.5	21433.8	2196.2	50219.8
24.6	19.0	229.9	210.9	26.9	495.4
118311.2	73774.2	130589.2	56684.2	7300.3	227533.5
49854.4	67155.4	100189.4	31886.3	3392.5	150175.7
46629.9	64181.2	93788.6	28459.7	2852.1	138312.5
1475.0	2823.2	6176.1	3352.9	499.7	9892.4
500.1	77.0	111.0	34.0	34.0	611.1
500.1	77.0	111.0	34.0	34.0	611.1
923.2	60.2	98.7	38.5	5.8	1019.7
617.3	60.2	98.7	38.5	5.8	713.8
305.9					305.9
326.2	13.8	15.0	1.2	0.9	340.0
326.2	13.8	15.0	1.2	0.9	340.0

14-6 续表 5 continued5

指标名称	Item	资产总计 Total assets
独立门店	Substantive store	330339.8
连锁总店（总部）	Chain headquarter	24.7
连锁直营店	Chain Direct-Sale Stores	1305.7
连锁加盟店	Chain Franchisee Stores	3873.2
其他	Others	10783.2
大型	Large-sized	37664.0
中型	Medium-sized	179358.1
小型	Small-sized	128361.7
微型	Micro-sized	942.8
五星	Five-star	30085.5
四星	Four-star	122481.0
三星	Three-star	31027.0
一星	One Star	842.8
其他	Others	161890.3
二、餐饮业	Catering	85807.4
正餐服务业	Dinner	81052.0
快餐服务业	Fast food	4085.9
饮料及冷饮服务业	Beverage and cold drink	101.0
其他饮料及冷饮服务	Others	101.0
餐饮配送及外卖送餐服务	Catering Distribution and Take-Away Delivery Service	368.5
餐饮配送服务	Catering Distribution Service	89.2
外卖送餐服务	Take-Away Delivery Service	279.3
其他餐饮业	Others	200.0
其他未列明餐饮业	Others	200.0

单位：万元 unit：10000yuan

		三、损益及分配 Gainsay and losses and distribution		
负债合计 Total liabilities	所有者权益 Creditor's equity	营业收入 Operation revenue	主营业务收入 Operating revenue	营业成本 Operation costs
174256.2	113535.1	133752.9	132081.7	50638.1
48.6		564.3	564.3	46.8
4927.3	3000.0	1679.8	1535.4	64.9
-198.5	30.0	2305.4	2278.5	1626.8
17846.9	25637.1	20887.5	20869.0	6629.3
46614.0	19299.8	26550.9	26550.9	11610.0
115540.3	55825.9	83475.8	82080.1	25788.3
34690.5	66716.5	47669.0	47230.6	20922.8
35.7	360.0	1494.2	1467.3	684.8
35892.7	17600.6	26512.4	26493.9	8952.7
76499.2	80353.6	46295.4	45443.9	11202.5
19192.8	14617.8	25861.7	25160.7	8795.3
-347.4		214.9	214.9	46.8
65643.2	29630.2	60305.5	60015.5	30008.6
64368.3	37404.9	114273.8	114113.8	57506.2
57260.5	32607.8	89280.7	89120.7	44040.0
5806.5	4596.9	15365.6	15365.6	5111.0
510.1	50.0	253.2	253.2	124.3
510.1	50.0	253.2	253.2	124.3
651.2	100.2	8738.0	8738.0	7963.9
624.6	100.2	2957.4	2957.4	2436.7
26.6		5780.6	5780.6	5527.2
140.0	50.0	636.3	636.3	267.0
140.0	50.0	636.3	636.3	267.0

14-6 续表 6 continued6

指标名称	Item	主营业务成本 Operation cost
独立门店	Substantive store	48778.5
连锁总店（总部）	Chain headquarter	46.8
连锁直营店	Chain Direct-Sale Stores	64.9
连锁加盟店	Chain Franchisee Stores	1406.0
其他	Others	6368.2
大型	Large-sized	11610.0
中型	Medium-sized	25690.8
小型	Small-sized	18695.8
微型	Micro-sized	667.8
五星	Five-star	8941.6
四星	Four-star	11095.7
三星	Three-star	8765.2
一星	One Star	46.8
其他	Others	27815.1
二、餐饮业	Catering	57171.4
正餐服务业	Dinner	43705.2
快餐服务业	Fast food	5111.0
饮料及冷饮服务业	Beverage and cold drink	124.3
其他饮料及冷饮服务	Others	124.3
餐饮配送及外卖送餐服务	Catering Distribution and Take-Away Delivery Service	7963.9
餐饮配送服务	Catering Distribution Service	2436.7
外卖送餐服务	Take-Away Delivery Service	5527.2
其他餐饮业	Others	267.0
其他未列明餐饮业	Others	267.0

单位：万元 unit:10000 yuan

营业税金及附加 Business taxes and extra charges	主营业务税金及附加 Operating taxes and extra harges	其他业务利润 Other profits	销售费用 Marking expenses	管理费用 Management expenses	财务费用 Financial expenses
2972.6	2954.8	1374.2	42284.5	42182.6	8582.8
1.8	1.8		325.5	119.8	0.6
5.5	5.5		1383.0	118.5	148.2
37.3	37.3		367.8	378.7	130.9
175.8	162.8	947.5	6933.7	5438.3	68.2
587.2	587.2		9119.6	5029.9	2129.8
1733.2	1726.0	1063.4	27720.9	28598.9	4094.6
868.5	844.9	1258.3	14146.0	14387.9	2698.5
4.1	4.1		308.0	221.2	7.8
595.2	588.0		12184.6	5322.0	364.5
804.4	796.0	-1026.5	17663.9	18841.3	3368.6
664.9	664.9	2093.0	8127.8	5604.8	84.7
			217.3	7.8	0.3
1128.5	1113.3	1255.2	13100.9	18462.0	5112.6
759.6	664.0	4399.5	33970.0	23676.7	1490.8
722.5	627.0	4399.5	25235.8	22168.3	1257.2
10.6	10.6		8599.9	610.7	230.9
			72.5	6.7	0.9
			72.5	6.7	0.9
26.2	26.2		61.8	525.8	1.0
14.3	14.3		61.8	318.2	1.0
11.9	11.9			207.6	
0.3	0.2			365.2	0.8
0.3	0.2			365.2	0.8

14-6 续表 7 continued7

指标名称	Item	营业利润 Business profit
独立门店	Substantive store	-11616.7
连锁总店（总部）	Chain headquarter	69.5
连锁直营店	Chain Direct-Sale Stores	-48.9
连锁加盟店	Chain Franchisee Stores	-32.4
其他	Others	1121.4
大型	Large-sized	-1925.9
中型	Medium-sized	-4418.7
小型	Small-sized	-4374.4
微型	Micro-sized	211.9
五星	Five-star	-903.4
四星	Four-star	-5605.9
三星	Three-star	2658.4
一星	One Star	-57.3
其他	Others	-6598.9
二、餐饮业	Catering	-3016.2
正餐服务业	Dinner	-3889.7
快餐服务业	Fast food	752.5
饮料及冷饮服务业	Beverage and cold drink	9.0
其他饮料及冷饮服务	Others	9.0
餐饮配送及外卖送餐服务	Catering Distribution and Take-Away Delivery Service	109.0
餐饮配送服务	Catering Distribution Service	79.3
外卖送餐服务	Take-Away Delivery Service	29.7
其他餐饮业	Others	3.0
其他未列明餐饮业	Others	3.0

单位：万元 unit:10000 yuan

		四、人工成本 Workers cost		五、从事住宿和餐饮业活动的从业人员平均人数（人）Average number of employees engaged in wholesale and retail activities (person)
利润总额 Total profit	应交所得税 Income taxes payable	应付职工薪酬（本年贷方计发生额）payroll payable (credit accumulated happening this year)	应交增值税 VAT payableinput	
-11382.0	209.9	42548.2	2951.1	7485
69.0	1.8	13.5	0.2	21
-49.2		294.0	50.4	104
-20.1	4.4	319.6	-119.0	85
1230.9	205.8	5150.1	1067.6	1046
-1915.2	10.0	3900.4	30.1	989
-4061.6	166.1	26522.7	2197.5	4571
-4378.5	209.1	17776.5	1634.7	3143
203.9	36.7	125.8	88.0	38
-740.1	132.3	4939.4	617.2	1134
-5393.0	30.4	13925.0	960.5	2784
2675.3	80.8	7280.2	575.3	1392
-57.3		31.4	12.8	8
-6636.3	178.4	22149.4	1784.5	3423
-2735.9	819.8	416780.6	1388.6	4726
-3547.5	639.1	415963.5	1314.3	4062
690.6	175.2	424.6	12.4	434
9.0	2.2	25.2	5.4	20
9.0	2.2	25.2	5.4	20
109.0	3.3	214.9	56.4	170
79.3	3.3	83.6	56.4	165
29.7		131.3		5
3.0		152.4	0.1	40
3.0		152.4	0.1	40

14-6 续表 8 continued8

指标名称	Item	法人企业数（个）Corporate enterprises (unit)
内资企业	Domestic funds	81
国有企业	State-owned	1
集体企业	Collective-owned	1
有限责任公司	Limited liability corporations	35
国有独资公司	State-owned solely	1
其他有限责任公司	Limited liability corporations	34
股份有限公司	Incorporated Company	1
私营企业	Private	43
私营独资企业	Private funded	3
私营有限责任公司	Private limited company	37
私营股份有限公司	Private share holding	3
外商投资企业	Foreign funded	1
中外合资经营企业	Joint venture	1
国有控股	State-owned	3
集体控股	Collective-owned	1
私人控股	Private-owned	66
外商控股	Foreign-owned	1
其他	Others	11
独立门店	Substantive store	71
连锁总店（总部）	Chain headquarter	3
连锁直营店	Chain Direct-Sale Stores	1
其他	Others	7
大型	Large-sized	2
中型	Medium-sized	3
小型	Small-sized	67
微型	Micro-sized	10

单位：万元 unit：10000yuan

住宿餐饮业 Accommodation and catering industry					
二、期末资产负债 The final balance sheet					
流动资产合计 Circulating funds	固定资产合计 Total Fixed Assets	固定资产原价 Original Valueof fixed assets	累计折旧 Total depreciation	本年折旧 Depreciation in this year	资产总计 Total assets
49585.9	67104.3	99961.1	31722.6	3373.5	149743.5
4423.5	49774.3	67430.1	17655.8	1457.1	63470.4
211.6	65.2	65.2			276.8
20671.1	5801.3	15730.4	8965.9	942.5	41293.3
3382.8	35.9	504.0	468.1	5.1	3440.8
17288.3	5765.4	15226.4	8497.8	937.4	37852.5
170.7		4.1	4.1		170.7
24109.0	11463.5	16731.3	5096.8	973.9	44532.3
391.9	199.3	604.6	405.3	74.4	591.2
22586.0	10624.7	14742.8	3960.7	772.8	41825.8
1131.1	639.5	1383.9	730.8	126.7	2115.3
268.5	51.1	228.3	163.7	19.0	432.2
268.5	51.1	228.3	163.7	19.0	432.2
8237.7	49816.1	67940.0	18129.8	1468.1	67384.8
211.6	65.2	65.2			276.8
34999.9	16368.7	29409.8	11901.0	1629.1	74266.8
268.5	51.1	228.3	163.7	19.0	432.2
6136.7	854.3	2546.1	1691.8	276.3	7815.1
39852.5	63297.1	91527.2	27090.1	2539.1	129273.8
4583.8	3407.9	7872.1	4464.2	681.8	14199.9
364.0	-3.6	126.0	116.0	116.0	705.1
5054.1	454.0	664.1	216.0	55.6	5996.9
5443.3	52542.1	73537.5	20995.4	1943.5	72560.6
2245.9	176.0	304.4	128.4	28.4	2333.3
40569.1	14256.4	25970.8	10575.4	1387.4	72370.0
1596.1	180.9	376.7	187.1	33.2	2911.8

14-6 续表 9 continued9

指标名称	Item	资产总计 Total assets
内资企业	Domestic funds	85651.4
国有企业	State-owned	14249.6
集体企业	Collective-owned	765.0
有限责任公司	Limited liability corporations	28749.1
国有独资公司	State-owned solely	2643.1
其他有限责任公司	Limited liability corporations	26106.0
股份有限公司	Incorporated Company	285.6
私营企业	Private	41602.1
私营独资企业	Private funded	431.3
私营有限责任公司	Private limited company	39828.7
私营股份有限公司	Private share holding	1342.1
外商投资企业	Foreign funded	156.0
中外合资经营企业	Joint venture	156.0
国有控股	State-owned	17948.8
集体控股	Collective-owned	765.0
私人控股	Private-owned	61160.0
外商控股	Foreign-owned	156.0
其他	Others	5777.6
独立门店	Substantive store	73291.8
连锁总店（总部）	Chain headquarter	8277.5
连锁直营店	Chain Direct-Sale Stores	82.0
其他	Others	4156.1
大型	Large-sized	18130.2
中型	Medium-sized	2883.0
小型	Small-sized	62401.9
微型	Micro-sized	2392.3

单位：万元 unit：10000yuan

		三、损益及分配 Gainsay and losses and distribution		
负债合计 Total liabilities	所有者权益 Creditor's equity	营业收入 Operation revenue	主营业务收入 Operating revenue	营业成本 Operation costs
64092.1	37128.9	113811.5	113651.5	57346.1
49220.8	16653.4	13520.4	13520.4	2368.3
-488.2	48.0	285.4	285.4	202.0
12544.2	11335.7	55947.5	55789.7	32392.8
797.7	800.0	1237.3	1080.4	242.1
11746.5	10535.7	54710.2	54709.3	32150.7
-114.9	110.0	208.9	208.9	63.5
2930.2	8981.8	43849.3	43847.1	22319.5
159.9	98.0	4572.6	4572.6	1960.3
1997.1	8276.1	36838.6	36836.4	19333.6
773.2	607.7	2438.1	2438.1	1025.6
276.2	276.0	462.3	462.3	160.1
276.2	276.0	462.3	462.3	160.1
49436.0	17453.4	15449.4	15291.6	3884.9
-488.2	48.0	285.4	285.4	202.0
13106.8	17765.7	75492.2	75490.0	38731.1
276.2	276.0	462.3	462.3	160.1
2037.5	1861.8	22584.5	22584.5	14528.1
55982.0	30867.2	70477.4	70318.3	33877.8
5922.4	5360.0	23535.4	23535.4	8390.7
623.1	477.7	604.5	604.5	243.1
1840.8	700.0	19656.5	19655.6	14994.6
54430.4	20653.4	28176.4	28176.4	7260.4
-549.7	400.0	14528.2	14526.6	10686.0
9968.1	15972.5	70008.7	69850.3	38387.1
519.5	379.0	1560.5	1560.5	1172.7

14-6 续表 10 continued10

指标名称	Item	主营业务成本 Operation cost
内资企业	Domestic funds	57011.3
国有企业	State-owned	2368.3
集体企业	Collective-owned	202.0
有限责任公司	Limited liability corporations	32260.9
国有独资公司	State-owned solely	242.1
其他有限责任公司	Limited liability corporations	32018.8
股份有限公司	Incorporated Company	63.5
私营企业	Private	22116.6
私营独资企业	Private funded	1960.3
私营有限责任公司	Private limited company	19130.7
私营股份有限公司	Private share holding	1025.6
外商投资企业	Foreign funded	160.1
中外合资经营企业	Joint venture	160.1
国有控股	State-owned	3753.0
集体控股	Collective-owned	202.0
私人控股	Private-owned	38528.2
外商控股	Foreign-owned	160.1
其他	Others	14528.1
独立门店	Substantive store	33674.9
连锁总店（总部）	Chain headquarter	8390.7
连锁直营店	Chain Direct-Sale Stores	243.1
其他	Others	14862.7
大型	Large-sized	7260.4
中型	Medium-sized	10686.0
小型	Small-sized	38052.3
微型	Micro-sized	1172.7

单位：万元 unit:10000 yuan

营业税金及附加 Business taxes and extra charges	主营业务税金及附加 Operating taxes and extra harges	其他业务利润 Other profits	销售费用 Marking expenses	管理费用 Management expenses	财务费用 Financial expenses
753.8	658.2	4399.5	33965.8	23556.6	1490.0
34.9		2.9	2296.0	11550.5	34.0
0.1	0.1	21.5	150.1		11.0
252.7	192.1	989.6	19736.3	4064.8	416.3
5.9	5.9	989.3	584.7	722.3	2.2
246.8	186.2	0.3	19151.6	3342.5	414.1
0.7	0.7		77.0	94.6	
465.4	465.3	3385.5	11706.4	7846.7	1028.7
175.5	175.5	993.0	967.8	522.7	12.5
280.9	280.8	2128.5	9891.5	6995.0	955.8
9.0	9.0	264.0	847.1	329.0	60.4
5.8	5.8		4.2	120.1	0.8
5.8	5.8		4.2	120.1	0.8
40.8	5.9	992.5	2912.0	12369.5	40.0
0.1	0.1	21.5	150.1		11.0
655.6	594.9	3385.5	23665.8	10246.5	1438.7
5.8	5.8		4.2	120.1	0.8
57.3	57.3		7237.9	940.6	0.3
674.1	578.6	4135.2	18200.7	20429.8	1259.1
5.9	5.9		14073.5	918.8	228.6
1.3	1.3	264.0	0.2	310.6	0.2
78.3	78.2	0.3	1695.6	2017.5	2.9
34.9		2.9	10497.3	12121.3	262.6
30.2	30.2	2128.5	2000.4	1642.5	4.4
679.8	619.4	2268.1	21356.6	9666.9	1189.4
14.7	14.4		115.7	246.0	34.4

14-6 续表 11continued11

指标名称	Item	营业利润 Business profit
内资企业	Domestic funds	-3187.5
国有企业	State-owned	-2760.4
集体企业	Collective-owned	-56.3
有限责任公司	Limited liability corporations	-526.4
国有独资公司	State-owned solely	-319.9
其他有限责任公司	Limited liability corporations	-206.5
股份有限公司	Incorporated Company	-26.9
私营企业	Private	182.5
私营独资企业	Private funded	934.0
私营有限责任公司	Private limited company	-904.8
私营股份有限公司	Private share holding	153.3
外商投资企业	Foreign funded	171.3
中外合资经营企业	Joint venture	171.3
国有控股	State-owned	-3663.0
集体控股	Collective-owned	-56.3
私人控股	Private-owned	268.5
外商控股	Foreign-owned	171.3
其他	Others	263.3
独立门店	Substantive store	-4397.6
连锁总店（总部）	Chain headquarter	366.4
连锁直营店	Chain Direct-Sale Stores	35.6
其他	Others	979.4
大型	Large-sized	-1997.2
中型	Medium-sized	153.2
小型	Small-sized	-1150.3
微型	Micro-sized	-21.9

单位：万元 unit:10000 yuan

		四、人工成本 Workers cost		五、从事住宿和餐饮业活动的从业人员平均人数（人）Average number of employees engaged in wholesale and retail activities (person)
利润总额 Total profit	应交所得税 Income taxes payable	应付职工薪酬（本年贷方计发生额）payroll payable (credit accumulated happening this year)	应交增值税 VAT payableinput	
-2907.2	818.8	416635.8	1384.7	4692
-2794.3		4200.0		693
23.6		105.2	0.8	32
-456.0	453.6	406099.2	490.0	2146
-319.8		584.5	49.0	145
-136.2	453.6	405514.7	441.0	2001
-17.2	2.5	86.0	6.3	20
336.7	362.7	6145.4	887.6	1801
934.0	41.1	591.3	18.6	216
-788.5	266.5	5060.4	805.0	1462
191.2	55.1	493.7	64.0	123
171.3	1.0	144.8	3.9	34
171.3	1.0	144.8	3.9	34
-3696.5		5263.9	49.1	1005
23.6		105.2	0.8	32
522.6	636.1	9036.6	1223.4	2885
171.3	1.0	144.8	3.9	34
243.1	182.7	402230.1	111.4	770
-4076.5	462.5	13751.7	1239.3	3396
322.4	175.2	401448.5	0.1	842
33.9	44.0	126.6	12.4	40
984.3	138.1	1453.8	136.8	448
-2093.3	175.2	4557.4		1099
162.1	133.1	1532.8	257.3	392
-785.1	506.5	410507.6	1120.6	3030
-19.6	5.0	182.8	10.7	205

14-1 2019年社会消费品零售总额
TOTAL RETAIL SALES OF CONSUMER GOODS 2019

指标名称	Item	2019
社会消费品零售总额	Total	20662555.8
（一）按销售单位所在地分组	Grouped by region	
1. 城镇	Urban	18503872.8
2. 乡村	Rural	2158683.0
（二）按行业分组	Grouped by sector	
1. 批发、零售贸易业	Wholesale and retail trade	17885065.8
限额以上	Above designated size	11617299.6
限额以下	Under designated size	6267766.2
2. 住宿和餐饮业	Hotels and catering	277490.0
限额以上企业（单位）及个体户	Enterprises (companies) and self-employed individuals above limits	195568.0
限额以下企业（单位）及个体户	Enterprises (companies) and self-employed individuals under limits	2581922.0

14-2 2019年限额以上批发和零售业法人基本情况

指标名称	Item	法人企业数（个）Corporate enterprises (unit)
总计	Total	1146
一、批发业	Wholesale	609
农、林、牧产品批发	Farming、Fore、Animal、Husbandry	42
谷物、豆及薯类批发	Cereal beans and Tubers	29
种子批发	Seed	2
畜牧渔业饲料批发	Livestock and Fishery Feed Wholesale	10
其他农牧产品批发	Others	1
食品、饮料及烟草制品批发业	Food drink and tobaccos	52
米、面制品及食用油批发业	Grain and edible oil	9
糕点、糖果及糖批发	Pastries, Candy and Sugar Wholesale	2
果品、蔬菜批发	Fruits and Vegetables Wholesale	1
肉、禽、蛋、奶及水产品批发	Meet fowl egg and marine products	14
盐及调味品批发	Salt and condiment	3
营养和保健品批发	The nutrition and health care products retail	1
酒、饮料及茶叶批发	Alcohol beverage and tea tobaccos	9
烟草制品批发业	Tobaccos	1
其他食品批发	Others	12
纺织、服装及日用品批发业	Textile garment and daily articles	32
纺织品、针织品及原料批发	Textile knitwear and raw moterial	1
服装批发	Garment	9
鞋帽批发	Shoes and Hats Wholesale	1
厨房、卫生间用具及日用杂货批发	Kitchen rest room and daily articles	4
灯具、装饰物品批发	Lamps and Decorative Items Wholesale	1
家用视听设备批发	Household Audiovisual Equipment Wholesale	1
日用家电批发	Household Appliances Wholesale	8
其他家庭用品批发	Others	7
文化、体育用品及器材批发业	Sporting goods and equipment wholesale	11
文具用品批发	Stationery	6
体育用品及器材批发	Sporting goods and equipment wholesale	1
图书批发	Books	3
报刊批发	Newspaper	1
医药及医疗器材批发	Medicine and medical appliance	136
西药批发	Western medicine	62
中药批发	Chinese medicine	27
动物用药品批发	Animal Medicine Wholesale	2
医疗用品及器材批发	Medical component	45
矿产品、建材及化工产品批发	Minerals construction materials	152
煤炭及制品批发	Coal and related products	10
石油及制品批发	Petroleum and related products	16

GENERAL INFORMATION OF THE ABOVE-NORM WHOLESALE AND RETAIL 2019

从业人员期末人数（人）(person)	其中：女性 Female	法人所属产业活动单位数（个）The number of legal persons' establishments	批发和零售业 Wholesale and retail trade	其他 Others
63970	34375	2521	2462	59
23970	10784	84	74	10
774	197	11	11	
637	151	11	11	
48	9			
89	37			
3042	1255	10	10	
314	120			
91	71			
348	196			
136	51			
85	50			
830	248	2	2	
852	276	8	8	
386	243			
1019	605	2	1	1
15	7			
254	156			
16	13			
156	88	2	1	1
55	15			
1	1			
329	203			
193	122			
970	556	2	2	
276	167			
38	23			
439	201	2	2	
217	165			
7539	4441			
4195	2512			
2130	1399			
36	26			
1178	504			
4348	1344	45	44	1
71	27			
2499	708	33	32	1

14-2 续表 1

指标名称	Item	法人企业数（个）Corporate enterprises (unit)
非金属矿及制品批发	Non-Metallic Ores and Products Wholesale	1
金属及金属矿批发业	Metal materials	50
建材批发	Construction materials	52
化肥批发	Chemical fertilizers	6
农药批发	Agricultural Chemicals Wholesale	3
其他化工产品批发	Others	14
机械设备、五金交电及电子产品批发业	Machinery hardware and electronic equipment	176
农业机械批发	Farm machinery	7
汽车及零配件批发	Auto and Spare Parts Wholesale	77
摩托车及零配件批发	Motor vehicles motorcycle and parts	3
五金产品批发	Hardware products	13
电气设备批发	Appliances	3
计算机、软件及辅助设备批发业	Computer software and accessories	16
通讯设备批发	Communications-Equipment Wholesale	16
广播影视设备批发	Radio and Television Equipment Wholesale	2
其他机械设备及电子产品批发	Others	39
其他批发业	Other wholesale	8
再生物资回收与批发	Recycling and wholesale of recycled materials	1
其他未列明的批发	Others	7
内资企业	Domestic funds	606
国有企业	State-owned	3
有限责任公司	Limited liability corporations	231
国有独资企业	State-owned solely	14
其他有限责任公司	Limited liability corporations	217
股份有限公司	Share holding	17
私营企业	Private	355
私营独资企业	Private funded	1
私营有限责任公司	Private limited company	344
私营股份有限公司	Private share holding	10

continued 1

从业人员期末人数（人）(person)	其中：女性 Female	法人所属产业活动单位数（个）The number of legal persons' establishments	批发和零售业 Wholesale and retail trade	其他 Others
34	14			
655	241			
425	147	2	2	
260	76	10	10	
68	12			
336	119			
6074	2313	12	4	8
94	29			
2043	761			
80	32			
328	196			
30	19			
1752	660	6		6
388	183			
112	73			
1247	360	6	4	2
204	73	2	2	
18	3			
186	70	2	2	
23572	10636	75	65	10
932	291	8	8	
9560	4589	35	33	2
1046	382	13	13	
8514	4207	22	20	2
3956	1537	10	4	6
9124	4219	22	20	2
4	2			
8622	3913	22	20	2
498	304			

14-2 续表 2

指标名称	Item	法人企业数（个）Corporate enterprises (unit)
外商投资企业	Foreign funds	3
中外合资经营企业	Joint venture	2
外资企业	Foreign funded	1
国有控股	State-owned	37
私人控股	Private-owned	514
外商控股	Foreign-owned	2
其他	Others	56
独立门店	Substantive store	380
连锁直营店	Chain Direct-Sale Stores	1
其他	Others	228
大型	Large-sized	12
中型	Medium-sized	152
小型	Small-sized	328
微型	Micro-sized	117
城镇	Cities and Towns	572
其中：城区	Including: Urban Area	366
乡村	Countryside	37
二、零售业	Retail trade	537
综合零售	Retail trade	48
百货零售	Consumer goods	30
超级市场零售	Supermarket	15
便利店零售	Convenience Stores Retail	1
其他综合零售业	Other comprehensive retail business	2
食品、饮料及烟草制品专门零售	Food beverage and tobaccos	29
粮油零售	Food and Oil	2
糕点、面包零售	Cake and bread	1
果品、蔬菜零售	Fruit and Vegetable	1
肉、禽、蛋、奶及水产品零售	Meat, fowl, egg and marine products	3
营养和保健品零售	Nutrition and health care	1
酒、饮料及茶叶零售	Alcohol beverage and tea	11
烟草制品零售	Tobaccos	2
其他食品零售	Others	8
纺织、服装及日用品专门零售业	Textile, garment and daily articles	28
纺织品及针织品零售	Textile and knitwear	4
服装零售	Garments	12
化妆品级卫生用品零售	Cosmetic and sanitary accessories	3

continued 2

从业人员期末人数（人）(person)	其中：女性 Female	法人所属产业活动单位数（个）The number of legal persons' establishments	批发和零售业 Wholesale and retail trade	其他 Others
398	148	9	9	
383	144	9	9	
15	4			
6739	2666	42	36	6
14686	7158	26	24	2
17	5			
2528	955	16	14	2
15255	6584	53	52	1
5	4			
8710	4196	31	22	9
7676	3275	18	12	6
10079	4822	40	39	1
5649	2494	22	19	3
566	193	4	4	
23446	10650	80	72	8
12520	5578	42	40	2
524	134	4	2	2
40000	23591	2437	2388	49
10013	7013	171	171	
4421	2800	5	5	
5447	4119	148	148	
108	85	2	2	
37	9	16	16	
4476	2692	180	180	
14	5			
229	133	23	23	
3440	2064	88	88	
64	8			
142	81	2	2	
420	293	67	67	
167	108			
1662	1181	106	105	1
55	35	3	3	
807	569	7	6	1
390	271	52	52	

14-2 续表3

指标名称	Item	法人企业数（个）Corporate enterprises (unit)
厨具卫具及日用杂品零售	Kitchenware and Household Items Retail	1
钟表、眼镜零售	Clock and spectacles	6
其他日用品零售	Others	2
文化、体育用品及器材专门零售	Cultural and sport goods	27
文具用品零售	Stationery	5
体育用品及器材零售	Sporting goods and equipment retail	6
图书、报刊零售	Books、Newspaper	9
珠宝首饰零售	Jewelry	2
工艺美术品及收藏品零售	Handicraft article and collection	2
乐器零售	Musical Instrument Retail	2
照相器材零售	Photogrphic apparatus retail	1
医药及医疗器材专门零售业	Medicine and medical appliance	36
西药零售	Western Medicine Retail	25
中药零售	Chinese Medicine Retail	5
医疗用品及器材零售	Medical component	6
汽车、摩托车、零配件和燃料及其他动力销售	Auto, Motorcycles, Spare Parts and Fuel & Other Power Sales	249
汽车新车零售	New Cars Retail	188
汽车旧车零售	Second-Hand Cars Retail	25
汽车零配件零售	Installation kit	12
机动车燃油零售	Motor Vehicles Fuel Retail	22
机动车燃气零售	Motor Vehicles Gas Retail	2
家用电器及电子产品专门零售业	Electrical household equipment	51
家用视听设备零售	Household audio and video equipment	2
日用家电零售	Household Appliances Retail	16
计算机、软件及辅助设备零售业	Computer software and accessories	12
通信设备零售业	Teleconmmunicational equipment	14
其他电子产品零售	Others	7
五金、家具及室内装修材料专门零售业	Hardware funiture and indoor hareware fitting	40
五金零售	Hardware	23
灯具零售	Lamps	3
家具零售	Funiture	3
涂料零售	Coating	1
陶瓷、石材装饰材料零售	Ceramics、decorative stone materials retail	4
其他室内装修材料零售	Others	6
货摊、无店铺及其他零售业	Other retail trade	29
互联网零售	Internet Retail	8
生活用燃料零售	Fuel for life	6
其他未列明零售业	Other Retails Not Listed	15

continued 3

从业人员期末人数（人）(person)	其中：女性 Female	法人所属产业活动单位数（个）The number of legal persons' establishments	批发和零售业 Wholesale and retail trade	其他 Others
5	1			
360	284	44	44	
45	21			
1298	782	20	20	
43	24			
250	193	6	6	
637	305	11	11	
313	241	3	3	
22				
29	17			
4	2			
7705	6015	1782	1741	41
7482	5873	1769	1728	41
159	101	13	13	
64	41			
12352	4724	144	140	4
9991	3642	27	24	3
329	116			
69	14			
1748	939	110	110	
215	13	7	6	1
1566	787	23	23	
19	9			
685	346	18	18	
383	152			
355	232	5	5	
124	48			
523	234	9	8	1
251	108	7	7	
45	13			
43	22			
15	6			
125	72	2	1	1
44	13			
405	163	2		2
192	107	2		2
33	12			
180	44			

14-2 续表 4

指标名称	Item	法人企业数（个）Corporate enterprises (unit)
内资企业	Domestic funds	527
国有企业	State-owned	2
股份合作企业	Cooperative	246
有限责任公司	Limited liability corporations	7
国有独资公司	State-owned solely	239
其他有限责任公司	Limited liability corporations	12
股份有限公司	Share holding	267
私营企业	Private	6
私营独资企业	Private funded	254
私营有限责任公司	Private limited company	7
私营股份有限公司	Private share holding	5
港、澳、台商投资企业	Funded from Hongkong,Macao and Taiwan	2
与港澳台商合资经营企业	Joint venture	3
港、澳、台商独资经营企业	Solefunds	5
外商投资企业	Foreign funds	1
中外合资经营企业	Joint venture	1
外资企业	Foreign funded	2
外商投资股份有限公司	Foreign-Invested Incorporated Company	1
国有控股	State-owned	32
集体控股	Collective-owned	7
私人控股	Private-owned	426
港澳台商控股	Hongkong, Macao and Taiwan-Owned	5
外商控股	Foreign-owned	4
其他	Others	63
独立门店	Substantive store	434
连锁总店（总部）	Chain headquarter	26
连锁直营店	Chain Direct-Sale Stores	9
连锁加盟店	Chain store	3
其他	Others	65
大型	Large-sized	14
中型	Medium-sized	154
小型	Small-sized	221
微型	Micro-sized	148

continued 4

从业人员期末人数（人）(person)	其中：女性 Female	法人所属产业活动单位数（个）The number of legal persons' establishments	批发和零售业 Wholesale and retail trade	其他 Others
38362	22546	2354	2305	49
56	42			
24695	14672	994	993	1
580	194	44	44	
24115	14478	950	949	1
3375	2740	851	807	44
10236	5092	509	505	4
52	25			
10004	4976	509	505	4
180	91			
1214	803	79	79	
558	334			
656	469	79	79	
424	242	4	4	
129	47			
62	50			
183	118	2	2	
50	27	2	2	
4732	3123	190	190	
1137	929	137	137	
25522	13733	1155	1148	7
833	549	79	79	
362	192	4	4	
7414	5065	872	830	42
23954	12626	287	283	4
12375	8479	1977	1935	42
1968	1490	157	157	
44	33			
1659	963	16	13	3
16360	11285	1654	1613	41
18135	9860	677	673	4
5064	2248	96	92	4
441	198	10	10	

14-2 续表 5

指标名称	Item	法人企业数（个）Corporate enterprises (unit)
有店铺零售	Retail trade	486
便利店	Convenience store	4
超市	Market	9
大型超市	Super market	15
仓储会员店	Warehouse Membership Stores	1
百货店	Consumer goods	23
专业店	Specialty store	222
专卖店	Exclusive shop	177
家居建材商店	Household items hall	2
购物中心	Shopping center	14
厂家直销中心	Direct sales by manufacturers	19
无店铺零售	Other retail trade	51
邮购	Purchase by mail	1
网上商店	Store on line	6
其他	Others	44
有店铺零售	Retail With Stores	487
便利店	Convenient Stores	4
折扣店	Discount Stores	1
超市	Supermarkets	12
大型超市	Large Supermarkets	15
仓储会员店	Warehouse Membership Stores	1
百货店	Department Stores	24
专业店	Professional Stores	223
专卖店	Speciality Stores	180
家居建材商店	Home Building Materials Stores	2
购物中心	Shopping Malls	17
厂家直销中心	Factory Direct Selling Centre	21
无店铺零售	Retail Without Store	53
邮购	Mail-Order	1
网上商店	Online Shops	8
其他	Other	44
城镇	Cities and Towns	522
其中：城区	Including: Urban Area	275
乡村	Countryside	15
港商投资	Hongkong Investment	4
台商投资	Taiwan Investment	2

continued 5

从业人员期末人数（人）(person)	其中：女性 Female	法人所属产业活动单位数（个）The number of legal persons' establishments	批发和零售业 Wholesale and retail trade	其他 Others
38732	23081	2431	2385	46
532	387	89	89	
773	552	57	57	
5342	4027	74	74	
43	25			
2188	1370	5	5	
15994	9695	1976	1933	43
11364	5653	224	222	2
5	2			
2115	1242	2	1	1
376	128	4	4	
1268	510	6	3	3
36	10			
164	88	2		2
1068	412	4	3	1
38822	23107	2431	2385	46
532	387	89	89	
158	94			
1041	722	61	61	
5342	4027	74	74	
43	25			
2200	1382	5	5	
16084	9721	1976	1933	43
11439	5701	224	222	2
5	2			
4284	3029	39	38	1
411	158	6	6	
1296	529	6	3	3
36	10			
192	107	2		2
1068	412	4	3	1
39747	23462	2435	2386	49
26474	17058	2172	2129	43
253	129	2	2	
1006	647	79	79	
241	168			

14-3 2019年限额以上批发和零售法人企业财务状况综合表

单位：万元

指标名称	Item	法人企业数（个）Corporate enterprises (unit)
总计	Total	1139
一、批发业	Whole sale enterprises	606
农、林、牧产品批发	Farming、Fore、animal husbandry	42
谷物、豆及薯类批发	Cereal beans and Tubers	29
种子批发	Seed	2
畜牧渔业饲料批发	Livestock and Fishery Feed Wholesale	10
其他农牧产品批发	Others	1
食品、饮料及烟草制品批发	Food, drink and tobaccos	52
米、面制品及食用油批发	Grain and edible oil	9
糕点、糖果及糖批发	Pastries, Candy and Sugar Wholesale	2
果品、蔬菜批发	Fruits and Vegetables Wholesale	1
肉、禽、蛋、奶及水产品批发	Meat fowl egg and marine products	14
盐及调味品批发	Salt and condiment	3
营养和保健品批发	The nutrition and health care products retail	1
酒、饮料机茶叶批发	Alcohol beverage and tea tobaccos	9
烟草制品批发	Tobaccos	1
其他食品批发	Others	12
纺织、服装及家庭用品批发	Textiles, garments and daily articles	32
纺织品、针织品及原料批发	Textile knitwear and raw moterial	1
服装批发	Garments	9
鞋帽批发	Shoes and Hats Wholesale	1
厨房卫具及日用杂货批发	Kitchen rest room and daily articles	4
灯具、装饰物品批发	Lamps and Decorative Items Wholesale	1
家用视听设备批发	Household Audiovisual Equipment Wholesale	1
日用家电批发	Household Appliances Wholesale	8
其他家庭用品批发	Others	7
文化、体育用品及器材批发	Cultural and sports goods	11
文具用品批发	Stationery	6
体育用品及器材批发	Sporting goods and equipment wholeasale	1
图书批发	Books	3
报刊批发	Newspaper	1
医药及医疗器材批发	Medicines and medical appliances	135
西药批发	Western medicine	62
中药批发	Chinese medicine	27
动物用药品批发	Animal Medicine Wholesale	1
医疗用品及器材批发	Medical component	45
矿产品、建材及化工产品批发	Minerals and construction materials	150

LIMITATION ABOVE WHOLESALE AND RETAIL BUSINESS AS A LEGAL PERSON ENTERPRISE COMPREHENSIVE TABLE OF CHANGES IN FINANCIAL POSITION IN 2019

单位：万元 unit:10000 yuan

二、期末资产负债 The final balance sheet				
流动资产合计 Circulating funds	固定资产原价 Original Value of fixed assets	累计折旧 Total depreciation	本年折旧 Depreciationg in this year	资产总计 Total assets
10973454.1	2437090.8	836289.4	145551.5	14381532.1
6933166.4	958746.3	296540.8	56567.2	8259812.7
464204.6	34593.9	9144.9	1734.9	498664.9
441811.2	29913.2	7522.8	1396.1	473326.0
7520.0	2775.7	568.0	135.3	8589.3
14706.3	1905.0	1039.5	199.0	15922.7
167.1		14.6	4.5	826.9
406092.2	90464.0	49757.2	5804.5	460211.3
89308.0	737.7	528.9	38.4	89600.1
2693.5	21.6	7.4	7.4	2707.8
25781.5	2975.1	2227.1	1452.7	26878.5
17268.7	3502.7	1218.7	102.8	20140.5
12655.9	51.7	44.8	5.4	12816.9
44197.4	1654.1	755.5	378.0	46233.5
187873.6	79887.9	43787.2	3743.7	234641.6
26313.6	1633.2	1187.6	76.1	27192.4
75462.3	5368.7	2180.9	333.8	79451.5
723.1	13.3	12.6	0.7	723.8
21666.1	229.0	147.7	33.3	23322.8
439.5	71.6	69.4	2.3	441.6
7254.3	1001.4	329.2	46.0	7927.6
7415.1	581.6	373.7	31.1	8563.0
0.9	2.3	2.3	0.1	203.1
10378.2	599.5	369.2	53.6	10618.3
27585.1	2870.0	876.8	166.7	27651.3
125421.4	20366.2	9041.2	708.3	160888.2
18737.5	267.6	174.0	103.2	19050.8
5944.8	170.8	108.9	24.0	6006.6
86553.9	19815.2	8698.1	562.3	119881.7
14185.2	112.6	60.2	18.8	15949.1
1746761.6	99958.1	32745.6	7627.1	1929973.8
1281339.2	55392.4	17477.0	3031.1	1401203.6
214210.4	23116.4	8064.6	1957.1	252795.5
3349.4	140.5	66.7	5.0	3418.2
247862.6	21308.8	7137.3	2633.9	272556.5
2711782.9	582783.3	134963.1	31972.6	3572365.7

14-3 续表 1 continued1

指标名称	Item	负债合计 Total liabilities
总计	Total	11178092.1
一、批发业	Whole sale enterprises	6669820.8
农、林、牧产品批发	Farming、Fore、animal husbandry	421001.9
谷物、豆及薯类批发	Cereal beans and Tubers	408656.2
种子批发	Seed	1433.3
畜牧渔业饲料批发	Livestock and Fishery Feed Wholesale	10896.9
其他农牧产品批发	Others	15.5
食品、饮料及烟草制品批发	Food, drink and tobaccos	223045.5
米、面制品及食用油批发	Grain and edible oil	89186.0
糕点、糖果及糖批发	Pastries, Candy and Sugar Wholesale	1969.3
果品、蔬菜批发	Fruits and Vegetables Wholesale	
肉、禽、蛋、奶及水产品批发	Meat fowl egg and marine products	22065.5
盐及调味品批发	Salt and condiment	13388.5
营养和保健品批发	The nutrition and health care products retail	12727.3
酒、饮料机茶叶批发	Alcohol beverage and tea tobaccos	31391.6
烟草制品批发	Tobaccos	29381.9
其他食品批发	Others	22935.4
纺织、服装及家庭用品批发	Textiles, garments and daily articles	67828.5
纺织品、针织品及原料批发	Textile knitwear and raw moterial	504.4
服装批发	Garments	22727.1
鞋帽批发	Shoes and Hats Wholesale	20.4
厨房卫具及日用杂货批发	Kitchen rest room and daily articles	2942.3
灯具、装饰物品批发	Lamps and Decorative Items Wholesale	6639.6
家用视听设备批发	Household Audiovisual Equipment Wholesale	0.9
日用家电批发	Household Appliances Wholesale	14953.3
其他家庭用品批发	Others	20040.5
文化、体育用品及器材批发	Cultural and sports goods	115540.1
文具用品批发	Stationery	10724.0
体育用品及器材批发	Sporting goods and equipment wholeasale	5567.2
图书批发	Books	92410.5
报刊批发	Newspaper	6838.4
医药及医疗器材批发	Medicines and medical appliances	1568009.4
西药批发	Western medicine	1203447.5
中药批发	Chinese medicine	210494.4
动物用药品批发	Animal Medicine Wholesale	2171.5
医疗用品及器材批发	Medical component	151896.0
矿产品、建材及化工产品批发	Minerals and construction materials	3140617.7

单位：万元 unit:10000 yuan

	三、损益及分配 Gains and losses and distribution		
实收资本 Original Value of fixed assets	营业收入 Operation revenue	主营业务收入 Operating revenue	营业成本 Operating costs
1827440.6	21251672.0	20936723.8	19004312.8
922690.3	14475237.2	14429614.6	13173079.4
53240.0	750455.2	744838.2	710994.5
46320.0	686936.8	681360.9	654294.5
4000.0	9705.8	9705.8	8629.9
2920.0	52860.0	52818.9	47246.6
	952.6	952.6	823.5
13548.4	1912509.4	1907057.5	1606378.0
3200.0	917454.4	914235.6	853043.1
700.0	16636.6	16636.6	15166.8
1077.9	92321.3	92321.3	83530.1
1301.6	17452.0	17452.0	13060.3
	12571.9	12571.9	10500.0
2590.0	128853.7	127808.3	103057.4
1795.3	665482.3	664850.3	473248.8
2883.6	61737.2	61181.5	54771.5
11523.6	158173.8	157591.3	126622.8
50.0	2338.1	2338.1	2108.8
2300.0	48909.2	48899.2	36878.1
358.0	1950.5	1950.5	1820.1
1755.7	17084.6	17062.0	11168.7
1000.0	4591.4	4591.4	2900.7
1000.0	0.6	0.6	0.6
1209.9	39490.9	39195.8	34669.7
3850.0	43808.5	43553.7	37076.1
29765.1	111700.3	110948.7	95887.2
599.9	47598.0	47598.0	41578.7
500.0	12216.2	12216.2	11238.2
24165.2	37670.6	36919.0	31201.2
4500.0	14215.5	14215.5	11869.1
132665.9	2491383.0	2488029.4	2153021.8
86898.6	1792403.5	1790794.1	1643387.6
20044.1	310424.7	308704.1	221408.0
800.0	4598.5	4598.5	4246.8
24923.2	383956.3	383932.7	283979.4
504866.4	4486311.1	4466095.2	4358034.8

14-3 续表 2 continued2

指标名称	Item	税金及附加 Business taxes and extra charges
总计	Total	143354.1
一、批发业	Whole sale enterprises	115062.2
农、林、牧产品批发	Farming、Fore、animal husbandry	528.7
谷物、豆及薯类批发	Cereal beans and Tubers	496.9
种子批发	Seed	0.4
畜牧渔业饲料批发	Livestock and Fishery Feed Wholesale	17.8
其他农牧产品批发	Others	13.6
食品、饮料及烟草制品批发	Food, drink and tobaccos	93352.1
米、面制品及食用油批发	Grain and edible oil	857.5
糕点、糖果及糖批发	Pastries, Candy and Sugar Wholesale	13.9
果品、蔬菜批发	Fruits and Vegetables Wholesale	
肉、禽、蛋、奶及水产品批发	Meat fowl egg and marine products	196.8
盐及调味品批发	Salt and condiment	64.7
营养和保健品批发	The nutrition and health care products retail	39.9
酒、饮料机茶叶批发	Alcohol beverage and tea tobaccos	309.7
烟草制品批发	Tobaccos	91770.4
其他食品批发	Others	99.2
纺织、服装及家庭用品批发	Textiles, garments and daily articles	435.8
纺织品、针织品及原料批发	Textile knitwear and raw moterial	2.3
服装批发	Garments	161.9
鞋帽批发	Shoes and Hats Wholesale	2.3
厨房卫具及日用杂货批发	Kitchen rest room and daily articles	68.9
灯具、装饰物品批发	Lamps and Decorative Items Wholesale	37.8
家用视听设备批发	Household Audiovisual Equipment Wholesale	0.1
日用家电批发	Household Appliances Wholesale	63.5
其他家庭用品批发	Others	99.0
文化、体育用品及器材批发	Cultural and sports goods	496.3
文具用品批发	Stationery	124.8
体育用品及器材批发	Sporting goods and equipment wholeasale	15.0
图书批发	Books	356.5
报刊批发	Newspaper	
医药及医疗器材批发	Medicines and medical appliances	7153.0
西药批发	Western medicine	3871.0
中药批发	Chinese medicine	1457.8
动物用药品批发	Animal Medicine Wholesale	8.4
医疗用品及器材批发	Medical component	1815.8
矿产品、建材及化工产品批发	Minerals and construction materials	4875.4

单位：万元 unit:10000 yuan

三、损益及分配 Gainsay and losses and distribution				
其他业务利润 Other business profit	销售费用 Marketing expenses	管理费用 Management expenses	研发费用 Research and Development Expenditure	财务费用 Financial expenses
110118.1	1083909.0	567608.2	83867.0	204995.5
26575.8	701242.9	254917.2	63365.0	84954.1
4974.7	33423.8	8255.7		9196.3
4974.7	29201.6	6975.6		9089.5
	279.4	387.4		21.0
	3923.5	861.8		76.1
	19.3	30.9		9.7
1510.2	106387.0	34651.9		-2784.2
797.7	61647.8	2477.9		311.6
	1242.3	209.5		0.7
284.6	5520.3	1420.1		261.6
99.6	839.7	2514.8		-41.2
	1778.6	327.3		0.4
167.0	14599.8	3657.6		524.7
180.0	16407.0	21678.9		-3910.6
-18.7	4351.5	2365.8		68.6
157.1	16903.3	10002.4	1997.0	1202.2
		215.0		0.2
4.1	7126.6	3658.7		80.7
	58.2	60.5		
22.6	3132.7	2212.6		3.5
	587.9	528.0	1997.0	148.0
	49.5	79.0		-0.4
	2742.6	1880.1		148.4
130.4	3205.8	1368.5		821.8
	6221.9	7858.5	6168.0	71.8
	2514.6	688.7		23.9
	849.8			113.8
	2845.5	5784.5		-224.7
	12.0	1385.3	6168.0	158.8
4370.2	117103.1	93738.6	7856.0	28429.9
971.9	58917.5	29128.5		24006.1
3267.2	27530.1	50963.1	7856.0	3352.5
		278.3		-0.8
131.1	30655.5	13368.7		1072.1
-19.5	83376.8	42206.4	1300.0	44213.5

14-3 续表 3 continued3

指标名称	Item	营业利润 Business profit
总计	Total	255262.8
一、批发业	Whole sale enterprises	154844.4
农、林、牧产品批发	Farming、Fore、animal husbandry	-513.5
谷物、豆及薯类批发	Cereal beans and Tubers	-1748.0
种子批发	Seed	387.7
畜牧渔业饲料批发	Livestock and Fishery Feed Wholesale	791.5
其他农牧产品批发	Others	55.3
食品、饮料及烟草制品批发	Food,drink and tobaccos	74971.0
米、面制品及食用油批发	Grain and edible oil	-852.7
糕点、糖果及糖批发	Pastries, Candy and Sugar Wholesale	3.2
果品、蔬菜批发	Fruits and Vegetables Wholesale	
肉、禽、蛋、奶及水产品批发	Meat fowl egg and marine products	1672.9
盐及调味品批发	Salt and condiment	1112.6
营养和保健品批发	The nutrition and health care products retail	-74.3
酒、饮料机茶叶批发	Alcohol beverage and tea tobaccos	6471.8
烟草制品批发	Tobaccos	66552.3
其他食品批发	Others	85.2
纺织、服装及家庭用品批发	Textiles,garments and daily articles	3609.2
纺织品、针织品及原料批发	Textile knitwear and raw moterial	12.2
服装批发	Garments	1003.8
鞋帽批发	Shoes and Hats Wholesale	9.4
厨房卫具及日用杂货批发	Kitchen rest room and daily articles	498.0
灯具、装饰物品批发	Lamps and Decorative Items Wholesale	349.1
家用视听设备批发	Household Audiovisual Equipment Wholesale	-128.2
日用家电批发	Household Appliances Wholesale	150.6
其他家庭用品批发	Others	1714.3
文化、体育用品及器材批发	Cultural and sports goods	4027.5
文具用品批发	Stationery	2684.9
体育用品及器材批发	Sporting goods and equipment wholeasale	-0.6
图书批发	Books	552.9
报刊批发	Newspaper	790.3
医药及医疗器材批发	Medicines and medical appliances	82583.7
西药批发	Western medicine	35264.6
中药批发	Chinese medicine	3928.0
动物用药品批发	Animal Medicine Wholesale	65.8
医疗用品及器材批发	Medical component	43325.3
矿产品、建材及化工产品批发	Minerals and construction materials	-47762.7

单位：万元 unit:10000 yuan

		四、人工成本及增值税 Labor cost and VAT		五、从事批发和零售业活动的从业人员平均人数（人） Average number of employees engaged in wholesale and retail activities (person)
利润总额 Total profit	应交所得税 Income taxes payable	应付职工薪酬（本年贷方累计发生额） payroll payable (credit accumulated happening this year)	应交增值税 VAT payableinput	
277203.7	579442.4	456715.3	215779.9	60672
168646.3	53348.0	244860.5	146318.3	23143
3433.3	1416.0	4982.6	-7341.8	823
2156.1	1252.6	4246.6	-7475.0	667
387.9	13.9	310.7	3.7	50
834.0	149.2	425.3	128.6	92
55.3	0.3		0.9	14
75619.2	19786.3	37595.9	32309.3	3059
1.6	350.1	4461.6	2789.4	311
6.2	3.7	347.2	115.4	79
1672.6	451.6	899.6	388.5	414
1156.6	177.0	1477.7	306.2	112
-12.8	8.0	401.5		85
6395.8	1541.8	6341.3	2470.9	860
65839.8	17235.6	21936.2	25745.0	852
559.4	18.5	1730.8	493.9	346
4291.9	403.6	6041.2	3429.7	1073
12.2		5.0	1.4	15
1664.5	14.5	1599.2	1102.5	258
9.4	0.4	35.8	19.4	16
503.2	38.5	546.4	595.4	156
364.6	51.1	499.0	12.4	55
-172.0		3.5		1
166.5	16.8	2130.3	597.4	391
1743.5	282.3	1222.0	1101.2	181
4472.6	791.4	10211.4	815.6	934
2703.8	658.7	1264.8	689.2	244
6.9	1.7	213.5	125.0	42
941.6	8.0	7362.0	1.4	442
820.3	123.0	1371.1		206
81204.8	20228.5	48617.1	42128.6	7179
33912.5	8128.7	26957.7	22247.7	3930
3749.1	1027.0	12527.3	8849.2	2102
65.8	16.4	101.6	70.4	16
43477.4	11056.4	9030.5	10961.3	1131
-41475.3	5190.1	48376.0	45406.5	4285

14-3 续表 4 continued4

指标名称	Item	法人企业数（个）Corporate enterprises (unit)
煤炭及制品批发	Coal and related products	10
石油及制品批发	Petroleum and related products	15
非金属矿及制品批发	Non-Metallic Ores and Products Wholesale	1
金属及金属矿批发	Metal materials	50
建材批发	Constructional materials	51
化肥批发	Chemical fertilizer	6
农药批发	Agricultural Chemicals Wholesale	3
其他化工产品批发	Others	14
机械设备、五金产品及电子产品批发	Machinery, hardware and electric equipment	176
农业机械批发	Farm machinery	7
汽车及零配件批发	Auto and Spare Parts Wholesale	77
摩托车及零配件批发	Motor vehicles, motorcycle and parts	3
五金产品批发	Hardware products	13
电气设备批发	Electrical household appliances	3
计算机、软件及辅助设备批发	Computer software and accessories	16
通讯设备批发	Communications-Equipment Wholesale	16
广播影视设备批发	Radio and Television Equipment Wholesale	2
其他机械设备及电子产品批发	Others	39
其他批发业	Other	8
再生物资回收与批发	Recycling and wholesale of recycled materials	1
其他未列明的批发	Others	7
内资企业	Domestic funds	603
国有企业	State-owned	3
有限责任公司	Limited liability corporations	228
国有独资企业	State-owned solely	14
其他有限责任公司	Limited liability corporations	214
股份有限公司	Share holding	17
私营企业	Private	355
私营独资企业	Private funded	1

单位：万元 unit:10000 yuan

二、期末资产负债 The final balance sheet				
流动资产合计 Circulating funds	固定资产原价 Original Value of fixed assets	累计折旧 Total depreciation	本年折旧 Depreciationg in this year	资产总计 Total assets
63357.5	737.0	389.5	112.4	64108.9
282819.9	151939.6	60628.9	12612.7	477064.3
2697.5	28.0	5.6	5.2	2719.9
1497755.1	79771.7	29143.6	11539.9	1770981.1
312954.5	337386.9	41924.3	6875.8	630984.6
484573.2	6153.3	1420.8	237.5	540534.3
12064.0	68.4	39.1	31.1	12093.4
55561.2	6698.4	1411.3	558.0	73879.2
1384788.0	122153.8	57375.9	8147.8	1527467.5
7633.6	1875.2	321.8	118.9	11854.6
880220.9	27059.9	13517.3	2023.3	915987.1
21798.6	5958.1	3342.3	523.6	28033.1
34577.2	4180.0	1668.2	206.4	37594.9
6327.8	382.5	233.7	76.5	6499.8
162181.3	56696.3	30163.7	3321.7	217683.0
23483.1	378.3	254.1	91.1	23669.4
3949.6	24.5	10.7	10.7	4014.2
244615.9	25599.0	7864.1	1775.6	282131.4
18653.4	3058.3	1332.0	238.2	30789.8
1025.6	31.2	2.7	2.7	1025.6
17627.8	3027.1	1329.3	235.5	29764.2
6568729.6	945320.5	285620.5	55515.3	7870806.2
224853.2	85205.7	46832.2	3883.2	276858.7
3763256.4	535187.5	113395.3	25453.3	4355474.6
942353.9	58590.3	29202.4	5988.5	1043480.6
2820902.5	476597.2	84192.9	19464.8	3311994.0
1099271.5	188999.3	77221.8	10510.7	1609273.3
1481348.5	135928.0	48171.2	15668.1	1629199.6
136.4				136.4

14-3 续表 5 continued5

指标名称	Item	负债合计 Total liabilities
煤炭及制品批发	Coal and related products	55809.0
石油及制品批发	Petroleum and related products	802760.5
非金属矿及制品批发	Non-Metallic Ores and Products Wholesale	632.7
金属及金属矿批发	Metal materials	1489585.6
建材批发	Constructional materials	215878.2
化肥批发	Chemical fertilizer	507012.5
农药批发	Agricultural Chemicals Wholesale	7697.9
其他化工产品批发	Others	61241.3
机械设备、五金产品及电子产品批发	Machinery,hardware and electric equipment	1114598.1
农业机械批发	Farm machinery	4309.9
汽车及零配件批发	Auto and Spare Parts Wholesale	738680.5
摩托车及零配件批发	Motor vehicles,motorcycle and parts	8309.6
五金产品批发	Hardware products	31245.8
电气设备批发	Electrical household appliances	2601.4
计算机、软件及辅助设备批发	Computer software and accessories	86376.2
通讯设备批发	Communications-Equipment Wholesale	15911.9
广播影视设备批发	Radio and Television Equipment Wholesale	3589.4
其他机械设备及电子产品批发	Others	223573.4
其他批发业	Other	19179.6
再生物资回收与批发	Recycling and wholesale of recycled materials	894.4
其他未列明的批发	Others	18285.2
内资企业	Domestic funds	6417621.2
国有企业	State-owned	64973.0
有限责任公司	Limited liability corporations	3363100.7
国有独资企业	State-owned solely	848786.6
其他有限责任公司	Limited liability corporations	2514314.1
股份有限公司	Share holding	1674585.1
私营企业	Private	1314962.4
私营独资企业	Private funded	193.7

单位：万元 unit:10000 yuan

	三、损益及分配 Gains and losses and distribution		
实收资本 Original Value of fixed assets	营业收入 Operation revenue	主营业务收入 Operating revenue	营业成本 Operating costs
1700.0	338979.7	338979.7	330385.5
186618.8	1074927.6	1059362.7	1044168.3
200.0	4560.5	4560.5	3427.1
277391.2	2033009.0	2032863.2	1996370.3
26798.4	573032.0	569118.4	548215.4
4308.0	332016.4	331729.1	321605.7
3100.0	16387.7	16387.7	14774.8
4750.0	113398.2	113093.9	99087.7
167347.4	4532058.6	4522408.5	4093433.6
4410.3	25901.4	25729.1	23835.7
66175.5	3619521.1	3618787.4	3281345.9
3608.0	44254.0	43899.5	39550.5
2551.0	40830.9	40830.9	36787.2
1797.0	8169.6	8169.6	7360.9
58367.8	220382.1	220381.8	191938.2
5841.0	157856.3	155212.3	147301.2
1500.0	105063.2	105063.2	100943.4
23096.8	310080.0	304334.7	264370.6
9733.5	32645.8	32645.8	28706.7
53.5	9199.7	9199.7	8835.8
9680.0	23446.1	23446.1	19870.9
754387.4	13031654.5	12988202.6	11833140.8
3095.3	695912.2	695219.1	504182.2
385148.1	7591655.3	7574174.2	6935205.6
190236.4	3140958.2	3140126.5	2925774.5
194911.7	4450697.1	4434047.7	4009431.1
174746.0	1750588.4	1730855.9	1663908.6
191398.0	2993498.6	2987953.4	2729844.4
50.0	7639.9	7639.9	7583.2

14-3 续表 6continued6

指标名称	Item	税金及附加 Business taxes and extra charges
煤炭及制品批发	Coal and related products	245.3
石油及制品批发	Petroleum and related products	1846.0
非金属矿及制品批发	Non-Metallic Ores and Products Wholesale	19.8
金属及金属矿批发	Metal materials	1776.6
建材批发	Constructional materials	506.7
化肥批发	Chemical fertilizer	106.9
农药批发	Agricultural Chemicals Wholesale	1.2
其他化工产品批发	Others	372.9
机械设备、五金产品及电子产品批发	Machinery, hardware and electric equipment	8159.1
农业机械批发	Farm machinery	19.5
汽车及零配件批发	Auto and Spare Parts Wholesale	5704.9
摩托车及零配件批发	Motor vehicles, motorcycle and parts	115.3
五金产品批发	Hardware products	129.5
电气设备批发	Electrical household appliances	16.9
计算机、软件及辅助设备批发	Computer software and accessories	1098.1
通讯设备批发	Communications-Equipment Wholesale	188.2
广播影视设备批发	Radio and Television Equipment Wholesale	163.4
其他机械设备及电子产品批发	Others	723.3
其他批发业	Other	61.8
再生物资回收与批发	Recycling and wholesale of recycled materials	2.1
其他未列明的批发	Others	59.7
内资企业	Domestic funds	113038.8
国有企业	State-owned	92009.6
有限责任公司	Limited liability corporations	13116.6
国有独资企业	State-owned solely	4950.9
其他有限责任公司	Limited liability corporations	8165.7
股份有限公司	Share holding	3550.2
私营企业	Private	4362.4
私营独资企业	Private funded	0.9

单位：万元 unit:10000 yuan

三、损益及分配 Gainsay and losses and distribution				
其他业务利润 Other business profit	销售费用 Marketing expenses	管理费用 Management expenses	研发费用 Research and Development Expenditure	财务费用 Financial expenses
	1738.3	5609.0		368.9
4.9	59341.0	4893.0		2730.0
	388.4	427.7		-2.4
253.3	9685.9	12691.1	1300.0	29279.3
2.2	3171.5	6809.3		3349.7
-279.9	3343.1	4131.1		7508.3
	505.4	751.7		126.0
	5203.2	6893.5		853.7
15583.1	337191.2	55684.7	46044.0	4615.9
0.6	778.5	865.0		106.5
95.2	302866.5	17701.0		2438.6
257.3	1731.6	1005.8		156.1
27.5	598.5	2490.0	3.0	68.4
	12.9	461.0		-2.1
	4165.4	12179.2	42022.0	-668.8
14068.5	6615.4	3525.9		5.8
	4555.5	924.9		-28.4
1134.0	15866.9	16531.9	4019.0	2539.8
	635.8	2519.0		8.7
		305.8		
	635.8	2213.2		8.7
26149.8	585532.5	249582.4	63365.0	85130.2
180.0	18235.5	21803.7		-3223.4
3162.6	377623.7	123717.8	6016.0	44668.7
130.6	190608.1	12746.2		5259.5
3032.0	187015.6	110971.6	6016.0	39409.2
701.0	70509.4	12475.8	33683.0	23016.7
22106.2	119163.9	91585.1	23666.0	20668.2
	24.5	0.4		

14-3 续表 7 continued7

指标名称	Item	营业利润 Business profit
煤炭及制品批发	Coal and related products	642.8
石油及制品批发	Petroleum and related products	-37990.0
非金属矿及制品批发	Non-Metallic Ores and Products Wholesale	300.0
金属及金属矿批发	Metal materials	-13731.3
建材批发	Constructional materials	7277.4
化肥批发	Chemical fertilizer	-5093.6
农药批发	Agricultural Chemicals Wholesale	229.7
其他化工产品批发	Others	602.3
机械设备、五金产品及电子产品批发	Machinery,hardware and electric equipment	37258.6
农业机械批发	Farm machinery	598.8
汽车及零配件批发	Auto and Spare Parts Wholesale	11865.0
摩托车及零配件批发	Motor vehicles,motorcycle and parts	5268.2
五金产品批发	Hardware products	785.0
电气设备批发	Electrical household appliances	319.7
计算机、软件及辅助设备批发	Computer software and accessories	9867.4
通讯设备批发	Communications-Equipment Wholesale	108.5
广播影视设备批发	Radio and Television Equipment Wholesale	-1495.5
其他机械设备及电子产品批发	Others	9941.5
其他批发业	Other	670.6
再生物资回收与批发	Recycling and wholesale of recycled materials	11.0
其他未列明的批发	Others	659.6
内资企业	Domestic funds	171685.3
国有企业	State-owned	63169.0
有限责任公司	Limited liability corporations	88667.0
国有独资企业	State-owned solely	2829.2
其他有限责任公司	Limited liability corporations	85837.8
股份有限公司	Share holding	-14248.4
私营企业	Private	34097.7
私营独资企业	Private funded	30.9

单位：万元 unit:10000 yuan

		四、人工成本及增值税 Labor cost and VAT		五、从事批发和零售业活动的从业人员平均人数（人）Average number of employees engaged in wholesale and retail activities (person)
利润总额 Total profit	应交所得税 Income taxes payable	应付职工薪酬（本年贷方累计发生额）payroll payable（credit accumulated happening this year）	应交增值税 VAT payableinput	
653.2	67.8	1916.4	37794.3	170
-35659.9	715.2	33415.0	1018.4	2406
297.2	36.5	178.9	142.9	34
-13556.0	2739.2	6000.6	3046.9	634
7430.2	1106.2	2134.1	1618.1	418
-4269.1	12.1	2871.5	-224.9	264
237.2	21.9	319.8	0.6	45
3391.9	491.2	1539.7	2010.2	314
40316.5	5385.6	87971.7	28244.1	5578
596.8	42.6	393.7	12.7	100
14487.5	3082.0	29097.3	18349.5	2075
5250.5	424.5	530.4	780.5	81
755.8	62.5	1351.4	824.5	334
299.4	11.1	131.5	57.3	27
10193.1	759.4	46150.1	3465.9	1289
133.2	112.1	1730.1	914.1	368
-1495.4	302.8	1135.4	659.0	128
10095.6	588.6	7451.8	3180.6	1176
783.3	146.5	1064.6	1326.3	212
11.0	2.2	60.0	18.1	18
772.3	144.3	1004.6	1308.2	194
184769.2	52518.3	230360.6	138919.3	22745
65914.7	17243.7	22393.9	25761.6	931
92291.2	24717.2	104053.5	92177.2	9554
4635.8	3114.8	24558.1	50291.9	1071
87655.4	21602.4	79495.4	41885.3	8483
-9819.5	2469.3	56404.8	3532.0	3170
36382.8	8088.1	47508.4	17448.5	9090
30.9	0.1	15.0		4

14-3 续表 8 continued8

指标名称 Item		法人企业数（个）Corporate enterprises (unit)
私营有限责任公司	Private limited company	344
私营股份有限公司	Private share holding	10
外商投资企业	Foreign funded	3
中外合资经营企业	Joint venture	2
外资企业	Foreign funded	1
国有控股	State-owned	36
私人控股	Private-owned	512
外商控股	Foreign-owned	2
其他	Others	56
独立门店	Substantive store	379
连锁直营店	Chain Direct-Sale Stores	1
其他	Others	226
大型	Large-sized	12
中型	Medium-sized	152
小型	Small-sized	328
微型	Micro-sized	114
城镇	Cities and Towns	569
其中：城区	Including: Urban Area	363
乡村	Countryside	37
二、零售业	Retail trade	533
综合零售	Retail trade	48
百货零售	Consumer goods	30
超级市场零售	Supermarket	15
便利店零售	Convenience Stores Retail	1
其他综合零售	Others comprehensive retail business	2
食品、饮料及烟草制品专门零售	Food, beverage and tobaccos	29
粮油零售	Food and Oil	2
糕点、面包零售	Cake and bread	1
果品、蔬菜零售	Fruit and Vegetable	1
肉、禽、蛋及水产品零售	Meat, fowl, egg and marine products	3
营养和保健品零售	Nutrition and health care	1

单位：万元 unit:10000 yuan

二、期末资产负债 The final balance sheet				
流动资产合计 Circulating funds	固定资产原价 Original Value of fixed assets	累计折旧 Total depreciation	本年折旧 Depreciationg in this year	资产总计 Total assets
1442108.7	132942.4	46047.9	15422.5	1586485.5
39103.4	2985.6	2123.3	245.6	42577.7
364436.8	13425.8	10920.3	1051.9	389006.5
362288.4	13165.9	10745.0	1026.8	386752.0
2148.4	259.9	175.3	25.1	2254.5
2717357.1	693298.0	209505.4	28600.4	3479345.6
2779562.5	205959.7	71883.2	24028.8	3078993.6
3274.2	260.6	175.5	25.3	3380.3
1432972.6	59228.0	14976.7	3912.7	1698093.2
3036107.0	389873.5	169904.2	32804.1	3595946.7
356.8	28.4	10.5	10.5	531.8
3896702.6	568844.4	126626.1	23752.6	4663334.2
1790642.8	283221.4	129637.9	15062.9	2143561.2
3567637.1	536430.9	123941.6	24364.2	4203020.5
1294893.9	128319.6	39523.1	15177.6	1620053.5
279992.6	10774.4	3438.2	1962.5	293177.5
6777734.5	936159.3	291175.0	55395.5	8081297.4
3729993.6	571150.4	143631.3	30032.6	4405009.7
155431.9	22587.0	5365.8	1171.7	178515.3
4040287.7	1478344.5	539748.6	88984.3	6121719.4
1266550.1	965904.6	325849.4	35038.0	2308728.5
986530.0	744681.3	253288.1	23950.8	1840624.1
278498.5	216669.4	70890.5	10904.9	456558.7
1490.4	4458.6	1648.6	173.1	10844.5
31.2	95.3	22.2	9.2	701.2
103838.4	23847.0	7542.5	1802.2	146161.0
176.6	17.0	12.6	2.0	181.0
2873.0	1369.8	846.4	134.6	3926.9
23631.7	2469.5	467.9	467.9	26521.4
1445.2	745.3	350.1	47.4	1854.9
1579.5		1.8	1.8	1621.9

14-3 续表 9 continued9

指标名称	Item	负债合计 Total liabilities
私营有限责任公司	Private limited company	1287150.1
私营股份有限公司	Private share holding	27618.6
外商投资企业	Foreign funded	252199.6
中外合资经营企业	Joint venture	251033.2
外资企业	Foreign funded	1166.4
国有控股	State-owned	2770217.3
私人控股	Private-owned	2529266.4
外商控股	Foreign-owned	1705.8
其他	Others	1368631.3
独立门店	Substantive store	3184499.4
连锁直营店	Chain Direct-Sale Stores	418.7
其他	Others	3484902.7
大型	Large-sized	2070559.0
中型	Medium-sized	3212262.2
小型	Small-sized	1141185.9
微型	Micro-sized	245813.7
城镇	Cities and Towns	6536436.5
其中：城区	Including: Urban Area	3856924.6
乡村	Countryside	133384.3
二、零售业	Retail trade	4508271.3
综合零售	Retail trade	1779022.3
百货零售	Consumer goods	1397190.9
超级市场零售	Supermarket	374175.6
便利店零售	Convenience Stores Retail	4386.0
其他综合零售	Others comprehensive retail business	3269.8
食品、饮料及烟草制品专门零售	Food, beverage and tobaccos	116942.3
粮油零售	Food and Oil	183.0
糕点、面包零售	Cake and bread	2649.9
果品、蔬菜零售	Fruit and Vegetable	24919.1
肉、禽、蛋及水产品零售	Meat, fowl, egg and marine products	1405.6
营养和保健品零售	Nutrition and health care	206.5

单位：万元 unit:10000 yuan

实收资本 Driginal Value of fixed assets	三、损益及分配 Gains and losses and distribution 营业收入 Operation revenue	主营业务收入 Operating revenue	营业成本 Operating costs
184447.6	2904928.0	2899382.8	2649189.8
6900.4	80930.7	80930.7	73071.4
168302.9	1443582.7	1441412.0	1339938.6
168214.1	1440216.4	1438481.6	1337680.7
88.8	3366.3	2930.4	2257.9
425567.0	8239602.9	8217128.1	7547151.5
309322.4	5111413.5	5094796.1	4631917.1
675.2	7050.3	6614.4	5179.6
187125.7	1117170.5	1111076.0	988831.2
389780.2	9018744.8	8986541.8	8235407.4
100.0	3966.4	3966.4	3329.2
532810.1	5452526.0	5439106.4	4934342.8
107650.1	6249439.5	6231345.9	5502125.8
479831.9	5025564.3	5009598.3	4677553.4
301434.4	2591148.0	2580980.7	2410431.8
33773.9	609085.4	607689.7	582968.4
901664.2	14089780.0	14048339.6	12816837.3
499623.4	6211357.1	6181967.7	5856783.6
21026.1	385457.2	381275.0	356242.1
904750.3	6776434.8	6507109.2	5831233.4
299203.8	1380004.0	1180133.9	1054158.9
185377.0	956147.8	795567.9	713042.8
108826.8	410703.9	372817.4	330433.0
5000.0	11530.1	10126.4	9154.5
	1622.2	1622.2	1528.6
15322.0	257572.6	254321.7	203504.0
	1654.6	1654.6	1611.7
208.0	7305.3	7305.3	4529.7
1300.0	166982.8	164084.6	135269.6
53.0	5503.8	5483.4	4365.0
	7.9	7.9	5.1

14-3 续表 10 continued10

指标名称 Item		税金及附加 Business taxes and extra charges
私营有限责任公司	Private limited company	4293.9
私营股份有限公司	Private share holding	67.6
外商投资企业	Foreign funded	2023.4
中外合资经营企业	Joint venture	1995.0
外资企业	Foreign funded	28.4
国有控股	State-owned	104609.8
私人控股	Private-owned	8005.5
外商控股	Foreign-owned	29.0
其他	Others	2417.9
独立门店	Substantive store	103293.9
连锁直营店	Chain Direct-Sale Stores	11.6
其他	Others	11756.7
大型	Large-sized	102899.7
中型	Medium-sized	8026.4
小型	Small-sized	3765.6
微型	Micro-sized	370.5
城镇	Cities and Towns	114784.2
其中：城区	Including: Urban Area	8522.8
乡村	Countryside	278.0
二、零售业	Retail trade	28291.9
综合零售	Retail trade	13116.7
百货零售	Consumer goods	10523.1
超级市场零售	Supermarket	2537.8
便利店零售	Convenience Stores Retail	53.8
其他综合零售	Others comprehensive retail business	2.0
食品、饮料及烟草制品专门零售	Food, beverage and tobaccos	1969.3
粮油零售	Food and Oil	0.2
糕点、面包零售	Cake and bread	36.3
果品、蔬菜零售	Fruit and Vegetable	283.9
肉、禽、蛋及水产品零售	Meat, fowl, egg and marine products	4.3
营养和保健品零售	Nutrition and health care	0.3

单位：万元 unit:10000 yuan

三、损益及分配 Gainsay and losses and distribution				
其他业务利润 Other business profit	销售费用 Marketing expenses	管理费用 Management expenses	研发费用 Research and Development Expenditure	财务费用 Financial expenses
22106.2	116961.7	87583.0	17498.0	20437.3
	2177.7	4001.7	6168.0	230.9
426.0	115710.4	5334.8		-176.1
-9.8	115710.4	4534.8		-182.1
435.8		800.0		6.0
1962.1	452444.9	56768.6	32383.0	18978.6
24136.3	209387.0	169921.8	23666.0	40539.1
435.8		1498.7		69.0
41.6	39411.0	26728.1	7316.0	25367.4
16596.3	392008.3	158462.9	16024.0	35562.2
	498.1	96.4		1.1
9979.5	308736.5	96357.9	47341.0	49390.8
1011.5	477682.0	68727.4	32383.0	12304.8
13264.0	143937.2	104156.4	23663.0	52056.3
11399.3	64861.8	72771.6	7319.0	17761.9
901.0	14761.9	9261.8		2831.1
26310.6	684744.9	249061.6	51490.0	83713.0
17924.6	197755.7	107905.3	15810.0	48957.7
265.2	16498.0	5855.6	11875.0	1241.1
83542.3	382666.1	312691.0	20502.0	120041.4
52534.6	87670.6	124542.9	34.0	54878.3
49238.2	43033.7	93703.1	34.0	47412.7
3296.4	42095.3	30271.3		7285.5
	557.3	608.1		173.4
	1984.3	-39.6		6.7
2679.5	31387.1	14254.7	1.0	1175.6
	50.6	5.0		0.1
	1499.6	1173.1		9.6
2656.0	22761.2	7622.4		3.9
20.4	308.6	668.3		30.8
	2.1	7.2		0.1

14-3 续表 11 continued11

指标名称	Item	营业利润 Business profit
私营有限责任公司	Private limited company	32955.7
私营股份有限公司	Private share holding	1111.1
外商投资企业	Foreign funded	-16840.9
中外合资经营企业	Joint venture	-17017.8
外资企业	Foreign funded	176.9
国有控股	State-owned	65052.1
私人控股	Private-owned	61582.9
外商控股	Foreign-owned	179.4
其他	Others	28030.0
独立门店	Substantive store	100911.6
连锁直营店	Chain Direct-Sale Stores	18.0
其他	Others	53914.8
大型	Large-sized	89219.1
中型	Medium-sized	38592.9
小型	Small-sized	27254.9
微型	Micro-sized	-222.5
城镇	Cities and Towns	151595.6
其中：城区	Including: Urban Area	7163.5
乡村	Countryside	3248.8
二、零售业	Retail trade	100418.4
综合零售	Retail trade	62257.3
百货零售	Consumer goods	63584.9
超级市场零售	Supermarket	-462.7
便利店零售	Convenience Stores Retail	983.2
其他综合零售	Others comprehensive retail business	-1848.1
食品、饮料及烟草制品专门零售	Food, beverage and tobaccos	6647.8
粮油零售	Food and Oil	-13.0
糕点、面包零售	Cake and bread	56.7
果品、蔬菜零售	Fruit and Vegetable	1049.6
肉、禽、蛋及水产品零售	Meat, fowl, egg and marine products	126.8
营养和保健品零售	Nutrition and health care	-6.9

单位：万元 unit:10000 yuan

		四、人工成本及增值税 Labor cost and VAT		五、从事批发和零售业活动的从业人员平均人数（人）Average number of employees engaged in wholesale and retail activities (person)
利润总额 Total profit	应交所得税 Income taxes payable	应付职工薪酬（本年贷方累计发生额）payroll payable (credit accumulated happening this year)	应交增值税 VAT payableinput	
34694.2	7830.8	44839.2	16888.5	8608
1657.7	257.2	2654.2	560.0	478
-16122.9	829.7	14499.9	7399.0	398
-16304.6	813.9	14272.1	7076.9	383
181.7	15.8	227.8	322.1	15
72991.3	27471.9	125751.5	96321.6	6048
67343.8	14634.6	97776.4	37365.9	14483
184.2	16.3	234.3	330.8	17
28127.0	11225.2	21098.3	12300.0	2595
106632.8	31441.2	159694.6	62195.3	14878
18.0	4.9	22.5		5
61995.5	21901.9	85143.4	84123.0	8260
92228.6	25172.8	119751.5	64712.8	6775
47039.1	22214.6	70842.6	34617.4	10120
28433.8	5401.9	52437.5	50283.2	5581
944.8	558.7	1828.9	-3295.1	667
165080.5	53219.5	242361.2	149571.8	22570
16081.1	17002.4	113396.3	74019.1	12361
3565.8	128.5	2499.3	-3253.5	573
108557.4	526094.4	211854.8	69461.6	37529
61132.2	18269.8	59728.9	16124.3	10073
63493.7	16486.3	29941.7	11971.7	4484
-1515.5	1536.3	28689.8	3980.3	5431
988.7	247.2	654.3	172.3	108
-1834.7		443.1		50
6833.5	1313.5	8116.0	3769.4	1501
-13.0	0.1	48.2	-6.5	14
58.6	48.3	1091.4	282.8	202
1196.3		1515.7	1111.7	430
122.3	0.7	518.2	0.2	64
-6.9	0.1		0.7	8

14-3 续表 12continued12

指标名称 Item		法人企业数（个）Corporate enterprises (unit)
酒、饮料及茶叶零售	Wine, Beverage and Tea Retail	11
烟草制品零售	Tobaccos	2
其他食品零售	Others	8
纺织、服装及日用品专门零售	Textile, garment and daily articles	28
纺织品及针织品零售	Textile and knitwear	4
服装零售	Garments	12
化妆品及卫生用品零售	Cosmetic and sanitary accessories	3
厨具卫具及日用杂品零售	Kitchenware and Household Items Retail	1
钟表、眼镜零售	Clock and spectacles	6
其他日用品零售	Others	2
文化、体育用品及器材专门零售	Cultural and sport goods and equipment	27
文具用品零售	Stationery	5
体育用品及器材零售	Sporting goods and equipment retail	6
图书、报刊零售	Books、Newspaper	9
珠宝首饰零售	Jewelry	2
工艺美术品及收藏品零售	Handicraft, article and collection	2
乐器零售	Musical Instrument Retail	2
照相器材零售	Photographic equipment retail	1
医药及医疗器材专门零售	Medicines and medical equipment	34
西药零售	Western Medicine Retail	24
中药零售	Chinese Medicine Retail	5
医疗用品及器材零售	Medical component	5
汽车、摩托车、燃料及零配件专门零售业	Vehicles, motorcycle and parts	249
汽车新车零售	New Cars Retail	188
汽车旧车零售	Second-Hand Cars Retail	25
汽车零配件零售	Installation kit	12
机动车燃油零售	Motor Vehicles Fuel Retail	22
机动车燃气零售	Motor Vehicles Gas Retail	2
家用电器及电子产品专门零售	Electrical household applicances and electronic products	51
家用视听设备零售	Household audio and video equipment	2
日用家电零售	Household Appliances Retail	16
计算机、软件及辅助设备零售	Computer software and accessories	12
通信设备零售	Telecommunication equipment	14
其他电子产品零售	Others	7
五金、家具及室内装修材料专门零售	Hardware, furniture and indoor hardware fitting	40
五金零售	Hardware	23
灯具零售	Lamps	3
家具零售	Funiture	3
涂料零售	Coating	1

单位：万元 unit:10000 yuan

二、期末资产负债 The final balance sheet				
流动资产合计 Circulating funds	固定资产原价 Original Value of fixed assets	累计折旧 Total depreciation	本年折旧 Depreciationg in this year	资产总计 Total assets
49612.8	1843.8	735.2	144.0	73188.1
13303.0	14137.5	4808.4	764.6	24233.1
11216.6	3264.1	320.1	239.9	14633.7
142133.3	13913.4	8588.9	1040.5	350928.8
3867.3	172.3	135.5	59.5	3949.7
106883.4	6324.3	4389.6	596.0	301417.1
3543.3	2304.2	927.3	222.6	7137.9
115.0				115.0
25396.6	5002.1	3075.3	150.3	35928.4
2327.7	110.5	61.2	12.1	2380.7
91863.9	13244.2	6992.0	590.3	114120.0
3479.8	127.8	87.8	32.8	3520.1
20313.4	1503.9	516.2	65.6	31448.7
24648.4	10091.4	5326.1	391.9	34739.0
37772.5	1286.9	1019.7	87.1	38451.0
2687.9	197.2	10.3	10.3	2694.2
2330.5	21.0	15.9	2.6	2335.6
631.4	16.0	16.0		931.4
524811.0	37740.7	11326.8	1760.1	588083.5
514804.9	35345.4	10275.0	1467.5	575338.1
4224.9	1048.2	642.0	144.4	4956.0
5781.2	1347.1	409.8	148.2	7789.4
1662144.9	411652.4	172842.5	45740.2	2326543.9
1256562.0	303447.2	119315.0	39083.1	1719165.7
7554.1	49.8	83.7	14.3	9492.4
6501.8	227.9	253.8	69.1	6722.0
351649.1	72777.3	31967.3	3453.7	521188.9
39877.9	35150.2	21222.7	3120.0	69974.9
148321.4	5970.4	3577.7	1728.5	167153.9
1800.4		30.7	2.0	1970.5
43232.1	1891.4	1501.8	1289.9	51795.1
15427.4	981.7	912.8	81.7	19402.9
49720.6	2600.1	882.9	132.2	55204.0
38140.9	497.2	249.5	222.7	38781.4
52736.6	3872.1	1798.5	1051.2	60421.2
25309.7	1438.6	1025.2	606.9	25681.5
1318.2	1407.4	322.8	322.8	2689.0
930.5	190.7	169.6	63.8	954.0
3517.1	109.3	11.2	10.0	3615.2

14-3 续表 13 continued13

指标名称	Item	负债合计 Total liabilities
酒、饮料及茶叶零售	Alcohol、beverage and tea	58106.0
烟草制品零售	Tobaccos	17610.3
其他食品零售	Others	11861.9
纺织、服装及日用品专门零售	Textile, garment and daily articles	189640.5
纺织品及针织品零售	Textile and knitwear	3956.5
服装零售	Garments	146301.4
化妆品及卫生用品零售	Cosmetic and sanitary accessories	3224.0
厨具卫具及日用杂品零售	Kitchenware and Household Items Retail	115.0
钟表、眼镜零售	Clock and spectacles	34083.0
其他日用品零售	Others	1960.6
文化、体育用品及器材专门零售	Cultural and sport goods and equipment	91824.0
文具用品零售	Stationery	2108.0
体育用品及器材零售	Sporting goods and equipment retail	26949.8
图书、报刊零售	Books、Newspaper	33607.3
珠宝首饰零售	Jewelry	25754.8
工艺美术品及收藏品零售	Handicraft, article and collection	1191.6
乐器零售	Musical Instrument Retail	1743.2
照相器材零售	Photographic equipment retail	469.3
医药及医疗器材专门零售	Medicines and medical equipment	502788.6
西药零售	Western Medicine Retail	495146.0
中药零售	Chinese Medicine Retail	3110.6
医疗用品及器材零售	Medical component	4532.0
汽车、摩托车、燃料及零配件专门零售业	Vehicles, motorcycle and parts	1627237.1
汽车新车零售	New Cars Retail	1228370.3
汽车旧车零售	Second-Hand Cars Retail	5828.0
汽车零配件零售	Installation kit	5183.5
机动车燃油零售	Motor Vehicles Fuel Retail	353029.6
机动车燃气零售	Motor Vehicles Gas Retail	34825.7
家用电器及电子产品专门零售	Electrical household applicances and electronic products	117796.4
家用视听设备零售	Household audio and video equipment	313.3
日用家电零售	Household Appliances Retail	26033.1
计算机、软件及辅助设备零售	Computer software and accessories	8230.7
通信设备零售	Telecommunication equipment	48063.2
其他电子产品零售	Others	35156.1
五金、家具及室内装修材料专门零售	Hardware, furniture and indoor hardware fitting	44978.0
五金零售	Hardware	20037.5
灯具零售	Lamps	1983.2
家具零售	Funiture	444.1
涂料零售	Coating	3132.2

单位：万元 unit:10000 yuan

	三、损益及分配 Gains and losses and distribution		
实收资本 Driginal Value of fixed assets	营业收入 Operation revenue	主营业务收入 Operating revenue	营业成本 Operating costs
6312.0	28719.6	28615.2	18606.8
6869.0	35361.5	35133.6	28642.9
580.0	12037.1	12037.1	10473.2
40122.7	150694.5	146398.4	113392.9
515.0	3932.6	3932.6	3480.6
35539.4	87952.9	83705.6	65808.9
1740.0	26598.2	26592.2	17448.8
	790.5	790.5	779.8
2028.3	26927.1	26884.3	22604.3
300.0	4493.2	4493.2	3270.5
22045.0	103294.5	101389.3	79873.2
1155.0	4604.6	4451.8	4090.7
333.6	32420.6	31978.0	25188.7
5956.4	39352.7	38042.9	30096.7
12500.0	18960.1	18960.1	13419.2
1500.0	4781.0	4781.0	4278.0
500.0	2473.5	2473.5	2143.9
100.0	702.0	702.0	656.0
32973.5	389367.1	384027.6	274979.5
29884.5	365627.9	360291.4	256010.5
1000.0	10723.3	10720.5	8889.4
2089.0	13015.9	13015.7	10079.6
431629.7	4136778.9	4085303.6	3792944.4
359526.2	3174798.6	3129526.6	2924841.6
	22695.8	22695.8	17662.3
1350.0	13957.6	13937.9	13139.2
63753.5	886441.5	880257.9	809705.8
7000.0	38885.4	38885.4	27595.5
40436.3	229961.0	227553.7	203051.9
116.8	1464.6	1464.6	1324.7
29193.5	105939.4	104639.5	91846.9
6742.0	37398.2	37398.2	31769.6
4059.0	61188.7	60081.3	56768.3
325.0	23970.1	23970.1	21342.4
13073.0	72101.7	72071.0	63856.5
3520.0	46471.3	46471.3	41860.5
803.0	3410.5	3410.5	2956.1
200.0	2827.8	2827.3	2145.7
50.0	5728.2	5728.2	5342.9

14-3 续表 14continued14

指标名称 Item		税金及附加 Business taxes and extra charges
酒、饮料及茶叶零售	Alcohol、beverage and tea	1333.0
烟草制品零售	Tobaccos	291.9
其他食品零售	Others	19.4
纺织、服装及日用品专门零售	Textile, garment and daily articles	1044.6
纺织品及针织品零售	Textile and knitwear	12.9
服装零售	Garments	841.9
化妆品及卫生用品零售	Cosmetic and sanitary accessories	128.1
厨具卫具及日用杂品零售	Kitchenware and Household Items Retail	0.2
钟表、眼镜零售	Clock and spectacles	49.1
其他日用品零售	Others	12.4
文化、体育用品及器材专门零售	Cultural and sport goods and equipment	692.7
文具用品零售	Stationery	7.2
体育用品及器材零售	Sporting goods and equipment retail	291.4
图书、报刊零售	Books、Newspaper	262.9
珠宝首饰零售	Jewelry	109.2
工艺美术品及收藏品零售	Handicraft, article and collection	20.7
乐器零售	Musical Instrument Retail	0.1
照相器材零售	Photographic equipment retail	1.2
医药及医疗器材专门零售	Medicines and medical equipment	1473.9
西药零售	Western Medicine Retail	1399.6
中药零售	Chinese Medicine Retail	29.6
医疗用品及器材零售	Medical component	44.7
汽车、摩托车、燃料及零配件专门零售业	Vehicles, motorcycle and parts	9114.4
汽车新车零售	New Cars Retail	7729.6
汽车旧车零售	Second-Hand Cars Retail	181.5
汽车零配件零售	Installation kit	14.1
机动车燃油零售	Motor Vehicles Fuel Retail	1031.5
机动车燃气零售	Motor Vehicles Gas Retail	157.7
家用电器及电子产品专门零售	Electrical household applicances and electronic products	464.2
家用视听设备零售	Household audio and video equipment	1.0
日用家电零售	Household Appliances Retail	285.3
计算机、软件及辅助设备零售	Computer software and accessories	80.6
通信设备零售	Telecommunication equipment	48.1
其他电子产品零售	Others	49.2
五金、家具及室内装修材料专门零售	Hardware, furniture and indoor hardware fitting	196.4
五金零售	Hardware	87.6
灯具零售	Lamps	34.7
家具零售	Funiture	12.1
涂料零售	Coating	28.0

单位：万元 unit:10000 yuan

三、损益及分配 Gainsay and losses and distribution				
其他业务利润 Other business profit	销售费用 Marketing expenses	管理费用 Management expenses	研发费用 Research and Development Expenditure	财务费用 Financial expenses
3. 1	2295. 5	1206. 7		394. 1
	3947. 4	2881. 3		632. 8
	522. 1	690. 7	1. 0	104. 2
366. 2	22114. 2	18632. 3		915. 2
	620. 7	279. 3		8. 9
10. 5	13215. 1	13912. 1		507. 3
355. 7	5859. 4	1713. 7		54. 0
		10. 0		0. 2
	1885. 9	1993. 6		332. 1
	533. 1	723. 6		12. 7
505. 4	10060. 9	9402. 4		2221. 4
	37. 3	327. 3		7. 1
109. 5	6585. 7	1968. 0		262. 6
337. 1	3220. 2	4870. 5		229. 1
57. 1	60. 9	1809. 7		1716. 2
1. 7	90. 5	265. 7		5. 5
	65. 8	122. 5		0. 8
	0. 5	38. 7		0. 1
4727. 2	71176. 7	22471. 8		12613. 7
4727. 2	68657. 6	20946. 3		12399. 6
	671. 4	841. 6		205. 2
	1847. 7	683. 9		8. 9
20597. 0	135794. 0	105931. 2	8775. 0	46413. 3
20085. 5	93890. 6	92573. 5	8775. 0	40956. 8
	1739. 4	767. 9		42. 0
	250. 3	568. 0		14. 6
511. 5	32833. 2	11153. 7		4265. 6
	7080. 5	868. 1		1134. 3
1728. 7	18809. 9	9257. 3	5104. 0	939. 9
	92. 1	6. 2		
747. 8	14688. 2	3302. 3		203. 7
1. 2	1319. 8	2939. 0	3195. 0	145. 2
173. 5	1485. 9	2375. 2		586. 6
806. 2	1223. 9	634. 6	1909. 0	4. 4
62. 8	1925. 4	5093. 7	2441. 0	525. 3
	1032. 0	2462. 4	5. 0	233. 1
62. 8	26. 0	243. 4		0. 2
	171. 6	378. 2		0. 6
		121. 2		0. 3

14-3 续表 15 continued15

指标名称 Item		营业利润 Business profit
酒、饮料及茶叶零售	Alcohol、beverage and tea	6253.1
烟草制品零售	Tobaccos	-1045.9
其他食品零售	Others	227.4
纺织、服装及日用品专门零售	Textile, garment and daily articles	6252.3
纺织品及针织品零售	Textile and knitwear	-465.2
服装零售	Garments	5070.9
化妆品及卫生用品零售	Cosmetic and sanitary accessories	1749.9
厨具卫具及日用杂品零售	Kitchenware and Household Items Retail	0.3
钟表、眼镜零售	Clock and spectacles	-44.4
其他日用品零售	Others	-59.2
文化、体育用品及器材专门零售	Cultural and sport goods and equipment	-952.5
文具用品零售	Stationery	134.7
体育用品及器材零售	Sporting goods and equipment retail	-1885.4
图书、报刊零售	Books、Newspaper	633.0
珠宝首饰零售	Jewelry	18.1
工艺美术品及收藏品零售	Handicraft, article and collection	134.8
乐器零售	Musical Instrument Retail	6.8
照相器材零售	Photographic equipment retail	5.5
医药及医疗器材专门零售	Medicines and medical equipment	-1503.3
西药零售	Western Medicine Retail	-1943.5
中药零售	Chinese Medicine Retail	89.8
医疗用品及器材零售	Medical component	350.4
汽车、摩托车、燃料及零配件专门零售业	Vehicles, motorcycle and parts	25776.5
汽车新车零售	New Cars Retail	-6154.8
汽车旧车零售	Second-Hand Cars Retail	2302.6
汽车零配件零售	Installation kit	-23.9
机动车燃油零售	Motor Vehicles Fuel Retail	27603.3
机动车燃气零售	Motor Vehicles Gas Retail	2049.3
家用电器及电子产品专门零售	Electrical household applicances and electronic products	-1953.2
家用视听设备零售	Household audio and video equipment	40.5
日用家电零售	Household Appliances Retail	-4387.9
计算机、软件及辅助设备零售	Computer software and accessories	1955.6
通信设备零售	Telecommunication equipment	-85.2
其他电子产品零售	Others	523.8
五金、家具及室内装修材料专门零售	Hardware, furniture and indoor hardware fitting	515.3
五金零售	Hardware	792.9
灯具零售	Lamps	211.2
家具零售	Funiture	120.6
涂料零售	Coating	235.8

单位：万元 unit:10000 yuan

		四、人工成本及增值税 Labor cost and VAT		五、从事批发和零售业活动的从业人员平均人数（人） Average number of employees engaged in wholesale and retail activities (person)
利润总额 Total profit	应交所得税 Income taxes payable	应付职工薪酬（本年贷方累计发生额） payroll payable (credit accumulated happening this year)	应交增值税 VAT payableinput	
6250.9	1445.1	1256.2	1185.9	163
-1007.5	-187.6	3105.7	1130.7	418
232.8	6.8	580.6	63.9	202
6060.7	1947.2	9022.0	2788.0	1613
-454.4	2.8	306.0	78.2	54
4874.3	1502.2	4531.7	1528.6	768
1738.0	431.8	2097.2	722.8	390
0.3		10.0	0.2	5
-36.2	8.0	1868.2	359.8	355
-61.3	2.4	208.9	98.4	41
648.6	37.0	7936.9	1959.4	1224
134.7	4.8	213.4	239.7	44
-702.0	6.9	1112.7	1260.0	273
1024.0	13.0	5592.9	233.9	531
43.6	10.9	767.1	43.9	319
135.9	1.1	128.7	172.7	22
6.8		93.9	6.0	29
5.6	0.3	28.2	3.2	6
-762.1	2210.5	30197.8	9856.1	7940
-1185.4	2187.1	29388.6	9273.4	7689
102.8	2.8	459.1	216.2	164
320.5	20.6	350.1	366.5	87
26452.2	501248.5	80916.7	28549.2	12711
-5532.5	6364.2	64277.9	15774.7	10199
2302.6	298.3	1733.7	397.4	388
-22.4	3.7	256.6	104.2	125
27664.1	494144.6	12882.9	10856.4	1754
2040.4	437.7	1765.6	1416.5	245
3668.7	127.0	10461.5	4621.2	1509
40.5	1.6	70.0	0.4	25
-1322.0	10.3	6212.6	1284.3	640
3054.0	52.0	2369.8	2344.2	352
-59.2	12.8	1224.3	178.3	372
1955.4	50.3	584.8	814.0	120
574.9	86.0	2881.9	896.9	491
810.7	50.4	1180.7	571.7	235
212.8	2.2	173.5	20.4	45
120.6	0.5	196.8	94.7	43
235.8	13.2	62.1	89.7	12

14-3 续表 16 continued16

指标名称 Item		法人企业数（个）Corporate enterprises (unit)
陶瓷、石材装饰材料零售	Ceramics、decorative stone materials retail	4
其他室内装修材料零售	Others	6
货摊、无店铺及其他零售业	Other retail trade	27
互联网零售	Internet Retail	7
生活用燃料零售	Fuel for life	6
其他未列明的零售	Others	14
内资企业	Domestic funds	523
国有企业	State-owned	2
有限责任公司	Limited liability corporations	243
国有独资公司	Wholly State-Owned Enterprises	6
其他有限责任公司	Other Companies with Limited Liability	237
股份有限公司	Share holding	12
私营企业	Private	266
私营独资企业	Private funded	6
私营有限责任公司	Private limited company	253
私营股份有限公司	Private share holding	7
港、澳、台商投资企业	Funded from HongKong,Macao and Taiwan	5
合资经营企业（港或澳、台资）	Joint venture	2
港、澳、台商独资经营企业	Solefunds	3
外商投资企业	Foreign funded	5
中外合资经营企业	Joint venture	1
中外合作经营企业	Chinese-Foreign Cooperative Enterprise	1
外资企业	Foreign funds	2

单位：万元 unit:10000 yuan

二、期末资产负债 The final balance sheet				
流动资产合计 Circulating funds	固定资产原价 Original Value of fixed assets	累计折旧 Total depreciation	本年折旧 Depreciationg in this year	资产总计 Total assets
18014.8	707.3	267.6	46.6	23373.9
3646.3	18.8	2.1	1.1	4107.6
47888.1	2199.7	1230.3	233.3	59578.6
26430.5	426.6	304.4	31.9	32197.2
6284.7	1265.8	566.2	99.6	8421.6
15172.9	507.3	359.7	101.8	18959.8
3635546.8	1324999.2	429333.1	82853.3	5589990.2
8604.0	1279.0	655.7	45.9	9713.4
2175109.6	1009855.6	305382.3	53433.2	3492176.1
155295.1	50425.1	18155.8	1837.3	233545.4
2019814.5	959430.5	287226.5	51595.9	3258630.7
503312.6	62059.7	17820.7	2218.5	613444.9
948520.6	251804.9	105474.4	27155.7	1474655.8
2061.3	1172.6	259.4	48.4	3043.5
922055.8	247765.0	104530.5	26839.5	1445305.3
24403.5	2867.3	684.5	267.8	26307.0
348516.9	143726.6	105692.9	5704.3	450764.5
338540.7	132501.8	97867.5	4920.0	435119.9
9976.2	11224.8	7825.4	784.3	15644.6
56224.0	9618.7	4722.6	426.7	80964.7
20142.3	8002.9	3012.4	329.9	27561.5
16697.1	135.1	128.3	6.2	16780.2
17507.8	1479.7	1580.9	89.6	25494.2

14-3 续表 17continued17

指标名称 Item		负债合计 Total liabilities
陶瓷、石材装饰材料零售	Ceramics、decorative stone materials retail	16406.2
其他室内装修材料零售	Others	2974.8
货摊、无店铺及其他零售业	Other retail trade	38042.1
互联网零售	Internet Retail	20052.0
生活用燃料零售	Fuel for life	4398.3
其他未列明的零售	Others	13591.8
内资企业	Domestic funds	3967650.1
国有企业	State-owned	9114.3
有限责任公司	Limited liability corporations	2470010.2
国有独资公司	Wholly State-Owned Enterprises	150858.4
其他有限责任公司	Other Companies with Limited Liability	2319151.8
股份有限公司	Share holding	504846.7
私营企业	Private	983678.9
私营独资企业	Private funded	1104.3
私营有限责任公司	Private limited company	962018.1
私营股份有限公司	Private share holding	20556.5
港、澳、台商投资企业	Funded from HongKong,Macao and Taiwan	465679.7
合资经营企业（港或澳、台资）	Joint venture	448854.2
港、澳、台商独资经营企业	Solefunds	16825.5
外商投资企业	Foreign funded	74941.5
中外合资经营企业	Joint venture	12824.6
中外合作经营企业	Chinese-Foreign Cooperative Enterprise	15207.0
外资企业	Foreign funds	36101.6

单位：万元 unit:10000 yuan

	三、损益及分配 Gains and losses and distribution		
实收资本 Driginal Value of fixed assets	营业收入 Operation revenue	主营业务收入 Operating revenue	营业成本 Operating costs
8300.0	6667.8	6637.6	5118.7
200.0	6996.1	6996.1	6432.6
9944.3	56660.5	55910.0	45472.1
4596.0	23814.8	23364.3	17039.9
2302.8	7298.6	7298.6	5998.0
3045.5	25547.1	25247.1	22434.2
869931.4	6365098.6	6116436.9	5494249.8
1080.4	9199.8	9010.1	8181.2
538163.7	4089626.9	3883535.5	3512001.1
6047.4	318547.0	314166.3	281396.7
532116.3	3771079.9	3569369.2	3230604.4
37398.4	246051.2	238839.9	167127.9
293288.9	2020220.7	1985051.4	1806939.6
1405.2	8007.2	7973.8	6880.4
286533.7	1954930.5	1920037.8	1751006.7
5350.0	57283.0	57039.8	49052.5
19302.7	250843.6	233201.8	194681.8
15578.8	212210.5	195200.9	169114.6
3723.9	38633.1	38000.9	25567.2
15516.2	160492.6	157470.5	142301.8
10000.0	101389.7	98726.8	93053.2
1000.0	25769.8	25769.8	20578.4
4516.2	23680.8	23321.6	21644.6

14-3 续表 18continued18

指标名称	Item	税金及附加 Business taxes and extra charges
陶瓷、石材装饰材料零售	Ceramics、decorative stone materials retail	18.8
其他室内装修材料零售	Others	15.2
货摊、无店铺及其他零售业	Other retail trade	219.7
互联网零售	Internet Retail	102.4
生活用燃料零售	Fuel for life	30.0
其他未列明的零售	Others	87.3
内资企业	Domestic funds	24537.1
国有企业	State-owned	44.9
有限责任公司	Limited liability corporations	17728.4
国有独资公司	Wholly State-Owned Enterprises	534.8
其他有限责任公司	Other Companies with Limited Liability	17193.6
股份有限公司	Share holding	1358.6
私营企业	Private	5405.2
私营独资企业	Private funded	63.7
私营有限责任公司	Private limited company	5254.4
私营股份有限公司	Private share holding	87.1
港、澳、台商投资企业	Funded from HongKong,Macao and Taiwan	1999.4
合资经营企业（港或澳、台资）	Joint venture	1840.3
港、澳、台商独资经营企业	Solefunds	159.1
外商投资企业	Foreign funded	1755.4
中外合资经营企业	Joint venture	1503.6
中外合作经营企业	Chinese-Foreign Cooperative Enterprise	26.7
外资企业	Foreign funds	103.9

单位：万元 unit:10000 yuan

三、损益及分配 Gainsay and losses and distribution				
其他业务利润 Other business profit	销售费用 Marketing expenses	管理费用 Management expenses	研发费用 Research and Development Expenditure	财务费用 Financial expenses
	684.0	1501.8	2436.0	289.2
	11.8	386.7		1.9
340.9	3727.3	3104.7	4147.0	358.7
107.6	1755.5	1623.1	4147.0	329.4
233.3	584.8	340.2		22.5
	1387.0	1141.4		6.8
67112.0	355939.4	291106.7	20502.0	101782.7
150.3	410.5	505.2		43.8
50792.3	230183.0	189818.1	5569.0	55317.9
85.6	12300.2	3870.1		318.0
50706.7	217882.8	185948.0	5569.0	54999.9
6834.8	44370.4	15246.2	4903.0	12480.6
9334.6	80975.5	85537.2	10030.0	33940.4
	407.5	220.3		15.8
9331.7	78579.7	84043.3	10027.0	33687.0
2.9	1988.3	1273.6	3.0	237.6
15254.9	16749.6	16610.3		17423.1
14894.2	7005.0	14511.6		17168.9
360.7	9744.6	2098.7		254.2
1175.4	9977.1	4974.0		835.6
1054.4	1503.6	2951.5		-30.9
	4045.2	884.8		25.9
121.0	2271.8	470.7		651.6

14-3 续表 19continued19

指标名称	Item	营业利润 Business profit
陶瓷、石材装饰材料零售	Ceramics、decorative stone materials retail	-993.1
其他室内装修材料零售	Others	147.9
货摊、无店铺及其他零售业	Other retail trade	3378.2
互联网零售	Internet Retail	2304.0
生活用燃料零售	Fuel for life	323.2
其他未列明的零售	Others	751.0
内资企业	Domestic funds	95376.0
国有企业	State-owned	34.0
有限责任公司	Limited liability corporations	81096.5
国有独资公司	Wholly State-Owned Enterprises	20310.3
其他有限责任公司	Other Companies with Limited Liability	60786.2
股份有限公司	Share holding	6627.2
私营企业	Private	7618.3
私营独资企业	Private funded	433.1
私营有限责任公司	Private limited company	7510.6
私营股份有限公司	Private share holding	-325.4
港、澳、台商投资企业	Funded from HongKong,Macao and Taiwan	3767.9
合资经营企业（港或澳、台资）	Joint venture	2597.3
港、澳、台商独资经营企业	Solefunds	1170.6
外商投资企业	Foreign funded	1274.5
中外合资经营企业	Joint venture	3063.6
中外合作经营企业	Chinese-Foreign Cooperative Enterprise	208.8
外资企业	Foreign funds	-1490.9

单位：万元 unit:10000 yuan

		四、人工成本及增值税 Labor cost and VAT		五、从事批发和零售业活动的从业人员平均人数（人） Average number of employees engaged in wholesale and retail activities (person)
利润总额 Total profit	应交所得税 Income taxes payable	应付职工薪酬（本年贷方累计发生额） payroll payable (credit accumulated happening this year)	应交增值税 VAT payableinput	
-952.9	2.5	1074.0	56.7	89
147.9	17.2	194.8	63.7	67
3948.7	854.9	2593.1	897.1	467
2755.9	737.8	1477.0	397.2	223
323.4	80.2	179.5	70.3	64
869.4	36.9	936.6	429.6	180
103943.1	524148.6	201935.9	64645.9	35826
40.9	1.4	408.6	174.7	56
86805.8	516903.6	124764.0	41173.3	20981
19773.8	491968.1	5085.3	7150.4	577
67032.0	24935.5	119678.7	34022.9	20404
8059.5	2292.3	23151.3	7976.1	4453
9036.9	4951.3	53612.0	15321.8	10336
436.4	64.6	250.9	87.3	49
8914.4	4881.2	52871.5	15163.6	10098
-313.9	5.5	489.6	70.9	189
3784.9	1119.6	7695.8	4545.5	1246
2635.3	684.7	4578.9	3565.0	588
1149.6	434.9	3116.9	980.5	658
829.4	826.2	2223.1	270.2	457
3067.2	774.0	1268.2	-130.9	135
208.8	52.2	303.2	201.1	62
-1937.3		618.2	195.8	210

14-3 续表 20 continued 20

指标名称	Item	法人企业数（个）Corporate enterprises (unit)
外商投资股份有限公司	Foreign-Invested Incorporated Company	1
国有控股	State-owned	30
集体控股	Collective-owned	7
私人控股	Private-owned	424
港澳台商控股	Hongkong, Macao and Taiwan-Owned	5
外商控股	Foreign-owned	4
其他	Others	63
独立门店	Substantive store	432
连锁总店（总部）	Chain headquarter	26
连锁直营店	Chain Direct-Sale Stores	9
连锁加盟店	Chain Franchisee Stores	3
其他	Others	63
大型	Large-sized	14
中型	Medium-sized	154
小型	Small-sized	221
微型	Micro-sized	144
有店铺零售	Retail trade	483
便利店	Convenience store	4
超市	Market	9
大型超市	Super market	15
仓储会员店	Warehouse Membership Stores	1
百货店	Consumer goods	23
专业店	Specialty store	221
专卖店	Exclusive shop	176
家居建材商店	Household items hall	2
购物中心	Shopping center	14
厂家直销中心	Direct sales by manufacturers	18
无店铺零售	Other retail trade	50
邮购	Purchase by mail	1
网上商店	Store on line	5
其他	Others	44

单位：万元 unit:10000 yuan

二、期末资产负债 The final balance sheet				
流动资产合计 Circulating funds	固定资产原价 Original Value of fixed assets	累计折旧 Total depreciation	本年折旧 Depreciationg in this year	资产总计 Total assets
1876.8	1.0	1.0	1.0	11128.8
374309.3	328440.0	72128.9	14250.7	738954.8
37936.2	70301.3	11488.6	2828.4	102262.2
2271768.9	735771.2	302622.4	54087.4	3412670.0
23012.6	13298.4	9272.3	902.2	31513.6
39526.9	9483.6	4594.3	420.5	64184.5
1293733.8	321050.0	139642.1	16495.1	1772134.3
3112482.0	1200605.7	453711.1	74911.3	4812166.6
726692.3	163949.4	58906.7	8126.6	976590.4
57135.8	96568.5	21915.6	4102.4	147557.6
3772.8	7.2	3.7	2.1	3775.3
140204.8	17213.7	5211.5	1841.9	181629.5
1575931.6	635610.4	265014.4	25742.6	2237768.6
1776664.0	743196.3	228636.8	43631.9	3028413.7
564235.8	89292.4	38565.7	18388.9	690552.6
123456.3	10245.4	7531.7	1220.9	164984.5
3904453.9	1459109.1	534656.2	87144.7	5950124.4
6438.0	5889.1	4357.4	1831.6	8987.4
96678.7	65372.0	5832.5	2798.3	240829.0
295729.0	317346.8	82409.6	13330.0	595486.0
3498.4	164.9	150.7	2.6	3512.6
539768.8	217453.7	128597.4	10758.9	750539.0
1510875.2	253753.4	116982.5	28449.8	1974834.2
1004559.2	226995.8	84771.1	22400.5	1334738.2
731.1	0.2	0.1	0.1	958.6
422281.2	368749.3	110359.8	7178.2	1005267.8
23894.3	3383.9	1195.1	394.7	34971.6
135833.8	19235.4	5092.4	1839.6	171595.0
2701.0	231.7	231.7	13.2	2746.9
21121.0	330.5	215.5	29.2	26559.2
112011.8	18673.2	4645.2	1797.2	142288.9

14-3 续表 21 continued21

指标名称	Item	负债合计 Total liabilities
外商投资股份有限公司	Foreign-Invested Incorporated Company	10808.3
国有控股	State-owned	542426.1
集体控股	Collective-owned	70002.7
私人控股	Private-owned	2352923.3
港澳台商控股	Hongkong, Macao and Taiwan-Owned	27080.4
外商控股	Foreign-owned	59734.5
其他	Others	1456104.3
独立门店	Substantive store	3525563.1
连锁总店（总部）	Chain headquarter	753127.9
连锁直营店	Chain Direct-Sale Stores	93204.3
连锁加盟店	Chain Franchisee Stores	3497.8
其他	Others	132878.2
大型	Large-sized	1786330.3
中型	Medium-sized	2003110.5
小型	Small-sized	590766.2
微型	Micro-sized	128064.3
有店铺零售	Retail trade	4380001.4
便利店	Convenience store	11228.9
超市	Market	146206.6
大型超市	Super market	446405.8
仓储会员店	Warehouse Membership Stores	2006.0
百货店	Consumer goods	676426.7
专业店	Specialty store	1480676.0
专卖店	Exclusive shop	959332.2
家居建材商店	Household items hall	838.8
购物中心	Shopping center	627137.5
厂家直销中心	Direct sales by manufacturers	29742.9
无店铺零售	Other retail trade	128269.9
邮购	Purchase by mail	650.2
网上商店	Store on line	17264.1
其他	Others	110355.6

单位：万元 unit:10000 yuan

	三、损益及分配 Gains and losses and distribution		
实收资本 Driginal Value of fixed assets	营业收入 Operation revenue	主营业务收入 Operating revenue	营业成本 Operating costs
	9652.3	9652.3	7025.6
113758.4	914075.0	867714.4	786031.3
41210.0	65053.2	56796.4	46661.9
577733.3	4578089.6	4430503.9	4018901.4
6073.9	129242.3	123749.6	110311.9
14516.2	134722.8	131700.7	121723.4
151458.5	955251.9	896644.2	747603.5
729137.8	5519253.2	5286267.9	4845016.2
63501.2	931848.3	911918.7	724816.5
53103.3	127339.0	115079.9	94979.3
150.0	3354.8	3354.8	2942.6
58858.0	194639.5	190487.9	163478.8
214768.8	1977394.2	1835484.9	1586137.6
573085.6	3613091.1	3493646.7	3180746.2
99807.4	940055.7	933510.5	845257.8
17088.5	245893.8	244467.1	219091.8
877686.3	6568594.8	6300490.2	5653960.7
1000.0	51356.6	47230.9	40559.2
2771.0	77002.4	70752.9	59186.4
163621.5	410286.0	365678.7	324585.4
1450.0	6888.3	6480.4	5959.1
48758.4	420835.5	378067.8	327222.5
244489.2	2773186.8	2738582.5	2440701.6
291134.8	2247405.9	2219008.5	2025974.7
	2763.5	2763.5	2565.4
118507.5	518728.2	412419.4	373716.0
5953.9	60141.6	59505.6	53490.4
27064.0	207840.0	206619.0	177272.7
1008.0	1265.6	1265.6	1022.8
4096.0	19543.9	19358.4	13105.9
21960.0	187030.5	185995.0	163144.0

14-3 续表 22 continued22

指标名称	Item	税金及附加 Business taxes and extra charges
外商投资股份有限公司	Foreign-Invested Incorporated Company	121.2
国有控股	State-owned	5744.1
集体控股	Collective-owned	1012.2
私人控股	Private-owned	13640.9
港澳台商控股	Hongkong,Macao and Taiwan-Owned	358.4
外商控股	Foreign-owned	1728.7
其他	Others	5807.6
独立门店	Substantive store	22274.2
连锁总店(总部)	Chain headquarter	2731.6
连锁直营店	Chain Direct-Sale Stores	2707.5
连锁加盟店	Chain Franchisee Stores	4.1
其他	Others	574.5
大型	Large-sized	9882.7
中型	Medium-sized	14605.6
小型	Small-sized	1783.7
微型	Micro-sized	2019.9
有店铺零售	Retail trade	27782.2
便利店	Convenience store	111.7
超市	Market	854.4
大型超市	Super market	3574.0
仓储会员店	Warehouse Membership Stores	10.8
百货店	Consumer goods	3745.6
专业店	Specialty store	6349.0
专卖店	Exclusive shop	7178.0
家居建材商店	Household items hall	3.1
购物中心	Shopping center	5810.6
厂家直销中心	Direct sales by manufacturers	145.0
无店铺零售	Other retail trade	509.7
邮购	Purchase by mail	13.1
网上商店	Store on line	93.1
其他	Others	403.5

单位：万元 unit:10000 yuan

三、损益及分配 Gainsay and losses and distribution				
其他业务利润 Other business profit	销售费用 Marketing expenses	管理费用 Management expenses	研发费用 Research and Development Expenditure	财务费用 Financial expenses
	2156.5	667.0		189.0
6634.8	51895.8	39770.6		10628.2
3528.4	8823.1	8894.8		120.2
30844.7	209322.6	188902.9	15731.0	66185.5
360.7	12976.0	3596.7		243.1
1175.4	5931.9	4089.2		809.7
40998.3	93716.7	67436.8	4771.0	42054.7
68525.9	228133.3	247590.4	13884.0	103106.5
7423.1	124356.0	40949.5		14627.3
5711.2	11346.9	13241.1		708.6
	39.2	478.0		32.4
1882.1	18790.7	10432.0	6618.0	1566.6
24316.9	149694.6	103912.2		49547.0
54258.7	182621.9	158506.1	15687.0	55388.0
4641.1	40882.0	41160.0	4805.0	12553.6
325.6	9467.6	9112.7	10.0	2552.8
82628.5	373769.1	301531.0	8815.0	117678.3
	7098.4	6139.6		100.6
5216.7	8188.1	6906.6		892.9
6700.7	39879.8	32933.2		14064.0
407.9	435.8	391.9		38.4
32791.2	22342.6	38359.7	34.0	24711.1
17135.9	168930.2	82561.2	6.0	31154.4
10585.8	99564.1	76475.4	8775.0	30851.6
	303.7	139.1		7.9
9030.7	23996.1	54588.7		15623.5
759.6	3030.3	3035.6		233.9
913.8	8897.0	11160.0	11687.0	2363.1
	132.5	135.9		3.9
107.6	1659.5	1075.2	4147.0	327.2
806.2	7105.0	9948.9	7540.0	2032.0

14-3 续表 23 continued23

指标名称	Item	营业利润 Business profit
外商投资股份有限公司	Foreign-Invested Incorporated Company	-507.0
国有控股	State-owned	22722.6
集体控股	Collective-owned	-9164.6
私人控股	Private-owned	81625.8
港澳台商控股	Hongkong,Macao and Taiwan-Owned	1980.5
外商控股	Foreign-owned	1065.7
其他	Others	2188.4
独立门店	Substantive store	79649.1
连锁总店（总部）	Chain headquarter	24929.1
连锁直营店	Chain Direct-Sale Stores	-2936.0
连锁加盟店	Chain Franchisee Stores	-141.4
其他	Others	-1082.4
大型	Large-sized	78541.7
中型	Medium-sized	27477.8
小型	Small-sized	-6643.0
微型	Micro-sized	1041.9
有店铺零售	Retail trade	93831.3
便利店	Convenience store	-2640.0
超市	Market	1600.9
大型超市	Super market	2691.7
仓储会员店	Warehouse Membership Stores	52.3
百货店	Consumer goods	7916.5
专业店	Specialty store	31016.1
专卖店	Exclusive shop	-9203.4
家居建材商店	Household items hall	44.1
购物中心	Shopping center	61817.7
厂家直销中心	Direct sales by manufacturers	535.4
无店铺零售	Other retail trade	6587.1
邮购	Purchase by mail	-42.7
网上商店	Store on line	2738.6
其他	Others	3891.2

单位：万元 unit:10000 yuan

		四、人工成本及增值税 Labor cost and VAT		五、从事批发和零售业活动的从业人员平均人数（人）Average number of employees engaged in wholesale and retail activities (person)
利润总额 Total profit	应交所得税 Income taxes payable	应付职工薪酬（本年贷方累计发生额）payroll payable (credit accumulated happening this year)	应交增值税 VAT payableinput	
-509.3		33.5	4.2	50
22542.0	494464.9	33980.8	11794.5	4504
-8843.3	448.7	7571.0	782.3	1062
86414.2	26133.4	112924.6	40124.5	22126
2082.2	437.3	3929.5	1160.9	841
620.6	774.0	1919.9	69.1	395
5741.7	3836.1	51529.0	15530.3	8601
85913.1	28866.9	148194.2	46719.4	24262
26110.7	494882.5	42388.8	19836.8	9695
-2835.7	1420.0	11694.7	1401.6	1869
-138.4	0.1	183.2	3.2	44
-492.3	924.9	9393.9	1500.6	1659
78860.9	19695.4	70840.4	24812.7	13694
32455.7	502919.4	113069.7	32440.9	17542
-4049.0	2399.0	25923.9	9328.3	5029
1289.8	1080.6	2020.8	2879.7	1264
100068.2	524555.3	203796.9	68154.2	36338
-2141.4	567.4	2220.0	450.4	558
1798.5	518.5	3403.5	1000.5	790
1262.9	1547.2	30786.0	4294.1	5378
47.9	2.7	251.1	87.9	42
8179.8	2423.6	13766.2	5440.5	2189
35474.7	499843.1	86895.1	33987.3	16259
-6383.1	4243.2	49193.8	15387.1	8631
36.3	0.7	174.8	0.4	3
61260.9	15398.6	14984.5	7515.1	2109
531.7	10.3	2121.9	-9.1	379
8489.2	1539.1	8057.9	1307.4	1191
-42.7	1.3	63.5	104.2	8
3064.3	731.6	1069.3	340.9	160
5467.6	806.2	6925.1	862.3	1023

14-4 2019年限额以上批发和零售业法人企业商品购进、销售和库存

单位：万元

指标名称	Item	法人企业数（个）Corporate enterprises (unit)	从业人员期末人数（人）(person)
总计	Total	1134	63850
一、批发业	Wholesale	601	23850
农、林、牧产品批发	Farming、Fore、Animal、Husbandry	42	774
谷物、豆及薯类批发	Cereal beans and Tubers	29	637
种子批发	Seed	2	48
畜牧渔业饲料批发	Livestock and Fishery Feed Wholesale	10	89
其他农牧产品批发	Others	1	
食品、饮料及烟草制品批发业	Food drink and tobaccos	49	3042
米、面制品及食用油批发业	Grain and edible oil	7	314
糕点、糖果及糖批发	Pastries, Candy and Sugar Wholesale	2	91
肉、禽、蛋、奶及水产品批发	Meet fowl egg and marine products	14	348
盐及调味品批发	Salt and condiment	3	136
营养和保健品批发	The nutrition and health care products retail	1	85
酒、饮料及茶叶批发	Alcohol beverage and tea tobaccos	9	830
烟草制品批发	Tobaccos	1	852
其他食品批发	Others	12	386
纺织、服装及日用品批发	Textile garment and daily articles	32	1019
纺织品、针织品及原料批发	Textile knitwear and raw moterial	1	15
服装批发	Garment	9	254
鞋帽批发	Shoes and Hats Wholesale	1	16
厨具卫具及日用杂品批发	Kitchenware and Household Items Wholesale	4	156
灯具、装饰物品批发	Lamps and Decorative Items Wholesale	1	55
家用视听设备批发	Household Audiovisual Equipment Wholesale	1	1
日用家电批发	Household Appliances Wholesale	8	329
其他家庭用品批发	Others	7	193
文化、体育用品及器材批发业	Sporting goods and equipment wholesale	11	970
文具用品批发	Stationery	6	276
体育用品及器材批发	Sporting goods and equipment wholesale	1	38
图书批发	Books	3	439
报刊批发	Newspaper	1	217
医药及医疗器材批发	Medicine and medical appliance	133	7519
西药批发	Western medicine	62	4195
中药批发	Chinese medicine	27	2130
动物用药品批发	Animal Medicine Wholesale	1	16
医疗用品及器材批发	Medical component	43	1178
矿产品、建材及化工产品批发	Minerals construction materials	150	4248
煤炭及制品批发	Coal and related products	10	71
石油及制品批发	Petroleum and related products	15	2399

TOTAL PURCHASE，SALES AND INVENTORY IN WHOLESALE AND RETAIL TRADE ABOVE DESIGNATED SIZE 2019

单位：万元 unit：10000yuan

商品购进额 Amount	进口额 Imports	商品销售额 Commodity sales	其中：通过公共网络实现的销售额 Of which: sales through public networks	其中：通过非自营平台实现的商品销售额 Of which: merchandise sales through non-proprietary platform
20300658.8	319556.7	23003037.5	923790.8	35207.9
14915779	88807.7	15901322.4	749868.2	477.1
646375.5	354.2	781810.6		
587366.5	354.2	716460.9		
9706		9709.5		
49303		54626.5		
		1013.7		
1615635.6	2267.9	2044712.7	735232.7	
863096.9		931642.8		
18310.4		17527.1		
89662.1		101278		
13133.4		18454.5		
10759.6		12571.9		
103086.7		140035.6	8.2	
460326.4	2267.9	755919.9	735224.5	
57260.1		67282.9		
137953.2		174753.7	637	
2477.8		2661.7		
40942.5		54566.2	636.9	
1855.1		2214.7		
13368.9		19237.7		
1711.1		5004.6		
36528.3		42846.8	0.1	
41069.5		48222		
112171.5		119708.2	248	
49374.5		53990.9		
14077.6		13867		
38161.1		37634.8	248	
10558.3		14215.5		
2312498.3	976.2	2743018.5	3048.8	
1727291.2	600	1974237.7	3048.8	
258851.5		344428.4		
4599.9		5190.5		
321755.7	376.2	419161.9		
5618105.8	41074.9	4982124.8		
359147.3		382760.8		
2121642.6		1251816.1		

14-4 续表 1continued1

指标名称	Item	批发额 Wholesale	出口额 Exports
总计	Total	15384605.5	59094.3
一、批发业	Wholesale	14732435.5	59094.3
农、林、牧产品批发	Farming、Fore、Animal、Husbandry	736576	2524.7
谷物、豆及薯类批发	Cereal beans and Tubers	671226.4	2438.7
种子批发	Seed	9709.4	
畜牧渔业饲料批发	Livestock and Fishery Feed Wholesale	54021.6	86
其他农牧产品批发	Others		
食品、饮料及烟草制品批发业	Food drink and tobaccos	1996670.5	1660.7
米、面制品及食用油批发业	Grain and edible oil	931633.6	1660.7
糕点、糖果及糖批发	Pastries, Candy and Sugar Wholesale	13100.1	
肉、禽、蛋、奶及水产品批发	Meet fowl egg and marine products	101016.5	
盐及调味品批发	Salt and condiment	18454.5	
营养和保健品批发	The nutrition and health care products retail	12571.9	
酒、饮料及茶叶批发	Alcohol beverage and tea tobaccos	97016.4	
烟草制品批发	Tobaccos	755919.9	
其他食品批发	Others	66957.6	
纺织、服装及日用品批发	Textile garment and daily articles	169383.1	6134.5
纺织品、针织品及原料批发	Textile knitwear and raw moterial	2661.7	
服装批发	Garment	50963.6	2930.7
鞋帽批发	Shoes and Hats Wholesale	2214.7	
厨具卫具及日用杂品批发	Kitchenware and Household Items Wholesale	18664.2	
灯具、装饰物品批发	Lamps and Decorative Items Wholesale	5004.6	
家用视听设备批发	Household Audiovisual Equipment Wholesale		
日用家电批发	Household Appliances Wholesale	41846.3	3203.8
其他家庭用品批发	Others	48028	
文化、体育用品及器材批发业	Sporting goods and equipment wholesale	118071.1	
文具用品批发	Stationery	53831.5	
体育用品及器材批发	Sporting goods and equipment wholesale	13524.3	
图书批发	Books	36499.8	
报刊批发	Newspaper	14215.5	
医药及医疗器材批发	Medicine and medical appliance	2652633.5	
西药批发	Western medicine	1887834.1	
中药批发	Chinese medicine	343280.9	
动物用药品批发	Animal Medicine Wholesale	5190.5	
医疗用品及器材批发	Medical component	416328	
矿产品、建材及化工产品批发	Minerals construction materials	4224113.6	36637.9
煤炭及制品批发	Coal and related products	370787.9	
石油及制品批发	Petroleum and related products	500827.6	

单位：万元 unit：10000yuan

零售额 Retail	其中：通过公共网络实现的零售额 Of which: sales achieved through public networks	其中：通过非自营平台实现的零售额 Of which: sales through non-proprietary platform	期末商品库存额 Inventory	服务营业额 Service Turnover	年末零售营业面积（平方米）Business areas (m^2)
7618432	74273.3	34730.8	1750004.1	171928.9	2674147
1168886.9	305.1		1022953.3	16856.3	220781
45234.6			112855	1032.4	101400
45234.5			107071.8	987.5	71100
0.1			1334.1		30000
			4449.1	44.9	300
48042.2	8.2		132574.6	692.9	10563
9.2			42333.6		658
4427			1072	692.9	8000
261.5			4385.4		
			1806.8		
			1899.5		
43019.2	8.2		20263		1855
			51182.7		
325.3			9631.6		50
5370.6	0.1		30483.3	26	8384
			596.9		
3602.6			11969.9	2	8030
			206.8		
573.5			2693.7	24	
			942.3		
1000.5	0.1		3526.9		354
194			10546.8		
1637.1	248		29926.1		5975
159.4			4338.8		175
342.7			4471.9		800
1135	248		16405.7		5000
			4709.7		
90385			254717.3	411.9	2836
86403.6			172379.8	276.3	921
1147.5			39239.9	135.6	712
			170.4		188
2833.9			42927.2		1015
758011.2			265379	2626.3	40950
			4404.7		
750988.5			30029.6		37496

14-4 续表 2 continued2

指标名称	Item	法人企业数（个）Corporate enterprises (unit)	从业人员期末人数（人）(person)
非金属矿及制品批发	Non-Metallic Ores and Products Wholesale	1	34
金属及金属矿批发业	Metal materials	50	655
建材批发	Construction materials	51	425
化肥批发	Chemical fertilizers	6	260
农药批发	Agricultural Chemicals Wholesale	3	68
其他化工产品批发	Others	14	336
机械设备、五金交电及电子产品批发业	Machinery hardware and electronic equipment	176	6074
农业机械批发	Farm machinery	7	94
汽车及零配件批发	Auto and Spare Parts Wholesale	77	2043
摩托车及零配件批发	Motorcycle and Spare Parts Wholesale	3	80
五金产品批发	Hardware products	13	328
电气设备批发	Appliances	3	30
计算机、软件及辅助设备批发业	Computer software and accessories	16	1752
通讯设备批发	Communications-Equipment Wholesale	16	388
广播影视设备批发	Radio and Television Equipment Wholesale	2	112
其他机械设备及电子产品批发	Other Mechanical Equipment and Electronic Products Wholesale	39	1247
其他批发业	Other wholesale	8	204
再生物资回收与批发	Renewable materials recovery and wholesale	1	18
其他未列明的批发	Others	7	186
内资企业	Domestic funds	598	23452
国有企业	State-owned	3	932
有限责任公司	Limited liability corporations	225	9440
国有独资企业	State-owned solely	13	1046
其他有限责任公司	Limited liability corporations	212	8394
股份有限公司	Share holding	17	3956
私营企业	Private	353	9124
私营独资企业	Private funded	1	4
私营有限责任公司	Private limited company	342	8622
私营股份有限公司	Private share holding	10	498
外商投资企业	Foreign funds	3	398
中外合资经营企业	Joint venture	2	383
外资企业	Foreign funded	1	15
国有控股	State-owned	35	6639
私人控股	Private-owned	508	14666
外商控股	Foreign-owned	2	17
其他	Others	56	2528
独立门店	Substantive store	379	15255
连锁直营店	Chain Direct-Sale Stores	1	5
其他	Others	221	8590

单位：万元 unit：10000yuan

商品购进额 Amount	进口额 Imports	商品销售额 Commodity sales	其中：通过公共网络实现的销售额 Of which: sales through public networks	其中：通过非自营平台实现的商品销售额 Of which: merchandise sales through non-proprietary platform
3872.6		5195.9		
2124658.6	4009	2207029.8		
573349.3	37065.9	631843		
305624.3		363634.7		
17422.4		16387.6		
112388.7		123456.9		
4440678.9	40069.8	5018273.8	10701.7	477.1
21130.5		26360.2		
3669828.1	7833.5	4104152.2	501.8	453
37331	19999.2	49056.3		
35739	1052.1	46246.8		
7444.1		8936.4		
137536.1		164386.7	2.6	
152222.1		172138.1		
98876.4		120217		
280571.6	11185	326780.1	10197.3	24.1
32360.2	4064.7	36920.1		
9984.4		10395.6		
22375.8	4064.7	26524.5		
12915186.7	88227.4	14269475.6	746937.8	477.1
480256.2	2267.9	787171.7	735224.5	
7373052.2	24750.1	8308443.7	11027.5	477.1
3182681.4		3484847		
4190370.8	24750.1	4823596.7	11027.5	477.1
2211858.8	600	1897043.5		
2850019.5	60609.4	3276816.7	685.8	
8509.2		8569		
2762457.7	60609.4	3180414.5	685.8	
79052.6		87833.2		
2000592.3	580.3	1631846.8	2930.4	
1999909.9		1628916.4		
682.4	580.3	2930.4	2930.4	
9076709.6	2267.9	9075315.2	735224.5	
4843786.2	81595	5610694.5	4944.3	477.1
4390.4	580.3	6623.1	2930.4	
990892.8	4364.5	1208689.6	6769	
9146826.5	75613	9918123.6	743083.3	453
3329.2		3966.4		
5765623.3	13194.7	5979232.4	6784.9	24.1

14-4 续表 3 continued3

指标名称	Item	批发额 Wholesale	出口额 Exports
非金属矿及制品批发	Non-Metallic Ores and Products Wholesale	5195.9	
金属及金属矿批发业	Metal materials	2201822.1	100.9
建材批发	Construction materials	630028	36537
化肥批发	Chemical fertilizers	363433.4	
农药批发	Agricultural Chemicals Wholesale	16387.6	
其他化工产品批发	Others	119863.7	
机械设备、五金交电及电子产品批发业	Machinery hardware and electronic equipment	4798067.6	12111
农业机械批发	Farm machinery	26051.2	
汽车及零配件批发	Auto and Spare Parts Wholesale	3907728.1	5444.6
摩托车及零配件批发	Motorcycle and Spare Parts Wholesale	49056.3	6666.4
五金产品批发	Hardware products	45680.2	
电气设备批发	Appliances	8936.4	
计算机、软件及辅助设备批发业	Computer software and accessories	163520.7	
通讯设备批发	Communications-Equipment Wholesale	166090.4	
广播影视设备批发	Radio and Television Equipment Wholesale	120128.6	
其他机械设备及电子产品批发	Other Mechanical Equipment and Electronic Products Wholesale	310566.7	
其他批发业	Other wholesale	36920.1	25.5
再生物资回收与批发	Renewable materials recovery and wholesale	10395.6	
其他未列明的批发	Others	26524.5	25.5
内资企业	Domestic funds	13100588.7	59094.3
国有企业	State-owned	787171.7	
有限责任公司	Limited liability corporations	7983560.4	11537.9
国有独资企业	State-owned solely	3299711.7	
其他有限责任公司	Limited liability corporations	4683848.7	11537.9
股份有限公司	Share holding	1112892.2	
私营企业	Private	3216964.4	47556.4
私营独资企业	Private funded	8569	
私营有限责任公司	Private limited company	3121547.1	47477.4
私营股份有限公司	Private share holding	86848.3	79
外商投资企业	Foreign funds	1631846.8	
中外合资经营企业	Joint venture	1628916.4	
外资企业	Foreign funded	2930.4	
国有控股	State-owned	8065739.2	1581.7
私人控股	Private-owned	5486568	57512.6
外商控股	Foreign-owned	6623.1	
其他	Others	1173505.2	
独立门店	Substantive store	9043881.2	51544.9
连锁直营店	Chain Direct-Sale Stores	2464.1	
其他	Others	5686090.2	7549.4

单位：万元 unit：10000yuan

零售额 Retail	其中：通过公共网络实现的零售额 Of which: sales achieved through public networks	其中：通过非自营平台实现的零售额 Of which: sales through non-proprietary platform	期末商品库存额 Inventory	服务营业额 Service Turnover	年末零售营业面积（平方米）Business areas (m^2)
			62		
5207.7			108381.2	5.1	1854
1815			19827.7		1600
			67189.6		
			6131.1		
			29353.1	2621.2	
220206.2	48.8		194724	12066.8	50653
			2309.7	111.9	
196424.1	48.8		96725.5	3063.4	38161
			5087.6		
566.6			2768		665
			2062.8		600
866			16690.9	2248.7	4367
6047.7			6155.6	1394.1	522
88.4			592.1		200
16213.4			62331.8	5248.7	6138
			2294		20
			93.6		
			2200.4		20
1168886.9	305.1		995437	16420.5	220781
			63050.4		
324883.3	256.2		476452	7541.8	86375
185135.3			106492.1	2236.4	19416
139748	256.2		369959.9	5305.4	66959
784151.3			131445.6	2621.2	20837
59852.3	48.9		324489	6257.5	113569
			119.1		50
58867.4	48.9		311930.7	6257.5	112795
984.9			12439.2		724
			27516.3	435.8	
			27144.1		
			372.2	435.8	
1009576			362585.6	2236.4	46515
124126.5	296.9		580342.3	11772	171499
			430.2	435.8	
35184.4	8.2		79595.2	2412.1	2767
874242.4	305.1		668782.7	3183.6	140341
1502.3					7000
293142.2			354170.6	13672.7	73440

14-4 续表 4 continued4

指标名称	Item	法人企业数（个）Corporate enterprises (unit)	从业人员期末人数（人）(person)
大型	Large-sized	12	7676
中型	Medium-sized	152	10079
小型	Small-sized	328	5649
微型	Micro-sized	109	446
城镇	Cities and Towns	564	23326
其中：城区	Including: Urban Area	363	12400
乡村	Countryside	37	524
二、零售业	Retail trade	533	40000
综合零售	Retail trade	48	10013
百货零售	Consumer goods	30	4421
超级市场零售	Supermarket	15	5447
便利店零售	Convenience Stores Retail	1	108
其他综合零售业	Other comprehensive retail business	2	37
食品、饮料及烟草制品专门零售	Food beverage and tobaccos	29	4476
粮油零售	Food and Oil	2	14
糕点、面包零售	Cake and bread	1	229
果品、蔬菜零售	Fruit and Vegetable	1	3440
肉、禽、蛋及水产品零售	Meet, fowl, egg and marine products	3	64
营养和保健品零售	Nutrition and health care	1	
酒、饮料及茶叶零售	Alcohol beverage and tea	11	142
烟草制品零售	Tobaccos	2	420
其他食品零售	Others	8	167
纺织、服装及日用品专门零售	Textile, garment and daily articles	28	1662
纺织品及针织品零售	Textile and knitwear	4	55
服装零售	Garments	12	807
化妆品及卫生用品零售	Cosmetics and Sanitary Products Retail	3	390
厨具卫具及日用杂品零售	Kitchenware and Household Items Retail	1	5
钟表、眼镜零售	Clock and spectacles	6	360
其他日用品零售	Others	2	45
文化、体育用品及器材专门零售	Cultural and sport goods	27	1298
文具用品零售	Stationery	5	43
体育用品零售业	Cultural and sports goods	6	250
图书、报刊零售	Books、Newspaper	9	637
珠宝首饰零售	Jewelry	2	313
工艺美术品及收藏品零售	Handicraft article and collection	2	22
乐器零售	Musical Instrument Retail	2	29
照相器材零售	Photogrphic apparatus retail	1	4

单位：万元 unit：10000yuan

商品购进额 Amount	进口额 Imports	商品销售额 Commodity sales	其中：通过公共网络实现的销售额 Of which: sales through public networks	其中：通过非自营平台实现的商品销售额 Of which: merchandise sales through non-proprietary platform
6460006.4	2267.9	6943146.5	735232.7	
5361526.6	19999.2	5446943.5	73	24.1
2527573.2	29784.7	2832099.6	13925.6	453
566672.8	36755.9	679132.8	636.9	
14540184	52051.8	15487366.7	746156.2	477.1
7154187.7	33728.2	6914286.4	7283.3	453
375595	36755.9	413955.7	3712	
5384879.8	230749	7101715.1	173922.6	34730.8
667730.2	391.8	1342210.6	3066.1	314.7
345005.8	250	925518.8	8.5	
314995.1	141.8	404842	3057.6	314.7
4935.3		10227.6		
2794		1622.2		
59569.6	2568.8	284766.2	3062.3	
1480.7		1654.6		
1865.8		8264		
9362.2		185354.6	0.2	
4826.2		5828.5		
		7.9		
17474.9	2560.7	30374.5	3062.1	
12229.2		40045.5		
12330.6	8.1	13236.6		
103037.6		153579.7	12.3	
2751.8		4326		
61659.3		83266.4		
20665.3		30259.2		
48		893		
14429.2		29919.9	12.3	
3484		4915.2		
95259.9		109441.7		
5145.7		5100.6		
22906.9		34637.7		
41863.5		41742.2		
17636.1		19350.6		
4734.7		5316.9		
2317		2499.4		
656		794.3		

14-4 续表 5 continued5

指标名称	Item	批发额 Wholesale	出口额 Exports
大型	Large-sized	5915770.2	
中型	Medium-sized	5344565.9	6666.4
小型	Small-sized	2799060.4	10999
微型	Micro-sized	673039	41428.9
城镇	Cities and Towns	14318794.6	22557.3
其中：城区	Including: Urban Area	6075537.5	19753.8
乡村	Countryside	413640.9	36537
二、零售业	Retail trade	652170	
综合零售	Retail trade	22166.9	
百货零售	Consumer goods	17835.3	
超级市场零售	Supermarket	4331.6	
便利店零售	Convenience Stores Retail		
其他综合零售业	Other comprehensive retail business		
食品、饮料及烟草制品专门零售	Food beverage and tobaccos	2863.1	
粮油零售	Food and Oil	552.5	
糕点、面包零售	Cake and bread		
果品、蔬菜零售	Fruit and Vegetable		
肉、禽、蛋及水产品零售	Meet, fowl, egg and marine products		
营养和保健品零售	Nutrition and health care		
酒、饮料及茶叶零售	Alcohol beverage and tea	1780.6	
烟草制品零售	Tobaccos		
其他食品零售	Others	530	
纺织、服装及日用品专门零售	Textile, garment and daily articles	5519.3	
纺织品及针织品零售	Textile and knitwear	1413.8	
服装零售	Garments	1388	
化妆品及卫生用品零售	Cosmetics and Sanitary Products Retail	419.2	
厨具卫具及日用杂品零售	Kitchenware and Household Items Retail		
钟表、眼镜零售	Clock and spectacles	1050	
其他日用品零售	Others	1248.3	
文化、体育用品及器材专门零售	Cultural and sport goods	16756.7	
文具用品零售	Stationery	1815.7	
体育用品零售业	Cultural and sports goods		
图书、报刊零售	Books、Newspaper	83.1	
珠宝首饰零售	Jewelry	12085	
工艺美术品及收藏品零售	Handicraft article and collection		
乐器零售	Musical Instrument Retail	128.6	
照相器材零售	Photogrphic apparatus retail	466	

单位：万元 unit：10000yuan

零售额 Retail	其中：通过公共网络实现的零售额 Of which: sales achieved through public networks	其中：通过非自营平台实现的零售额 Of which: sales through non-proprietary platform	期末商品库存额 Inventory	服务营业额 Service Turnover	年末零售营业面积（平方米） Business areas (m^2)
1027376.3	8.2		185700.5		25522
102377.6	48.9		524825.5	9008.9	41744
33039.2	248		198646.1	7393.6	138847
6093.8			113781.2	453.8	14668
1168572.1	305.1		948881.4	14770	133196
838748.9	248.1		468877.5	4912.6	58018
314.8			74071.9	2086.3	87585
6449545.1	73968.2	34730.8	727050.8	155072.6	2453366
1320043.7	1765.6	314.7	55246.5	65757.2	1134481
907683.5	8.5		30698.8	52604.5	769959
400510.4	1757.1	314.7	24462.5	11668	358402
10227.6			85.2	1473.8	6000
1622.2				10.9	120
281903.1	3062.3		22800.9	79.1	56324
1102.1			141.1		5063
8264			13.8		2077
185354.6	0.2		3555.9		30000
5828.5			99		445
7.9			0.5		
28593.9	3062.1		4351.6	31	7618
40045.5			12690.2		5171
12706.6			1948.8	48.1	5950
148060.4	12.3		96305.9	11458.5	56699
2912.2			1538.4		1130
81878.4			72895.4	11452.1	35688
29840			3293.3	6.4	6121
893			48		100
28869.9	12.3		17992.8		8122
3666.9			538		5538
92685			46845	1377.7	60470
3284.9			1864.4	636.1	276
32459.4			4829	371	33354
41659.1			9639	370.6	25840
7265.6			26881.8		435
5316.9			2087.7		65
2370.8			1009.4		300
328.3			533.7		200

14-4 续表 6 continued6

指标名称	Item	法人企业数（个）Corporate enterprises (unit)	从业人员期末人数（人）(person)
医药及医疗器材专门零售	Medicine and medical appliance	34	7705
西药零售	Western Medicine Retail	24	7482
中药零售	Chinese Medicine Retail	5	159
医疗用品及器材零售	Medical component	5	64
汽车、摩托车、零配件和燃料及其他动力销售	Auto, Motorcycles, Spare Parts and Fuel & Other Power Sales	249	12352
汽车新车零售	New Cars Retail	188	9991
汽车旧车零售	Second-Hand Cars Retail	25	329
汽车零配件零售	Installation kit	12	69
机动车燃油零售	Motor Vehicles Fuel Retail	22	1748
机动车燃气零售	Motor Vehicles Gas Retail	2	215
家用电器及电子产品专门零售	Electrical household equipment	51	1566
家用视听设备零售	Household audio and video equipment	2	19
日用家电零售	Household Appliances Retail	16	685
计算机、软件及辅助设备零售	Computer software and accessories	12	383
通信设备零售	Teleconmmunicational equipment	14	355
其他电子产品零售	Others	7	124
五金、家具及室内装修材料专门零售	Hardware funiture and indoor hareware fitting	40	523
五金零售	Hardware	23	251
灯具零售	Lamps	3	45
家具零售	Funiture	3	43
涂料零售	Coating	1	15
陶瓷、石材装饰材料零售	Ceramics、decorative stone materials retail	4	125
其他室内装修材料零售	Others	6	44
货摊、无店铺及其他零售业	Other retail trade	27	405
互联网零售	Internet Retail	7	192
生活用燃料零售	Fuel for life	6	33
其他未列明的零售	Others	14	180
内资企业	Domestic funds	523	38362
国有企业	State-owned	2	56
有限责任公司	Limited liability corporations	243	24695
国有独资公司	State-owned solely	6	580
其他有限责任公司	Limited liability corporations	237	24115
股份有限公司	Share holding	12	3375
私营企业	Private	266	10236
私营独资企业	Private funded	6	52
私营有限责任公司	Private limited company	253	10004
私营股份有限公司	Private share holding	7	180
港、澳、台商投资企业	Funded from Hongkong, Macao and Taiwan	5	1214

单位：万元 unit：10000yuan

商品购进额 Amount	进口额 Imports	商品销售额 Commodity sales	其中：通过公共网络实现的销售额 Of which: sales through public networks	其中：通过非自营平台实现的商品销售额 Of which: merchandise sales through non-proprietary platform
378726.5	1243.5	427213.9	423.7	
361672		400835	369.7	
9186.7		11991.1		
7867.8	1243.5	14387.8	54	
3741774.2	224353.5	4392152.5	90895	800
3036998	221395.6	3348753.1	90895	800
21152.5		22576.2		
9586.9		16875.4		
644194.6		961045.8		
29842.2	2957.9	42902		
236832.6	2191.4	246939.5	52512.8	33560.8
1304.4		1635.6		
117491.7		117276	49499.9	32467.5
34249.5	105	41359.4		
61270.4	1790.7	59922.9	3012.9	1093.3
22516.6	295.7	26745.6		
59250.6		84096.3		
39837.8		55012.5		
2556.9		3861		
1402.8		3213.2		
5877.6		6494.8		
2542.2		7470.1		
7033.3		8044.7		
42698.6		61314.7	23950.4	55.3
16626.9		24980.6	23950.4	55.3
4394		7537.3		
21677.7		28796.8		
5186897.1	185853	6638134.8	170901.9	34453
11374.8		11681.2		
3068148.8	141072.6	4257357.2	57913.4	33056.2
13909.6		318252.3		
3054239.2	141072.6	3939104.9	57913.4	33056.2
255900.4	1790.7	264403.3	9998.4	
1851473.1	42989.7	2104693.1	102990.1	1396.8
7531.3		8886.9		
1786119.2	42989.7	2034220.7	100593.7	1093.3
57822.6		61585.5	2396.4	303.5
52208.9	83.2	269246.7	2392.2	

14-4 续表 7 continued7

指标名称 Item		批发额 Wholesale	出口额 Exports
医药及医疗器材专门零售	Medicine and medical appliance	10195.2	
西药零售	Western Medicine Retail		
中药零售	Chinese Medicine Retail		
医疗用品及器材零售	Medical component	9358.6	
汽车、摩托车、零配件和燃料及其他动力销售	Auto, Motorcycles, Spare Parts and Fuel & Other Power Sales	537519.2	
汽车新车零售	New Cars Retail	149787.7	
汽车旧车零售	Second-Hand Cars Retail		
汽车零配件零售	Installation kit		
机动车燃油零售	Motor Vehicles Fuel Retail	387731.5	
机动车燃气零售	Motor Vehicles Gas Retail		
家用电器及电子产品专门零售	Electrical household equipment	28667.2	
家用视听设备零售	Household audio and video equipment		
日用家电零售	Household Appliances Retail	2411.3	
计算机、软件及辅助设备零售	Computer software and accessories	3817.9	
通信设备零售	Teleconmmunicational equipment	4062.5	
其他电子产品零售	Others	18375.5	
五金、家具及室内装修材料专门零售	Hardware funiture and indoor hareware fitting	10649.3	
五金零售	Hardware	10647.4	
灯具零售	Lamps		
家具零售	Funiture		
涂料零售	Coating		
陶瓷、石材装饰材料零售	Ceramics、decorative stone materials retail		
其他室内装修材料零售	Others		
货摊、无店铺及其他零售业	Other retail trade	17833.1	
互联网零售	Internet Retail	13905.7	
生活用燃料零售	Fuel for life		
其他未列明的零售	Others	2839.8	
内资企业	Domestic funds	649621.2	
国有企业	State-owned		
有限责任公司	Limited liability corporations	568295.5	
国有独资公司	State-owned solely	101854.7	
其他有限责任公司	Limited liability corporations	466440.8	
股份有限公司	Share holding	15188.8	
私营企业	Private	66136.9	
私营独资企业	Private funded	281.6	
私营有限责任公司	Private limited company	63090.1	
私营股份有限公司	Private share holding	2765.2	
港、澳、台商投资企业	Funded from Hongkong, Macao and Taiwan	2548.8	

单位：万元 unit：10000yuan

零售额 Retail	其中：通过公共网络实现的零售额 Of which: sales achieved through public networks	其中：通过非自营平台实现的零售额 Of which: sales through non-proprietary platform	期末商品库存额 Inventory	服务营业额 Service Turnover	年末零售营业面积（平方米） Business areas (m^2)
417018.7	423.7		85663.4	520.4	249678
400835	369.7		81398.1	520.4	247825
11154.5			3022.5		1260
5029.2	54		1242.8		593
3854633.3	6034.4	800	364097.8	69619.7	772297
3198965.4	6034.4	800	346555.9	69061.4	543358
22576.2			1955.4		1650
16875.4			1236.5		1420
573314.3			13425.6	558.3	203670
42902			924.4		22199
218272.3	52512.8	33560.8	32917.2	755.2	100101
1635.6			239.6		480
114864.7	49499.9	32467.5	15803.5	36.6	89746
37541.5			2565.6	1.1	2849
55860.4	3012.9	1093.3	13802.1	717.5	4729
8370.1			506.4		2297
73447			12026.1	415	19233
44365.1			5926.2	415	5587
3861			448.6		4089
3213.2			57.4		832
6494.8			4.3		80
7470.1			4866.2		8360
8042.8			723.4		285
43481.6	10157.1	55.3	11148	5089.8	4083
11074.9	10157.1	55.3	2009.8	4770.9	1700
6449.7			1313.3		710
25957			7824.9	318.9	1673
5988513.6	72248	34453	691205	155072.6	2346618
11681.2			4594.1		1404
3689061.7	51615	33056.2	386608.9	101440	1709536
216397.6			1951.5		183710
3472664.1	51615	33056.2	384657.4	101440	1525826
249214.5	2503.5		55356.3	6948.5	161671
2038556.2	18129.5	1396.8	244645.7	46684.1	474007
8605.3			279.7		2238
1971130.6	15733.1	1093.3	234571.4	46684.1	460729
58820.3	2396.4	303.5	9794.6		11040
266697.9	1091.7		16267		83158

14-4 续表 8 continued8

指标名称	Item	法人企业数（个）Corporate enterprises (unit)	从业人员期末人数（人）(person)
与港澳台商合资经营企业	Joint venture	2	558
港、澳、台商独资企业	Solefunds	3	656
外商投资企业	Foreign funds	5	424
中外合资经营企业	Joint venture	1	129
中外合作经营企业	Chinese-Foreign Cooperative Enterprise	1	62
外资企业	Foreign funded	2	183
外商投资股份有限公司	Foreign-Invested Incorporated Company	1	50
国有控股	State-owned	30	4732
集体控股	Collective-owned	7	1137
私人控股	Private-owned	424	25522
港澳台商控股	Hongkong, Macao and Taiwan-Owned	5	833
外商控股	Foreign-owned	4	362
其他	Others	63	7414
独立门店	Substantive store	432	23954
连锁总店（总部）	Chain headquarter	26	12375
连锁直营店	Chain Direct-Sale Stores	9	1968
连锁加盟店	Chain Franchisee Stores	3	44
其他	Others	63	1659
大型	Large-sized	14	16360
中型	Medium-sized	154	18135
小型	Small-sized	221	5064
微型	Micro-sized	144	441
有店铺零售	Retail trade	483	38732
便利店	Convenience store	4	532
超市	Market	9	773
大型超市	Super market	15	5342
仓储会员店	Warehouse Membership Stores	1	43
百货店	Consumer goods	23	2188
专业店	Specialty store	221	15994
专卖店	Exclusive shop	176	11364
家居建材商店	Household items hall	2	5
购物中心	Shopping center	14	2115
厂家直销中心	Direct sales by manufacturers	18	376
无店铺零售	Other retail trade	50	1268
邮购	Purchase by mail	1	36
网上商店	Store on line	5	164
其他	Others	44	1068

单位：万元 unit：10000yuan

商品购进额 Amount	进口额 Imports	商品销售额 Commodity sales	其中：通过公共网络实现的销售额 Of which: sales through public networks	其中：通过非自营平台实现的商品销售额 Of which: merchandise sales through non-proprietary platform
23697.3		227622.1		
28511.6	83.2	41624.6	2392.2	
145773.8	44812.8	194333.6	628.5	277.8
102113.5	44812.8	127723.5		
20285.9		29313.1		
13374.4		27407	628.5	277.8
10000		9890		
452632	3595.4	923895.2		
35255.5	250	58491.1	8.5	
3894545.8	181938.4	4786635.4	117259	1396.8
119072.2	83.2	129379.5	2392.2	
125487.9	44812.8	165020.5	628.5	277.8
757886.4	69.2	1038293.4	53634.4	33056.2
4731319.2	229303.5	5782844.6	147267.4	33637.5
405543		989557.8	0.2	
72947	250	121709.9	8.5	
3094.2		3412.9		
171976.4	1195.5	204189.9	26646.5	1093.3
1289199.5		2037996.5	0.2	
3076568.5	219201.6	3798450.9	151487.6	33278.7
873688.5	6770.2	991391	17967.4	1452.1
145423.3	4777.2	273876.7	4467.4	
5211730.2	229209.8	6882298.6	157316.3	34730.8
41613.5	1870.7	52764.8		
60416.8	58.6	76202.3		
287101.5	333.2	393205.7	3066.1	314.7
6486		7322.9		
193452.9		466069.2		
2431989.1	97017.3	2949136.2	143695.8	33312.6
2003151	128078.2	2424791.5	9754.4	303.5
2220		2776.9		
146938.1	1790.7	448869.8		
38361.3	61.1	61159.3	800	800
173149.6	1539.2	219416.5	16606.3	
906		1440.2		
13110.5		17083.1	16606.3	
159133.1	1539.2	200893.2		

14-4 续表 9 continued9

指标名称	Item	批发额 Wholesale	出口额 Exports
与港澳台商合资经营企业	Joint venture	1248.3	
港、澳、台商独资企业	Solefunds	1300.5	
外商投资企业	Foreign funds		
中外合资经营企业	Joint venture		
中外合作经营企业	Chinese-Foreign Cooperative Enterprise		
外资企业	Foreign funded		
外商投资股份有限公司	Foreign-Invested Incorporated Company		
国有控股	State-owned	224819.9	
集体控股	Collective-owned		
私人控股	Private-owned	400195.4	
港澳台商控股	Hongkong, Macao and Taiwan-Owned	2548.8	
外商控股	Foreign-owned		
其他	Others	24605.9	
独立门店	Substantive store	515432.5	
连锁总店（总部）	Chain headquarter	102301.3	
连锁直营店	Chain Direct-Sale Stores		
连锁加盟店	Chain Franchisee Stores	83.1	
其他	Others	34353.1	
大型	Large-sized	247100.2	
中型	Medium-sized	312617.7	
小型	Small-sized	55875	
微型	Micro-sized	36577.1	
有店铺零售	Retail trade	621060.4	
便利店	Convenience store		
超市	Market	2872.3	
大型超市	Super market	1459.3	
仓储会员店	Warehouse Membership Stores		
百货店	Consumer goods	20771.6	
专业店	Specialty store	445499.1	
专卖店	Exclusive shop	142664.8	
家居建材商店	Household items hall	2328.9	
购物中心	Shopping center	3311.4	
厂家直销中心	Direct sales by manufacturers	2153	
无店铺零售	Other retail trade	31109.6	
邮购	Purchase by mail		
网上商店	Store on line	8765.2	
其他	Others	22344.4	

单位：万元 unit：10000yuan

零售额 Retail	其中：通过公共网络实现的零售额 Of which: sales achieved through public networks	其中：通过非自营平台实现的零售额 Of which: sales through non-proprietary platform	期末商品库存额 Inventory	服务营业额 Service Turnover	年末零售营业面积（平方米） Business areas (m^2)
226373.8			4439.4		56512
40324.1	1091.7		11827.6		26646
194333.6	628.5	277.8	19578.8		23590
127723.5			10515.8		400
29313.1			5024.7		1200
27407	628.5	277.8	3778.3		8990
9890			260		13000
699075.3			47905.6	4302.9	606563
58491.1	8.5		15124.7	4149.2	105348
4386440	21421.8	1396.8	472242.5	117335	1125742
126830.7	1091.7		19706.6	3121.7	31389
165020.5	628.5	277.8	14554.1		22390
1013687.5	50817.7	33056.2	157517.3	26163.8	561934
5267412.1	59447.5	33637.5	574399.8	138837.2	1741062
887256.5	0.2		90084.6	6497.9	509622
121709.9	8.5		30676.7	4652.1	135015
3329.8			1542.9		11035
169836.8	14512	1093.3	30346.8	5085.4	56632
1790896.3	0.2		111373	50649.6	688086
3485833.2	57831.6	33278.7	451776.7	95906	1462003
935516	15150.7	1452.1	132587.2	7928.3	244349
237299.6	985.7		31313.9	588.7	58928
6261238.2	66014.7	34730.8	702011.7	149817.6	2426059
52764.8			1372.7	4133.1	11050
73330			7587.1	5692.6	24995
391746.4	1765.6	314.7	31287.9	12663.3	450991
7322.9			2704.5		650
445297.6			16528.4	2408.4	282116
2503637.1	57176.4	33312.6	266882.6	40780.8	756355
2282126.7	6272.7	303.5	359172.3	30559.9	439377
448			35.5		45
445558.4			9283.2	51427.5	414966
59006.3	800	800	7157.5	2152	45514
188306.9	7953.5		25039.1	5255	27307
1440.2			114.2		
8317.9	7953.5		1142.6	4490	1000
178548.8			23782.3	765	26307

14-5　2019年限额以上住宿业和餐饮业法人企业基本情况

指标名称	Item	法人企业数（个）Corporate enterprises (unit)	从业人员期末人数（人）(person)
总计	Total	170	13763
一、住宿业	Hotels	80	8330
旅游饭店	Tourism restaurant	47	7190
一般旅馆	Hotels	24	902
经济型连锁酒店	Economical Chain Hotels	5	77
其他一般旅馆	Other General Hotels	19	825
其他住宿业	Other	9	238
内资企业	Domestic funds	77	7510
国有企业	State-owned	15	2884
有限责任公司	Joint	33	3169
国有独资企业	State-owned soely	2	259
其他有限责任公司	Others	31	2910
股份有限公司	Share holding	1	84
私营企业	Private	28	1373
私营有限责任公司	Private limited company	28	1373
港、澳、台商投资企业	Funded from Hongkong,Macao and Taiwan	2	251
与港澳台商合资经营企业	Joint venture	1	151
港澳台商独资企业	Hong Kong, Macao or Taiwan Sole Proprietorship	1	100
外商投资企业	Foreign funds	1	569
国有控股	State-owned	19	3188
集体控股	Collective-owned	1	42
私人控股	Private-owned	41	2030
港澳台商控股	Hongkong,Macao and Taiwan-Owned	1	100
外商控股	Foreign-owned	1	569
其他	Others	16	2254
独立门店	Substantive store	63	7229
连锁总店（总部）	Chain headquarter	2	104
连锁加盟店	Chain Franchisee Stores	6	123
其他	Others	9	874
大型	Large-sized	3	1780
中型	Medium-sized	16	3750
小型	Small-sized	53	2790
微型	Micro-sized	8	10
五星	Five-star	3	1088
四星	Four-star	12	1567
三星	Three-star	13	997
其他	Others	52	4678
城镇	Cities and Towns	77	8264
其中：城区	Including: Urban Area	50	6757
乡村	Countryside	3	66
港商投资	Hongkong Investment	1	100
台商投资	Taiwan Investment	1	151

GENERAL INFORMATION OF THE ABOVE-NORM HOTELS AND CATERING 2019

其中：女性 Female	法人所属产业活动单位个数（个） The number of legal persons establishments	住宿业和餐饮业 Hotels and catering	其它 Others
7376	87	80	7
4778	24	20	4
4080	12	8	4
554	10	10	
56	10	10	
498			
144	2	2	
4340	22	18	4
1674	4		4
1752	14	14	
140			
1612	14	14	
74			
840	4	4	
840	4	4	
126	2	2	
68			
58	2	2	
312			
1857	6	2	4
22			
1230	6	6	
58	2	2	
312			
1219	10	10	
4143	14	10	4
90	10	10	
97			
448			
989	4		4
2061	2	2	
1719	16	16	
9	2	2	
588			
887	2	2	
552	2	2	
2751	20	16	4
4743	24	20	4
3879	22	18	4
35			
58	2	2	
68			

14-5 续表 1 continuedl

指标名称 Item		法人企业数（个） Corporate enterprises (unit)	从业人员期末人数（人） (person)
二、餐饮业	Catering	90	5433
正餐服务	Dinner	75	3801
快餐服务	Fast food	5	565
餐饮配送及外卖送餐服务	Catering Distribution and Take-Away Delivery Service	8	1027
餐饮配送服务	Catering Distribution Service	7	147
外卖送餐服务	Take-Away Delivery Service	1	880
其他餐饮服务	Others	2	40
其他未列明餐饮业	Other Catering Not Listed	2	40
内资企业	Domestic funds	89	5412
国有企业	State owned	1	138
集体企业	Collective owned	1	32
有限责任公司	Limited liability corporations	38	3572
国有独资企业	State owned solely	1	150
其他有限责任公司	Others	37	3422
股份有限公司	Incorporated Company	2	32
私营企业	Private	47	1638
私营独资企业	Private funded	3	128
私营有限责任公司	Private limited company	39	1365
私营股份有限公司	Private share holding	5	145
外商投资企业	Foreign funded	1	21
中外合资经营企业	Joint venture	1	21
国有控股	State-owned	3	430
集体控股	Collective-owned	1	32
私人控股	Private-owned	76	3667
外商控股	Foreign-owned	1	21
其他	Others	9	1283
独立门店	Substantive store	73	4587
连锁总店（总部）	Chain headquarter	2	138
连锁直营店	Chain Direct-Sale Stores	1	40
其他	Others	14	668
大型	Large-sized	1	369
中型	Medium-sized	8	2499
小型	Small-sized	58	2508
微型	Micro-sized	23	57
城镇	Cities and Towns	88	5420
其中：城区	Including: Urban Area	53	3054
乡村	Countryside	2	13

单位：万元　unit:10000yuan

其中：女性 Female	法人所属产业活动单位个数（个） The number of legal persons establishments	住宿业和餐饮业 Hotels and catering	其它 Others
2598	63	60	3
2085	27	24	3
410	36	36	
72			
69			
3			
31			
31			
2586	63	60	3
65			
24			
1646	50	50	
80			
1566	50	50	
21			
830	13	10	3
56			
700	13	10	3
74			
12			
12			
217	4	4	
24			
1537	47	44	3
12			
808	12	12	
2132	49	46	3
73	10	10	
24			
369	4	4	
295	34	34	
997	2		2
1281	27	26	1
25			
2592	63	60	3
1229	50	49	1
6			

14-6 2019年限额以上住宿和餐饮业法人企业主要财务状况综合表

单位：万元

指标名称	Item	法人企业数（个）Corporate enterprises (unit)	从业人员期末人数（人）(person)
总计	Total	163	13763
一、住宿业	Hotels	76	8330
旅游饭店	Tourism restaurant	47	7190
一般旅馆	Hotels	24	902
经济型连锁酒店	Economical Chain Hotels	5	77
其他一般旅馆	Other General Hotels	19	825
其他住宿服务	Other accommomodation services	5	238
内资企业	Domestic funds	73	7510
国有企业	State-owned	15	2884
有限责任公司	Limited liability corporations	31	3169
国有独资企业	State-owned soely	2	259
其他有限责任公司	Others	29	2910
股份有限公司	Share holding	1	84
私营企业	Private	26	1373
私营有限责任公司	Private limited company	26	1373
港、澳、台商投资企业	Funded from Hongkong,Macao and Taiwan	2	251
与港澳台商合资经营企业	Joint venture	1	151
港澳台商独资企业	Hong Kong, Macao or Taiwan Sole Proprietorship	1	100
外商投资企业	Foreign funded	1	569
外资企业	Enterrprise Owned by Foreign Capitalists	1	569
国有控股	State-owned	19	3188
集体控股	Collective-owned	1	42
私人控股	Private-owned	38	2030
港澳台商控股	Hongkong,Macao and Taiwan-Owned	1	100
外商控股	Foreign-owned	1	569
其他	Others	15	2254

MAIN FINANCIAL INDICATIONS OF ENTERPRISES ABOVE DESIGNATED SIZE IN HOTELS AND RESTAURANTS IN 2019

单位：万元 unit：10000yuan

营业额 Turnover	客房收入 Guestroom income	其中：通过公共网络实现的客房收入 Of which: room revenue through public networks	其中：通过非自营平台实现的客房收入 Of which: room revenue through non-proprietary platform	餐费收入 Food bill	其中：通过公共网络实现的餐费收入 Of which: meal income through public networks
297270.6	92693.3	4875.4	2236.3	169813.5	2025.7
163353.5	85033.3	4420.5	1941.3	56282.2	428.7
137668.1	67782.1	3590.8	1633.6	49207.6	419.2
20124.3	13664.5	550.1	307.7	5307.0	9.5
2538.3	2440.5	24.0		63.4	
17586.0	11224.0	526.1	307.7	5243.6	9.5
5561.1	3586.7	279.6		1767.6	
142446.2	76919.3	4420.5	1941.3	47494.4	428.7
41316.0	20872.6	543.2	481.5	13468.2	
67528.0	34883.6	1906.2	156.0	25575.8	418.0
5964.5	2508.1			2408.6	
61563.5	32375.5	1906.2	156.0	23167.2	418.0
1108.1	1031.9	168.8		2.2	
32494.1	20131.2	1802.3	1303.8	8448.2	10.7
32494.1	20131.2	1802.3	1303.8	8448.2	10.7
5092.5	2292.8			2740.8	
3112.8	1336.6			1751.8	
1979.7	956.2			989.0	
15814.8	5821.2			6047.0	
15814.8	5821.2			6047.0	
51058.7	25427.0	1610.2	1548.5	16030.1	1.2
248.4	88.6			159.8	
43769.4	27525.8	1862.7	321.9	12118.4	250.9
1979.7	956.2			989.0	
15814.8	5821.2			6047.0	
49169.8	24545.0	947.6	70.9	20294.7	176.6

14-6 续表 1 continued1

指标名称	Item	其中：通过非自营平台实现的餐费收入 Of which: meal income through non-proprietary platform	商品销售收入 Goodssale income
总计	Total	1122.2	2206.5
一、住宿业	Hotels	1.2	1625.6
旅游饭店	Tourism restaurant	1.2	1355.4
一般旅馆	Hotels		241.0
经济型连锁酒店	Economical Chain Hotels		30.0
其他一般旅馆	Other General Hotels		211.0
其他住宿服务	Other accommodation services		29.2
内资企业	Domestic funds	1.2	1605.9
国有企业	State-owned		220.1
有限责任公司	Limited liability corporations		1157.5
国有独资企业	State-owned soely		250.3
其他有限责任公司	Others		907.2
股份有限公司	Share holding		27.2
私营企业	Private	1.2	201.1
私营有限责任公司	Private limited company	1.2	201.1
港、澳、台商投资企业	Funded from Hongkong,Macao and Taiwan		14.6
与港澳台商合资经营企业	Joint venture		
港澳台商独资企业	Hong Kong, Macao or Taiwan Sole Proprietorship		14.6
外商投资企业	Foreign funded		5.1
外资企业	Enterrprise Owned by Foreign Capitalists		5.1
国有控股	State-owned	1.2	470.4
集体控股	Collective-owned		
私人控股	Private-owned		458.0
港澳台商控股	Hongkong,Macao and Taiwan-Owned		14.6
外商控股	Foreign-owned		5.1
其他	Others		677.5

单位：万元 unit：10000yuan

其他收入 Other income	其中：外卖送餐服务收入 Including: Takeaway delivery service revenue	客房间数（间） Rooms	床位数（个） Beds	餐位数（位） Seats	年末餐饮营业面积（平方米） Businessareas(m^2)
32557.3	8022.2	13593	22600	96731	613606.0
20412.4	4.5	11811	19506	30479	387031.0
19323.0	4.5	8789	14881	25009	309632.0
911.8		2436	3841	4150	68486.0
4.4		400	578	84	12792.0
907.4		2036	3263	4066	55694.0
177.6		586	784	1320	8913.0
16426.6		11084	18515	28322	362147.0
6755.1		2331	3955	8177	102666.0
5911.1		5578	9831	15725	153052.0
797.5		351	718	1848	7500.0
5113.6		5227	9113	13877	145552.0
46.8		424	553		15519.0
3713.6		2751	4176	4420	90910.0
3713.6		2751	4176	4420	90910.0
44.3	4.5	345	449	1716	6950.0
24.4		162	208	1200	2100.0
19.9	4.5	183	241	516	4850.0
3941.5		382	542	441	17934.0
3941.5		382	542	441	17934.0
9131.2		2944	5261	10310	116790.0
		82	166	120	2560.0
3667.2		4630	7872	7608	128753.0
19.9	4.5	183	241	516	4850.0
3941.5		382	542	441	17934.0
3652.6		3490	5259	10814	112344.0

14-6 续表 2 continued2

指标名称 Item		法人企业数（个）Corporate enterprises (unit)	从业人员期末人数（人）(person)
独立门店	Substantivestore	59	7229
连锁总店（总部）	Chainheadquarter	2	104
连锁加盟店	ChainFranchiseeStores	6	123
其他	Others	9	874
大型	Large-sized	3	1780
中型	Medium-sized	16	3750
小型	Small-sized	53	2790
微型	Micro-sized	4	10
五星	Five-star	3	1088
四星	Four-star	11	1567
三星	Three-star	12	997
其他	Others	50	4678
城镇	CitiesandTowns	73	8264
城区	UrbanArea	50	6757
乡村	Countryside	3	66
港商投资	HongkongInvestment	1	100
台商投资	TaiwanInvestment	1	151
二、餐饮业	Catering	87	5433
正餐服务	Dinner	72	3801
快餐服务	Fastfood	5	565
餐饮配送及外卖送餐服务	CateringDistributionandTake-AwayDeliveryService	8	1027
餐饮配送服务	CateringDistributionService	7	147
外卖送餐服务	Take-AwayDeliveryService	1	880
其他餐饮业	Others	2	40
其他未列明餐饮业	Others	2	40
内资企业	Domesticfunds	86	5412
国有企业	Stateowned	1	138
集体企业	Collectiveowned	1	32
有限责任公司	Limitedliabilitycorporations	38	3572
国有独资企业	Stateownedsolely	1	150

单位：万元 unit：10000yuan

营业额 Turnover	客房收入 Guestroom income	其中：通过公共网络实现的客房收入 Of which: room revenue through public networks	其中：通过非自营平台实现的客房收入 Of which: room revenue through non-proprietary platform	餐费收入 Food bill	其中：通过公共网络实现的餐费收入 Of which: meal income through public networks
139494.2	69768.3	3257.9	1785.3	48446.3	246.9
1729.1	1613.9	168.8		6.8	
2696.5	2641.4	344.1	156.0	5.4	
19433.7	11009.7	649.7		7823.7	181.8
41334.5	20492.0			14630.6	
73101.2	34407.1	2547.0	1532.7	27263.7	183.0
47560.4	28872.3	1849.5	408.6	14292.4	245.7
1357.4	1261.9	24.0		95.5	
25348.1	11043.6	614.0		9856.5	176.6
29291.6	12274.0	465.7	465.7	11786.9	
21132.6	11528.6	1398.1	1082.8	6952.1	6.4
87581.2	50187.1	1942.7	392.8	27686.7	245.7
162485.7	84700.7	4420.5	1941.3	55901.6	428.7
128061.7	64488.0	3515.7	1870.4	43815.2	389.8
867.8	332.6			380.6	
1979.7	956.2			989.0	
3112.8	1336.6			1751.8	
133917.1	7660.0	454.9	295.0	113531.3	1597.0
97107.3	7660.0	454.9	295.0	84774.7	1196.0
20504.0				20504.0	
15663.0				7609.8	401.0
8441.2				7609.8	401.0
7221.8					
642.8				642.8	
642.8				642.8	
133506.1	7660.0	454.9	295.0	113120.3	1597.0
2126.7	549.2			1074.2	
289.2	78.8			69.8	
81666.2	1710.5	27.3		70555.4	91.5
1101.3	403.6	27.3		547.4	0.1

14-6 续表 3 continued3

指标名称 Item		其中：通过非自营平台实现的餐费收入 Of which: meal income through non-proprietary platform	商品销售收入 Goodssale income
独立门店	Substantivestore	1.2	1272.6
连锁总店（总部）	Chainheadquarter		57.2
连锁加盟店	ChainFranchiseeStores		36.9
其他	Others		258.9
大型	Large-sized		428.6
中型	Medium-sized	1.2	742.0
小型	Small-sized		455.0
微型	Micro-sized		
五星	Five-star		203.5
四星	Four-star		526.4
三星	Three-star	1.2	30.1
其他	Others		865.6
城镇	CitiesandTowns	1.2	1625.6
城区	UrbanArea	1.2	1485.6
乡村	Countryside		
港商投资	HongkongInvestment		14.6
台商投资	TaiwanInvestment		
二、餐饮业	Catering	1121.0	580.9
正餐服务	Dinner	1121.0	527.2
快餐服务	Fastfood		
餐饮配送及外卖送餐服务	CateringDistributionandTake-AwayDeliveryService		53.7
餐饮配送服务	CateringDistributionService		53.7
外卖送餐服务	Take-AwayDeliveryService		
其他餐饮业	Others		
其他未列明餐饮业	Others		
内资企业	Domesticfunds	1121.0	580.9
国有企业	Stateowned		
集体企业	Collectiveowned		
有限责任公司	Limitedliabilitycorporations	64.0	120.4
国有独资企业	Stateownedsolely		

单位：万元 unit：10000yuan

其他收入 Other income	其中：外卖送餐服务收入 Including: Takeaway delivery service revenue	客房间数（间） Rooms	床位数（个） Beds	餐位数（位） Seats	年末餐饮营业面积（平方米） Businessareas(m²)
20007.0	4.5	9253	14866	26933	313994.0
51.2		544	716	75	20623.0
12.8		576	787	66	6713.0
341.4		1438	3137	3405	45701.0
5783.3		1103	1816	1388	52934.0
10688.4		4232	6521	15270	157286.0
3940.7	4.5	6340	10952	13821	169411.0
		136	217		7400.0
4244.5		1007	1473	3198	33829.0
4704.3	4.5	1990	2984	7535	86012.0
2621.8		1759	2864	4214	57179.0
8841.8		7055	12185	15532	210011.0
20257.8	4.5	11653	18988	29724	382807.0
18272.9	4.5	8662	14291	24234	302355.0
154.6		158	518	755	4224.0
19.9	4.5	183	241	516	4850.0
24.4		162	208	1200	2100.0
12144.9	8017.7	1782	3094	66252	226575.0
4145.4	30.4	1782	3094	61803	210449.0
				3940	11319.0
7999.5	7987.3				2120.0
777.7	765.5				2120.0
7221.8	7221.8				
				509	2687.0
				509	2687.0
12144.9	8017.7	1782	3094	66152	226365.0
503.3		143	296	1006	2000.0
140.6		46	97	180	4500.0
9279.9	8017.3	391	627	33791	91284.0
150.3		89	145	910	15000.0

14-6 续表 4 continued4

指标名称 Item		法人企业数（个）Corporate enterprises (unit)	从业人员期末人数（人）(person)
其他有限责任公司	Others	37	3422
股份有限公司	IncorporatedCompany	2	32
私营企业	Private	44	1638
私营独资企业	Privatefunded	3	128
私营有限责任公司	Privatelimitedcompany	37	1365
私营股份有限公司	Privateshareholding	4	145
外商投资企业	Foreignfunded	1	21
中外合资经营企业	Jointventure	1	21
国有控股	State-owned	3	430
集体控股	Collective-owned	1	32
私人控股	Private-owned	73	3667
外商控股	Foreign-owned	1	21
其他	Others	9	1283
独立门店	Substantivestore	71	4587
连锁总店（总部）	Chainheadquarter	2	138
连锁直营店	ChainDirect-SaleStores	1	40
其他	Others	13	668
大型	Large-sized	1	369
中型	Medium-sized	8	2499
小型	Small-sized	58	2508
微型	Micro-sized	20	57
城镇	CitiesandTowns	86	5420
其中：城区	Including:UrbanArea	53	3054
乡村	Countryside	1	13

单位：万元 unit：10000yuan

营业额 Turnover	客房收入 Guestroom income	其中：通过公共网络实现的客房收入 Of which: room revenue through public networks	其中：通过非自营平台实现的客房收入 Of which: room revenue through non-proprietary platform	餐费收入 Food bill	其中：通过公共网络实现的餐费收入 Of which: meal income through public networks
80564.9	1306.9			70008.0	91.4
624.2				624.2	
48799.8	5321.5	427.6	295.0	40796.7	1505.5
1727.6	380.5			1324.8	
43843.6	4941.0	427.6	295.0	36265.8	1198.0
3228.6				3206.1	307.5
411.0				411.0	
411.0				411.0	
4769.8	952.8	27.3		3163.4	0.1
289.2	78.8			69.8	
93196.1	5448.2	427.6	295.0	76916.4	1596.9
411.0				411.0	
35251.0	1180.2			32970.7	
98009.2	7660.0	454.9	295.0	78529.9	863.2
8825.9				8825.9	
607.5				607.5	307.5
26474.5				25568.0	426.3
16215.7				16215.7	
39917.6	3774.0	189.6	189.6	26347.5	
71091.1	3551.7	265.3	105.4	64736.1	1195.7
6692.7	334.3			6232.0	401.3
133097.9	7660.0	454.9	295.0	113531.3	1597.0
76562.1	3405.8	55.9		63655.2	785.6
819.2					

14-6 续表 5 continued5

指标名称 Item		其中：通过非自营平台实现的餐费收入 Of which: meal income through non-proprietary platform	商品销售收入 Goodssale income
其他有限责任公司	Others	64.0	120.4
股份有限公司	IncorporatedCompany		
私营企业	Private	1057.0	460.5
私营独资企业	Privatefunded		22.3
私营有限责任公司	Privatelimitedcompany	757.0	415.7
私营股份有限公司	Privateshareholding	300.0	22.5
外商投资企业	Foreignfunded		
中外合资经营企业	Jointventure		
国有控股	State-owned		
集体控股	Collective-owned		
私人控股	Private-owned	1121.0	580.9
外商控股	Foreign-owned		
其他	Others		
独立门店	Substantivestore	810.7	575.6
连锁总店（总部）	Chainheadquarter		
连锁直营店	ChainDirect-SaleStores	300.0	
其他	Others	10.3	5.3
大型	Large-sized		
中型	Medium-sized		
小型	Small-sized	1120.7	454.8
微型	Micro-sized	0.3	126.1
城镇	CitiesandTowns	1121.0	527.2
其中：城区	Including:UrbanArea	354.0	141.8
乡村	Countryside		53.7

单位：万元 unit：10000yuan

其他收入 Other income	其中：外卖送餐服务收入 Including: Takeaway delivery service revenue	客房间数（间） Rooms	床位数（个） Beds	餐位数（位） Seats	年末餐饮营业面积 （平方米） Businessareas(m^2)
9129.6	8017.3	302	482	32881	76284.0
				148	730.0
2221.1	0.4	1202	2074	31027	127851.0
		190	326	2800	13480.0
2221.1	0.4	1012	1748	27402	111486.0
				825	2885.0
				100	210.0
				100	210.0
653.6		232	441	3458	19000.0
140.6		46	97	180	4500.0
10250.6	8017.7	1270	2188	39424	174315.0
				100	210.0
1100.1		234	368	23090	28550.0
11243.7	7987.4	1782	3094	58169	190570.0
				1856	6070.0
				240	1800.0
901.2	30.3			5987	28135.0
				3450	9334.0
9796.1	7221.8	629	1052	23996	36311.0
2348.5	795.6	1153	2042	35013	158080.0
0.3	0.3			3793	22850.0
11379.4	7252.2	1782	3094	66252	226575.0
9359.3	7221.8	881	1565	18687	119125.0
765.5	765.5				

14-7 2019年限额以上住宿和餐饮业法人企业主要财务状况综合表

单位：万元

指标名称	Item	法人企业数（个）Corporate enterprises (unit)
总计	Total	166
一、住宿业	Hotels	77
旅游饭店	Tourism restaurant	47
一般旅馆	Hotels	24
经济型连锁酒店	Economical Chain Hotels	5
其他一般旅馆	Other General Hotels	19
其他住宿业	Other	6
内资企业	Domestic funds	74
国有企业	State-owned	15
有限责任公司	Limited liability corporations	32
国有独资企业	State-owned solely	2
其他有限责任公司	Limited liability corporations	30
股份有限公司	Share holding	1
私营企业	Private	26
私营有限责任公司	Private limited company	26
港、澳、台商投资企业	Funded from Hongkong, Macao and Taiwan	2
与港澳台商合资经营企业	Joint venture	1
港澳台商独资企业	Other General HotelsHong Kong, Macao or Taiwan Sole Proprietorship	1
外商投资企业	Foreign funded	1
外资企业	Enterprise Owned by Foreign Capitalists	1
国有控股	State-owned	19
集体控股	Collective-owned	1
私人控股	Private-owned	39
港澳台商控股	Hongkong, Macao and Taiwan-Owned	1
外商控股	Foreign-owned	1
其他	Others	15
独立门店	Substantive store	60
连锁总店（总部）	Chain headquarter	2
连锁加盟店	Chain Franchisee Stores	6
其他	Others	9
大型	Large-sized	3
中型	Medium-sized	16
小型	Small-sized	53
微型	Micro-sized	5
五星	Five-star	3
四星	Four-star	11
三星	Three-star	12
其他	Others	51
城镇	Cities and Towns	74
其中：城区	Including: Urban Area	50

MAIN FINANCIAL INDICATIONS OF ENTERPRISES ABOVE DESIGNATED SIZE IN HOTELS AND RESTAURANTS IN 2019

单位：万元 unit：10000yuan

住宿餐饮业 Accommodation and catering industry				
二、期末资产负债 The final balance sheet				
流动资产合计 Circulating funds	固定资产原价 Total Fixed Assets	累计折旧 Total depreciation	本年折旧 Depreciation in this year	资产总计 Total assets
296471.7	563769.7	281620.2	16040.0	704880.8
232096.0	514510.6	262752.3	10670.9	577894.9
211985.5	506387.1	259086.5	9752.2	548770.1
12932.6	7457.3	3218.7	854.9	18818.9
537.1	292.4	256.4	31.0	782.7
12395.5	7164.9	2962.3	823.9	18036.2
7177.9	666.2	447.1	63.8	10305.9
221542.5	426206.8	207661.7	7122.3	514797.3
42397.8	168960.0	101272.4	3834.4	139286.9
129573.3	233331.0	91656.5	1555.3	300546.8
22593.7	50307.3	539.1	-4917.3	72368.0
106979.6	183023.7	91117.4	6472.6	228178.8
3929.9	1019.7	920.6	24.1	4175.7
45641.5	22896.1	13812.2	1708.5	70787.9
45641.5	22896.1	13812.2	1708.5	70787.9
6740.3	6358.3	4989.9	65.5	27439.6
885.9	411.0	380.3	5.1	922.3
5854.4	5947.3	4609.6	60.4	26517.3
3813.2	81945.5	50100.7	3483.1	35658.0
3813.2	81945.5	50100.7	3483.1	35658.0
65998.6	231517.2	111247.7	-68.6	226596.3
237.7	129.1	118.8	6.4	247.9
56558.8	23716.3	8108.6	1619.5	83032.9
5854.4	5947.3	4609.6	60.4	26517.3
3813.2	81945.5	50100.7	3483.1	35658.0
98568.0	169662.0	87466.2	5567.4	204284.6
211352.2	503722.1	257167.8	9765.1	536502.0
3955.9	1109.7	1010.6	27.3	4265.6
747.9	3103.4	678.2	390.8	3526.0
16040.0	6575.4	3895.7	487.7	33601.3
41784.0	184987.3	129675.7	6608.1	146648.1
125901.1	252476.6	92928.8	775.3	280764.9
63278.0	77031.9	40129.5	3269.2	149321.1
1132.9	14.8	18.3	18.3	1160.8
7908.8	107802.5	67627.9	3951.8	48997.4
72140.0	143456.5	44610.2	-2757.1	184793.4
16321.4	37562.6	19846.2	2004.7	46637.4
135725.8	225689.0	130668.0	7471.5	297466.7
231214.7	514184.7	262530.6	10625.2	576807.7
184230.0	478253.6	241748.6	8951.4	493708.3

14-7 续表 1 continued1

指标名称	Item	负债合计 Total liabilities
总计	Total	432994.8
一、住宿业	Hotels	318100.5
旅游饭店	Tourismrestaurant	294787.0
一般旅馆	Hotels	14893.1
经济型连锁酒店	EconomicalChainHotels	508.9
其他一般旅馆	OtherGeneralHotels	14384.2
其他住宿业	Other	8420.4
内资企业	Domesticfunds	273457.8
国有企业	State-owned	38017.6
有限责任公司	Limitedliabilitycorporations	188153.8
国有独资企业	State-ownedsolely	36743.9
其他有限责任公司	Limitedliabilitycorporations	151409.9
股份有限公司	Shareholding	584.4
私营企业	Private	46702.0
私营有限责任公司	Private limited company	46702.0
港、澳、台商投资企业	FundedfromHongkong,MacaoandTaiwan	35329.3
与港澳台商合资经营企业	Jointventure	303.2
港澳台商独资企业	OtherGeneralHotelsHongKong,MacaoorTaiwanSoleProprietorship	35026.1
外商投资企业	Foreignfunded	9313.4
外资企业	EnterpriseOwnedbyForeignCapitalists	9313.4
国有控股	State-owned	83443.9
集体控股	Collective-owned	45.6
私人控股	Private-owned	79942.0
港澳台商控股	Hongkong,MacaoandTaiwan-Owned	35026.1
外商控股	Foreign-owned	9313.4
其他	Others	108570.2
独立门店	Substantivestore	297115.0
连锁总店（总部）	Chainheadquarter	641.0
连锁加盟店	ChainFranchiseeStores	3986.8
其他	Others	16357.7
大型	Large-sized	55905.9
中型	Medium-sized	143084.3
小型	Small-sized	118656.8
微型	Micro-sized	453.5
五星	Five-star	14428.0
四星	Four-star	101910.6
三星	Three-star	26433.8
其他	Others	175328.1
城镇	CitiesandTowns	316237.5
其中：城区	Including:UrbanArea	269133.5

单位：万元 unit：10000yuan

所有者权益 Creditor's equity	实收资本 Driginal	营业收入 Operation revenue	主营业务收入 Operating revenue	营业成本 Operation costs
268436.6	170962.0	285091.5	282629.7	132028.2
259381.6	153080.8	155726.1	153685.5	53770.3
253669.6	149213.8	130777.3	128878.9	46545.0
3826.5	1797.0	19417.9	19312.5	5983.6
273.8	59.9	2493.9	2492.9	1034.5
3552.7	1737.1	16924.0	16819.6	4949.1
1885.5	2070.0	5530.9	5494.1	1241.7
240926.7	133580.8	135751.4	133733.6	45925.0
101269.3	44141.0	39133.0	38997.0	9784.6
112079.5	68808.9	64608.2	62804.7	25256.5
35624.1	15040.0	5611.3	4856.5	1463.9
76455.4	53768.9	58996.9	57948.2	23792.6
3591.3	1700.0	1065.6	1055.4	27.3
23986.6	18930.9	30944.6	30876.5	10856.6
23986.6	18930.9	30944.6	30876.5	10856.6
-7889.7	2800.0	4903.7	4880.9	1317.2
619.1	1000.0	2924.0	2901.2	732.7
-8508.8	1800.0	1979.7	1979.7	584.5
26344.6	16700.0	15071.0	15071.0	6528.1
26344.6	16700.0	15071.0	15071.0	6528.1
143152.4	63747.7	48330.0	47356.3	11956.6
202.3		248.4	248.4	119.3
2678.1	21507.9	42136.6	42068.5	18939.6
-8508.8	1800.0	1979.7	1979.7	584.5
26344.6	16700.0	15071.0	15071.0	6528.1
95714.4	49295.2	46707.6	45708.8	15255.9
238974.2	127664.7	132965.1	131138.9	48622.3
3624.6	1700.0	1641.3	1631.1	84.6
-460.8	20.0	2657.6	2656.6	1067.1
17243.6	23696.1	18462.1	18258.9	3996.3
90742.2	35953.2	39152.7	39122.7	13995.3
137680.6	49858.1	69229.1	68276.5	20634.5
30664.3	67219.6	45845.4	44787.4	17939.2
294.5	49.9	1498.9	1498.9	1201.3
34569.4	25700.6	24064.8	23944.4	8276.3
82882.8	61639.4	27818.9	26912.1	6336.5
20203.6	11260.7	20059.8	19351.3	4641.5
121725.8	54480.1	83782.6	83477.7	34516.0
260470.9	152290.8	154858.2	152873.1	52818.3
224475.5	105396.4	121940.2	120080.4	41856.9

14-7 续表 2 continued2

指标名称	Item	税金及附加 Business taxes and extra charges
总计	Total	4323.6
一、住宿业	Hotels	3526.4
旅游饭店	Tourismrestaurant	3342.9
一般旅馆	Hotels	173.6
经济型连锁酒店	EconomicalChainHotels	8.8
其他一般旅馆	OtherGeneralHotels	164.8
其他住宿业	Other	9.9
内资企业	Domesticfunds	2901.7
国有企业	State-owned	1286.8
有限责任公司	Limitedliabilitycorporations	1180.8
国有独资企业	State-ownedsolely	223.1
其他有限责任公司	Limitedliabilitycorporations	957.7
股份有限公司	Shareholding	2.9
私营企业	Private	431.2
私营有限责任公司	Private limited company	431.2
港、澳、台商投资企业	FundedfromHongkong,MacaoandTaiwan	14.0
与港澳台商合资经营企业	Jointventure	7.3
港澳台商独资企业	OtherGeneralHotelsHongKong,MacaoorTaiwanSoleProprietorship	6.7
外商投资企业	Foreignfunded	610.7
外资企业	EnterpriseOwnedbyForeignCapitalists	610.7
国有控股	State-owned	1810.5
集体控股	Collective-owned	14.0
私人控股	Private-owned	185.4
港澳台商控股	Hongkong,MacaoandTaiwan-Owned	6.7
外商控股	Foreign-owned	610.7
其他	Others	879.0
独立门店	Substantivestore	3334.2
连锁总店（总部）	Chainheadquarter	5.3
连锁加盟店	ChainFranchiseeStores	51.1
其他	Others	135.8
大型	Large-sized	742.5
中型	Medium-sized	2181.3
小型	Small-sized	599.7
微型	Micro-sized	2.9
五星	Five-star	637.1
四星	Four-star	584.8
三星	Three-star	633.4
其他	Others	1671.1
城镇	CitiesandTowns	3507.1
其中：城区	Including:UrbanArea	3316.2

单位：万元 unit:10000 yuan

三、损益及分配 Gains and losses and distribution				
其他业务利润 Other profits	销售费用 Marking expenses	管理费用 Management expenses	研发费用 Research and Development Expenditure	财务费用 Financial expenses
4748.1	95255.4	70081.9	281.0	10688.5
2944.5	58607.0	53960.1	274.0	9215.7
2942.8	50294.3	46643.4		9000.5
0.9	6887.2	4243.2	274.0	202.0
0.9	584.6	478.4	274.0	15.2
	6302.6	3764.8		186.8
0.8	1425.5	3073.5		13.2
2918.2	51716.7	48787.8	274.0	8023.5
108.7	20405.4	17460.3		147.7
2807.8	21644.8	23549.6		6292.5
	2101.9	1822.7		2331.4
2807.8	19542.9	21726.9		3961.1
	929.2	49.8		146.8
1.7	8737.3	7728.1	274.0	1436.5
1.7	8737.3	7728.1	274.0	1436.5
26.3	1401.1	2105.6		1090.0
	836.2	1235.4		6.1
26.3	564.9	870.2		1083.9
	5489.2	3066.7		102.2
	5489.2	3066.7		102.2
104.9	23631.7	20012.9		2526.6
	170.5	80.1		-0.2
2809.5	11644.0	14192.5	274.0	1714.4
26.3	564.9	870.2		1083.9
	5489.2	3066.7		102.2
	16164.1	15593.8		3799.6
1919.8	47537.8	48901.6	274.0	8604.8
	1193.5	166.5		147.2
0.9	851.7	543.2		131.8
1023.8	9024.0	4348.8		331.9
48.6	11106.0	16473.3		2007.9
1784.0	30369.3	20585.3		4981.3
1111.9	17128.0	16657.7		2226.0
	3.7	243.8	274.0	0.5
	11633.0	5155.3		128.3
27.2	15212.1	9492.3		3772.9
0.8	8299.1	4540.1		112.8
2916.5	23462.8	34772.4	274.0	5201.7
2889.1	58541.0	53578.0	274.0	9215.4
1864.5	49809.8	42413.7	274.0	7546.0

14-7 续表 3 continued3

指标名称	Item	营业利润 Business profit
总计	Total	-23863.1
一、住宿业	Hotels	-20832.9
旅游饭店	Tourismrestaurant	-22622.5
一般旅馆	Hotels	1945.7
经济型连锁酒店	EconomicalChainHotels	202.2
其他一般旅馆	OtherGeneralHotels	1743.5
其他住宿业	Other	-156.1
内资企业	Domesticfunds	-19119.7
国有企业	State-owned	-9575.3
有限责任公司	Limitedliabilitycorporations	-11025.6
国有独资企业	State-ownedsolely	-3063.4
其他有限责任公司	Limitedliabilitycorporations	-7962.2
股份有限公司	Shareholding	-86.2
私营企业	Private	1567.4
私营有限责任公司	Private limited company	1567.4
港、澳、台商投资企业	FundedfromHongkong,MacaoandTaiwan	-987.2
与港澳台商合资经营企业	Jointventure	117.0
港澳台商独资企业	OtherGeneralHotelsHongKong,MacaoorTaiwanSoleProprietorship	-1104.2
外商投资企业	Foreignfunded	-726.0
外资企业	EnterpriseOwnedbyForeignCapitalists	-726.0
国有控股	State-owned	-11918.8
集体控股	Collective-owned	-135.4
私人控股	Private-owned	-1249.5
港澳台商控股	Hongkong,MacaoandTaiwan-Owned	-1104.2
外商控股	Foreign-owned	-726.0
其他	Others	-5473.5
独立门店	Substantivestore	-20034.9
连锁总店（总部）	Chainheadquarter	53.0
连锁加盟店	ChainFranchiseeStores	-135.0
其他	Others	-716.0
大型	Large-sized	-5153.8
中型	Medium-sized	-8984.6
小型	Small-sized	-6779.4
微型	Micro-sized	84.9
五星	Five-star	-582.7
四星	Four-star	-9681.8
三星	Three-star	1833.1
其他	Others	-12401.5
城镇	CitiesandTowns	-20280.7
其中：城区	Including:UrbanArea	-19280.3

单位：万元 unit:10000 yuan

		四、人工成本 Workers cost		五、从事住宿和餐饮业活动的从业人员平均人数（人）Average number of employees engaged in wholesale and retail activities (person)
利润总额 Total profit	所得税费用 Income taxes payable	应付职工薪酬（本年贷方计发生额）payroll payable (credit accumulated happening this year)	应交增值税 VAT payableinput	
-24604.7	517.1	60126.9	5377.0	14371
-21516.0	206.4	43031.9	4022.4	8611
-23197.1	159.7	39265.5	3351.3	7438
1742.3	38.8	2675.8	457.4	953
202.2	5.7	289.4	27.7	82
1540.1	33.1	2386.4	429.7	871
-61.2	7.9	1090.6	213.7	220
-19796.7	274.4	37180.7	3780.3	7852
-9427.9		16118.5	1480.2	2966
-11642.5	251.8	16450.4	1484.0	3384
-3056.4	27.4	1983.6	354.2	284
-8586.1	224.4	14466.8	1129.8	3100
-88.6		340.2	29.6	89
1362.3	22.6	4271.6	786.5	1413
1362.3	22.6	4271.6	786.5	1413
-982.9		1029.5	248.6	220
118.8		767.2	196.0	120
-1101.7		262.3	52.6	100
-736.4	-68.0	4821.7	-6.5	539
-736.4	-68.0	4821.7	-6.5	539
-11764.5	27.4	17954.7	2047.0	3295
-135.4		189.6	14.9	42
-1419.2	16.8	6897.1	198.4	2078
-1101.7		262.3	52.6	100
-736.4	-68.0	4821.7	-6.5	539
-6131.7	230.2	12338.2	1656.1	2407
-20621.5	75.8	39016.5	3771.8	7419
50.6	1.7	354.5	29.8	109
-127.9	1.4	431.1	71.4	109
-817.2	127.5	3229.8	149.4	974
-5162.6	-68.0	11432.3	730.5	1793
-9930.2	220.5	19653.7	2521.0	3778
-6614.4	45.9	11881.5	742.4	3009
191.2	8.0	64.4	28.5	31
-1252.6	70.9	7720.3	39.8	1040
-9743.3		9987.0	779.8	1756
1637.6	39.3	2844.4	613.1	1039
-12157.7	96.2	22480.2	2589.7	4776
-20983.3	206.4	42771.6	3995.5	8545
-19948.9	95.6	36267.8	2626.6	6830

14-7 续表 4 continued4

指标名称	Item	法人企业数（个）Corporate enterprises (unit)
乡村	Countryside	3
港商投资	HongKongInvestment	1
台商投资	TaiwanInvestment	1
二、餐饮业	Catering	89
正餐服务业	Dinner	74
快餐服务业	Fastfood	5
餐饮配送及外卖送餐服务	CateringDistributionandTake-AwayDeliveryService	8
餐饮配送服务	CateringDistributionService	7
外卖送餐服务	Take-AwayDeliveryService	1
其他餐饮业	Others	2
其他未列明餐饮业	OtherCateringNotListed	2
内资企业	Domesticfunds	88
国有企业	State-owned	1
集体企业	Collective-owned	1
有限责任公司	Limitedliabilitycorporations	38
国有独资公司	State-ownedsolely	1
其他有限责任公司	Limitedliabilitycorporations	37
股份有限公司	IncorporatedCompany	2
私营企业	Private	46
私营独资企业	Privatefunded	3
私营有限责任公司	Privatelimitedcompany	39
私营股份有限公司	Privateshareholding	4
外商投资企业	Foreignfunded	1
中外合资经营企业	Jointventure	1
国有控股	State-owned	3
集体控股	Collective-owned	1
私人控股	Private-owned	75
外商控股	Foreign-owned	1
其他	Others	9
独立门店	Substantivestore	72
连锁总店（总部）	Chainheadquarter	2
连锁直营店	ChainDirect-SaleStores	1
其他	Others	14
大型	Large-sized	1
中型	Medium-sized	8
小型	Small-sized	58
微型	Micro-sized	22
城镇	CitiesandTowns	87
其中：城区	Including:UrbanArea	53
乡村	Countryside	2

单位：万元 unit：10000yuan

住宿餐饮业 Accommodation and catering industry				
二、期末资产负债 The final balance sheet				
流动资产合计 Circulating funds	固定资产原价 Total Fixed Assets	累计折旧 Total depreciation	本年折旧 Depreciation in this year	资产总计 Total assets
881.3	325.9	221.7	45.7	1087.2
5854.4	5947.3	4609.6	60.4	26517.3
885.9	411.0	380.3	5.1	922.3
64375.7	49259.1	18867.9	5369.1	126985.9
56568.7	42666.5	14892.6	4903.1	110331.4
2347.1	6077.5	3726.3	386.7	10753.1
4397.7	515.0	248.9	79.2	4839.2
4397.7	515.0	248.9	79.2	4839.2
1062.2	0.1	0.1	0.1	1062.2
1062.2	0.1	0.1	0.1	1062.2
64144.3	49024.0	18670.4	5329.3	126557.0
1336.6	2056.5	1866.1	107.0	1527.0
233.8	50.2			284.0
33473.3	13799.3	9378.6	2746.6	60988.7
3068.7	516.6	453.6	4.8	3236.7
30404.6	13282.7	8925.0	2741.8	57752.0
98.5	77.0	48.1	42.0	244.9
29002.1	33041.0	7377.6	2433.7	63512.4
506.6	378.8	257.1	40.1	620.4
27131.7	32337.6	6954.6	2380.1	60279.9
1363.8	324.6	165.9	13.5	2612.1
231.4	235.1	197.5	39.8	428.9
231.4	235.1	197.5	39.8	428.9
4600.2	2704.6	2322.9	112.8	8358.8
233.8	50.2			284.0
44309.5	44117.6	15069.1	4944.8	99152.7
231.4	235.1	197.5	39.8	428.9
15000.8	2151.6	1278.4	271.7	18761.5
53575.5	47012.7	17631.3	5178.0	108122.2
3711.7	1611.1	1006.8	138.2	4996.8
883.1	122.9	122.9	1.2	885.5
6205.4	512.4	106.9	51.7	12981.4
989.5	5920.4	3678.3	338.7	7987.9
13272.1	21384.1	4664.1	1546.9	32643.2
45424.9	21592.0	9927.3	3433.5	78781.3
4689.2	362.6	598.2	50.0	7573.5
63747.5	49209.4	18851.9	5357.4	126324.0
29214.2	23114.5	10584.3	1650.5	57874.0
628.2	49.7	16.0	11.7	661.9

14-7 续表 5 continued5

指标名称	Item	负债合计 Total liabilities
乡村	Countryside	1863.0
港商投资	HongKongInvestment	35026.1
台商投资	TaiwanInvestment	303.2
二、餐饮业	Catering	114894.3
正餐服务业	Dinner	106921.0
快餐服务业	Fastfood	3331.5
餐饮配送及外卖送餐服务	CateringDistributionandTake-AwayDeliveryService	3704.5
餐饮配送服务	CateringDistributionService	3704.5
外卖送餐服务	Take-AwayDeliveryService	
其他餐饮业	Others	937.3
其他未列明餐饮业	OtherCateringNotListed	937.3
内资企业	Domesticfunds	114844.2
国有企业	State-owned	572.4
集体企业	Collective-owned	797.9
有限责任公司	Limitedliabilitycorporations	46111.4
国有独资公司	State-ownedsolely	2905.3
其他有限责任公司	Limitedliabilitycorporations	43206.1
股份有限公司	IncorporatedCompany	644.7
私营企业	Private	66717.8
私营独资企业	Privatefunded	1894.5
私营有限责任公司	Privatelimitedcompany	64092.4
私营股份有限公司	Privateshareholding	730.9
外商投资企业	Foreignfunded	50.1
中外合资经营企业	Jointventure	50.1
国有控股	State-owned	7072.8
集体控股	Collective-owned	797.9
私人控股	Private-owned	90958.1
外商控股	Foreign-owned	50.1
其他	Others	16015.4
独立门店	Substantivestore	101007.7
连锁总店（总部）	Chainheadquarter	4492.9
连锁直营店	ChainDirect-SaleStores	224.5
其他	Others	9169.2
大型	Large-sized	2715.3
中型	Medium-sized	37682.4
小型	Small-sized	71167.8
微型	Micro-sized	3328.8
城镇	CitiesandTowns	114265.3
其中：城区	Including:UrbanArea	47931.6
乡村	Countryside	629.0

单位：万元 unit：10000yuan

所有者权益 Creditor's equity	实收资本 Driginal	营业收入 Operation revenue	主营业务收入 Operating revenue	营业成本 Operation costs
-1089.3	790.0	867.9	812.4	952.0
-8508.8	1800.0	1979.7	1979.7	584.5
619.1	1000.0	2924.0	2901.2	732.7
9055.0	17881.2	129365.4	128944.2	78257.9
650.8	11505.2	94470.6	94049.4	56714.0
7421.6	5612.3	19486.9	19486.9	7832.8
857.7	645.0	14765.1	14765.1	13259.5
857.7	645.0	7952.1	7952.1	6995.5
		6813.0	6813.0	6264.0
124.9	118.7	642.8	642.8	451.6
124.9	118.7	642.8	642.8	451.6
8676.2	17881.2	128959.8	128538.6	78121.8
954.6	954.6	2006.4	2006.4	461.1
-513.9	48.0	289.3	289.3	210.5
12745.3	10952.2	79023.4	78624.2	50282.0
331.4	800.0	1039.0	897.2	235.3
12413.9	10152.2	77984.4	77727.0	50046.7
-399.8	210.0	624.2	624.2	257.8
-4110.0	5716.4	47016.5	46994.5	26910.4
-1274.1	50.0	1640.7	1640.7	870.5
-4717.1	4158.7	42186.8	42164.8	24407.4
1881.2	1507.7	3189.0	3189.0	1632.5
378.8		405.6	405.6	136.1
378.8		405.6	405.6	136.1
1286.0	1754.6	4587.2	4445.4	2993.6
-513.9	48.0	289.3	289.3	210.5
5298.0	13918.6	89877.0	89826.8	51817.5
378.8		405.6	405.6	136.1
2606.1	2160.0	34206.3	33977.1	23100.2
4077.9	13259.5	94410.3	93989.1	52169.0
503.9	1360.0	8326.4	8326.4	3411.8
661.0	477.7	572.9	572.9	277.0
3812.2	2784.0	26055.8	26055.8	22400.1
5272.6	4000.0	15295.8	15295.8	5719.0
-5039.2	2854.6	38793.9	38554.7	27854.6
7613.5	9189.6	68457.5	68275.5	39943.7
1208.1	1837.0	6818.2	6818.2	4740.6
9022.1	17881.2	128636.2	128215.0	77652.6
9771.8	12792.9	72942.9	72773.3	37803.8
32.9		729.2	729.2	605.3

14-7 续表 6continued6

指标名称	Item	税金及附加 Business taxes and extra charges
乡村	Countryside	19.3
港商投资	HongKongInvestment	6.7
台商投资	TaiwanInvestment	7.3
二、餐饮业	Catering	797.2
正餐服务业	Dinner	775.3
快餐服务业	Fastfood	3.6
餐饮配送及外卖送餐服务	CateringDistributionandTake-AwayDeliveryService	17.4
餐饮配送服务	CateringDistributionService	10.4
外卖送餐服务	Take-AwayDeliveryService	7.0
其他餐饮业	Others	0.9
其他未列明餐饮业	OtherCateringNotListed	0.9
内资企业	Domesticfunds	791.8
国有企业	State-owned	16.6
集体企业	Collective-owned	0.5
有限责任公司	Limitedliabilitycorporations	229.0
国有独资公司	State-ownedsolely	4.3
其他有限责任公司	Limitedliabilitycorporations	224.7
股份有限公司	IncorporatedCompany	1.2
私营企业	Private	544.5
私营独资企业	Privatefunded	7.1
私营有限责任公司	Privatelimitedcompany	530.8
私营股份有限公司	Privateshareholding	6.6
外商投资企业	Foreignfunded	5.4
中外合资经营企业	Jointventure	5.4
国有控股	State-owned	20.9
集体控股	Collective-owned	0.5
私人控股	Private-owned	710.9
外商控股	Foreign-owned	5.4
其他	Others	59.5
独立门店	Substantivestore	703.6
连锁总店（总部）	Chainheadquarter	0.8
连锁直营店	ChainDirect-SaleStores	3.3
其他	Others	89.5
大型	Large-sized	
中型	Medium-sized	245.6
小型	Small-sized	460.4
微型	Micro-sized	91.2
城镇	CitiesandTowns	794.9
其中：城区	Including:UrbanArea	282.6
乡村	Countryside	2.3

单位：万元 unit:10000 yuan

三、损益及分配 Gains and losses and distribution				
其他业务利润 Other profits	销售费用 Marking expenses	管理费用 Management expenses	研发费用 Research and Development Expenditure	财务费用 Financial expenses
55.4	66.0	382.1		0.3
26.3	564.9	870.2		1083.9
	836.2	1235.4		6.1
1803.6	36648.4	16121.8	7.0	1472.8
1794.8	25911.1	14371.1	7.0	1214.3
	10378.9	791.0		176.1
8.8	227.1	919.1		67.2
8.8	57.0	587.7		61.5
	170.1	331.4		5.7
	131.3	40.6		15.2
	131.3	40.6		15.2
1803.6	36644.9	15979.7	7.0	1472.2
	1055.2	472.1		-6.1
-6.9	159.9			10.9
8.8	21964.7	6857.0		548.3
	595.5	668.8		2.6
8.8	21369.2	6188.2		545.7
	356.3	56.3		1.2
1801.7	13108.8	8594.3	7.0	917.9
	339.0	321.8		0.6
1801.7	11476.1	8189.3	7.0	917.1
	1293.7	83.2		0.2
	3.5	142.1		0.6
	3.5	142.1		0.6
	1747.1	1211.4		48.1
-6.9	159.9			10.9
1810.5	27290.8	11331.8	7.0	1418.4
	3.5	142.1		0.6
	7447.1	3436.5		-5.2
1803.6	28570.0	14520.8	7.0	1419.9
	5178.4	367.9		-4.5
	230.0	3.4		
	2670.0	1229.7		57.4
	8735.2	423.9		178.2
1801.7	5372.6	7396.5		4.6
1.9	21297.6	7580.7	7.0	1258.4
	1243.0	720.7		31.6
1803.6	36648.4	16035.9	7.0	1471.9
1794.8	28161.6	6039.4		1122.3
		85.9		0.9

14-7 续表 7 continued7

指标名称	Item	营业利润 Business profit
乡村	Countryside	-552.2
港商投资	HongKongInvestment	-1104.2
台商投资	TaiwanInvestment	117.0
二、餐饮业	Catering	-3030.2
正餐服务业	Dinner	-3562.5
快餐服务业	Fastfood	304.5
餐饮配送及外卖送餐服务	CateringDistributionandTake-AwayDeliveryService	224.8
餐饮配送服务	CateringDistributionService	190.0
外卖送餐服务	Take-AwayDeliveryService	34.8
其他餐饮业	Others	3.0
其他未列明餐饮业	OtherCateringNotListed	3.0
内资企业	Domesticfunds	-3148.1
国有企业	State-owned	7.5
集体企业	Collective-owned	-99.3
有限责任公司	Limitedliabilitycorporations	-76.9
国有独资公司	State-ownedsolely	-467.5
其他有限责任公司	Limitedliabilitycorporations	390.6
股份有限公司	IncorporatedCompany	24.4
私营企业	Private	-3003.8
私营独资企业	Privatefunded	101.7
私营有限责任公司	Privatelimitedcompany	-3253.5
私营股份有限公司	Privateshareholding	148.0
外商投资企业	Foreignfunded	117.9
中外合资经营企业	Jointventure	117.9
国有控股	State-owned	-1215.4
集体控股	Collective-owned	-99.3
私人控股	Private-owned	-2547.5
外商控股	Foreign-owned	117.9
其他	Others	714.1
独立门店	Substantivestore	-2757.1
连锁总店（总部）	Chainheadquarter	-99.0
连锁直营店	ChainDirect-SaleStores	33.6
其他	Others	-207.7
大型	Large-sized	239.5
中型	Medium-sized	-2063.2
小型	Small-sized	-1148.6
微型	Micro-sized	-57.9
城镇	CitiesandTowns	-3064.9
其中：城区	Including:UrbanArea	87.4
乡村	Countryside	34.7

单位：万元 unit:10000 yuan

		四、人工成本 Workers cost		五、从事住宿和餐饮业活动的从业人员平均人数（人）Average number of employees engaged in wholesale and retail activities (person)
利润总额 Total profit	所得税费用 Income taxes payable	应付职工薪酬（本年贷方计发生额）payroll payable (credit accumulated happening this year)	应交增值税 VAT payableinput	
-532.7		260.3	26.9	66
-1101.7		262.3	52.6	100
118.8		767.2	196.0	120
-3088.7	310.7	17095.0	1354.6	5760
-3523.8	254.0	13616.3	1222.4	4034
196.4	42.7	2648.0	24.6	579
235.7	13.9	688.1	107.6	1107
195.4	11.9	674.3	80.8	167
40.3	2.0	13.8	26.8	940
3.0	0.1	142.6		40
3.0	0.1	142.6		40
-3206.1	309.5	16915.0	1352.0	5727
11.6	0.1	805.0	72.0	132
-10.6		126.8	4.3	32
-216.9	149.1	10544.6	573.2	3663
-466.2	-116.6	568.7	35.7	150
249.3	265.7	9975.9	537.5	3513
24.5	3.8	82.3	5.9	32
-3014.7	156.5	5356.3	696.6	1868
101.7	26.5	400.2	30.7	165
-3268.0	122.3	4520.0	628.9	1558
151.6	7.7	436.1	37.0	145
117.4	1.2	180.0	2.6	33
117.4	1.2	180.0	2.6	33
-1214.1	-116.5	1438.0	105.6	424
-10.6		126.8	4.3	32
-2628.5	298.3	10451.6	1014.1	3994
117.4	1.2	180.0	2.6	33
647.1	127.7	4898.6	228.0	1277
-2708.3	181.0	14359.5	1054.8	4944
-224.8		712.8	0.6	138
35.8	1.7	80.9	4.2	40
-191.4	128.0	1941.8	295.0	638
130.9	37.5	1894.3		380
-1966.6	126.6	5779.8	455.4	2468
-1198.7	136.1	9026.3	827.5	2559
-54.3	10.5	394.6	71.7	353
-3123.0	309.2	17049.7	1335.2	5747
66.9	133.5	9126.1	868.1	3210
34.3	1.5	45.3	19.4	13

统计资料

▶ 对外经济贸易和旅游业

FOREIGN TRADE TOURISM

STATISTICS

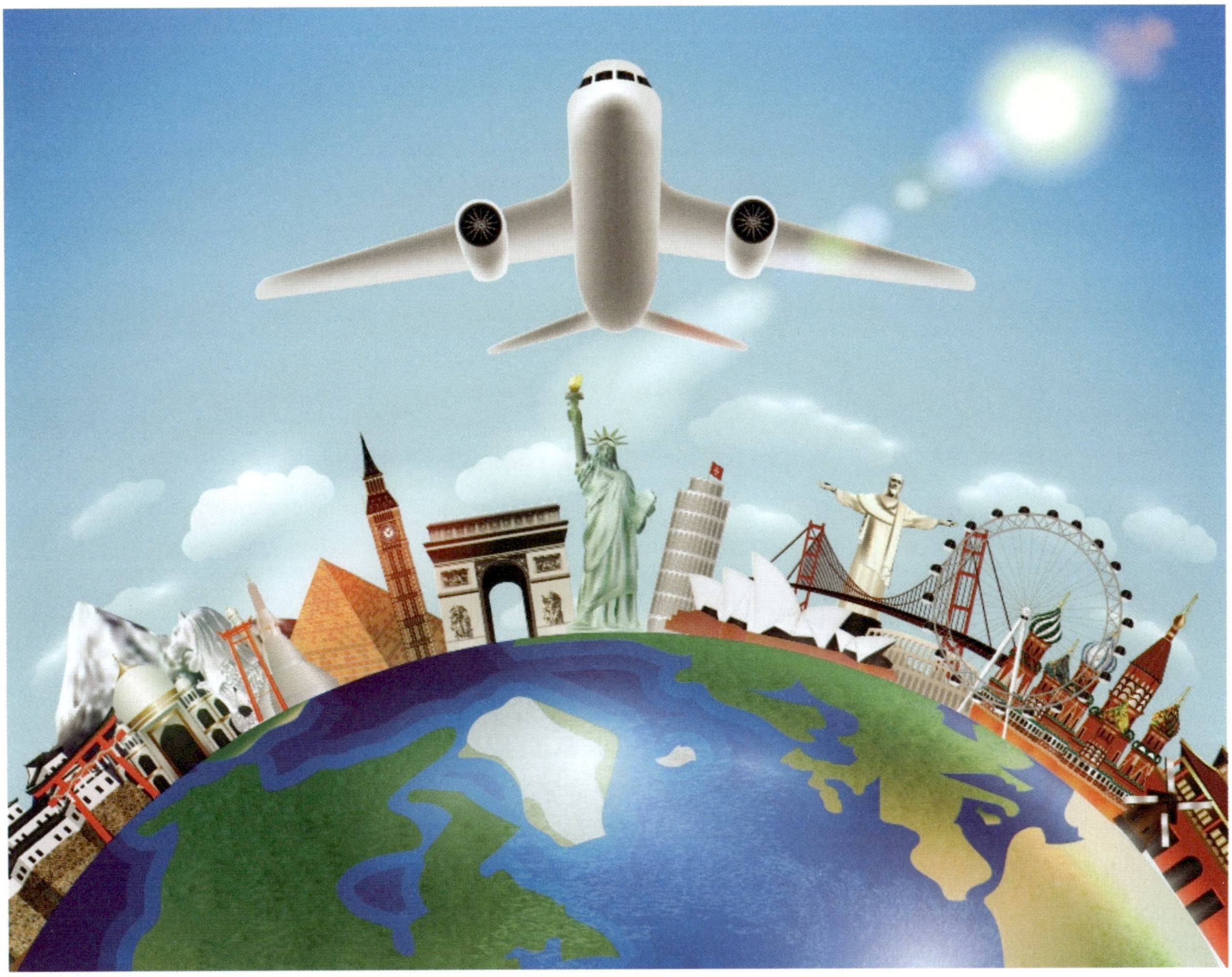

2020

长春统计年鉴

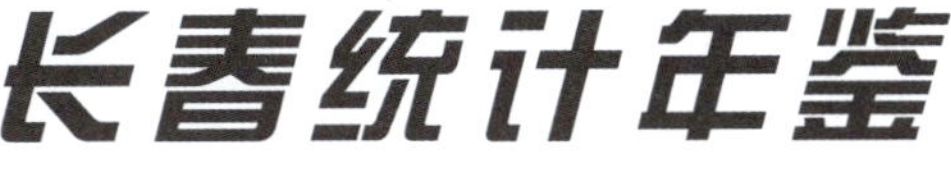

CHANGCHUN STATISTICAL YEARBOOK

第十五篇　对外经济贸易和旅游业

据海关统计，2019 年，长春市实现进出口总额 995.8 亿元，同比下降 5.6%。其中：实现出口额 148.6 亿元，同比下降 2.6%；实现进口额 847.1 亿元，同比下降 6.1%。

从贸易方式来看，2019 年，长春市进出口以一般贸易为主，加工贸易次之。长春市通过一般贸易实现进出口额 897.7 亿元，占全市进出口总额的 90.2%，超过九成。通过加工贸易实现进出口额 40.7 亿美元，占全市进出口总额的 4.1%，进出口额同比下降 33.6%。

从主要出口商品品种来看，长春市全年共实现出口额 148.6 亿元，同比下降 2.6%。前十类主要出口商品出口额四升六降。其中，汽车零配件出口增长 23.5%，汽车出口下降 24.8%，两类商品分别位居出口榜单的第一和第二位，占全市出口额的 19.7%。

2019 年，长春市实际利用外资 3.3 亿美元，同比增长 20.0%。

15-1 2019 年对外经济贸易指标
FOREIGN TRADE AND ECONOMIC COOPERATION 2019

指标名称	Item	单位 Unit	2019
进出口总额	Total import and export(I)	万元 10000 元	9957522
其中：进口	Imports	万元 10000 元	8471297
出口	Exports	万元 10000 元	1486225
1. 国有企业	State owned	万元 10000 元	
其中：进口	Imports	万元 10000 元	2661344
出口	Exports	万元 10000 元	520398
2. 集体企业	Collective owned	万元 10000 元	
其中：进口	Imports	万元 10000 元	
出口	Exports	万元 10000 元	56
3. 三资企业	Foreign funded	万元 10000 元	
其中：进口	Imports	万元 10000 元	5105737
出口	Exports	万元 10000 元	446167
4. 私营企业	Private	万元 10000 元	
其中：进口	Imports	万元 10000 元	688990
出口	Exports	万元 10000 元	493137
新批项目（企业）数	Number of new registered enterprises	个 unit	43
投资总额	Total investment	万美元镙$10000	107271.0175
合同利用外资额	Contract foreign investment	万美元镙$10000	62129.1795
其中：直接利用外资额	Direct foreign investments	万美元镙$10000	62129.1795
实际利用外资额	Total of foreign funds actu a lly used	万美元镙$10000	33154.7173
其中：直接利用外资额	Direct foreign investment	万美元镙$10000	33154.7173

15-2 2007-2019 年长春市旅游经济情况

指标名称	Item	2007	2008	2009
海外旅游者（人次）	International tourists (person-time)	200248	217008	217000
外国人（人次）	Foreigners(person-time)	164834	187702	183251
华侨（人次）	Overseas Chinese(person-time)			
港澳同胞（人次）	Compatriots from Hongkong and Macao(person-time)	19210	13905	23326
台湾同胞（人次）	Compatriots from Taiwan(person-time)	16204	10399	10534
海外旅游者（人天）	International tourists(person-day)	459611	595025	670934
外国人（人天）	Foreigners(person-day)	409052	510417	583681
华侨（人天）	Overseas Chinese(person-day)			
港澳同胞（人天）	Compatriots from Hongkong and Macao(person-day)	50559	54444	57799
台湾同胞（人天）	Compatriots from Taiwan(person-day)	47440	30164	29454
国内旅游者（万人次）	Domestic tourists(10000person-time)	1587.2	1896.6	2246.5
旅游外汇收入（万美元）	Foreign exchange earnings from tourism($10000)	8930	10680	11625
旅游业总收入（亿元）	Revenue of tourism(100 millon yuan)	182.84	228.31	276.6

DEVELOPMENT OF TOURISM 2007-2019

2010	2011	2012	2013	2014	2015	2016	2017	2018	2019
249824	301639	356627	378261	384540	430582	452100	464900	456147	416522
219780	248034	286961	305616	314446	339611	353400	360600	350455	349694
20475	28809	36828	39554	41710	47558	51100	53300	52507	43144
9569	24796	32838	33091	38384	43413	47600	51000	53185	23684
806995	998963	1146277	1253593	1352119	1488153	1536500	1384988	1368783	1132663
722157	838729	935851	1058121	1124431	1227928	1258800	1097212	1030416	974434
57121	85530	109363	112040	118830	137750	150000	155749	155700	105048
27717	74706	101063	100924	108858	122475	127700	132027	182667	53181
2612. 64	3084. 17	3620. 21	4191. 67	4948. 31	5682. 99	6655. 22	7781. 3	8942. 84	10114. 81
13747. 87	16974. 46	22379. 05	24305. 89	28901. 84	31850. 19	34398. 21	35602. 15	30061. 22	22874. 04
350. 42	431. 65	548. 28	685. 79	839. 5	10742. 64	1341	1618. 3	1903. 54	2191. 42

15–3 2019 年主要出口商品情况
MAIN EXPORT GOODS IN 2019

商品名称	Item	出口金额（万元）Export（10000 元）	占出口总额比重（%）Proportion(%)
合计	Total	1486225	
粮食	Food	22281	1.5%
汽车（包括整套散件）	Automobile	113022	7.7%
汽车零件	Vehicle parts	179152	12.2%
服装及衣着附件	Garments and accessories	32682	2.2%
新的充气橡胶轮胎	New pneumaticrubber tire	18150	1.2%
塑料制品	Plastic products	8680	0.6%
肉及杂碎	Meat	3401	0.2%
胶合板及类似多层板	Veneer and multiply wood	64701	4.4%
家具及其零件	Furniture	25980	1.8%
摩托车	Motorcycles	15457	1.1%
通断保护电路装置及零件	Hardware	50050	3.4%
医药品	Medicine materials	60975	4.2%
箱包及类似容器	Bags and similar containers	813	0.1%
纺织纱线、织物及制品	Weave and products	1572	0.1%
家用或装饰用木制品	Timeber products for household or decoration	5621	0.4%
医疗仪器及器械	Medical apparatus and appliance	1648	0.1%
灯具照明装置及其零件	Lighting installation and its spares	1115	0.1%
手用或机用工具	Manual or machine tools	10691	0.7%
玻璃制品	Glasswares	539	0.04%
钢 材	Steel products	6071	0.4%

15-4 2019 年主要进口商品情况
MAIN EXPORT GOODS IN 2019

商品名称	Item	进口金额（万元）Import (10000 元)	占进口总额比重 (%) Proportion (%)
合计	Total	8471297	
汽车零件	Vehicles parts	2667742	31.5%
汽车（包括整套散件）	Vehicles	1746930	20.6%
计量检测分析自控仪器及器具	Analysis of measurement control equipment and appliance	565456	6.7%
大豆	Soybean	105672	1.2%
金属加工机床	Metal-cutling machine tools	47833	0.6%
通断保护电路装置及零件	Hardware	406362	4.8%
活塞式内燃机的零件	Parts of piston eagine	36658	0.4%
钢材	Steel products	42123	0.5%
钢铁制标准坚固件	Standard strong steel products	119088	1.4%
收音设备	Recording equipment	58072	0.7%
集成电路	Integrated circuit	107325	1.3%
电动机及发电机	Electromotor and dynamo	76473	0.9%
电视、收音机及无线电讯装置的零附件	Electrical apparatus and parts	338269	4.0%
初级形状的塑料	Initial shape plastics	44745	0.5%
液泵及液体提升机	Pump and liquid elevator	39151	0.5%
变压、整流、电感器及零件	Transformer rectifier inductor and parts	36753	0.4%
机械提升搬运装卸设备及零件	Mechanical handling equipmeat and parts to upgrade handing	34325	0.4%
医疗仪器及器械	Medical apparatus and appliance	2070	0.02%
合成橡胶（包括乳胶）	Synthetic rubber (include emulsoid)	4293	0.1%
电线和电缆	Wire and cable	54462	0.6%
制冷设备用压缩机	Compressor for refrigeration facility	11401	0.1%
塑料制品	Plastic products	84341	1.0%
纺织纱线、织物及制品	Weave and products	36390	0.4%
空气调节器	Air conditioners	5848	0.1%
阀门	Valve	9913	0.1%
棉 花	Conton	0	0

15-5 2019年外贸进出口总值分国别(地区)出口情况
BASIC CONDITIONS OF FOREIGN TRADE BY COUNTRY IN 2019

国家（地区）	Country or region	出口额（万元） Exports(10000元)
总 值	Total	1486225
日本	Japan	125558
韩国	Korea	143466
美国	United States	113390
德国	Germany	135420
印度	India	61508
香港	HongKong	14801
越南	Vietnam	26194
台湾	Taiwan	14474
比利时	France	24847
加 拿 大	Canada	19559
伊朗	Iran	1388
巴基斯坦	Pakistan	4408
英国	United Kingdom	19294
墨西哥	Mexico	55951
荷兰	Netherland	11094
澳大利亚	Australia	81903
俄罗斯	Russia	47621
菲 律 宾	Philippines	40184
尼日利亚	Nigeria	15130
意 大 利	Italy	14837
阿拉伯联合酋长国	United Arab Emirates	4476
马来西亚	Malaysia	11135
沙特阿拉伯	Saudi Arabia	6851
印度尼西亚	Indonesia	46873
埃及	Egypt	3634
法国	France	19518
约旦	Jordan	755
西班牙	Spain	18930
南非（阿扎尼亚）	South Africa	31123
柬埔寨	Cambodia	154
巴西	Brazil	15177
丹麦	Denmark	2225
乌克兰	Ukraine	4869
土耳其	Turkey	11857
泰国	Algeria	82715

15-6 2019年外贸进出口总值分国别(地区)进口情况
BASIC CONDITIONS OF IMPORT IN FOREIGN TRADE BY COUNTRY IN 2019

国家(地区)	Country or region	进口额(万元)Imports (10000元)
总 值	Total	8471297
德国	Germany	2892222
日本	Japan	776988
匈牙利	Hungary	478427
美国	United States	281634
意大利	Italy	107730
韩国	Korea	263271
捷克共和国	Czech	356317
比利时	Belgium	283901
法国	France	172102
瑞典	Sweden	29271
马来西亚	Malaysia	51458
墨西哥	Mexico	367887
西班牙	Spain	86897
奥地利	Austria	100165
巴西	Brazil	118314
英国	Britain	19784
俄罗斯	Russia	10900
泰国	Thailand	206692
台湾	Taiwan	45590
澳大利亚	Australia	6959
波兰	Poland	116651
瑞士	Switzerland	37700
荷兰	Netherlands	31769
菲律宾	Philippines	26880
新 加 坡	Singapore	16355
印度尼西亚	Indonesia	4288
香港	HongKong	466
挪威	Norway	5840
印度	India	14439
以色列	Israel	8056
越南	Vietnam	6877
土耳其	Turkey	13783
加 拿 大	Canada	4718
丹麦	Denmark	9196
爱尔兰	Ireland	2375

15-7 2019年新批外商项目（企业）分类表
NEW REGISTERED FOREIGN PROJECTS (ENTERPRISES) BY CATEGORY IN 2019

指标名称	Item	户数（个）Enterprises (unit)	合同外资（万美元）Investment ($10000)	比重(%) Percentage (%)
总计	Total	43	62129.2	100.0%
1. 按行业类别分	Grouped by sector			
第一产业	Primary industry			
第二产业	Secondary industry	10	20676.23	33.3%
第三产业	Terinary industry	33	41452.9495	66.7%
2. 按国别、地区分	Grouped by country or region			
香港	Hongkong	11	32268.1	51.9%
韩国	Korea	7	2771.6995	4.5%
日本	Japan	6	5912.57	9.5%
荷兰	Holland			
德国	Germany	1	139.1	0.22%
新加坡	Singapore	3	2860.7	4.6%
3. 按经济类型分	Grouped by ownership			
中外合资企业	Sino-foreign joint ventures	17	32001.8	51.5%
中外合作企业	Sino-foreign cooperative enterprises			
外商独资企业	Exclusively foreign-owned enterprises	26	30127.4	48.5%
外商股份制企业	Foreign investment share enterprises			
投资性公司	Investment compani			

统计资料

▶金融保险业

BANKING AND INSURANCE

STATISTICS

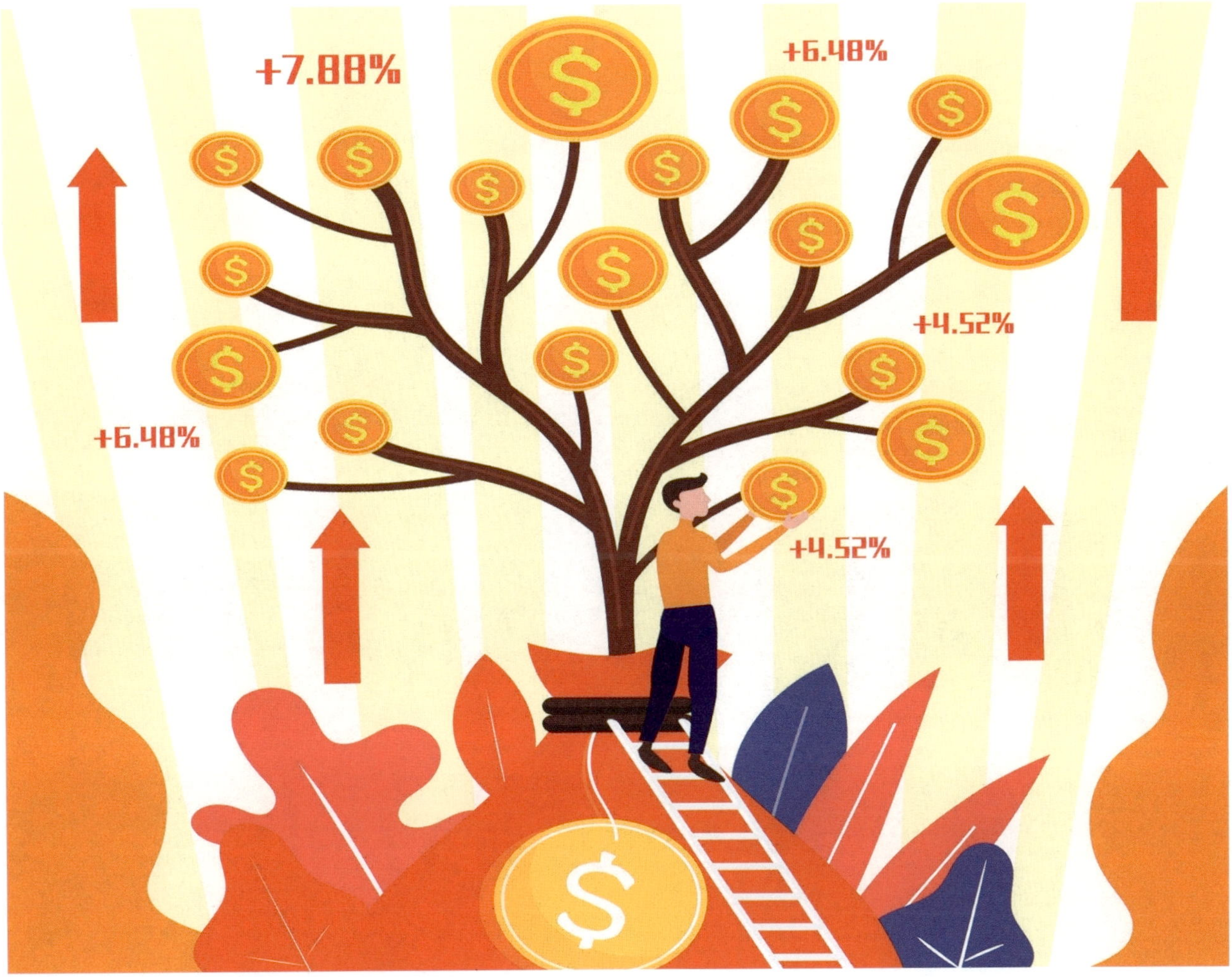

2020

长春统计年鉴

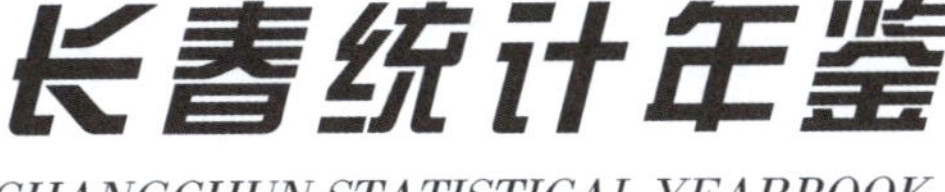

CHANGCHUN STATISTICAL YEARBOOK

第十六篇　金融保险业

2019年，全市金融机构继续加大金融对我市经济增长和结构调整的支持力度，贷款结构不断优化，全市金融为地方经济发展提供了有力的资金保障。保险行业发展稳中求进，为人民群众的生命和财产安全提供保障的功能得到充分发挥，行业发展再上新台阶。

一、各项存款平稳增长

2019年末，全市金融机构人民币各项存款余额达12597.7亿元，比年初增加1115.1亿元，增长9.7%。其中，住户存款5889.1亿元，比年初增加889.1亿元，增长17.8%；非金融企业存款4054.3亿元，比年初增加51.99亿元，增长1.3%；非银行业金融机构存款271.1亿元，比年初增长25.57亿元，增长10.4%。

二、各项贷款持续增长

2019年末，全市金融机构人民币各项贷款余额13076.9亿元，比年初增加1537.8亿元，增长13.3%。其中，住户贷款4250.8亿元，比年初增加961.7亿元，增长29.2%；非金融企业及机关团体贷款8825.4亿元，比年初增加575.9亿元，增长7.0%。

三、保险事业稳中求进

2019年，长春市保险业发展持续向好，保障功能充分发挥，服务经济社会能力切实增强。人们对健康问题的关注持续加大，对人身意外伤害险和健康险的需求增加。2019年长春市保险业实现保费收入292.3亿元，同比增长16.2%，占全省43.0%，其中人身意外伤害险保费收入7.6亿元，同比增长30.6%；健康险保费收入56.1亿元，同比增长53.3%。

2019年全年赔付支出97.2亿元，同比增长18.3%。其中，财产险赔付支出54.1亿元，同比增长15.4%；人身险赔付支出43.1亿元，同比增长22.1%。

16-1 主要年份住户储蓄存款余额（人民币）
DEPOSITS OF URBAN AND RURAL RESIDENTS(RMB)

单位：亿元 unit:100million yuan

		2018	2019
年末储蓄存款余额	Balance of deposits at year-end	4993	5889
按地区分	Grouped by region		
榆树市	Yushu	234	270
农安县	Nong' an	302	342
德惠市	Dehui	258	293
九台市	Jiutai	213	243
双阳区	Shuangyang	113	129

16-2 1998-2019 年保险费收入和赔款支出
PREMIUM AND CLAIM OF INSURANCE 1998-2019

单位：千元 unit:1000yuan

年份 Year	保险费收入 Premium	赔款支出 Claim	赔付率（%） Payment rate
1998	467423	288599	61.7
1999	840370	234360	27.9
2000	897800	284490	31.7
2001	1203345	404926	33.7
2002	1870688	484611	25.9
2003	2871260	562650	19.6
2004	3212130	579940	18.1
2005	2986980	665300	22.3
2006	3513544	902754	25.7
2007	4521397	1687103	37.3
2008	5685661	2069416	36.4
2009	6810096	2234097	32.8
2010	9325866	2259205	24.2
2011	8443132	2505617	29.7
2012	8953946	3167895	35.4
2013	10664214	4484021	42.0
2014	12888849	4902490	38.0
2015	16165574	5556082	34.4
2016	22479803	6847947	30.5
2017	24073421	7435210	30.9
2018	25646973	8627819	33.6
2019	29226794	9721049	33.3

注：因执行新会计准则，保费收入计算口径发生变化，2011 年保费收入为新口径。

16-3 2019年全市金融机构信贷收支(人民币)
CREDIT FUNDS BALANCE SHEET OF FINANCIAL INSTITUTIONS (RMB) IN 2019

单位：亿元 unit:100million yuan

来源项目名称	Item of sources	金额 Amount
一、各项存款	Deposits	12597.67
（一）. 境内存款	Deposits of enterprises	12589.91
1. 住户存款	Household deposits	5889.10
（1）活期存款	Current deposits	1905.69
（2）定期及其他存款	Regular and other deposits	3983.41
2. 非金融企业存款	Non-financial enterprise deposit	4054.32
（1）活期存款	Current deposit	1692.27
（2）定期及其他存款	Regular and other deposits	2362.05
3. 广义政府存款	Generalized government deposit	2375.43
（1）财政性存款	Financial deposit	239.29
（2）机关团体存款	Organ group deposit	2136.14
4. 非银行业金融机构存款	Deposits of non-banking financial institutions	271.06
（二）境外存款	Foreign deposits	7.76
二、金融债券	Bonds	100.93
三、卖出回购资产	Sell repurchase assets	43.43
四、借款及非银行业金融机构拆入	Borrowing and non banking financial institutions	19
五、联行往来（净）	Interlinked(net)	1325.6
六、应付及暂收款	Payable and temporary payment	381.37
七、各项准备	The preparation	423.28
八、所有者权益	Creditor's equity	885.41
其中：实收资本	Paid-up capital	291.55
九、其他 Others	Others	-655.6
资金来源总计	Total of sources	15121.09

16-3 续表 1 continued1

单位：亿元 unit:100million yuan

运用项目名称	Item of uses	金额 Amount
一、各项贷款	Loans	13076.85
（一）境内贷款	Domestic loans	13076.21
1. 住户贷款	Household loans	4250.79
（1）短期贷款	Short term loans	659.37
消费贷款	Consumer loans	401.74
经营贷款	business loans	257.63
（2）中长期贷款	Medium and long-term loans	3591.42
消费贷款	Consumer loans	3161.12
经营贷款	business loans	430.30
2. 非金融企业及机关团体贷款	Non-financial enterprises and institutions group loans	8825.42
（1）短期贷款	Short term loans	3069.05
（2）中长期贷款	Medium and long-term loans	5170.41
（3）票据融资	Bill financing	395.63
（4）融资租赁	Lease	181.43
（5）各项垫款	The advance	8.90
3. 非银行业金融机构贷款	Non-banking financial institutions	
（二）境外贷款	Foreign loans	0.64
二、债券投资	Bond investment	817.51
三、股权及其他投资	Equity and other investments	930.49
四、买入返售资产	Buy back resale assets	2.46
五、存放非银行业金融机构款项	Deposit of non-banking financial institutions	11.92
六、联行往来（净）	Interlinked(net)	
其中：境内存放二级准备金	The territory of the secondary reserve	311.75
七、金银占款	Gold and silver accounted for money	
八、外汇买卖	Foreign Exchange Trading	
九、应收及预付款	Receivables and prepayments	139.67
十、投资性房地产	Investment real estate	1.03
十一、固定资产	Fixed assets	141.17
资金运用总计	Total of uses	15121.09

16-4 2019年全市金融机构年末储蓄存款余额（人民币）
DEPOSITS BALANCE SHEET OF FINANCE INSTITUTIONS IN 2019(RMB)

单位：亿元　　unit:100million yuan

		金额 Amount
全市金融机构年末储蓄存款余额	Total	12598
榆树	Yushu	331
农安	Nong′ an	412
德惠	Dehui	344
九台	Jutai	310
双阳	Shuangyang	177

16-5 2019年全市保险业务状况
BASIC STATISTICS ON INSURANCE IN 2019

单位：千元　　unit:1000yuan

指标名称	Item	保费收入 Premium	赔款支出 Claim	赔付率（%） Loss ratio
总计	Total	29785602.7	10349965.6	34.7
一、财产险合计	Property	9931734.6	5408736.4	54.5
企财险	Enterprises property insurance	481756.9	224439.2	46.6
家财险	Family property insurance	33025.6	14626.1	44.3
机动车险	Motor vehicle insurance	6752225.4	3682816.7	54.5
工程保险	Engineering insurance	106728.9	41287.5	38.7
责任险	Liability insurance	396509.6	228033.8	57.5
信用保险	Credit insurance	18331.6	88059.4	480.4
保证保险	Guarantee insurance	1185461.2	310650.3	26.2
船舶保险	Ship insurance	1544.1	20.0	1.3
货运险	Freight transport insurance	283414.7	319961.8	112.9
特殊风险保险	Special risk insurance	16570.1	123.1	0.7
农业保险	Agriculture insurance	637817.9	485974.0	76.2
其他	Other life insurance	18348.6	12744.5	69.5
二、人身险合计	Life insurance	19295059.5	4312312.2	22.3
人寿保险	Life insurance	12924661.8	2074186.6	16.0
意外伤害险	Accident injury insurance	763990.2	123545.5	16.2
健康险	Health insurance	5606407.5	2114580.1	37.7
三、本级	III. At the corresponding level	558808.6	628917.0	112.5

统计资料

STATISTICS

▶教育、科技及文化事业

EDUCATION,SCIENCE AND TECHNOLOGY GULTURE

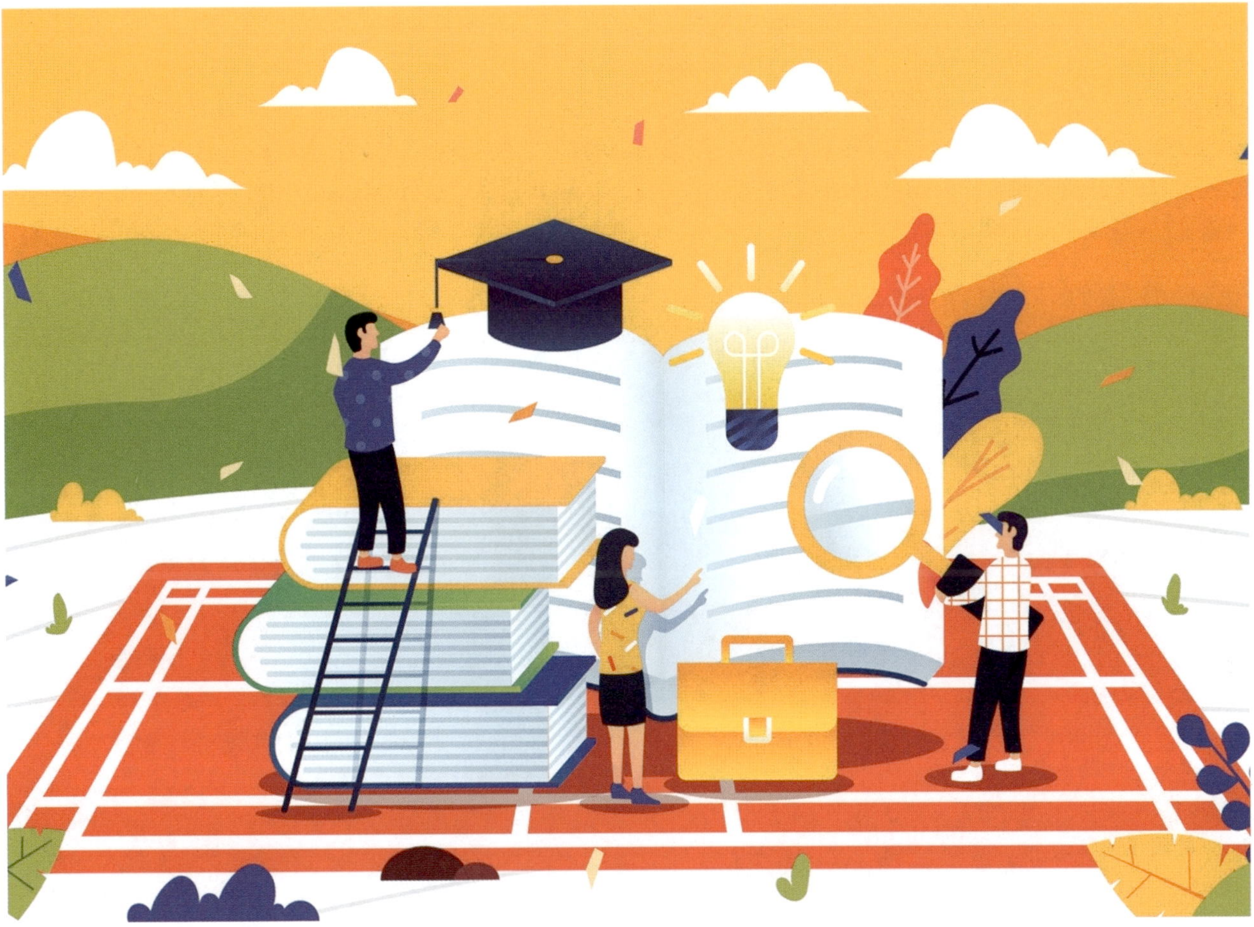

2020

长春统计年鉴

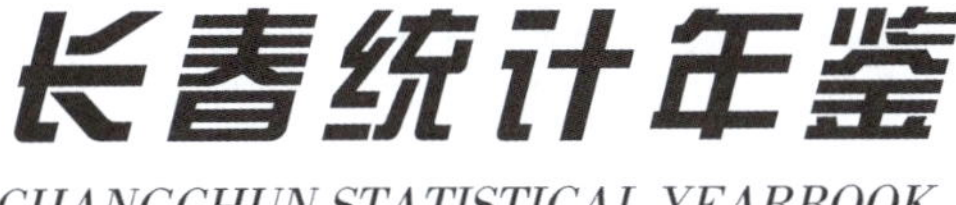

CHANGCHUN STATISTICAL YEARBOOK

第十七篇　教育、科技及文化事业

2019年，全市各类教育学校1505所（不含幼儿园，以下同），其中，普通高校40所，成人高校8所，中等职业学校93所，普通高中74所，初中学校274所，小学1006所，特殊教育学校9所，工读学校1所。

全市各级各类学校当年招生39.1万人。其中，普通本专科生14万人，成人本专科生3.5万人，研究生2.1万人，中等职业1.7万人，普通高中4.4万人，初中阶段6.4万人，小学6.9万人，特殊教育183人，工读34人。

全市各级各类学校在校学生137万人，其中，普通本专科生46.9万人，成人本专科生6.5万人，研究生6.2万人，中等职业教育4.4万人，普通高中12.2万人，初中20.1万人，小学40.4万人，特殊教育0.1万人，工读46人。

全市各级各类学校在校教职工12.2万人。其中，普通高校4.3万人，成人高校0.1万人，中等职业0.5万人，普通高中1.3万人，普通初中2.7万人，小学3万人，特殊教育人0.04万人，工读41人。

全市各级各类学校的专任教师9.3万人。其中，普通高校2.8万人，成人高校0.1万人，中等职业学校0.4万人，普通高中0.9万人，初中2万人，小学3.1万人，特殊教育0.04万人，工读31人。

全市举办学前教育机构1100个，其中，独立设置幼儿园828所，附设幼儿班机构272个。当年入园儿童4.3万人，在园儿童11.5万人，全市幼儿园教职工2万人，其中，专任教师万1.1万人。民办普惠性幼儿园111所，在园幼儿1.6万人。

全市非学历职业技术培训学校（机构）584个，当年注册学生6万人，结业生1.6万人，教职工0.4万人，其中，专任教师0.3万人。

2019年，全年专利申请量23144件，授权量11894件，分别比上年增长15.3%和15.8%。其中，发明专利申请量9215件，增长8.2%；发明专利授权量2600件，增长7.6%。

技术合同成交额达464.5亿元。市科技管理部门共投入科技经费11.3亿元。全市新认定高新技术企业744户。

全市有法定产品质量检验机构6家，法定计量技术机构10家。全年实施市级产品质量监督抽查2130批次，计量校准设备123530台/件，检验各类器具202663台/件。

2019年，全市共有文化（文物）事业机构250家，其中，艺术表演团体8家，艺术表演场馆5家，公共图书馆12家，艺术馆、文化馆12家，文化站163家，文化艺术科研、科技机构1家，文物保护研究机构1家，文物保护管理机构4家，其他文化事业15家，博物馆23家，文化市场管理机构6家。公共图书馆总藏量577.7万册，其中，少儿图书馆藏量91.7万册。

全市有各类文化经营场所1256家，其中，互联网上网服务营业场所707家，文化娱乐场所265家，演出场所37家，古玩（美术品）经营店247家。市区（含开发区）文化经营场所957家，其中，互联网上网服务营业场所497家，文化娱乐场所191家，演出场所22家，古玩（美术品）经营店247家。

全市有广播电视台6座，节目21套，中波发射台和转播台2座，转播台24座，广播人口覆盖率为100%。

17-1 长春市各级各类教育基本情况
BASIC STATISTICS ON EDUCATION

指标名称	Item	校数 Schools	毕业生（人） Graduates (person)	在校生数（人） Student enrollment (person)	教职工（人） Teacher and staff(person) 合计 Total	其中：专任教师 Full time teacher
一、高等教育	Higher education	48	155489	596561	45050	28857
1、研究生培养机构	Graduate cultivation mechanism	（16）	16008	62280		
普通高校	Instituions of higher education	（14）	15935	62102		
科研机构	Scientific research institution	（2）	73	178		
2. 普通高等教育	Regular higher education	40	114576	468853	43476	27891
本科	Undergraduate		82579	352252		
专科	Specialty		31997	116601		
3. 成人高等教育	Adult Higher Education	8	24905	65428	1457	915
本科	Undergraduate		14171	35394		
专科	Specialty		10734	30034		
4. 民办其他高等教育机构	Other Private Higher Education stitutions	（14）			117	51
二、高中段教育	High school education	167				
1. 中等职业	Secondary vocation	93	14812	44267	4841	3678
其中：普通中专	Special education schools	10	4776	12200	1520	1270
成人中专	Special secondary schools for adults	12	990	2604	1008	838
职业高中	Vocational senior middle schools	71	5766	16829	2188	1518
其他机构	Others	（20）	3280	12634	125	52
2. 普通高中	Senior secondary schools	74	39293	122425	13905	9020
三、初中阶段教育	junior high school education	274	63580	201309	27907	19780
1. 职业初中	Vocational middle schools	4	147	386	124	83
2. 普通初中	Junior secondary schools	270	63433	200923	27783	19697
四、小　学	Primary shools	1006	63517	403701	29997	31066
五、特殊教育	Special education schools	9	298	2942	433	376
六、工读学校	Approved shcools	1	29	46	41	31
七、幼 儿 园	Kindergartens	828	40847	115286	20089	10713

注：专任教师按办学层次填写。

17-2 中学概况
BASIC STATISTICS ON SECONDARY SCHOOLS

		校数（所）Schools	班数（个）Classes (unit)	毕业生数（人）Graduates (person)	在校学生数（人）Student enrollment (person)	教职工数（人）Teacher and staff (person)	
						合计 Total	#专职教师 Full time teacher
长春市	Changchun	348	7222	102873	323734	41812	34622
城区	District	204	4360	59589	190761	27552	23479
南关区	Nanguan	11	165	2035	6990	1225	1104
宽城区	Kuancheng	15	224	2889	9332	1642	1527
朝阳区	Chaoyang	12	226	2881	9061	1264	1063
二道区	Erdao	10	279	4650	13102	2152	2023
绿园区	Lvyuan	9	248	3422	11358	1196	1083
双阳区	Shuangyang	26	346	4329	14126	1792	1279
九台区	Jiutai	33	656	10174	29671	5212	3826
市辖区	Municipal Districts	33	990	13955	43376	4483	3959
新区	High-technical developing area	12	160	1237	6252	1997	1876
经济开发区	Economic technical developing area	7	118	1016	4618	723	614
净月开发区	Jingyue developing area	6	67	516	2428	408	385
汽车区	Motor vehicles development zone	12	224	3034	9962	1547	1382
中省属	Directly under province	15	642	9240	29908	3767	3229
莲花山区	lianhuashan	3	15	211	577	144	129
三县（市）区	Four counties(cities)	144	2862	43284	132973	14260	11143
农安县	Nong' an	50	1034	15082	48098	5576	4125
榆树市	Yushu	54	1017	16347	47323	4793	3772
德惠市	Dehui	40	811	11855	37552	3891	3246

17-3 小学概况
BASIC STATISTICS ON PRIMARY SCHOOLS

		校数（所）Schools	班数（个）Class (unit)	毕业生数（人）Graduates (person)	在校学生数（人）Student enrollment (person)	教职工数（人）Teacher and staff(person)	
						合计 Total	#：专职教师 Full time teacher
长春市	Changchun	1006	12490	63517	403701	29997	25244
城区	District	381	7051	39711	263070	15383	13288
南关区	Nanguan	25	512	3029	19616	1443	1329
宽城区	Kuancheng	25	735	3871	29336	1679	1559
朝阳区	Chaoyang	27	583	3929	22327	1725	1549
二道区	Erdao	15	575	3715	24099	1046	978
绿园区	Lvyuan	27	629	3510	25109	1351	1217
双阳区	Shuangyang	111	646	2902	15176	2349	1649
九台区	Jiutai	86	955	5163	31355	1724	1321
市辖区	Municipal Districts	6	302	2654	11966	867	751
新区	New Districts	10	536	1297	20605	332	312
经济开发区	Economic developing area	12	274	1678	11545	712	688
净月开发区	Jingyue developing area	12	236	867	8141	559	528
汽车区	Automobile Disttict	6	381	2490	15694	420	385
中省属	Central Provincial	6	637	4262	26412	1031	889
莲花山	lianhuashan	13	50	344	1689	145	133
三县（市）区	Four counties(cities)	625	5439	23806	140631	14614	11956
农安县	Nong' an	191	1924	9064	52033	5317	4139
榆树市	Yushu	276	2093	7156	49022	5489	4791
德惠市	Dehui	158	1422	7586	39576	3808	3026

17-4 幼儿园
BASIC STATISTICS ON KINDERGARTENS

		园数（所）Kindergartens (unit)	在园幼儿数（人）Children (person)	教职工数（人）Teacher and staff(person)	
				合计 Total	#：专职教师 Full time teacher
长春市	Changchun	828	115286	20089	10713
城区	District	635	92568	17226	8964
南关区	Nanguan	61	10516	2114	1187
宽城区	Kuancheng	54	8111	1754	853
朝阳区	Chaoyang	81	12915	2489	1270
二道区	Erdao	72	11306	2141	1151
绿园区	Lvyuan	85	10319	1947	991
双阳区	Shuangyang	69	8195	1103	525
九台区	Jiutai	39	4280	761	441
市辖区	Municipal Districts	1	491	66	49
新区	New Districts	27	4130	908	443
经济开发区	Economic developing area	53	7841	1510	813
净月开发区	Jingyue developing area	34	4367	904	487
汽车区	Automobile Disttict	56	8583	1517	754
中省属	Central Provincial		1268		
莲花山	lianhuashan	3	246	12	
三县（市）区	Four counties(cities)	193	22718	2863	1749
农安县	Nong' an	59	7145	878	566
榆树市	Yushu	41	4882	496	402
德惠市	Dehui	93	10691	1489	781

17-5 文化事业基本情况
BASIC STATISTICS ON CULTURAL INSTITUTIONS

指标名称	Item	单位 Unit	全市 Total	市区 District	县（市）County
一、座席个数	Seats	个 sets	665	665	
1. 电影院、开放礼堂俱乐部	Cinema music hall	个 unit			
2. 艺术表演场所	Theater	个 unit	665	665	
二、演（映）出场次	Performances	场 shous	580	336	244
1. 电影院、开放礼堂俱乐部	Cinema music hall	场 shows			
2. 艺术表演场所	Theater	场 shows	91	91	
其中：艺术演出	Performancing	场 shows	51	51	
3. 艺术表演团体	Art performance group	场 shows	489	245	244
三、观众人次	Spectators	千人次 1000person-time	447	147	300
1. 电影院、开放礼堂俱乐部	Cinema music hall	千人次 1000person-time			
2. 艺术表演场所	Theater	千人次 1000person-time	47	47	
其中：艺术演出	Performancing	千人次 1000person-time	39	39	
3. 艺术表演团体	Art performance group	千人次 1000person-time	400	100	300
四、举办展览个数	Number of exhibition	个 unit	228	148	80
1. 群众艺术馆	Mass art centres	个 unit	26	26	
2. 文化馆（站）	Cultural centers	个 unit	78	32	46
3. 博物馆	Museums	个 unit	124	90	34
其中：文化部门	Cultural department	个 unit	66	32	34
4. 文物商店	Arts store	个 unit			
五、参观人次	Visitors	千人次 1000person-time	2890	2383	507
1. 文物保护管理机构	Agency of historical relics	千人次 1000person-time			
2. 博物馆	Museums	千人次 1000person-time	2890	2383	507
其中：文化部门	Cultural department	件 pcs	2531	2024	507
六、文物藏品	Number of collection	件 pcs	127388	116762	10626
1. 文物保护管理机构	Agency of historical relics	件 pcs			
2. 博物馆	Museums	件 pcs	127388	116762	10626
其中：文化部门	Cultural department	件 pcs	89919	79293	10626
七、总藏量	Number of collections	千册（件）1000 pcs	6244	5117	1127
1. 群众艺术馆	Mass art centres	千册 1000 pcs			
2. 文化馆（站）	Cultural centers	千册 1000 pcs	431	238	193
3. 公共图书馆	Public libraries	千册 1000 pcs	5813	4879	934

17-6 文化事业机构、人数
INSTITUTIONS AND PERSONNEL INCULTURE AND ART

指标名称	Item	机构数（个）Institutions			职工数（人）Workers and staff members(person)		
		总计 Total	市区 District	县（市）County	总计 Total	市区 District	县（市）County
一、电影事业	Film						
1. 电影发行放映管理机构	Film renting units						
2. 电影制片厂	Film studios						
3. 电影院、影剧院	Cinemas	71	48	23	738	566	172
4. 开放礼堂、俱乐部	Music hall						
5. 对内礼堂、俱乐部	Theatre						
6. 电影队	Film team	116			232		
二、艺术业	Art institutions	15	10	5	480	327	153
1. 艺术表演团体	Art performance troups	8	5	3	388	246	142
2. 艺术表演场所	Theatre	5	5		81	81	
3. 艺术创作机构	Art creation institution	2		2	11		11
三、文化科技科研机构	Institutions of S&R	1	1		46	46	
四、出版事业	Published						
1、报社	Newspapers						
2、出版	Published						
3、画报社	Painting						
4、杂志社	Magazine						
五、文物事业	Cultural relics	27	15	12	503	405	98
1. 文物保护管理机构	Agency of historical relics	4		4	18		18
2. 文物研究机构	Research historical relics agency	1	1				
3. 博物馆	Museums	22	14	8	485	405	80
其中：文化部门	Cultural department	12	4	8	329	249	80
4. 文物商店	Arts store						
六、图书馆	Public libraries	12	7	5	391	255	136
其中：少儿公共图书馆	Public libraries	1	1		29	29	
七、群众文化	Mass culture	175	74	101	739	288	451
1. 群众艺术馆	Mass art centres	2	2		84	84	
2. 文化馆	Culture centres	10	5	5	282	79	203
3. 文化站	Culture department and stations	163	67	96	373	125	248
其中：乡镇文化站	Township cultural stations	97	17	80	224	37	187

2019年规上工业法人单位研发情况（一）

指标名称	Item	一、企业基本情况 I. Basic Status of Enterprise 单位数（个）Number of units	有R&D活动单位数（个）Number of units engaged in R&D activities	有研发机构单位数（个）Number of units possessing R&D organizations
总　计	Total	1015	157	43
大型	Large-sized	37	16	9
中型	Medium-sized	151	42	12
小型	Small-sized	727	98	21
微型	Micro-sized	100	1	1
中央	Central	30	9	3
地方	Local	166	41	14
其他	Others	819	107	26
内资企业	Domestic funds	866	130	38
国有企业	State-owned	9	1	
集体企业	Collective-owned	1		
股份合作企业	Share holding cooperative	1		
有限责任公司	Limited company	345	58	17
国有独资公司	State-owned	20	4	2
其他有限责任公司	Others	325	84	15
股份有限公司	Share holding	52	21	8
私营企业	Private	457	50	13
私营独资企业	Solely Owned	4		
私营合作企业	Private partnership			
私营有限责任公司	Limited company	432	45	11
私营股份有限公司	Private	21	5	2
其他企业	Others	1		
港、澳、台商投资企业	Funded from Hongkong, Macao and Taiwan	26	5	2
合资经营企业（港或澳、台资）	Funded from Hongkong, Macao and Taiwan	9	2	1
合作经营企业（港或澳、台资）	Cooperative	1	1	
港澳台商独资经营企业	Solely owned	13	2	1
港澳台商投资股份有限公司	Funded from Hongkong, Macao and Taiwan	3		
其他港澳台商投资企业	Others			
外商投资企业	Foreign funded	123	22	3
中外合资经营企业	Joint Venture	74	18	2
中外合作经营企业	Cooperative	1		
外资企业	Foreign funded	43	4	1
外商投资股份有限公司	Share holding	1		
其他外商投资企业	Others	4		
采矿业	Mining industry	6		
煤炭开采和洗选业	Coal mining and dressing	4		
石油和天然气温开采业	Oil and gas exploitation industry	1		
非金属矿采选业	Mining and dressing of nonmetal mineralproducts	1		
开采辅助活动	Mining auxiliary activities			
制造业	Manufacturing Industry	952	155	43
农副食品加工业	Food processing	137	8	2
食品制造业	Food manufacturing	24	1	
酒、饮料和精制茶制造业	Wine、Drinks and refined tea industry	10	1	1

RESEARCH AND DEVELOPMENT SITUATIONS OF INDUSTRIAL LEGAL ENTITIES ABOVE DESIGNATED SCALE FOR THE YEAR 2019（Ⅰ）

一、企业基本情况 I. Basic Status of Enterprise						
其中：享受研究开发费用加计扣除的企业数（个） Therein: Number of enterprise awarded R&D expenses plus reduction	从业人员期末人数（人） Number of employees at end of period (Persons)	从业人员平均人数（人） Average of employees (Persons)	资产总计（万元） Total of assets (Unit: 10 thousand Yuan)	主营业务收入（万元） Income from main business (unit: 10 thousand Yuan)	利润总额（万元） Total of profits (unit: 10 thousand Yuan)	工业总产值（万元） Total industrial output value (unit: 10 thousand Yuan)
110	391472	392508	92015095.6	91172318.6	8507612.4	82596589.9
15	223723	224645	64369543.5	73243105.2	7114700.3	64959876.1
41	84813	84977	13185263.1	8566545.8	619061.4	8735345.7
52	75805	75718	11183699.3	8828315.9	544144.1	8338283.9
2	7131	7168	3276589.7	534351.7	229706.6	563084.2
10	170088	170950	58372390.1	65322418.0	6667620.3	57889260.0
27	65239	65486	11236608.4	8308742.9	750820.9	8056344.4
73	156145	156072	22406097.1	17541157.7	1089171.2	16650985.5
88	323085	322724	79596660.5	79901416.9	7820050.4	72521692.8
2	6434	6449	1446071.7	519199.9	12671.6	532173.0
	106	106	16506.5	3166.6	401.2	3166.6
	96	86	2505.8	1837.6	16.7	1601.5
39	216025	216637	59135087.8	66064845.2	6789971.5	58919055.0
1	141753	142088	49794744.7	58863997.9	6299601.3	51700513.0
38	74272	74549	9340343.1	7200847.3	490370.2	7218542.0
14	50977	50423	13513326.1	9061861.6	785258.6	9148290.3
33	49426	49002	5481471.8	4246519.6	231718.6	3913913.7
	176	178	9421.0	18997.2	-202.0	21056.3
28	45101	44830	4402357.6	3926343.9	177353.0	3577188.1
5	4149	3994	1069693.2	301178.5	54567.6	315669.3
	21	21	1690.8	3986.4	12.2	3492.7
3	11851	13463	2547311.1	1682355.0	-131866.8	1492660.3
2	4572	5001	893143.6	581993.5	-1201.6	392033.3
	605	600	19616.7	10643.8	133.3	10652.2
1	6385	7573	1477899.6	932694.3	-142223.2	932798.2
	289	289	156651.2	157023.4	11424.7	157176.6
19	56536	56321	9871124.0	9588546.7	819428.8	8582236.8
14	35387	35093	5365416.8	7015881.5	461952.4	6540325.9
			49834.8	16319.6	1673.7	28385.0
4	18678	18731	3809979.6	2240825.2	352498.2	1680903.0
	302	310	26238.8	29937.0	2567.8	24696.4
1	2169	2187	619654.0	285583.4	736.7	307926.5
1	5638	6091	1021975.2	283838.1	-525.7	270529.2
	4640	5088	466481.0	110550.8	-11983.9	100922.2
1	986	991	552626.3	170315.8	11397.1	169607.0
	12	12	2867.9	2971.5	61.1	
109	334261	335021	80395656.6	84687222.6	8518014.9	76214333.9
6	23057	24679	3822173.8	3725746.4	-87341.4	3687025.8
	8993	9354	745965.2	513604.7	27709.9	552515.8
1	2310	2285	233505.4	175149.5	1724.1	159031.4

2019年规上工业法人单位研发情况（一）

指标名称	Item	一、企业基本情况 I. Basic Status of Enterprise 单位数（个）Number of units	有R&D活动单位数（个）Number of units engaged in R&D activities	有研发机构单位数（个）Number of units possessing R&D organizations
烟草制品业	Tobacco processing	1		
纺织业	Textile industry	2		
纺织服装、服饰业	Textile and garment、Clothing industry	7		1
皮革、毛皮、羽毛（绒）及其制品业	Leather furs down and related products	2		
木材加工及木、竹、藤、棕、草制品业	Timber, bamboo, cane, palm and straw products	11	2	1
家具制造业	Furniture	10	1	
造纸及纸制品业	Paper making and paper products	10	2	
印刷业和记录媒介的复制	Printing and record medium reproduction	12		
文教、工美、体育和娱乐用品制造业	Culture and education、industrial art、sports and entertainment products manufacturing	3		
石油加工、炼焦及核燃料加工业	Petroleum processing coking and nuclear processing	8		
化学原料及化学制品制造业	Raw chemical material and chemical products	33	2	
医药制造业	Medical and pharmacutical products	53	21	5
化学纤维制造业	Chemical fiber manufacturing	2	1	
橡胶和塑料制品业	Rubber and Plastic products	36	5	1
非金属矿物制品业	Nonmetal mineral products	59	8	1
黑色金属冶炼及压延加工业	Smelting and pressing of ferrous metals	7		
有色金属冶炼及压延加工业	Smelting and pressing of non-ferrous metals	3		
金属制品业	Metal products	36	2	
通用设备制造业	Ordinary machinery	42	7	1
专用设备制造业	Special purpose equipment	40	9	2
汽车制造业	Automobile industry	302	48	14
铁路、船舶、航空航天和其他运输设备制造业	Railway、Ship、aerospace and other Transportation Equipment Manufacturing	31	13	4
电气机械及器材制造业	Electric equipment and machinery	32	6	5
计算机、通信及其他电子设备制业	Computer and Telecommunication equipment and other electronic equipment	20	13	4
仪器仪表制造业	Instruments, meters	8	4	1
其他制造业	Others	3	1	
废弃资源综合利用业	Comperehensive untilization of waste resources	6		
金属制品、机械和设备修理业	Metal products, machinery and equipment repair industry	2		
电力、热力、燃气及水生产和供应业	Electric power, Heating power, fuel gas, water production and supply industry	57	2	
电力、热力的生产和供应业	Production and supply of electric power and heat power	47	2	
燃气生产和供应业	Production and supply of gas	7		
水的生产和供应业	Production and supply of water	3		
公有经济	Public economy	113	22	10
非公有经济	Non-public economy	902	135	33
国有控股	State-owned holding	96	22	10
集体控股	Collective holding	17		
私人控股	Private holding	664	81	22
港澳台商控股	Share held by Hong Kong, Macao and Taiwanese Businessmen	22	2	1
外商控股	Foreign holding	80	11	2
其他	Others	136	41	8

RESEARCH AND DEVELOPMENT SITUATIONS OF INDUSTRIAL LEGAL ENTITIES ABOVE DESIGNATED SCALE FOR THE YEAR 2019 (Ⅰ)

一、企业基本情况 I. Basic Status of Enterprise						
其中：享受研究开发费用加计扣除的企业数（个） Therein: Number of enterprise awarded R&D expenses plus reduction	从业人员期末人数（人） Number of employees at end of period (Persons)	从业人员平均人数（人） Average of employees (Persons)	资产总计（万元） Total of assets (Unit: 10 thousand Yuan)	主营业务收入（万元） Income from main business (unit: 10 thousand Yuan)	利润总额（万元） Total of profits (unit: 10 thousand Yuan)	工业总产值（万元） Total industrial output value (unit: 10 thousand Yuan)
	1308	1302	440450.1	463566.0	-18241.0	345931.1
	769	852	94165.2	31899.8	1386.7	34282.6
	2654	2657	173064.9	97114.9	-1668.4	359801.4
	783	805	2797.1	10735.2	245.6	3409.5
	3321	3133	686921.0	162255.6	12372.9	84820.6
	1008	996	99995.2	27638.1	-863.7	29024.6
	782	785	59476.5	64787.2	347.8	67868.9
1	1539	1526	140635.6	85733.6	4451.1	89242.1
	473	483	25209.0	20725.9	703.2	5030.4
	1641	1649	173623.9	361445.3	333.8	353865.3
1	3593	3655	688538.2	701494.6	46448.2	673535.6
18	13815	13414	2191163.4	1359633.3	386206.6	1552841.8
	144	139	63430.1	7936.2	-109.0	7862.9
5	6418	6322	785864.1	786213.0	35337.5	704337.5
2	5840	5854	1849986.5	821260.4	14447.7	829506.1
	662	642	140127.4	296571.1	8342.8	300970.5
	182	178	42465.9	63689.3	528.3	65685.9
1	3534	3431	410372.1	534007.0	1230.5	555469.7
5	5877	5793	619335.1	494168.5	27467.8	475269.5
3	3857	3860	424834.0	258055.7	17561.7	250695.5
38	210128	209327	58513099.5	68722113.0	7633869.8	60240189.8
10	22049	22454	6437790.6	4081254.3	321782.8	4038246.1
3	2590	2601	784959.0	272262.5	15658.0	253836.2
11	4064	3949	456877.4	322922.2	51341.3	263897.4
4	1676	1692	176081.2	65034.7	10498.8	71121.5
	197	181	16733.8	12074.8	146.6	12109.0
	526	537	88859.4	140493.5	5838.7	138353.1
	471	486	7156.0	7636.3	256.2	8556.3
	51573	51396	10597463.8	6201257.9	-9876.8	6111726.8
	45666	45418	9433279.5	5965007.5	-35012.8	5958674.0
	2554	2587	739208.7	129735.5	25959.9	44270.8
	3353	3391	424975.6	106514.9	-823.9	108782.0
26	211541	212758	66892565.1	70818868.5	7076658.9	63384416.5
84	179931	179750	25122530.5	20353450.1	1430953.5	19212173.4
26	205008	206261	65689342.1	69761008.8	6993528.8	62312669.5
	6533	6497	1203223.0	1057859.7	83130.1	1071747.0
47	85951	85081	9284071.1	7532235.8	447160.2	7475632.8
2	7753	8951	2102215.4	1272209.1	-123465.8	1281655.5
9	36573	36599	7272662.6	6606445.5	640243.8	5525840.4
26	49654	49119	6463581.4	4942559.7	467015.3	4929044.7

2019 年规上工业法人单位研发情况（二）

指标名称	Item	二、R&D 人员情况 II. R&D personnel 1. R&D 人员合计（人）1. Total of R&D personnel (persons)	项目研究开发人员（人）Personnel for R&D of project (persons)	管理和服务人员（人）Personnel for management and services (persons)
总　计	Total	14492	13393	1099
大型	Large-sized	10706	9991	715
中型	Medium-sized	2106	1944	162
小型	Small-sized	1665	1444	221
微型	Micro-sized	15	14	1
中央	Central	8901	8377	524
地方	Local	1690	1552	138
其他	Others	3901	3464	437
内资企业	Domestic funds	11999	11216	783
国有企业	State-owned	89	88	1
集体企业	Collective-owned			
股份合作企业	Share holding cooperative			
有限责任公司	Limited company	9191	8573	618
国有独资公司	State-owned	7674	7189	485
其他有限责任公司	Others	1517	1384	133
股份有限公司	Share holding	1911	1835	76
私营企业	Private	808	720	88
私营独资企业	Solely Owned			
私营合作企业	Private partnership			
私营有限责任公司	Limited company	635	555	80
私营股份有限公司	Private	173	165	8
其他企业	Others			
港、澳、台商投资企业	Funded from Hongkong, Macao and Taiwan	459	441	18
合资经营企业（港或澳、台资）	Funded from Hongkong, Macao and Taiwan	408	395	13
合作经营企业（港或澳、台资）	Cooperative	8	6	2
港澳台商独资经营企业	Solely owned	43	40	3
港澳台商投资股份有限公司	Funded from Hongkong, Macao and Taiwan			
其他港澳台商投资企业	Others			
外商投资企业	Foreign funded	2034	1736	298
中外合资经营企业	Joint Venture	1471	1341	130
中外合作经营企业	Cooperative			
外资企业	Foreign funded	563	395	168
外商投资股份有限公司	Share holding			
其他外商投资企业	Others			
采矿业	Mining industry			
煤炭开采和洗选业	Coal mining and dressing			
非金属矿采选业	Mining and dressing of nonmetal mineralproducts			
开采辅助活动	Mining auxiliary activities			
制造业	Manufacturing Industry	13539	12461	1078
农副食品加工业	Food processing	109	80	29
食品制造业	Food manufacturing	4	4	
酒、饮料和精制茶制造业	Wine、Drinks and refined tea industry	10	8	2
烟草制品业	Tobacco processing			
纺织业	Textile industry			
纺织服装、服饰业	Textile and garment、Clothing industry			
皮革、毛皮、羽毛（绒）及其制品业	Leather furs down and related products			
木材加工及木、竹、藤、棕、草制品业	Timber, bamboo, cane, palm and straw products	5	5	
家具制造业	Furniture	4	3	1
造纸及纸制品业	Paper making and paper products	20	19	1
印刷业和记录媒介的复制	Printing and record medium reproduction			

RESEARCH AND DEVELOPMENT SITUATIONS OF INDUSTRIAL LEGAL ENTITIES ABOVE DESIGNATED SCALE FOR THE YEAR 2019 (Ⅱ)

二、R&D 人员情况 II. R&D personnel								
其中：女性（人） Including: Female (persons)	其中：研究人员（人） Including: research personnel (persons)	其中：①全时人员（人） Including: ① full-time personnel (persons)	②非全时人员（人） ② Part-time personnel (persons)	2. R&D 人员折合全时当量合计（人年） 2. R&D personnel converted to total full time equivalent (man-year)	其中：研究人员（人年） Including: research personnel (man-year)	其中：①基础研究人员（人年） Including: ① Basic research personnel (man-year)	②应用研究人员（人年） ② Applied research personnel (man-year)	③试验发展人员（人年） ③ Test development personnel (man-year)
3125	6929	11806	2686	8059	3845	121	1090	6849
2249	5320	8800	1906	5762	2913		1049	4713
424	891	1699	407	1309	507	119	18	1171
448	710	1293	372	973	418	2	23	949
4	8	14	1	15	8			15
1842	4367	7350	1551	4287	2085		1062	3225
373	765	1375	315	1110	485	119	26	966
910	1797	3081	820	2661	1275	2	2	2658
2679	5713	9767	2232	6359	2975	121	1090	5149
23	44	80	9	7	4			7
1881	4255	7455	1736	4915	2237	119	1006	3790
1544	3637	6270	1404	3855	1797		988	2867
337	618	1185	332	1060	440	119	18	923
487	1027	1587	324	953	496		83	870
288	387	645	163	484	238	2	0	482
207	308	489	146	337	167	2		336
81	79	156	17	147	71		0	147
52	176	412	47	96	50			96
42	146	366	42	53	24			53
3	5	7	1	6	3			6
7	25	39	4	38	22			38
394	1040	1627	407	1603	821			1603
270	720	1120	351	1090	529			1090
124	320	507	56	514	291			514
2751	6430	11585	1954	7700	3658	121	1040	6539
32	47	95	14	60	28		0	60
2	2	4		4	2			4
2	5	9	1	10	5			10
1	2	4	1	4	2			4
1	2	3	1	4	2			4
8	9	18	2	17	8			17

2019年规上工业法人单位研发情况（二）

指标名称 Item		二、R&D人员情况 II. R&D personnel		
		1.R&D人员合计（人） 1. Total of R&D personnel (persons)	项目研究开发人员（人） Personnel for R&D of project (persons)	管理和服务人员（人） Personnel for management and services (persons)
文教、工美、体育和娱乐用品制造业	Culture and education、industrial art、sports and entertainment products manufacturing			
石油加工、炼焦及核燃料加工业	Petroleum processing coking and nuclear processing			
化学原料及化学制品制造业	Raw chemical material and chemical products	15	12	3
医药制造业	Medical and pharmacutical products	885	844	41
化学纤维制造业	Chemical fiber manufacturing	16	15	1
橡胶和塑料制品业	Rubber and Plastic products	64	60	4
非金属矿物制品业	Nonmetal mineral products	236	221	15
黑色金属冶炼及压延加工业	Smelting and pressing of ferrous metals			
有色金属冶炼及压延加工业	Smelting and pressing of non-ferrous metals			
金属制品业	Metal products	11	9	2
通用设备制造业	Ordinary machinery	321	315	6
专用设备制造业	Special purpose equipment	128	117	11
汽车制造业	Automobile industry	9606	8754	852
铁路、船舶、航空航天和其他运输设备制造业	Railway、Ship、aerospace and other Transportation Equipment Manufacturing	1597	1536	61
电气机械及器材制造业	Electric equipment and machinery	56	52	4
计算机、通信及其他电子设备制业	Computer and Telecommunication equipment and other electronic equipment	261	229	32
仪器仪表制造业	Instruments, meters	166	156	10
其他制造业	Others	25	22	3
废弃资源综合利用业	Comperehensive untilization of waste resources			
电力、热力、燃气及水生产和供应业	Electric power, Heating power, fuel gas, water production and supply industry	953	932	21
电力、热力的生产和供应业	Production and supply of electric power and heat power	953	932	21
燃气生产和供应业	Production and supply of gas			
水的生产和供应业	Production and supply of water			
公有经济	Public economy	10332	9747	585
非公有经济	Non-public economy	4160	3646	514
国有控股	State-owned holding	10332	9747	585
集体控股	Collective holding			
私人控股	Private holding	1478	1316	162
港澳台商控股	Share held by Hong Kong, Macao and Taiwanese Businessmen	43	40	3
外商控股	Foreign holding	892	681	211
其他	Others	1747	1609	138

RESEARCH AND DEVELOPMENT SITUATIONS OF INDUSTRIAL LEGAL ENTITIES ABOVE DESIGNATED SCALE FOR THE YEAR 2019（Ⅱ）

二、R&D 人员情况 II. R&D personnel								
其中：女性（人）Including: Female (persons)	其中：研究人员（人）Including: research personnel (persons)	其中：①全时人员（人）Including: ① full-time personnel (persons)	②非全时人员（人）② Part-time personnel (persons)	2. R&D 人员折合全时当量合计（人年）2. R&D personnel converted to total full time equivalent (man-year)	其中：研究人员（人年）Including: research personnel (man-year)	其中：①基础研究人员（人年）Including: ① Basic research personnel (man-year)	②应用研究人员（人年）② Applied research personnel (man-year)	③试验发展人员（人年）③ Test development personnel (man-year)
6	7	13	2	6	2			6
387	436	703	182	628	311		7	621
2	4	13	3	15	4			15
18	34	58	6	29	15			29
60	85	151	85	148	51	2	23	124
2	2	10	1	5	1			5
50	140	283	38	212	86			212
44	58	113	15	104	48			104
1697	4505	8368	1238	5459	2586		946	4513
342	864	1382	215	769	415	119	61	590
13	22	50	6	27	11			27
65	106	222	39	103	34		3	99
14	94	63	103	80	45			80
5	6	23	2	18	4			18
374	499	221	732	359	187		50	310
374	499	221	732	359	187		50	310
2173	5087	8350	1982	5380	2625		1084	4296
952	1842	3456	704	2679	1220	121	5	2553
2173	5087	8350	1982	5380	2625		1084	4296
434	630	1134	344	912	395	2	0	910
7	25	39	4	38	22			38
163	458	788	104	691	347			691
348	729	1495	252	1038	456	119	5	914

2019 年规上工业法人单位研发情况（三）

指标名称	Item	三、R&D 经费支出情况 III. R&D Expenditures 1. R&D 经费内部支出合计（万元） 1. Total of internal R&D expenditure (Unit: 10 thousand Yuan)	其中：①经常费支出（万元） Including: ① Overheads expenditure (Unit: 10 thousand Yuan)	其中：人员劳务费（万元） Including: Personnel labor expense (Unit: 10 thousand Yuan)	②资产性支出（万元） ② Asset expenditure (Unit: 10 thousand Yuan)	其中：土建工程（万元） Including: Civil engineering (Unit: 10 thousand Yuan)
总　计	Total	488407.1	478217.9	163628.3	10189.2	2197.3
大型	Large-sized	414588.3	409246.8	139830.8	5341.5	1728.4
中型	Medium-sized	38436.3	37701.3	16167.4	735.0	330.9
小型	Small-sized	33601.4	29490.5	7523.5	4110.9	136.2
微型	Micro-sized	1781.1	1779.3	106.6	1.8	1.8
中央	Central	349972.5	348473.5	118893.6	1499.0	1434.6
地方	Local	37985.8	36480.0	14798.3	1505.8	564.6
其他	Others	100448.8	93264.4	29936.4	7184.4	198.1
内资企业	Domestic funds	417376.4	411339.2	139490.2	6037.2	2178.8
国有企业	State-owned	2649.7	2649.7	988.0		
集体企业	Collective-owned					
股份合作企业	Share holding cooperative					
有限责任公司	Limited company	304403.8	299809.1	93417.5	4594.7	1734.8
国有独资公司	State-owned	276051.1	274616.9	84435.5	1434.2	1434.2
其他有限责任公司	Others	28352.7	25192.2	8982.0	3160.5	300.6
股份有限公司	Share holding	92332.2	91509.6	39166.5	822.6	371.0
私营企业	Private	17990.7	17370.8	5918.2	619.9	73.0
私营独资企业	Solely Owned					
私营合作企业	Private partnership					
私营有限责任公司	Limited company	12371.1	12006.1	3323.6	365.0	73.0
私营股份有限公司	Private	5619.6	5364.7	2594.6	254.9	
其他企业	Others					
港、澳、台商投资企业	Funded from Hongkong, Macao and Taiwan	11238.8	7793.3	3644.2	3445.5	16.1
合资经营企业（港或澳、台资）	Funded from Hongkong, Macao and Taiwan	7860.3	5893.1	3315.5	1967.2	16.1
合作经营企业（港或澳、台资）	Cooperative	316.7	316.7	32.5		
港澳台商独资经营企业	Solely owned	3061.8	1583.5	296.2	1478.3	
港澳台商投资股份有限公司	Funded from Hongkong, Macao and Taiwan					
其他港澳台商投资企业	Others					
外商投资企业	Foreign funded	59791.9	59085.4	20493.9	706.5	2.4
中外合资经营企业	Joint Venture	46025.1	45320.4	17049.6	704.7	0.6
中外合作经营企业	Cooperative					
外资企业	Foreign funded	13766.8	13765.0	3444.3	1.8	1.8
外商投资股份有限公司	Share holding					
其他外商投资企业	Others					
采矿业	Mining industry					
煤炭开采和洗选业	Coal mining and dressing					
非金属矿采选业	Mining and dressing of nonmetal mineralproducts					
开采辅助活动	Mining auxiliary activities					
制造业	Manufacturing Industry	486716.6	476527.4	163286.8	10189.2	2197.3
农副食品加工业	Food processing	2867.3	2555.3	553.9	312.0	12.0
食品制造业	Food manufacturing	74.8	74.8	46.6		
酒、饮料和精制茶制造业	Wine、Drinks and refined tea industry	28.5	28.5			
烟草制品业	Tobacco processing					
纺织业	Textile industry					
纺织服装、服饰业	Textile and garment、Clothing industry					
皮革、毛皮、羽毛（绒）及其制品业	Leather furs down and related products					

RESEARCH AND DEVELOPMENT SITUATIONS OF INDUSTRIAL LEGAL ENTITIES ABOVE DESIGNATED SCALE FOR THE YEAR 2019（Ⅲ）

三、R&D经费支出情况 III. R&D Expenditures												
仪器和设备（万元） Instruments and equipment (Unit: 10 thousand Yuan)	其中：①基础研究支出（万元） Including: ① Basic study expenditure (Unit: 10 thousand Yuan)	②应用研究支出（万元） ② Applied research expenditure (Unit: 10 thousand Yuan)	③试验发展支出（万元） ③ Test development expenditure (Unit: 10 thousand Yuan)	其中：①政府资金（万元） Including: ① Government funds (Unit: 10 thousand Yuan)	②企业资金（万元） ② Enterprise funds (Unit: 10 thousand Yuan)	③境外资金（万元） ③ Overseas funds (Unit: 10 thousand Yuan)	④其他资金（万元） ④ Other funds (Unit: 10 thousand Yuan)	2.R&D经费外部支出合计（万元） 2. Total external R&D expenditure (Unit: 10 thousand Yuan)	其中：对境内研究机构支出（万元） Including: Expenditure to domestic research institute (Unit: 10 thousand Yuan)	对境内高等学校支出（万元） Expenditure to domestic institutions of higher education (Unit: 10 thousand Yuan)	对境内企业支出（万元） Expenditure to domestic enterprises (Unit: 10 thousand Yuan)	对境外支出（万元） Overseas expenditure (Unit: 10 thousand Yuan)
7991.9	351.8	18348.1	469707.2	195563.2	292819.4		24.5	183076.2	18947.0	3863.9	88433.3	71832.0
3613.1		17485.1	397103.2	191775.8	222812.5			178891.2	18576.5	3548.1	86185.1	70581.5
404.1	283.1	478.1	37675.1	2239.7	36172.1		24.5	2442.7	44.1	10.9	1137.2	1250.5
3974.7	68.7	384.9	33147.8	1547.7	32053.7			1736.2	320.3	304.9	1111.0	
			1781.1		1781.1			6.1	6.1			
64.4		17860.6	332111.9	191525.7	158446.8			151147.0	14516.7	3544.5	62504.3	70581.5
941.2	283.1	427.8	37274.9	1970.1	36015.7			6488.9	4275.4	303.4	848.4	1061.7
6986.3	68.7	59.7	100320.4	2067.4	98356.9		24.5	25440.3	154.9	16.0	25080.6	188.8
3858.4	351.8	18348.1	398676.5	195083.2	222268.7		24.5	157783.2	18897.4	3860.3	64255.2	70770.3
			2649.7		2649.7							
2859.9	283.1	13397.9	290722.8	139698.8	164680.5		24.5	106471.0	12177.8	911.0	33172.3	60209.9
		12925.0	263126.1	137648.1	138403.0			105911.3	12166.6	607.6	32927.2	60209.9
2859.9	283.1	472.9	27596.7	2050.7	26277.5		24.5	559.7	11.2	303.4	245.1	
451.6		4945.0	87387.2	55192.8	37139.4			50327.9	6618.5	2947.8	30201.2	10560.4
546.9	68.7	5.2	17916.8	191.6	17799.1			984.3	101.1	1.5	881.7	
292.0	68.7		12302.4	191.6	12179.5			891.2	8.0	1.5	881.7	
254.9		5.2	5614.4		5619.6			93.1	93.1			
3429.4			11238.8	405.0	10833.8			1079.2	12.7	3.6	1.2	1061.7
1951.1			7860.3		7860.3			1061.7				1061.7
			316.7		316.7							
1478.3			3061.8	405.0	2656.8			17.5	12.7	3.6	1.2	
704.1			59791.9	75.0	59716.9			24213.8	36.9		24176.9	
704.1			46025.1	75.0	45950.1			1426.6	30.8		1395.8	
			13766.8		13766.8			22787.2	6.1		22781.1	
7991.9	351.8	18186.4	468178.4	195563.2	291128.9		24.5	182417.0	18802.9	3561.3	88220.8	71832.0
300.0		5.2	2862.1	405.0	2462.3			24.9	12.7	12.2		
			74.8		74.8							
			28.5		28.5							

2019 年 规上工业法人单位研发情况（三）

指标名称	Item	三、R&D经费支出情况 III. R&D Expenditures 1.R&D经费内部支出合计（万元）1. Total of internal R&D expenditure (Unit: 10 thousand Yuan)	其中：①经常费支出（万元）Including: ① Overheads expenditure (Unit: 10 thousand Yuan)	其中：人员劳务费（万元）Including: Personnel labor expense (Unit: 10 thousand Yuan)	②资产性支出（万元）② Asset expenditure (Unit: 10 thousand Yuan)	其中：土建工程（万元）Including: Civil engineering (Unit: 10 thousand Yuan)
木材加工及木、竹、藤、棕、草制品业	Timber, bamboo, cane, palm and straw products	76.5	75.2	14.8	1.3	0.5
家具制造业	Furniture	413.9	413.9			
造纸及纸制品业	Paper making and paper products	376.2	366.5	57.7	9.7	
印刷业和记录媒介的复制	Printing and record medium reproduction					
文教、工美、体育和娱乐用品制造业	Culture and education、industrial art、sports and entertainment products manufacturing					
石油加工、炼焦及核燃料加工业	Petroleum processing coking and nuclear processing					
化学原料及化学制品制造业	Raw chemical material and chemical products	108.1	108.1	78.2		
医药制造业	Medical and pharmacutical products	23519.1	22313.7	7555.3	1205.4	277.2
化学纤维制造业	Chemical fiber manufacturing	278.6	252.8	42.1	25.8	0.8
橡胶和塑料制品业	Rubber and Plastic products	1710.8	1690.8	424.5	20.0	18.7
非金属矿物制品业	Nonmetal mineral products	3410.0	3407.5	658.9	2.5	0.4
黑色金属冶炼及压延加工业	Smelting and pressing of ferrous metals					
有色金属冶炼及压延加工业	Smelting and pressing of non-ferrous metals					
金属制品业	Metal products	224.3	224.3	35.8		
通用设备制造业	Ordinary machinery	6464.8	6464.2	3300.4	0.6	
专用设备制造业	Special purpose equipment	2210.8	2210.8	572.0		
汽车制造业	Automobile industry	358345.6	350295.0	111748.3	8050.6	1459.0
铁路、船舶、航空航天和其他运输设备制造业	Railway、Ship、aerospace and other ransportation Equipment Manufacturing	76740.9	76418.8	35170.5	322.1	322.1
电气机械及器材制造业	Electric equipment and machinery	2054.3	2024.9	397.8	29.4	
计算机、通信及其他电子设备制业	Computer and Telecommunication equipment and other electronic equipment	4993.5	4783.7	1529.3	209.8	106.6
仪器仪表制造业	Instruments, meters	2640.9	2640.9	978.1		
其他制造业	Others	177.7	177.7	122.6		
废弃资源综合利用业	Comperehensive untilization of waste resources					
电力、热力、燃气及水生产和供应业	Electric power, Heating power, fuel gas, water production and supply industry	1690.5	1690.5	341.5		
电力、热力的生产和供应业	Production and supply of electric power and heat power	1690.5	1690.5	341.5		
燃气生产和供应业	Production and supply of gas					
水的生产和供应业	Production and supply of water					
公有经济	Public economy	394310.2	391855.6	136302.7	2454.6	1724.8
非公有经济	Non-public economy	94096.9	86362.3	27325.6	7734.6	472.5
国有控股	State-owned holding	394310.2	391855.6	136302.7	2454.6	1724.8
集体控股	Collective holding					
私人控股	Private holding	30647.8	29030.0	8756.1	1617.8	178.9
港澳台商控股	Share held by Hong Kong, Macao and Taiwanese Businessmen	3061.8	1583.5	296.2	1478.3	
外商控股	Foreign holding	22326.8	22325.0	5180.7	1.8	1.8
其他	Others	38060.5	33423.8	13092.6	4636.7	291.8

RESEARCH AND DEVELOPMENT SITUATIONS OF INDUSTRIAL LEGAL ENTITIES ABOVE DESIGNATED SCALE FOR THE YEAR 2019（Ⅲ）

三、R&D经费支出情况 III. R&D Expenditures												
仪器和设备（万元） Instruments and equipment (Unit: 10 thousand Yuan)	其中：①基础研究支出（万元） Including: ① Basic study expenditure (Unit: 10 thousand Yuan)	②应用研究支出（万元） ② Applied research expenditure (Unit: 10 thousand Yuan)	③试验发展支出（万元） ③ Test development expenditure (Unit: 10 thousand Yuan)	其中：①政府资金（万元） Including: ① Government funds (Unit: 10 thousand Yuan)	②企业资金（万元） ② Enterprise funds (Unit: 10 thousand Yuan)	③境外资金（万元） ③ Overseas funds (Unit: 10 thousand Yuan)	④其他资金（万元） ④ Other funds (Unit: 10 thousand Yuan)	2. R&D经费外部支出合计（万元） 2. Total external R&D expenditure (Unit: 10 thousand Yuan)	其中：对境内研究机构支出（万元） Including: Expenditure to domestic research institute (Unit: 10 thousand Yuan)	对境内高等学校支出（万元） Expenditure to domestic institutions of higher education (Unit: 10 thousand Yuan)	对境内企业支出(万元) Expenditure to domestic enterprises (Unit: 10 thousand Yuan)	对境外支出（万元） Overseas expenditure (Unit: 10 thousand Yuan)
0.8			76.5		76.5							
			413.9		413.9							
9.7			376.2		376.2							
			108.1	20.0	88.1							
928.2		136.3	23382.8	632.8	22886.3			6632.0	4361.5	305.7	1776.0	188.8
25.0			278.6	6.3	272.3							
1.3			1710.8	40.0	1670.8			8.0	8.0			
2.1	68.7	384.9	2956.4	192.5	3217.5			1.5		1.5		
			224.3		224.3							
0.6			6464.8		6464.8							
			2210.8	240.0	1970.8							
6591.6		13057.0	345288.6	137729.6	220591.5		24.5	130474.4	12059.4	305.0	56838.4	61271.6
	283.1	4560.1	71897.7	54470.3	22270.6			45249.0	2359.2	2936.9	29581.3	10371.6
29.4			2054.3		2054.3							
103.2		42.9	4950.6	1444.7	3548.8			27.2	2.1		25.1	
			2640.9	382.0	2258.9							
			177.7		177.7							
		161.7	1528.8		1690.5			659.2	144.1	302.6	212.5	
		161.7	1528.8		1690.5			659.2	144.1	302.6	212.5	
729.8		18245.5	376064.7	192405.7	201904.5			155607.6	18565.9	3544.5	62915.7	70581.5
7262.1	351.8	102.6	93642.5	3157.5	90914.9		24.5	27468.6	381.1	319.4	25517.6	1250.5
729.8		18245.5	376064.7	192405.7	201904.5			155607.6	18565.9	3544.5	62915.7	70581.5
1438.9	68.7	5.2	30573.9	1406.4	29241.4			992.9	101.1	10.1	881.7	
1478.3			3061.8	405.0	2656.8			17.5	12.7	3.6	1.2	
			22326.8		22326.8			23643.1	36.9		23606.2	
4344.9	283.1	97.4	37680.0	1346.1	36689.9		24.5	2815.1	230.4	305.7	1028.5	1250.5

2019 年规上工业法人单位研发情况（四）

指标名称	Item	四、企业办研发机构情况 IV R&D institutions established by enterprise 1. 机构数（个） 1. Number of institutions	2. 企业在境外设立的研究开发机构数（个） 2. Number of R&D institutions established overseas by enterprise
总　计	Total	58	7
大型	Large-sized	17	5
中型	Medium-sized	15	1
小型	Small-sized	24	1
微型	Micro-sized	2	
中央	Central	9	5
地方	Local	17	1
其他	Others	32	1
内资企业	Domestic funds	50	6
国有企业	State-owned		
集体企业	Collective-owned		
股份合作企业	Share holding cooperative		
有限责任公司	Limited company	20	2
国有独资公司	State-owned	3	2
其他有限责任公司	Others	17	
股份有限公司	Share holding	17	3
私营企业	Private	13	1
私营独资企业	Solely Owned		
私营合作企业	Private partnership		
私营有限责任公司	Limited company	11	1
私营股份有限公司	Private	2	
其他企业	Others		
港、澳、台商投资企业	Funded from Hongkong, Macao and Taiwan	4	
合资经营企业（港或澳、台资）	Funded from Hongkong, Macao and Taiwan	1	
合作经营企业（港或澳、台资）	Cooperative		
港澳台商独资经营企业	Solely owned	3	
港澳台商投资股份有限公司	Funded from Hongkong, Macao and Taiwan		
其他港澳台商投资企业	Others		
外商投资企业	Foreign funded	4	1
中外合资经营企业	Joint Venture	2	1
中外合作经营企业	Cooperative		
外资企业	Foreign funded	2	
外商投资股份有限公司	Share holding		
其他外商投资企业	Others		
采矿业	Mining industry		
煤炭开采和洗选业	Coal mining and dressing		
非金属矿采选业	Mining and dressing of nonmetal mineralproducts		
开采辅助活动	Mining auxiliary activities		
制造业	Manufacturing Industry	58	7
农副食品加工业	Food processing	4	
食品制造业	Food manufacturing		
酒、饮料和精制茶制造业	Wine、Drinks and refined tea industry	1	
烟草制品业	Tobacco processing		
纺织业	Textile industry		
纺织服装、服饰业	Textile and garment、Clothing industry	1	
皮革、毛皮、羽毛（绒）及其制品业	Leather furs down and related products		
木材加工及木、竹、藤、棕、草制品业	Timber, bamboo, cane, palm and straw products	1	
家具制造业	Furniture		
造纸及纸制品业	Paper making and paper products		
印刷业和记录媒介的复制	Printing and record medium reproduction		
文教、工美、体育和娱乐用品制造业	Culture and education、industrial art、sports and entertainment products manufacturing		

RESEARCH AND DEVELOPMENT SITUATIONS OF INDUSTRIAL LEGAL ENTITIES ABOVE DESIGNATED SCALE FOR THE YEAR 2019 （Ⅳ）

四 、企业办研发机构情况 IV R&D institutions established by enterprise				
3. 机构人员合计（人） 3. Total of institutional personnel (Persons)	其中：博士毕业（人） Including: Doctor degree (Persons)	硕士毕业（人） Master degree (Persons)	4. 机构经费支出（万元） 4. Institutional expenditure (Unit: 10 thousand Yuan)	5. 仪器和设备原价（万元） 5. Original price of instrument and equipment
9103.0	186.0	2597.0	1488452.7	458248.8
7533.0	139.0	2266.0	1430551.8	412239.3
669.0	24.0	169.0	25871.1	22938.5
659.0	23.0	80.0	16239.5	14831.2
242.0		82.0	15790.3	8239.8
6497.0	130.0	2045.0	1393820.7	376115.6
752.0	11.0	152.0	25081.5	25796.8
1854.0	45.0	400.0	69550.5	56336.4
8357.0	181.0	2411.0	1445099.7	420184.8
6236.0	124.0	1699.0	1273814.0	343384.9
5689.0	103.0	1601.0	1253303.8	326354.0
547.0	21.0	98.0	20510.2	17030.9
1364.0	40.0	573.0	154622.9	67704.9
757.0	17.0	139.0	16662.8	9095.0
292.0	11.0	16.0	4025.3	3458.9
465.0	6.0	123.0	12637.5	5636.1
194.0		31.0	8567.1	7474.8
19.0		6.0	7067.1	4474.8
175.0		25.0	1500.0	3000.0
552.0	5.0	155.0	34785.9	30589.2
310.0	5.0	73.0	18995.6	22349.4
242.0		82.0	15790.3	8239.8
9103.0	186.0	2597.0	1488452.7	458248.8
185.0	5.0	25.0	1620.1	3506.2
16.0			203.7	160.2
23.0	5.0	3.0	231.0	485.0
5.0	2.0	1.0	31.5	21.1

2019年规上工业法人单位研发情况（四）

指标名称	Item	四、企业办研发机构情况 IV R&D institutions established by enterprise	
		1. 机构数（个） 1. Number of institutions	2. 企业在境外设立的研究开发机构数（个） 2. Number of R&D institutions established overseas by enterprise
石油加工、炼焦及核燃料加工业	Petroleum processing coking and nuclear processing		
化学原料及化学制品制造业	Raw chemical material and chemical products		
医药制造业	Medical and pharmacutical products	5	
化学纤维制造业	Chemical fiber manufacturing		
橡胶和塑料制品业	Rubber and Plastic products	1	
非金属矿物制品业	Nonmetal mineral products	2	
黑色金属冶炼及压延加工业	Smelting and pressing of ferrous metals		
有色金属冶炼及压延加工业	Smelting and pressing of non-ferrous metals		
金属制品业	Metal products		
通用设备制造业	Ordinary machinery	1	1
专用设备制造业	Special purpose equipment	2	
汽车制造业	Automobile industry	16	3
铁路、船舶、航空航天和其他运输设备制造业	Railway、Ship、aerospace and other Transportation Equipment Manufacturing	10	3
电气机械及器材制造业	Electric equipment and machinery	5	
计算机、通信及其他电子设备制业	Computer and Telecommunication equipment and other electronic equipment	8	
仪器仪表制造业	Instruments， meters	1	
其他制造业	Others		
废弃资源综合利用业	Comperehensive untilization of waste resources		
电力、热力、燃气及水生产和供应业	Electric power, Heating power, fuel gas, water production and supply industry		
电力、热力的生产和供应业	Production and supply of electric power and heat power		
燃气生产和供应业	Production and supply of gas		
水的生产和供应业	Production and supply of water		
公有经济	Public economy	17	5
非公有经济	Non-public economy	41	2
国有控股	State-owned holding	17	5
集体控股	Collective holding	25	1
私人控股	Private holding	3	
港澳台商控股	Share held by Hong Kong, Macao and Taiwanese Businessmen	3	
外商控股	Foreign holding	10	1
其他	Others		

RESEARCH AND DEVELOPMENT SITUATIONS OF INDUSTRIAL LEGAL ENTITIES ABOVE DESIGNATED SCALE FOR THE YEAR 2019 （Ⅳ）

四、企业办研发机构情况 IV R&D institutions established by enterprise				
3. 机构人员合计（人） 3. Total of institutional personnel (Persons)	其中：博士毕业（人） Including: Doctor degree (Persons)	硕士毕业（人） Master degree (Persons)	4. 机构经费支出（万元） 4. Institutional expenditure (Unit: 10 thousand Yuan)	5. 仪器和设备原价（万元） 5. Original price of instrument and equipment
644.0	19.0	173.0	21245.2	8845.4
25.0	3.0	7.0	406.0	225.2
180.0		8.0	5072.1	5986.5
85.0	1.0	2.0	1250.9	120.0
37.0	4.0		605.5	1291.3
6535.0	109.0	1779.0	1300917.6	370410.2
1039.0	27.0	453.0	145608.6	55910.3
97.0		5.0	3962.6	5525.5
160.0	9.0	74.0	4975.0	2141.6
72.0	2.0	67.0	2322.9	3620.3
7282.0	139.0	2232.0	1424105.1	412747.3
1821.0	47.0	365.0	64347.6	45501.5
7282.0	139.0	2232.0	1424105.1	412747.3
1104.0	31.0	188.0	25855.0	21706.7
175.0		25.0	1500.0	3000.0
258.0		82.0	15994.0	8400.0
284.0	16.0	70.0	20998.6	12394.8

2019 年规上工业法人单位研发情况（五）

指标名称	Item	五、研发产出及相关情况 V. Research and Development Output and Relevant Situations		
		1. 专利申请数（件）1. Number of parent application (Piece)	其中：发明专利（件）Including: patent for invention (Piece)	其中：PCT专利（件）Including: PCT patent (Piece)
总　计	Total	5390	2068	2992
大型	Large-sized	3970	1599	1353
中型	Medium-sized	569	178	808
小型	Small-sized	815	274	774
微型	Micro-sized	36	17	57
中央	Central	3898	1579	1315
地方	Local	363	107	453
其他	Others	1129	382	1224
内资企业	Domestic funds	5102	2024	2657
国有企业	State-owned	45	17	59
集体企业	Collective-owned			
股份合作企业	Share holding cooperative			
有限责任公司	Limited company	3858	1426	1543
国有独资公司	State-owned	3299	1253	977
其他有限责任公司	Others	559	173	566
股份有限公司	Share holding	737	425	557
私营企业	Private	462	156	498
私营独资企业	Solely Owned			
私营合作企业	Private partnership			
私营有限责任公司	Limited company	373	99	371
私营股份有限公司	Private	89	57	127
其他企业	Others			
港、澳、台商投资企业	Funded from Hongkong, Macao and Taiwan	45	10	32
合资经营企业（港或澳、台资）	Funded from Hongkong, Macao and Taiwan	29	7	13
合作经营企业（港或澳、台资）	Cooperative	6		
港澳台商独资经营企业	Solely owned	10	3	19
港澳台商投资股份有限公司	Funded from Hongkong, Macao and Taiwan			
其他港澳台商投资企业	Others			
外商投资企业	Foreign funded	243	34	303
中外合资经营企业	Joint Venture	180	17	168
中外合作经营企业	Cooperative			
外资企业	Foreign funded	47	13	110
外商投资股份有限公司	Share holding	16	4	25
其他外商投资企业	Others			
采矿业	Mining industry	16	7	52
煤炭开采和洗选业	Coal mining and dressing			
非金属矿采选业	Mining and dressing of nonmetal mineralproducts	16	7	52
开采辅助活动	Mining auxiliary activities			
制造业	Manufacturing Industry	5182	1954	2644
农副食品加工业	Food processing	28	9	45
食品制造业	Food manufacturing	2	2	2
酒、饮料和精制茶制造业	Wine, Drinks and refined tea industry			
烟草制品业	Tobacco processing			
纺织业	Textile industry			
纺织服装、服饰业	Textile and garment、Clothing industry			1
皮革、毛皮、羽毛（绒）及其制品业	Leather furs down and related products			
木材加工及木、竹、藤、棕、草制品业	Timber, bamboo, cane, palm and straw products	2		
家具制造业	Furniture	6		
造纸及纸制品业	Paper making and paper products	8	3	

RESEARCH AND DEVELOPMENT SITUATIONS OF INDUSTRIAL LEGAL ENTITIES ABOVE DESIGNATED SCALE FOR THE YEAR 2019 （V）

五、研发产出及相关情况 V. Research and Development Output and Relevant Situations												
2. 有效发明专利数（件） 2. Number of valid patent for invention	其中：已被实施（件） Including: the one having been implemented	其中：境外授权（件） Including: Overseas authorization (Piece)	1. 新产品开发项目数（项） 1. Number new product development items (Item)	2. 新产品开发经费支出（万元） 2. New product development expenditure (Unit: 10 thousand Yuan)	3. 新产品产值（万元） 3. Production value of new products (Unit: 10 thousand Yuan)	4. 新产品销售收入（万元） Sale income of new products (Unit: 10 thousand Yuan)	其中：出口（万元） Including: Export (Unit: 10 thousand Yuan)	1. 拥有注册商标（件） 1. Registered trademark possessed (Piece)	其中：境外注册（件） Including: the one registered overseas (Piece)	2. 发表科技论文（篇） 2. Sci-tech paper published (Piece)	3. 形成国家或行业标准（项） 3. National or industrial standards formed (Item)	4. 软件著作权（项） 4. Copyright of software (Item)
2233	30		2049	1451998.1	22270260.8		400573.1	5596		396	123	
1252			583	1163140.9	20094422.3		369023.8	5076		235	75	
487			689	108567.5	1453727.4		23206.4	254		108	19	
493	30		765	80827.5	719461.5		7039.1	261		53	29	
1			12	99462.2	2649.6		1303.8	5				
1242			468	1023121.4	19004295.4		365667.5	4924		309	81	
303			565	132227.0	1001995.4		15400.2	286		73	9	
688	30		1016	296649.7	2263970.0		19505.4	386		14	33	
2098	30		1667	1211721.2	20368860.7		397657.0	5595		390	120	
58			7	3070.5	50589.6			8		53		
1385			927	989692.5	16813409.5		157820.9	5082		214	70	
972			264	890224.9	15886565.5		135600.0	4851		144	54	
413			663	99467.6	926844.0		22220.9	231		70	16	
329			363	170306.4	3069574.2		232361.8	283		120	35	
326	30		370	48651.8	435287.4		7474.3	222		3	15	
206	30		305	33135.9	373839.5		4016.6	185		2	14	
120			65	15515.9	61447.9		3457.7	37		1	1	
32			21	13678.7	234049.1		31.0				3	
13			7	7358.6	173364.6		31.0				3	
			1	316.7								
19			13	6003.4	60684.5							
103			361	226598.2	1667351.0		2885.1	1		6		
62			292	102942.7	1591115.7		2769.7	1		6		
16			56	119211.9	57713.0		115.4					
25			13	4443.6	18522.3							
52										24		
52										24		
1886	30		2049	1451998.1	22270260.8		400573.1	5596		298	123	
29			48	6986.0	68356.6		2630.0	88		1	13	
2			3	287.4	402.0							
1					1203.0			2				
			3	88.2	1202.3		120.0	7				
								2				
					9352.9							

2019年规上工业法人单位研发情况（五）

指标名称 Item		五、研发产出及相关情况 V. Research and Development Output and Relevant Situations		
		1. 专利申请数（件） 1. Number of parent application (Piece)	其中：发明专利（件） Including: patent for invention (Piece)	其中：PCT专利（件） Including: PCT patent (Piece)
印刷业和记录媒介的复制	Printing and record medium reproduction	3		27
文教、工美、体育和娱乐用品制造业	Culture and education、industrial art、sports and entertainment products manufacturing			
石油加工、炼焦及核燃料加工业	Petroleum processing coking and nuclear processing			
化学原料及化学制品制造业	Raw chemical material and chemical products	33	15	28
医药制造业	Medical and pharmacutical products	138	79	281
化学纤维制造业	Chemical fiber manufacturing			12
橡胶和塑料制品业	Rubber and Plastic products	81	4	25
非金属矿物制品业	Nonmetal mineral products	53	7	19
黑色金属冶炼及压延加工业	Smelting and pressing of ferrous metals			
有色金属冶炼及压延加工业	Smelting and pressing of non-ferrous metals			
金属制品业	Metal products	49	29	23
通用设备制造业	Ordinary machinery	89	26	79
专用设备制造业	Special purpose equipment	63	20	46
汽车制造业	Automobile industry	3790	1266	1306
铁路、船舶、航空航天和其他运输设备制造业	Railway、Ship、aerospace and other Transportation Equipment Manufacturing	558	318	408
电气机械及器材制造业	Electric equipment and machinery	44	12	91
计算机、通信及其他电子设备制业	Computer and Telecommunication equipment and other electronic equipment	177	138	182
仪器仪表制造业	Instruments, meters	46	24	64
其他制造业	Others	12	2	5
废弃资源综合利用业	Comperehensive untilization of waste resources			
电力、热力、燃气及水生产和供应业	Electric power, Heating power, fuel gas, water production and supply industry	192	107	296
电力、热力的生产和供应业	Production and supply of electric power and heat power	192	107	296
燃气生产和供应业	Production and supply of gas			
水的生产和供应业	Production and supply of water			
公有经济	Public economy	4125	1642	1566
非公有经济	Non-public economy	1265	426	1426
国有控股	State-owned holding	4107	1640	1521
集体控股	Collective holding	18	2	45
私人控股	Private holding	812	311	830
港澳台商控股	Share held by Hong Kong, Macao and Taiwanese Businessmen	26	7	44
外商控股	Foreign holding	80	13	159
其他	Others	347	95	393

RESEARCH AND DEVELOPMENT SITUATIONS OF INDUSTRIAL LEGAL ENTITIES ABOVE DESIGNATED SCALE FOR THE YEAR 2019 （V）

五、研发产出及相关情况 V. Research and Development Output and Relevant Situations											
1. 专利申请数（件） 1. Number of parent application (Piece)	其中：发明专利（件） Including: patent for invention (Piece)	其中：PCT专利（件） Including: PCT patent (Piece)	1. 新产品开发项目数（项） 1. Number new product development items (Item)	2. 新产品开发经费支出（万元） 2. New product development expenditure (Unit: 10 thousand Yuan)	3. 新产品产值（万元） 3. Production value of new products (Unit: 10 thousand Yuan)	4. 新产品销售收入（万元） Sale income of new products (Unit: 10 thousand Yuan)	其中：出口（万元） Including: Export (Unit: 10 thousand Yuan)	1. 拥有注册商标（件） 1. Registered trademark possessed (Piece)	其中：境外注册（件） Including: the one registered overseas (Piece)	2. 发表科技论文（篇） 2. Sci-tech paper published (Piece)	3. 形成国家或行业标准（项） 3. National or industrial standards formed (Item)
27					11937.3						
25			13	2482.3	6743.2		10.7	2			
241			216	65493.1	64332.7		4876.2	416		62	4
12			9	629.6	3069.2		315.4	26			
1			67	5065.3	60145.2		146.7	4			3
13	7		52	9042.8	106935.0			1			2
10			20	957.4	6132.0			3			
78			73	10548.6	148123.9		5385.5	11		26	
34			37	5338.5	43537.7		438.0	7		2	
981	23		989	1180009.4	18527380.7		151538.5	4940		88	58
233			206	134277.6	3029805.7		229935.1	47		102	20
61			59	6161.9	92753.0						
86			119	19059.6	57137.5		4500.8	26		9	15
50			127	5041.6	26674.8			14		8	8
2			8	528.8	5036.1		676.2				
295										74	
295										74	
1409			788	1115354.1	19997319.7		381418.7	5095		319	95
824	30		1261	336644.0	2272941.1		19154.4	501		77	28
1399			779	1113074.0	19977346.9		381060.7	5095		319	95
10			9	2280.1	19972.8		358.0				
490	30		687	88739.7	676225.8		8828.2	364		8	15
44			26	10447.0	79206.8						
21			161	169791.6	764162.3		115.4				
269			387	67665.7	753346.2		10210.8	137		69	13

2019 年规上工业法人单位研发情况（六）

指标名称	Item	六、其他情况 VI. Other Situations 1. 来自政府部门的研发资金 R&D funds from government dept
总　计	Total	24160.9
大型	Large-sized	14290.4
中型	Medium-sized	2784.7
小型	Small-sized	7020.8
微型	Micro-sized	65.0
中央	Central	14274.2
地方	Local	2608.7
其他	Others	7278.0
内资企业	Domestic funds	24080.9
国有企业	State-owned	
集体企业	Collective-owned	
股份合作企业	Share holding cooperative	
有限责任公司	Limited company	8499.2
国有独资公司	State-owned	6517.2
其他有限责任公司	Others	1982.0
股份有限公司	Share holding	13952.1
私营企业	Private	1629.6
私营独资企业	Solely Owned	
私营合作企业	Private partnership	
私营有限责任公司	Limited company	741.7
私营股份有限公司	Private	887.9
其他企业	Others	
港、澳、台商投资企业	Funded from Hongkong, Macao and Taiwan	
合资经营企业（港或澳、台资）	Funded from Hongkong, Macao and Taiwan	
合作经营企业（港或澳、台资）	Cooperative	
港澳台商独资经营企业	Solely owned	
港澳台商投资股份有限公司	Funded from Hongkong, Macao and Taiwan	
其他港澳台商投资企业	Others	
外商投资企业	Foreign funded	80.0
中外合资经营企业	Joint Venture	75.0
中外合作经营企业	Cooperative	
外资企业	Foreign funded	5.0
外商投资股份有限公司	Share holding	
其他外商投资企业	Others	
采矿业	Mining industry	
煤炭开采和洗选业	Coal mining and dressing	
非金属矿采选业	Mining and dressing of nonmetal mineralproducts	
开采辅助活动	Mining auxiliary activities	
制造业	Manufacturing Industry	24160.9
农副食品加工业	Food processing	31.0
食品制造业	Food manufacturing	50.0
酒、饮料和精制茶制造业	Wine、Drinks and refined tea industry	

RESEARCH AND DEVELOPMENT SITUATIONS OF INDUSTRIAL LEGAL ENTITIES ABOVE DESIGNATED SCALE FOR THE YEAR 2019 （Ⅵ）

六、其他情况 VI. Other Situations				
2. 研究开发费用加计扣除减免税（万元） 2. R&D expenses plus exemption of tax (Unit: 10 thousand Yuan)	3. 高新技术企业减免税（万元） 3. Exemption of taxes for hi-tech enterprises (Unit: 10 thousand Yuan)	1. 技术改造经费支出（万元） 1. Technical transformation expenditure (Unit: 10 thousand Yuan)	2. 购买境内技术经费支出（万元） 2. Expenditure for purchase of domestic technology (Unit: 10 thousand Yuan)	3. 引进境外技术经费支出（万元） 3. Expenditure for introducing overseas technology (Unit: 10 thousand Yuan)
121656.7	77419.3	3813605.9	191674.6	482333.9
80745.4	55897.6	3809165.2	191174.3	482170.0
21197.8	6068.3	3046.3		
13100.6	15407.7	1394.4	500.3	163.9
6612.9	45.7			
71634.0	24194.2	3811426.4	191174.3	482170.0
14824.7	31197.7	101.0		13.9
35198.0	22027.4	2078.5	500.3	150.0
104219.0	64638.2	3813605.4	191674.1	482333.9
2297.9		2261.2		
62059.5	11621.3	3783083.3	137648.1	466257.3
47843.6	741.0	3779686.4	137648.1	466243.4
14215.9	10880.3	3396.9		13.9
27716.2	46475.7	27458.0	53526.2	16076.6
12145.4	6541.2	802.9	499.8	
9810.9	5138.9	802.9	499.8	
2334.5	1402.3			
781.2	4238.3	0.5	0.5	
711.2	3384.3	0.5	0.5	
70.0	854.0			
16656.5	8542.8			
3401.5	8346.1			
12775.0	196.7			
480.0				
1947.8				
1947.8				
119708.9	77408.3	3809524.6	191674.6	482333.9
998.6	66.8	465.8	465.8	
38.2				

2019 年规上工业法人单位研发情况（六）

指标名称 Item		六、其他情况 VI. Other Situations 1. 来自政府部门的研发资金 R&D funds from government dept
烟草制品业	Tobacco processing	
纺织业	Textile industry	
纺织服装、服饰业	Textile and garment、Clothing industry	
皮革、毛皮、羽毛（绒）及其制品业	Leather furs down and related products	
木材加工及木、竹、藤、棕、草制品业	Timber, bamboo, cane, palm and straw products	
家具制造业	Furniture	
造纸及纸制品业	Paper making and paper products	
印刷业和记录媒介的复制	Printing and record medium reproduction	
文教、工美、体育和娱乐用品制造业	Culture and education、industrial art、sports and entertainment products manufacturing	
石油加工、炼焦及核燃料加工业	Petroleum processing coking and nuclear processing	
化学原料及化学制品制造业	Raw chemical material and chemical products	37.0
医药制造业	Medical and pharmacutical products	1765.8
化学纤维制造业	Chemical fiber manufacturing	6.3
橡胶和塑料制品业	Rubber and Plastic products	40.0
非金属矿物制品业	Nonmetal mineral products	110.0
黑色金属冶炼及压延加工业	Smelting and pressing of ferrous metals	
有色金属冶炼及压延加工业	Smelting and pressing of non-ferrous metals	
金属制品业	Metal products	20.0
通用设备制造业	Ordinary machinery	73.0
专用设备制造业	Special purpose equipment	120.4
汽车制造业	Automobile industry	6827.6
铁路、船舶、航空航天和其他运输设备制造业	Railway、Ship、aerospace and other Transportation Equipment Manufacturing	7717.7
电气机械及器材制造业	Electric equipment and machinery	50.0
计算机、通信及其他电子设备制业	Computer and Telecommunication equipment and other electronic equipment	5638.7
仪器仪表制造业	Instruments, meters	1673.4
其他制造业	Others	
废弃资源综合利用业	Comperehensive untilization of waste resources	
电力、热力、燃气及水生产和供应业	Electric power, Heating power, fuel gas, water production and supply industry	
电力、热力的生产和供应业	Production and supply of electric power and heat power	
燃气生产和供应业	Production and supply of gas	
水的生产和供应业	Production and supply of water	
公有经济	Public economy	15659.6
非公有经济	Non-public economy	8501.3
国有控股	State-owned holding	15659.6
集体控股	Collective holding	
私人控股	Private holding	7138.6
港澳台商控股	Share held by Hong Kong, Macao and Taiwanese Businessmen	
外商控股	Foreign holding	5.0
其他	Others	1357.7

RESEARCH AND DEVELOPMENT SITUATIONS OF INDUSTRIAL LEGAL ENTITIES ABOVE DESIGNATED SCALE FOR THE YEAR 2019（Ⅵ）

六、其他情况 VI. Other Situations				
2. 研究开发费用加计扣除减免税（万元） 2. R&D expenses plus exemption of tax (Unit: 10 thousand Yuan)	3. 高新技术企业减免税（万元） 3. Exemption of taxes for hi-tech enterprises (Unit: 10 thousand Yuan)	1. 技术改造经费支出（万元） 1. Technical transformation expenditure (Unit: 10 thousand Yuan)	2. 购买境内技术经费支出（万元） 2. Expenditure for purchase of domestic technology (Unit: 10 thousand Yuan)	3. 引进境外技术经费支出（万元） 3. Expenditure for introducing overseas technology (Unit: 10 thousand Yuan)
		560.0		
				13.9
		257.1		
69.1	434.7			
74.6	857.9			
10330.5	28120.5			
2390.8	786.8	0.5	0.5	
4902.8	2150.1			
0.1		75.0	24.0	
772.8	247.8	30.0		
133.4	49.5	100.0		
72124.7	17233.1	3779586.4	137648.1	466243.4
20350.1	25140.0	28448.8	53526.2	15926.6
1265.9	14.1		10.0	
5924.6	1755.9	1.0		150.0
332.7	551.1			
	11.0	4081.3		
	11.0	4081.3		
83552.6	48989.9	3811527.4	191174.3	482170.0
38104.1	28429.4	2078.5	500.3	163.9
83552.6	48989.9	3811527.4	191174.3	482170.0
18538.7	9746.5	2078.0	499.8	150.0
550.0	854.0			
13933.4	7066.6			
5082.0	10762.3	0.5	0.5	13.9

2019 年规上工业法人单位研发情况（七）
RESEARCH AND DEVELOPMENT SITUATIONS OF INDUSTRIAL LEGAL ENTITIES ABOVE DESIGNATED SCALE FOR THE YEAR 2019（Ⅶ）

指标名称	Item	七、R&D 投入产出效率情况 VII. R&D Input and Output Efficiencies	
		R&D 经费内部支出合计与主营收入之比（%） Proportion of total internal R&D expenditure to main business income (%)	基础研究占 R&D 经费内部支出的比重（%） Proportion of basic research to internal R&D expenditure (%)
总　计	Total	0.54	
大型	Large-sized	0.57	
中型	Medium-sized	0.45	
小型	Small-sized	0.38	
微型	Micro-sized	0.33	
中央	Central	0.54	
地方	Local	0.46	
其他	Others	0.57	
内资企业	Domestic funds	0.52	
国有企业	State-owned	0.51	
集体企业	Collective-owned		
股份合作企业	Share holding cooperative		
有限责任公司	Limited company	0.46	
国有独资公司	State-owned	0.47	
其他有限责任公司	Others	0.39	
股份有限公司	Share holding	1.02	
私营企业	Private	0.42	
私营独资企业	Solely Owned		
私营合作企业	Private partnership		
私营有限责任公司	Limited company	0.32	
私营股份有限公司	Private	1.87	
其他企业	Others		
港、澳、台商投资企业	Funded from Hongkong, Macao and Taiwan	0.67	
合资经营企业（港或澳、台资）	Funded from Hongkong, Macao and Taiwan	1.35	
合作经营企业（港或澳、台资）	Cooperative	2.98	
港澳台商独资经营企业	Solely owned	0.33	
港澳台商投资股份有限公司	Funded from Hongkong, Macao and Taiwan		
其他港澳台商投资企业	Others		
外商投资企业	Foreign funded	0.62	
中外合资经营企业	Joint Venture	0.66	
中外合作经营企业	Cooperative		
外资企业	Foreign funded	0.61	
外商投资股份有限公司	Share holding		
其他外商投资企业	Others		
采矿业	Mining industry		
煤炭开采和洗选业	Coal mining and dressing		
非金属矿采选业	Mining and dressing of nonmetal mineralproducts		
开采辅助活动	Mining auxiliary activities		
制造业	Manufacturing Industry	0.57	
农副食品加工业	Food processing	0.08	
食品制造业	Food manufacturing	0.01	
酒、饮料和精制茶制造业	Wine、Drinks and refined tea industry	0.02	
烟草制品业	Tobacco processing		
纺织业	Textile industry		
纺织服装、服饰业	Textile and garment、Clothing industry		
皮革、毛皮、羽毛（绒）及其制品业	Leather furs down and related products		
木材加工及木、竹、藤、棕、草制品业	Timber, bamboo, cane, palm and straw products	0.05	
家具制造业	Furniture	1.50	

续表

指标名称	Item	七、R&D 投入产出效率情况 VII. R&D Input and Output Efficiencies	
		R&D 经费内部支出合计与主营收入之比（%） Proportion of total internal R&D expenditure to main business income (%)	基础研究占 R&D 经费内部支出的比重（%） Proportion of basic research to internal R&D expenditure (%)
造纸及纸制品业	Paper making and paper products	0.58	
印刷业和记录媒介的复制	Printing and record medium reproduction		
文教、工美、体育和娱乐用品制造业	Culture and education、industrial art、sports and entertainment products manufacturing		
石油加工、炼焦及核燃料加工业	Petroleum processing coking and nuclear processing		
化学原料及化学制品制造业	Raw chemical material and chemical products		
医药制造业	Medical and pharmacutical products		
化学纤维制造业	Chemical fiber manufacturing	0.02	
橡胶和塑料制品业	Rubber and Plastic products	1.73	
非金属矿物制品业	Nonmetal mineral products	3.51	
黑色金属冶炼及压延加工业	Smelting and pressing of ferrous metals	0.22	
有色金属冶炼及压延加工业	Smelting and pressing of non-ferrous metals	0.42	
金属制品业	Metal products	0.04	
通用设备制造业	Ordinary machinery	1.31	
专用设备制造业	Special purpose equipment	0.86	
汽车制造业	Automobile industry	0.52	
铁路、船舶、航空航天和其他运输设备制造业	Railway、Ship、aerospace and other Transportation Equipment Manufacturing	1.88	
电气机械及器材制造业	Electric equipment and machinery	0.75	
计算机、通信及其他电子设备制业	Computer and Telecommunication equipment and other electronic equipment	1.55	
仪器仪表制造业	Instruments， meters	4.06	
其他制造业	Others	1.47	
废弃资源综合利用业	Comperehensive untilization of waste resources		
电力、热力、燃气及水生产和供应业	Electric power, Heating power, fuel gas, water production and supply industry	0.03	
电力、热力的生产和供应业	Production and supply of electric power and heat power	0.03	
燃气生产和供应业	Production and supply of gas		
水的生产和供应业	Production and supply of water		
公有经济	Public economy	0.56	
非公有经济	Non-public economy	0.46	
国有控股	State-owned holding	0.57	
集体控股	Collective holding		
私人控股	Private holding	0.41	
港澳台商控股	Share held by Hong Kong, Macao and Taiwanese Businessmen	0.24	
外商控股	Foreign holding	0.34	
其他	Others	0.77	

统计资料

▶体育、卫生及其他事业

SPORTS, PUBLIC HEALTH AND OTHERS

STATISTICS

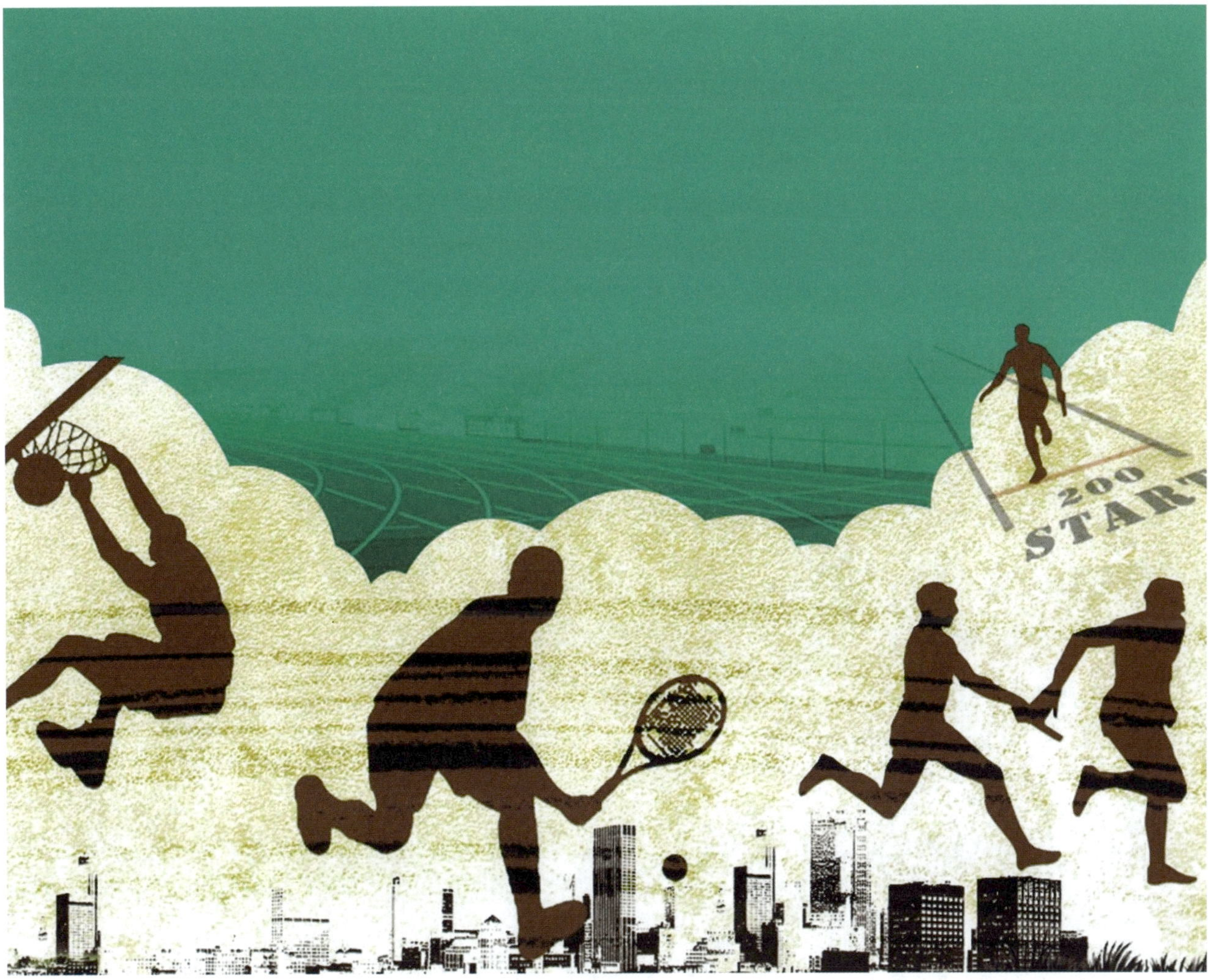

2020

长春统计年鉴

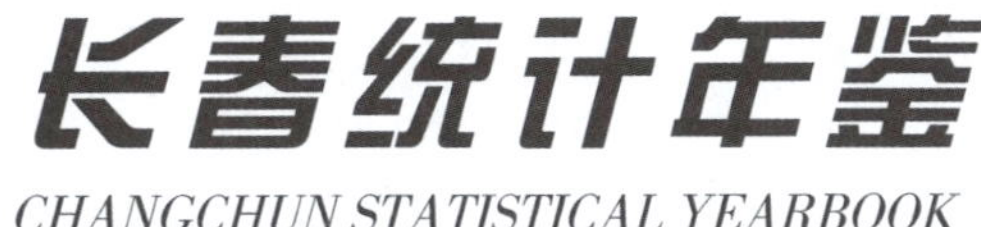

CHANGCHUN STATISTICAL YEARBOOK

第十八篇　体育、卫生及其他事业

2019 年，先后成功承办了瓦萨国际越野滑雪系列赛、长春国际马拉松赛、中国冰雪汽车短道拉力锦标赛等国际国内大型体育赛事 70 余项次。大力开展全民健身活动，完善健身场地设施，改善健身条件，开展各级各类健身活动 1000 余项次。

我市及我市输送的运动员参加年度国际和全国比赛 74 项次，获世界系列比赛冠军 6 个，全国冠军 53 个，多人创造中国体育历史：运动员孟繁棋获得世界冬季两项青年锦标赛青年组女子 12.5 公里个人项目桂冠，是中国运动员首次站上世青赛青年组的冠军领奖台；在单板滑雪平行项目世界杯北京云顶站比赛中运动员张宣获得第四名，创造了中国男子运动员该项目国际比赛历史最好成绩；射箭世界锦标赛上 18 岁运动员魏绍轩获得男子团体反曲弓项目冠军，这是中国队在该项目的历史首枚金牌。全市共有 38 名运动员入选国家队（集训队、青年队），为备战 2020 年东京奥运会、2022 北京冬奥会提供人才支持。

2019 年，全市共有卫生医疗机构 4918 个，比上年减少 4.3%。其中，医院、卫生院 308 所，比上年减少 3.8%。拥有医疗床位 5.6 万张，比上年增长 6%。卫生技术人员为 5.9 万人，比上年增长 3.5%。每千人拥有执业医师和执业助理医师 3.4 人。

市辖区建成社区卫生服务中心 85 家，城区人口覆盖率达到 100%。335.4 万农民参加了新型合作医疗，常住人口参合率达到 97.1%，共筹集资金 25.5 亿元，已有 218.1 万参合农民受益，支付补偿金 20.7 亿元，占筹资总额的 81.4%。

全年销售体育彩票 13.8 亿元，占全省销售的比例为 36%。

18–1 2019 年公共体育场
STADIUMS AND GYMNASIUMS IN 2019

指标名称 Item	实际数（个） Number	指标名称 Item	实际数（个） Number	指标名称 Item	实际数（个） Number
体育场 stadium	18	体育馆 Gymnasiums	33	足球场 Football court	286
室外游泳池 Outdoor swimming pools	2	运动场 Stadiums	1813	保龄球房 Bowling ball room	3
室内游泳馆 Swimming pools	43	室内网球场 Indoor tennis court	4		

18–2 2019 年卫生机构床位、人员数
BEDS AND PERSONNEL IN HEALTH INSTITUTIONS IN 2019

机构分类 Institutions		机构数（个） Institutions	床位数（张） beds	人员数（人） Personnel				
				合计 Total	#卫生技术员 Medical technical personnel			注册护士 Registered nurses
					合计 Total	执业医师 Certified doctors	执业助理医师 Assistant doctors	
总计	Total	4918	56348	76216	58587	22639	2613	25094
一、医院	Hospitals	188	51259	50619	40884	15329	870	19570
二、社区卫生服务中心（站）	Community health ceve canters	107	1285	4186	3265	1073	219	1207
三、卫生院	Clinics	120	3151	3729	2724	831	449	724
四、门诊部	Policlinic	548	21	4393	4180	1942	421	1650
五、诊所、卫生所、医务室	Clinique meadical institute infirmary	1828		4069	4039	2250	142	1329
六、急救中心（站）	First-aid centre	1		363	180	66		113
七、村卫生室	Village clinic	2009		5098	723	252	378	93
八、采供血机构	Blood bank	1		113	85	20		28
九、妇幼保健院（所站）	Maternity and child care centers	13	332	1090	785	378	35	197
十、专科疾病防治院（所站）	Specialized prevention & treatment centers or station	7	300	387	264	90	18	67
十一、疾病预防控制中心	Sanitation and antiepidemic agencies	14		1151	874	364	78	87
十二、卫生监督所（中心）	Health care centre	12		509	379			
十三、健康教育所（站中心）	Health training centre	2		52	32	6		
十四、计划生育技术服务机构	Technical service institution of family planning	64		253	55	14	3	8
十五．其他卫生机构	Other institutions	4		204	118	24		21

18–3 2019 年计划生育情况
BASIC STATISTICS ON BIRTH CONTROL IN 2019

	育龄妇女人数（人）Birth-aged women (person)	其中：已婚 Married	20 周岁以前结婚人数（人）Married before 20 years old	23 周岁以后结婚人数（人）Married after 23 years old	晚婚率（%）Rate of married at mature age (%)	晚育率（%）Rate of late child birth (%)	计划内出生（人）Plan birth (person)	计划生育率（%）Birthcontrolrate (%)	领证率（%）Link card rate (%)
总计 Total	1690967	1084135	396				36769	99.52	
南关区 Nanguan	108007	68189	8				4189	100	
宽城区 Kuancheng	129321	87709	1				4378	100	
朝阳区 Chaoyang	140973	82026	3				3226	99.94	
二道区 Erdao	78165	50853					2668	100	
绿园区 Lvyuan	118160	77198					3241	100	
榆树市 Yushu	273060	170640	115				3007	99.18	
农安县 Nong' an	236730	153170	74				2786	97.65	
德惠市 Dehui	207612	117545	95				2356	99.16	
九台区 Jiutai	149785	99918	62				2673	98.24	
双阳区 Shuangyang	77772	52845	36				1436	99.17	
经开区 Developing area	74669	56405					3565	99.94	
净月区 Tourism area	44146	32290					2170	100	
高新区 High-technical area									
汽开区 Motor vehicle development zone	43509	30074	2				1009	99.9	
莲花山区 Lianhua mountain area	9058	5273					65	100	

注：20 周岁以前结婚人数（人），在市卫健委统计表内为：19 周岁及以下女性初婚人数

18-4 2019 年节育情况
BASIC CONDITION OF CONTRACEPTION IN 2019

		避孕人数（人）Persons of contraception (person)	避孕率 (%) Rate of contraception(%)	手术例数（个）Number of operation
总计	Total	946628	87.32	
南关区	Nanguan	58622	85.97	
宽城区	Kuancheng	66487	75.8	
朝阳区	Chaoyang	72201	88.02	
二道区	Erdao	46222	90.89	
绿园区	Lvyuan	70303	91.07	
榆树市	Yushu	142702	83.63	
农安县	Nong' an	138756	90.59	
德惠市	Dehui	107040	91.06	
九台区	Jiutai	90699	90.77	
双阳区	Shuangyang	47220	89.36	
经开区	Developing area	48391	85.79	
净月区	Tourism area	28784	89.14	
高新区	High-technical area			
汽开区	Motor vehicles development zone	24578	81.73	
莲花山区	Lianhua mountain area	4623	87.67	

18-5 2019 年火灾基本情况
BASIC STATISTICS ON FIRES IN 2019

指标名称	Item	全市 Total
次数（次）	Cases	2402
死人（人）	Deaths(person)	12
伤人（人）	Injuries(person)	6
直接损失（元）	Direct losses (yuan)	13266623

18-6 2019年交通事故情况
BASIC STATISTICS ON TRAFFIC ACCIDENTS IN 2019

指标名称	Item	次数 Times	死亡（人）Death (person)	伤人（人）Injuries (person)	直接折款（元）Loss(yuan)
总计	Total	3820	469	4343	17081177
市区合计	Total district	2187	281	2366	12182754
南关交警大队	Nanguan traffic police department	164	18	150	315813
宽城交警大队	Kuancheng traffic police department	309	20	354	2659600
朝阳交警大队	Chao yang traffic police department	231	10	221	3719600
二道交警大队	Erdao traffic police department	236	21	268	696200
汽车厂交警大队	Automobile factory traffic police department	97	7	97	128762
双阳交警大队	Shuangyang traffic police department	165	28	197	708960
绿园交警大队	Lvyuan traffic police department	109	18	118	501600
经济开发区交警大队	Econmic development zone traffic police department	168	18	195	1205011
净月开发区交警大队	Jing yue development zone traffic police department	169	28	210	812130
高新交警大队	High-tech traffic police department	107	18	118	532161
公路治安巡逻大队	Road peace and patrol department	107	33	90	127702
莲花山大队	Lotus Hill Brigade	41	5	49	238600
榆树交警大队	Yushu traffic police department	270	65	288	432944
农安交警大队	Nong'an traffic police department	467	69	611	2116510
九台交警大队	Jiutai traffic police department	284	57	299	536615
德惠交警大队	Dehui traffic police department	896	54	1078	2348969

18-7 2019年刑事案件情况
BASIC STATISTICS ON PUBLIC ORDER IN 2019

<table>
<tr><td>立案
Put on record</td><td>合计（起）
Total(case)</td><td>26018</td><td colspan="2">破案
Break cases</td><td>合计（件）
Total(case)</td><td>6833</td></tr>
<tr><td rowspan="4">发案地域
Put on recordArea of Cases happened</td><td>城区 City zone</td><td>19626</td><td colspan="3">破获年前案件
Break cases before the year</td><td>2803</td></tr>
<tr><td>郊区 Suburb</td><td>934</td><td colspan="3">破获外省、区市案件
Break cases in other provinces and cities</td><td></td></tr>
<tr><td>镇 Town</td><td>3934</td><td rowspan="2" colspan="2">直接受害人
Direct victims</td><td>死亡（人）Death (person)</td><td></td></tr>
<tr><td>其他 Others</td><td>1524</td><td>受伤（人）Injury (person)
其他（人）Others (person)</td><td>
10461</td></tr>
<tr><td colspan="2">补立年前案件
Makeup case before the year</td><td>2366</td><td colspan="3">财物、损失总价值（万元）
Total value of property and loss(10000yuan)</td><td>118697.4</td></tr>
</table>

主要统计指标解释

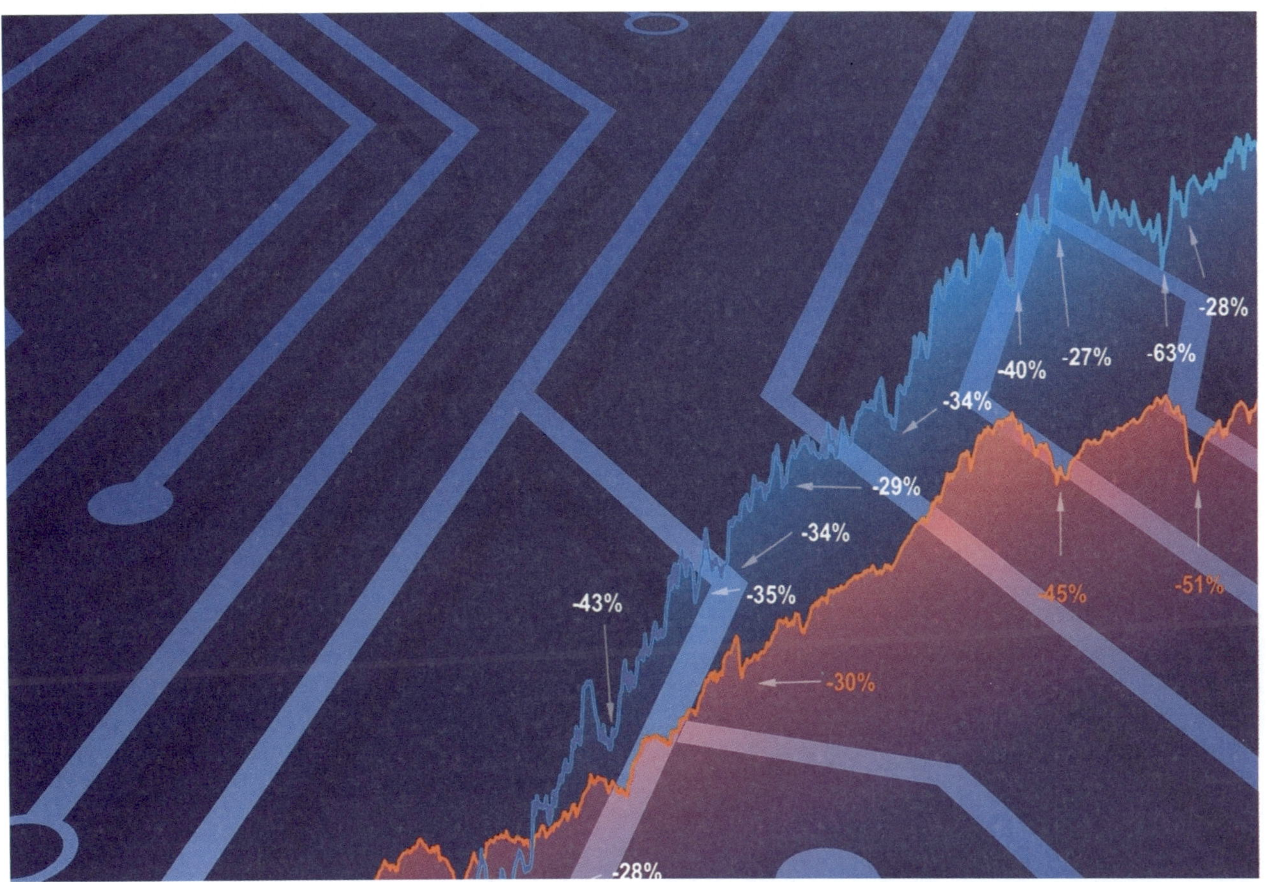

2020

主要统计指标解释

行政区划　指国家对行政区域的划分。根据宪法规定，我国的行政区域划分如下：(1) 全国分为省、自治区、直辖市；(2) 省、自治区分为自治州、县、自治县、市；(3) 自治州分为县、自治县、市；(4) 县、自治县分为乡、民族乡、镇；(5) 直辖市和较大的市分为区、县；(6) 国家在必要时设立的特别行政区。

气候　指地球与大气之间长期能量交换与质量交换所形成的一种自然环境状态，它是多种因素综合作用的结果。气候既是人类生活和生产的环境要素之一，又是供给人类生活和生产的重要资源。气温、降水、湿度等气象要素的多年平均值是用来描述一个地区气候状况的主要参数，而各种气象要素某年、某月的平均值 (或总量) 则可以反映出该时期天气气候状况的重要特征。

自然资源　指人类可以直接从自然界获得，并用于生产和生活的物质资源。自然资源一般可以分成可再生资源和非再生资源两大类。可再生资源指在较短时间内可以再生、可以循环利用的资源，包括土地资源、水资源、气候资源、生物资源和海洋资源等。非再生资源指在使用后不能再生的资源，包括矿产资源和地热能源。

土地资源　土地指陆地的表层部分，它主要由岩石、岩石的风化物和土壤构成。土地资源按利用类型可以分为农用地、建筑用地和未利用地。农用地包括耕地、园地、林地、牧草地和水面。建筑用地包括居民点及工矿用地、交通用地和水利设施用地。未利用地指农用地和建筑用地以外的土地，包括滩涂、荒漠、戈壁、冰川和石山等。

耕地面积　指经过开垦用以种植农作物并经常进行耕耘的土地面积。包括种有作物的土地面积、休闲地、新开荒地和抛荒未满三年的土地面积。

林业用地面积　指生长乔木、竹类、灌木、沿海红树林等林木的土地面积，包括有林地、灌木林、疏林地、未成林造林地、迹地、苗圃等。

草地面积　指牧区和农区用于放牧牲畜或割草，植被盖度在 5% 以上的草原、草坡、草山等面积。包括天然的和人工种植或改良的草地面积。

森林资源　指森林、林木、林地以及依托森林、林木、林地生存的野生动物、植物和微生物。林木指树木和竹子。森林指以乔木为主体的植物群落，是集生的乔木及与共同作用的植物、动物、微生物和土壤、气候等的总体。

活立木总蓄积量　指一定范围内土地上全部树木蓄积的总量，包括森林蓄积、疏林蓄积、散生木蓄积和四旁树蓄积。

森林面积　指由乔木树种构成，郁闭度 0.2 以上 (含 0.2) 的林地或冠幅宽度 10 米以上的林带的面积，即有林地面积。森林面积包括天然起源和人工起源的针叶林面积、阔叶林面积、针阔混交林面积和竹林面积，不包括灌木林地面积和疏林地面积。

森林蓄积量　指一定森林面积上存在着的林木树干部分的总材积。它是反映一个国家或地区森林资源总规模和水平的基本指标之一，也是反映森林资源的丰富程度、衡量森林生态环境优劣的重要依据。

森林覆盖率　指一个国家或地区森林面积占土地总面积的百分比。森林覆盖率是反映森林资源的丰富程度和生态平衡状况的重要指标。在计算森林覆盖率时，森林面积包括郁闭度 0.2 以上的乔木林地面积和竹林地面积，国家特别规定的灌木林地面积、农田林网以及四旁 (村旁、路旁、水旁、宅旁) 林木的覆盖面积。计算公式为：

森林覆盖率（%）= 森林面积 / 土地总面积 ×100%

水资源　水在自然界中以固体、液体和气态三种聚集状态存在，分布于海洋、陆地 (包括土壤) 以及大气之中，通过水循环形成水资源。水资源包括经人类控制并直接可供灌溉、发电、给水、航运、养殖等用途的地表水和地下水，以及江河、湖泊、井、泉、潮汐、港湾和养殖水域等。水资源是发展国民经济不可缺少的重要自然资源。

地表水和地下水　陆地上的水因空间分布不同，分为地表水和地下水。地表水指分别存在于河流、湖泊、沼泽、冰川和冰盖等水体中水分的总称，又称陆地水。地下水指储存在地面以下饱和岩土孔隙、裂隙及溶洞中的水。

径流　指陆地上接受降水后扣除损耗外，从地表和地下向流域出口断面汇集的水流。径流可分为地表径流、地下径流和壤中流。地表径流指沿地表向河流、湖泊、沼泽、海洋等汇集的水流；地下径流指沿潜水层或隔水层间的含水层，向河流、湖泊、沼泽、海洋等汇集的地下水水流。

径流量 指在一定时段内通过河流某一过水断面的水量，用以反映一个国家或地区水资源的丰歉程度。计算公式为：

径流量 = 降水量 − 蒸发量

矿产资源 矿产指由地质作用形成，富集于地壳中或出露于地表达到工农业利用要求的有用矿物。矿产是一种重要的自然资源，是社会发展的重要物质基础。

矿产基础储量 基础储量是查明矿产资源的一部分。它能满足现行采矿和生产所需的指标要求，是控制的、探明的并通过可行性或预可行性研究认为属于经济的、边界经济的部分，用未扣除设计、采矿损失的数量表示。

流域 每条河流都有自己的干流和支流，干支流共同组成这条河流的水系。每条河流都有自己的集水区域，这个集水区域就称为该河流的流域。

气温 指空气的温度，我国一般以摄氏度 (℃) 为单位表示。气象观测的温度表是放在离地面约 1.5 米处通风良好的百叶箱里测量的，因此，通常说的气温指的是离地面 1.5 米处百叶箱中的温度。其统计计算方法为：

月平均气温是将全月各日的平均气温相加，除以该月的天数而得。年平均气温是将 12 个月的月平均气温累加后除以 12 而得。

相对湿度 指空气中实际所含水蒸气密度和同温度下饱和水蒸气密度的百分比值。其统计方法与气温相同。

降水量 指从天空降落到地面的液态或固态 (经融化后) 水，未经蒸发、渗透、流失而在地面上积聚的深度。其统计计算方法为：

月降水量是将全月各日的降水量累加而得。年降水量是将 12 个月的月降水量累加而得。

日照时数 指太阳实际照射地面的时间。其统计方法与降水量相同

水资源总量 一定区域内的水资源总量指当地降水形成的地表和地下产水量，即地表径流量与降水入渗补给量之和，不包括过境水量。

地表水资源量 指河流、湖泊、冰川等地表水体中由当地降水形成的、可以逐年更新的动态水量，即天然河川径流量。

地下水资源量 指当地降水和地表水对饱水岩土层的补给量。

地表水与地下水资源重复计算量 指地表水和地下水相互转化的部分，即在河川径流量中包括一部分地下水排泄量，地下水补给量中包括一部分来源于地表水的入渗量。

可比价格 指计算各种总量指标所采用的扣除了价格变动因素的价格，可进行不同时期总量指标的对比。按可比价格计算总量指标有两种方法：一种是直接用产品产量乘某一年的不变价格计算；另一种是用价格指数进行缩减。

不变价格 指以同类产品某年的平均价格作为固定价格，用于计算各年的产品价值。按不变价格计算的产品价值消除了价格变动因素，不同时期对比可以反映生产的发展速度。新中国成立后，随着工农业产品价格水平的变化，国家统计局先后五次制定了全国统一的工业产品不变价格和农业产品不变价格。从 1952 年到 1957 年使用 1952 年工 (农) 业产品不变价格，从 1957 年到 1970 年使用 1957 年不变价格，从 1971 年到 1980 年使用 1970 年不变价格，从 1981 年到 1990 年使用 1980 年不变价格，从 1991 年开始使用 1990 年不变价格。

平均增长速度 我国计算平均增长速度有两种方法：一种是习惯上经常使用的"水平法"，又称几何平均法，是以间隔期最后一年的水平同基期水平对比来计算平均每年增长 (或下降) 速度；另一种是"累计法"，又称代数平均法或方程法，是以间隔期内各年水平的总和同基期水平对比来计算平均每年增长 (或下降) 速度。在一般正常情况下，两种方法计算的平均每年增长速度比较接近；但在经济发展不平衡、出现大起大落时，两种方法计算的结果差别较大。

国民经济行业分类 自 2003 年定期报表开始使用新的《国民经济行业分类》(GB/T4754–2002) 该分类是由国家统计局组织修订，经国家质量监督检验检疫总局批准，于 2002 年 5 月 10 日发布实施。这次修订是在 1994 年分类标准的基础上，参照联合国《全部经济活动的国际标准产业分类》(ISIC/Rev.3) 进行的。修订后的《国民经济行业分类》(GB/T4754–2002) 共有门类 20 个，大类 95 个，中类 396 个，小类 913 个。新增门类 4 个，大类增加 3 个，中类增加 28 个，小类增加 67 个。

企业 (单位) 登记注册类型 是以在工商行政管理机关登记注册的各类企业为划分对象，以工商行政管理部门对企业登记注册的类型为依据，将企业登记注册类型分为内资企业、港澳台商投资企业和外商投资企业三大类。内资企业包括国有企业、集体企业、股份合作企业、联营企业、有限责任公司、股份有限公司、私营公司和其他企业；港澳台商投资企业和外商投资企业分别包括合资经营企业、合作经营企业、独资经营企业和股份有限公司。对不在工商行政管理部门进行登记注册的行政机关、事业单位和社会团体，主要按其经费来源和管理方式进行划分。

国有企业 指企业全部资产归国家所有，并按《中华人民共和国企业法人登记管理条例》规定登记注册的非公司制的经济组织。不包括有限责任公司中的国有独资公司。

集体企业 指企业资产归集体所有，并按《中华人民共和国企业法人登记管理条例》规定登记注册的经济组织。

股份合作企业 指以合作制为基础，由企业职工共同出资入股，吸收一定比例的社会资产投资组建，实行自主经营，自负盈亏，共同劳动，民主管理，按劳分配与按股分红相结合的一种集体经济组织。

联营企业 指两个及两个以上相同或不同所有制性质的企业法人或事业单位法人，按自愿、平等、互利的原则，共同投资组成的经济组织。联营企业包括国有联营企业、集体联营企业、国有与集体联营企业和其他联营企业。

有限责任公司 指根据《中华人民共和国公司登记管理条例》规定登记注册，由两个以上、五十个以下的股东共同出资，每个股东以其所认缴的出资额对公司承担有限责任，公司以其全部资产对其债务承担责任的经济组织。有限责任公司包括国有独资公司以及其他有限责任公司。

股份有限公司 指根据《中华人民共和国公司登记管理条例》规定登记注册，其全部注册资本由等额股份构成并通过发行股票筹集资本，股东以其认购的股份对公司承担有限责任，公司以其全部资产对其债务承担责任的经济组织。

私营企业 指由自然人投资设立或由自然人控股，以雇佣劳动为基础的营利性经济组织。包括按照《公司法》、《合伙企业法》、《私营企业暂行条例》规定登记注册的私营有限责任公司、私营股份有限公司、私营合伙企业和私营独资企业。

其他企业 指上述企业之外的其他内资经济组织。

与港澳台商合资经营企业 指港澳台地区投资者与内地企业依照《中华人民共和国中外合资经营企业法》及有关法律的规定，按合同规定的比例投资设立、分享利润和分担风险的企业。

与港澳台商合作经营企业 指港澳台地区投资者与内地企业依照《中华人民共和国中外合作经营企业法》及有关法律的规定，依照合作合同的约定进行投资或提供条件设立、分配利润和分担风险的企业。

港澳台商独资经营企业 指依照《中华人民共和国外资企业法》及有关法律的规定，在内地由港澳台地区投资者全额投资设立的企业。

港澳台商投资股份有限公司 指根据国家有关规定，经原外经贸部依法批准设立，其中港、澳、台商的股本占公司注册资本的比例达 25% 以上的股份有限公司。凡其中港、澳、台商的股本占公司注册资本的比例小于 25% 的，属于内资企业中的股份有限公司。

中外合资经营企业 指外国企业或外国人与中国内地企业依照《中华人民共和国中外合资经营企业法》及有关法律的规定，按合同规定的比例投资设立、分享利润和分担风险的企业。

中外合作经营企业 指外国企业或外国人与中国内地企业依照《中华人民共和国中外合作经营企业法》及有关法律的规定，依照合作合同的约定进行投资或提供条件设立、分配利润和分担风险的企业。

外资企业 指依照《中华人民共和国外资企业法》及有关法律的规定，在中国内地由外国投资者全额投资设立的企业。

外商投资股份有限公司 指根据国家有关规定，经原外经贸部依法批准设立，其中外资的股本占公司注册资本的比例达 25% 以上的股份有限公司。凡其中外资股本占公司注册资本的比例小于 25% 的，属于内资企业中的股份有限公司。

行政机关、事业单位和社会团体 参照企业登记注册类型，主要按其经费来源和管理方式划分。具体规定如下：

⑴行政机关：包括国家机关和政党机关，原则上均列为“国有”。但有特殊规定的，如供销社等，则列为“集体”。⑵事业单位：包括经国家机构编制部门和有关业务主管部门批准成立的各类事业单位，不包括实行企业化管理的事业单位。事业单位的划分办法如下：①由国家财政预算拨款或列入财政预算外资金管理以及经费主要来源于国有主管部门或国有上级单位的事业单位，列为“国有”。②经费主要来源于集体单位的事业单位，列为“集体”。③公民个人(或个人合伙)开办的事业单位，列为“私营”。④上述以外的其他事业单位，如果其经费来源不明确，按管理方式进行归类。⑶社会团体：包括经民政部门批准成立以及未纳入社会团体管理条例范围的工会、妇联等各类社会团体。社会团体的划分办法如下：①未纳入民政部社会团体管理条例范围的工会、妇联、共青团、青联、工商联、科协、侨联等社会团体，国家拨款设立的基金会或基金管理组织以及经费主要来源于国有业务主管部门或国有上级单位的社会团体，列为“国有”。②经费主要来源于集体单位的社会团体，列为“集体”。③公民个人(或个人合伙)开办的社会团体，划为“私营”。④上述以外的其他社会团体，如果其经费来源不明确，改按管理方式进行归类。

地区生产总值(GDP) 指按市场价格计算的一个国家(或地区)所有常住单位在一定时期内生产活动的最终成果。地区生产总值有三种表现形态，即价值形态、收入形态和产品形态。

从价值形态看，它是所有常住单位在一定时期内生产的全部货物和服务价值超过同期投入的全部非固定资产货物和服务价值的差额，即所有常住单位的增加值之和；从收入形态看，它是所有常住单位在一定时期内创造并分配给常住单位和非常住单位的初次收入之和；从产品形态看，它是所有常住单位在一定时期内最终使用的货物和服务价值减去货物和服务进口价值。在实际核算中，地区生产总值有三种计算方法，即生产法、收入法和支出法。三种方法分别从不同的方面反映地区生产总值及其构成。

三次产业 三产业的划分是世界上较为常用的产业结构分类，但各国的划分不尽一致。我国的三次产业划分是：

第一产业是指农、林、牧、渔业。第二产业是指采矿业，制造业，电力、煤气及水的生产和供应业，建筑业。第三产业是指除第一、二产业以外的其他行业。

支出法地区生产总值 是从最终使用的角度反映一个国家（或地区）一定时期内生产活动最终成果的一种方法，包括最终消费、资本形成总额及货物和服务净出口三部分。计算公式为：

支出法地区生产总值 = 最终消费 + 资本形成总额 + 货物和服务净出口

最终消费 指常住单位为满足物质、文化和精神生活的需要，从本国经济领土和国外购买的货物和服务的支出。它不包括非常住单位在本国经济领土内的消费支出。最终消费分为居民消费和政府消费。

居民消费 指常住住户在一定时期内对于货物和服务的全部最终消费支出。居民消费除了直接以货币形式购买的货物和服务的消费支出外，还包括以其他方式获得的货物和服务的消费支出，即所谓的虚拟消费支出。居民虚拟消费支出包括如下几种类型：单位以实物报酬及实物转移的形式提供给劳动者的货物和服务；住户生产并由本住户消费了的货物和服务，其中的服务仅指住户的自有住房服务和付酬的家庭雇员提供的家庭和个人服务；金融机构提供的金融媒介服务；保险公司提供的保险服务。

政府消费 指政府部门为全社会提供的公共服务的消费支出和免费或以较低的价格向居民住户提供的货物和服务的净支出，前者等于政府服务的产出价值减去政府单位所获得的经营收入的价值，后者等于政府部门免费或以较低价格向居民住户提供的货物和服务的市场价值减去向住户收取的价值。

资本形成总额 指常住单位在一定时期内获得减去处置的固定资产和存货的净额，包括固定资本形成总额和存货增加两部分。

固定资本形成总额 指生产者在一定时期内获得的固定资产减处置的固定资产的价值总额。固定资产是通过生产活动生产出来的，且其使用年限在一年以上、单位价值在规定标准以上的资产，不包括自然资产。可分为有形固定资本形成总额和无形固定资本形成总额。有形固定资本形成总额包括一定时期内完成的建筑工程、安装工程和设备工器具购置（减处置）价值，以及土地改良、新增役、种、奶、毛、娱乐用牲畜和新增经济林木价值。无形固定资本形成总额包括矿藏的勘探、计算机软件等获得减处置。

存货增加 指常住单位在一定时期内存货实物量变动的市场价值，即期末价值减期初价值的差额，再扣除当期由于价格变动而产生的持有收益。存货增加可以是正值，也可以是负值，正值表示存货上升，负值表示存货下降。存货包括生产单位购进的原材料、燃料和储备物资等存货，以及生产单位生产的产成品、在制品和半成品等存货。

货物和服务净出口 指货物和服务出口减货物和服务进口的差额。出口包括常住单位向非常住单位出售或无偿转让的各种货物和服务的价值；进口包括常住单位从非常住单位购买或无偿得到的各种货物和服务的价值。由于服务活动的提供与使用同时发生，一般把常住单位从非常住单位得到的服务作为进口，非常住单位从常住单位得到的服务作为出口。货物的出口和进口都按离岸价格计算。

人口数 指一定时点、一定地区范围内有生命的个人总和。

城镇人口和乡村人口的划分 城镇人口是指居住在城镇范围内的全部人口；乡村人口是除上述人口以外的全部人口。

历年城乡人口数据是按照当时国家《关于统计上划分城乡的规定》计算的。三次普查之间年份的城乡人口根据 1990 年和 2000 年人口普查数据进行了调整。

出生率（又称粗出生率） 指在一定时期内（通常为一年）一定地区的出生人数与同期内平均人数（或期中人数）之比，用千分率表示。本资料中的出生率指年出生率，其计算公式为：

出生率 = 年出生人数 / 年平均人数 × 1000‰

式中：出生人数指活产婴儿，即胎儿脱离母体时（不管怀孕月数），有过呼吸或其他生命现象。年平均人数指年初、年底人口数的平均数，也可用年中人口数代替。

死亡率（又称粗死亡率） 指在一定时期内（通常为一年）一定地区的死亡人数与同期内平均人数（或期中人数）之比，用千分率表示。本资料中的死亡率指年死亡率，其计算公式为：

死亡率 = 年死亡人数 / 年平均人数 ×1000‰

人口自然增长率 指在一定时期内（通常为一年）人口自然增加数（出生人数减死亡人数）与该时期内平均人数（或期中人数）之比，用千分率表示。计算公式为：

人口自然增长率 =(本年出生人数 – 本年死亡人数)/ 年平均人数 ×1000‰ = 人口出生率 – 人口死亡率

总负担系数 指人口总体中非劳动年龄人口数与劳动年龄人口数之比。通常用百分比表示。说明每 100 名劳动年龄人口大致要负担多少名非劳动年龄人口。用于从人口角度反映人口与经济发展的基本关系。计算公式为：

GDR=(P0 ～ 14+P65+)/P15 ～ 64×100%

其中：GDP 为总抚养比；

P0 ～ 14 为 0 ～ 14 岁少年儿童人口数；

P65+ 为 65 岁及 65 岁以上的老年人口数；

P15 ～ 64 为 15 ～ 64 岁劳动年龄人口数。

老年人口抚养比 也称老年人口抚养系数。指某一人口中老年人口数与劳动年龄人口数之比。通常用百分比表示。用以表明每 100 名劳动年龄人口要负担多少名老年人。老年人口抚养比是从经济角度反映人口老化社会后果的指标之一。计算公式为：

ODR=P65+/P15 ～ 64×100%

其中：ODR 为老年人口抚养比；

P65+ 为 65 岁及 65 岁以上的老年人口数；

P15 ～ 64 为 15 ～ 64 岁的劳动年龄人口数。

少年儿童抚养比 也称少年儿童抚养系数。指某一人口中少年儿童人口数与劳动年龄人口数之比。通常用百分比表示。以反映每 100 名劳动年龄人口要负担多少名少年儿童。计算公式为：

CDR=P0 ～ 14/P15 ～ 64×100%

其中：CDR 为少年儿童抚养比；

P0 ～ 14 为 0 ～ 14 岁少年儿童人口数；

P15 ～ 64 为 15 ～ 64 岁劳动年龄人口数。

经济活动人口 指在 16 岁以上，有劳动能力，参加或要求参加社会经济活动的人口。包括就业人员和失业人员。

就业人员 指从事一定社会劳动并取得劳动报酬或经营收入的人员，包括在岗职工、再就业的离退休人员、私营业主、个体户主、私营和个体就业人员、乡镇企业就业人员、农村就业人员、其他就业人员（包括民办教师、宗教职业者、现役军人等）。这一指标反映了一定时期内全部劳动力资源的实际利用情况，是研究我国基本国情国力的重要指标。

各单位的就业人员 指在各级国家机关、政党机关、社会团体及企业、事业单位中工作，取得工资或其他形式的劳动报酬的全部人员。包括在岗职工、再就业的离退休人员、民办教师以及在各单位中工作的外方人员和港澳台方人员、兼职人员、借用的外单位人员和第二职业者。不包括离开本单位仍保留劳动关系的职工。各单位的就业人员反映了各单位实际参加生产或工作的全部劳动力。

城镇私营和个体就业人员 城镇私营就业人员指在工商管理部门注册登记，其经营地址设在县城关镇（含县城关镇）以上的私营企业就业人员，包括私营企业投资者和雇工。城镇个体就业人员指在工商管理部门注册登记，并持有城镇户口或在城镇长期居住，经批准从事个体工商经营的就业人员，包括个体经营者和在个体工商户劳动的家庭帮工和雇工。

城镇登记失业人员 指有非农业户口，在一定的劳动年龄内 (16 岁以上及男 50 岁以下、女 45 岁以下)，有劳动能力，无业而要求就业，并在当地就业服务机构进行求职登记的人员。

城镇登记失业率 城镇登记失业人员与城镇单位就业人员（扣除使用的农村劳动力、聘用的离退休人员、港澳台及外方人员）、城镇单位中的不在岗职工、城镇私营业主、个体户主、城镇私营企业和个体就业人员、城镇登记失业人员之和的比。计算公式为：

城镇登记失业率 = 城镇登记失业人数 / [（城镇单位就业人员 – 使用的农村劳动力 – 聘用的离退休人员 – 聘用的港澳台及外方人员）+ 不在岗职工 + 城镇私营业主 + 城镇个体户主 + 城镇私营企业及个体就业人员 + 城镇登记失业人数]

×100%

职工 指在国有、城镇集体、联营、股份制、外商和港、澳、台投资、其他单位及其附属机构工作，并由其支付工资的各类人员。不包括下列人员：(1) 乡镇企业就业人员；(2) 私营企业就业人员；(3) 城镇个体劳动者；(4) 离休、退休、退职人员；(5) 再就业的离、退休人员；(6) 民办教师；(7) 在城镇单位中工作的外方及港、澳、台人员；(8) 其他按有关规定不列入职工统计范围的人员。(1998 年及以后的数据均为在岗职工数据，其他相关指标如职工工资总额，职工平均工资等指标也从 1998 年按此口径进行了相应调整)。

国有单位 指资产归国家所有的经济组织。包括按《中华人民共和国企业法人登记管理条例》规定登记注册的非公司制的经济组织，以及中央、地方各级国家机关、事业单位和社会团体。

集体单位 指生产资料归集体所有，并按《中华人民共和国企业法人登记管理条例》规定登记注册的经济组织。

其他单位 包括股份合作单位、联营单位、有限责任公司、股份有限公司、港澳台商投资单位以及外商投资单位等其他登记注册类型单位。

在岗职工 指在本单位工作并由单位支付工资的人员，以及有工作岗位，但由于学习、病伤产假等原因暂未工作，仍由单位支付工资的人员。

工资总额 指各单位在一定时期内直接支付给本单位全部职工的劳动报酬总额。工资总额的计算原则应以直接支付给职工的全部劳动报酬为根据。各单位支付给职工的劳动报酬以及其他根据有关规定支付的工资，不论是计入成本的还是不计入成本的，不论是按国家规定列入计征奖金税项目的，还是未列入计征奖金税项目的，不论是以货币形式支付的还是以实物形式支付的，均包括在工资总额内。

平均工资 指企业、事业、机关单位的职工在一定时期内平均每人所得的货币工资额。它表明一定时期职工工资收入的高低程度，是反映职工工资水平的主要指标。计算公式为：

平均工资 = 报告期实际支付的全部职工工资总额 / 报告期全部职工平均人数

平均工资指数 指报告期职工平均工资与基期职工平均工资的比率，是反映不同时期职工货币工资水平变动情况的相对数。计算公式为：

平均工资指数 = 报告期职工平均工资 / 基期职工平均工资 ×100%

平均实际工资指数 职工平均实际工资指扣除物价变动因素后的职工平均工资。职工平均实际工资指数是反映实际工资变动情况的相对数，表明职工实际工资水平提高或降低的程度。计算公式为：

平均实际工资指数 = 报告期职工平均工资指数 / 报告期城镇居民消费价格指数 ×100%

全社会固定资产投资 以货币形式表现的在一定时期内全社会建造和购置固定资产的工作量以及与此有关的费用的总称。该指标是反映固定资产投资规模、结构和发展速度的综合性指标，又是观察工程进度和考核投资效果的重要依据。全社会固定资产投资按登记注册类型可分为国有、集体、个体、联营、股份制、外商、港澳台商、其他等。

房地产开发投资 指各种登记注册类型的房地产开发公司、商品房建设公司及其他房地产开发法人单位和附属于其他法人单位实际从事房地产开发或经营活动的单位统一开发的包括统代建、拆迁还建的住宅、厂房、仓库、饭店、宾馆、度假村、写字楼、办公楼等房屋建筑物和配套的服务设施，土地开发工程（如道路、给水、排水、供电、供热、通讯、平整场地等基础设施工程）的投资；不包括单纯的土地交易活动。

其他固定资产投资 指全社会固定资产投资中未列入基本建设、更新改造和房地产开发投资的总投资在 50 万元以上的城镇范围内建造和购置固定资产的活动，以及城镇私人建房和农村企业、事业、行政单位和农村个人固定资产投资活动。具体包括：

(1) 国有单位未纳入基本建设计划和更新改造计划管理，计划总投资（或实际需要总投资）在 50 万元以上的以下工程：①用油田维护费和石油开发基金进行的油田维护和开发工程；②煤炭、铁矿、森工等采掘采伐业用维简费进行的开拓延伸工程；③交通部门用公路养路费对原有公路、桥梁进行改建的工程；④商业部门用简易建筑费建造的仓库工程。(2) 城镇集体固定资产投资：指所有隶属直辖市、省辖市、县级市和县城所在地城关镇区域范围内的集体经济单位（乡镇企业局管理的除外）建造和购置固定资产其计划总投资（或实际需要总投资）在 50 万元及 50 万元以上，未列入基本建设和更新改造计划的单位（项目）投资。(3) 除上述以外的其他各种登记注册类型的企、事业单位(包括城镇私营企、事业单位和个体户)建造和购置固定资产总投资在 50 万元及 50 万元以上、未列入基本建设计划和更新改造计划的单位(项目)。其中个体经营户只统计 50 万元以上非建房投资。(4) 城镇和工矿区私人建房投资：包括市、县城、城关镇、工矿区所辖范围内的全部私人建房，不论其房主是否系本地的常住户口均应包括。(5) 农村投资：包括农村区域范围内进行固定资产投资活动的企业、事业、行政单位及农村个人投资。

固定资产投资的资金来源 根据固定资产投资的资金来源不同，分为国家预算内资金、国内贷款、利用外资、自筹资金和其他资金来源。

(1) 国家预算内资金：分为财政拨款和财政安排的贷款两部分。包括中央财政的基本建设基金(分经营性基金和非经营性基金两部分)、专项支出(如煤代油专项等)、收回再贷、贴息资金，财政安排的挖潜改造和新产品试制支出、城建支出、商业部门简易建筑支出、不发达地区发展基金等资金中用于固定资产投资的资金；地方财政中由国家统筹安排的资金等。(2) 国内贷款：指报告期固定资产投资单位向银行及非银行金融机构借入的用于固定资产投资的各种国内借款，包括银行利用自有资金及吸收的存款发放的贷款、上级主管部门拨入的国内贷款、国家专项贷款(包括煤代油贷款、劳改煤矿专项贷款等)、地方财政专项资金安排的贷款、国内储备贷款、周转贷款等。(3) 利用外资：指报告期收到的用于固定资产建造和购置的国外资金(包括设备、材料、技术在内)。包括对外借款(外国政府、国际金融组织贷款、出口信贷、外国银行商业贷款、对外发行债券和股票)、外商直接投资及外商其他投资。不包括我国自有外汇资金(国家外汇、地方外汇、留成外汇、调剂外汇和中国银行自有资金发行的外汇贷款等)。计算利用外资时，需要折算成人民币，折算中所使用的外汇汇率按现汇计算，即按使用外汇时的汇率计算。(4) 自筹资金:指固定资产投资单位报告期收到的，由各地区、各部门及企、事业单位筹集用于固定资产投资的预算外资金，包括中央各部门、各级地方和企、事业单位的自筹资金。(5) 其他资金来源：指在报告期收到的除以上各种资金之外其他用于固定资产投资的资金，包括企业或金融机构通过发行各种债券筹集到的资金、群众集资、个人资金、无偿捐赠的资金及其他单位拨入的资金等。

固定资产投资按国民经济行业分 建设项目归哪个行业，按其建成投产后的主要产品或主要用途及社会经济活动性质来确定。基本建设按建设项目划分国民经济行业，更新改造、其他固定资产投资根据整个企业、事业单位所属的行业来划分。一般情况下，一个建设项目或一个企业、事业单位只能属于一种国民经济行业。为了更准确地反映国民经济各行业之间的比例关系，联合企业(总厂)所属分厂属于不同行业的，原则上按分厂划分行业。

固定资产投资按建设性质分 建设项目的性质一般分为新建、扩建、改建、迁建、恢复。房地产开发单位、农村投资、城镇工矿区私人建房投资不划分建设性质。基本建设按建设项目划分建设性质，更新改造、国有经济中其他固定资产投资及城镇集体投资等按整个企业、事业单位的建设情况确定建设性质。

(1) 新建：一般指从无到有"平地起家"开始建设的企业、事业和行政单位或独立的工程。现有企业、事业、行政单位一般不属于新建。但如有的单位原有基础很小，经过建设后新增的固定资产价值超过该企、事业、行政单位原有固定资产价值(原值)三倍以上的也应作为新建。(2) 扩建：指在厂内或其他地点，为扩大原有产品的生产能力(或效益)或增加新的产品生产能力，而增建主要的生产车间(或主要工程)、分厂、独立的生产线。行政、事业单位在原单位增建业务用房(如学校增建教学用房、医院增建门诊部、病房等)也作为扩建。现有企、事业单位为扩大原有主要产品生产能力或增加新的产品生产能力，增建一个或几个主要生产车间(或主要工程)、分厂，同时进行一些更新改造工程的，也应作为扩建。(3) 改建：指对原有设施进行技术改造或更新(包括相应配套的辅助性生产、生活福利设施)，没有增建主要生产车间、分厂等。现有企、事业单位为适应市场变化的需要，而改变企业的主要产品种类(如军工企业转产民品等)，或原有产品生产作业线由于各工序(车间)之间能力不平衡，为填平补齐充分发挥原有生产能力而增建不增加本企业主要产品设计能力的车间，也应作为改建。

固定资产投资按构成分 固定资产投资活动按其工作内容和实现方式分为建筑安装工程，设备、工具、器具购置，其他费用三个部分。

(1) 建筑安装工程(建筑安装工作量)：指各种房屋、建筑物的建造工程和各种设备、装置的安装工程。包括各种房屋建造工程，各种用途设备基础和各种工业窑炉的砌筑工程及金属结构工程；为施工而进行的各种准备工作和临时工程以及完工后的清理工作等；铁路、道路的铺设，矿井的开凿及石油管道的架设等；水利工程；防空地下建筑等特殊工程；列入房屋工程预算内的暖气、卫生、通风、照明、煤气等设备的价值及装设油饰工程；列入建筑工程预算内的各种管道(蒸汽、压缩空气、石油、给排水等管道)、电力、电讯电缆导线等的敷设工程；以及各种机械设备的安装工程；为测定安装工程质量，对设备进行的试运工作；房地产开发单位进行的商品房屋开发建设工程、土地开发工程。在安装工程中，不包括被安装设备本身的价值。(2) 设备、工具、器具购置：指建设单位或企、事业单位购置或自制的，达到固定资产标准的设备、工具、器具的价值。新建单位及扩建单位的新建车间，按照设计或计划要求购置或自制的全部设备、工具、器具，不论是否达到固定资产标准均计入“设备、工具、器具购置”中。(3) 其他费用：指在固定资产建造和购置过程中发生的，除上述几项内容以外的各种应分摊计入固定资产的费用。

基本建设项目按大中小型划分 基本建设划分大中小型项目原则上应按照上级批准的设计任务书或初步设计所确定的总规模或总投资划分，没有正式批准设计任务书或初步设计的，按国家或省、自治区、直辖市年度基本建设投资计划中所列的总规模或总投资划分。上述两条均不具备的，按本年计划施工工程的建设总规模或总投资划分。生产单一产品的工业项目，按产品的设计能力划分；生产多种产品的工业项目，按其主要产品的设计能力划分。品种繁多，难以按生产能力划分的，按全部计划总投资划分。划分标准以国家颁发的《大中小型建设项目划分标准》为依据。国家曾在 1953 年、1962 年、1972 年、1977 年和 1979 年先后五次修订《大中小型建设项目划分标准》，因此各历史时期的大中型项目数不完全可比。

施工项目 指报告期内进行过建筑或安装施工活动的项目。凡是报告期内施过工的建设项目，不论施工时间长短，均作为施工项目统计。施工项目个数可以反映一定时期固定资产投资的实际规模，与同期建成投产的建设项目个数相比，可以从建设速度的角度反映固定资产投资的效果。根据建设项目施工活动的不同性质，施工项目又分为：本年正式施工项目、本年收尾项目和以前年度全部停缓建项目。

全部建成投产项目 工业项目指设计文件规定形成生产能力的主体工程及其相应配套的辅助设施全部建成，经负荷试运转，证明具备生产设计规定合格产品的条件，并经过验收鉴定合格或达到竣工验收标准，与生产性工程配套的生活福利设施可以满足近期正常生产的需要，正式移交生产的建设项目。非工业项目指设计文件规定的主体工程和相应的配套工程全部建成，能够发挥设计规定的全部效益，经验收鉴定合格或达到竣工验收标准，正式移交使用的建设项目。

新增生产能力(或工程效益) 指通过固定资产投资活动而增加的设计能力(或工程效益)，该指标是以实物形态表现的反映固定资产投资成果的指标，也是考核投资经济效果的重要依据之一。

新增生产能力(或工程效益)一般有以下几种表现形式：(1) 用产品数量表示，以工程在单位时间内(一般是一年)所能生产的产品数量(即年产量)表示。如原煤开采用万吨 / 年表示，化学农药用吨 / 年表示，拖拉机制造用台 / 年表示等。某些化工产品由于含量差别较大，按其设计含量计算折合量表示，如硫酸、纯碱、烧碱等。(2) 用单位时间内所能处理的原料数量表示，以工程每天(或小时)所能处理原料的数量表示。如机制糖工程日处理原料吨，食用植物油日处理原料吨，城市污水处理能力用万吨 / 日表示等。(3) 用新增加的主要设备的数量或容量表示，如新增棉布织机、丝织机等台数，毛纺锭等锭数，发电厂新增发电机组容量用千瓦表示等。(4) 以节约的原材料、燃料、动力实物量表示，适用于反映更新改造节约项目的效益。(5) 用建筑物容积、容量、面积、长度表示，是非工业项目或工程新增效益的一种表现形式。如铁路里程、公路里程、水库容量、仓库容量、房屋建筑面积、学校学生席位、医院病床、灌区灌溉面积等。根据工程的特点，有时需要用两种或两种以上的复合计量单位表示新增生产能力(或工程效益)，如新增内燃机生产能力同时用年产台数、千瓦数表示等。为了规范新增生产能力(或工程效益)的名称和计算单位，国家统计局制订了《新增生产能力(或工程效益)目录》和《节约原材料、燃料、动力目录》，各固定资产投资单位在统计新增生产能力(或工程效益)时，必须按目录中规定的名称和计量单位填报。

房屋建筑面积 指房屋建筑物勒脚以上外墙外围的水平截面面积，包括房屋建筑物的有效面积和结构面积。该指标是从实物形态上反映建设规模和建设成果的重要指标之一，也是检查工程形象进度、计算工程造价、分析投资效果、研究施工任务和建筑材料之间平衡情况的重要依据。

住宅建筑面积 指施工和竣工房屋建筑面积中供居住用的房屋建筑面积。

施工面积 指报告期内施工的全部房屋建筑面积。包括本期新开工的面积和上期开工跨入本期继续施工的房屋面积，以及上期已停建在本期恢复施工的房屋面积。本期竣工和本期施工后又停缓建的房屋，其建筑面积仍计入本期房屋施工面积中。

竣工面积 指在报告期内房屋建筑按照设计要求已经全部完工，达到住人和使用条件，经验收鉴定合格(或达到竣工验收标准)，正式移交使用单位的各栋房屋建筑面积的总和。

房屋建筑面积竣工率 指一定时期内房屋竣工面积占同期房屋施工面积的比率。该指标从房屋建筑施工速度的角度反映投资效果的指标。

新增固定资产 指报告期内已经完成建造和购置过程，并已交付生产或使用单位的固定资产价值。该指标是表示固定资产投资成果的价值指标，也是反映建设进度，计算固定资产投资效果的重要指标。

建设项目投产率 指一定时期内全部建成投产项目个数与同期施工项目个数的比率。该指标是从建设单位建设速度的角度反映投资效果的指标。

固定资产交付使用率 指一定时期新增固定资产与同期完成投资额的比率。该指标是反映固定资产动用速度，衡量建设过程中宏观投资效果的综合指标。由于新增固定资产是较长时期内形成的结果，而投资额则是当年完成的，因此，该指标一般适宜于反映较长时期内固定资产的动用情况。

经济适用房 指根据国家经济适用房计划安排建设的政策性住宅。经济是指房屋建筑造价和销售价格低于一般商品住宅；适用是指适合中低收入家庭购买使用。经济适用房主要是由国家统一下达投资计划，房地产公司开发，对外销售；用地一般采用行政划拨或招标投标方式，免收土地出让金；对各种经批准的收费减半征收，开发利润不超过 3%；销售价格实行政府指导价。该指标可以分析房地产投资结构，反映中低收入家庭商品住宅的供求平衡情况。

能源生产总量 指一定时期内全国一次能源生产量的总和，是观察全国能源生产水平、规模、构成和发展速度的总量指标。一次能源生产量包括原煤，原油，天然气，水电、核能及其他动力能(如风能、地热能等)发电量，不包括低热值燃料生产量、生物质能、太阳能等的利用和由一次能源加工转换而成的二次能源产量。

能源消费总量 指一定时期内全国物质生产部门、非物质生产部门和生活消费的各种能源的总和，是观察能源消费水平、构成和增长速度的总量指标。能源消费总量包括原煤和原油及其制品、天然气、电力，不包括低热值燃料、生物质能和太阳能等的利用。能源消费总量分为终端能源消费量、能源加工转换损失量和损失量三部分。

⑴终端能源消费量：指一定时期内全国生产和生活消费的各种能源在扣除了用于加工转换二次能源消费量和损失量以后的数量。⑵能源加工转换损失量：指一定时期内全国投入加工转换的各种能源数量之和与产出各种能源产品之和的差额，是观察能源在加工转换过程中损失量变化的指标。⑶能源损失量：指一定时期内能源在输送、分配、储存过程中发生的损失和由客观原因造成的各种损失量，不包括各种气体能源放空、放散量。

能源生产弹性系数 是研究能源生产增长速度与国民经济增长速度之间关系的指标。计算公式为：

能源生产弹性系数 = 能源生产总量年平均增长速度 / 国民经济年平均增长速度

国民经济年平均增长速度，可根据不同的目的或需要，用国民生产总值、国内生产总值等指标来计算，本年鉴是采用国内生产总值指标计算的。

能源消费弹性系数 是反映能源消费增长速度与国民经济增长速度之间比例关系的指标。计算公式为：

能源消费弹性系数 = 能源消费量年平均增长速度 / 国民经济年平均增长速度

财政收入 指国家财政参与社会产品分配所取得的收入，是实现国家职能的财力保证。财政收入所包括的内容几经变化，目前主要包括：

(1) 各项税收：包括增值税、营业税、消费税、土地增值税、城市维护建设税、资源税、城市土地使用税、企业所得税、个人所得税、关税、证券交易印花税、车辆购置税、农牧业税和耕地占用税等。(2) 专项收入：包括排污费收入、城市水资源费收入、矿产资源补偿费收入、教育费附加收入等。(3) 其他收入：包括利息收入、基本建设贷款归还收入、基本建设收入、捐赠收入等。(4) 国有企业亏损补贴：此项为负收入，冲减财政收入。主要包括对工业企业、商业企业、粮食企业的补贴。

财政支出 国家财政将筹集起来的资金进行分配使用，以满足经济建设和各项事业的需要，主要包括：

(1) 基本建设支出：指按国家有关规定，属于基本建设范围内的基本建设有偿使用、拨款、资本金支出以及经国家批准对专项和政策性基建投资贷款，在部门的基建投资额中统筹支付的贴息支出。(2) 企业挖潜改造资金：指国家预算内拨给的用于企业挖潜、革新和改造方面的资金。包括各部门企业挖潜改造资金和企业挖潜改造贷款资金，为农业服务的县办“五小”企业技术改造补助，挖潜改造贷款贴息资金。(3) 地质勘探费用：指国家预算用于地质勘探单位的勘探工作费用，包括地质勘探管理机构及其事业单位经费、地质勘探经费。(4) 科技三项费用:指国家预算用于科技支出的费用，包括新产品试制费、中间试验费、重要科学研究补助费。(5) 支援农村生产支出：指国家财政支援农村集体(户)各项生产的支出。包括对农村举办的小型农田水利和打井、喷灌等的补助费，对农村水土保持措施的补助费，对农村举办的小水电站的补助费，特大抗旱的补助费，农村开荒补助费，扶持乡镇企业资金，支援农村合作生产组织资金、农村农技推广和植保补助费，农村草场和畜禽保护补助费，农村造林和林木保护补助费，农村水产补助费，发展粮食生产专项资金。(6) 农林水利气象等部门的事业费用：指国家财政用于农垦、农场、农业、畜牧、农机、林业、森工、水利、水产、气象、乡镇企业的技术推广、良种推广(示范)、动植物(畜禽、森林)保护、水质监测、勘探设计、资源调查、干部训练等项费用，园艺特产场补助费，中等专业学校经费，飞播牧草试验补助费，营林机构、气象机构经费，渔政费以及农业管理事业费等。(7) 工业交通商业等部门的事业费：指国家预算支付给工交商各部门用于事业发展的人员和公用经费支出，包括勘探设计费、中等专业学校经费、技术学校经费、干部训练费。(8) 文教科学卫生事业费：指国家预算用于文化、出版、文物、教育、卫生、中医、公费医疗、体育、档案、地震、海洋、通讯、电影电视、计划生育、党政群干部训练、自然科学、社会科学、科协等项事业的人员和公用经费支出以及高技术研究专项经费。主要包括工资、补助工资、福利费、离退休费、助学金、公务费、设备购置费、修缮费、业务费、差额补助费。(9) 抚恤和社会福利救济费：指国家预算用于抚恤和社会福利救济事业的经费。包括由民政部门开支的烈士家属和牺牲病残人员家属的一次性、定期抚恤金，革命伤残人员的抚恤金，各种伤残补助费，烈军属、复员退伍军人生活补助费，退伍军人安置费，优抚事业单位经费，烈士纪念建筑物管理、维修费，自然灾害救济事业费和特大自然灾害灾后重建补助费等。(10) 行政事业单位离退休支出：指实行归口管理的行政事业单位离退休经费。(11) 社会保障补助支出：指国家预算用于社会保障的补助支出，包括对社会保险基金的补助、促进就业补助、国有企业下岗职工补助、补充全国社会保障基金等。(12) 国防支出：指国家预算用于国防建设和保卫国家安全的支出，包括国防费、国防科研事业费、民兵建设以及专项工程支出等。(13) 行政管理费：包括行政管理支出，党派团体补助支出，外交支出，公安安全支出，司法支出，法院支出，检察院支出和公检法办案费用补助。(14) 政策性补贴支出：指经国家批准，由国家财政拨给用于粮棉油等产品的价格补贴支出。主要包括粮、棉、油差价补贴，平抑物价和储备糖补贴，农业生产资料价差补贴，粮食风险基金，副食品风险基金，地方煤炭风险基金等。(15) 债务利息支出：指国家预算中用于偿还国内外债务利息的支出。

中央财政收入和地方财政收入 指按现行分税制财政体制划分的中央本级收入和地方本级收入。1994 年实行分税制财政体制以后，属于中央财政的收入包括关税、海关代征消费税和增值税，消费税，中央企业所得税，地方银行和外资银行及非银行金融企业所得税，铁道部门、各银行总行、各保险总公司等集中缴纳的营业税、利润和城市维护建设税，车辆购置税，船舶吨税，增值税的 75% 部分，证券交易税 (印花税)94% 部分，个人所得税中的利息所得税，利息所得税之外的个人所得税中央分享的部分，海洋石油资源税。属于地方财政的收入包括营业税，地方企业所得税，利息所得税之外的个人所得税地方分享的部分，城镇土地使用税，固定资产投资方向调节税，城镇维护建设税，房产税，车船使用税，印花税，屠宰税，农牧业税，农业特产税，耕地占用税，契税，土地增值税、国有土地有偿使用收入，增值税 25% 部分，证券交易税 (印花税)6% 部分和除海洋石油资源税以外的其他资源税。

中央财政支出和地方财政支出 指根据政府在经济和社会活动中的不同职责，划分中央和地方政府的责权，按照政府的责权划分确定的支出。中央财政支出包括国防支出，武装警察部队支出，中央级行政管理费和各项事业费，重点建设支出以及中央政府调整国民经济结构、协调地区发展、实施宏观调控的支出。地方财政支出主要包括地方行政管理和各项事业费，地方统筹的基本建设、技术改造支出，支援农村生产支出，城市维护和建设经费，价格补贴支出等。

预算外资金收支 预算外资金指国家机关、事业单位和社会团体为履行或代行政府职能，依据国家法律、法规和具有法律效力的规章而收取、提取和安排使用的未纳入国家预算管理的各种财政性资金。其范围主要包括：法律、法规规定的行政事业性收费、政府性基金和附加收入等；国务院或省级人民政府及其财政、计划（物价）部门审批的行政事业性收费；国务院及财政部审批建立的政府性基金、附加收入等；主管部门所属单位集中上缴资金；用于乡镇政府开支的乡自筹和乡统筹资金；其他未纳入预算管理的财政性资金。社会保障基金在国家财政尚未建立社会保障预算制度以前，先按预算外资金管理制度进行管理，专款专用。财政部门在银行开设统一的专户，用于预算外资金收入和支出管理。部门和单位的预算外收入必须上缴同级财政专户，支出由同级财政按预算外资金收支计划和单位财务收支计划统筹安排，从财政专户中拨付，实行收支两条线管理。

信贷资金 指金融机构以信用方式积聚和分配的货币资金。金融机构信贷资金的来源有各项存款、金融债券发行、应付及暂收款、对国际金融机构负债、流通中货币、各项准备、所有者权益和其他项目等；信贷资金的运用有各项贷款、有价证券及投资、应收及预付款、委托投资、金银占款、外汇占款、库存现金、财政借款及在国际金融机构中的资产等。

存款 指企业、机关、团体或居民根据资金必须收回的原则，把货币资金存入银行或其他信贷机构保管并取得一定利息的一种信用活动形式。根据存款对象或性质的不同可划分为企业存款、财政存款、机关团体存款、基本建设存款、储蓄存款、农村存款、委托存款、其他存款等科目。它是银行信贷资金的主要来源。

贷款 指银行或其他信贷机构根据资金必须归还的原则，按一定利率，为企业、个人等提供资金的一种信用活动形式。我国银行贷款分为短期贷款、中期流动资金贷款、中长期贷款、信托贷款、融资租赁、委托贷款、票据融资、各项垫款等。

保险公司 在中国境内的、经过保险监督管理部门批准设立，并依法登记注册的各类商业保险公司。

保险金额 指保险人承担赔偿或者给付保险金责任的最高限额。

保费 指投保人为取得保险人在约定范围内所承担赔偿责任而支付给保险人的费用。

赔款 指保险人根据保险合同的规定，向被保险人支付的赔偿保险责任损失的金额。

给付 包括死伤医疗给付和满期给付。死伤医疗给付是指保险人根据人寿保险及长期健康保险合同的规定，因被保险人在保险期内发生保险责任范围内的保险事故支付给被保险人（或受益人）的金额。满期给付是指被保险人生存期满，保险人按人寿保险合同规定支付给被保险人的满期保险金额。

居民消费价格指数 是反映一定时期内城乡居民所购买的生活消费品价格和服务项目价格变动趋势和程度的相对数，是对城市居民消费价格指数和农村居民消费价格指数进行综合汇总计算的结果。该指数可以观察和分析消费品的零售价格和服务价格变动对城乡居民实际生活费支出的影响程度。

城市居民消费价格指数 是反映一定时期内城市居民家庭所购买的生活消费品价格和服务项目价格变动趋势和程度的相对数。该指数可以观察和分析消费品的零售价格和服务项目价格变动对职工货币工资的影响，作为研究职工生活和确定工资政策的依据。

农村居民消费价格指数 是反映一定时期内农村居民家庭所购买的生活消费品价格和服务项目价格变动趋势和程度的相对数。该指数可以观察农村消费品的零售价格和服务项目价格变动对农村居民生活消费支出的影响，直接反映农民生活水平的实际变化情况，为分析和研究农村居民生活问题提供依据。

商品零售价格指数 是反映一定时期内城乡商品零售价格变动趋势和程度的相对数。商品零售物价的变动直接影响到城乡居民的生活支出和国家的财政收入，影响居民购买力和市场供需的平衡，影响到消费与积累的比例关系。因此，该指数可以从一个侧面对上述经济活动进行观察和分析。

农业生产资料价格指数 指反映一定时期内农业生产资料价格变动趋势和程度的相对数。农业生产资料价格指数分为小农具、饲料、幼禽家畜、半机械化农具、机械化农具、化学肥料、农药及农药械、农机用油等八大类。其编制目的是了解农业生产中物质资料投入价格的变动状况，服务于国民经济核算。1994 年以前，农业生产资料价格指数仅仅是商品零售价格指数的一个类别，此后，从商品零售价格指数中分离出来，单独编制。

农产品生产价格指数 是反映一定时期内，农产品生产者出售农产品价格水平变动趋势及幅度的相对数。该指数可以客观反映全国农产品生产价格水平和结构变动情况，满足农业与国民经济核算需要。其中某代表品生产价格指数是通过对全部有出售该产品行为的调查单位的个体指数进行几何平均求得的，类价格指数是通过对其所属的类（或代表品）的价格指数进行加权平均求得的。季度累计价格指数的计算方法与分季指数的计算方法相同。

工业品出厂价格指数 是反映一定时期内全部工业产品出厂价格总水平的变动趋势和程度的相对数，包括工业企业售给本企业以外所有单位的各种产品和直接售给居民用于生活消费的产品。该指数可以观察出厂价格变动对工业总产值及增加值的影响。

原材料、燃料和动力购进价格指数 是反映工业企业作为生产投入，而从物资交易市场和能源、原材料生产企业购买原材料、燃料和动力产品时，所支付的价格水平变动趋势和程度的统计指标，是扣除工业企业物质消耗成本中的价格变动影响的重要依据。

目前，我国编制的原材料、燃料和动力购进价格指数所调查的产品包括燃料动力、黑色金属、有色金属、化工、建材等九大类的 900 多种产品。

固定资产投资价格指数 是反映一定时期内固定资产投资品及项目的价格变动趋势和程度的相对数。固定资产投资额是由建筑安装工程投资完成额、设备工器具购置投资完成额和其他费用投资完成额三部分组成的。编制固定资产投资价格指数应首先分别编制上述三部分投资的价格指数，然后采用加权算术平均法求出固定资产投资价格总指数。

该指数可以准确地反映固定资产投资中涉及的各类投资品和取费项目价格变动趋势和变动幅度，消除按现价计算的固定资产投资指标中的价格变动因素，真实地反映固定资产投资的规模、速度、结构和效益，为国家科学地制定、检查固定资产投资计划并提高宏观调控水平，为完善国民经济核算体系提供科学的、可靠的依据。

城镇家庭人口 指居住在一起，经济上合在一起共同生活的家庭成员。凡计算为家庭人口的成员其全部收支都包括在本家庭中。

城镇就业面 指就业人口占家庭人口的百分比。

城镇就业者负担人数 指家庭人口与就业人口之比。

城市居民家庭总收入 指调查户中生活在一起的所有家庭成员在调查期得到的工薪收入、经营净收入、财产性收入、转移性收入的总和，不包括出售财物和借贷收入。收入的统计标准以实际发生的数额为准，无论收入是补发还是预发，只要是调查期得到的都应如实计算，不作分摊。

城市居民家庭可支配收入 指调查户可用于最终消费支出和其它非义务性支出以及储蓄的总和，即居民家庭可以用来自由支配的收入。它是家庭总收入扣除个人所得税、个人交纳的社会保障费以及调查户的记帐补贴后的收入。计算公式为：

可支配收入 = 家庭总收入 – 个人所得税 – 个人交纳的社会保障支出 – 记帐补贴

城市居民家庭总支出 指家庭除借贷支出以外的全部实际支出。包括消费性支出、购房建房支出、转移性支出、财产性支出、社会保障支出。支出统计是以实际购得的商品或服务的总价值填报，不论其付款方式是一次付清、分期付款，还是赊购，只要商品或服务已被消费就要按其总价值计量。如果采用分期付款或赊购形式，则要在借贷收入类相应的项目填入实付款与总的应付款的差额。

城市居民家庭消费支出 指调查户用于本家庭日常生活的全部支出，包括食品、衣着、家庭设备用品及服务、医疗保健、交通和通讯、娱乐教育文化服务、居住、杂项商品和服务八大类等。不包括用于赠送的商品或服务。消费支出按商品（服务）的用途分类。

城镇家庭服务性消费支出 指家庭用于支付社会提供的各种非商品性服务费用。

城镇家庭收入分组方法 将所有调查户依户人均可支配收入由低到高排队，按 10%，10%，20%，20%，20%，10%，10% 的比例依次分成：最低收入户、低收入户、中等偏下收入户、中等收入户、中等偏上收入户、高收入户、最高收入户等七组。总体中最低 5% 的户为困难户。

恩格尔系数 指食物支出金额在生活消费总支出金额中所占的比例。计算公式为：

恩格尔系数 = 食品支出金额 / 生活消费总支出金额 ×100%

农村住户 指农村常住户。农村常住户指长期 (一年以上) 居住在乡镇 (不包括城关镇) 行政管理区域内的住户，以及长期居住在城关镇所辖行政村范围内的农村住户。户口不在本地而在本地居住一年及以上的住户也包括在本地农村常住户范围内；有本地户口，但举家外出谋生一年以上的住户，无论是否保留承包耕地都不包括在本地农村住户范围内。

常住人口 指全年经常在家或在家居住 6 个月以上，而且经济和生活与本户连成一体的人口。外出从业人员在外居住时间虽然在 6 个月以上，但收入主要带回家中，经济与本户连为一体，仍视为家庭常住人口；在家居住，生活和本户连成一体的国家职工、退休人员也为家庭常住人口。但是现役军人、中专及以上 (走读生除外) 的在校学生、以及常年在外 (不包括探亲、看病等) 且已有稳定的职业与居住场所的外出从业人员，不算家庭常住人口。家庭常住人口主要作为计算农村住户平均每人收入、消费和积累水平及分析家庭人口状况的依据。

整、半劳动力 整劳动力指男子 18 周岁到 50 周岁，女子 18 周岁到 45 周岁；半劳动力指男子 16 周岁到 17 周岁，51 周岁到 60 周岁；女子 16 周岁到 17 周岁，46 周岁到 55 周岁，同时具有劳动能力的人。虽然在劳动年龄之内，但已丧失劳动能力的人，不应算为劳动力；超过劳动年龄，但能经常参加劳动，计入半劳动力数内。常住人口中的职工，若这些职工为劳动力，就包括在本户的整半劳动力中。

总收入 指调查期内农村住户和住户成员从各种来源渠道得到的收入总和。按收入的性质划分为工资性收入、家庭经营收入、财产性收入和转移性收入。

工资性收入 指农村住户成员受雇于单位或个人，靠出卖劳动而获得的收入。家庭经营收入 指农村住户以家庭为生产经营单位进行生产筹划和管理而获得的收入。农村住户家庭经营活动按行业划分为农业、林业、牧业、渔业、工业、建筑业、交通运输业邮电业、批发和零售贸易餐饮业、社会服务业、文教卫生业和其他家庭经营。

财产性收入 指金融资产或有形非生产性资产的所有者向其他机构单位提供资金或将有形非生产性资产供其支配，作为回报而从中获得的收入。

转移性收入 指农村住户和住户成员无须付出任何对应物而获得的货物、服务、资金或资产所有权等，不包括无偿提供的用于固定资本形成的资金。一般情况下，是指农村住户在二次分配中的所有收入。

现金收入 指农村住户和住户成员在调查期内得到以现金形态表现的收入。按来源分成工资性收入、家庭经营现金收入、财产性收入、转移性收入。

纯收入　指农村住户当年从各个来源得到的总收入相应地扣除所发生的费用后的收入总和。计算方法：

纯收入 = 总收入 – 税费支出 – 家庭经营费用支出 – 生产性固定资产折旧 – 调查补贴 – 赠送农村外部亲友支出纯收入主要用于再生产投入和当年生活消费支出，也可用于储蓄和各种非义务性支出。“农民人均纯收入”按人口平均的纯收入水平，反映的是一个地区或一个农户农村居民的平均收入水平。

总支出　指农村住户用于生产、生活和再分配的全部支出。家庭经营费用支出、购置生产性固定资产支出、生产性固定资产折旧、税费支出、生活消费支出、财产性支出和转移性支出。

供水综合生产能力　指按供水设施取水、净化、送水、出厂输水干管等环节设计能力计算的综合生产能力。包括在原设计能力的基础上，经挖、革、改增加的生产能力。计算时，以四个环节中最薄弱的环节为主确定能力。

年末供水管道长度　指从送水泵至用户水表之间所有管道的长度。不包括新安装尚未使用的管道。

全年供水总量　指报告期供水企业 (单位) 供出的全部水量。包括有效供水量和漏损水量。

生活用水量　包括公共服务用水和居民家庭用水。公共服务用水指为城市社会公共生活服务的用水。包括行政事业单位、部队营区和公共设施服务、社会服务业、批发零售贸易业、旅馆饮食业以及其他公共服务业等单位的用水。居民家庭用水指城市范围内所有居民家庭的日常生活用水。包括城市居民、农民家庭、公共供水站用水。

用水普及率　指城市用水人口数与城市人口总数的比率。计算公式：

用水普及率 = 城市用水人口数 / 城市人口总数 ×100%

人工煤气生产能力　指报告期末人工煤气生产厂制气、净化、输送等环节的综合生产能力，不包括备用设备能力。一般按设计能力计算，如果实际生产能力大于设计能力时，应按实际测定的生产能力计算。测定时应以制气、净化、输送三个环节中最薄弱的环节为主。

供气管道长度　指报告期末从气源厂压缩机的出口或门站出口至各类用户引入管之间的全部已经通气投入使用的管道长度。不包括煤气生产厂、输配站、液化气储存站、灌瓶站、储配站、气化站、混气站、供应站等厂 (站) 内的管道。

全年供气总量　指全年燃气企业 (单位) 向用户供应的燃气数量。包括销售量和损失量。

用气普及率　指报告期末使用燃气的城市人口数与城市人口总数的比率。计算公式为：

用气普及率 = 城市用气人口数 / 城市人口总数 ×100%

城市供热能力　指供热企业 (单位) 向城市热用户输送热能的设计能力。

城市供热总量　指在报告期供热企业 (单位) 向城市热用户输送全部蒸汽和热水的总热量。

城市供热管道长度　指从各类热源到热用户建筑物接入口之间的全部蒸汽和热水的管道长度。不包括各类热源厂内部的管道长度。

年末道路长度　指年末道路长度和与道路相通的广场、桥梁、隧道的长度，按车行道中心线计算。在统计时只统计路面宽度在 3.5 米 (含 3.5 米) 以上的各种铺装道路，包括开放型工业区和住宅区道路在内。

城市桥梁　指为跨越天然或人工障碍物而修建的构筑物。包括跨河桥、立交桥、人行天桥以及人行地下通道等。包括永久性桥和半永久性桥。

城市排水管道长度　指所有排水总管、干管、支管、检查井及连接井进出口等长度之和。

城市污水日处理能力　指污水处理厂 (或处理装置) 每昼夜处理污水量的设计能力。

年末运营车数　指年末公交企业 (单位) 用于运营业务的全部车辆数。以企业 (单位) 固定资产台帐中已投入运营的车辆数为准。

城市园林绿地面积　指报告期末用作园林和绿化的各种绿地面积。包括公共绿地、居住区绿地、单位附属绿地、防护绿地、生产绿地、道路绿地和风景林地面积。

不包括：1. 屋顶绿化、垂直绿化、阳台绿化和室内绿化。2. 以物质生产为主的林地、耕地、牧草地、果园和竹园等。3. 城市总体规划中不列入绿地的水域。

公共绿地　指向公众开放的市级、区级、居住区级各类公园、街旁游园，包括其范围内的水域。其中居住区级公园应不小于 1 万平方米，街旁游园的宽度不小于 8 米，面积不小于 400 平方米。

农林牧渔业总产值　指以货币表现的农、林、牧、渔业全部产品和对农林牧渔业生产活动进行的各种支持性服务活动的价值总量，它反映一定时期内农林牧渔业生产总规模和总成果。1957 年以前的农林牧渔业总产值中包括了厩肥和农民自给性手工业 (如农民自制衣服、鞋、袜，自己从事粮食初步加工等)。1958 年及以后，林业中增加了村及村以下竹木采伐产值；牧业中取消了厩肥产值；副业中取消了农民自给性手工业产值，增加了村及村以下办的工业产值；渔业中增加了海洋捕捞水产品产值。1980 年及以后，在副业中增加了农民家庭兼营工业商品部分的产值。从 1984 年起村及村以下工业产值划归工业。从 1993 年起取消副业，将野生动物的捕猎划入牧业、野生植物采集和农民家庭兼营商品性工业划归农业。从 2003 年起，执行新的国民经济行业分类标准，农林牧渔业总产值中包括了农林牧渔服务业产值。林业中增加了森林采运业产值。农业中取消了家庭兼营商品性工业产值，将野生林产品的采集划归林业。第一次农业普查以后，由于畜牧业产品年报数据与普查数据之间存在一定的差距，国家统计局农调总队对畜牧业年报数据与普查数据进行衔接，相应的畜牧业产值进行调整。

农林牧渔业总产值的计算方法通常是按农、林、牧、渔业产品及其副产品的产量分别乘以各自单位产品价格求得；少数生产周期较长，当年没有产品或产品产量不易统计的，则采用间接方法匡算其产值；然后将四业产品产值相加即为农林牧渔业总产值。

粮食产量 指全社会的产量。包括国有经济经营的、集体统一经营的和农民家庭经营的粮食产量，还包括工矿企业办的农场和其他生产单位的产量。粮食除包括稻谷、小麦、玉米、高粱、谷子及其他杂粮外，还包括薯类和豆类。其产量计算方法，豆类按去豆荚后的干豆计算；薯类（包括甘薯和马铃薯，不包括芋头和木薯）1963 年以前按每 4 公斤鲜薯折 1 公斤粮食计算，从 1964 年开始改为按 5 公斤鲜薯折 1 公斤粮食计算。城市郊区作为蔬菜的薯类（如马铃薯等）按鲜品计算，并且不作粮食统计。其他粮食一律按脱粒后的原粮计算。棉花产量 指全社会的产量。包括春播棉和夏播棉。产量按皮棉计算。3 公斤籽棉折 1 公斤皮棉，不包括木棉。

油料产量 指全部油料作物的生产量。包括花生、油菜籽、芝麻、向日葵籽、胡麻籽（亚麻籽）和其他油料。不包括大豆、木本油料和野生油料。花生以带壳干花生计算。

水产品产量 指人工养殖的水产品和天然生长的水产品的捕捞量。包括海水的鱼类、虾蟹类、贝类和藻类以及内陆水域的鱼类、虾蟹类和贝类，不包括淡水生植物。

猪、牛、羊肉产量 指当年出栏并已屠宰、除去头蹄下水后带骨肉（即胴体重）的重量。期初（末）畜禽存栏头（只）数 指报告期初（末）农村各种合作经济组织和国营农场、农民个人、机关、团体、学校、工矿企业、部队等单位以及城镇居民饲养的大牲畜、猪、羊、家禽等畜禽的存栏数。数据上报方式及数据调整情况同猪、牛、羊肉产量。

常用耕地 是指耕地总资源中专门种植农作物并经常进行耕种、能够正常收获的土地。包括当年实际耕种的熟地；弃耕、休闲不满三年，随时可以复耕的地；开荒利用三年以上的土地。在统计口径上包括南方小于 1 米、北方小于 2 米宽的沟、渠、路和田埸。不包括临时种植农作物的坡度在 25 度以上的陡坡地；在河套、湖畔、库区临时开发的成片或零星土地；也不包括已列为国家和省（区、市）退耕计划但临时耕种的土地。常用耕地是国家需要重点保护的耕地，是反映我国农业综合生产能力的一个重要指标。

农作物播种面积 指实际播种或移植有农作物面积。凡是实际种植有农作物的面积，不论种植在耕地上还是种植在非耕地上，均包括在农作物播种面积中。在播种季节基本结束后，因遭灾而重新改种和补种的农作物面积，也包括在内。

有效灌溉面积 指具有一定的水源，地块比较平整，灌溉工程或设备已经配套，在一般年景下当年能够进行正常灌溉的耕地面积。在一般情况下，有效灌溉面积应等于灌溉工程或设备已经配备，能够进行正常灌溉的水田和水浇地面积之和。它是反映我国耕地抗旱能力的一个重要指标。

农用化肥施用量 指本年内实际用于农业生产的化肥数量，包括氮肥、磷肥、钾肥和复合肥。化肥施用量要求按折纯量计算数量。折纯量是指把氮肥、磷肥、钾肥分别按含氮、含五氧化二磷、含氧化钾的百分之百成份进行折算后的数量。复合肥按其所含主要成分折算。公式为：

折纯量 = 实物量 × 某种化肥有效成份含量的百分比

农业机械总动力 指主要用于农、林、牧、渔业的各种动力机械的动力总和。包括耕作机械、排灌机械、收获机械、农用运输机械、植物保护机械、牧业机械、林业机械、渔业机械和其他农业机械〔内燃机按引擎马力折成瓦（特）计算、电动机按功率折成瓦（特）计算〕。不包括专门用于乡、镇、村、组办工业、基本建设、非农业运输、科学试验和教学等非农业生产方面用的动力机械与作业机械。这个指标的统计数据主要来源于农机部门。

乡村从业人员 指乡村人口中劳动年龄在 16 周岁以上实际参加生产经营活动并取得实物或货币收入的人员，包括劳动年龄内经常参加劳动的人员，也包括超过劳动年龄但经常参加劳动的人员，但不包括户口在家的在外学生、现役军人和丧失劳动能力的人，也不包括待业人员和家务劳动者。从业人员按从事主业时间最长（时间相同按收入）分为农业从业人员、工业从业人员、建筑业从业人员、交运仓储及邮电业从业人员、批零贸易及餐饮业从业人员、其它从业人员。

工业 指从事自然资源的开采，对采掘品和农产品进行加工和再加工的物质生产部门。具体包括：(1) 对自然资源的开采，如采矿、晒盐等(但不包括禽兽捕猎和水产捕捞)；(2) 对农副产品的加工、再加工，如粮油加工、食品加工、缫丝、纺织、制革等；(3) 对采掘品的加工、再加工，如炼铁、炼钢、化工生产、石油加工、机器制造、木材加工等，以及电力、自来水、煤气的生产和供应等；(4) 对工业品的修理、翻新，如机器设备的修理、交通运输工具(包括小卧车)的修理等。

1984 年以前农村的村及村以下办工业归属农业，1984 年以后划归工业。工业统计调查单位为独立核算法人工业企业。独立核算法人工业企业指从事工业生产经营活动的单位。独立核算法人工业企业应同时具备以下条件：①依法成立，有自己的名称、组织机构和场所，能够承担民事责任；②独立拥有和使用资产，承担负债，有权与其他单位签订合同；③独立核算盈亏，并能够编制资产负债表。本年鉴中涉及的企业登记注册类型：

国有及国有控股企业 指国有企业加上国有控股企业。国有企业(即原全民所有制工业或国营工业)指企业全部资产归国家所有，并按《中华人民共和国企业法人登记管理条例》规定登记注册的非公司制的经济组织。包括国有企业、国有独资公司和国有联营企业。1957 年以前的公私合营和私营工业，后均改造为国营工业，1992 年改为国有工业，这部分工业的资料不单独分列时，均包括在国有企业内。国有控股企业是对混合所有制经济的企业进行的“国有控股”分类。它是指这些企业的全部资产中国有资产(股份)相对其他所有者中的任何一个所有者占资(股)最多的企业。该分组反映了国有经济控股情况。

集体企业 指企业资产归集体所有，并按《中华人民共和国企业法人登记管理条例》规定登记注册的经济组织。是社会主义公有制经济的组成部分。包括城乡所有使用集体投资举办的企业，以及部分个人通过集资自愿放弃所有权并依法经工商行政管理机关认定为集体所有制的企业。

股份合作企业 指以合作制为基础，由企业职工共同出资入股，吸收一定比例的社会资产投资组建，实行自主经营，自负盈亏，共同劳动，民主管理，按劳分配与按股分红相结合的一种集体经济组织。

联营企业 指两个及两个以上相同或不同所有制性质的企业法人或事业单位法人，按自愿、平等、互利的原则，共同投资组成的经济组织。联营企业包括：

国有联营企业指国有企业与国有企业间的联营；集体联营企业指集体企业与集体企业间的联营；国有与集体联营企业指国有企业与集体企业间的联营。

有限责任公司 指根据《中华人民共和国公司登记管理条例》规定登记注册，由两个以上，五十个以下的股东共同出资，每个股东以其所认缴的出资额对公司承担有限责任，公司以其全部资产对其债务承担责任的经济组织。

有限责任公司包括国有独资公司以及其他有限责任公司。

股份有限公司 指根据《中华人民共和国企业法人登记管理条例》规定登记注册，其全部注册资本由等额股份构成并通过发行股票筹集资本，股东以其认购的股份对公司承担有限责任，公司以其全部资产对其债务承担责任的经济组织。

私营企业 指由自然人投资设立或由自然人控股，以雇佣劳动为基础的营利性经济组织。包括按照《公司法》、《合伙企业法》、《私营企业暂行条例》规定登记注册的私营有限责任公司、私营股份有限公司、私营合伙企业和私营独资企业。

港、澳、台商投资企业 指企业注册登记类型中的港、澳、台资合资、合作、独资经营企业和股份有限公司之和。

外商投资企业 指企业注册登记类型中的中外合资、合作经营企业、外资企业和外商投资股份有限公司之和。

“三资”企业系指港、澳、台商投资企业和外资企业的简称。

轻工业 指主要提供生活消费品和制作手工工具的工业。按其所使用的原料不同，可分为两大类：(1) 以农产品为原料的轻工业，是指直接或间接以农产品为基本原料的轻工业。主要包括食品制造、饮料制造、烟草加工、纺织、缝纫、皮革和毛皮制作、造纸以及印刷等工业；(2) 以非农产品为原料的轻工业，是指以工业品为原料的轻工业。主要包括文教体育用品、化学药品制造、合成纤维制造、日用化学制品、日用玻璃制品、日用金属制品、手工工具制造、医疗器械制造、文化和办公用机械制造等工业。

重工业 指为国民经济各部门提供物质技术基础的主要生产资料的工业。按其生产性质和产品用途，可以分为下列三类：(1) 采掘(伐)工业，是指对自然资源的开采，包括石油开采、煤炭开采、金属矿开采、非金属矿开采等工业；(2) 原材料工业，指向国民经济各部门提供基本材料、动力和燃料的工业。包括金属冶炼及加工、炼焦及焦炭、化学、化工原料、水泥、人造板以及电力、石油和煤炭加工等工业；(3) 加工工业，是指对工业原材料进行再加工制造的工业。包括装备国民经济各部门的机械设备制造工业、金属结构、水泥制品等工业，以及为农业提供的生产资料如化肥、农药等工业。

根据上述划分原则，修理业中以重工业产品为修理作业对象的划为重工业，反之划为轻工业。

工业总产值

(1) 定义：工业总产值是以货币形式表现的，工业企业在一定时期内生产的工业最终产品或提供工业性劳务活动的总价值量。它反映一定时间内工业生产的总规模和总水平。(2) 计算原则：工业生产的原则，即凡是企业在报告期生产的经检验合格的产品，不管是否在报告期销售，均包括在内。最终产品的原则，即凡是计入工业总产值的产品，必须是本企业生产的经检验合格的，不需要再进行任何加工的最终产品。如果企业有中间产品（半成品）对外销售，则对外销售的中间产品应视为企业的最终产品。工厂法原则，即工业总产值是以工业企业作为基本计算（核算）单位，即按企业的最终产品计算工业总产值。按这种方法计算的工业总产值，不允许同一产品价值在企业内部重复计算，不能把企业内部各个车间（分厂）生产的成果相加，但允许企业间的重复计算。(3) 内容及计算方法：1995 年全国工业普查对工业总产值（原规定）的内容及计算原则和方法做了某些修订，修订后的工业总产值（新规定）包括三项内容：即本期生产成品价值、对外加工费收入、在制品半成品期末期初差额价值三部分。本期生产成品价值：指企业本期生产，并在报告期内不再进行加工，经检验、包装入库的全部工业成品（半产品）价值合计，包括企业生产的自制设备及提供给本企业在建工程、其他非工业部门和福利部门等单位使用的成品价值。本期生产成品价值为按自备原材料生产的产品的数量乘以本期不含增值税（销项税额）的产品实际销售平均单价计算；会计核算中按成本价格转帐的自制设备和自产自用的成品，按成本价格计算生产成品价值。生产成品价值中不包括用定货者来料加工的成品（半产品）价值。　对外加工费收入：指企业在报告期内完成的对外承接的工业品加工（包括用定货者来料加工产品）的加工费收入和对外工业修理作业所取得的加工费收入。对外加工费收入按不含增值税（销项税额）的价格计算，可根据会计“产品销售收入”科目的有关资料取得。对于本企业对内非工业部门提供的加工修理、设备安装的劳务收入，如果企业会计核算基础较好，能取得这部分资料，而且这部分价值所占比重较大，应包括在对外加工费收入中。自制半成品在制品期末期初差额价值：指企业报告期在制品期末减期初的差额价值，本指标一般可以从会计核算资料中取得。如果会计产品成本核算中不计算半成品、在制品的成本，则总产值中也不包括这部分价值，反之则包括。(4) 工业总产值统计范围变化和计算方法修订情况：1984 年以前工业总产值不包括村办工业，村办工业总产值划归农业。1984 年以后工业总产值包括村办工业。1995 年工业普查对工业总产值计算方法做了修订，即从 1995 年始按新修订（新规定）方法计算工业总产值。新规定与原规定的区别如下：全价与加工费的计算原则不同：新规定为凡自备原材料，不论其生产繁简程度如何，一律按全价计算工业总产值；凡来料加工，允许按加工费计算工业总产值。原规定则视生产加工的繁简程度不同，规定哪些行业按全价，哪些行业按加工费计算工业总产值。自制半成品、在产品期末期初差额价值的计算原则不同：新规定要求，凡会计产品成本核算时计算了成本的差额价值，总产值中就应包括，否则可不包括；原规定则按生产周期六个月的界限区分，凡生产周期六个月以上的企业，总产值计算中应包括这部分差额价值，否则可不包括。计算价格不同：新规定按不含增值税（销项税额）的价格计算；原规定则按含增值税（销项税额）的价格计算。

工业增加值　指工业企业在报告期内以货币表现的工业生产活动的最终成果。工业增加值有两种计算方法：一是生产法，即工业总产出减去工业中间投入加上应交增值税；二是收入法，即从收入的角度出发，根据生产要素在生产过程中应得到的收入份额计算，具体构成项目有固定资产折旧、劳动者报酬、生产税净额、营业盈余，这种方法也称要素分配法。本年鉴中的工业增加值是以生产法计算的。

生产法工业增加值的计算方法为：工业增加值 = 工业总产出 − 工业中间投入 + 应交增值税 (1) 工业总产出：指工业企业在一定时期内工业生产活动的总成果。工业总产出包括：成品生产价值，对外加工费收入，自制半成品、在产品期末期初差额价值。1995 年后用新规定计算的工业总产值代替。(2) 工业中间投入：指工业企业在工业生产活动中消耗的外购物质产品和对外支付的服务费用。服务费用包括支付给物质生产部门（工业、农业、批发零售贸易业、建筑业、运输邮电业）的服务费用和支付给非物质生产部门（如保险、金融、文化教育、科学研究、医疗卫生、行政管理等）的服务费用。工业中间投入的确定须遵循以下原则：必须从外部购入的，并已计入工业总产出的产品和服务价值；必须是本期投入生产，并一次性消耗掉（包括本期摊销的低值易耗品等）的产品和服务价值。工业中间投入包括直接材料费用、制造费用中的工业中间投入、管理费用中的工业中间投入、销售费用中的工业中间投入和利息支出五部分。实收资本　指企业实际收到投资者的可作为长期周转使用的经营资金。根据现行会计制度规定，实收资本按投资主体分为：国家资本、集体资本、法人资本、个人资本、港澳台资本和外商资本。国家资本：指有权代表国家投资的政府部门或者机构以国有资产投入企业形成的资本。集体资本：指有权代表国家投资的集体部门或者机构以国有资产投入企业形成的资本。法人资本：指其他法人单位以其依法可以支配的资产投入企业形成的资本。个人资本：指社会个人或者本企业内部职工以个人合法财产投放到企业形成的资本。港澳台资本：指我国香港、澳门和台湾地区投资者以各种形式的资产进行投资形成的资本。外商资本：指外国投资者对企业投资形成的资本。

资产总计　指企业拥有或控制的能以货币计量的经济资源，包括各种财产、债权和其他权利。资产按流动性分为流动资产、长期投资、固定资产、无形资产、递延资产和其他资产。该指标根据企业会计“资产负债表”中“资产总计”项目的期末数增列。

流动资产合计　指可以在一年或者超过一年的一个营业周期内变现或者耗用的资产，包括现金及各种存款、短期投资、应收及预付货款、存款等。

流动资产平均余额　指企业在报告期内全部流动资产的平均余额。

固定资产原价　指企业在建造、购置、安装、改建、扩建、技术改造某项固定资产时所支出的全部货币总额。它一般包括买价、包装费、运杂费和安装费等。

固定资产净值年平均余额　指固定资产净值在报告期内余额的平均数。计算公式为：

固定资产净值年平均余额 =1 至 12 月各月月初、月末固定资产净值之和 /24

该指标根据“资产负债表”中“固定资产原价”、“累计折旧”指标的期初、期末数计算填列。固定资产净值指固定资产原价减去历年已提折旧额后的净额。计算公式为：

固定资产净值 = 固定资产原价 – 累计折旧

流动负债合计　指将在一年或超过一年的一个营业周期内偿还的债务。流动负债包括短期负债、应付票据、应付帐款、预收帐款、应付工资、应付福利费、应交税金、应付利润、其他应付款、预提费用等。

流动负债具有偿还期限短，在债权人提出要求时即期偿付，或在一年内必须偿还的特点。

长期负债合计　指偿还期在一年或超过一年的一个营业周期以上的债务，它是除了投资人投入企业的资本以外，企业向债权人筹集、可供企业长期使用的资金，是企业必须以资产或劳务偿还的经济责任，包括长期借款、应付债款、长期应付款、其他长期负债等。与流动负债相比，长期负债具有为数较大、偿还期限较长的特点，且对投资者来说可带来更大的利益。

所有者权益　指企业投资人对企业净资产的所有权。企业净资产等于企业全部资产减去全部负债后的余额，包括企业投资人对企业的最初投入的实际到位的资产及资本公积金、盈余公积金和未分配利润。所有者权益合计数小于零，表示企业资不抵债。

产品销售收入　指企业在报告期内生产的成品、自制半成品和工业性劳务取得的收入。

产品销售成本　指企业在报告期内销售本企业生产的成品、自制半成品和工业性劳务等的实际成本。

产品销售税金及附加　指企业在报告期内销售产品、提供的劳务等主要经营业务应负担的城市维护建设税、消费税、资源税和教育费附加等。

利润总额　指企业生产经营活动的最终成果，是企业在一定时期内实现的盈亏相抵后的利润总额（亏损以“–”号表示），它等于营业利润加上补贴收入加上投资收益加上营业外净收入再加上以前年度损益调整。

本年应交增值税　指企业在报告期内应交纳的增值税额。它等于本年销项税额加上出口退税加上进项税额转出数减去本年进项税额。小规模纳税企业直接按全年计税销售额乘以征收率计算取得。

年末从业人员平均人数　从业人员是指在企业工作并取得劳动报酬的全部人员数。包括在岗职工、再就业的离退休人员、民办教师及在企业工作的外方人员和港澳台方人员、兼职人员、借用的外单位人员和第二职业者。不包括离开本单位但仍保留劳动关系的职工。

从业人员平均人数是指报告期内每天拥有的从业人员人数。其计算公式为：

月平均人数 = 报告月内每天实有人数之和 / 报告月日历日数

季平均人数 = 季内各月平均人数之和 /3

年平均人数 = 年内各月平均人数之和 /12

总资产贡献率　反映企业全部资产的获利能力，是企业经营业绩和管理水平的集中体现，是评价和考核企业盈利能力的核心指标。计算公式为：

总资产贡献率（%）= 利润总额 + 税金总额 + 利息支出 / 平均资金总额 ×100%

公式中：税金总额为产品销售税金及附加与应交增值税之和；平均资产总额为期初期末资产之和的算术平均值。

资产负债率 该指标既反映企业经营风险的大小，也反映企业利用债权人提供的资金从事经营活动的能力。计算公式为：

资产负债率（%）= 负债总额 / 资产总额 ×100%

资产与负债均为报告期期末数。

流动资产周转次数 指一定时期内流动资产完成的周转次数，反映投入工业企业流动资金的周转速度。计算公式为：

流动资产周转次数 = 产品销售收入 / 全部流动资产平均余额

公式中：全部流动资产平均余额为期初和期末的流动资产之和的算术平均值。

成本费用利润率 反映企业投入的生产成本及费用的经济效益，同时也反映企业降低成本所取得的经济效益。计算公式为：

成本费用利润（%）= 利润总额 / 成本费用总额 ×100%

公式中：成本费用总额为产品销售成本、销售费用、管理费用、财务费用之和。

全员劳动生产率 该指标反映企业的生产效率和劳动投入的经济效益。计算公式为：

全员劳动生产率（元 / 人）= 工业增加值 / 全部从业人员平均人数

产品销售率 该指标反映工业产品已实现销售的程度，是分析工业产销衔接情况、研究工业产品满足社会需求的指标。计算公式为：

产品销售率（%）= 工业销售产值 / 工业总产值（现价）×100%

建筑业统计单位 指从事房屋、构筑物建造和设备安装活动的法人企业。建筑业法人企业应具有建筑业资质并能够独立核算；同时应具备以下条件：①依法成立，有自己的名称、组织机构和场所，能够承担民事责任；②独立拥有和使用资产，承担负债，有权与其他单位签订合同；③独立核算盈亏，能够编制资产负债表。

建筑业总产值 是以货币形式表现的建筑业企业在一定时期内生产的建筑业产品和提供的服务的总和。建筑业总产值包括：

⑴建筑工程产值：指列入建筑工程预算内的各种工程价值。⑵安装工程产值：指设备安装工程价值，不包括被安装设备本身的价值。⑶其他产值：建筑业总产值中除建筑工程、安装工程以外的产值。包括房屋构筑物修理产值、非标准设备制造产值、总包企业向分包企业收取的管理费以及不能明确划分的施工活动所完成的产值。a. 房屋构筑物修理产值：指房屋和构筑物修理所完成的产值，但不包括被修理房屋、构筑物本身价值和生产设备的修理产值。b. 非标准设备制造产值：指加工制造没有定型的非标准生产设备的加工费和原材料价值（如化工厂、炼油厂用的各种罐、槽，矿井生产统一使用的各种漏斗、三角槽、阀门等）以及附属加工厂为本企业承建工程制作的非标准设备的价值。建筑业增加值 指建筑业企业在报告期内以货币形式表现的建筑业生产经营活动的最终成果。目前建筑业增加值采用分配法(收入法)计算，即从收入的角度出发，根据生产要素在生产过程中应得的收入份额计算。具体计算公式为：建筑业增加值 = 本年提取的固定资产折旧 + 应付工资 + 应付福利费 + 管理费用中的劳动待业保险费、税金 + 工程结算税金及附加 + 营业利润

房屋建筑施工面积 指在报告期内施过工的全部房屋建筑面积，包括本期新开工的房屋面积、上期施工跨入本期继续施工的房屋面积、上期停缓建在本期恢复施工的房屋面积、本期竣工的房屋面积及本期施工后又停缓建的房屋面积。

房屋建筑竣工面积 指在报告期内房屋建筑按照设计要求全部完工，达到了使用条件，经验收鉴定合格，正式移交使用单位的房屋建筑面积。

自有机械设备年末总台数 指归本企业所有，属于本企业固定资产的生产性机械设备年末总台数。包括施工机械、生产设备、运输设备以及其他设备。

自有机械设备年末总功率 指本企业自有施工机械、生产设备、运输设备以及其他设备等列为在册固定资产的生产性机械设备年末总功率，按设定能力或查定能力计算。包括机械本身的动力和为该机械服务的单独动力设备，如电动机等。计算单位用千瓦，动力换算可按 1 马力 = 0.735 千瓦折合成千瓦数。电焊机、变压器、锅炉不计算动力。

工程结算收入 指企业承包工程实现的工程价款结算收入，以及向发包单位收取的除工程价款以外的按规定列作营业收入的各种款项，如临时设施费、劳动保险费、施工机械调迁费等以及向发包单位收取的各种索赔款。

工程结算利润 指已结算工程实现的利润，如亏损以“–”号表示。计算公式为：

工程结算利润 = 工程结算收入 – 工程结算成本 – 工税结算税金及附加

企业总收入 指与企业生产经营直接有关的各项收入，包括工程结算收入和其他业务收入。计算公式为：

企业总收入 = 工程结算收入 + 其他业务收入

铁路营业里程 又称营业长度（包括正式营业和临时营业里程），指办理客货运输业务的铁路正线总长度。凡是全线或部分建成双线及以上的线路，以第一线的实际长度计算；复线、站线、段管线、岔线和特殊用途线以及不计算运费的联络线都不计算营业里程。该指标可以反映铁路运输业基础设施的发展水平，也是计算客货周转量、运输密度和机车车辆运用效率等指标的基础资料。

铁路电气化里程 指在全部铁路营业里程中已安装了供电线路及设备，可以供电力机车牵引列车运行的区段的总里程。

铁路自动、半自动闭塞里程 指装有列车自动或人工完成闭塞状态的铁路设备里程。为保证列车安全运行，在一个区间、同一时间内，一般只允许一列列车运行，这种保证列车在这个区间安全间隔运行的技术方法称为“闭塞”。自动或半自动闭塞里程占铁路营业里程的比重是反映铁路现代化的重要标志之一。

公路里程 指在一定时期内实际达到《公路工程 [WTBZ] 技术标准 JTJ01–88》规定的等级公路，并经公路主管部门正式验收交付使用的公路里程数。包括大中城市的郊区公路以及通过小城镇街道部分的公路里程和桥梁、渡口的长度，不包括大中城市的街道、厂矿、林区生产用道和农业生产用道的里程。两条或多条公路共同经由同一路段，只计算一次，不得重复计算里程长度。该指标可以反映公路建设的发展规模，也是计算运输网密度等指标的基础资料。

内河航道里程 也称内河通航里程，指在一定时期内，能通航运输船舶及排筏的天然河流、

湖泊水库、运河及通航渠道的长度。包括全年季节性通航累计三个月以上的航道，不包括仅供零散流放竹、木排的河道。该指标可以反映内河水运网的规模、水平和发展情况。

民用航空航线里程 指民航运输定期班机飞行的航线长度的总和。航线长度按机场之间的距离计算，通常有两种计算方法：一是将每条航线长度相加称为重复计算航线里程；一是将两线或两条以上航线经过同一区段里程，只计算一次航线长度称为不重复计算航线里程。一般常用的是后者，该指标可以确切反映民航运输网的规模，是表明民航事业为国民经济服务和方便人民生活程度的主要指标。

输油（气）管道长度 也称输油（气）里程，指油品（或天然气）的实际输送距离，一般按输油（气）管道的单线长度计算。若包括复线和备用线长度则称为输油（气）管道延展长度，是指管道铺设的实际长度。我们通常使用的是不包括复线的“输油（气）管道里程”，该指标可以反映管道运输的发展规模和水平。

货（客）运量 指在一定时期内，各种运输工具实际运送的货物（旅客）数量。该指标是反映运输业为国民经济和人民生活服务的数量指标，也是制定和检查运输生产计划、研究运输发展规模和速度的重要指标。货运按吨计算，客运按人计算。货物不论运输距离长短、货物类别，均按实际重量统计。旅客不论行程远近或票价多少，均按一人一次客运量统计；半价票、小孩票也按一人统计。

货（客）运密度 指在一定时期内某种运输方式在营运线路的某一区段平均每公里线路通过的货物（旅客）运输周转量。计算公式为：

货（客）运密度 = 货物（旅客）周转量 / 营业线路长度

该指标可以反映交通运输线路上的货物（旅客）运输量运输繁忙程度，是平衡运输线路运输能力和通过能力，规划线路建设及改造、配备技术设备，研究运输网布局的重要依据。

货物（旅客）周转量 指在一定时期内，由各种运输工具运送的货物（旅客）数量与其相应运输距离的乘积之总和。该指标可以反映运输业生产的总成果，也是编制和检查运输生产计划，计算运输效率、劳动生产率以及核算运输单位成本的主要基础资料。计算货物周转量通常按发出站与到达站之间的最短距离，也就是计费距离计算。计算公式为：

货物（旅客）周转量 = ∑货物（旅客）运输量 × 运输距离

铁路货车平均静载重 指铁路货车在始发站静止状态下平均每车装载的货物重量，用以分析货车完成装车时车辆载重力的利用情况。计算公式为：

货车平均静载量 = 货物发送吨数 / 装车数

静载重的多少取决于运送货物的性质、种类、车辆的类型和装载技术的高低。根据货车的平均标记载重与静载重进行对比，可以反映货车载重能力的利用程度。计算公式为：

货车载重力利用率（%）= 货车平均静载重 / 货车平均标记载重 ×100%

铁路货运机车日产量 指在一定时期内，平均每台货运机车在一昼夜内所完成的总重吨公里数，包括载运货物的重量和车辆本身的自重。该指标从时间和牵引能力两方面反映了机车运用效率。计算公式为：

货运机车平均日产量 = 货运总重吨公里数 / 货运机车台日数

沿海主要港口货物吞吐量 指经水运进出沿海主要港区范围，并经过装卸的货物数量，包括邮件及办理托运手续的行李、包裹以及补给运输船舶的燃、物料和淡水。货物吞吐量按货物流向分为进口、出口吞吐量，按货物交流性质分为外贸货物吞吐量和国内贸易货物吞吐量。货物吞吐量的货类构成及其流向，是衡量港口生产能力大小的重要指标。

民用汽车拥有量 指报告期末，在公安交通管理部门按照《机动车注册登记工作规范》，已注册登记领有民用车辆牌照的全部汽车数量。汽车拥有量统计的主要分类：根据汽车结构分为载客汽车、载货汽车及其他汽车；根据汽车所有者不同分为个人（私人）汽车、单位汽车；根据汽车的使用性质分为营运汽车、非营运汽车和特种汽车；根据汽车大小规格不同载客汽车分为大型、中型、小型和微型，载货汽车分为重型、中型、轻型和微型。

邮电业务总量 指以价值量形式表现的邮电通信企业为社会提供各类邮电通信服务的总数量。邮电业务量按专业分类包括函件、包件、汇票、报刊发行、邮政快件、特快专递、邮政储蓄、集邮、公众电报、用户电报、传真、长途电话、出租电路、无线寻呼、移动电话、分组交换数据通信、出租代维等。计算方法为各类产品乘以相应的平均单价（不变价）之和，再加上出租电路和设备、代用户维护电话交换机和线路等的服务收入。该指标综合反映了一定时期邮电业务发展的总成果，是研究邮电业务量构成和发展趋势的重要指标。计算公式为：

邮电业务总量 = Σ（各类邮电业务量 × 不变单价）+ 出租代维及其他业务收入 = 邮电业务总量 + 电信业务总量

无线寻呼用户 无线寻呼是指电话用户通过无线寻呼中心，在规定范围内向携带小型寻呼机的用户发出声音、数字或文字显示信息。在寻呼台办理登记手续携带小型寻呼机的用户，称为无线寻呼用户。

移动电话用户 指通过移动电话交换机进入移动电话网、占用移动电话号码的各类电话用户。包括签约用户和智能网预付费用户。一个移动电话号码统计为一户。

互联网上网人数 指平均每周使用互联网至少 1 小时的中国公民人数。

本地电话用户 指接入本地电信运营商固定电话网上的电话用户。包括：住宅用户、单位用户、公用电话用户等。按电话用户位置又分为市内电话用户和农村电话用户。1997 年以前，“市内电话用户”是指接入县城及县以上城市的电话网上的电话用户;“农村电话用户”是指接入县邮电局农话台及县以下农村电话交换点，以县城为中心（除市话用户外）联通县、乡（镇）、行政村、村民小组的用户。从 1997 年起，电话用户数分组调整为以用户所在区域划分为“城市电话用户”和“乡村电话用户”，与过去的按市内电话和农村电话划分方法不同。而电话用户总数、电话机总部数统计范围不变。

城市电话用户 指直辖市、省辖市、地级市、县级市的市区、市郊区及县城（包括县人民政府所在地的县城关区或行政建制相当于县人民政府所在地的镇）范围内接入局用交换机的电话用户数，包括分布在农村地区的独立工矿区、林区、驻军等电话用户数。

乡村电话用户 指按行政区划属于城市范围以外的乡（镇）、村的电话用户数。

住宅电话用户 指安装在居民住宅或农民家里并按照住宅电话用户登记注册和收费的电话用户。包括私人付费、单位付费和按规定免费安装的住宅电话用户。

长途电话交换机容量 指用于接入长途电话网的电话交换机设备的额定容量，包括国际电话交换机容量。

局用交换机容量 指安装在电信运营企业内用于接续本地固定电话的电话交换机容量，包括现用和备用的人工或自动交换机的全部容量。不包括用户交换机容量。

移动电话交换机容量 指移动电话交换机根据一定话务模型和交换机处理能力计算出来的最大同时服务用户的数量。

社会消费品零售总额 批发和零售业、餐饮业、新闻出版业、邮政业和其他服务业等，售予城乡居民用于生活消费的商品和社会集团用于公共消费的商品之总量。社会消费品零售总额包括：

一、批发和零售业企业（单位）：1. 售予城乡居民的各种生活消费品；2. 售予入境旅游的外国人、华侨、港澳台同胞的各类商品；3. 售予行政事业单位、社会团体、军队和武警等机构的商品，以及以零售方式售予各类企业的商品。具体包括：用于非生产和社会交往的办公用品，如通讯设备、计算器具和设备、电讯网络设备、文印设备、音像视听器材和设备、纸张、本册、文具及装订文印材料、家具、日用电器、针纺织品、清洁卫生用品、文体用品、奖品、纪念品、礼品等；供内部人员乘坐的交通工具和燃料；用于办公设施修缮的各类配件、材料、工具等；用于取暖和防暑降温的设备、燃料、材料及食品等；专用于教学的用品和设备；非营利医疗机构的中、西药品、中药材和医疗设备器材；非专用的劳动保护用品；不对外营业的内部食堂用的餐具、炊具、设备、清洁卫生工具和食品、燃料等；军队、武警用于其人员生活的衣着品和个人用品；其他各类非生产性设备和用品。二、餐饮业出售的主食、菜肴、烟酒饮料和其他商品。三、新闻出版业、邮政业售予城乡居民、企事业单位、军队和武警等机构的书报杂志、音像制品、邮品等。四、其他服务业出售的食品、烟酒饮料、服装鞋帽、日常生活用品、医药保健用品、艺术品、工艺美术品、玩具、殡葬用品以及其他消费品。

批发零售贸易业商品购、销、存总额　指各种登记注册类型的批发、零售业企业（单位）以本企业（单位）为总体的，从国内、国外市场购进的商品总量，销售和出口的商品总量、库存商品总量等情况。该指标可以反映商品流转过程中商品的购进、销售、库存之间的比例关系和存在的问题。

商品购进总额　指从本企业（单位）以外的单位和个人购进（包括从境外直接进口）作为转卖或加工后转卖的商品总额。它反映批发零售贸易业从国内、国外市场上购进商品的总量。商品购进总额包括：(1) 从工农业生产者购进的商品；(2) 从出版社、报社的出版发行部门购进的图书、杂志和报纸；(3) 从各种登记注册类型的批发零售贸易企业（单位）购进的商品；(4) 从其他单位购进的商品，如从机关、团体、企业等单位购进的剩余物资，从餐饮业、服务业购进的商品，从海关、市场管理部门购进的缉私和没收的商品，从居民手中收购的废旧商品等；(5) 从国（境）外直接进口的商品。不包括企业（单位）为自身经营用和未通过买卖行为而收入的商品以及销售退回、商品升溢等。

商品销售总额　指对本企业（单位）以外的单位和个人出售（包括对境外直接出口）的商品总额。它反映批发零售贸易业在国内市场上销售商品以及出口商品的总量。商品销售总额包括：(1) 售给城乡居民和社会集团消费用的商品；(2) 售给工业、农业、建筑业、运输邮电业、批发零售贸易业、餐饮业、服务业等作为生产、经营使用的商品；(3) 售给批发零售贸易业作为转卖或加工后转卖的商品；(4) 对国（境）外直接出口的商品。不包括出售本企业（单位）自用的废旧包装用品；未通过买卖行为付出的商品；经本单位介绍，由买卖双方直接结算，本单位只收取手续费的业务；购货退出的商品以及商品损耗和损失等。

批发零售贸易业库存　指报告期末各种登记注册类型的批发零售贸易企业（单位）已取得所有权的商品。它反映批发零售贸易企业（单位）的商品库存情况和对市场商品供应的保证程度。期末库存包括：(1) 存放在批发零售贸易业经营单位（如门市部、批发站、经营处）仓库、货场、货柜和货架中的商品；(2) 挑选、整理、包装中的商品；(3) 已记入购进而尚未运到本单位的商品，即发货单或银行承兑凭证已到而货未到的部分；(4) 寄放他处的商品，如因购货方拒绝承付而暂时存放在购货方的商品和已办完加工成品收回手续而未提回的商品；(5) 委托其他单位代销（未作销售或调出）尚未售出的商品；(6) 代其他单位购进尚未交付的商品。不包括所有权不属于本单位的商品、拨付除批发零售贸易业以外的其他行业所属独立核算加工厂等加工生产尚未收回成品的商品、代国家物资储备部门保管的商品等。

库存总额采用的计算价格是：农副产品采购单位按购进价计算；批发单位按进货价计算；零售单位按核算价格计算，即按什么价格核算就按什么价格计算。

餐饮业营业收入　指餐饮企业、产业活动单位或个体户的全部营业额，包括商品零售额和其他服务性收入。其主要反映餐饮企业、活动单位或个体户的经营情况及发展变化趋势。

餐饮业商品零售额　指餐饮企业、产业活动单位或个体户直接对居民和社会集团零售的各种商品。包括：(1) 经烹饪、调制加工后出售的各种食品，如主食、炒菜、凉拌菜等；(2) 不经加工直接转卖的各种外购商品，如卷烟、酒、饮料、熟食、水果等；(3) 附设非独立核算的专门销售商品的小卖部出售的各种食品及其他商品。

消费品市场成交额　指在全国消费品交易市场成交的全部商品金额。消费品市场包括农副产品市场和工业消费品市场。

亿元商品交易市场成交额　指年销售额达到亿元以上，经工商部门批准、专门从事商品批发、零售业务活动的市场。其市场所有摊位销售总额称为商品交易市场成交额。

连锁企业（或称连锁店、连锁公司）　指在核心企业或总店的领导下，由分散的、经营同类商品或服务的企业或活动单位，采取共同方针，实行集中采购和分散销售的有机结合，通过规范化经营，实现规模效益的经济联合组织形式。一般连锁店应由若干个分店组成。其经营特征：（1）经营同类商品；（2）使用统一商号；（3）统一采购配送，采购与销售相分离（部分商品可根据物流合理和保质保鲜原则，由供应商直接送货到门店，其余均由总部统一配送）。

连锁门店包括下列两种形式：直营连锁：指正规连锁。连锁门店均由总部独资或控股开设，在总部的直接领导下统一经营。加盟连锁：指特许连锁。各连锁门店（被特许人）通过合同形式，取得使用总部（特许人）商标、商号、经营技术和销售总部开发的商品的特许权，各加盟连锁门店为独立法人，在总部指导下统一经营。

进出口总额 指实际进出我国国境的货物总金额。包括对外贸易实际进出口货物，来料加工装配进出口货物，国家间、联合国及国际组织无偿援助物资和赠送品，华侨、港澳台同胞和外籍华人捐赠品，租赁期满归承租人所有的租赁货物，进料加工进出口货物，边境地方贸易及边境地区小额贸易进出口货物(边民互市贸易除外)，中外合资企业、中外合作经营企业、外商独资经营企业进出口货物和公用物品，到、离岸价格在规定限额以上的进出口货样和广告品(无商业价值、无使用价值和免费提供出口的除外)，从保税仓库提取在中国境内销售的进口货物，以及其他进出口货物。该指标可以观察一个国家在对外贸易方面的总规模。我国规定出口货物按离岸价格统计，进口货物按到岸价格统计。

商品经营单位所在地进、出口额 指所在地海关注册登记的有进出口经营权的企业实际进、出口额。

商品目的地进口额和商品货源地出口额 目的地进口额指进口货物的消费、使用或最终抵运地的实际进口额，货源地出口额指出口货物的产地或原始发货地的实际出口额。

利用外资 指我国各级政府、部门、企业和其他经济组织通过对外借款、吸收外商直接投资以及用其他方式筹措的境外现汇、设备、技术等。

对外借款 指通过对外正式签订借款协议，从境外筹措的资金，包括外国政府贷款、国际金融组织贷款、外国银行商业贷款、出口信贷以及对外发行债券等。1996 年及以前还包括对外发行股票。该指标是我国利用外资的重要部分。

外商直接投资 指外国企业和经济组织或个人(包括华侨、港澳台胞以及我国在境外注册的企业)按我国有关政策、法规，用现汇、实物、技术等在我国境内开办外商独资企业、与我国境内的企业或经济组织共同举办中外合资经营企业、合作经营企业或合作开发资源的投资(包括外商投资收益的再投资)，以及经政府有关部门批准的项目投资总额内企业从境外借入的资金。

外商其他投资 指除对外借款和外商直接投资以外的各种利用外资的形式。包括企业在境内外股票市场公开发行的以外币计价的股票（目前主要是在香港证券市场发行的 H 股和在境内证券市场发行的 B 股）发行价总额，国际租赁进口设备的应付款，补偿贸易中外商提供的进口设备、技术、物料的价款，加工装配贸易中外商提供的进口设备、物料的价款。

对外承包工程 指各对外承包公司以招标议标承包方式承揽的下列业务：(1) 承包国外工程建设项目；(2) 承包我国对外经援项目；(3) 承包我国驻外机构的工程建设项目；(4) 承包我国境内利用外资进行建设的工程项目；(5) 与外国承包公司合营或联合承包工程项目时我国公司分包部分；(6) 对外承包兼营的房屋开发业务。对外承包工程的营业额是以货币表现的本期内完成的对外承包工程的工作量，包括以前年度签订的合同和本年度新签订的合同在报告期内完成的工作量。

对外劳务合作 指以收取工资的形式向业主或承包商提供技术和劳动服务的活动。我国对外承包公司在境外开办的合营企业，中国公司同时又提供劳务的，其劳务部分也纳入劳务合作统计。劳务合作营业额按报告期内向雇主提交的结算数(包括工资、加班费和奖金等)统计。

对外设计咨询 指以服务成果向业主收费的技术服务项目。包括承担地形地貌测绘，地质资源勘探与普查，建设区域规划，提供设计文件、图纸、生产工艺技术资料和工程技术经济咨询，工程项目的可行性考察、研究和评估，进行技术指导和培训人员等；也包括承担国(境)内利用外资建设工程项目中的设计咨询项目内收取外币部分。

旅游者人数

(1) 入境国际旅游者人数：指来中国参观、访问、旅行、探亲、访友、休养、考察、参加会议和从事经济、科技、文化、教育、宗教等活动的外国人、华侨、港澳同胞和台湾同胞的人数。不包括外国在我国的常驻机构，如使领馆、通讯社、企业办事处的工作人员；来我国常住的外国专家、留学生以及在岸逗留不过夜人员。(2) 出境居民人数：指大陆居民因公务活动或私人事务短期出境的人数。公务活动出境居民人数包括在国际交通工具上的中国服务员工，因私出境居民人数不包括在国际交通工具上的中国服务员工。(3) 国内旅游者人数:指我国大陆居民和在我国常住 1 年以上的外国人、华侨、港澳台同胞离开常住地在境内其他地方的旅游设施内至少停留一夜，最长不超过 6 个月的人数。

国际旅游(外汇)收入 指入境旅游的外国人、华侨、港澳同胞和台湾同胞在中国大陆旅游过程中发生的一切旅游支出，对于国家来说就是国际旅游(外汇)收入。

国际旅行社 指经营对外招徕并接待外国人、华侨、港澳同胞和台湾同胞来中国、归国或回内地旅游业务的旅行社。

国内旅行社 指负责经营招徕、组团、接待国内旅客的旅游业务，以及不对外招徕，负责经营接待国际旅行社或其它涉外部门组织的外国人、华侨、港澳同胞和台湾同胞来中国、归国或回内地的旅游业务的旅行社。

星级饭店 指已评定星级的饭店。

普通高等学校 指按照国家规定的设置标准和审批程序批准举办的，通过全国普通高等学校统一招生考试，招收高中毕业生为主要培养对象，实施高等教育的全日制大学、独立设置的学院和高等专科学校、高等职业学校和其他机构。

大学、独立设置的学院主要实施本科层次以上教育，高等专科学校、高等职业学校实施专科层次教育，其他机构是承担国家普通招生计划任务不计校数的机构。包括普通高等学校分校和批准筹建的普通高等学校等。

成人高等学校 指按照国家规定的设置标准和审批程序批准举办的，通过全国成人高等学校统一招生考试，招收具有高中毕业或同等学历的在职从业人员为主要培养对象，利用函授、业余、脱产等多种形式对其实施高等学历教育的学校。包括职工高等学校、农民高等学校、管理干部学院、教育学院、独立函授学院、广播电视大学、其他机构等。其他机构是承担国家成人招生计划任务不计校数的机构。

小学学龄儿童入学率 指调查范围内已入小学学习的学龄儿童占校内外学龄儿童总数（包括弱智儿童，不包括盲聋哑儿童）的比重。计算公式为：

小学学龄儿童入学率 = 已入学的小学学龄儿童数 / 校内外小学学龄儿童总数 ×100%

科技活动 指在自然科学、农业科学、医药科学、工程与技术科学、人文与社会科学领域（简称科学技术领域）中，与科技知识的产生、发展、传播和应用密切相关的有组织的活动。

可分为研究与试验发展 (R&D)、研究与试验发展成果应用及相关的科技服务三类活动。该定义是联合国教科文组织考虑成员国特别是发展中国家开展科技统计工作的需要，而对科技活动所作的统计界定。

科技活动人员 指直接从事科技活动、以及专门从事科技活动管理和为科技活动提供直接服务，累计的实际工作时间占全年制度工作时间 10% 及以上的人员。(1) 直接从事科技活动的人员包括：在独立核算的科学研究与技术开发机构、高等学校、各类企业及其他事业单位内设的研究室、实验室、技术开发中心及中试车间（基地）等机构中从事科技活动的研究人员、工程技术人员、技术工人及其它人员；虽不在上述机构工作，但编入科技活动项目（课题）组的人员；科技信息与文献机构中的专业技术人员；从事论文设计的研究生等。(2) 专门从事科技活动管理和为科技活动提供直接服务的人员，包括：独立核算的科学研究与技术开发机构、科技信息与文献机构、高等学校、各类企业及其他事业单位主管科技工作的负责人，专门从事科技活动的计划、行政、人事、财务、物资供应、设备维护、图书资料管理等工作的各类人员，但不包括保卫、医疗保健人员、司机、食堂人员、茶炉工、水暖工、清洁工等为科技活动提供间接服务的人员。该指标用来反映投入科技活动人力的规模。

科学家与工程师 指科技活动人员中具有高、中级技术职称（职务）的人员和不具有高、中级技术职称（职务）的大学本科及以上学历人员。该指标用来反映投入科技活动人力的素质。

研究与试验发展 (R&D) 指在科学技术领域，为增加知识总量、以及运用这些知识去创造新的应用进行的系统的创造性的活动，包括基础研究、应用研究、试验发展三类活动。国际上通常采用 R&D 活动的规模和强度指标反映一国的科技实力和核心竞争力。

基础研究 指为了获得关于现象和可观察事实的基本原理的新知识（揭示客观事物的本质、运动规律，获得新发现、新学说）而进行的实验性或理论性研究，它不以任何专门或特定的应用或使用为目的。其成果以科学论文和科学著作为主要形式。用来反映知识的原始创新能力。

应用研究 指为获得新知识而进行的创造性研究，主要针对某一特定的目的或目标。应用研究是为了确定基础研究成果可能的用途，或是为达到预定的目标探索应采取的新方法（原理性）或新途径。其成果形式以科学论文、专著、原理性模型或发明专利为主。用来反映对基础研究成果应用途径的探索。

试验发展 指利用从基础研究、应用研究和实际经验所获得的现有知识，为产生新的产品、材料和装置，建立新的工艺、系统和服务，以及对已产生和建立的上述各项作实质性的改进而进行的系统性工作。其成果形式主要是专利、专有技术、具有新产品基本特征的产品原型或具有新装置基本特征的原始样机等。在社会科学领域，试验发展是指把通过基础研究、应用研究获得的知识转变成可以实施的计划（包括为进行检验和评估实施示范项目）的过程。人文科学领域没有对应的试验发展活动。主要反映将科研成果转化为技术和产品的能力，是科技推动经济社会发展的物化成果。

研究与试验发展人员 指参与研究与试验发展项目研究、管理和辅助工作的人员，包括项目（课题）组人员，企业科技行政管理人员和直接为项目（课题）活动提供服务的辅助人员。反映投入从事拥有自主知识产权的研究开发活动的人力规模。

专业技术人员 指从事专业技术工作和专业技术管理工作的人员，即企事业单位中已经聘任专业技术职务从事专业技术工作和专业技术管理工作的人员，以及未聘任专业技术职务，现在专业技术岗位上工作的人员。包括工程技术人员，农业技术人员，科学研究人员，卫生技术人员，教学人员，经济人员，会计人员，统计人员，翻译人员，图书资料、档案、文博人员，新闻出版人员，律师、公证人员，广播电视播音人员，工艺美术人员，体育人员，艺术人员及企业政治思想工作人员，共十七个专业技术职务类别。用来反映科技人力资源情况。

科技活动经费筹集指从各种渠道筹集到的计划用于科技活动的经费，包括政府资金、企业资金、事业单位资金、金融机构贷款、国外资金和其他资金等。反映各社会经济主体对促进科技进步所做的努力。

政府资金 指从各级政府部门获得的计划用于科技活动的经费，包括科学事业费、科技三项费、科研基建费、科学基金、教育等部门事业费中计划用于科技活动的经费以及政府部门预算外资金中计划用于科技活动的经费等。

企业资金 指从自有资金中提取或接受其他企业委托的、科研院所和高校等事业单位接受企业委托获得的，计划用于科研和技术开发的经费。不包括来自政府、金融机构及国外的计划用于科技活动的资金。

金融机构贷款 指从各类金融机构获得的用于科技活动的贷款。

科技活动经费内部支出 指报告年内用于科技活动的实际支出，包括劳务费、科研业务费、科研管理费，非基建投资购建的固定资产、科研基建支出以及其他用于科技活动的支出。不包括生产性活动支出、归还贷款支出及转拨外单位支出。反映科技投入实际完成情况。

劳务费 指以货币或实物形式直接或间接支付给从事科技活动人员的劳动报酬及各种费用。包括各种形式的工资、津贴、奖金、福利、离退休人员费用、人民助学金等。反映改善科技人员待遇情况。

固定资产购建费 指报告年内使用非基建投资购建的固定资产和用于科研基建投资的实际支出额，即固定资产实际支出和科研基建投资实际完成额之和。固定资产是指长期使用而不改变原有实物形态的主要物资设备、图书资料、实验材料和标本以及其他设备和家具、房屋、建筑物。反映用于改善科研条件和科研手段方面的投入情况。

新产品 指采用新技术原理、新设计构思研制、生产的全新产品，或在结构、材质、工艺等某一方面比原有产品有明显改进，从而显著提高了产品性能或扩大了使用功能的产品。既包括政府有关部门认定并在有效期内的新产品，也包括企业自行研制开发，未经政府有关部门认定，从投产之日起一年之内的新产品。用来反映科技产出及对经济增长的直接贡献。

专利 是专利权的简称，是对发明人的发明创造经审查合格后，由专利局依据专利法授予发明人和设计人对该项发明创造享有的专有权。包括发明、实用新型和外观设计。反映拥有自主知识产权的科技和设计成果情况。

发明 指对产品、方法或者其改进所提出的新的技术方案。是国际通行的反映拥有自主知识产权技术的核心指标。

实用新型 指对产品的形状、构造或者其结合所提出的适于实用的新的技术方案。反映具有一定技术含量的技术成果情况。

外观设计 指对产品的形状、图案、色彩或者其结合所作出的富有美感并适于工业上应用的新设计。反映拥有自主知识产权的外观设计成果情况。

文化事业机构 指从事专业文化工作和为专业文化工作服务的独立建制的单位。不包括这些单位另外举办独立核算的其他机构和各部门的业余文化组织。该指标主要反映文化事业机构发展规模水平。

艺术表演团体 指从事戏曲、音乐、舞蹈、杂技等专业艺术表演，有独立帐户的单位，不包括半工半艺、半农半艺和民间职业剧团。

艺术表演观众人数（人次） 指售票、包场演出或民族地区免费演出的艺术表演观众人次数，不包括彩排审查和内部观摩演出的观看人次数。

等级运动员人数 指经考核正式批准授予等级运动员称号的人数。运动员等级分为国际级运动健将、运动健将、一级运动员、二级运动员、三级运动员、少年级运动员。该指标主要反映运动员队伍的技术质量水平。

等级裁判员人数 指经考核正式批准授予等级裁判员称号的人数。裁判员等级分为国际裁判、国家级裁判、一级裁判、二级裁判、三级裁判。该指标主要反映裁判员队伍的技术质量水平。

体育场 指有 400 米跑道（中心含足球场），有固定道牙，跑道 6 条以上，并有固定看台的室外田径场地。体育场按看台容纳观众人数分为：甲级 25000 人以上，乙级 15000–25000 人，丙级 5000–15000 人，丁级 5000 人以下。该指标主要反映大中型体育场数量水平。

体育馆 指有固定看台，可供篮球、排球、羽毛球、乒乓球、体操等项目训练比赛活动用的室内运动场地。体育馆按看台容纳观众人数分为：甲级 6000 人以上，乙级 4000-6000 人，丙级 2000-4000 人，丁级 2000 人以下。该指标主要反映大中型体育馆数量水平。

卫生机构 包括医疗机构、疾病预防控制中心（防疫站）、采供血机构、卫生监督及监测（检验）机构、医学科研和在职培训机构、健康教育所等。

医疗机构 包括医院、社区卫生服务中心（站）、疗养院、卫生院、门诊部、诊所（卫生所、医务室）、妇幼保健院（所、站）、专科疾病防治院（所、站）、急救中心（站）和临床检验中心。医疗机构分为非赢利性医疗机构和赢利性医疗机构。

医院 包括综合医院、中医医院、中西医结合医院、民族医院、各类专科医院和护理院。

卫生技术人员 指卫生机构中医生、护理人员、药剂人员、检验人员等卫生技术人员。

医生 指在医疗、预防保健机构工作且取得《执业医师证书》的执业医师和执业助理医师。

社会福利事业单位 指集中收养社会孤老、残、幼的机构，包括由民政部门管理的社会福利院、儿童福利院、精神病人福利院和城镇集体举办的福利院及农村集体举办的敬老院以及优抚医院和具有收养能力的社区服务中心等。该指标主要反映我国在社会福利性单位投入的水平。

社会福利事业单位收养人数 包括民政部门管理和城镇、农村集体举办的社会福利事业单位中收养的老人、少年儿童、缺乏生活自理能力的残疾人员和精神病人。该指标主要反映收养性社会福利单位的收养能力。

社会福利企业单位 指以安置城镇有一定劳动能力的盲、聋、哑和肢体残疾人员就业为目的，享受国家减免税待遇的国有或集体企业。包括福利工厂、福利商业和服务业、假肢厂和安置农场等单位。该指标主要反映我国对残疾人照顾的特殊政策。

农村五保户 指农村中既无劳动能力，又无经济来源的老、弱、孤、残的农民，其生活由集体供养，实行保吃、保穿、保住、保医、保葬（孤儿保教），简称“五保”，享受五保待遇的家庭叫五保户。该指标主要反映农村弱势群体的人员数量。

律师 指依法取得律师执业证书，担任法律顾问，民事（刑事、行政）案件代理人、刑事案件辩护人、办理非诉讼业务，解答法律询问，代写法律事务文书等，为社会提供法律服务的人员。

公证人员 指在公证处工作的人员总称，包括公证处主任、副主任、公证员、公证员助理（助理公证员）和其他从事辅助性工作的人员。

公证文书 指公证处根据当事人申请，依照事实和法律，按照法定程序制作的，具有法律效力的司法证明文书。根据公证书用途和使用地，公证书分为国内公证书、国内经济公证书、涉外民事公证书、涉外经济公证书四类。

调解员 指在人民调解委员会担负调解民间纠纷工作的人员，包括调解委员会的委员和调解小组的调解员。该指标主要反映从事人民调解工作的人员数量。

调解民间纠纷 指调解委员会按照法律规定，根据自愿原则，用说服教育的方法调解民间发生的有关民事权利和义务争执的件数，包括调解成功数和调解未成功数。该指标主要反映人民调解委员会的工作量。

受理劳动争议案件数 指劳动争议仲裁委员会根据国家有关规定，对劳动争议当事人的申请予以审查，符合受理条件而正式立案、准备处理的劳动争议案件数。

基本养老保险

1. 参加保险人数：指报告期末按照国家法律、法规和有关政策规定参加基本养老保险的职工人数。包括不能正常缴费、已中断缴费但未终止保险关系的职工人数。2. 社会统筹基金收入：指根据国家规定，由纳入基本养老保险范围的单位，按照国家规定的缴费基数和缴费比例缴纳的社会统筹基金，以及通过其他方式取得的形成基金来源的收入，包括：单位缴纳的社会统筹基金收入、财政补贴收入、利息收入、其他收入。3. 社会统筹基金支出：指按照国家政策规定的开支范围和开支标准从社会统筹基金中支付给参加基本养老保险的离休、退休、退职人员个人的养老金、丧葬抚恤补助，以及由于保险关系转移、上下级之间调剂资金等原因而发生的支出。包括：基础性养老金、过渡性养老金、离休金、退休金、退职金、补贴、丧葬抚恤补助、其他支出。4. 社会统筹基金结余：指截止报告期末基本养老保险的社会统筹基金结余金额。包括银行存款、财政专户、债券投资和其他。

离休、退休、退职人员 指正式办理了离休、退休、退职手续，并享受相应的离休、退休、退职待遇的人员。

保险福利费用总额 指各单位在工资以外支付给职工和离休、退休、退职人员个人和用于集体的保险福利费用，不包括用于职工的劳动保护费用，由保险福利费用开支的医务人员工资，集体福利机构工作人员和病伤休息期满 6 个月以上人员的工资。

离休、退休、退职人员保险福利费用包括：

1. 离休金：指发给离休干部的工资和按 1982 年国务院《关于老干部离职休养制度的几项规定的通知》发给符合规定的离休干部相当于一至两个月标准工资的生活补贴及 1988 年增发的生活补贴。2. 退休金：指按照国家有关规定发给退休职工的退休费和 1988 年增发的生活补贴。3. 退职生活费：指按照 1978 年国务院《关于工人退休、退职的暂行办法》发给退职人员的生活费用和 1988 年增发的生活补贴。以上离退休、退职人员的离退休金、退职生活费还应包括发给离退休、退职人员的生活补贴和物价补贴。4. 医疗卫生费：指离休、退休、退职人员的医疗费、住院费以及住院伙食补助等费用。5. 其他：指上述费用以外的其他保险福利费用，如丧葬抚恤救济费、交通费补贴、冬季取暖补贴等。

工业废水排放量　指经过企业厂区所有排放口排到企业外部的工业废水量。包括生产废水、外排的直接冷却水、超标排放的矿井地下水和与工业废水混排的厂区生活污水，不包括外排的间接冷却水（清污不分流的间接冷却水应计算在内）。

工业废水排放达标量　指报告期内废水中各项污染物指标都达到国家或地方排放标准的外排工业废水量，包括未经处理外排达标的，经废水处理设施处理后达标排放的，以及经污水处理厂处理后达标排放的。

工业废水排放达标率　指工业废水排放达标量占工业废水排放量的百分率，计算公式为：

工业废水排放达标率 = 工业废水排放达标量 / 工业废水排放量 × 100%

工业废气排放量　指报告期内企业厂区内燃料燃烧和生产工艺过程中产生的各种排入大气的含有污染物的气体的总量，以标准状态 (273K，101325Pa) 计算。测算公式为：

工业废气排放量 = 燃料燃烧过程中废气排放量 + 生产工艺过程中废气排放量

工业 SO2 排放量　指报告期内企业在燃料燃烧和生产工艺过程中排入大气的 SO2 总量，计算公式为：

工业 SO2 排放量 = 燃料燃烧过程中 SO2 排放量 + 生产工艺过程中 SO2 排放量

工业烟尘排放量　指企业厂区内燃料燃烧过程中产生的烟气中夹带的颗粒物排放量。

工业粉尘排放量　指企业在生产工艺过程中排放的能在空气中悬浮一定时间的固体颗粒物排放量。如钢铁企业的耐火材料粉尘、焦化企业的筛焦系统粉尘、烧结机的粉尘、石灰窑的粉尘、建材企业的水泥粉尘等。不包括电厂排入大气的烟尘。

工业固体废物产生量　指报告期内企业在生产过程中产生的固体状、半固体状和高浓度液体状废弃物的总量，包括危险废物、冶炼废渣、粉煤灰、炉渣、煤矸石、尾矿、放射性废物和其他废物等；不包括矿山开采的剥离废石和掘进废石（煤矸石和呈酸性或碱性的废石除外）。酸性或碱性废石指采掘的废石其流经水、雨淋水的 pH 值小于 4 或 pH 值大于 10.5 者。

工业固体废物综合利用量　指报告期内企业通过回收、加工、循环、交换等方式，从固体废物中提取或者使其转化为可以利用的资源、能源和其他原材料的固体废物量（包括当年利用往年的工业固体废物贮存量），如用作农业肥料、生产建筑材料、筑路等。综合利用量由原产生固体废物的单位统计。

工业固体废物综合利用率　指工业固体废物综合利用量占工业固体废物产生量（包括综合利用往年贮存量）的百分率。计算公式为：

工业固体废物综合利用率 = 工业固体废物综合利用量 / 工业固体废物产生量 + 综合利用往年贮存量 × 100%

工业固体废物贮存量　指报告期内企业以综合利用或处置为目的，将固体废物暂时贮存或堆存在专设的贮存设施或专设的集中堆存场所内的数量。专设的固体废物贮存场所或贮存设施必须有防扩散、防流失、防渗漏、防止污染大气、水体的措施。

工业固体废物处置量　指报告期内企业将固体废物焚烧或者最终置于符合环境保护规定要求的场所，并不再回取的工业固体废物量（包括当年处置往年的工业固体废物贮存量）。处置方式有填埋（其中危险废物应安全填埋）、焚烧、专业贮存场（库）封场处理、深层灌注、回填矿井及海洋处置（经海洋管理部门同意投海处置）等。

工业固体废物排放量　指报告期内企业将所产生的固体废物排到固体废物污染防治设施、场所以外的数量，不包括矿山开采的剥离废石和掘进废石（煤矸石和呈酸性或碱性的废石除外）。

“三废”综合利用产品产值　指报告期内利用“三废”作为主要原料生产的产品价值（现行价）；已经销售或准备销

售的应计算产品价值，留作生产自用的不应计算产品价值。

边境经济合作区 经省政府或国务院批准设立的，在边境地区一定范围内集中建设并享有一定优惠政策和配套设施的开发区。边境经济合作区以与毗邻国家对外贸易、经济技术合作为主。经省政府批准的即为省级开发区，经国务院批准设立的为国家级开发区。

经济技术开发区 经省政府或国务院批准设立的，设在内陆地区依托中心城市集中在一定地域建设，享有一定优惠政策和配套设施的开发区。经济技术开发区以招商引资、建立出口加工基地为主，成为本地招商引资，扩大开放的窗口和基地。

高新技术产业开发区 经省政府或国务院批准设立的，依托具有一定经济实力和科技力量的中心城市，享有一定优惠政策和配套设施，通过招商引资，扩大开放，发展高新技术产业开发区。

EXPLANATORY NOTES ON MAIN STATISTICAL INDICATORS

Administrative Division refers to the division of a dministr ative areas by the state. The Constitution of the People's Republic of China stipulates that the ad ministrative areas in China are divided as: 1) The whole country is divided into provinces, autonomous regions and municipalities directly under the central gov ernment; 2) Provinces and autonomous regions are divided into autonomous prefect ures, counties, autonomous counties and cities; 3) Autonomous prefectures are di vided into counties, autonomous counties and cities; 4) Counties and autonomous counties are divided into townships, nationality townships and towns; 5) Municip alities and large cities are divided into districts and counties, 6) The state s hall, when necessary, establish special administrative regions.

Climate refers to the natural environmental status formed by the long–term exc hange of energy and mass between the earth and the air, and is the results of in teraction of many factors. Climate is both one of the environment factors and t he important resources for the living and production activities of the human bei ng. The average values across several years of meteorological factors such as te mperature, rainfall and humidity are used as important parameters to describe th e climate of a region, while the average values (or total values) of a given yea r or month of meteorological factors reflect the key characteristics of climate for that period of time.

Natural Resources refer to material resources that could be obtained from the nature by human being and used for production and living. Natural resources in g eneral can be classified as renewable resources and non–renewable resources. Ren ewable resources refer to resources that could be renewed and recycled during a relatively short period of time, including land resource, water resource, climat e resource, biology resource and marine resource. Non–renewable resources includ e resources that could not be renewed, such as minerals and geothermal resource. Land Resource Land refers to the surface of the earth, consisting of mainly rock s and its whethering and earth. Land resource can be classified, by its utilizat ion, as land for agriculture, land for construction and unused land. Land for ag riculture includes cultivated land, plantation land, forestland, grassland and w aters. Land for construction includes land for residential purpose, for manufact uring and mining, for transportation and for water–conservancy projects. Unused land refers to land other than land for agriculture and construction, including beaches, deserts, Gobi, glaciers and rock mountains.

Area of Cultivated Land refers to area of land recl aimed for the regular cult ivation of various farm crops, including crop–cover land, fallow, newly reclaime d land and land laid idle for less than 3 years.

Area of Afforested Land refer to land for trees bam boo, bushes and mangrove, i ncluding forest–cover land, bush–covered land, sparse forest land, land planned for afforestation and nurseries of young trees.

Area of Grassland refers to areas of grassland, gra ss–slopes and grass–covered hills with a vegetation–covering rate of over 5% that are used for animal husba ndry or harvesting of grass. It includes natural, cultivated and improved grassl and areas.

Forest Resource refers to forests, trees, forestlan d and wild animals, plants and microorganism that live on forest and trees. Trees include trees and bamboo. Forest refers to the population of clusters of trees and other plants, animals and microorganism as well as the earth and climate that have interactions with t he trees.

Total Standing Stock Volume refers to the total sto ck volume of trees growing in land, including trees in forest, tress in sparse forest, scattered trees and trees planted by the side of villages, farm houses and along roads and rivers. Forest Area refers to the area of forest where trees and bamboo grow with cano py density above 0.2, including land of natural woods and planted woods, but exc luding bush land and thin forest land. It reflects the total areas of afforestat ion.

Stock Volume of Forest refers to total stock volume of wood growing in forest ar ea, which shows the total size and level of forest resources of a country or a r egion. It is also an important indicator illustrating the richness of forest res ource and the status of forest ecological environment.

Forest Coverage Rate refers to the ratio of area of afforested land to total land area. It is a very important indicator that reflects the status of abundanc e of forest resource and ecosystem balance. Forest area includes the area of tre es and bamboo grow with canopy density above 0.2, the area of shrubby tree accor ding to regulations of the government, the area of forest land inside farm land and the area of trees planted by the side of villages, farm houses and along roa ds and rivers. The formula for calculating forest coverage rate is as follows:

Forestry coverage rate (%)= (Area of Afforested Land/Area of Total Land) x 100%

Water Resource Water exists in the nature in solid, liquid and gaseous states, is distributed in the ocean, land (including earth) and air, and constitutes th e water resource through the circulation of water. Water resource includes the s urface water and underground water that is controlled by the human being for irr igation, power–generation, water supply, navigation and cultivation. It also inc ludes rivers, lakes, wells, springs, tides, gulf and water area for cultivation. Water resource as an important natural resource is indispensable for the develo pment of the national economy.

Surface Water and Underground Water Water on earth can be divided into surface water and underground water according to its distribution. Surface water refers to moisture exists in rivers, lakes, swamps, glaciers, icecaps and so on. It is also called land water. The underground water refers to water deposited undergr ound in the cranny and the hole of saturated rock soil and in the water–eroded c ave.

Runoff refers to the water gathered at the way out of t he cross section of drai nage area either from the surface or underground after deducting the wastage of the precipitation on the land. Runoff can be divided into surface runoff, under ground runoff and within soil runoff. Surface runoff refers to water flow to the rivers, lakes, swamps, and seas on the surface of the earth. Underground runoff refers to water flow to rivers, lakes, swamps, and seas through the water–beari ng stratum of confined layer or unconfined layer.

Volume of Runoff refers to the total volume of water ru nning through a certain cross section of a river during a certain period of time, reflecting the water resource condition in a country or a region. The formula for calculating volume or runoff is as follows:

Runoff =Precipitation–Evaporation

Mineral Resources refer to useful minerals that can be used for industrial or agricultural purposes enriched in lithosphere or on earth due to the geological process. Minerals are important natural resources, and important material base f or social development.

Ensured Mineral Reserves refer to the actual mineral re serves, which equal to the proven mineral reserves (including industrial reserves and prospective reser ves) minus extracted parts and underground losses.

Drainage Area Each river has its own main stream and branches to form the water system of the river. Each river has its own catchment area, which is also calle d as the drainage area of the river.

Temperature refers to the air temperature. China uses c entigrade as the unit.

The thermometry used for weather observation is put in a breezy shutter, which i s 1.5 meters high from the ground. Therefore, the commonly used temperature refe rs to the temperature in the breezy shutter 1.5 meters away from the ground. The calculation method is as follows: Monthly average temperature is the summation of average daily temperature of one month divided by the actual days of that particular month. Annual average temperature is the summation of monthly average of a year divided by 12 months.

Relative Humidity refers to the ratio of actual water v apor pressure to the sa turation water vapor density under the current temperature. The statistical meth od is the same as that of temperature.

Volume of Precipitation refers to the deepness of liqu id state or solid state (thawed) water falling from the sky to the ground that has not been evaporated, infiltrated or run off. The calculation method is as follows:

Monthly precipitation is the summation of daily precipitation of a month. Annual precipitation is the summation of 12 months precipitation of a year.

Sunshine Hours refer to the actual hours of sun irradia ting the earth. The calculation method is the same as that of the precipitation.

Total Water Resources refers to total volume of water resourc es measured as run– off for surface water from rainfall and recharge for groundwater in a given area , excluding transit water.

Surface Water Resources refers to total renewable resources w hich exist in river s, lakes, glaciers and other collectors from rainfall and are measured as run–of f of rivers.

Groundwater Resources refers to replenishment of aquifers with rainfall and surface water.

Duplicated Measurement Between Surface Water and Groundwater re fers to mutual exchange between surface water and groundwater, i.e. run–off of rivers includes so me depletion with groundwater while groundwater includes some replenishment with surface water.

Comparable Prices refer to pr ices that are used to remove the factors of price change in calculating economic aggregates, so as to facilitate comparison of aggregates over time. Two methods are used for calculating economic aggregates at comparable prices: 1) Multiplyi ng the output of products by their constant prices of certain year; 2) Deflating data at current prices by relevant price indices.

Constant Price refers to the average price of a given p roduct in certain year, which is used for comparison of output value over time. As the output value at constant prices removes the factor of price changes, it reflects the trend of pr oduction development over time. Since 1949, with the changes in general price le vel, National Bureau of Statistics has issued nationally unified constant prices five times: the 1952 constant prices for 1949–1957; the 1957 constant prices fo r 1957–1971; the 1970 constant prices for 1971–1981; the 1980 constant prices fo r 1981–1990; and the 1990 constant prices have been used since 1991.

Average Annual Growth Rate Two methods for calculating average annual growth r ate are applied in China, one is often called level approach, or the method of c alculating geometric average, which is derived by comparing the level of the las t year of the interval with that of the beginning year; the other is called accu mulative approach or algebraic average or equation method, which is derived by t he summation of the actual figure of each year in the interval divided by the fi gure in the base year.

Usually the results calculated by the two methods are fairly close, but they dif fered sharply when uneven economic development occurred with striking fluctuatio ns in growth.

Industrial Classification of the National Economy The new Indu strial Classifica tion of the National Economy (GB/T 4754–2002) is introduced starting from the co mpilation of 2003 annual statistics. The revision of the 1994 classification was organized by the National Bureau of Statistics taking into consideration of the International Standards of the Industrial Classification of All Economic Activi ties (ISIC/Rev.3) of the United Nations, and the new Classification was promulga ted by the National Administration of Quality Supervision, Inspection and Quaran tine on May 10, 2002. The revised version of the Industrial Classification of th e National Economy (GB/T 4754–2002) is composed of 20 major divisions, 95 divisi ons, 396 major groups and 913 groups, including 4 new major divisions, 3 new div isions, 28 major groups and 67 groups.

Registration Status of Enterprises Enterprises are clas sified into 3 categori es, namely domestic–funded enterprises, enterprises with investment from Hong Ko ng, Macau and Taiwan, and enterprises with foreign investment, in the light of t he registration status of an enterprise in industrial and commercial administrat ion agencies. Domestic–funded enterprises include state–owned enterprises, colle ctive–owned enterprises, cooperative enterprises, joint ownership enterprises, limited liability corporations, share–holding corporations Ltd., private enterpr ises and other enterprises. Included in the enterprises with investment from Hon g Kong, Macau and Taiwan and enterprises with foreign investment are joint–ventu re enterprises, cooperative enterprises, sole investment enterprises and share–h olding corporations Ltd. For government agencies, institutions and social organi zations which are not requested to be registered in industrial and commercial ad ministration agencies, they are classified mainly by their sources of funds and way of management.

State-owned Enterprises refer to non-corporation econom ic units where the enti re assets are owned by the state and which have registered in accordance with th e Regulation of the People's Republic of China on the Management of Registration of Corporate Enterprises. Excluded from this category are sole state-funded cor porations in the limited liability corporations.

Collective-owned Enterprises refer to economic units where the assets are owne d collectively and which have registered in accordance with the Regulation of th e People's Republic of China on the Management of Registration of Corporate Ente rprises.

Cooperative Enterprises refer to a form of collective e conomic units (enterpri ses) where capitals come mainly from employees as their shares, with certain pro portion of capital from the outside, where production is organized on the basis of independent operation, independent accounting for profits and losses, joint w ork, democratic management, and a distribution system that integrates remunerati on according to work with dividend according to capital share.

Joint Ownership Enterprises refer to economic units est ablished by two or more corporate enterprises or corporate institutions of the same or different owners hip, through joint investment on the basis of equality, voluntary participation and mutual benefits. They include state joint ownership enterprises, collective joint ownership enterprises, joint state-collective enterprises, other joint own ership enterprises.

Limited Liability Corporations refer to economic units established with invest ment from 2-50 investors and registered in accordance with the Regulation of the People's Republic of China on the Management of Registration of Corporations, e ach investor bearing limited liability to the corporation depending on its share of investment, and the corporation bearing liability to its debt to the maximum of its total assets. Limited liability corporations include exclusive state-fun ded limited liability corporations and other limited liability corporations.

Share-holding Corporations Ltd. refer to economic units registered in a ccordanc e with the Regulation of the People's Republic of China on the Management of Reg istration of Corporations, with total registered capitals divided into equal sha res and raised through issuing stocks. Each investor bears limited liability to the corporation depending on the holding of shares, and the corporation bears li ability to its debt to the maximum of its total assets.

Private Enterprises refer to profit-making economic uni ts invested and establis hed by natural persons, or controlled by natural persons using employed labour. Included in this category are private limited liability corporations, private sh are-holding corporations Ltd., private partnership enterprises and private-funde d enterprises registered in accordance with the Corporation Law, Partnership Ent erprises Law and Interim Regulations on Private Enterprises .

Other Domestic-funded Enterprises refer to domestic-fun ded economic units other than those mentioned above.

Cooperative Enterprises with Funds from Hong Kong Macau and Taiwan established by investors from Hong Kong, Macau and Taiwan with enterprises in the mainland of China in accordance with the Law of the People's Republic of China on Sino-fo reign Cooperative Enterprises and other relevant laws, where the investment or p rovision of facilities, and the share of profits and risks is stipulated in the cooperative contract.

Enterprises with Sole (exclusive) Investment from Hong Kong, Mac au and Taiwan refer to enterprises established in the mainland of China with exclusive investm ent from investors from Hong Kong, Macau and Taiwan in accordance with the Law o f the People's Republic of China on Foreign-Funded Enterprises and other relevan t laws.

Share-holding Corporations Ltd. with Investment from Hong Kong, Macau an d Taiwan refer to share-holding corporations Ltd. established with the approval from t he former Ministry of Foreign Trade and Economic Relations in line with relevant state regulations, where the share of investment from Hong Kong, Macau or Taiwa n businessmen exceeds 25% of the total registered capital of the corporation. In case the share of investment from Hong Kong, Macau or Taiwan is less than 25% o f the total registered capital, the enterprise is to be classified as domestic-f unded share-holding corporation Ltd.

Joint-venture Enterprises with Foreign Investment refer to enterprises jointly established by foreign enterprises or foreigners with enterprises in the mainla nd of China in accordance with the Law of the People's Republic of China on Sin o-foreign Joint Venture Enterprises and other relevant laws, where the share of investment, profits and risks is stipulated in the contract.

Cooperation Enterprises with Foreign Investment refer t o enterprises jointly e stablished by foreign enterprises or foreigners with enterprises in the mainland of China in accordance with the Law of the People's Republic of China on Sino–f oreign Cooperative Enterprises and other relevant laws, where the investment or provision of facilities, and the share of profits and risks is stipulated in the cooperative contract.

Enterprises with Sole (exclusive) Foreign Investment refer to enterprises esta blished in the mainland of China with exclusive investment from foreign investor s in accordance with the Law of the People's Republic of China on Foreign–Funded Enterprises and other relevant laws.

Share–holding Corporations Ltd. with Foreign Investment refer t o share–holding corporations Ltd. established with the approval from the Ministry of Foreign Tra de and Economic Relations in line with relevant state regulations, where the sha re of investment from foreign investors exceeds 25% of the total registered capi tal of the corporation. In case the share of foreign investment is less than 25% of the total registered capital, the enterprise is to be classified as domestic –funded share–holding corporation Ltd.

Government Agencies, Institutions and Social Organizations are classified into following categories by source of funds and way of management taking reference o f the registration status of enterprises:

(1) Government agencies: include state and party agencies, classified in princip le as state–owned. There are exceptions, such as supply and marketing cooperativ es which are classified as collective–owned. (2) Institutions: include institutions of various types established with the app roval by organization and staffing departments of the government, but exclude in stitutions where enterprise management system is introduced. Institutions are fu rther classified as follows: (a) Institutions whose main budget is listed in the government budget appropriat ions or extra–budget funds, or allocated from the budget of their competent gove rnment agencies. Such institutions are classified as state–owned. (b) Institutions whose budget mainly comes from collective units. Such instituti ons are classified as collective–owned. (c) Institutions other than those mentioned above whose source of budget is not clear. Such institutions are classified by way of management. (3) Social organizations: include social organizations established with the appr oval from the Ministry of Civil Affairs, and organizations that are not covered by social organization management regulations such as trade unions, womens feder ations etc.. Social organizations are further classified as follows: (a) Social organizations that are not covered by social organization management regulations of the Ministry of Civil Affairs such as trade unions, womens federa tions, communist youth leagues, youth associations, industrial and commerce asso ciations, scientists associations, overseas Chinese associations, etc., foundati ons and fund management organizations established with funds from the state, and social organizations whose funds mainly come from the budget of their competent government agencies. Such institutions are classified as state–owned. (b) Social organizations whose budget mainly comes from collective units. Such i nstitutions are classified as collective–owned. (c) Social organizations established by individual or a group of citizens, which are classified as private. (d) Social organizations other than those mentioned above whose source of budget is not clear. Such organizations are classified by way of management

Gross Domestic Product (GDP) refers to the final products at ma rket prices produced by a ll resident units in a country (or a region) during a certain period of time. Gr oss domestic product is expressed in three different forms, i.e. value , income, and products respectively. GDP in its value form refers to the total v alue of all goods and services produced by all resident units during a certain p eriod of time, minus the total value of input of goods and services of the natur e of non–fixed assets; in order term, it is the sum of the value–added of all re sident units. GDP in the form of income includes the income created by all resid ent units and distributed to resident and non–resident units. GDP in the form of products refers to the value of all goods and services for final consumption by all resident units minus the net exports of goods and services during a given p eriod of time. In the practice of national accounting, gross domestic product is calculated with three approaches, i.e. production approach, income approach and expenditure approach, which reflect gross domestic product and its composition from different aspects.

Three Industries Classification of economic activities into three branches of industries is a common practice in the world, although the grouping varies to so me extent form country to country. In China economic activities are categorized into following industries:

Primary industry: refers to agriculture, forestry, animal husbandry and fishery. Secondary industry: refers to mining and quarrying, manufacturing, production an d supply of electricity, water and gas, and construction. Tertiary industry: refers to all other economic activities not included in prima ry or secondary industry.

GDP by Expenditure Approach refers to the method of mea suring the final result s of production activities of a country (region) during a given period from the perspective of final use. It includes final consumption, total capital formation and net export of goods and services, i.e.:GDP by expenditure approach = final consumption + total capital formation + net export of goods and services Final Consumption refers to the total expenditure of resident units for purcha ses of goods and services from domestic economic territory and abroad to meet th e requirements of material, cultural and spiritual life. It excludes the expendi ture of non-resident units on consumption in the economic territory of the count ry. The final consumption is broken down into household consumption and governme nt consumption.

Households Consumption refers to the total expenditure of resident households on the final consumption of goods and services. In addition to the consumption o f goods and services bought by the households directly with money, the household s consumption also includes expenditure on goods and services obtained by the ho useholds in other ways, i.e. the so-called imputed consumption expenditure, whic h includes the following: (a) the goods and services provided to the households by the employer in the form of payment in kind and transfer in kind; (b) goods a nd services produced and consumed by the households themselves, in which the ser vices refer only to the owner-occupied housing and domestic and individual servi ces provided by the paid household workers; (c) financial intermediate services provided by financial institutions; (d) insurance services provided by insurance companies.

Government Consumption refers to the expenditure on the consumption of the pub lic services provided by the government to the whole society and the net expendi ture on the goods and services provided by the government to the households free of charge or at low prices. The former equals to the output value of the govern ment services minus the value of operating income obtained by the government dep artments. The latter equals to the market value of the goods and services provid ed by the government free of charge or at low prices to the households minus the value received by the government from the households.

Total Capital Formation refers to the fixed assets acqu ired minus those dispos ed of and the net value of inventory, including the total fixed capital formatio n and the increase in inventory.

Total Fixed Capital Formation refers to the value of fi xed assets acquired min us those disposed of during a given period. Fixed assets are the assets produced through production activities with specified unit value which could be used for over one year, excluding natural assets. Total fixed capital formation can be categorized into total tangible capital formation and total intangible capital f ormation. The total tangible capital formation include the value of the construc tion projects, installation projects completed and the equipment, apparatus and instruments purchased as well as the value of land improved, the value of draugh t animals, breeding stock, animals for milk, wool and for recreational purpose, and the newly increased forest with economic value during a given period. The to tal intangible capital formation includes the prospecting of minerals, the acqui sition of computer software minus the disposal of them.

Increase in Inventory refers to the market value of the change in inventory of resident units during a given period, i.e. the difference of value between the beginning and the end of the period minus the current gains due to the change in prices. The increase in inventory can be positive or negative. A positive value indicates the increase in inventory while a negative value indicates the decrea se in stock. The inventory includes the raw materials, fuels and reserve materia ls purchased by the production units as well as the inventory of finished produc ts, semi-finished products, work-in-progress, etc.

Net Export of Goods and Services refers to the differen ce of the exports of go ods and services minus the imports of goods and services. The imports include t he value of various goods and services sold or gratuitously transferred by the r esident units to the non-resident units. The imports include the value of variou s goods and services purchased or gratuitously acquired by the resident units fr om the non-resident units. Because the provision of services and the use of them happen simultaneously, the acquisition of services by the resident units from a broad is usually treated as import while the acquisition of services by non-resi dent units in this country is usually treated as export. The export and import o f goods are calculated at FOB.

Total Population refers to the total number of peop le alive at a certain point of time within a given area.

Urban Population and Rural Population Urban population refer to all people resi ding in cities and towns, while rural population refer to population other than urban population.

Statistics on urban and rural population over the years are compiled in line wit h the regulations of statistical classification on urban and rural population st ipulated by the government, which were in effect at different times. Figures on urban/rural population for the years between the 3 censuses are adjusted in accordance with the 1990 and 2000 population census data.

Birth Rate or (Crude Birth Rate) refers to the ratio of the number of births to the average population (or mid–period population) during a certain period of tim e (usually a year), expressed in ‰ . Birth rate in the chapter refers to annual birth rate. The following formula is used:

Birth Rate = (Number of Births/Average Number of Population) × 1000‰

Number of births in the formula refers to live births, i.e. when a baby has brea thed or showed any vital phenomena regardless of the length of pregnancy. Annual average number of population is the average of the number of population a t the beginning of the year and that at the end of the year. Sometimes it is sub stituted by the mid–year population.

Death Rate (or Crude Death Rate) refers to the ratio of the number of deaths to the average population (or mid–period population) during a certain period of tim e (usually a year), expressed in ‰ . Death rate in the chapter refers to annual death rate. The following formula is used: Death Rate= (Number of Deaths/Annual Average Number of Population) × 1000‰

Natural Growth Rate of Population refers to the ratio o f natural increase in pop ulation (number of births minus number of deaths) in a certain period of time (u sually a year) to the average population (or mid–period population) of the same period, expressed in ‰ . The following formula is applied:

Natural Growth Rate of Population =[(Number of Births–Number of Deaths)/Average Number of Population] × 1000‰

Natural Growth Rate of Population = Birth Rate–Death Rate

Gross Dependency Ratio also called gross dependency c oefficient, refers to the ratio of non–working–age population to the working–age population, express in %. Describing in general the number of non–working–age population that every 100 p eople at working ages will take care of, this indicator reflects the basic relat ion between population and economic development from the demographic perspective . The gross dependency ratio is calculated with the following formula:

GDR= (P0–14+P65)/P15–64 × 100%

Where: GDR is the gross dependency ratio

P0–14 is the population of children aged 0–14

P65+ is the elderly population aged 65 and over,

and P15–64 is the working–age population aged 15–64

Old Dependency Ratio also called old dependency coeffic ient, refers to the rati o of the elderly population to the working–age population, express in %. It desc ribes the number of the elderly population that every 100 people at working ages will take care of. Old dependency ratio is one of the indicators reflecting the social implication of population aging from the economic perspective. The old d ependency ratio is calculated with the following formula:

ODR=P65+/P15–64 × 100%

Where: ODR is the old dependency ratio

P65+ is the elderly population aged 65 and over,

and P15–64 is the working–age population aged 15–64

Children Dependency Ratio also called children dependency coefficient, refers to the ratio of the children population to the working–age population, express in %. It describes the number of children population that every 100 people at worki ng ages will take care of. The children dependency ratio is calculated with the following formula:

CDR=P0–14/P15–64 × 100%

Where:CDR is the children dependency ratio

P0–14 is the children population aged 0–14,

and P15–64is the working–age population aged 15–64

Economically Active Population refers to the population aged 16 and over who ar e capable to work, are participating in or willing to participate in economic ac tivities, including employed persons and unemployed persons.

Employed Persons refer to the persons who are engaged i n social working and rece ive remuneration payment or earn business income, including total staff and work ers, re–employed retirees, employers of private enterprises, self–employed worke rs, employees in private enterprises and individual economy, employees in townsh ip enterprises, employed persons in the rural areas, and other employed persons (including teachers in the schools run by the local people, people engaged in re ligious profession and the servicemen, etc.). This indicator reflects the actual utilization of total labour force during a certain period of time and is often used for the research on China's economic situation and national power.

Persons Employed in Various Units refer to all the per sons working in governme nt agencies of various levels, political and party organizations, social organiz ations, enterprises and institutions, and receiving wages or other forms of paym ent. They include fully–employed staff and workers, re–employed retirees, teache rs in schools run by the local people, foreigners and Chinese compatriots from H ong Kong, Macao, and Taiwan working in various units, part–time employees, emplo yees of other units working temporarily at current posts, and employees holding the second job, but exclude staff and workers who have left their working units while keeping their labour contract (employment relation) unchanged. This indica tor reflects the total number of laborers actually engaged in production or othe r operations in various units.

Persons Employed in Private Enterprises and Self–Employed Individuals in Urban A reas Persons employed in private enterprises refer to the persons employed in the private enterprises which have been registered at the departments of industr ial and commercial administration and are situated at a county town (i.e. a town where the county government is located) for business operation or at urban area s with the level higher than a county town. The self–employed individuals in urb an areas refer to persons who hold the certificates of residence in urban areas or have resided in the urban areas for a long time and have been registered at t he departments of industrial and commercial administration and approved to be en gaged in individual industrial or commercial business, including self–employed p ersons as well as helpers and hired labourers who work in the individual househo lds engaged in industrial or commercial business.

Registered Urban Unemployed Persons refer to the person s with non–agricultural household registration at certain working ages (16–50 years for male and 16–45 years for females), who are capable of work, unemployed and willing to work, and have been registered at the local employment service agencies to apply for a jo b.

Registered Urban Unemployment Rate refers to the ratio of the number of the re gistered unemployed persons to the sum of the number of persons employed in vari ous units (minus the rural labour force, retirees, and Hong Kong, Macao, Taiwan or foreign employees they employ) laid–off workers in urban units, owners and em ployees in urban private enterprises, urban self–employed individuals and the re gistered urban unemployed persons. The formula is as follows:

Registered urban unemployment rate = number of registered urban unemployed perso ns ÷ (number of persons employed in urban units – rural labour force employed – r etirees employed – Hong Kong, Macao, Taiwan or foreign employees employ + laid–o ff workers + owners and employees in urban private enterprises + self–employed i ndividuals in urban areas + registered urban unemployed persons) × 100%.

Staff and Workers refer to persons working in, and rece ive payment from units o f state ownership, collective ownership, joint ownership, share holding ownershi p, foreign ownership, and ownership by entrepreneurs from Hong Kong, Macao, and Taiwan, and other types of ownership and their affiliated units. They do not inc lude 1) persons employed in township enterprises, 2) persons employed in private enterprises, 3) urban self–employed persons, 4) retirees, 5) re–employed retire es, 6) teachers in the schools run by the local people, 7) foreigners and person s from Hong Kong, Macao and Taiwan who work in urban units, and 8) other persons not to be included by relevant regulations. (Data of 1998 and afterward refer t o fully employed staff and workers. Other related statistics such as total wage bill and average wage are adjusted since 1998 accordingly).

State-owned Units refer to economic units whose assets are owne d by the state. Included are non-corporation units registered according to Regulation of the Peo ple's Republic of China on the Registration of Enterprises and Corporations, sta te organs, institutions and social organizations at the central and local levels .

Collective Units refer to economic units registered acc ording to Regulation of the People's Republic of China on the Registration of Enterprises and Corporatio ns where the means of production are collectively owned.

Units of Other Types of Ownership refer to units regist ered with other types of ownership, including cooperative units, joint ownership units, limited companie s, share holding corporations, units invested by entrepreneurs from Hong Kong, M acao, and Taiwan, and foreign-invested units.

Fully Employed Staff and Workers refer to persons who w ork in, and receive wag es from their working units, as well as persons who have their work posts, but a re temporarily absent from work for reasons of study or on sick, injury or mater nal leave and still receive wages from their working units.

Total Wages Bill refer to the total remuneration paymen t to staff and workers i n various units during a certain period of time. The calculation of total wages is based on the total remuneration payment to the staff and workers. Therefore, all the wages and salaries and other payments to staff and workers are included in the total wages regardless of their sources, category, and forms (in kind or cash). (Total wages of staff and workers in this yearbook include only total wag es of fully employed staff and workers, excluding the living allowances distribu ted to those who have left their working units while keeping their labour contra ct/employment relation unchanged).

Average Wage refers to the average wage in money terms per person during a cert ain period of time for staff and workers in enterprises, institutions, and gover nment agencies, which reflects the general level of wage income during a certain period of time and is calculated as follows:

Average Wage = Total Wages of Staff and Workers at Reference Time /Average Numbe r of Staff and Workers at Reference Time.

Average Wage Indices refers to the ratio of average wag e of staff and workers i n the report period to that in the base period, which reflects the change of wag e of staff and workers at the different period. It is calculated as follows:

Average Wage Indices = Average Wage of Staff and Workers at Reference Time / Average Wage of Staff and Workers at Base Period x 100%

Average Real Wage Indices average real wage of staff and workers refers to the average wage of staff and workers after removing the effects of the price change s and average real wage indices of staff and workers refers to the change of rea l wage, which reflects the relative increasing or decreasing level of real wage of staff and workers, which is calculated as follows:

Average Real Wage Indices = Average Wage Indices of Staff and Workers at the Ref erence Time / Urban Consumer Price Indices at Reference Time x 100%

Total Investment in Fixed Assets in the Whole Country refers to the volume of activities in construction and purchases of fixed assets and related fees, expre ssed in monetary terms. It is a comprehensive indicator which shows the size, st ructure and growth of the investment in fixed assets, providing basis for observ ing the progress of construction projects and evaluating results of investment. Total investment in fixed assets in the whole country includes, by type of owner ship, the investment by the state-owned units, collective units, individuals, jo int ownership units, share-holding units, as well as investment by businessmen f rom foreign countries and from Hong Kong, Macau and Taiwan, and by other units.

Investment in Real Estate Development It includes the investment by the real estate development companies, commercial buildings construction companies and othe r real estate development units of various types of ownership in the constructio n of house buildings, such as residential buildings, factory buildings, warehous es, hotels, guesthouses, holiday villages, office buildings, and the complementa ry service facilities and land development projects, such as roads, water supply , water drainage, power supply, heating, telecommunications, land leveling and o ther projects of infrastructure. It excludes the activities in simple land trans actions.

Other Investment in Fixed Assets refers to the construc tion and purchases of fi xed assets with an investment of over 500,000 yuan which are not listed in the i nvestment in capital construction, investment in innovation and investment in re al estate development, as well as urban private housing projects and investment in fixed assets by enterprises, institutions and individuals in rural areas. It includes:

1) The following projects of the state–owned units with the total planned (or ac tually needed) investment of over 500,000 yuan, which are not included in the pl an of capital construction and the plan of innovation: (1) projects of oil field s maintenance and exploitation with the oil fields maintenance funds and petrole um development funds; (2) opening and extending projects with the maintenance fu nds in coal, ore and other mining enterprises and logging enterprises; (3) proje ct of reconstruction of the original highways and bridges with the highway maint enance funds in the department of communication; (4) projects of construction of warehouses with the funds of simple construction in the commercial department. 2) The investment in fixed assets by urban collective units: refer to projects o f construction and purchases of fixed assets with the planned total investment o f 500,000 yuan and over by all collective units in areas under the jurisdiction of cities and county towns (excluding investment by collective units under towns hip enterprise administration offices). 3) The projects of construction and purchases of fixed assets by the enterprises , institutions (including urban private enterprises or institutions) or individu als other than those mentioned above with total investment of 500,000 yuan and o ver, which are not included in the plan of capital construction and the plan of innovation. For individual investment, only the investment in non–housing projec ts is to be included. 4) The private investment in housing construction in the urban areas and in indu strial and mining areas: including all private housing construction under the ju risdiction of cities, county towns and industrial and mining areas, no matter wh ether the owner of the house is registered as the permanent resident in the loca lity or not. 5) The investment in rural areas: including investment in fixed assets by enterp rises, institutions and individuals in the rural areas.

Sources of Funds for Investment in Fixed Assets include fund fr om state budget, domestic loans, foreign investment, self–raised funds, and others depending on the source of investment.

(1) Fund from state budget consists of budgetary appropriation and loans from st ate budget. More specifically, it includes, from the budget of the central gover nment, capital construction fund (operation fund and non–operational fund), spec ial expenses (e.g. expenses on substituting petroleum with coal), loans from rep ayment, discount fund, expenses on innovation and trial production of new produc ts, expenses on urban construction, expenses on temporary construction by trade departments, development fund for less developed areas, as well as local budgeta ry fund transferred from the central budget. (2) Domestic loans refer to loans of various forms borrowed by investing units f rom banks and non–bank financial institutions during the reference period for th e purpose of investment in fixed assets, including loans issued by banks from th eir self–owned funds and deposit, loans appropriated by higher responsible autho rities, special loans by government (including loan for substituting petroleum w ith coal, special loan for reform–through–labour coal mines), loans arranged by local government from special funds, domestic reserve loan, and working loan, et c.. (3) Foreign Investment refers to foreign funds received during the reference per iod for the construction and purchase of investment in fixed assets (covering eq uipment, materials and technology), including foreign borrowings (loans from for eign governments and international financial institutions, export credit, commer cial loans from foreign banks, issue of bonds and stocks overseas), foreign dire ct investment and other foreign investment. Excluded in this category are capita ls in foreign exchanges owned by China (foreign exchanges owned by the central a nd local governments, foreign exchanges retained by enterprises, foreign exchang es by enterprises through regulating mechanism, loans in foreign exchanges issue d by the Bank of China with its own fund, etc.). In calculating the utilization of foreign capitals, foreign currencies are converted into Chinese Renminbi appl ying the current exchange rate when the foreign capitals are actually used. (4) Self–raised funds refer to extra–budgetary funds for investment in fixed ass ets received by investing units from central government ministries, local govern ments, enterprises and institutions, including their self–raised funds. (5) Others refer to funds for investment in fixed assets received from the sourc es other than those listed above, including capitals raised through issuing bond s by enterprises or financial institutions, funds raised from individuals and th rough donations, and funds transferred from other units.

Investment in Fixed Assets by Sector The classification of construction project s by sector is determined by the major products or the purpose of the projects w hen they are put into production or use, and by the nature of their social econo mic activities. The investment in capital construction is classified into differ ent sectors of the national economy by the nature of construction projects, whil e investment in innovation and other investment are classified according to the sector to which the whole enterprise or institution belongs. In general, one pro ject or one enterprise or institution can only be classified into one sector. In order to reflect more accurately the relation among various sectors, the branch factories of an integrated complex are classified into different sectors accord ing to the economic activities of the branch factories.

Investment in Fixed Assets by Type of Construction The construction projects in general can be classified, by the type of construction, into new construction, expansion, reconstruction, moving and restoration. However, investment by type o f construction is not applied to investment by real-estate development units, in vestment in rural areas and investment in housing by urban individuals. In capit al construction, the type of construction is determined by the nature of the pro ject. In investment in innovation, in other investment by state-owned units and investment by collective-owned units, the type of construction is determined by the condition of the whole enterprise or institutions.

(1) New construction in general refers to newly constructed enterprises, institu tions, administrative agencies or independent projects from scratch. Constructio n in the existing enterprises, institutions or agencies is not considered as new construction. In case the assets of the existing unit is quite small, and the v alue of newly added fixed assets exceeds the original value of assets by three t imes, the expansion will be considered as new construction. (2) Expansion refers to construction of new major production workshop, branch fa ctory or independent production line within a factory or in other locations, for the purpose of increasing the production capacity (or improving efficiency) of the original products. Newly constructed houses for the operation of institution s and administrative organizations (such as the newly constructed buildings for teaching in schools, buildings for clinics or wards in hospitals, etc.) are also classified as expansion. Also included in the expansion are investments by existing enterprises or instit utions in building major production line(s) or branch factory(ies) along with so me work on innovation, for the purpose of expending the production capacity of o riginal products or producing new products. (3) Reconstruction refers to innovation or technical transformation of the exist ing facilities (including auxiliary production equipment and welfare facilities) , without building major new workshops or branch factories. Also considered as reconstruction is the construction of new workshops by the existing enterprises or institutions for improving the existing production capacity (improving or cha nging the variety of products to meet the market demand), rather than increasing the designed capacity of the main products.

Investment in Fixed Assets by Structure By their contents investment activitie s are classified into 3 categories, i.e. construction and installation, purchase of equipment and instrument, and other expenses.

(1) Construction and installation (work volume of construction and installation) refers to the construction of various houses and buildings and installation of various kinds of equipment and instruments. They include construction of various houses; equipment foundations, industrial kilns and stoves, and metal structure work; preparation works for project construction, and clearing up works post pr oject construction; pavement of railways and roads, drilling of mines and puttin g up of oil pipes; construction of projects of water conservancy; construction o f underground air-raid shelters and construction of other special projects; valu e of equipment for heating, sanitation, ventilation, lighting, gas, painting, et c. that are covered by the budget of housing projects; laying out of various pip elines (for steam, compressed air, petroleum, tap water and sewage) and lines fo r electric power and for communications; installation of various machinery equip ment, testing operation for pre-testing the quality of installation projects, an d land and other development work conducted by real estate developers for commer cial housing. The value of equipment installed is not included in the value of i nstallation projects. (2) Purchase of equipment and instruments refers to the total value of equipment , tools, and instruments purchased or self-produced which come up to standards f or fixed assets by the construction units or investing enterprises or institutio ns. Equipment, tools and instruments purchased or self-produced for new workshop s by newly established or expanded units are categorized as "purchase of equipme nt and instruments" no matter whether they come up to the standards for fixed as sets. (3) Other expenses refer to expenses occurring during the construction or purcha se of fixed assets other than those mentioned above.

Capital Construction Projects by Size The classification of size of capital con struction projects should be determined according to the total scale or total in vestment set in the approved construction plan by higher responsible authorities or in the tentative design, otherwise according to the total scale or total inv estment set in the current capital construction plan of the state, provinces, au tonomous regions, and municipalities directly under central government. Industri al projects which produce unitary products are classified according to its desig n capacity of products; projects which produce multi-products are classified by the design capacity of the major product or by the total planned investment. Sta ndards for the Classification of Construction Projects into large, medium-sized and small ones issued by the government are the base for size division of constr uction projects, which was revised five times in 1958, 1962, 1972, 1977, and 197 9 respectively and therefore, data on projects by size are not entirely comparab le from year to year.

Projects under Construction refer to projects with construction and installation activities undertaken in the reference period. All projects that have construc tion activities undertaken during the reference period are reported as projects under construction irrespective of the length of construction work. The number o f projects under construction can reflect the actual size of investment in fixed assets during a given period, and when compared with the number of projects com pleted and put into use during the same period, it demonstrates the results of i nvestment in fixed assets. Depending on the nature of construction activities, p rojects under construction can also be classified into projects under constructi on in current year, winding-up projects in current year and stopped or suspended projects in previous years (with preservation work in current year).

Projects Completed and Put into Use Industrial projects refer to the major proj ects and accessory facilities completed which result in forming production capac ity and have been checked and accepted while the living and welfare facilities h ave been completed and can ensure normal production and formally put into produc tion. Non-industrial projects refer to the major projects and accessory faciliti es completed which possess the designed capacity and have been checked, accepted and formally put into production.

Newly Increased Production Capacity (or Project Efficiency) refers to the increa se of designed capacity (or project efficiency) through investment in fixed asse ts, which reflects the accomplishment of investment in fixed assets in kind and serves as important basis for evaluating the economic efficiency of investment. The newly increased production capacity (project efficiency) are usually express ed in one of the following forms:

(1) output of products, i.e. the output that the project can produce during a gi ven period (usually a year). For instance, the capacity in coal mining is expres sed in 10,000 tons/year, the capacity in producing chemical pesticides expressed in ton/year, the capacity in producing tractors in tractor/year, etc. For some chemical products where the effective contents differ significantly, the product ion capacity is expressed as the designed effective content equivalent, such as in the case of sulphuric acid, soda ash, caustic soda, etc; (2) raw materials processing capacity, i.e. the volume of raw materials that cou ld be processed by the project per day (or per hour), such as tons of materials processed per day by a sugar refining project or edible vegetable oil project, o r tons of urban sewage processed per day; (3) number or capacity of major equipment increased, such as number of cotton or silk looms increased, wool spindles increased, or capacity (in kilowatts) of po wer generators increased; (4) saved raw materials, fuels or power, which are mainly used for the efficienc y of innovation and transformation projects; and (5) physical measures (volume, capacity, area, and length) of construction, whic h is typical for non-industrial projects, for instance, the length of new railwa ys or highways, the capacity of reservoirs, the floor space of housing projects, capacity for new students in schools or beds in hospitals, areas under new irri gation project, etc. Features of projects sometimes call for combined use of two or more measurement to reflect the increased production capacity (or project efficiency), for instan ce, the new capacity for the production of internal combustion engines are expre ssed in sets per year and kilowatts per year simultaneously. To standardize the nomenclature and unit of measurement for new production capac ity (or project efficiency), the National Bureau of Statistics has developed Nom enclature for New Production Capacity (Project Efficiency) and Nomenclature for Saving Raw Materials, Fuels and Power. All reporting units with investment activ ities are required to follow these two nomenclatures in reporting statistics on new production capacity (project efficiency).

Floor Space of Buildings under Construction and Completed refers to total floor space of the horizontal section of outer walls above the plinth of the building , including the effective area and the area occupied by the structure. This indi cator is one of the important indicators in physical terms to reflect the scale and accomplishment of the construction industry, and important basis for monitor ing the progress, calculating the cost, analyzing the efficiency and studying th e supply of building materials in relation with the construction projects.

Floor Space of Residential Buildings refers to the floo r space of the residenti al buildings among the total space of buildings under construction or completed. Floor Space under Construction refers to total floor space of all buildings un der construction during the reference period, including floor space of newly sta rted buildings during the reference period, floor space of construction extended from the previous period to the current period, and floor space of construction suspended during the previous period and resumed in the current period. Floor s pace of construction completed in the current period, and floor space of constru ction started and then suspended in the current period are also included in the floor space under construction of the current year.

Floor Space of Buildings Completed refers to the floor space of all buildings c ompleted in the reference period, which have been appraised and accepted (or com e up to the designed standards) and have been transferred to the owners for use. Completion Rate of Floor Space of Buildings refers to the ratio of the floor sp ace of buildings completed in certain period of time to the floor space of build ings under construction in the same period. This indicator reflects the investme nt result from the perspective of the speed of construction.

Newly Increased Fixed Assets refer to the newly increas ed value of fixed assets , constructed or purchased, that have been transferred to the investors. This is an indicator that demonstrates the results of investment in fixed assets in mon etary terms, and an important indicator to reflect the speed of construction and to calculate the efficiency of investment.

Rate of Construction Projects Completed and Put into Use refers to the ratio of the number of construction projects completed and put into use in certain perio d of time to the number of projects under construction in the same period. This reflects the investment efficiency from the perspective of the speed of projects construction.

Rate of Projects of Fixed Assets Completed and Put into Operation refers to the ratio of the newly increased fixed assets to the total investment made in the s ame period. This is a comprehensive indicator reflecting the speed of the employ ment of fixed assets and the investment efficiency at the macro–level. As the ne wly increase fixed assets is the result of a long period while the investment is completed in the current year, this indicator is expected to be used to reflect the employment of fixed assets over a long period of time.

Economically Affordable Housing refers to housing const ructed according t o the state plan for economically affordable housing. Houses of this category fe atured in low cost in construction and low prices, and therefore are affordable to mid–income or low income households. Economically affordable housing projects are developed by real estate companies under the state investment plan, with th e land provided through government allocation or tendering procedures. Developer s are exempted from land utilization fees and enjoy another 50% exemption of all other legitimate fees, while their profits are limited to less than 3%, and the completed houses are sold under the government–guided prices. This indicator he lps to analyze the investment structure of the real estate industry and the dema nd and supply of housing for mid or low income households.

Total Energy Production refers to the total production of primary energ y by all energy producing enterprises in the country in a given period of time. It is a c omprehensive indicator to show the capacity, scale, composition and development of energy production of the country. The production of primary energy includes t hat of coal, crude oil, natural gas, hydropower and electricity generated by nuc lear energy and other means such as wind power and geothermal power. However, it excludes the production of fuels of low calorific value, bio–energy, solar ener gy and the secondary energy converted from the primary energy.

Total Domestic Energy Consumption refers to the total c onsumption of energy of v arious kinds by material production sectors, non–material production sectors and households in the country in a given period of time. It is a comprehensive indi cator to show the scale, composition and development of energy consumption. The total energy consumption includes that of coal, crude oil and their products, na tural gas and electricity. However, it excludes the consumption of fuel of low c alorific value, bio–

energy and solar energy. Total domestic energy consumption c an be divided into three parts:

(1)Final Energy Consumption: It refers to the total energy consumption by materi al production sectors, non-material production sectors and households in the cou ntry (region) in a given period of time, but excludes the consumption in convers ion of the primary energy into the secondary energy and the loss in the process of energy conversion. (2)Loss During the Process of Energy Conversion: It refers to the total input of various kinds of energy for conversion, minus the total output of various kinds of energy in the country in a given period of time. It is an indicator to show the loss that occurs during the process of energy conversion. (3)Loss: It refers to the total of the loss of energy during the course of energ y transport, distribution and storage and the loss caused by any objective reaso n in a given period of time. The loss of various kinds of gas due to gas dischar ges and stocktaking is excluded.

Elasticity Ratio of Energy Production is an indicator to show the relationship between the growth rate of energy production and the growth rate of the national economy. The formula is:

Elasticity Ratio of Energy Production = Average Annual Growth Rate of Energy Pro duction / Average Annual Growth Rate of National Economy The average annual growth rate of the national economy can be shown by the gross national product, gross domestic product and other indicators, depending upon t he purposes or needs. The gross domestic product is used in calculation of the r atio in this chapter.

Government Revenue refers to the revenue of the gov ernment finance by mea ns of participating in the distribution of the social products, which is the financial resources for ensuring the government to function. The contents of government r evenue have been changed several times. Now it includes the following main items :

(1) Various tax revenues, including value added tax, business tax, consumption t ax, land value added tax, tax on city maintenance and construction, resources ta x, tax on use of urban land, enterprise income tax, personal income tax, tariff, stamp tax on security transactions, tax on purchase of motor vehicles, tax on a griculture and animal husbandry and tax on occupancy of cultivated land, etc. (2) Special revenues, including revenues from the fee on sewage treatment, fee o n urban water resources, fee for the compensation of mineral resources and extra -charges for education, etc. (3) Other revenues, including revenue from interest, revenue from the repayment of capital construction loan, revenue from capital construction projects, and do nations and grants. (4) Subsidies for the losses of the state-owned enterprises. This is an item of negative revenue, consisting of subsidies to industrial, commercial and grain pu rchasing and supply enterprises.

Government Expenditure refers to the distribution and use of th e funds the gove rnment finance has raised, so as to meet the needs of economic construction and various causes. It includes the following main items:

(1) Expenditure for capital construction: It refers to the non-gratuitous use an d appropriation of funds for capital construction in the range of capital constr uction, outlay of capital as well as the loans on capital construction approved by the government for special purpose or policy purpose and the expenditure with discount paid in an overall way within the amount of the funds appropriated to the departments for capital construction. (2) Innovation funds of the enterprises: They refer to the funds appropriated fr om the government budget for the enterprises to tap the latent power, upgrade th e technology and carry out innovation, including the innovation fund of the depa rtments, loan of the enterprises for innovation, subsidies on the innovation of the small fertilizer plant, small cement plant, small coal mines, small machiner y plant and small steel plant, the expenditure of interest for the loan for inno vation. (3) Geological prospecting expenses: They refer to the expenses appropriated fro m the government budget to the geological prospecting units for the expenditure of the prospecting work, including the expenditures of the administrative agenci es for geological prospecting and their institutional units as well as the geolo gical prospecting expenditure. (4) expenditures for science and technology promotion: They refer to the expens es appropriated from the government budget for the scientific and technological expenditure, including new products development expenditure, expenditure for int ermediate trial and subsidies on important scientific researches. (5) Expenditure for supporting rural production: It refers to the expenditures a ppropriated from the government budget for supporting the various expenditures o f the rural collective units or households for production, including the subsidi es to the small water conservancy projects and well drilling, sprinkling irrigat ion projects run by the villages; subsidies on the rural water and soil conservi ng measures; subsidies to the small power stations

run by the villages; subsidie s to the expenditure for fighting against particularly severe draughts; subsidie s on the rural waste land exclamation; fund for supporting the township enterpri ses; fund for supporting rural cooperative production organizations, subsidies t o the expenditure for popularization of the agricultural technologies and plant protection in the rural areas; subsidies to the expenditure for the protection o f grasslands and cattle and fowls; subsidies on afforestation and forest protect ion in rural areas; subsidies on the rural aquatic products industry; special fu nd for developing grain production. (6) Operating expenses of the departments of farming, forestry, water conservanc y and meteorology etc.: They refer to the expenses appropriated from the governm ent budget for the expenditures of agricultural exclamation, farms, agriculture, animal husbandry, agricultural machinery, forestry, timber industry, water cons ervancy, aquatic products industry, meteorology, technology popularization in to wnship enterprises, popularization (demonstration) of improved varieties, plant (cattle and fowls, forest) protection, water quality monitoring, prospecting and designing, resources investigation, cadres training, subsidies to horticulture gardens, expenditure of specialized secondary schools, subsidies on the experime nts of sowing herbage seeds by flights, expenditures of afforestation agencies a nd meteorology agencies, expenses for fishery administration and operating expen ses for agricultural administration, etc. (7) Operating expenses of the departments of industry, transport and commerce: T hey refer to the expenses appropriated from the government budget to cover the e xpenditure on salaries and operational expenditure of the departments of industr y, transport and commerce for the expenditure of business development, including expenses for prospecting and designing, expenditures of specialized secondary s chools, expenditures of the technical training schools and expenditures for cadr es training, etc. (8) Operating expenses of the departments of culture, education, science and pu blic health: They refer to the expenses appropriated from the government budget for the expenditures on salaries and operational expenditure of the causes of cu lture, publication, cultural relics, education, public health, traditional Chine se medical science, free medical services, sports, archives, earthquake, ocean, communications, broadcasting, film and television, family planning; expenditure for training of cadres of government, party and mass organization; expenditures for natural sciences, social sciences, associations for science and technology a nd the special expenditure for the high-tech researches. They include mainly wag es, extra wages, welfare funds, pension for the retirees, stipend, expenses for official business, expenses for equipment purchases, expenses for repairs, busin ess expenses and subsidies to the units which are unable to support their expend itures by their own earnings. (9) Pension for the disabled or for the families of the bereaved and relief fund s for social welfare: They refer to the funds appropriated from the government b udget for the expenditures of pension for the disabled or for the families of th e bereaved and relief funds for social welfare, including the lump-sum or regula r pension paid by the departments of civil affairs to the members of martyrs fam ilies and families of those who died for the public interest, pension to the rev olutionary disabled, subsidies for permanent disability of various kinds, subsid ies to the military martyrs dependents and the demobilized servicemen, expenditu re for settling down the demobilized servicemen, operating expenses of the conso ling institutions, expenses for management and repair of the commemorative build ings for the martyrs, the expenses managed by the departments of civil affairs f or the retirees and those who have quitted their work, expenses for social relie f in rural and urban areas, operating expenses for providing relief to the areas of natural calamity and subsidies on the reconstruction after the particularly severe natural calamities, etc. (10) Expenditure on retirees: It refers to the expenditure on retirees of govern ment agencies and institutions that are covered by the state budget. (11) Expenses on subsidies to social security system: It refers to expenditure f rom the state budget for subsidies to social security system, including subsidie s to the social insurance fund, subsidies to promoting employment, subsidies to laid-off workers of state-owned enterprises, supplement to national social secur ity funds, etc. (12) Expenditures for national defence: They refer to the funds appropriated fro m the government budget for the expenditures for building up national defence an d safeguarding national security, including expenses of national defence, expens es of scientific researches on national defence, expenses for building up people s militia and expenditure for special projects, etc. (13) Administrative expenses: They include expenditure for administration, subsi dies to the parties and mass organizations, diplomatic expenditure, expenditure for public security, judicial expenditure, law court expenditure, procuratorial expenditure and subsidies to the expenses for treating the cases by the public s ecurity departments, procuratorial organs and law courts. (14) Expenditure on policy-related subsidies: It refers to the expenditure appro priated, with the approval of the government, from the state budget for price su bsidies on such products as grain, cotton and edible oil. More specifically, it includes subsidies to the difference between the selling prices and purchasing p rices of grains, cotton and edible oil, subsidies for curtaining prices and for sugar reserve, subsidies to the difference between the selling prices and purcha sing prices of means pf agricultural production, risk fund for grains, risk fund for non–staple food, risk fund for local production of coal, etc. (15) Expenditure on interest of debts: It refers to expenses from the state budg et on paying interest of domestic and foreign debts.

Revenue of the central government and revenue of the local gover nments: refers to the revenue of the central government and that of the local governments as de fined by the decentralized taxation system starting from 1994. In accordance wit h this system, the revenue of the central government includes tariff, consumptio n tax and value added tax levied by the customs, consumption tax, income tax of the enterprises subordinate to the central government, income taxes of the local banks, foreign–funded banks and non–bank financial institutions, business tax a nd profits of railways, head offices of banks, head office of insurance company , which are handed over to the government in a centralized way, tax on city main tenance and construction, tax on purchasing motor vehicles, tonnage tax of ships , 75% of the value added tax, 94% of the tax on stock dealing (stamp tax), inter est income tax in the personal income tax, proportion of the personal income tax (other that interest income tax) to be shared by the central government, and ta x on ocean petroleum resources,. The revenue of the local governments includes b usiness tax, income tax of the enterprises subordinate to the local government, proportion of the personal income tax (other that interest income tax) to be sha red by the central government, tax on the use of urban land, tax on the adjustme nt of the investment in fixed assets, tax on town maintenance and construction, tax on real estates, tax on the use of vehicles and ships, stamp tax, slaughter tax, tax on agriculture and animal husbandry, tax on special agricultural produc ts, tax on the occupancy of cultivated land, contract tax, value–added tax on la nd, income from charges on use of state–owned land, 25% of the value added tax, 6% of the tax on stock dealing (stamp tax) and tax on resources other than the o cean petroleum resources.

Expenditure of the central government and expenditure of the local governments: according to the different functions of the central g overnment and local govern ments in the economic and social activities, the rights of affairs administratio n are classified between the central government and local governments; and the c lassification of the expenditure between the central government and local govern ments are made on the basis of the classification of the rights of affairs admin istration between them. The expenditure of the central government includes the e xpenditure for national defence, expenditure for armed police forces, the admini strative expenses and various operating expenses at the level of central governm ent, expenditure for key projects and the expenditure of the central government for adjusting the national economic structure, coordinating the development amon g different regions and exercising the macro–economic regulation and control. Th e expenditure of the local governments includes mainly the administrative expens es and various operating expenses at the level of local governments, the expendi ture for capital construction and technological innovation with the funds raised by the local government, expenditure for supporting rural production, expenditu re for city maintenance and construction and expenditure for price subsidies, etc.

Extra–budgetary revenue and expenditure Extra–budgetary fund refers to financia l fund of various types not covered by the regular government budgetary manageme nt, which is collected, allocated or arranged by government agencies, institutio ns and social organizations while performing duties delegated to them or on beha lf of the government in accordance with laws, rules and regulations. It mainly c overs following items: administrative and institutional fees, governmental funds and extra charges that are stipulated by laws and regulations; administrative a nd institutional fees approved by the State Council and provincial governments a nd their financial and planning (price management) departments; governmental fun ds and extra charges established by the State Council and the Ministry of Financ e; funds turned over to competent departments by their subordinate institutions; self–raised and collected funds by township governments for their own expenditu re; and other financial funds that are not covered in budgetary management. Soci al security funds are treated as extra–budget fund and managed for its exclusive use, given the circumstance that separate government budgetary system for socia l security is yet to be designed. Special accounts are opened by the financial d epartments in banks for the management of revenue and expenditure of extra–budge tary fund. Extra–budgetary revenue and expenditure is managed separately, namely , revenue of institutions and departments must enter into the special accounts o f the financial departments at the same administrative level, and their extra–bu dgetary expenditure is arranged in line with the extra–budget plans and appropri ated from these accounts.

Credit Funds refer to the funds issued as loans by bank ing institutions. The sources of credit funds of the banking institutions included deposits, issue of financial bonds, account–payable and temporary gathering, liabilities to int ernational financial institutions, currency in circulation, various reserves, ow ners' rights and interests and other items. The credit funds can be used in form s of loans, securities and investment, account receivable and advance payment, e ntrusted investment, gold, foreign exchange, cash on hand, government debt and a ssets in the international financial institutions.

Deposit is a form of credit by which enterprises, insti tutions, organizations or households can put money into banks and other credit institutions for safekee ping and interest earning under the principle of free withdrawal. According to d ifferent depositors, deposits are divided into enterprise deposits, treasury dep osits, deposits of government agencies and organizations, capital construction d eposits, savings deposits, rural saving deposits, entrusted deposits and other d eposits. Deposits are major sources of the credit funds of banks.

Loan is a form of credit by which banks and other credi t institutions provide funds at certain interest rate to enterprises and individuals in the light of th e principle of unconditional repayment. Loans from Chinese banks include circula ting capital loans, fixed assets loans, loans to urban and rural individuals eng aged in industrial and commercial business and agricultural loans.

Insurance Companies refer to commercial insurance compa nies of various forms re gistered by law and established in China with the approval of insurance regulato ry agencies.

Amount Insured refers to the maximum that the insurant will get for the claim of the case insured.

Premium is the fee paid by the insurant to the insurer to obta in the obligation of compensation from the insurance within the agreed terms. Settled Claim is the compensation paid by the insurer to the insurant in accor dance with the insurance contract.

Payment includes payment for death, injury or medical t reatment and mature pay ment. Payment for death, injury or medical treatment refers to the money paid to the insurant (or the beneficiary) in accordance with the life or health insuran ce contract when the insurant encounters accidents within the insured period cov ered in the contract. Mature payment refers to the mature payment to the insuran t in accordance with the life insurance contract at the end of the insured period.

Consumer Price Indices reflect the trend and degr ee of changes in prices of con sumer goods and services purchased by urban and rural residents, and is a compos ite indices derived from the urban consumer price indices and the rural consumer price indices. Consumer price indices can be used to analyze the impact of cons umer price change on actual expenditure for living cost of urban and rural residents.

Urban Consumer Price Indices reflect the trend and degr ee of changes in prices of consumer goods and services purchased by urban households during a given peri od. It can be used to observe and analyze the impact of price changes in consume r goods and services on wages (in monetary terms) of staff and workers, and prov ide basis for policy–making concerning the living cost and wages of staff and workers.

Rural Consumer Price Indices reflect the trend and degr ee of changes in prices of consumer goods and services purchased by rural households during a given peri od. It can be used to observe the impact of change in retail prices of consumer goods and service prices in rural areas on living expenditure of rural household s, and to show the changes in the living standard of peasants. It provides basis for analysis and research on condition of life in rural areas.

Retail Price Indices reflect the trend and degree o f change in retail p rices of commodities during a given period. The change in retail prices of commodities d irectly affect the living expenditure of urban and rural residents, government r evenue, purchasing power of residents and the equilibrium of market supply and d emand, and the ratio of consumption to accumulation. Therefore, the retail price indices are useful to analyze the changes of the above economic activities.

Price Indices of Means of Agricultural Production reflect the trend and degree of changes in prices of means of agricultural production during a given period. Price indices of means of agricultural production are composed of 8 categories i ncluding small farm tools, feeds, young domestic animals and poultries, semi–mec hanized farm machinery, mechanized farm machinery, chemical fertilizers, pestici des and spraying machinery, fuels for farm machinery. Compilation of these indic es help to understand the changes in prices of input into agricultural productio n and facilitate the compilation of national account statistics. Before 1994, pr ice indices of means of agricultural production was a sub-category in the in the retail price indices of commodities, and it has been compiled separately since 1994.

Indices of Producers' Prices for Farm Products reflect the trend and degree of changes in producers' prices received by farmers when they sell farm products du ring a given period. These indices depict the change in the level and structure of producers' prices of farm products of the country and meet the needs of agric ulture statistics and national account statistics. The producers' price index of a given product is calculated through geometrical mean of individual indices of all surveyed units who sell such product, and the indices of a product category is obtained through weighted mean of price indices of all products in the categ ory. Method for calculating accumulative quarterly indices is the same as for ca lculating the distinctive quarterly indices.

Ex-factory Price Indices of Industrial Products reflect the trend and degree of changes in general ex-factory prices of all industrial products during a given period, including sales of industrial products by an industrial enterprise to al l units outside the enterprise, as well as sales of consumer goods to residents. It can be used to analyze the impact of ex-factory prices on gross output value and value-added of the industrial sector.

Indices of Purchasing Prices of Raw Materials, Fuels and Power reflect changes in the level and degree of prices paid by industrial enterprises when they purch ase production input such as raw materials, fuels and power from the market or f rom other energy or raw materials producing enterprises. These indices provide i mportant basis for measuring the material consumption of industrial enterprises after removing influence of price changes.

At present, over 900 products in 9 categories, including fuels a nd power, ferrou s metals, non-ferrous metals, chemicals, building materials, are covered in Chin a for the survey to produce indices of purchasing prices of raw materials, fuels and power.

Price Indices of Investment in Fixed Assets reflect the trend and degree of cha nges in prices of investment goods and projects in fixed assets during a given p eriod. The investment in fixed assets consists of three components, namely the i nvestment in construction and installation, the investment in purchases of equip ment and instrument, and the investment in other items. Price indices of investm ent in fixed assets are calculated as the weighted arithmetic mean of the price indices of the three components of investment in fixed assets.

Removing the factor of price change in the aggregates of investment at current p rices, this indicator shows the changes in the prices of commodities and fees in volved in the investment of fixed assets, and can be used to observe the actual size, growth, structure, and efficiency of investment in fixed assets and provid es reliable and scientific data for government planning, management, decision-ma king, and further improving the current national accounting system.

I. Urban Households

Population of urban households refer to members of the household living and sh aring economically together. All income and expenditure of the population of the household are included in the income and expenditure of the household.

Proportion of urban employment refer to the proportion of employed population to the population of urban households.

Number of dependents per urban employee refers to the ratio between number of p ersons in urban households and the number of dependents.

Total Income of Urban Households refers to the sum of w age and salary, net busi ness income, income from properties, and income from transfers of members of the households, excluding income from selling of properties and income from borrowings.

Disposable Income of Urban Households refers to the act ual income at the dispos al of members of the households which can be used for final consumption, other non-compulsory expenditure and savings. This equals to total income minus income tax, personal contribution to social security and sample household subsidy for k eeping dairies. Following formula is used:

Disposable income = total household income − income tax − personal contribution to social security − sample household subsidy for keeping dairies

Total expenditure of Urban Households refer to all expe nditure of the household s except expenditure on leading. It includes expenditure on consumption, on purc hasing or building houses, on transfers, on properties and on social security.

Consumption Expenditure of Urban Households refers to t otal expenditure of the sample households for consumption in daily life, including expenditure on eight categories such as food, clothing, household appliances and services, health ca re and medical services, transport and communications, recreation, education and cultural services, housing, miscellaneous goods and services.

Expenditure of Urban Households on Consumption of Services refers to expenditure of households on services of various kinds provided by the society.

Urban Households by Income Group All households in the sample are grouped, by per capita disposable income of the household, into groups of lowest income, low income, lower middle income, middle income, upper middle income, high income and highest income, each group consisting of 10%, 10%, 20%, 20%, 20%, 10% and 10% o f all households respectively. The lowest 5% of households are also referred to as poor households.

Engel Coefficient refers to the percentage of expenditu re on food in the total consumption expenditure, using the following formula:

Engel Coefficient = (expenditure on food / total consumption expenditure) x 100%

II. Rural Households

Rural Households refer to resident households in rural areas. Resident househol ds in rural areas are the households residing for more than one year in the area s under the jurisdiction of administration of township governments (excluding co unty towns), and in the areas under the jurisdiction of administration of villag es in county towns. Migrated households residing in the current addresses for ov er one year with their household registration in other places are included in th e resident households of their current addresses. For households with their hous ehold registration in one place but all members of the households moving away fo r living in another place for over one year, they will not be included in the ru ral households of the area where they are registered, irrespective of whether th ey still keep their contracted land.

Resident Population refers to population staying at hom e permanently or for ove r 6 months during a year and sharing life economically with the household. Membe rs of the household staying away from the household for over 6 months but keepin g a close economic relation with the household by sending the majority of income to the household are regarded as resident population of the household. Governme nt staff and workers or retirees living as close members of the household are al so considered as resident population. However, servicemen, students of secondary technical schools or schools of higher education and persons with stable jobs a nd residence outside the household (excluding those visiting relatives or seekin g medical service) are not included as resident population of the household. Res ident population is used in calculating income, consumption, accumulation on per capita basis of rural households and in analyzing composition of rural households.

Full/Semi Labour Force Full labour force refers to pers ons capable of work, age d 18–50 for males and 18–45 for females. Semi labour force refers to persons cap able of work, aged 16–17 and 51–60 for males and 16–17 and 46–55 for females. Pe rsons at their working ages but not capable of work are not to be included as la bour force. Persons not at working ages but participating regularly in work are included in semi labour force. For staff and workers as resident population of t he household, they are included as full or semi labour force of the household if they are in the labour force.

Total Income refers to the sum of income earned from various so urces by the rur al households and their members during the reference period, and is classified a s income from wages and salaries, income from household operations, income from properties and income from transfers.

Income from Wages and Salaries refers to income from la bour ear ned by the members of rural households employed by other units or individuals.

Income from Household Operations refers to income by the rural househol ds as un its of production and operations. Operations by rural households are classified by economic activities as agriculture, forestry, animal husbandry, fishery, manu facturing, construction, transportation, post and telecommunications, wholesale, retail and catering, social service, culture, education, health, and other hous ehold operations.

Income from Properties refers to the income received as returns by owners of fi nancial assets or tangible non-productive assets by providing capitals or tangib le non-productive assets to other institutional units.

Income from Transfers refers to the receipt by rural ho useholds and their membe rs of goods, services, capitals or rights of assets without giving or repaying a ccordingly, excluding capitals provided to them for the formation of fixed asset s. In general, it refers to all income received by rural households through redi stribution.

Cash Income refers to income received by rural househol ds and their members in the form of cash during the reference period. It is classified, by source of inc ome, into income from wages and salaries, cash income from household operations , income from properties and income from transfers

Net Income refers to the total income of rural househol ds from all sources minu s all corresponding expenses. The formula for calculation is as follows:

Net income = total income – household operation expenses – taxes and fees – depr eciation of fixed assets for production – subsidy for participating in household survey – gifts to non-rural relatives Net income is mainly used as input for re production and as consumption expenditure of the year, and also used for savings and non-compulsory expenses of various forms. "Per capita net income of farmer s" is the level of net income averaged b y population which reflects the average income level of rural households in a gi ven area.

Production Capacity of Water Supply refers to the d esigned comprehensive produc tion capacity of water facilities, covering the 4 links of water collection, pur ification, conveyance, and outflow through trunk pipelines. Increase capacity th rough transformation and innovation projects are included as well. The capacity is determined mainly on the weakest of the above-mentioned 4 links.

Length of Water Supply Pipelines at the Year-end refers to the total length of all the pipelines between the water pumps and the user's water meters, excluding pipelines newly installed but not used yet.

Annual Volume of Water Supply refers to the total volum e of water supplied by w ater-works (units) during the reference period, including both the effective wat er supply and loss during the water supply.

Consumption of Water for Residential Use refers to the water consumption of hou seholds for daily life and the water consumption of public service facilities. T he latter refers to water consumption for urban public services, including the c onsumption of government agencies and public institutions, military barracks, pu blic facilities, wholesale and retail outlets, restaurants, hotels, and other un its providing public services. Household water consumption refers to consumption of water for daily life of all households in the boundary of cities, including households of urban residents and farmers, and public water supply stations.

Percentage of Urban Population with Access to Tap Water refers to the ratio of t he urban population with access to tap water to the total urban population. The formula is:

Percentage of population with access to tap water= (Urban population with access to tap water) / (Urban population) × 100%

Production Capacity of Gaswork Gas refers to the comprehensive production capac ity of the urban gasworks in gas generation, purification and delivery at the en d of the reference period, excluding capacity of the reserved facilities. In gen eral, it is determined by the designed capacity, and when actual production capa city is larger than the designed capacity, the capacity is determined by the act ual measurement on the weakest link in the production, purification and delivery .

Length of Gas Pipelines refers to the total length of p ipelines in use between the outlet of the compressor of gas-work or outlet of gas stations and the leadi ng pipe of users, excluding pipelines within gasworks, delivery stations, LPG st orage stations, refilling stations, gas-mixing stations and supply stations.

Volume of Gas Supply refers to the total volume of gas provided to users by gas -producing enterprises (units) in a year, including the volume sold and the volu me lost.

Percentage of Urban Population with Access to Gas refers to the ratio of the urban population with access to gas to the total urban population at the end of th e reference period. The formula is:

Percentage of population with access to gas = (Urban population with access to g as / Urban population) x 100%

Heating Capacity in Urban Area refers to the designed c apacity of heating enter prises (units) in supplying heating energy to urban users during the reference period.

Quantity of Heat Supplied in Urban Area refers to the t otal quantity of heat fr om steam and hot water supplied to urban users by heating enterprises (units) du ring the reference period.

Length of Heating Pipelines refers to the total length of steam or hot water pi pelines for sources of heat to the leading pipelines of the buildings of the use rs, excluding internal pipelines in heat generating enterprises.

Length of Paved Roads at the Year–end refers to the len gth of roads with paved surface including squares bridges and tunnels connected with roads by the end of the year. Length of the roads is measured by the central lines for vehicles fo r paved roads with a width of 3.5 meters and over, including roads in open–ended factory compounds and residential quarters.

Urban Bridges refer to bridges built to cross over natu ral or man–made barriers , including bridges over rivers, overpasses for traffic and for pedestrian, unde rpasses for pedestrian, etc. Both permanent and semi–permanent bridges are included.

Length of Urban Sewage Pipes refers to the total length of general drainage, tr unks. branch and inspection wells, connection wells, inlets and outlets, etc.

Daily Disposal Capacity of Urban Sewage refers to the d esigned 24 hour capacity of sewage disposal by the sewage treatment works or facilities.

Number of Vehicles under Operation at the Year–end refers to the total number o f vehicles under operation by public transport enterprises (units) at the end of the year, based on the records of operational vehicles by the enterprises (units).

Area of Urban Gardens and Green Areas refers to the tot al area occupied for gre en projects at the end of the reference period, including public green land, gre en land in residential quarters, green land attached to institutions, protection green land, production green land, roadside green land and forest in scenic spo ts. It does not include the following:

(1) Greenery and plants on roofs, balconies, indoors and vertical green areas; (2) Forest, cultivated land, grassland, orchards and bamboo grooves that are for production purpose; and (3) Water areas that are not included in urban master plan as green land.

Public Green Area refers to green areas open to the pub lic such as municipal, community and neighborhood parks and roadside parks, including waters within park s. Neighborhood parks should occupy an area larger than 10,000 square meters, an d the width of roadside parks should occupy an area larger than 400 square meter s, with a width of more that 8 meters.

Gross Output Value of Farming, Forestry, Animal Husbandry and Fishery refers to the total value of products of farming, forestry, animal husbandry and fishery, and total value of services rendered to support farming, forestry, animal husba ndry and fishery activities. It reflects the total scale and results of agricult ural production during a given period. Prior to 1957, Chinas gross agricultural output value included barnyard manure and handicraft products for self–consumpti on (clothes, shoes, stockings, and initial grain processing undertaken by peasan ts). Since 1958, cutting and felling of bamboo and trees by villages and other c ooperative organizations under villages have been included in forestry; value of barnyard manure has been excluded from animal husbandry; self consumed handicra fts has been excluded from sideline occupations, while the output value of indus tries run by villages and cooperative organizations under village had been incl uded in sideline occupations and the output value of fish catches by motor fishi ng boats has been added to fishery. Since 1980, the value of handicraft products made for sale by individuals in households had been added to sideline occupatio ns. Since 1984, industries run by villages and under villages have been included in the sector of industry. Since 1993, the subdivision of sideline occupations has been canceled, and the hunting of wild animals has been classified into anim al husbandry, and the gathering of wild plants and commodity industry run by rur al household have been included in farming. A new industrial classification of e conomic activities was introduced in 2003. Under the new classification, value o f services to farming, forestry, animal husbandry and fishery is included in the gross output value of agriculture, value of wood felling and transport is inclu ded in forestry, value of industrial output by rural households is not included in agriculture, and the collection of wild forest products is taken from agricul ture and included in the forestry. The first agriculture census of China reveale d some discrepancy between the production of animal products from the annual rep orts and that from the census. Efforts were made by the Rural Socio–economic Sur vey Organization of NBS to adjust the output value of animal husbandry to make t he figures from the annual reports consistent with the census data.

Gross output value of agriculture is obtained by first multiplying the output of each product or by product by its price, resulting in the output value of each single item. For a small number of products, annual output of which is not avail able or difficult to get due to the long production (growing) process involved, the output value is estimated through an indirect approach. The sum of output va lue of all products of farming, forestry, animal husbandry and fishery is then e qual to the gross output value of agriculture.

Grain Output refers to the total output in the whole coun try including grains p roduced by state farms, collective units, rural households, as well as by farms affiliated to industrial and mining enterprises and other production units. Grai n includes rice, wheat, corn, sorghum, millet and other miscellaneous grains as well as tubers and bean. Output of beans refers to dry beans without pods. The o utput of tubers (sweet potatoes and potatoes, not including taros and cassava) w as converted into that of grain at the ratio 4:1, i.e. 4 kilograms of fresh tube rs was equivalent to 1 kilogram of grain up to 1963. Since 1964 the ratio for co nversion has been 5:1. Tubers supplied as vegetables (such as potatoes) in citie s and suburbs are calculated as fresh vegetables and their output is not include d in the output of grain. Output of all other grains refers to husked grain.

Output of Oil–bearing Crops refers to the total product ion of oil–bearing crops of various kinds, including peanuts, (dry, in shell) rapeseeds, sesame, sunflow er seeds, flax seeds, and other oil–bearing crops. Soybeans, oil–bearing woody p lants, and wild oil–bearing crops are not included.

Output of Aquatic Products refers to catches of both ar tificially cultured and naturally grown aquatic products, including fish, shrimps, crabs and shellfish i n sea and inland water as well as seaweed. Freshwater plants are not included. Output of Pork, Beef, and Mutton refers to the meat of slaughtered hogs, cattl e, sheep and goats with head, feet, and offal taken away.

Number of Livestock or Poultry in Stock at Beginning (or End) refers to the tota l number of large animals, pigs, sheep, fowls, etc. raised by rural cooperative organizations, state farms, rural individuals, government agencies, schools, ind ustrial and mining enterprises, army, and urban residents at the beginning (or e nd) of the reference period. Data reporting system and data adjustment are the s ame as that in the output of pork, beef and mutton.

Regularly Cultivated Land refers to farmland among the total land resources, whi ch is exclusively used for farming and is under regular cultivation with harvest in normal years. Included are currently cultivated land, land that has been aba ndoned or put in idle for less than 3 years and could be re–used for cultivation at any time, and new–claimed land that has been put into cultivation for more t han 3 years. According to statistical coverage, it includes the gouges, dykes, r oads and ridges of field with 1 meter wide in Southern areas and 2 meters wide i n Northern areas. Excluded under this category are steep slope land over 25 degr ees under temporary cultivation, land (large or small plots) that is claimed alo ng river bends, lake sides or banks of reservoirs, as well as land that has been designated under the "Green for Grain" programmes of the state and provincial g overnments but is still temporarily under cultivation. The regularly cultivated land is the key protection land of the nation, an important indicator reflecting the comprehensive productivity of agriculture of China.

Sown Area of Crops refers to area of land sown or trans planted with crops regar dless of being in cultivated area or non–cultivated area. Area of land re–sown d ue to natural disasters is also included. This is an important indicator that ca n reflect the utilization condition of the cultivated land in China.

Irrigated Area refers to areas that are effectively irr igated, i.e. level land, which has water source and complete sets of irrigation facilities to lift and m ove adequate water for irrigation purpose under normal conditions. Under normal conditions, irrigated area is the sum of watered fields and irrigated fields whe re irrigation systems or equipment have been installed for regular irrigation pu rpose. This important indicator reflects drought resistance capacity of the cult ivated land in China.

Consumption of Chemical Fertilizers in Agriculture refers to the quantity of che mical fertilizers applied in agriculture in the year, including nitrogenous fert ilizer, phosphate fertilizer, potash fertilizer, and compound fertilizer. The co nsumption of chemical fertilizers is required in calculation to convert the gros s weight into weight containing 100% effective component (e.g. 100% nitrogen con tent in nitrogenous fertilizer, 100% phosphorous pent oxide contents in phosphat e fertilizer, 100% potassium oxide contents in potash fertilizer). Compound fert ilizer is converted with its major component. The formula is :

Volume of effective component= physical quantity x effective com ponent of certain chemical fertilizer (%)

Total Power of Farm Machinery refers to total mechanica l power of machinery us ed in farming, forestry, animal husbandry, and fishery, including ploughing, irr igation and drainage, harvesting, transport, plant protection, stock breeding, f orestry and fishery. The power of internal combustion engines is required to con vert horsepower into watts and the power of electric motors is required to be co nverted into watts. Machinery employed for non–agricultural purposes, such as th e machines used in township run and village–run industry, construction, non–agri cultural transport, scientific experiments and teaching, is excluded. Data are m ainly from agricultural machinery agencies.

Rural Employed Persons refer to rural labor forces aged over 16 years old who a re engaged in real production and management activities and receive payment in k ind or wages, including those covered within the age frame and regularly partici pating in production activities, and those who are out of the range of age frame and also participating in production activities regularly. Excluding students s tudying in other places with their permanent residence registered in local areas , servicemen and persons incapable of working; also excluding those who are wait ing for jobs and those engaged in household work. Persons employed are classifie d as rural employed persons; industrial employed persons; construction industry employed persons; transport, storage and telecommunications industries employed persons; whole sales and retail sales trade and catering industry employed perso ns and others according to the longest period of employment in major activities (or using income indicator when period of employment is the same).

Industry refers to the material production sector w hich is engaged in extraction of natural resources and processing and reprocessing of minerals and agricultur al products, including (1) extraction of natural resources, such as mining, salt production (but not including hunting and fishing); (2) processing and reproces sing of farm and sideline produces, such as rice husking, flour milling, wine ma king, oil pressing, silk reeling, spinning and weaving, and leather making; (3) manufacture of industrial products, such as steel making, iron smelting, chemica ls manufacturing, petroleum processing, machine building, timber processing; wat er and gas production and electricity generation and supply; (4)repairing of ind ustrial products such as the repairing of machinery and means of transport (incl uding cars).

Prior to 1984, the rural industry run by villages and cooperative organizations under village was classified into agriculture. Since 1984, it has been grouped i nto industry. Units of industrial statistics survey corporate industrial enterprises with inde pendent accounting system. Corporate industrial enterprises with independent accounting system refer to ent erprises engaging in industrial production activities, which meet the following requirements: ① They are established legally, having their own names, organizati ons, location, able to take civil liability; ② They possess and use their assets independently, assume liabilities, and are entitled to sign contracts with othe r units; ③ They are financially independent and compile their own balance sheets . Enterprises covered in the industrial statistics in the Yearbook include followi ng categories by their registration:

State–owned Enterprises refer to industrial enterprises where the means of produ ction or income are owned by the state. Joint state–private industries and priva te industries, which existed before 1957, have been transformed into state indus tries. Statistics on these enterprises has been included in the state–owned indu stries since 1957 when separation of data was no longer necessary.

Collective–owned Enterprises refer to industrial enterp rises where the means of production are owned collectively, including urban and rural enterprises investe d by collectives and some enterprises which were formerly owned privately but ha ve been registered in industrial and commercial administration agency as collect ive units through raising fund from the public.

Share–holding Cooperative Enterprises refer to economic units set up on co operative basis, with funding partly from members of the enterprise and partly f rom outside investment, where the operation and management is decided by the mem bers who also participate in the production, and the distribution of income is b ased both on work (labour input) and on shares (capital input).

Joint–operation enterprises refer to economic units that are established by join t investment by two or more corporate enterprises or institutions of the same or different types of ownership on voluntary, equal and mutual–beneficial basis. T hey include: a) state-owned joint-operation enterprises (joint operation between state- owned enterprises); b) collective joint-operation enterprises (joint operation between collect ive enterprises; and c) state-collective joint-operation enterprises (joint operation between s tate and collective enterprises).

Limited Liability Corporations refer to economic units registered in accordance with the Regulation of the People's Republic of China on the Management of Regis tration of Corporations, with capitals from 2 to 49 investors, each investor bea rs limited liability to the corporation depending on his/her holding of shares, and the corporation bears liability to its debt to the maximum of its total assets.

Share-holding Corporations Ltd. refer to economic units registered in accordance with the Regulation of the People's Republic of China on the Management of Regi stration of Corporate Enterprises, with total registered capitals divided into e qual shares and raised through issuing stocks. Each investor bears limited liabi lity to the corporation depending on the holding of shares, and the corporation bears liability to its debt to the maximum of its total assets.

Private Enterprises refer to economic units invested or controlled (by hol ding the majority of the shares) by natural persons who hire labours for profit- making activities. Included in this category are private limited liability corpo rations, private share-holding corporations Ltd., private partnership enterprise s and private sole investment enterprises registered in accordance with the Corp oration Law, Partnership Enterprise Law and Tentative Regulation on Private Ente rprises.

Enterprises with Funds form Hong Kong, Macao and Taiwan refers to all industrial enterprises registered as the joint-venture, cooperative, sole (exclusive) inve stment industrial enterprises and limited liability corporations with funds from Hong Kong, Macao and Taiwan.

Foreign Funded Enterprises refers to all industrial ent erprises registered as the joint-venture, cooperative, sole (exclusive) investment industrial enterpris es and limited liability corporations with foreign funds.

Light Industry refers to the industry that produces con sumer goods and hand too ls. It consists of two categories, depending on the materials used:

(1) Industries using farm products as raw materials. These are branches of light industry which directly or indirectly use farm products as basic raw materials, including the manufacture of food and beverages, tobacco processing, textile, c lothing, fur and leather manufacturing, paper making, printing, etc. (2) Industries using non farm products as raw materials. These are branches of l ight industry which use manufactured goods as raw materials, including the manuf acture of cultural, educational articles and sports goods, chemicals, synthetic fiber, chemical products for daily use, glass products for daily use, metal prod ucts for daily use, hand tools, medical apparatus and instruments, and the manuf acture of cultural and clerical machinery.

Heavy Industry refers to the industry which produces ca pital goods, and provide s various sectors of the national economy with necessary material and technical basis. It consists of the following three branches according to the purpose of p roduction or the use of products:

(1) Mining, quarrying and logging industry refers to the industry that extracts natural resources, including extraction of petroleum, coal, metal and non-metal ores. (2) Raw materials industry refers to the industry that provides various sectors of the national economy with raw materials, fuels and power. It includes smeltin g and processing of metals, coking and coke chemistry, chemical materials and bu ilding materials such as cement, plywood, and power, petroleum refining and coal dressing. (3) Manufacturing industry refers to the industry that processes raw materials. It includes machine building industry which equips sectors of the national econo my, industries of metal structure and cement products, industries producing mean s of agricultural production, such as chemical fertilizers and pesticides. Accor ding to the above principle of classification, the repairing trades which are en gaged primarily in repairing products of heavy industry are classified into heav y industry while these engaged in repairing products of light industry are class ified into light industry.

Gross Industrial Output Value

(1) Definition: Gross industrial output value is the total volume of final indus trial products produced and industrial services provided during a given period. It reflects the total achievements and overall scale of industrial production du ring a

given period. (2) Principles for calculation: Statistics on industrial production follow the principle that all products produ ced by the enterprises and accepted during the reference period are to be includ ed no matter whether they are sold or not during the reference period. Determination of final products follow the principle that all products that are included in the calculation of grow industrial output value are the final produc ts of the enterprise which have been accepted through quality check and require no further processing. If an enterprise has intermediate (semi–finished) product s to sell, these intermediate products are considered as the final products of t he enterprise. Gross industrial output value is calculated following the principle of factory a pproach, i.e. industrial enterprise is used as the basic accounting unit in calc ulating the gross industrial output value. By this approach, value of the same p roduct is not to be double counted, and the output value of different workshops (branch factories) should not be added. However, this approach does not exclude the possibility of double counting between enterprises. (3) Content and calculation method: The old definition of gross industrial outpu t value was modified during the national industrial census in 1995. The revised (new) definition of gross industrial output value consists of 3 components: valu e of the finished products during the reference period, income from external pro cessing, and value of change in semi–finished products at the end and at the beg inning of the reference period. Value of the finished products during the reference period: refers to the value of all finished (semi–finished) industrial products that are produced during the reference period without the need for further processing, checked for acceptanc e, packed and put into the warehouse of the enterprise, including the value of o wn–produced equipment and the value of products provided to the projects under c onstruction of the enterprise, and to other non–industrial or welfare units. Val ue of finished products during the reference period is calculated by the quantit y of products produced using own materials multiplied by the average unit prices at which products are sold (excluding value–added tax). Own–produced equipment and products produced for own use are value at cost prices as in the case of ent erprise accounting. Value of finished products does not include the value of fin ished products (semi–finished products) that are produced using the materials fr om the clients who make the orders. Income from external processing: refers to income from contracted external proce ssing of industrial products (including processing of industrial products using materials from the clients), and the income from industrial repairing work provi ded to other units. Income from external processing is calculated using informat ion from the item "products sales income" in the enterprise accounting at the pr ices excluding value–added tax. For income from services such as processing, repairing and installation of equip ment provided to non–industrial units within the enterprise, if the accounting w ork of the enterprise is good enough to separate it from other records, and the share of such services is significant, it should also be included in the income from external processing. Value of change in semi–finished products at the end and at the beginning of the reference period: refers to the value of change in semi–finished products at th e end and at the beginning of the reference period, which generally can be obtai ned from accounting records of enterprises. If the enterprise accounting exclude s the cost of semi–finished products, then it should not be included in the gros s industrial output value, and vice versa. (4) Changes in the coverage and method of calculation of gross industrial output value Prior to 1984, the value of rural industry run by villages was classified into a griculture instead of industry. Since 1984, it has been included in the gross in dustrial output value. Method of calculation for the gross industrial output value was modified in the industrial census in 1995. The difference in the new method as compared with the old one is outlined below: Principle in using full value vs. processing fee: The new method stipulates that all products produced using own materials are to be calculated with full value in reporting the gross industrial output value irrespective of sophistication of production, and for external processing, it allows calculation using processing fee. In the old method, however, the use of full value or processing fee was de termined by the degree of sophistication of production in different branches of industries. Principle in determining the value of change in semi–finished products: The new method requires that value of the change in semi–finished products should be inc luded in the gross industrial output value if it is included in the accounting r ecord of the enterprise, otherwise it should not be included. By the old method, it is determined by the type of enterprises in terms of production cycle. If th e production cycle is over 6 months, the value of change in semi–finished produc ts is included in the gross industrial output value, otherwise it is excluded. Difference in prices: The new method uses prices excluding value–added tax in th e calculation of gross industrial output value, while the old method used prices including value–added tax.

Value-added of Industry refers to the final results of industrial production of industrial enterprises in money terms during the reference period.

Industrial value-added can be calculated by two approaches: the production appro ach, i.e. gross industrial output value minus intermediate input plus value-adde d tax, and the income approach, i.e. income for various factors used in the cour se of production, including depreciation of fixed assets, remuneration of labour ers, net of production tax, and operating surplus. Value-added of industry in th e Yearbook is calculated by production approach as following: Value-added of industry = gross industrial output - industrial intermediate inpu t + value-added tax (1) Gross industrial output: refers to the total achievements of industrial prod uction during a given period. Gross industrial output includes value of finished products, income from external processing, and value of change in semi-finished products at the end and at the beginning of the reference period. Since 1995, i t was substituted by the gross industrial output value by new method. (2) Industrial intermediate input: refers to purchased goods and paid services c onsumed during the industrial production of enterprises. Fees paid for services include fees paid for the services provided by material production sectors (indu stry, agriculture, wholesale and retail trade, construction, transport, post and telecommunications) and by non-material production sectors (insurance, banking, culture, education, scientific research, health and medical care, public admini stration, etc.). The determination of industrial intermediate input follows the principle that the goods and services must be purchased from outside and include d in the gross industrial output, and that the goods and services are inputted i nto production and consumed (include low-value consumables) during the reference period. Industrial intermediate input includes 5 components, namely direct consumption o f materials, industrial intermediate input in manufacturing cost, industrial int ermediate input in management cost, industrial intermediate input in marketing c ost and expenditure on interest. Capitals Obtained refers to capital actually received b y the enterprise from in vestors that could be used as operational capitals for a long period. According to the current accounting system, capitals obtained can be classified by investo rs as state capital, collective capital, corporate capital, individual capital, capital from Hong Kong, Macau and Taiwan and foreign capital. State capital:refers to capital which is formed through state-o wned investment into the enterprise by government agencies or institutions that could represent the state in the investment. Collective capital: refers to capital which is formed through state-owned invest ment into the enterprise by collective institutions or units that could represen t the state in the investment. Corporate capital: refers to capital which is formed through investment by other corporate units using assets which is at their disposal by law. Individual capital: refers to capital which is formed through investment by indi viduals outside the enterprise or employees of the enterprise using their person al legal properties. Capital from Hong Kong, Macau and Taiwan: refers to cap ital which is formed thro ugh investment by investors from Hong Kong, Macau and Taiwan of China using thei r assets of various forms. Foreign capital: refers to capital which is formed through investment by foreign investors.

Total Assets refer to all economic resources, in moneta ry terms, that is owned or controlled by enterprises, including properties, creditors equity and other e conomic rights of all forms. Classified by the degree of equitability, total ass ets include circulating assets, long-term investment, fixed assets, intangible a ssets and deferred assets, and other assets. Data on this indicator can be obtai ned by the year-end figures of total assets in the Assets and Liability Table of accounting records of enterprises.

Total Working Capitals refer to capitals which can be cashed in or spent or consumed in an operating cycle of one year or over one year, including cash, all kinds of deposits, short term investment, receivable and payable payment for go ods or deposits.

Average Value of Working Capitals refers to the average value of all working capitals of the enterprise during the reference period. Original Value of Fixed Assets refers to the value of payment by the enterprise in building, purchasing installing reconstructing, expending or transforming a particular item of fixed assets. In general, it includes value of purchase, cost for packaging, transportation, installation, etc.

Annual Average of Net Value of Fixed Assets refer to av erage of the net value o f fixed assets during the reference period, calculated with the following formula:

Annual Average of Net Value of Fixed Assets = sum of net value of fixed assets at the beginning and at the end of each month from January to December / 24. Information on this indicator can be obtained from the beginning and ending figu res of the original value of fixed assets and cumulative depreciation from the A ssets and Liability Table of enterprises. Net value of fixed assets refers to the original value of fixed assets minus dep reciation over the years, i.e.: Net value of fixed assets = original value of fixed assets – cumulative deprecia tion

Total Liquid Liabilities refer to enterprises' total de bt payable within an op erating cycle of one year or over one year, including short–term loans, notes an d accounts payable, advance payments received, wages and welfare funds payable, taxes and profit payable, other payables, fees received by advance payment, etc. Liquid liabilities feature in the short term of payment, immediate payment at th e request of creditors, or payable within one year.

Total Long–term Liabilities refers to the debt payable within an operating cycl e of one year or over one year. It is the capital that enterprises raised from c reditors for the long–term use of enterprises in addition to capitals put into t he enterprise by investors, and constitutes the economic liabilities that enterp rises have to repay by assets or labour services, including long–term loans, pay able liabilities, long–term payable, other long–term liabilities, etc. Compared with the liquid liabilities, the long–term liabilities feature in large volume, longer term for repayment, and larger benefits for investors.

Creditors' Equity refers to investors ownership of net assets of the enterprise , which is equal to the total assets of the enterprise minus its total liabiliti es, including the primary input actually received at the enterprise from investo rs, capital accumulation fund, surplus accumulation fund and undistributed profi t. When the total of creditors' equity is less than zero, that indicates the lia bility of the enterprise is larger that its assets.

Sales Revenue of Industrial Products refers to the reve nue from the sales of fi nished and semi–finished products and from rendering of industrial services by industrial enterprises during the reference period.

Cost of Industrial Products Sold refers to the actual c ost of finished and semi– finished products sold and industrial services rendered by industrial enterprise s during the reference period.

Tax and Extra Charges on Sales of Products refer to the tax on city maintenance and construction, consumption tax, resources tax and extra charges for education, which should be borne by the enterprises in selling products and providing in dustrial services during the reference period.

Total Profits refer to the final achievements of produc tion and operation of th e enterprises, represented by the total profits after deducting losses (loss is expressed by the negative figure). It is the sum of profits from operation, inco me from subsidies, investment earnings, net income from activities other than op eration, and adjustment of profits and losses of previous years.

Value–added Tax Payable refers to the amount of the val ue–added tax which shoul d be paid by the enterprises during the reference period. It is the sum of tax o n sales, export rebate, and transferred tax on purchases of the current year, mi nus the tax on purchases of the current year. Value–added tax payable of small–s ize enterprises is determined by the taxable sales of the year multiplied by the tax rate.

Average Annual Number of Employed Persons Employed persons refer to all those who are employed in enterprises and receive remunerations therefrom, including c urrently working employees, retirees who are re–employed, teachers of local–run schools, as well as foreigners, staff from Hong Kong, Macau and Taiwan, part–tim e employees and persons with second job who are employed by the enterprise, and employees of other units temporarily working in the enterprises, but excluding f ormer employees who left the enterprise with their employment records still kept by the enterprises.

Average number of employed persons refers to the number of employees everyday du ring the reference period, calculated with the following fomula:

Monthly average number = sum of actual employees everyday in reference month/number of calendar dates in reference month

Quarterly average number = sum of monthly average number in reference quarter/3 Annual average number = sum of monthly average number in reference year/12

Ratio of Profits, Taxes and Interests to Average Assets reflects the profit–mak ing capability of all assets of the enterprise and is a key indicator manifestin g the performance and management and evaluating the profit–making potential of t he enterprise. It is calculated as follows:

Ratio of Profits, Taxes and Interests to Average Assets (%) = [(total profits + total taxes + interest payment) / average assets] × 100% In the above formula, total taxes is the sum of tax and extra charges on the sal es of products and value-added tax payable; and average assets is the arithmetic mean of the sum of beginning assets and ending assets.

Ratio of Debts to Assets reflect both the operation ris k and the capability of the enterprise in making use of the capital from the creditors. It is calculated as follows:

Ratio of Debts to Assets (%) = (total debts / total assets) × 100% Both assets and debts are figures at the end of the reference period.

Turnover of Working Capital refers to the number of tim es of turnover of workin g capital in a given period of time, which reflects the speed of the turnover of working capital of industrial enterprises, and is calculated as follows:

Turnover of Working Capital=(sales revenue of products) / (average balance of to tal working capital)

In the above formula, average balance of total working capital refers to the ari thmetic mean of the sum of working capital at the beginning and at the end of th e reference period.

Ratio of Profits to Total Industrial Costs refers to th e ratio of profits reali zed in a given period to the total costs in the same period, which reflects the economic efficiency of input cost and is calculated as follows:

Ratio of Profits to Total Industrial Cost(%)=(total profits/ total costs) × 100%

Total costs in the above formula is the sum of cost of products sold, marketing cost, management cost and financial cost.

Overall Labour Productivity of Industrial Enterprises reflects efficiency of pro duction and economic results of labour input of enterprises. The formula used is :

Overall Labour Productivity=(value added of industry) / (average number of staff and workers)

Ratio of Sales to Gross Output Value reflects the degre e at which industrial pr oducts are sold. It helps to analyze the linkage between production and sales an d the extent of the needs of the society that has been met by the supply of indu strial products. It is calculated as follows:

Ratio of Sales to Gross Output Value=(Industrial sales / Gross industrial output value at current prices) × 100%

Statistical Unit in Construction refers to corporat e enterprise engaged in the c onstruction of buildings and structures and in the installation of equipment. A corporate construction enterprise should have qualification certificates with in dependent accounting system, and should meet the following 3 requirements: ① be ing set up in line with relevant legal basis, having its full name, organization and location, and capable of taking civil liabilities; ② independently possess ing and using its assets and assuming its liabilities, and entitled to sign cont racts with other institutions; and ③ making independent accounts of its profits and losses, and capable of compiling its own balance sheet.

Gross Output Value of Construction refers to total of c onstruction products and services, expressed in money terms, produced or rendered by construction and ins tallation enterprises during a given period of time. It includes:

(1) Output value of construction projects, that is the value of projects covered by the project budgets; (2) Output value of installation projects, that is the value of the installation of equipment, (excluding the value of the equipment to be installed); (3) Output value of others, that is the output value of construction industry ex cluding that of construction projects and installation projects. It includes: ou tput value of repair of buildings and structures; output value of non-standard e quipment manufacturing; overhead expenses received by contracted enterprises to the sub-contracted enterprises and the completed output value of construction ac tivities that have no clear definition. a. Output value of repair of buildings and structures, that is the value created through the repairs of buildings or structures, but does not include the value of buildings or structures being repaired and the value of the repair of product ion equipment; b. Output value of manufactured non-standard equipment, that is the value of non -standard production equipment including raw materials and manufacturing cost ma de for the construction project (i.e., chemical plant; kettles or tanks used by refineries; various fillers, triangle tanks, valves used by mines), and the outp ut value of equipment manufactured by subsidiary workshops. Value-added of Construction refers to the final result of the activities of prod uction and management of construction industry in monetary terms in the referenc e period. At present, the value-added of construction is calculated with the inc ome approach, that is to say, it is the sum of income of various production fact ors in the

production process. The formula is as follows: Value-added of Construction=depreciation of fixed assets in the year + wages pay able + welfare expenses payable + insurance premium and tax for waiting for empl oyment in the administrative expenses + taxes and surcharges on project settleme nt + profit.

Floor Space of Buildings Under Construction refers to f loor space of buildings u nder construction during the reference period, including newly started buildings , buildings started earlier and continued during the reference period, and build ings suspended earlier but restarted during the reference period, buildings comp leted during the reference period, and buildings under construction and then sus pended during the reference period.

Floor Space of Buildings Completed refers to the floor space of buildings that a re completed in the reference period in accordance with the requirements of the design, up to the standard for putting them into use, and have been checked and accepted by concerned departments as qualified ones.

Total Number of Machinery and Equipment Owned by the End of Year refers to the n umber of machines and equipment owned by the enterprises, and listed as the fixe d assets of the enterprises by the end of the year, including machinery and equi pment for construction, production and transportation and other equipment.

Total Power of Machinery and Equipment Owned by the End of Year refers to the to tal power of machinery and equipment owned by the enterprises, and listed as the fixed assets of the enterprises by the end of the year, including machinery and equipment for construction, production and transportation and other equipment.

The power of the machinery is calculated on basis of the designed or verified ca pacity, covering the power of the machinery/equipment and the separate power equ ipment serving the machinery/equipment (such as electric motors), but excluding welders, transformers and boilers. The unit used for the calculation of power is kilowatt, with horsepower converted to kilowatt by 1 horsepower=0.735 kilowatt.

Income from Settlement of Projects refers to the income receive d by the construc tion enterprise from the contracted project through settlement procedures, and o ther charges to the contractee as operational costs in addition to the value of the project, such as temporary facility fee, labour insurance premium, moving co st of construction equipment, as well as various types of claims to the contract ee.

Profit from Settlement of Projects refers to profit rea lized through settled projects. It is calculated with the following formula:

Profit from Settlement of Projects=Income from Settlement of Pro jects – Settled Cost – Settled Taxes and Other Cost

Total Revenue of Enterprises refers to the sum of incom e from production and operation of enterprises, including income from settlement of projects and other operational income, namely:

Total Revenue of Enterprises=Income from Settlement of Projects + Other Operatio nal Income

Length of Railways in Operation refers to the total length of the trunk line und er passenger and freight transportation (including both full operation and temp orary operation). The calculation is based on the actual length of the first lin e even if this line has a full or partial double track or more tracks, excluding double tracks, station sidings, tracks under the charge of stations, branch lin es, special-purpose lines and the non-payable connecting lines. The length of ra ilways in operation is an important indicator to show the development of the inf rastructure for the railway transport, and also the essential data to calculate volume of passenger freight transport, traffic density and utilization efficienc y of the locomotives and carriages.

Length of Electrified Railways refers to the length of the section of railways in operation in which the power supply lines and other equipment are installed fo r the running of electrified locomotives. The proportion of the length of electr ified railways to the total length of railways in operation is an important indicator to show the modernization of railways.

Automatic-blocking and Semi-automatic-blocking Length of Railways refer to length of railways installed with equipment to perform automatic or manual blocking o f trains. Blocking is a spacing technique by which a section of the railway only allows one train to pass at a time in the aim of ensuring the traffic safety. t he proportion of automatic/semi-automatic blocking length to the total length of railways in operation is an important indicator to show the modernization of railways.

Length of Highways refers to the length of highways whi ch are built in conformity with the grades specified by the highway engineering standard formulated by th e Ministry of Communications, and have been formally checked and accepted by the departments of highways and put into use. The length of highways includes th at of the suburb highways at large and medium-sized cities, highways passing thr ough streets at small cities and towns, and also the length of bridges and ferri es. It does not include the length of streets in big and medium-sized cities and highways built for the production purpose at factories, mines, forest areas and agricultural areas. If two or more highways go the same section of the way, the length of the section is only calculated for once and no duplication is allowed . The length of highways is an important indicator to show the development of th e highway construction and to provide essential information to calculate the tra nsport network density.

Length of Navigable Inland Waterways it is an indicator reflecting the size and development of inland water network, it refers to the length of the natural rive rs, lakes, reservoirs, canals, and ditches open to navigation during a given per iod, which enables the transport by ships and rafts. It includes the channels op en to navigation for over an accumulative 3 months in a year, yet this does not include the river courses, which are only used to float odd logs and bamboo raft s. This indicator can reflect the scale, level and development situation of the inland waterway network.

Length of Civil Aviation Routes refers to the length of all routes for regular civilaviation flights. There are usually two ways to calculate the distance betw een airports connected by the route length: One is to put the length of all air routes together, called duplicated calculation of the length of the routes; the other is not to allow the duplication in calculation when two or more routes pas sing the same section of aviation routes. The latter is usually used, as it can precisely show the size of the civil aviation network and indicate the extent of civil aviation serving the national economy and the people.

Length of Oil (Gas) Pipelines used as an indicator to show the development, scale and level of the pipeline transportation, it refers to the actual transport distance of oil (or gas) products, and is in general calculated in the length of single pipeline. If the length of the double pipelines and alternate pipeline a re included, it is called the extension length of the oil (gas) pipelines, which indicates the actual length of the pipelines built, excluding double pipelines. Freight (Passenger) Traffic refers to the volume of freight (passenger) transpor ted with various means. Freight transport is calculated in tons and passenger tr affic is calculated in the number of persons. Despite the type of freight and tr aveling distance, the freight transport is calculated in the actual weight of th e goods: and despite the traveling distance and ticket price, the passenger traf fic is calculated by the principle that one person can be counted only once in o ne travel. The passengers who travel with a half price ticket or a child ticket is also calculated as one person. The freight (passenger) traffic provides a qua ntitative measure to show how the transport industry serves the national economy and people, and is also an important indicator for planning the transport indus try and for studying the development scale and speed of the transport industry.

Freight (Passenger) Traffic Density refers to the freig ht (passenger) traffic vo lume carried by a particular means of transportation during a given period throu gh one kilometer of a specific section of transportation route. The formula is a s follows:

Freight (Passenger) traffic density= [freight ton-kilometers (passenger-kilomet ers)] / (length of route in operation)

Freight (passenger) traffic density reflects the degree of business of freight (passenger) traffic on transportation routes, and therefore provides important in formation for balancing transport capability, planning construction and upgradin g of transport routes and studying the distribution of transport network.

Freight Ton-kilometers (Passenger-kilometers) refer to the sum of the products o f the volume of transported cargo (passengers) multiplying by the transport dist ance. It is an important indicator to reflect the achievement of transportation industry. Normally, the shortest distance between the departure station and the destination station (i.e., the payable distance) is the basis to calculate the f reight ton-kilometers. This is an important indicator to show the total results of the transport industry, to prepare and examine the transport plan and to meas ure the efficiency, the labour productivity and the unit cost of transport.

The formula is as follows:

Freight ton-kilometers (passenger-kilometers) = Σ {freight (passenger) traffic x distance of transportation}

Static Load of Freight Cars refers to the average cargo weight as loaded by eac h freight car under the static condition at the departure station. It is used to show the utilization extent of the loading capacity of the freight cars. The fo rmula is:

Static load (ton) of freight car=(tonnage of goods dispatched) / (number of frei ght cars loaded)

The static load of freight cars is determined by the nature and type of goods lo aded, the type of vehicles, and the technique of loading. The difference between the average marked load and the static load of freight cars reflects the utiliz ation of loading capacity of freight cars. For its calculation the following for mula is applied:

Utilization rate of capacity of freight cars(%)= [(Average static load) / (Avera ge marked load)] × 100%

Average Daily Haul of Freight Locomotives refers to the average total ton–kilometers accomplished by each freight transport locomotive over day and night during a given period of time. It includes both the weight of the goods carried and th e dead weight of the train itself. It is a comprehensive indicator reflecting th e locomotive efficiency in terms of both time and the pulling force.

Average daily haul of freight transport locomotive (ton–kilometer)=(Total ton/ki lometers of freight) / (Daily number of freight transport locomotive)

Volume of Freight Handled in Major Coastal Ports refers to the volume of cargo p assing in and out the harbor area of the major coastal ports and having been loa ded and unloaded. The volume includes that of the postal matters, registered lug gage and fuels, materials and fresh water as supplies of the ships. The volume o f freight handled may be classified by direction of flow as freight for import a nd freight for export, or by nature of cargo as freight for domestic trade and f reight for foreign trade. As an important indicator, the volume of freight handl ed by type of cargo and by main flow direction reflects the production capacity of ports.

Possession of Civil Motor Vehicles: refer to the total numbers of vehicles that are registered and received vehicles' license tags according to the Work Standar d for Motor Vehicles Registration formulated by transport management office unde r department of public security at the end of reference period. They are divided into following categories according to the structure of motor vehicles: passeng er vehicles, trucks and others; and private vehicles and vehicles for units use according to ownerships; working vehicles, non–working vehicles and special moto r vehicles according to kind of usage; large passenger vehicles, medium passenge r vehicles and small passenger vehicles, heavy trucks, light–heavy trucks and li ght trucks according to sizes of vehicles.

Business Volume of Post and Telecommunications refers t o the total amount of pos t and telecommunication services, expressed in value terms, provided by the post and telecommunications departments for the society. Post and telecommunication services can be classified as letters, parcels, remittance, issue of newspapers and magazines, fast mail service, express mail service, savings deposits, stamps for collection, public and individual telegraph service, facsimiles, long–dista nce telephone service, leasing of telephone lines, urban paging service, mobile telephone service, data transfer and transmission, etc. The accounting approach is to multiply the service products of all types with their average unit price (constant price) to get sum of business value, plus income from other services su ch as leasing of telephone lines and equipment, maintenance of telephone switchb oards and lines on behalf of customers. This indicator reflects the overall resu lts of post and telecommunications service during a given period, and is importa nt to study the composition of business service and the development of post and telecommunications service.

The formula is as follows:

Business volume of post and telecommunications= Σ (Transaction of post and teleco mmunication service x constant price) + Income from leasing, maintenance and other services

Subscribers of Wireless Paging Services Wireless paging service refers the servi ce by which telephone users send audio, digital or character signals to persons carrying small–size pagers within the designated areas through wireless paging c enters. The page carriers who have registered in paging centers are counted as p aging subscribers.

Mobile Telephone Subscribers refer to the persons who o wn mobile telephone numbe rs and are connected with the mobile telephone communication network through the mobile telephone switchboards, including contracted subscribers and pre–paid su bscribers for intelligent network. One mobile telephone is taken as a subscriber .

Internet Users refer to the number of Chinese citizens who use Internet at least for one hour each week.

Local Telephone Subscribers refer to subscribers that a re connected to the local telecommunication service provider through fix line network, including househol d subscribers, institutional subscribers and public telephones. They are also cl assified as city subscribers and rural subscribers according to locations. Befor e 1997, city subscribers referred to those connected to city telephone networks in county towns and cities, while village subscribers referred to those connecte d to village telephone stations at and below counties. Since 1997, the classific ation of telephone subscribers was modified on the basis of physical location of the subscribers as urban telephone subscribers and rural telephone subscribers, which is different from the previous classification of categorizing local telep hones and rural telephones, while the definition of total subscribers and total number of telephones remain unchanged.

Urban Telephone Subscribers refer to number of telephon e subscribers, located at municipalities, cities under the jurisdiction of province, cities at prefecture level, downtown and suburb of city at county level town and county towns (inclu ding country towns where county government located, and towns of county level ac cording to the administrative organizational system), that are connected to the public line telephone network, including rural mineral area, forest area, military area.

Rural Telephone Subscribers refer to telephone subscrib ers, located at counties (towns) and villages outside the range of cities according to administrative jur isdiction.

Household Telephone Subscribers refer to telephone sets installed in the dwellin g units of urban or rural residents, and registered as residence subscribers for payment, including 3 types of payment for the service: private payment, public payment and free service.

Capacity of Long Distance Telephone Exchanges refers t o the rated capacity of t elephone exchanges to connect long distance telephone network, including capacity of international telephone exchanges.

Capacity of Office Telephone Exchanges refers to the ca pacity (measured in gate) of telephone exchanges installed in the offices of telecommunication service pr oviders for communication between fixed telephones. It includes the capacity of both manual and automatic exchanges in use and for stand-by purpose, excluding t he capacity of subscribers' exchanges.

Capacity of Mobile Telephone Exchanges: refers to the capacity of the maximum se rvices provided to subscribers at one time basing on a certain model and transacting capacity of the mobile telephone exchanges.

Total Retail Sales of Consumer Goods refer to the sum of retail sales of commod ities sold by wholesale, retail, catering, publishing, post and telecommunicatio ns and other service industries to urban and rural households for private consum ption and to social institutions for public consumption. Retail sales of consumer goods include:

A、Sales by wholesale and retail units: 1. of consumer goods sold to urban and rural households 2. of commodities sold to foreigners, overseas Chinese and Chinese compatriots f rom Hong Kong, Macau and Taiwan visiting in China 3. of commodities sold to government agencies, institutions, social organizatio n s, military and armed police units, and commodities sold to enterprises in the f orm of retail sales. More specifically, they include: office facilities and arti cles for non-production purposes such as communications equipment, computing equ ipment and instruments, TV and network equipment, printing and copying equipment , audio-visual equipment and instruments, paper, notebooks, stationeries, furnit ure, electric appliances, knitwear, sanitation and cleaning articles, cultural a nd sport articles, articles for prizes, souvenirs, etc.; transport vehicles and fuels for employees; materials, spare parts and tools for the maintenance of off ice facilities; equipment, fuels, materials and food for winter heating or summe r cooling purposes; articles and equipment for teaching purpose; Chinese and wes tern medicines and medical equipment and facilities purchased by non profit-maki ng medical institutes; non-specialized work safety articles; cooking utensils, t ableware, equipment, cleaning articles, food and fuels purchased by internal caf eterias; clothes and personal articles purchased by military or armed police uni ts for their officials and soldiers; and other equipment and articles for non-pr oduction purposes. B、Sales of stable food, cooked dishes, beverages, tobaccos and other articles by catering units. C、Sales of books, newspapers, magazines, audio-visual products and post produ ct s by publishing, post and telecommunications departments to urban and rural hous eholds and to enterprises, institutions, military and armed police units. D、Sales of food, beverages, tobaccos, clothing, hats, footwear, articles for da ily use, medicines, medical and health articles, work of art, handicrafts, toys, funeral articles and other articles by other service industries.

Purchase, Sales and Stock of Commodities by Wholesale and Retail Trades refer to the total volume of commodities purchased, total volume of sales and exports, a nd the stock of commodities by wholesale and retail enterprises (establishments) of different status of registration from domestic and overseas markets. This in dictor reflects the relationship among purchase, sales and stock of commodities in the circulation of goods and reveals the existing problems.

Total Purchases of Commodities refer to the total value of purchases of commodit ies by the enterprises (establishments) from other establishments or individuals (including direct import from abroad) for the purpose of re–selling, either wit h or without further processing of the commodities purchased. This indicator is used to show the total value of purchases of commodities by wholesale and retail establishments from domestic and overseas markets. The total purchases include: (1) agricultural and industrial products purchased from producers; (2) books, m agazines and newspapers purchased from distribution departments of the publisher s; (3) commodities purchased from wholesale and retail establishments of differe nt status of registration; (4) commodities purchased from other units, such as s urplus materials purchased from government agencies, enterprises or institutions , commodities purchased from catering and service establishments, confiscated go ods purchased from customs authorities or market management agencies, second–han d goods and wastes purchased from residents; and (5) commodities directly import ed from abroad. Excluded are commodities purchased by enterprises (establishment s) for use in their own business operation, commodities obtained without buying or selling procedures, rejected commodities, etc.

Total Sales of Commodities refer to value of commoditie s sold by the establishme nts to other establishments and individuals (including direct export). This indi cator is used to show the total value of sales of commodities at domestic market s and export. The total sales include: (1) commodities sold to urban and rural r esidents and social groups for their consumption; (2) commodities sold to establ ishments in industry, agriculture, construction, transportation, post and teleco mmunications, wholesale and retail trades, catering trade and public utility for their production and operation; (3) commodities sold to wholesale and retail es tablishments for re selling, with or without further processing; and (4)commodi ties for direct export to other countries. Excluded are selling of waste packagi ng materials used by the establishments (units) themselves, commodities transfer red without buying or selling procedures, commission income from brokerage in tr ansactions whose settlement is directly handled by buyers and sellers, rejected commodities in the purchase, loss in commodities, etc.

Commodity Stock of Wholesale and Retail Enterprises refers to total commodities possessed by wholesale and retail enterprises (units) of various types of regist ration status at the end of the reference period, which reflects the commodity s tock level of various wholesale and retail enterprises and the potential for mar ket supply. It includes: (1) commodities located in storage, garages, counters, and shelves of operating units (such as sale stores, wholesale centers, and oper ating offices) of wholesale and retail enterprises; (2) commodities in the proce ss of selecting, sorting, and packing; (3) commodities not arrived but recorded as purchase in the account, i.e. commodities not arrived but payment receipts fo r the commodities from the sellers or the banks arrived; (4) commodities deposit ed in other places rather than places mentioned above, for instance: commodities in the hold of purchasers temporarily due to the refusal of payment and commodi ties not taken back after going through the formalities; (5) commodities entrust ed to other units to sell but not sold yet; (6) commodities purchased for other units but not delivered yet. Commodities not included as stock are those not own ed by the enterprises (units), those allocated to financially independent factor ies rather than wholesale and retail enterprises for processing but not taken back yet, and finally those put in stock by wholesale and retail enterprises on be half of the state material reserves units.

For the calculation of the value of commodities stock, the value is calculated at purchasing prices in agricultural goods purchasing units and wholesale units, and at the accounting prices in retail units.

Business Income of Catering Industry: refer to the total turnover of catering bu sinesses, establishments or individuals, including retail sales and other servic es income. It reflects the operational and managerial conditions and development trend of catering businesses, establishments and individuals in this sector.

Retail Sales of Commodities in Catering Industry: refer to retail sales to resid ents and social groups by catering enterprises, establishments and individual, i ncluding: (1) various food sold after cooking and processing, such as: staple fo od, cooked dishes, cold and dressed dishes and so on. (2) re–selling commodities without further processing, such as beverages, tobaccos, cooked food, fruits an d so on. (3) food and other commodities sold in affiliated shops without indepen dent accounting system.

Volume of Transaction at Consumer Goods Markets refers to the value of transacti on of all goods at consumer goods markets in the country, including both markets for farm and sideline products and for industrial consumption goods.

Volume of Transaction at Large Commodity Markets (with transacti on value over 100 million yuan) refers to markets approved by the industrial and commer cial admi nistration departments, which specialize in wholesale and retail of commodities with an annual sales of over 100 million yuan. The sum of sales of all sellers i n the markets makes up the transaction value of the markets.

Chain Enterprises (also called chain stores or chain corporations) refer to a fo rm of joint economic entities under which scattered enterprises or establishment s engaged in providing homogeneous commodities or services, with the central lea dership of core enterprise or headquarters and guided by common policies, conduc t centralized purchase and distributed selling of commodities, in order to gain better efficiency through standardized operation. Consisting of a number of bran ch stores, the chain stores have in general following features: 1) homogeneous c ommodities, 2) unique name of stores, 3) centralized purchase and delivery which is separated from distributed selling operation (most commodities are delivered from the headquarters except some items which, from logistics, quality or fresh ness considerations, might be delivered by the suppliers directly).

Chain stores have two categories: a) Chain stores under direct management: These are formal chain stores invested or controlled by the headquarters. They operate under the direct and unified man agement from the headquarters. b) Chain stores through license arrangement: Through contracts, chain stores (th eir owners) obtain licenses from the headquarters to use designated trade marks, names, operation know-how, and to sell the commodity developed by the headquart ers. Under this arrangement, each store in the chain is an independent legal ent ity and operates under the guidance from the headquarters.

Total Imports and Exports at Customs refer to the r eal value of commodities impo rted into and exported from the boundary of China. They include the actual impor ts and exports through foreign trade, imported and exported goods under the proc essing and assembling trades and materials, supplies and gifts as aid given grat is between governments and by the United Nations and other international organiz ations, and contributions donated by overseas Chinese, compatriots in Hong Kong and Macao and Chinese with foreign citizenship, leasing commodities owned by ten ant at the expiration of leasing period, the imported and exported commodities p rocessed with imported materials, commodities trading in border areas (excluding mutual exchange goods), the imported and exported commodities and articles for public use of the Sino-foreign joint ventures, cooperative enterprises and ventu res exclusively with foreign own investment. Also included are import or export of samples and advertising goods for whose CIF or FOB value are beyond the permi tted ceiling (excluding goods of no trading or use value and free commodities fo r export), imported goods sold in China from bonded warehouses and other importe d or exported goods. The indicator of the total imports and exports at customs c an be used to observe the total size of external trade in a country. In accordan ce with the stipulation of the Chinese government, imports are calculated at CIF , while exports are calculated at FOB

Import Export Value by Location of Chinas Foreign Trade Managing Units refers to actual value of imports and exports carried out by corporations which have bee n registered by the local customhouse and are vested with right to run import ex port business.

Import Value of Commodities by the Places of their Destination and Export Value of Commodities by the Places of their Origin in China: The former indic ator ref ers to the value of import commodities of the places of their consumption, utili zation or the places of their final destination. The latter indicator refers to the value of export commodities of the places of their origin or the places of t he commodities dispatched.

Utilization of Foreign Capitals refers to remittance, e quipment and technology f inanced from abroad, by loans, foreign direct investment and other forms underta ken by the Chinese governments at all levels, by various departments, enterprise s and other economic units.

Foreign Borrowings refer to funds borrowed from abroad through formal signing of borrowing agreements with foreign institutions, including loans of foreign gove rnments, loans of international financial institutions, commercial loans of fore ign banks, export credit, and funds raised by Chinese bonds (and shares before 1 996) issued abroad. It is an important part of China's utilization of foreign ca pitals.

Foreign Direct Investment refers to the investments ins ide China by foreign ente rprises and economic organizations or individuals (including overseas Chinese, c ompatriots from Hong Kong, Macao and Taiwan, and Chinese enterprises registered abroad), following the relevant policies and laws of China, for the establishmen t of ventures exclusively with foreign own investment, Sino–foreign joint ventur es and cooperative enterprises or for co–operative exploration of resources with enterprises or economic organizations in China. It includes the re investment o f the foreign entrepreneurs with the profits gained from the investment and the funds that enterprises borrow from abroad in the total investment of projects which are approved by the relevant department of the government.

Other Investment by Foreign Entrepreneurs refers to all forms of utilization of foreign capitals other than foreign borrowings and foreign direct investment. It includes the total value of stock shares in foreign currencies issued by enterp rises at domestic or foreign stock exchanges (now mainly consisting of H shares issued at Hong Kong Security Market and B shares issued at domestic security mar kets), rent payable for the imported equipment through international leasing arr angement, cost of imported equipment, technology and materials provided by forei gn counterparts in compensation trade and processing and assembly trade.

Contracted Projects with Foreign Countries refer to projects undertaken by Chine se contractors (project contracting companies) through bidding process. They include: (1) overseas civil engineering construction projects financed by foreign investors; (2) overseas projects financed by the Chinese government through its foreign aid programs; (3) construction projects of Chinese diplomatic missions, trade offices and other institutions stationed abroad; (4)construction projects in China financed by foreign investment; (5) sub–contracted projects to be taken by Chinese contractors through a joint umbrella project with foreign contractor (s); (6) housing development projects. The business income from international co ntracted projects is the work volume of contracted projects completed during the reference period, expressed in monetary terms, including completed work on proj ects signed in previous years.

Service Cooperation with Foreign Countries refers to the activities of providin g technology and labour services to employers or contractors in the forms of receiving salaries and wages. Labour services providing by contractual joint ventur es of Chinese international contracting corporations should be included in the s tatistics of service co–operation with foreign countries. The business income of labour service cooperation is the income in the form of wages and salaries, ove rtime pay, bonuses and other remuneration received from the employers during the reference period.

Overseas Design and Consultation Service refers to projects with charges for tec hnical services from overseas operators. It includes geographic and topographic mapping, geological resource prospecting and survey, planning of construction ar eas, provision of design documents, blueprints, materials on production process and techniques, as well as engineering, technical and economic consultation, and feasibility study, research and evaluation of projects. Also included under thi s category are the above–mentioned services of foreign–financed projects in Chin a that are paid in foreign currencies.

Number of Tourists

(1) International tourists refer to foreigners, overseas Chinese, Chinese compat riots from Hong Kong, Macao and Taiwan coming to China for sight–seeing, visits, tours, family reunions, vacations, study tours, conferences and other activitie s of a business, scientific and technological, cultural, educational and religio us nature. It does not include representatives and employees of resident institu tions of foreign countries in China such as embassies, consulates, news agencies and offices of foreign companies and organizations, nor does it include long–te rm foreign experts or students residing in China, or persons in transition witho ut spending a night in China. (2) Chinese residents going abroad refer to Chinese residents going abroad for s hort terms for either public business or private purposes. Chinese employees wor king on international transport carriers are included in those going abroad for public business purpose, not in those for private purpose. (3) Domestic tourists refer to residents of the mainland of China who stay for o ne night at least but no more than 6 months at tourist facilities in other place s than their permanent residence within the territory of the mainland China, inc luding foreigners, overseas Chinese and Chinese compatriots from Hong Kong, Maca o and Taiwan who have resided in China for over one year.

Foreign Exchange Earnings from International Tourism refer to the total expend itures of foreigners, overseas Chinese, Chinese compatriots from Hong Kong, Maca o and Taiwan during their stay in the mainland of China, which are earnings of f oreign exchange from international tourism from the point of view from China.

International Travel Agencies refer to travel agencies engaged in the promotio n, solicitation, organization and reception of tours to the mainland of China by foreigners, overseas Chinese, Chinese compatriots from Hong Kong, Macao and Tai wan.

Domestic Travel Agencies refer to travel agencies engag ed in the promotion, so licitation, organization and reception of domestic tourists, and in the receptio n of foreigners, overseas Chinese, Chinese compatriots from Hong Kong, Macao and Taiwan organized by international travel agencies or other departments concerne d, without their own promotion and solicitation programmes.

Star-Hotels refer to hotels rated with stars

Regular Institutions of Higher Learning refer to educational establishments set up according to the government evaluation and approval procedures, enrolling gra duates from senior secondary schools and providing higher education courses and training for senior professionals. They include full-time universities, colleges , high professional schools, high professional vocational schools and others.

Universities and colleges are mainly providing undergraduate courses; those high professional schools and high professional vocational schools are mainly provid ing professional trainings; and others refer to educational establishments, whic h are responsible for enrolling students but not covered in the total number of schools, including: branch schools of universities and colleges, and universitie s and colleges that have been proved and prepared to construct.

Institutions of Higher Learning for Adults refer to edu cational establishments, set up in line with relevant rules approved by the government, enrolling staff a nd workers with senior secondary school or equivalent education, and providing h igher education courses in many forms of correspondence, spare time, or full tim e for adults. Professionals thus trained receive a qualification equivalent to g raduates studying regular courses at regular universities, colleges and professi onal colleges. Institutions of higher learning for adults include schools of hig h education for staff and workers, schools of high education for peasants, colle ges for management cadres, pedagogical colleges, independent correspondence coll eges, Radio and TV universities and other educational establishments. Other educ ational establishments are responsible for enrolling adult students but not cove red in the number of schools.

Enrollment Rate of Primary School Age Children refers t o the proportion of schoo l age children enrolled at schools to the total number of school age children bo th in and outside schools (including retarded children, but excluding blind, dea f and mute children). The formula is:

Enrollment Rate of Primary School-age Children = (Total Primary School-age Child ren at Schools)/(Total Primary School age Children Both at and Outside Schools) x 100%

Scientific and Technological Activities (S&T Activities) refer to organized acti vities which are closely related with the creation, development, dissemination a nd application of the scientific and technical knowledge in the fields of natura l sciences, agricultural science, medical science, engineering and technological science, humanities and social sciences (referred to as scientific and technolo gical fields). S&T activities can be classified in to 3 categories: research and development (R&D) activities, application of R&D results, and related S&T servi ces. This statistical definition is made by UNICHIEF for scientific and technolo gical activities to meet the need of carrying out statistical work in this field for its member countries in particular those developing countries.

Personnel Engaged in S&T Activities refer to personnel directly engaged in S&T a ctivities, in the management of S&T activities, and in providing direct service to S&T activities, who spend over 10% of the total working hours in a year in S& T activities. (1) Personnel directly engaged in S&T activities include researche rs, engineers, technicians and other related personnel engaged in S&T activities in independent-accounting R&D institutions, institutions of higher learning, an d in research institutes, laboratories, technology development centers and centr al experiment workshops under enterprises and institutions. Also included are pe ople working in S&T research project teams, professional and technical personnel working in S&T information archiving institutes, and graduate students working on the design of their thesis. (2) Personnel engaged in the management of S&T ac tivities and in providing direct service to S&T activities include senior manage ment people responsible for S&T activities in independent-accounting R&D institu tions, S&T information archiving institutes, institutions of higher learning, an d in enterprises and institutions where S&T activities are undertaken. Also incl uded are people responsible for the planning, administration, personnel manageme nt, financial management, logistics supply, equipment maintenance, information a nd library management that are related with S&T activities. People providing indirect services are excluded, such as security, medical service, drivers, plumber s, cleaners and those providing catering and related service. This indicator ref lects the size of personnel engaged in S&T activities.

Scientists and Engineers refer to persons engaged in S& T activities who have obt ained titles of senior and middle level professional positions, and those withou t such position but have completed university or higher education. This indicator reflects the quality of personnel engaged in S&T activities.

Research and Development (R&D) refers to systematic and creative activities in t he field of science and technology aiming at increasing the knowledge and using the knowledge for new application. R&D includes 3 categories of activities: basi c research, applied research and experiments and development. The scale and inte nsity of R&D are widely used internationally to reflect the strength of S&T and the core competitiveness of a country in the world.

Basic Research refers to empirical or theoretical researchaiming at obtaining new knowledge on the fundamental principles of phenomena of observable facts to r eveal the nature and law of movement of objects and to acquire new discoveries o r new theories. Basic research takes no specific or designated application as th e aim of the research. Results of basic research are mainly released or dissemin ated in the form of scientific papers or monographs. This indicator reflects the original innovation capacity of knowledge.

Applied Research refers to creative research aiming at obtaining new knowledge o n a specific objective or target. Purpose of the applied research is to identify the possible use of results from basic research, or to explore new (fundamental) methods or new approaches. Results of applied research are expressed in the fo rm of scientific papers, monographs, fundamental models or invention patents. Th is indicator reflects the exploration of ways to apply the results of basic research.

Experiments and Development refer to systematic activit ies aiming at using the k nowledge from basic and applied researches or from practical experience to devel op new products, materials and equipment, to establish new production process, s ystems and services, or to make substantial improvement on the existing products , process or services. Results of experiment and development activities are embo died in patents, exclusive technology, and monotype of new products or equipment . In social sciences, experiment and development activities refer to the process of converting the knowledge from basic or applied researches into feasible prog rammes (including conduct of demonstration projects for assessment and evaluatio n). There are no experiment and development activities in the science of humanit ies. This indicator reflects the capability of transferring the results of S&T into technique and products, which is the materialized measurement of S&T pushing forward the economic and social development.

R&D Personnel refer to persons engaged in research, man agement and supporting ac tivities of R&D, including persons in the project teams, persons engaged in the management of S&T activities of enterprises and supporting staff providing direc t service to the research projects. This indicator reflects the size of personne l engaged in R&D activities with independent intellectual property.

Professional and Technical Personnel refer to persons engaged in professional and technical work or in the management of professional and technical activities, i.e., people with professional or technical positions who are engaged in profess ional and technical work or in the management of professional and technical acti vities, and people without professional or technical positions but are working o n professional or technical posts. They include professionals and technicians wo rking in 17 categories of technical occupations including engineering, agricultu re, scientific researches, medical service, teaching, economic research and appl ication, accounting, statistics, translation, libraries, archives, cultural and museum service, journalism and publication, lawyers, notarization service, radio and television broadcasting, handicraft and fine arts, sports, performing art, and political workers in enterprises. This indicator reflects the condition of human resources in S&T.

Funding for S&T Activities refers to funds obtained fro m various sources for S&T activities, including government funds, self-raised funds by enterprises, self- raised funds by institutions, loans from financial institutions, foreign funds a nd other funds. This indicator reflects the efforts made by various social econo mic entities in promoting the development of S&T.

Government Funds refer to funds obtained from governmen t agencies at all levels to be used for S&T activities, including fund for scientific undertakings, 3 kin ds of fund for S&T activities, fund for capital construction for scientific rese arches, science fund, funds from education expenditures by education departments for S&T activities, and extra-budget fund from government agencies for S&T acti vities.

Self-raised Funds by Enterprises refers to self-raised funds by enterprises from their own expenditure or from other enterprises and funds received by universit ies or research institutions from enterprises for scientific research or technic al development projects. Excluded in this category are funds from government age ncies, financial institutions or from foreign institutions.

Loans from Financial Institutions refer to loans from v arious financial institutions for S&T activities.

Internal Expenditures on S&T activities refer to the actual expenditures on S&T activities during the reference year, including service fees, expenditure on research activities, expenditure on research management, purchase or construction o f fixed assets not included in the investment for capital construction, expendit ure on capital construction for scientific researches, and other expenditures on S&T activities. Not included are expenditure on production activities, repaymen t of loans and transfer expenditure. This indicator reflects the real accomplish ment of input in S&T.

Service Fees refer to direct or indirect payment, in ca sh or in kind, made to pe rsonnel engaged in S&T activities as remuneration and other fees. They include, in various forms, salaries, subsidies, bonus, benefits, retirement pension, stip end, etc. This indicator reflects the improvement of treatment toward S&T person nel.

Purchase or Construction of Fixed Assets refers to the fixed assets purchased or constructed using funds other than the investment in capital construction, and the actual expenditure on capital construction for scientific researches. In oth er words, it is the sum of the actual expenditure on fixed assets and the accomp lished investment in capital construction for scientific researches. Fixed asset s refer to main materials and equipment, literatures and documents in libraries, materials for experiments, specimen, instruments, furniture, buildings and cons tructions that can be used for a long time without changing the form and shape o f those articles or constructions. This indictor reflects the input in improving the condition of S&T and the means of scientific research.

New Products refer to new products produced with new tech nology and new design, or products that represent noticeable improvement in terms of structure, materia l, or production process so as to improve significantly the character or functio n of the older versions. They include new products certified by relevant governm ent agencies within the period of certification, as well as new products designe d and produced by enterprises within a year without certification by government agencies. This indictor reflects the direct contribution of S&T output to econom ic growth.

Patent is an abbreviation for the patent right and refers to the exclusive right of ownership by the inventors or designers for the creation or inventions, give n from the patent offices after due process of assessment and approval in accord ance with the Patent Law. Patents are granted for inventions, utility models and designs. This indicator reflects the achievements of S&T and design with indepe ndent intellectual property.

Inventions refer to the new technical proposals to the products or methods or th eir modifications. This is universal core indicator reflecting the technologies with independent intellectual property.

Utility Models refer to the practical and new technical proposals on the shape a nd structure of the product or the combination of both. This indicator reflects the condition of technological results with certain technical content.

Designs refer to the aesthetics and industrially applic able new designs for the shape, pattern and color of the product, or their combinations. This indicator reflects the appearance design achievements with independent intellectual property.

Cultural Institutions refer to units, which have their own organizational system and independent accounting system and specialize in or serve cultural developme nt. They exclude other establishments run by these cultural institutions and ama teur cultural groups established by various departments. This indicator reflects the development of cultural units.

Art Troupe refers to the troupe which is engaged in dra ma, opera, music, dance, acrobatics or other art performance, opens independent accounts with banks and h as self-supporting accounting system; excluding the troupes which are engaged pa rtly in industrial or agricultural activities, partly in art performance and the professional troupes organized by the people.

Number of Audience at Art Performance refers to the num ber of attendants at comm ercial shows, completely booked shows or free shows given in minority national a reas, and does not include the number of spectators at rehearsals for examinatio n and internal shows for study.

Number of Athletes in Grades refers to the number o f athletes who have been give n titles through examination. The titles of athletes include international maste rs of sports, masters of sports, first-grade, second-grade and third-grade sport smen and young athletes. This indicator reflects skill of the athletes.

Number of Referees in Grades refers to the number of re ferees who have been give n titles after examination. They are classified as international referees, natio nal referees and referees of the first, second and third grades. This indicator reflects the skill of referees.

Stadiums refer to stadiums for track and field events with six lane 400-meter tracks around soccer fields, permanent track marks and permanent bleachers. Stadiu ms are classified according to seating capacity. They include: Class A stadiums have the capacity of seating 25000 people each. Class B stadiums have the capaci ty of seating 15000 to 25000 people each. Class C stadiums have the capacity of seating 5000 to 15000 people each, and Class D stadiums have the capacity of sea ting fewer than 5000 people. This indicator reflects numbers of large and medium -sized stadiums.

Gymnasiums refer to indoor sports grounds with permanen t seats in which basketball, volleyball. badminton, table tennis and gymnastics competitions can be held. Gymnasiums are classified according to seating capacity. They include: Class A gymnasiums with seating over 6000 people. Class B gymnasiums with seating 4000 t o 6000 people. Class C gymnasiums with seating 2000 to 4000 people, and Class D gymnasiums with eating fewer than 2000 people. This indicator reflects the total number of large and medium-sized gymnasiums.

Health Care Institutions include: medical institutions, disease preven tion and c ontrol centers (epidemic prevention stations), blood gathering and supplying ins titutions, health supervision and inspection (check up) institutions, medicinal scientific research and on-job training institutions, health education and so on .

Medical Organizations include: hospitals, health service center s (stations) of c ommunities, nursing homes, health centers, clinics, clinics (health stations and infirmaries), maternity and child care agencies (centers and stations), special disease prevention and curing agencies (centers and stations), first aid center s (stations) and clinical inspection centers. Medical organizations are grouped by two types: profit-making and non-profit-making medical organizations.

Hospitals include: polyclinics, traditional Chinese medical hos pitals, hospitals integrated with traditional Chinese therapeutics and western therapeutics, ethi cal hospitals, various specialties hospitals and nursing hospitals.

Medical Technical Personnel refers to doctors, assistan t nurses, pharmacists, and laboratory technicians working in medical institutions.

Doctors refer to certified physicians and certified as sistant physicians with ce rtifications working in medical and health care and prevention agencies.

Social Welfare Institutions refer to institutions takin g care of old people with out children, handicapped people and orphans. They include social welfare instit utions run by civil affairs departments, children welfare institutions, social w elfare institutions for mental patients, collective-owned old peoples homes in r ural areas, convalescent homes and community service centers with the capacity o f receiving those people. This indicator reflects the input in social welfare in stitutions.

Number of People Taken in by Social Welfare Institutions refers to the number of old people, children, totally dependent handicapped people and mental patients taken in by social welfare institutions run by civil affairs departments and tho se run by collective units in urban and rural areas. This indicator reflects the capacity of social welfare institutions.

Social Welfare Enterprises are collective owned enterprises whi ch employ the bli nd, deaf-mute, and other handicapped people who are able to work in cities and t owns and enjoy exemption from state taxes, including welfare plants, welfare com mercial services, artificial limb plants and farms, etc. This indicator reflects the preferential policies toward disabled persons.

Rural Households with Livelihood Guaranteed in Five Aspects refer to the househo lds in which there are old people without child, orphans and handicapped people who are unable to work and without financial resources in rural areas. They are taken care of by the collective units and their food, clothing, housing, medical care, funeral expenses (or schooling for orphans) are guaranteed to be provided for. This indicator reflects the total number of disadvantageous groups of rura l population.

Lawyers are certified legal workers according to law, and who a re employed by le gal counseling firms to act as legal advisers, agents in criminal or civil lawsu its, or defenders in criminal lawsuits, or to handle non-litigious legal affairs , to advise on matters of law or to write legal papers for others, and provide s ervice to the public.

Notary Personnel refers to people working for notary of fices including: director s, deputy director, notaries, assistant notaries, and other people providing ass istance.

Notary Documents refer to the judicatory notary documen ts drawn up by the reques t of the party and are in accordance with facts and laws and following certain l egal proceedings. According to usage and locality, the notary documents are divi ded into following 4 types: domestic notary documents, domestic economic notary documents, foreign-related civil notary documents and foreign-related economic notary documents.

Mediators refer to workers on peoples mediation committ ees responsible for media ting in civil disputes and cases of slight infraction of the law. They include m embers of the mediation committees and mediators of mediation groups. This indic ator reflects the number of people engaged in meditation.

Mediation of Civil Disputes refers to number of cases m ade by mediation committe es in mediating in civil disputes concerning civil rights and duties through per suasion and education in accordance with the provisions of law on a voluntary ba sis, so as to solve disputes by helping the parties involved come to an agreemen t and understanding, including those unsuccessful ones. This indicator reflects the workload of the mediation committees.

Acceptance of Case refers to the decision made by the p eople's procuratorate off ice on reported cases, prosecution, impeachment, surrender, self-found criminal clues or suspects after initial investigation to confirm the act of crime and to start legal proceedings of the case as criminal case.

Number of Labour Dispute Cases Accepted refers to the n umber of cases of labour dispute submitted that, after being reviewed by the lab our dispute arbitration c ommittees in line with the relevant state regulations, are accepted and registered for treatment.

Retired or Resigned Personnel refers to people who have formally gone through th e formalities for their retirement or quitting work and enjoy the corresponding treatments.

Insurance and Welfare Funds refers to labour insurance and welfare fund paid by enterprises, organizations and institutions to their staff and workers as well a s retired and resigned persons in addition to their wages and salaries, excludi ng labour protection fees, wages paid to medical workers from insurance and welf are fund and wages paid to staff members working in collective welfare agencies and to people with over 6 months of sick-leave.

Insurance and Welfare Funds for Retired and Resigned Staff and W orkers covers:

1. Pensions for retired veteran cadres: They refer to pensions, other subsidies, and additional allowances paid to retired in line with relevant government docu ments. 2. Pensions for Retirement: They refer to living allowance; other subsidies and additional allowances paid to retired staff and workers in line with the relevan t government documents. 1. Resignation Allowances for Living Expenses: They refer to living allowance, a nd additional allowances subsidies paid to resigned staff and workers in line wi th relevant government instructions. It also includes living subsidies and prices subsidies paid to retired and resig ned staff and workers. 2. Medical Care Allowance: refer to fee-for-service, cost of medical care and pe r diem subsidies during hospitalizations of retired and resigned staff and worke rs. 3. Others: They refer to other expenses, including other types of insurance and welfare fund, fees for funerals, traveling subsidies and heating subsidies durin g the winter time.

Waste Water Discharged by Industry refers to the volume of waste water discharge d by industrial enterprises through all their outlets, including waste water fro m production process, directly cooled water, groundwater from mining wells which does not meet discharge standards and sewage from households mixed with waste w ater produced by industrial activities, but excluding indirectly cooled water di scharged (It should be included if the discharge is not separated with waste wat er). Industrial Waste Water Meeting Discharge Standards refers to volume of industria l waste water discharge which, with or without treatment, reaches national or lo cal standards.

Ratio of Industrial Waste Water Meeting Discharge Standards refers to percentage of industrial waste water meeting discharge standards over total industrial was te water discharge. Its calculation formula is:

Industrial Waste Air Emission refers to discharge into atmosphere of waste air c ontaining pollutants generated from fuel burning and production process in enter prises within a given period of time. It is converted into standard (273K, 10132 5Pa) with the following formula:

Industrial SO2 Emission refers to volume of sulphur dio xide emission from fuel b urning and production process in premises of enterprises for a given period of time.

Industrial Soot Emission refers to volume of soot in sm oke emitted in process of fuel burning in premises of enterprises.

Industrial Dust Emission refers to volume of dust emitt ed by production process of enterprises and suspended in the air for a given period of time, including du st from refractory material of iron and steel works, dust from coke-screening sy stems and sintering machines of coke plants, dust from lime kilns and dust from cement production in building material enterprises, but excluding soot and dust emitted from power plants.

Industrial Solid Wastes Produced refers to total volume of solid, semi-solid and high concentration liquid residues produced by industrial enterprises from prod uction process in a given period of time, including hazardous wastes, slag, coal ash, gangue, tailings, radioactive residues and other wastes, but excluding sto nes stripped or dug out in mining (gangue and acid or alkaline stones not includ ed). A stone is acid or alkaline depending on the pH value of the water below 4 or above 10.5 when the stone is in, or soaked by, the water.

Industrial Solid Wastes Utilized refers to volume of so lid wastes from which use ful materials can be extracted or which can be converted into usable resources, energy or other materials by means of reclamation, processing, recycling and exc hange (including utilizing in the year the stocks of industrial solid wastes of the previous year). Examples of such utilizations include fertilizers, building materials and road materials. The information shall be collected by the producing units of the wastes.

Ratio of Industrial Solid Wastes Utilized refers to the percentage of industrial solid wastes utilized over industrial solid wastes produced (including stocks o f the previous year). Its calculation formula is:

Stocks of Industrial Solid Wastes refers to volume of s olid wastes placed in spe cial facilities or special sites for purposes of utilization or disposal. The sites or facilities should take measures against dispersion, loss, seepage, and air and water contamination.

Industrial Solid Wastes Disposed refers to quantity of industrial solid wastes w hich are burnt or placed ultimately in the sites meeting the requirements for en vironmental protection and not salvaged or recycled (including disposition in th e year of those wastes of previous years). The disposition includes landfill (Sa fe landfills should be conducted for hazardous wastes), incineration, containmen t spaces, deep underground disposal, backfill in mining pits and disposal at sea .

Industrial Solid Wastes Discharged refers to volume of industrial solid wastes d ischarged by producing enterprises to disposal facilities or to other sites. The wastes exclude stones stripped or dug from mining (gangue and acid or alkaline waste stones not included).

Output Value of Products Made from Waste Gas, Waste Water and So lid Wastes refers current value of products with waste gas, waste water and solid wastes as main materials of production. Products sold and ready to sell shall be included whil e those produced for own use shall not be included.

Border Economic Cooperation Zone Border economic cooperation zone is authorized by provincial government or the State Council, being concentrating constructed o n the border, enjoying some preferential policies and corresponding establishment. Abutted countries are major foreign trade, economic and technology cooperati on partners of the Border Economic Cooperation Zone . A border economic cooperat ion zone authorized by provincial government is a province-level development zone, authorized by the State Council is a state-level development zone. New high technology industry development district.

Economic and Technology Cooperation Development Zone Economic and technology cooperation development zone is authorized by provincial government or the State C ouncil, locating in inland central city and being concentrating constructed, enj oying some preferential policies and corresponding establishment. The economic a nd technology cooperation development zone becomes local window and base of inve stment promotion & extended opening through promoting investment and establishin g export-processing bases.

New High Technology Industry Development Zone New high technology industry deve lopment zone is authorized by provincial government or the State Council, locating in central city possessing stronger economic and technological capability, en joying some preferential policies and corresponding establishment. New high tech nology industry development zone develop new high technology industry through in vestment promotion & extended opening.